大写西域 [下]

高洪雷 著

DA XIE XI YU

目　录

第三编　丝路北道十一国

第二十一章　山国——关于道路的故事 …………………… 3
同样的圆形古城尼雅、安迪尔古城、圆沙古城都已变为废墟，而营盘古城历经2000年风雨仍保存完好，作为一名中国人，我只能连连感谢苍天的恩惠……

第二十二章　尉犁——在孔雀河臂弯里 …………………… 11
这里腕挎孔雀河，背靠博斯腾湖，怀抱盆地与河流，居高临下，地势险要。石匠们则把石材垒砌在城门、城墙、宅府上，构成独特的石头城风光……

第二十三章　渠犁——汉朝的屯田基地 …………………… 15
是猴子，就给它一棵树；是老虎，就给他一座山。熟悉外交事务的郑吉终于派上了用场。一天，皇帝诏命郑吉为侍郎，司马憙为校尉，率领免除刑罚的犯人进驻遥远的渠犁屯田……

第二十四章　焉耆——一抹美丽的胭脂红 ………………… 22
大漠日落时分，班超一动不动地立在城头，胡须像钢针一样横在腮边，一双穿透大漠的眼睛直视东方——那里，已经只剩下一伙不识时务的家伙：焉耆王广及其爪牙危须、尉犁、山国了……

第二十五章　危须——小小尾巴国 ………………………… 47
我曾经离它如此之远，又从未离它如此之近。此时，夕阳正迅速西下，浩荡的秋风卷起黄沙，弥漫了这块寂寥的废址，也尘封了我的热情。我在这里感受到的，没有震撼，只有凄凉与失落……

第二十六章　乌垒——都护府驻地 …………………… 53

如果你不能确定往哪里走,那么此处就是你的葬身之地。冬,焉耆王的6000兵马倾巢出动,突然西去攻入乌垒城,措手不及的但钦被砍下首级……

第二十七章　龟兹——飘逝的乐舞与梵音 …………………… 79

他的史料成堆成捆,关于他和曾经的儿媳的风流韵事俯拾皆是,这些故事还是留给史学家和文学家恣意咀嚼吧。我只想蹑手蹑脚地溜进大明宫,看一看他亲自组建的乐队……

第二十八章　姑墨——取名"沙漠"的国度 …………………… 126

姑墨王丞一脸的阴云。如果不出兵,显然就给了西域都护府新的口实,他们在踏平焉耆后也许就会接着收拾自己;出兵吧,自己又有一万个不情愿……

第二十九章　温宿——为鸠摩罗什垫背 …………………… 134

漫天大雪的日子,小小的温宿城像雪人一样龟缩在冰封的托什干河边。姑墨王丞率领4000名士兵进入温宿,全部士兵才只有1500人的温宿王放弃抵抗,乖乖地打开了城门……

第三十章　尉头——一道狭长的河谷 …………………… 142

一向低调、与世无争的小国国王,怎么敢不顾后果地背弃盟约,跟着几个毫不靠谱的城主起哄以前的主子呢?他是吃了豹子胆,还是被灌了迷魂汤?

第三十一章　疏勒——十字路口的绿洲 …………………… 150

中庭月色正清明,无数杨花过无影。他站在窗前,任晚风吹拂着他瘦削的脸颊。突然,他的身子开始摇晃。一个太监大喊:"皇上的风眩症犯了——"

第四编　天山十六国

第三十二章　车师前国——丝路明珠的破碎剪影 …………………… 201

丝路要冲的高昌来了一位和尚。这显然不是《西游记》里的一个镜头。他既未牵着什么白马,也没有孙悟空、猪八戒、沙和尚陪伴,而是孤身一人,风尘满面……

第三十三章　车师都尉——位置决定态度 ································ 232

说的是齐国有个好色之徒,见邻居家死了主人,遗下一大一小两个漂亮老婆,就挖空心思地去勾引。大娘子稳重贞洁,始终不肯相从;小娘子水性杨花,不久就勾搭上了……

第三十四章　狐胡——大蒜的故乡 ································ 235

张骞撑着病体,带领一些未患病的下属到野外寻找食物,发现帐篷周边长有一种野菜,因为张骞使团最初被扣在西域的狐胡国,所以大家称这种野菜为"葫草"……

第三十五章　车师后国——天山北麓一霸 ································ 239

将政敌置于危亡之地,是武后的一贯策略。曾经的宰相来济被外放到庭州,就等于把他送进了虎口与狼窝,被吃掉是必然,不被吃掉则成了偶然……

第三十六章　车师后城长国——驻屯军卫星国 ································ 280

"柔仁好儒",一直是史家对汉元帝的定评,也是一个褒多于贬的评价。但在我看来,正是因为他的仁与儒,才使得朝政管理失之于宽,犯法者得不到严惩,弄权者大行其道,外戚、宦官势倾朝野,西汉从此走向衰落……

第三十七章　蒲类——饮马巴里坤 ································ 283

亲爱的读者您可知道,素有"古牧国"和"庙宇之冠"的巴里坤,曾经是与迪化、伊犁齐名的西域"三大商埠"之一。先有了巴里坤,才有了哈密。哈密是巴里坤的儿子……

第三十八章　蒲类后国——山北"老人国" ································ 299

那一刻,雍正也许想起了590年前的岳飞,想起了大臣们嫉妒的目光,想起了这位岳家将立下的不世之功,他的心反常地一软,在折子上改签了"斩监候"三个字……

第三十九章　郁立师——月氏的分支 ································ 307

西逃的月氏人先是来到郁立师国境内小憩,抢光了这个小亲戚的财富、粮食甚至女人。无奈之下,郁立师首领只有率众沿草原丝路西走,在天山北麓的内咄谷停下了脚步……

第四十章　卑陆与卑陆后国——有关分手的故事 ·········· 312
女王所处的时代，应该是战国之前，也就是中原的西周时期。基于此，一个大胆的想象突然从我的脑海里蹦出来：卑陆后国女王是否就是传说中的西王母？

第四十一章　劫——是个时间概念吗 ·········· 320
为此，我不禁感慨，当某个国家沦落到要通过传说查找下落的地步，是这个国家的悲哀，还是史学家的悲哀？

第四十二章　东且弥与西且弥——请尝尝班勇的大刀 ·········· 323
听到来自前线的快报，班勇笑着问："砍下东且弥王脑袋的，是我借给别校的那把大刀吗？"送信的骑兵连连点头……

第四十三章　单桓——西域最小的国家 ·········· 332
那里住着一个年轻的国王和他的193个臣民，但这已是单桓国民的全部。在这个像日本炮楼一样的狭小城堡里，大家天天碰面，互相能叫得出名字，就连每家的猎狗都成了朋友……

第四十四章　乌贪訾离国——玛纳斯河畔的匈奴 ·········· 337
玛纳斯河水流潺潺，一直流进面积约550平方千米的玛纳斯湖。这个形状像一只鞋般的美丽湖泊，难道是乌贪訾离国的一个脚印？

第四十五章　乌孙——迎风怒放的天山雪莲 ·········· 342
迢迢长路上，"和亲"的车辇碾过玉门的冷月，碾过戈壁的苍凉，碾过西域的蛮荒，走完了短暂的春天和长长的夏天……

后　记 ·········· 379

第二十一章　山国——关于道路的故事

　　山国，王去长安七千一百七十里。户四百五十，口五千，胜兵千人。辅国侯、左右将、左右都尉、译长各一人。西至尉犁二百四十里，西北至焉耆百六十里，西至危须二百六十里，东南与鄯善、且末接。山出铁，民山居，寄田籴谷于焉耆、危须。

　　　　　　　　　　　　——班固《汉书》卷九十六下

一、山国没有王城吗

　　小时候，听过一个故事：一个小男孩对爸爸抱怨自己长了一对八字脚，一个小女孩对妈妈抱怨自己没有新鞋穿。两个孩子偶尔回头，发现轮椅上坐着一个和他们差不多大小的孩子，他根本就没有脚。

　　如今，我面临着和轮椅上的孩子同样的困境：早期的丝绸之路在楼兰分出了两条道路，从楼兰向西南，是我在上一章讲过的丝路南道；从楼兰向西北，是我将要讲述的丝路北道。山国，又叫墨山国，是丝路北道上的第一个国家。《汉书》上说，山国的"王"距离长安7170里，而不是"王城"的距离。它给人的直觉是，这可能是一个没有王城，找不到中心的国家。再看页下注，山东琅琊籍的唐代老学究颜师古的注释是："常在山下居，不为城治也。"也就是说，这是一个没有都城的山地民族。这一困境，显然比此前我们到达的拘弥、渠勒有都城而找不到，要难办得多。

　　就在我为未来的行程发愁时，考古一线传来消息，新疆文物考古研究所考古队在营盘古城附近，发现了一座贵族墓地。

　　众所周知，墓地是人类文明演进的"字典"。人类最早是把自己的同类甚至父母兄弟的遗体,随便抛向荒郊野外而一了百了的。后来偶然经过时,发现亲人的遗体被野兽撕扯得不堪入目,于是动了恻隐之心,用土予以掩埋。此后,每有人死亡,生者便形成了让死者入土为安的习俗,并在掩埋的地方标上记号,每逢死者入土的那天,与死者有血缘关系的人便一起来到这里用食物或礼物祭奠,由此开始了对死者尊严的保护和区别于其他动物的文明进程。再以后,祭奠由个人发展到家庭,由家庭发展到家族,由家族发展到部落,渐渐形成了越来越繁复的人际关系。纵向与横向的人情不断扭结,最终形成了人的社会属性的环环相扣,一种叫作历史的社会制度、经济关系、文化形态便层层叠叠地累积而成了。所以,考察一个国家和地区的文明演进史,坟墓是不可替代的历史标本。

这座贵族墓地坐落在库鲁克塔格山南麓,西距尉犁县城120千米,南距营盘古城大约900米,处在孔雀河北岸4千米区域内。墓地东西长1500米,南北宽数百米,墓葬在150座以上。

在墓葬出土文物中,既有汉晋丝织品、汉代铁镜,也有中亚艺术风格的皮革面具、黄金冠饰,还有希腊罗马艺术风格的金缕褛,波斯和罗马玻璃器皿、黄铜戒指、黄铜手镯以及波斯瑜石艺术品。其中一个墓主人头枕中原锦缎制成的"鸡鸣枕",身着希腊罗马风格的褛袍,头戴黄金装饰的面具,俨然是世界级艺术品超模。今天的人们只是在文献中听说过古罗马艺人高超的纺织艺术,即使在罗马本土也从未发现实物,能在如此遥远的地方发掘出古罗马织金缕,实在令西方学者艳羡不已。

贵族墓地的发现,对于西方来说,其意义在于进一步证实了古罗马的异彩辉煌;对于中国来说,其意义在于为考古和旅游增添了新的由头。而对于我这个写作者来说,超值的意义在于:第一,贵族墓地集东西方珍奇于一体,说明山国处于丝绸之路要道上;第二,连贵族都富可敌国,说明山国当年人丁兴旺,贸易发达;第三,墓地距离营盘古城仅900米,说明营盘古城有可能就是山国王城。

《水经注·河水》中说:"河水又东,迳墨山南,治墨山城,西至尉犁二百四十里。"文中的"河水"指今孔雀河,文中的"墨山"指今库鲁克塔格山,而文中的"墨山城"与尉犁的距离正好是营盘古城与古尉犁城的距离。据此可以认定,今营盘古城就是汉代山国王城。它背靠库鲁克塔格山,东接龙城雅丹奇观,西连塔里木绿色走廊,曾被史学家称为"第二楼兰"。

疑问仍在。20世纪30年代和50年代,瑞典的贝格曼和中国学者王永炎在墨山南麓的辛格尔①村西的一座沙丘上,发现了一座细石器遗址。这座辛格尔遗址,也被怀疑是墨山国都。

1989年,新疆考古工作者在尉犁县东部干草湖以西的苏盖提布拉克山谷中,发现了一座古城。从古城向北至焉耆有一条古道,沿途有成片的红柳与胡杨林带,溪水潺潺,风景如画,时常有野骆驼跑过,应该是远古丝路的大道。因此,他们认定这里才是山国故址。

二、城市断想

众所周知,城市是农业文明发展到一定高度的产物。尽管山国属于游牧区,但因为处在孔雀河畔与丝路要道上,不仅畜牧业高度发达,而且商业空前繁荣,渐渐聚集了众多的人口和大量的财富。要保护财富,必须扎紧篱笆,修筑高墙,建造城市。这也是建造山国王城的因由吧。

民国三年(1914)二月,斯坦因从吐鲁番出发,深入库鲁克塔格山麓,来到被称为"营盘"的地方。斯坦因认为:"根据所得的古物,证明这是一座堡垒。此地原名注宾,西元后的起初几世纪位于到楼兰去的河水旁边,这显然是保护中国通西域大道的一个重镇。"他对注宾的叙述显然有误,因为新发现的注宾城位于营盘东南80千米的注宾河边,著名的小河墓地就在注宾附近。但他对营盘的定位并无不妥。

至今犹在的营盘——中国考古学家黄文弼、黄盛璋等认定的山国都城,是一座具有西方特色的圆形古城,城郭、佛塔、墓地、烽火台一应俱全。同样的圆形古城尼雅、安迪尔古城、圆沙古城都已变身废墟,而营盘古城历经2000年风雨仍保存完好。

有意思的是,地处西域的这四座圆形古城,其建造者都是远古的塞人。第一编已讲过,处于今民丰县境内的尼雅古城、安迪尔古城、圆沙古城,是汉代塞人的活动区域。而营盘的建造者也有可能是塞人,根据是人

---

① 蒙古语,意思是"男性(居住)的地方"。

们在库鲁克塔格山兴地峡谷中,发现了3000年前的大型岩画,岩画创作者就是西域早期的土著——塞人。或许,塞人的一支从伊犁河南下阿姆河流域,占领了希腊移民建立的巴克特利亚王国,成立了中国史籍中所说的大夏国。在这块崭新的土地上,他们被一种圆形的城堡深深吸引。

圆形城堡的建造者,是马其顿国王亚历山大。从东周显王三十五年(前334)开始,亚历山大发起了长达10年的伟大东征,先后占领了波斯、粟特、大夏。每征服一地,他就建造一座希腊式的城堡,史称"亚历山大城"。一路建了70多座,目前考古发现的有40多座。从罗马到中亚,圆形城堡如一朵朵盛开的向日葵,诗意地怒放在高山与低谷之间。张骞出使西域时见到的蓝氏(亚历山大的汉语译名)城,就是其中一座。

大夏开始仿照希腊艺术风格兴建圆形建筑。后来,这种建筑样式从大夏传到同宗的精绝与山国,这才有了我们看到的营盘。

今天,每当有旅游者带着孩子来到营盘,便会一边参观高耸的城堡,一边对孩子们说:"那时修建这些东西,完全是为了保护居民,防御敌人的。"

事实上,旅游者只说对了一半,这些古代的防御系统有两大目的:一是把敌人挡在城外,二是把市民关在城内。

当两国开战时,进攻的一方自然会围困另一方的城堡;防守的一方会竭尽全力保卫城市。城头的攻守战必定血腥而惨烈。与此同时,那些惊慌失措的市民,只能默默地忍受饥饿,纷纷地躲避箭矢,直到战争决出胜负。那时,他们或者听任攻陷城池的敌人烧杀抢掠,奸淫妇女;或者被迫将大量生活必需品捐献给保卫城池的勇士们。不管是哪种结局,他们都将一贫如洗。

任何年代的老百姓都不会喜欢战争。当他们为了表现出一种体面的忠诚靠啃树皮、吃老鼠充饥时,他们就会打开城门,对交战双方说:"结束这种愚蠢的对殴,让我们出城放羊、经商吧!"

防止这种叛变是卫戍部队的职责。因此,古代的城池便有了双重目的。人们时常看见,守城部队会像对付城外的敌人一样,将弓箭或矛头对准城内自己的市民。

好在,山国的国王不太自私,没有拿城里市民的忍耐力做实验。每当有强敌来攻,他都会明智地投降。所以,赵破奴、班超来时,他开城投降条道路通罗马",就是这个道理。

从楼兰向西北,有两条道路,一条自楼兰故城向西,踏着无边的沙碛,穿行在库鲁克塔格山与孔雀河谷之间,先后抵达山国、尉犁、渠犁、焉耆、轮台、龟兹、姑墨、疏勒,这就是所谓的丝路北道。

还有一条道路,是自楼兰故城向北,翻越墨山,经过一片沙滩,进入吐鲁番盆地的车师国,它被称为"墨山国之路"。

为了打通"墨山国之路",西汉与东汉费尽了周折。

丝绸之路开通后,汉与匈奴的争夺集中表现在丝路北道控制权上。汉的战略意图很清楚,就是不把军事矛头指向伊吾(今哈密),因为取道伊吾,必然与游牧在巴里坤草原的匈奴发生直接冲突,并将面临大规模决战。也就是说,不到万不得已,汉不会轻易出兵东部天山。问题在于,汉越是不想出兵天山,天山下的小国就越是嚣张。公元前2世纪初,在匈奴指使下,姑师联合楼兰截杀汉使,切断了丝路北道,给了汉武帝刘彻一记清脆的耳光。

元封三年(前108),刘彻派赵破奴西征,先是俘虏了楼兰王,然后翻越人迹罕至的"墨山国之路",如神兵天降一般拿下了毫无准备的姑师,丝路北道被打通。太初三年(前102)以后,为保障丝路安全,汉从敦煌经罗布泊到龟兹,共修筑烽燧300座。从楼兰经营盘至龟兹的东西向丝路上,至今仍排列着10座汉代烽燧。而从营盘向北至库鲁克塔格山兴地山口有3座兀立的烽燧,从营盘向西南则有1座烽燧和1座麦得克圆形城堡。这就意味着,东西向烽燧与南北向烽燧的交汇点就在营盘,营盘正是丝绸之路的十字交汇点。这个十字,一头连着繁盛的长安,一头连着伟大的罗马。

想不到,赵破奴一走,车师立时倒向匈奴。天汉二年(前99),刘彻派开陵侯率领楼兰军队再次经"墨山国之路"进攻车师,由于匈奴右贤王赶来救援,开陵侯不得不撤回楼兰。征和四年(前89),重合侯马通所率的汉军与开陵侯所率的西域联军兵分两路,从南北方向围攻车师,车师王宣布投降。"墨山国之路"彻底打通,汉朝控制的楼兰、渠犁、车师形成了三角支撑之势。

西汉在伊吾、焉耆均为匈奴控制的情况下,仍能有效掌控吐鲁番盆地,所依赖的就是"墨山国之路"。从此,作为汉朝附属国,山国百姓开始

8

了。焉耆军队来时,他也投降了。不然,这里会有保存完好的营盘古城吗?当历史着眼于一个国家的荣显时,他没有什么地位;而当历史终于把着眼点更多地转向民生和环境时,他的形象就会一下子凸显出来。试想,民众是喜欢生活在一条浊浪滚滚、随时决堤的大河边,还是希望栖息在一条缓缓流淌、清洁透明的小河旁?换句话说,您是希望住在默默无闻的瑞士,还是希望身在世界焦点的埃及?

可惜,那些史学家过于势利,没有留下这几位国王的名字。但站在民生与文物保护的角度,实在应该感谢这些"软骨头"的国王。

伽利略说过,需要英雄的国家是可悲的。而孟德斯鸠说,历史苍白的国家是幸福的。这两句话足以令人类长久体会。

三、有道才有国

我们常把"路"与"道"混淆,其实"路"与"道"是有区别的。

从字形来看,"路"字可以理解为"各迈各的脚",指只要迈步前行就可以到达的路径。"道"字是金文,字面意义为"在脑袋指导下行走",指必须用脑袋思考、探索而走通的路径。也就是说,"路"是眼睛明显可见的路径;"道"则是眼睛看不到或看不清,必须由头脑分析、思考和探索才能迈步而行的路径。

自从人类进入群居时代之后,踏出一条方便进出的路径,成为一种必需的功课。人类永远都在寻找出路,从尧舜禹以降,特别是人类跨入城市文明时代后,"筚路蓝缕,以启山林"的道路寻找从来就没有停歇过,修路开始上升为一种公共事业。在有了国家之后,将道路修筑到每一个统治区,逐渐成为一种显示主权的标志。有人的地方就有路,没人的地方只要有经贸意义或军事意义,也要开辟大道。从秦代的驰道、渠道,到近代的铁道、航道,再到现代的跨江隧道、海底隧道,无不彰显着战略意图,体现着民族主权。这就是所谓的"有道才有国,有国必有道"。

山国,尽管地处山区,修筑道路极其困难,但鉴于这是一项涉及国家主权的事业,因此每一任国王在筑牢都城的同时,也会投入人力物力修筑数条通向外国的道路。道路越是四通八达,这个国家就越是强盛。"条为路经此地的汉使或军队担任向导，提供牲畜，补充给养，山国国王也常常派遣军队参加西域联军的军事行动。而山国也因为境内交通发达而繁荣起来。

四、粮与水

仅仅有了道路，就能保证国家长治久安吗？我看未必。

首先，这块土地必须保证居民的粮食供给。尽管这里有山林、草场，但无法种植庄稼。唯一的办法，就是向附近的粮食主产区购买。南部的楼兰距离最近，但楼兰人口众多，粮食尚且需要进口；西部的尉犁路途便捷，但尉犁仅仅能够保证粮食自给。粮食有剩余的，只有西北部的焉耆和焉耆北部的危须。而要到危须买粮，必须借道焉耆。也就是说，山国能否吃上饭，由焉耆说了算。

受制于人的结局只有一个，那就是唯对方的马首是瞻。对方说个长，你只能说不短；对方说个方，你只能说不圆；对方说小狗三条腿，你就得说亲眼见；对方说豆腐不好咬，你只得说嚼不烂。否则，他就不卖给你粮食，让你饿肚子；或者漫天要价，让你有苦难言。表面上，山国还是西域四十八国之一，实际上早已成为焉耆的附庸。每当焉耆归附匈奴的时候，不用问，山国也是匈奴的走卒，"墨山国之路"就会对汉朝封闭。

对此，汉人非常生气，最生气的莫过于西域都护班超。

这个满脸胡子的汉将，向来言必信，行必果，踏石留印，抓铁留痕。永元六年（94）秋，班超以龟兹为基地，征发西域联军，一举扫荡了匈奴的走卒焉耆、危须、尉犁、山国，将首犯焉耆王和尉犁王砍下脑袋，传送到京师，挂在城门上示众。山国国王也被更换，"墨山国之路"再度开放。

上承东汉，下启前凉，中原王朝以楼兰（西域长史）、高昌（戊己校尉）和大煎都侯故址（玉门关长吏）为据点，形成了品字形战略布局，扼住了交通咽喉。在这个布局中，楼兰和高昌的呼应至关重要。而实现这一功能的，无疑是沟通高昌与楼兰的"墨山国之路"。汉朝甚至曾经派出戍卒在山国屯田。

在中原王朝的统一调度下，山国的粮食供应有了保障。按说，他们可以松一口气,过一段舒心日子了。

但跟着,第二个问题来了,那就是作为国家都城,必须有充足的水源。这也就是世界上所有的古代城镇都建在河边或湖边,所有富饶美丽的现代城市都建在海边和河边的原因。

历史告诉我们,公元3世纪,山国就被焉耆吞并了。但这尚且算不上山国民众的灾难,因为国家被吞并,地位下降的只有国王,老百姓仍一如既往地过着日出放牧、日落而息的庸常日子。

真正的灾难发生在公元5世纪,塔里木河突然改道南去,造成孔雀河及其终点罗布泊渐渐枯竭。随之而来的,是美丽的楼兰连同孔雀河北岸的墨山城,由于失去水源被迫荒废,本就不多的居民陆续收拾起家什,如不系之舟,四处飘零。尽管《释迦方志》等唐代文献仍提到墨山城,但是相关文字明显抄袭前史。换句话说,从公元5世纪至今,墨山城已人去城空了1440年。

偌大的库鲁克塔格山人迹罕至,曾经驼铃声声的丝路古道也被衰草黄沙占据,只有那古堡、古塔、古墓、古代烽燧睁着空洞的眼睛,眼睛里没有瞳仁,没有光彩,更没有泪水。

这就是丝路北道的第一站。

山国小传:山国,全名墨山国,是位于今库鲁克塔格山腹地的一个山地国家。从楼兰国向北,翻越墨山,可进入吐鲁番盆地,这条道路被称为"墨山国之路";从楼兰国向西,沿着库鲁克塔格山与孔雀河谷之间的商路前行,就是所谓的丝路北道。这里尽管土地贫瘠,但交通发达,历来是大国博弈的一个点。中原朝廷在西域站稳脚跟后,甚至把烽燧修到了这里。公元5世纪,随着塔里木河改道南去,孔雀河与罗布泊渐渐枯萎,孔雀河北岸的墨山城只能接受人老珠黄、魂归黄沙的悲剧结局。

第二十二章 尉犁（Yùlí）——在孔雀河臂弯里

尉犁国，王治尉犁城，去长安六千七百五十里。户千二百，口九千六百，胜兵二千人。尉犁侯、安世侯、左右将、左右都尉、击胡君各一人，译长二人。西至都护治所三百里，南与鄯善、且末接。

——班固《汉书》卷九十六下

一、三岔口

从山国沿着丝绸之路西行，就会走近今尉犁县城。但地图上，有三条道路。

一条从塔里木河古河道与孔雀河相会处的北岸向西，进入古渠犁国境。

一条从今尉犁县城北行，经库尔勒市，过铁门关北接焉耆道。

还有一条从今尉犁县城北行，经库尔勒北行西转至乌垒。

尉犁县官方网站介绍，今尉犁县城处在西汉渠犁国境内。今库尔勒市官方网站也介绍，今库尔勒市大部处在西汉渠犁国境内。那么，西汉时期的尉犁国到底在哪儿？

《汉书》说，尉犁国都尉犁城东距长安6750里，西距都护府300里，南接鄯善、且末。渠犁国东北与尉犁、东南与且末、南与精绝接，北到都护府330里，西到龟兹国580里。焉耆国都东距长安7300里，西南至都护府400里，南至尉犁百里。山国王城西至尉犁240里。如此一来，古尉犁国都的方位就是：位于焉耆国南部42千米，都护府东部125千米，渠犁国东北部260千米，山国西部100千米的区域内①。也就是今库尔勒市东部，孔雀河上游东岸，博斯腾湖西南的一个石岗上。

这里腕挎孔雀河，背靠博斯腾湖，怀抱盆地与河流，地势险要，居高临下，是一个易守难攻的天然屏障。石匠们把石材垒砌在城门、城墙、宅府上，构成了独特的石头城风光。谁占据了这里，谁就可以藐视前方。

拥有如此的地利，尉犁国应该能风雨如磐，屹立不倒。可惜，尉犁国辜负了得天独厚的地理优势。它的历史，似乎可以用一个贬义词加以概括，那就是"趁火打劫"。征和四年（前89），汉开陵侯围攻车师，尉犁国曾派军跟随，期望在汉军取胜后大捞一把。天凤三年（16），王莽派军队进攻焉耆，尉犁国又参加了新朝与西域联军，希望在踏平焉耆后分一杯羹。在联军受到焉耆伏击时，它又伙同姑墨、危须反戈相向。

这次"趁火打劫"，给尉犁带来了偌大的利益。作为支持焉耆的补偿，在得到焉耆许可后，他不费吹灰之力，就吞并了西南部的渠犁。那段日子，尉犁王仿佛有了一个中型国家的感觉，并第一次呼吸到了自由与独立的阳光。

不久，他们就品尝了"趁火打劫"的苦果。永元六年（94），西域都护班超召集西域八国联军，征讨不服汉调遣的焉耆、尉犁，处死了焉耆王广、尉犁王汎。

三国时期，拥有2000名士兵的尉犁被拥有6000名军人的焉耆吞并。国王想找邻居诉苦，原先的邻居渠犁早就被自己吃掉了，渠犁贵族还一肚子冤屈呐。想找人主持公道，原先的"国际警察"——汉人早被自己赶跑了，而远在中原的魏国又没有底气主持公道。

二、关于名称

名称，就是个性，就是一种文化符号。大凡名称，总要遵循一定的规律，如人不能起动物名，张三不能叫张老鼠；动物不能起人名，哈巴狗不能

---

① 见孟凡人《丝绸之路史话》，社会科学文献出版社2011年版。

叫李大伟；邻近东海的地区不能叫西海,没有湖泊的地方不能叫大湖；天上的白云不能称土地,地上的江河不能叫日月。

但偏偏有些人反其道而行之,尉犁国名就是这样。

尉犁,也称尉黎,蒙古语称罗布淖尔。把这里起名罗布泊,不得不让人佩服起名人的大气魄与想象力。这里地处山岗,距离罗布泊足有200千米,如果有什么湖泊的话,只能是背后头顶上的博斯腾湖。见多识广的您可能反驳我说:"最早的罗布泊很大,湖面曾经延伸到这里。"如您所言,那是北半球被冰盖笼罩时期,这里根本没有人类,甚至没有猿猴。

至于维吾尔语称尉犁为"昆其",也就是孔雀、皮匠之意,倒是有一定道理,因为孔雀河的确流经此地,冲出了一片丰饶的绿洲。而且,孔雀无论是其形象还是美感,都远远超过"罗布"。

三、罗布麻与罗布人

在当今世界,随着人们生活水准的提高与体力劳动强度的下降,高血压已成为最常见的慢性疾病。在65岁以上的人群中,高血压患者已经达到50%以上。几乎每一名高血压病人,都知道一种名叫"罗布麻"的降压药。也就是说,大家对"罗布麻"的知晓率已经接近了阿司匹林与PPA。

奇怪的是,却很少有人知道"罗布麻"产自哪里。

其实,"罗布麻"是一种草,因产于罗布泊而得名。尽管这是一种稀松平常的草,但却有着不平凡的身世。

传说很久以前,塔里木河下游生活着一对夫妇,妻子叫罗布麻,像野花一样野性而美丽;丈夫勇敢勤劳,以乐于助人著称乡里。有一年,塔里木河突然断流,失去水源的乡亲们陷入了绝望,罗布麻的丈夫自告奋勇前去远方寻找水源,最终渴死在荒滩上。他死后,身体变成了一条波涛汹涌的大河,挽救了家乡无数的生灵。面对涛涛的河水,罗布麻一声接一声地呼唤丈夫归来,夜以继日,风雨不辍,像雕塑一样矗立在河边。天长日久,她变成了一丛蓬蓬勃勃的罗布麻。盛夏季节,罗布麻一开花,花儿密匝匝地迎风摇摆,像少妇在河畔呼唤亲人时窈窕的倩影。

注入了美丽少妇灵魂的罗布麻,是尉犁人民的最爱,也是塔里木盆地特有的植物。远古时期,她是优质的编织原料,孔雀河畔出土的3800年前的女尸,就身穿用罗布麻织成的衣物。当有一名老中医发现她有降压、止咳、平喘的药用价值之后,她的身价一升再升。有趣的是,"罗布麻"降压片的疗效尽管无可辩驳,但许多中青年高血压患者却对它敬而远之。因为它在降压的同时,也会使男人渐渐丧失性功能。

与罗布麻同属于罗布家族的,是神秋的罗布人。

顾名思义,罗布人就是生活在罗布泊地区的人。清代以前,在罗布淖尔水边生活着近500户罗布人,他们"不种五谷,不牧牲畜,唯划小舟捕鱼为食",没有武装,没有文字,讲着浑浊的罗布语,过着与世隔绝的日子。直到乾隆二十二年(1757),参赞大臣阿尔衮奉命追剿准噶尔人马,才在搜山巡湖时发现了这伙"不知有汉无论魏晋"的罗布人。当斯文·赫定进入罗布泊探险时,他的向导就是罗布人,罗布人的首府叫阿布旦。

这是一个腰杆挺直、生死不屈的族群,死后也不能倒下。死者身穿罗布麻做的五件寿衣,躺在生前使用的卡盆(胡杨舟)里,用另一只卡盆合上、盖好,再将它绑起来,直立于芦苇荡中。直到今天,它们仍屹立于茫茫风沙中,成为一道苍凉的景观。这恐怕也是罗布泊消失了,罗布人仍生生不息的一大原因吧?

如今,与维吾尔族杂居的罗布人已逐渐维吾尔化。但关于罗布麻和罗布人的故事,还藏在尉犁县罗布老人的皱纹里。别看他们已经一百多岁了,但讲起故事来脑子是不会短路的。

尉犁国小传:尉犁,又称尉黎,蒙古语称其为"罗布淖尔",维吾尔语称其为"昆其"。古尉犁腕挎孔雀河,背靠博斯腾湖,是丝路北道上一个人口近万的绿洲城邦。可惜,尉犁国辜负了这一得天独厚的地理优势,它的历史,似乎可以用一个贬义词加以概括,那就是"趁火打劫"。汉朝围攻车师时,它夹杂其中;汉军进攻焉耆时,它也加入了都护府联军。都护府联军受到焉耆伏击时,它又反戈相向,帮助焉耆将汉人赶出了西域。但到了三国时期,它却被自己帮助过的焉耆吃掉了。有人说,这有点像东郭先生和狼的故事,但它并不具备东郭先生有些迂腐的善良。如果细细分析历史就会发现,趁火打劫者的下场,似乎向来如此。

第二十三章　渠犁——汉朝的屯田基地

渠犁,城都尉一人,户百三十,口千四百八十,胜兵百五十人。东北与尉犁、东南与且末、南与精绝接。西有河,至龟兹五百八十里。自武帝初通西域,置校尉、屯田渠犁。

——班固《汉书》卷九十六下

一、话说屯田

走进历史隧道,总有一些品行不端的人站在路口,让人难以回避。更令人纠结的是,这些人的品行有时还与才能成反比。如恶宦蔡伦发明了植物纤维纸,奸相秦桧创出了仿宋体,汉奸周作人写得一手锦绣文章。

在讲述历史过程中,我也一直试图避开那些双手沾满人类鲜血的残暴君王。比如,无论是中国的政治史、经济史、文化史,还是军事史、交通史、水利史;无论你人在中原,还是置身边塞,总难以绕过一个残暴透顶的人物——始皇帝嬴政。他不仅是统一文字、统一货币、统一度量衡的政治家,而且是万里长城、郡县制、郑国渠、灵渠、驰道的发明者。我们将要到达的渠犁国,居然也没有躲开这个连天下第一刺客荆轲也没有杀死的人。

兵法云:兵马未动,粮草先行。冷兵器时代的战争,往往持续时间很长,甚至达到几十年。要应付旷日持久的战争,除了持续的兵源,就是长期而稳定的粮草供应。要保证粮食供应,需要稳固的粮食生产基地。而这种粮食生产基地,最好建在距离交战区域不远的地方。好在,秦统一六国之前的战争,由于前线距离后方基地不太远,所以无需建立专门的粮食生产后勤基地。当中原一统,秦始皇腾出手来教训北部边疆的匈奴时,后勤供给线过长、运输难度过高、战争成本过大的问题便凸显出来。

于是,秦始皇、李斯、冯去疾、蒙毅、赵高等一批聪明绝顶的人聚在一起,商讨对策。渐渐地,一个惊世奇谋诞生了:"屯田"——利用士兵和农民开垦荒地,为军队取得供养与税粮。其中,以士兵为主的屯垦称"军垦",以农民为主的屯垦称"农垦"。

史载:"始皇帝使蒙恬将十万之众,北击胡,悉此河南地,因河为塞,筑四十四县城,临河,徙适戍以充之。"这应该是中国屯田的第一声军号。而第一位负责屯田的将军,就是我的山东老乡、后来死于赵高之手的名将蒙恬。

汉初,缓过劲来的匈奴时常越过长城骚扰关内的农民,令一意"休养生息"的汉文帝刘恒一筹莫展。汉文帝十一年(前169),匈奴侵扰狄道,陇西军民以少击众,打败了匈奴军队。趁此良机,号称"智囊"的河南人晁错一股脑儿向刘恒上了三道奏疏:《言兵事疏》《守边劝农疏》和《募民实塞疏》,建议用移民实边代替轮番戍边。

晁错在奏疏中说:"秦代,从中原来到边疆的士兵不服水土,运粮困难,出现了大量的减员。加上秦法严酷,耽误行期要判死罪,终于激起了陈胜起义,导致秦灭亡。匈奴骑兵来去无时无踪,如果我们采取轮番戍边的办法很难发挥作用。"于是,他建议:"一、招募内地百姓到边塞长期安家落户,先由政府供给衣食、住房、农具、耕地,直到能够自给为止;二、按军事组织编制移民并实行军事训练,平时耕种,战时出击;三、建筑防御工事,高筑城墙,深挖壕沟,并设滚木、蒺藜。"同时,晁错又在《论贵粟疏》中建议:"全国百姓向边塞输纳粮食,以换取一定爵位或用以赎罪。"

这是一个既富有创意又稳妥严密的建议,令刘恒茅塞顿开。很快,刘恒便以罪人、奴婢和招募的农民戍边屯田,从而开辟了历代屯田政策的先河。

而西域屯田,始自刘恒的孙子汉武帝刘彻。太初三年(前102)李广利二征大宛获胜后,西域各国纷纷遣使入贡,汉派往西域的使者日益频繁。为保证丝路畅通,汉将河西长城从敦煌、玉门修到了盐泽(罗布泊)。沿长城内侧,每隔一段便建有一座烽燧。一旦爆发战争,从敦煌传出的烽火只需三昼两夜即可到达长安。在地图上,从长安伸展出的烽燧线,如一把宝剑插进了西域心脏。

第三编　丝路北道十一国

西域军队的军资与粮食如何解决？路经西域的汉使的后勤如何保障？对降服于汉的西域诸国如何制衡？一系列问题摆在刘彻面前，他想起了祖父的"屯田"之法。太初四年（前101），刘彻派田卒数百人来到渠犁、轮台屯田。

二、为什么选择这里

汉朝为什么将屯田基地选在渠犁？

我总结，原因有三：

一是气候。这一地区海拔在890—910米，年降水量在40—55毫米左右，年平均气温10℃上下，每年的无霜期有近200天，适合发展农耕业。

二是土壤。这里属于孔雀河冲击绿洲，土壤为潮土型、黄潮土、灰潮土、盐化潮土、灌溉潮土、灌溉草甸土，土质疏松，保水保肥，适种性强，有机质含量一般在1.8%—2.4%，适合种植粟（谷子）、麦（小麦）、稻（水稻）、菽（大豆）、黍（黄米）、麻（大麻）、大麦（青稞）、棉花等，是宜粮宜棉区。

三是位置。它与轮台一样，都处于丝路北道要冲，位居西域中心，直接威胁着匈奴设在焉耆的军政机构——僮仆都尉。

渠犁屯田尽管还算不上大规模屯戍，目的只是为了给汉使提供粮食，但毕竟拉开了汉西域屯田的序幕。

渠犁屯田的意义，绝不仅仅是解决了汉军与汉使的军粮那样简单，更深远的意义在于，第一，减轻了西域百姓的徭役负担，使汉朝赢得了西域国民的信赖；第二，开拓了大量洪荒之地，为西域社会经济发展提供了广阔空间；第三，传播了代田法、耦耕等汉地先进生产技术，为西域的文明进步提供了技术平台。第四，以最小的成本维持了西域诸国的秩序，有效护卫了祖国的西部边陲。新疆自古至今是中国不可分割的一部分，渠犁屯田功不可没。至于今新疆建设兵团是否属于古代屯田制度的延续，任何一个智力健全的人都能得出答案。

就这样，轮台与渠犁形成了掎角之势，直接威胁匈奴在焉耆所设立的西域军政机构——僮仆都尉。

汉宣帝刘询时期,一个名叫郑吉的汉人走向渠犁。

这是一个改变西域历史的人物。

三、郑吉其人

郑吉,会稽(今江苏吴县)人,出身下层士兵,多次随军进出西域,后来升任皇帝的侍卫郎官。奇迹,只是"努力"的另一个名字。据说,他通过不懈的奋斗渐渐形成了两个鲜明的特点:一是争强好胜,素有鸿鹄之志;二是善于动脑,专攻外交事务。他也因此被皇帝发现,并被储存在皇帝身边。

地节二年(前68),汉决定在塔里木河沿岸的千里荒滩上派军屯田,刘询想到了身边的郑吉。

是猴子,就给它一棵树;是老虎,就给他一座山。熟悉外交事务的郑吉终于派上了用场。一天,刘询诏命郑吉为侍郎,司马憙(xǐ)为校尉,率领免除刑罚的犯人进驻遥远的渠犁屯田。

秋来雁过,塔里木河北岸一片金黄。趁敌人忙于秋收,郑吉与司马憙发动西域联军1万多人,连同渠犁1500名屯田士征讨听命于匈奴的车师。大军从墨山国之路北上,悄然进入吐鲁番盆地,一举攻陷了交河城。可惜的是,车师王乌贵已提前闻讯逃进北部石城,龟缩不出。考虑到军粮将尽,郑吉率军回到渠犁组织秋收。

心硬之人绝不会给对手以喘息之机。秋收一结束,郑吉又发兵攻打车师王乌贵避难的石城。听到探马的报告,车师王乌贵率部分随从向北逃进匈奴边境求救,但匈奴未予理睬。走出匈奴大帐,车师王乌贵一脸的无奈与愁怨。车师王乌贵对并行的车师贵族苏犹叹息道:"匈奴人见死不救,我们只能向汉军投降,可是,我拿什么取得汉军的信任呢?"苏犹沉思良久,回应说:"那就顺道抢劫匈奴旁边的小蒲类国,以抢劫的财物为信物向郑吉投降吧。"闻言,两人会心一笑。

随着蒲类国的遭殃,郑吉接受了车师王乌贵的请降。

听说车师王乌贵投降了汉朝,并且劫掠了匈奴附属国蒲类,匈奴终于失去耐心,发兵攻打车师。接到线报,郑吉从渠犁率兵北上迎战,对郑吉早有忌惮的匈奴人无奈退兵。此后,郑吉留下一个军侯及20名士兵保卫乌贵,自己领兵回到渠犁屯田。经历过这样一番折腾,乌贵已变得胆小如鼠,他时时担心匈奴军队前去杀他,于是只身逃到乌孙,撇下妻子儿女在车师城中日夜哭泣。

郑吉派人将车师王的妻子迎接到了渠犁。

不久,郑吉回朝复命,刚刚行进到酒泉,便接到了刘询的诏书,诏书命他立即回到渠犁与车师屯田,增加积粮以安定西域,然后积蓄力量对付匈奴。

明白了刘询的决心,郑吉开始一心一意地经营西域事务。一方面,他派出得力部下将车师王的妻子送往长安,使之成为车师在汉的代表;另一方面,从渠犁抽调300名士兵进驻车师屯田。

消息传进单于庭,匈奴贵族们纷纷建议说:"车师地肥美,近匈奴,使汉得之,多田积谷,必害人国,不可不争也!"果然,匈奴单于派遣骑兵前往袭击汉屯田士卒。为了应付匈奴人的袭击,郑吉将1500名渠犁屯田士全部调到车师屯田。匈奴又增调骑兵前来攻击,寡不敌众的屯田士退守车师城。城下的匈奴人对城头的郑吉高喊:"单于必争此地,不可田也!"

面对危局,郑吉草拟了一封求救信,派出快马星夜出城赶赴朝廷。郑吉在信中对刘询说:"车师距离渠犁千余里,中间隔着高山大河,而车师又邻近匈奴,一旦匈奴骑兵发起攻击,身在渠犁的汉军难以及时相救,请陛下增加田卒的数量。"

接到书信,刘询与群臣朝议对策。多数大臣认为,当务之急是解车师之围,但解围之后应该放弃车师屯田。因为车师距离匈奴太近,增派军队势必增加国家负担,而且占领车师与否与丝绸之路影响不大。于是,刘询诏命长罗侯常惠,带领张掖、酒泉骑兵开往车师北部千余里的区域,表面上声称断敌退路,实际上是为解车师之围。

匈奴骑兵果然退去,郑吉顺利回到渠犁,渠犁首次出现了三名校尉一起屯田的局面。

一天,刘询颁布了两道诏令:一是立在焉耆避难的车师前太子军宿为王,将车师国民迁到了渠犁。二是因经营渠犁与车师之功,郑吉被提升为卫司马,成为汉朝护鄯善以西(也就是丝路南道)使者。新车师王与郑吉皆大欢喜。

不久,匈奴爆发内讧,理应继承单于位的日逐王先贤掸被人篡权后又遭排挤,于神爵二年(前60)秋派人前来与郑吉秘密联系降汉事宜。郑吉当即发动渠犁、龟兹各国5万人迎接日逐王,日逐王率12位将军和1.2万名部下随郑吉抵达河曲地区。途中,部分匈奴军人逃亡,被郑吉悉数追杀。最终,郑吉将日逐王及其部下安全送到京师,日逐王被封为归德侯。受命统辖西域的日逐王一投降,匈奴在西域的最高统治者——僮仆都尉"由此罢,匈奴益弱,不得近西域"。

"威震西域"的郑吉,在护卫丝路南道的同时,开始兼护车师西北方各国(也就是丝路北道),因此号称"都护"。西域都护,始自郑吉,所以史称:"汉之号令班于西域矣,始自张骞而成于郑吉。"

刘询在诏书中也不无深情地说:"都护西域骑都尉郑吉,拊循外蛮,宣明威信,迎降匈奴单于从兄日逐王之部众,击破车师兜訾城,功勋卓著,特封郑吉为安远侯,食邑千户。"这一年是神爵三年(前59)。

郑吉将都护府设在了乌垒城。他在乌垒城的故事,将在《轮台》一章讲述。

四、失去郑吉的日子

郑吉走到哪里,就会将大量的士卒带到哪里,哪里就是西域的行政中心。这样一来,渠犁的零落便成为必然。

而且,渠犁国太富庶,太广阔了,它北邻轮台,东接博斯腾湖西南的尉犁,几乎占据了整个塔里木河中下游地区,是一块人人都想分享的肥肉。更难堪的是,这个比尉犁国的国土面积大几倍的国家,居民人数却只有对方的六分之一,原来随车师王迁来的车师人也已随郑吉去了轮台,一旦汉的势力衰微,强邻尉犁来攻,渠犁国王的选择恐怕只有两个,一是逃跑,二是投降。

还好,郑吉在乌垒城风生水起,他的老巢渠犁国也平安无事。

在桑弘羊"益通沟渠""益垦溉田"的宏伟蓝图实施后,渠犁、轮台一带沃野百里,沟渠纵横。在库车南部的沙雅县发现的全长100千米的黑太也拉克(汉人渠),由红土筑成,宽约6米。直到20世纪80年代,考古工作者还能看到古渠道的遗迹,称它"宛若一道逶迤远去的土堤"①。

但渠犁人最担心的事情还是到来了。半个多世纪后,西域都护但钦被焉耆攻杀。王莽发兵报复未果,中原势力淡出西域。

昔日最受汉人宠信的渠犁王立时退到了历史的悬崖边,成为反叛势力攻击的对象。率兵到来的尉犁王只轻轻一掌,便把渠犁推进了历史的深山。

末了,尉犁王还恨恨地说:"让你狐假虎威!"

正如当代史学家李锐所说:"历史从来就是芸芸众生万劫不复的彼岸。"就这样,渠犁被只有一字之差的尉犁所覆盖,不仅仅是塔里木河边的广袤原野,还有自己那人所共知的姓名。

如今,当我们在尉犁县城的大街上,问当地人这里是否是古代的渠犁国,他们十有八九会摇头说:"不知道!"

请不要责怪他们,因为他们多是唐朝之后从外地迁来的维吾尔族、回族和汉人,因为他们从书本里根本读不到这一段被边缘化的历史。

渠犁国小传:渠犁,位于今尉犁县境内。李广利二征大宛获胜后,为保证丝绸之路的畅通,汉武帝派田卒数百人挺进渠犁、轮台屯田。从此,渠犁与轮台呈掎角之势,共同编织起西域霸主匈奴人的噩梦。汉宣帝当政时期,士兵出身的郑吉率领1500名刑徒士来到渠犁屯田,并以此为基地适时出手,吐纳风云。汉末,随着汉人退出西域,亲汉的渠犁被尉犁所覆盖,包括那个曾经光耀汉册的闪光名字。

---

① 见王炳华《丝绸之路考古研究》,新疆人民出版社1993年版。

第二十四章　焉耆（Yānqí）——一抹美丽的胭脂红

焉耆国，王治员渠城，去长安七千三百里。户四千，口三万二千一百，胜兵六千人。西南至都护治所四百里，南至尉犁百里，北与乌孙接。

——班固《汉书》卷九十六下

一、一个香艳的名字

林花谢了春红，太匆匆，
无奈朝来寒雨晚来风。
胭脂泪，相留醉，几时重，
自是人生长恨水长东。

这首凄婉秀美的词名叫《相见欢》，作者是南唐风流君主李煜，词中有一个香艳的词汇——胭脂。

"胭脂"，原产于中国西北的焉支山，实际上是一种名叫"红蓝"的花朵，它的花瓣中含有红、黄两种色素，花开之时被整朵摘下，然后放在石钵中反复杵（chǔ）槌，淘去黄汁后，便得到了鲜艳的红色染料。第一个享受这一成果的，当然是当地最高统治者匈奴单于的妻子。

一天，匈奴单于与妻子宴请群臣与家属。单于的妻子一露面，便在贵族妇女中引发了一阵惊呼，因为她那苍白而粗糙的面庞，突然变得无比红润而生动，难道她施展了什么魔法？当知道了原因，她们便纷纷仿效，每次出门都要以这种颜料妆饰脸面。后来，这种颜料发展为两种，一种是以丝绵蘸红蓝花汁制成,名为"绵燕支";另一种是加工成小而薄的花片,名叫"金花燕支"。两种燕支都可经过阴干处理,成为一种稠密润滑的脂膏。从此,燕支被写成"姻脂""臙脂",成为古代女人的最爱与美丽的代名词。后来,焉支山被汉将霍去病攻占,匈奴有歌曰:"亡我祁连山,使我六畜不番息;失我焉支山,使我妇女无颜色。"唐朝李白也在诗中感叹:"焉支落汉家,妇女无花色。"

以美好的事物为自己命名,是人类千年不变的喜好,如桑弘羊、花木兰、温庭筠、李清照、朱元璋、左宗棠、王昆仑、关山月、琼瑶、柏杨、冯骥才、谢杏芳、张柏芝。于是,单于妻子的尊号变成了"阏氏（Yānzhī）"。

而且,这种喜好逐渐扩展到地名、国名,如于阗、楼兰、燕国、云南、哈尔滨、吉林拉尔、乌鲁木齐。肯定是出于对南部的楼兰、于阗这些美名的羡慕,也受到河西有一座焉支山,单于妻子更名阏氏的启发,西域中部的一个国家取名焉支。后来,焉支被写作焉耆。

笔者之所以认定焉耆源于焉支,最早的根据是《汉语外来词词典》说"烟支"一词源于匈奴。① 河西走廊曾由张掖以东的月氏和张掖以西的乌孙占据着,"焉支山"是在匈奴进入前由月氏命名的。汉语史籍中"焉支"一语,是由东伊朗语、月氏语音译过来的,是匈奴语中的借词。焉耆属大月氏乌绎部,又称乌夷、乌彝、乌耆、乌缠。

换句话说,这是一个胭脂装饰的国度。

这个结论成立吗？焉耆人是否是从河西迁来的大月氏呢？

二、西迁路线推想

关于大月氏西迁,历史早有记载。《史记·大宛列传》说:"始月氏居敦煌、祁连间,及为匈奴所败,乃远去。"《汉书·西域传》进一步解释说:"大月氏西破走塞王,塞王南越悬度,大月氏居其地。后乌孙昆莫击破大

---

① 对于焉耆地名,刘正琰在《汉语外来词词典》中收录了汉语音译10种写法:焉支、燕支、烟支、胭脂、胭支、燕脂、烟肢、燃支、焉耆、焉提。《二十四史》写作"焉耆";《佛国记》《水经注》《释氏西域记》写作"乌彝";《大唐西域记》写作"阿耆尼",阿耆尼在梵语中是火神之意。看来,乌彝、阿耆尼等都是"焉耆"的同音异译。

月氏,大月氏西徙臣大夏,而乌孙昆莫击之,故乌孙民有塞种、大月氏种云。"可见,大月氏离开河西后,主力退却到了原塞人占据的伊犁河流域。

问题在于,大月氏从河西走廊西逃伊犁走的是哪一条路呢?他们是否经过焉耆?

日本学者藤田丰八说:"大月氏为匈奴所破,乃沿天山北侧,而入伊犁。至于乌孙,复追逐其后,以进伊犁,其经过事实当甚明显。"这一说法,似乎很有道理,因为天山北麓的确有一条草原丝路直达伊犁,相对便捷,非常适宜身为游牧民族的大月氏行走。但问题不在于路途是否便捷,而在于是否安全。史载,月氏早在河西游牧的时候,就血洗了邻居乌孙,迫使乌孙余部归顺匈奴,继而迁徙到了东部天山的哈密、巴里坤及天山北麓的吉木萨尔一带。现在月氏被匈奴打败后西迁,如果取道天山北麓,势必要向驻牧此地的乌孙借道,乌孙能答应吗?

《史记·匈奴列传》记载,匈奴单于冒顿击败东胡,"既归,西击走月氏,南并楼烦、河南白羊王。"这里所说的匈奴西击走月氏时,正值刘邦与项羽相持时期,即汉高帝刘邦元年至五年(前206—前202)。既然说是"西击走",月氏至少要离开河西故地,开始向西北迁徙。《后汉书·西羌传》说"月氏王为匈奴冒顿所杀,余种分散,西逾葱岭",正是指的这次袭击。所以,史学家苏北海推测,这时西域还没有匈奴,而乌孙则占有哈密、巴里坤、吉木萨尔一带,是以月氏西迁必然是沿着疏勒河西进,经罗布泊、楼兰国,之后兵分两路,一路北上焉耆盆地,一路西去库车绿洲。[①] 在那里,他们与同宗的古墓沟人汇合,顺便建立了焉耆国和龟兹国。

汉文帝前元四年(前176),冒顿"罚右贤王,使至西方求月氏击之"。我们必须注意,这次不是"西击走",而是"至西方求",可见月氏被冒顿击破后,早已离开河西走廊,此时月氏所在的"西方",应该是焉耆与龟兹。战争的结果,如匈奴单于给汉帝的信中所言:"(匈奴)吏卒良,马力强,以灭夷月氏,尽斩杀降下定之。楼兰、乌孙、呼揭及其旁二十六国皆已为匈奴。"这段文字摘自《史记》,是匈奴西击月氏的第二次记载。

匈奴第三次攻击月氏,见于《史记·大宛列传》:"至匈奴老上单于,杀月氏王,以其头为饮器。"据推断,这次攻击在汉文帝六年(前174)或者

---

① 见苏北海《丝绸之路与龟兹历史文化》,新疆人民出版社1996年版。

稍后。此时的大月氏,肯定在西域。

经过后两次致命的打击,状如惊弓之鸟的大月氏,将一部分部落留下继续经营焉耆和龟兹,大部分人再次兵分两路,第一路北上焉耆盆地,进入天山,然后沿着草原通道,西经今巴音布鲁克草原、巩乃斯川到达伊犁;第二路沿塔里木河北缘西去,经过库车、阿克苏、乌什,穿过别迭里山口进入伊塞克湖周边。

对于第二路的行进路线,还有一种说法,就是从龟兹北行,经黑英山盆地、阿克布拉克草原,穿越天山山口,从今特克斯县西行抵达昭苏草原——后来乌孙国的夏都。这条道路,不必翻越冰封的天山山巅,而且距离最短,应该是当时龟兹北部的游牧民熟悉的便捷通道。西域都护府设立后,都护府大军曾屡次经过这一通道救援乌孙,因此,大月氏人应该不至于舍近求远,跑到西部去傻乎乎地翻越别迭里山口。

进入伊犁河流域后,恰如亡命徒一般的大月氏杀败了当地的塞人,赶走了塞王,占据了美丽富饶的伊犁河、楚河流域。

与此相印证,敦煌写本《西天路竟》说自高昌国"西行一千里至月氏国,又西行一千里至龟兹国",显然是把焉耆地区说成了月氏国。[①] 慧琳在《一切经音义·屈支国下》中说:"古名月支,或名月氏,或名屈茨,或名乌孙,或名乌垒,案蕃国多因所亡之王立名,或随地随城立称,即今龟兹国也",又把龟兹国指称为月氏,可见库车绿洲确有不少月氏人。《五代史会要》则称焉耆龙家为"小月氏之遗种"。这些都说明月氏在西迁伊犁河之前,的确曾在焉耆、龟兹一带的天山中驻牧。

语言学的证据是,焉耆人的语言属吐火罗语A,龟兹人的语言是吐火罗语B,而后来迁居大夏的大月氏被称为吐火罗人,大月氏的官方语言就是吐火罗语。

更重要的证据来自于人类学实验室。考古界在今和静县察吾呼4号墓地发现了104个古焉耆国人体标本,经碳-14测定距今约3000年至2500年,头骨与哈密焉布拉克墓地的头骨接近,较晚于孔雀河古墓沟原始欧洲类型,面部特征比古墓沟人更具现代性。人类学家推测,这些欧洲人种北欧类型一部分是从南部的孔雀河迁徙到这里的古墓沟人,一部分

---

① 见黄盛璋,敦煌写本《西天路竟》历史地理研究,《历史地理》1981年创刊号。

是从河西走廊迁来的大月氏。他们与龟兹人、贵霜人有着共同的起源。

当时,大月氏一部之所以留在焉耆,是因为这是一方风水宝地。

三、风水宝地

风水,本为相地之术,即临场校察地理的方法。相传风水的创始人是九天玄女。风水的核心思想是人与自然的和谐,早期的风水主要关乎宫殿、住宅、村落、墓地的选址、座向、建设等方法及原则,原意是选择合适地方的学问,后来发展为中国独有的一门玄学。风水学提倡坐北朝南、背山望水、左青龙、右白虎、南朱雀、北玄武。也就是后有靠山、左有青龙、右有白虎、前有案山、中有明堂,水流曲折,藏风聚气。

由于风水学做到了军事、地理与人文的高度契合,所以逐渐被历代帝王所接受。北京之所以成为政治中心,是因为它北依燕山山脉,南控华北平原,西南有太行余脉,东面是渤海湾。蒙古贵族巴图南曾向忽必烈建议:"幽燕之地,龙盘虎踞,形势雄伟,南控江淮,北连朔漠。且天子必居中以受四方朝觐,大王果欲经营天下,驻跸之所,非燕不可。"于是忽必烈下决心定都北京,此后北京也成为明、清及新中国的都城。

南京西有石头城,故址在今南京清凉山,像一个蹲踞的老虎;东有钟山,像一条盘曲的卧龙,历来有"虎踞龙盘"的美誉。据晋代张勃的《吴录》记载,诸葛亮一进南京便感叹道:"钟山龙盘,石头虎踞,此帝王之宅也!"此后,吴、东晋、宋、齐、梁、陈先后在这里建都,南京因此被称为"六朝古都"。

显然,焉耆人在栖息地选择上也不例外。焉耆盆地,位于新疆塔里木盆地东北侧,是天山主脉与其支脉之间的中生代断陷盆地,由西北向东南倾斜,边缘海拔1200米左右,东西长170千米,南北宽80千米,面积约1.3万平方千米。盆地北依海拔4100米以上的喀拉乌成山和博尔托乌拉山,东有孔雀河源博斯腾湖,西北有号称新疆八大河流之一的开都河注入,南端是一夫当关、万夫莫开的遮留谷与铁门关。南、北、东面的山口是丝路咽喉,战略地位非同一般。

汉代,这里拥挤着焉耆、尉犁、危须、山国四个城邦国家,每个国家都自有王城。三国时期,焉耆吞并了周边小国,连盆地也改姓了焉耆。焉耆国先后出现了九座城池:南河城、员渠城、唐焉耆都督府城、焉耆军城、晋左回城、尉犁城、唐火烧城、兰城守捉、于术守捉城。

考古成果显示,汉代的南河城与员渠城乃是一座城池,是今焉耆县城西南14千米处的四十里城子,也就是博格达沁古城。处于开都河南岸的博格达沁古城遗址共有三座,一座在巴扎东约3千米处,城墙周长2856米,城内已变为泥淖,建筑物也荡然无存;另一座在小巴扎东南约35千米处,城址面积较小,四周仅存墙基;第三座在大城遗址西北,周长约445米,城墙东边有一座长94.5米、宽15米的长方形土台。千年的风雨,已经将这座辉煌灿烂的城池变得面目全非。站在这片凄凉的废墟上,我们只能凭空想象焉耆古国的风雷激荡与云卷云舒。

是啊,这是一块多么神奇的土地呀,静与动,情与仇,血与火,自然与人文,落寞与辉煌,柔美与刚烈,白种人与黄种人,汉文化与犍陀罗,如此完美地交织在一起,撼悠悠天地,泣万古生灵。

四、与王莽翻脸

似乎,焉耆生来就是一个仆人。

对此,焉耆大可不必过于悲戚,因为任何人与匈奴帝国最伟大的单于冒顿生活在同一时代,都将无一例外是配角或者顺民。您想,连强大的汉开国皇帝刘邦都经历了"平城之围",皇后吕雉都蒙受了"书信之耻",世界东方哪还有人敢与之叫板?

匈奴将西域各国征服之后,采取了三条统治措施:一是设置官员,先后由右贤王、日逐王统辖西域,公元前93年左右又设立了僮仆都尉,常驻在焉耆、危须、尉犁之间,向各国收取赋税。二是实行人质制度,强令各国将王子派到匈奴单于庭做人质。三是设置监国、常派使团,一方面在战略重地设置监国,直接进行军政控制;一方面派使者或使团巡历各国,加强监督。因此,焉耆等西域各国只能默默垂泪,有苦难言。

直到时光流逝了半个世纪,冒顿的尸首风干之后,汉才有了与匈奴一决雌雄的底气。元狩二年(前121),汉将霍去病率领骑兵将匈奴逐出了河西走廊。元封三年(前108),汉将赵破奴又奉命西征,将滴血的刀剑对准了妄杀汉使的楼兰与姑师,大宛、乌孙等西域大国纷纷派出使者向汉示好,拥有6000士兵的焉耆也乖乖地降汉。

西域都护府对于距离仅有400里的焉耆十分重视,专门奏请朝廷在焉耆人中任命了击胡侯、却胡侯、辅国侯、左右将、左右都尉、击胡左右君、击车师君、归义车师君各一人,击胡都尉、击胡君各二人,译长三人。焉耆享受汉朝俸禄的人数,在西域各国中名列前茅。甘露三年(前51),汉屯田校尉辛庆忌率千名田卒从赤谷来到焉耆屯田。接下来的近百年,焉耆躲在汉这棵大树下,没有战事,也无人关注。

焉耆第一次走到舞台中央,还是因为前后半生判若两人的历史传奇人物王莽。

> 赠君一法决狐疑,不用钻龟与祝蓍。
> 试玉要烧三日满,辨材须待七年期。
> 周公恐惧流言日,王莽谦恭未篡时。
> 向使当初身便死,一生真伪复谁知?

这是唐代诗人白居易《放言五首》中的第三首。意思是说,当年周公忠心不二地辅佐成王,有流言说他试图篡位,他也会感到恐惧。而王莽辅佐汉平帝,尚未篡汉时又表现得谦恭敦厚,礼贤下士。如果周公和王莽早早就去世了,那么他们品格的真伪又有谁能知道呢?

竟宁元年(前33),刘奭驾崩,汉成帝刘骜尊母亲王政君为皇太后,拜大舅舅王凤为大司马、大将军,其余六个舅舅也都封侯,外戚王氏成为汉开国以来最为显赫的家族。一般说来,豪门子弟都免不了一些共同的毛病:声色犬马、眼高手低以及缺乏自制力。王氏子弟中唯一的例外,是王太后同父异母兄弟王曼的次子王莽。少年丧父的王莽家境贫寒,时常穿着露出大腿的裤子,所以他的座右铭是:尽可能站着,既显得谦恭,又可节省裤子。

王莽受到重视,是从侍奉大伯王凤开始的。王凤病重时,王莽"亲尝药,乱首垢面,不解衣带连月",弥留之际的王凤深受感动,把王莽托付给了太后。王莽被任命为黄门郎,继而被提拔为护卫京师的高官——射声校尉。

渐渐地,他以惯常的谦恭与超群的智慧赢得了朝野的认可,当朝名士纷纷向刘骜举荐他。永始元年(前16),他被刘骜封为新都侯,官拜骑都尉光禄大夫侍中。绥和元年(前8),王莽被提升为大司马,执掌朝政。这一年,他38岁,司马迁被处以宫刑那年也是38岁。在司马迁以非人的岁月来磨砺以人为本的历史,以自己失性的身躯呼唤大地刚健的雄风,以残留的日子来评判历史人物是非曲直的年龄,王莽正为完成他那天下第一伪君子的人格塑造而鞠躬尽瘁。

一次,他的母亲生病,公卿列侯的夫人前来探视,王莽的妻子身着粗衣出门迎接,竟被丰容靓饰的贵夫人们视为女佣。当她们明白真相时,均惊骇不已。王莽的廉洁之名,不胫而走。

绥和二年(前7)初,刘骜去世,侄儿刘欣继位,是为汉哀帝。对外戚干政不满的刘欣一上台,便拼命排挤王莽,王莽不得不回到封地闭门闲居。期间,他的次子王获杀了奴仆,王莽竟然逼迫王获自杀。在王莽闲居的三年中,为其上书申冤的官吏竟达百人之多。元寿元年(前2)正月,发生日食,群臣将此归结为对王莽的疏离,刘欣只得将王莽召回长安。次年夏天,无子的刘欣突然驾崩,刘欣年仅9岁的堂弟刘衎(kàn)被立为皇帝,是为汉平帝,名义上由70岁的王太后临朝称制,朝政大权实际上落入王莽手中。

元始二年(2)春,华北爆发旱灾与蝗灾,百姓纷纷流亡。王莽捐出30顷土地和100万钱救济灾民,他还坚持不吃肉,以示与民同苦,期间又处死了犯罪的长子王宇。元始四年(4),他被加封为"宰衡",王莽不得已接受了封号,但坚持不接受增封的土地。群臣见王莽拒不接受赏赐,纷纷上书劝说。截至第二年四月,官民上书者竟达48.7572万人。结果,王莽被赐以"九锡",无限接近了皇帝之位。

他人生的峰巅终于来到了。元始五年(5),王莽将口出怨言的刘衎毒死,从汉宣帝玄孙中选择2岁的刘婴为嗣君,史称"孺子婴"。王太后下诏宣布王莽摄行皇帝之事,称为摄皇帝。第二年,王莽又被王太后任命为"假皇帝"。始初元年(8),王莽拿着一个儒生送进汉高帝神庙的铜匣前去拜谒太后,说明自己应当服从天意受禅为帝,王太后这才瞠目结舌。

在王太后悔穿肝肠的哭声中,王莽穿上天子冠服,在未央宫前殿宣布接受赤帝刘邦的禅让,改国号为"新"。这场禅让仪式,颇像一对私通的男女,孩子已经出生了,再去补办一个婚姻登记手续,显得十分滑稽。

登基后的王莽封孺子婴为"定安公"。封赏完毕,他拉着孺子婴的手,流着泪说:"古时周公摄位,最后把王权又还给周成王。我本打算也这样做,无奈天命难违,不能按自己的心愿再把皇位交给你了。"5岁的孺子婴只是愣愣地瞅着他,文武百官也纷纷落泪。是为王莽的行动所感动?还是哀叹汉家天下的衰亡?历史无法探知。

我们能探知的只有,王莽的每一步都处心积虑,绞尽脑汁。他是中国历史上最著名的野心家、阴谋家,他不仅骗过了对他无限信任的姑母王太后,而且骗过了无数对他佩服得五体投地的臣民,还几乎骗过了汉末长达30年客观而冷峻的历史。这个为了实现自己的政治目的,先后杀死了两个亲生儿子的人,该有一颗多么硬的心!

其实,透过谦恭的表象,早在他担任新都侯的时候,就显出了嗜杀的本性。当时,西域发生了两件意外的事,车师后王姑句和去胡来王唐兜先后投降了匈奴,而这时的匈奴与汉关系已经缓和。出人意料的选择,一定有出人意料的理由。原来,车师后王姑句与戊己校尉徐普发生了争执,去胡来王唐兜则是因为西域都护但钦见死不救。两人都有前因,罪不至死,王莽却执意杀死了他们。西域各国心中不服,只是不敢明言。

民主是一个人怕所有人,专制是所有人怕一个人。王莽篡位后,他此前的礼贤下士、爱民胜子统统成为过去,人们看到的,是一个忠奸不分、恣意妄为,视臣民如草芥,视外交如儿戏的大无赖和大恶霸。他所倡导的土地国有化改革其实是西周井田制的翻版,地主们并不买账;他所组织的工商业改造属于"一刀切",目的是强化政府垄断;他所推行的货币改革朝令夕改,货币种类达到了28种。王莽还将汉朝所封的"王""侯"改称为"公",将周边民族的"王"降格成"侯",然后派出12名武威将赴各地更换印信。更过分的是,新始建国二年(10),西域都护但钦砍掉了车师后国新王须置离的带发人头,在西域各国怨恨的怒火上使劲添了一把柴。下一年,王莽将匈奴单于改名"降奴单于",还引诱呼韩邪单于的儿子们来降,准备把匈奴分成15部分,设立15个单于。应该说,王莽的强硬算是一雪汉人数百年来靠女人胸脯免于挨打的奇耻大辱,然而民族情绪无法凭空化解残酷的现实,他的莽撞与高傲终于引来匈奴的大举入寇,朝廷被迫动员30万甲卒应战,为对付匈奴而强征高丽兵马,结果又引发了高丽叛乱,而原本波澜不惊的西域也乌云密布。只要你回到当年的西域,回到那个风起云涌的暴风雨前夜,就会感受到每一升空气里都凝聚着失望、激愤与反抗。

焉耆率先站了出来,攻杀了王莽在西域的最高代表——西域都护但钦。对此,中原人肯定有抵触情绪。但是,中原人民能发起反对王莽的起义,为什么焉耆不能?站在中华五十六个民族的历史高度,我们无法也不能对焉耆此举说三道四。

天凤三年(16),王莽派五威将王骏、西域都护李崇、戊己校尉郭钦到达西域。尽管焉耆王也假装附汉,但王骏等人还是征调西域联军,兵分数路进入焉耆。

接到线报,焉耆王一边暗中派人与混在王骏队伍里的姑墨、尉犁、危须军队联络,一边派出大军在险要处埋伏。数千名焉耆引弓之士,紧绷如浑圆的月亮,射出如许的欲望和嗜血的笑。等王骏大摇大摆地进入焉耆布下的口袋阵后,焉耆大军从小道两旁发起攻击,将箭矢像暴雨一般泼向王骏,姑墨、尉犁、危须军队又临阵倒戈,王骏阵亡。李崇只得收拾残余退入龟兹国。只有戊己校尉郭钦率领的军队,趁焉耆主力打仗未归,攻杀了焉耆城中的老弱残兵,然后引兵退回中原。

回到朝廷后,郭钦被王莽封为剡(shān,意为"以刀断物")胡子。但这不过是一种外强中干的安慰之举,王莽再也无力染指西域,更无法惩罚一再翻脸的焉耆。

一波未平,一波又起。新政府疲于奔命,当年热情拥戴王莽上台的臣民,特别是知识分子,摇身一变,成了激烈的反对者,全民的集体失忆和翻脸无情,终于把这位"大公无私"的理想主义者送上了断头台。王莽至死也不明白,为何"天下为公"的口号用于取天下则可,用于治天下则不行?

对于王莽一朝,生活在伊尔汗国的拉施特介绍得极为简洁:"第十七朝:王莽,1人,当权15年。15年后群臣合力推翻王莽,活剥其皮,推举前朝景帝的七代孙更始刘玄继承王位。"①

王莽死后,李崇也音讯全无,西域脱离了中原的怀抱,焉耆的好日子应该来到了。

---

① 见王一丹《波斯拉施特〈史集·中国史〉研究与文本翻译》,昆仑出版社2006年版。

五、翻云覆雨

但想象与现实之间总有差距。中原势力退出西域后,莎车国仍然打起效忠天子的大旗与匈奴相抗,居然取得了意想不到的效果,许多担心被匈奴吃掉的小国聚集到莎车周围。与匈奴走得过近的焉耆受到冷落,根本无力与莎车叫板。于是,焉耆王内心滋生出一种"酸葡萄"情结。

建武二十一年(45)及下一年,西域各国两次遣使要求朝廷派驻西域都护,光武帝刘秀一直没有答应。直到莎车王贤被于阗王杀死,匈奴势力才重掌西域。焉耆作为亲匈奴派的盟主,开始走到西域政治舞台的中央,占有了最多的机位,有了更多的特写镜头,还常常对着西域国王们唾液横飞地发表演讲。

东汉重开西域的伟业贯穿了同北匈奴的贴身肉搏,焉耆一度是北匈奴的忠实追随者,成为汉开西域的主要阻力。汉明帝两次派遣大将窦固出师,先是夺取了伊吾庐,设立了宜禾都尉;然后占领了车师前后部,重新设置了西域都护、戊己校尉,并派遣班超打通了丝路南道。但到了永平十八年(75),滚滚的乌云笼罩了晨曦初现的西域,北匈奴包围了天山北麓的汉军,与此相呼应,亲匈奴派盟主焉耆联合龟兹发兵歼灭了西域都护陈睦、副校尉郭恂及其吏士2000余人,天山南麓汉兵也全军覆没。只剩下班超在西域西部,凭借于阗、疏勒军民的拥戴苟延残喘。

天黑透了的时候,更能看得见星光。您无法想象一个超级刺客心的硬度与胆的大小,更无法预知一支36人的骑兵分队怎样改变历史。但班超不仅做到了,而且做得惊天地泣鬼神,令西域各国目瞪口呆,心惊胆战。西域南道各国一一折服了,龟兹、姑墨、温宿等北道诸国也于永元三年(91)向班超归降。班超荣升西域都护,移驻它乾城(今新疆新和县西南大望库木旧城)。

大漠日落时分,班超一动不动地立在城头,胡须像钢针一样横在腮边,一双穿透大漠的眼睛直视东方——那里,只剩下一伙不识时务的家伙:焉耆王广及其爪牙危须、尉犁、山国了,自己必须"饮马孔雀河",尽快为东汉的西域统一大业画上句号。

永元六年(94),班超亲率龟兹、鄯善等西域联军7万余人,对焉耆发动了决定性的一击。战争进程恰如班超的想象,焉耆王广被诱出员渠城斩首示众,1.5万余名军民及30余万头牲畜成为联军战利品,班超顺利实现了"饮马孔雀河"的豪言,这段河流从此被称为"饮马河"。

战后,汉和帝刘肇(zhào)另立在东汉做过侍子的左侯元孟为焉耆王,在焉耆开启了接受中央王朝册封的先例。班超在焉耆驻扎达半年之久,直到焉耆人心稳定方才离去。此后,西域各国纷纷纳质内附东汉,近200年前西汉迫降大宛之后的情景得以再现。按说,如果没有班超,元孟可能永远成不了焉耆王,他最该感谢的人就是班超与东汉。但当班超返回洛阳以后,焉耆王元孟带头反对新任西域都护任尚,四面楚歌的任尚只得灰溜溜地退回关内。

难道东汉真的无人能延续班超的伟业吗?

六、他比窦娥还冤

班超病逝后,长子班雄继承了他的爵位。而真正具备班超遗风的,是他的三子班勇。

元初六年(119),敦煌太守①曹宗派西域长史②索班率兵进驻伊吾,招降了鄯善王和车师前王。时隔数月,匈奴北单于与车师后部联合攻杀了索班,迫降了车师前王。鄯善王急忙向曹宗求救,曹宗因此请求朝廷派兵攻击匈奴,收复西域。而多数朝臣则以劳民伤财为由,建议放弃荒蛮偏远的西域。

是进是退?25岁的汉安帝刘祜束手无策,执掌朝政的邓太后也秀眉紧锁。猛然间,她想到了班超的儿子班勇。她明白,这个出生在西域的名将后代,不仅熟悉西域的山川地理,而且有着超群的智慧、超前的预判和超高的理想。特别是,他有一个梦想,一个烂熟于心的梦想,那就是梦想有一天像父亲一样,提三尺剑立不世功,让荆棘成沃土,令歧路变通衢。

---

① 郡的最高行政长官,年俸禄二千石。
② 东汉时期统辖西域诸国的长官,年俸禄二千石。

于是,她以朝廷的名义向班勇发出了进宫参加朝议的邀请。

一个大雾弥漫的上午,班勇趴在护城河边,脑袋长长地伸在水上,排演他想了一个晚上的说辞,陈述时如何滴水不漏,反驳时如何步步为营,声音何时激越,何时低沉,语速何时该快,何时当慢,何时停顿,停顿多久,表情何时凝重,凝重几分,每一个眼神,每一个微笑,他都设计了又设计,直到他认为无可挑剔为止。有路人经过,以为他要投水自尽,还别有用心地起哄。

朝堂上气氛凝重,几乎每个人都心事重重。一开始,公卿们大多主张关闭玉门关,放弃西域,但班勇按照打好的腹稿,痛陈了放弃西域的严重后果,要求朝廷恢复对西域的控制。他指出,汉明帝时期西域内附后,匈奴远遁,边境得安;而西域放弃后,北匈奴对西域一味奴役与压榨,使得西域各地"皆怀愤怨,思乐事汉"。至于此前西域发生的事端,都是因为朝廷官员"牧养失宜"所致。为今之计,应该像永元年间那样,恢复敦煌郡营兵300人,在敦煌重新设置护西域副校尉。同时,应该派出西域长史,率领500人屯居楼兰,西当焉耆、龟兹路径,南强鄯善、于阗心胆,向北抗拒匈奴,向东拉近敦煌。

如此天衣无缝的陈述,如此不容辩驳的设计,自然会取得预想的效果。史载,朝廷采纳了班勇的主张,在敦煌重新设置了西域副校尉。延光二年(123),又任命班勇为西域长史,率500名士卒出屯柳中。以这样一支微不足道的兵力,走出玉门,箭指西域,不仅令质疑者摇头嗤笑,连班勇自己也不敢抱有奢望。他率军屯田柳中,只不过在玉门关外建立了一个前哨阵地,勉强作为河西四郡的缓冲而已。但形势发展远远超出预料,第二年,鄯善归附,龟兹王白英率姑墨、温宿王反绑着双手前来投诚。随后,班勇召集西域各国步骑万余人,开进车师前王庭,在伊和谷击退了匈奴伊蠡王,接收车师前国军民5000余人,重新控制了车师前部和丝路北道,戊己校尉得以重新设立。从此,班勇以柳中为基地,进可攻,退可守,吐纳风云,笑傲江湖。

延光四年(125),班勇率联军大破车师后部,用后部王的人头祭奠了索班的英灵。第二年,班勇又派军诛杀了东且弥王,捣毁了北匈奴呼衍王的老巢,击退了前来报复的北匈奴逢侯单于。

放眼西域,只剩下一个焉耆未降。历史出现了惊人的相似——只是时间已过去了30年,东汉统帅换成了儿子,焉耆王换成了后任。于是,班勇向汉顺帝刘保请求讨伐焉耆。永建二年(127),朝廷派遣敦煌太守张朗配合班勇发起攻击。按照事先商定的计划,班勇率西域联军4万多人,从南路负责主攻;张朗率河西四郡兵马3000人,从北路负责包抄。而且,两人约好了共同抵达焉耆的时间。而此前有罪在身的张朗为了邀功赎罪,便提前到达爵离关,抢先发起进攻,斩杀了2000多名焉耆军人。元孟害怕被杀,派出使者向张朗请降。还朝后,已被免除前罪的张朗诬陷班勇"迟到"。

此时的刘保只有12岁,执掌朝政的是一窝宦官与外戚,哪有正义可言?结果,班勇无辜下狱。

生如逆旅,一苇难渡。百口莫辩的班勇默默还乡,含泪将父亲和自己在西域的经历整理成《西域记》一书。

人间至悲,莫过于美人迟暮、名将白头。那些因冤屈生成的暗疾,成年累月,夜以继日地被忧伤拉长拉细,终于碎成一枚坚实的钢针,深深地戳进了他的心窝。书成日,他病死在家中。在班勇的遗梦中,一定常有焉耆的月色,清辉一片,凉白如雪。

"雷霆雨露,皆是君恩"的道理,人们不会不懂。但让每一个人真心实意地对待帝王的黑白不分,的确不是一件容易的事,尤其是在奴性尚未普及众生的汉代。班勇"无辜"获罪,不仅在汉顺帝的鼻梁上抹上了白粉,而且为东汉的西域之治造成了难以弥补的损失。班勇的结局,既伤了东汉众将的心,也使得西域各国对东汉心灰意冷。永建三年(128),曾经是班超忠实根据地的疏勒发生反汉叛乱,东汉派出精锐汉军连同3万焉耆、龟兹等国联军一起讨伐疏勒。这几个将军不是有勇无谋,就是有谋无勇,甚至既无勇也无谋,几万人围攻一个小小的桢中城,居然长达40多天毫无进展,最后只好像一群被剁掉了尾巴的老鼠一样灰溜溜地退兵。

眼看东汉已无可救药,焉耆再度背叛东汉。

拥有英雄的时代是血腥的,但失去英雄的时代又是无奈的。没有了班超与班勇,东汉皇帝只能发出一声深长的叹息。

七、改朝换代

延康元年(220)之后,中原王朝走进了一个灌木与荆棘丛生的地带。它总是以黑暗为背景,以邪恶为邻居,以不安为表情,以背叛为常事,到处夹杂着混乱与追逐,时时面临着迁徙与死亡,处处盛开着"恶之花",结出"毒之果",每一个角落都隐藏着权谋,每一个人怀里都揣着短剑,这才有了"于万马丛中取上将首级如探囊取物"的关云长,有了"巧借东风火烧曹营"的诸葛亮,有了口喊着"既生瑜何生亮"吐血而死的周公瑾,有了先后诞生的魏(220)、蜀汉(221)、吴(222)三国,有了两晋南北朝,有了五胡十六国,有了无休止的"你方唱罢我登场"。

与中原改朝换代相类似,焉耆也经历了王族的更迭。曾几何时,塞人(一说小月氏)的一支——龙部落,从龟兹潜入焉耆,在焉耆王元孟死后,渐渐占据了统治地位。期间,虽然大月氏数量在增加,如车师前国灭亡后至少有三之一的车师人移居焉耆,但无论在政治上还是文化上,大月氏都已沦为次要角色。

《魏略·西戎传》记载,三国时期,与曹魏王朝保持着朝贡关系的焉耆,将身旁的小国尉犁、危须、山国全部并入自身版图,实现了今库尔勒——焉耆绿洲的政治统一。

西晋建立后,焉耆的王冠已由月氏转到了塞人头上,龙姓国王开始走上前台,最早见于史册的龙姓焉耆王是晋武帝时期的龙安。这是一个野心勃勃的人,一上台就试图称霸丝路北道,但一个邻居不答应,并将龙安的军队狂殴了一顿,他就是比焉耆还要人多势众的龟兹白山王。

对此,龙安一直怀恨在心,但又无能为力。为了实现梦寐以求的霸业,龙安只能另辟蹊径,也就是寻求外援。一直以来,焉耆的外援都是北匈奴,但这时北匈奴已经西迁,于是龙安想到了位于尤勒都斯(今巴音布鲁克)草原和伊犁河谷一带的狯胡国,因为这个狯胡国就是北匈奴余部联合当地的塞种、月氏、乌孙人建立的,与焉耆有着天生的友谊。

龙安与狯胡结盟的办法,就是中原王朝最擅长的和亲。龙安与狯胡女结婚不久,就顺利地怀上了孩子,一年后剖腹产下一子,取名龙会。

太康六年(285),龙安派遣爱子龙会到西晋做了侍子。龙安临终前,把羽翼已丰的龙会唤到床前,语重心长地说:"我尝为龟兹白山王所辱,不忘于心,汝能雪之,乃吾子也。"

龙会是焉耆史上最具传奇色彩的人物,早在少年时期便显示出了作为一个储君应有的胆略与非凡见识。他继位后,以为父亲复仇为己任,以广大焉耆为目标,通过严密、积极的筹划,集中全国精兵,突袭了毫无准备的龟兹,击杀了龟兹王白山,兑现了父王的临终嘱托。然后,一鼓作气攻灭了塔里木盆地的其他国家,使得天山南麓除高昌、哈密以外全都臣服于焉耆。战后,龙会自立为龟兹王,任命儿子龙熙为焉耆王,成为丝路中道新的霸主。

叶利钦说,你可以用刺刀架起一个王位,但你不可能在上面坐得太久。龙会自认武力可以决定一切,而且凭着自己的万夫不当之勇,没有人敢与自己作对,于是他常常只带一两个手下外出,甚至随意在宫外留宿。结果,在一个月黑风高的夜晚,呼呼大睡的他被龟兹国人罗云成功刺杀。

龙会被杀的消息传回焉耆,他的儿子龙熙号啕大哭。

八、国破山河在

我分析,龙熙之所以大哭,一是为父亲被杀感到悲痛,这是人之常情;二是为自己的前途悲哀,这是严酷的现实,因为自己既无父亲的智慧,更缺父亲的血性,别说维持丝路中道的霸权,就连焉耆能不能保住也未可知,至于说为父亲复仇,就更是天方夜谭了。也就是说,龙会是维系焉耆霸权的最后一任焉耆王。接下来的岁月,只能惨淡经营。

咸康元年(335),前凉王张骏派大将张植西征焉耆。前凉大军西渡流沙时,正值六月酷暑,沙漠中掘井无水,将士们口渴难忍,如果找不到水源,西征只能中止。张植杀死自己的骏马祭天,居然迎来了一场久违的大雨,将士们得以顺利穿越莫贺延碛,跨入了焉耆边境。国王龙熙赶忙组织军民在贲仑城固守,结果被张植大军击败。眼看城池告破,龙熙退守铁门关。

铁门关,位于今库尔勒(维吾尔语意为"眺望")市与塔什店镇之间的褐黄色山谷中，扼住了仅有的一条长达14千米的峡谷的出口，谷中小径旁便是奔腾的孔雀河。它是衔接南疆与北疆的唯一通道，是焉耆盆地进入塔里木盆地的一道天险，处于丝绸之路中道咽喉，自古为兵家必争之地。晋代在这里设关，因地势险绝，易守难攻，所以取名铁门关（又叫遮留谷），入列中国古代26座名关之一。而关旁绝壁上题写的"襟山带河"四个大字，似乎在提醒关前的人们，若想硬闯此关，敬请提头来见。

前方十余里，就是铁门关。胆大心细的张植独自离开大军前往侦查，发现龙熙果然在此派兵设伏。如果张植是一般人，此刻考虑的应该是停止进攻。

不相信奇迹的人，奇迹永远也不会降临在他身上。张植一向是个不按规矩出牌的人，未等焉耆人布置好伏击，张植便率领轻骑如暴风一般冲进谷内，将龙熙的最后一道防线冲垮。之后，无险可守的龙熙光着上身，反绑着自己率4万军民向张植投降。这次战斗再一次印证了一个浅显道理：别指望所有的云彩都能下雨，所有的花儿都能结果，所有的帝王后代都能担当重任。

万幸的是，龙熙的脑袋与王冠并没有丢失，只是须对前凉卑躬屈膝。据说，投降后的龙熙从前凉那里学会了辩证法：遇到坏事时讲命，遇到好事时讲缘，对坏人遇到坏事说"因果报应"，对坏人遇到好事则讲"三十年河东三十年河西"。进而他深深感悟到，抱负与幸福并无多大关系，雄心壮志与健康长寿成反比。他再也没有了牢骚与冤屈，直到多年后老死家中。

其实，龙熙大可不必过于内疚，因为他的继承者既接过了他的王冠也接过了他的窝囊。前秦苻坚灭亡前凉后，于建元十八年（382）派大将吕光率大军西征，在严冬季节渡过流沙，顺利逼近焉耆。焉耆王泥流不再顽抗，而是乖乖地率领邻国一起请降。

在吕光建立的北凉被北魏灭亡后，焉耆又赶紧向北魏贡献。

北魏太平真君三年（442），北凉残余沮渠无讳先是攻破鄯善，继而攻占焉耆，然后东进攻占了高昌城，在那里创建了高昌国的前身——后北凉王朝，焉耆一度归属于这个地方政权。

对于焉耆听命于高昌，有一个人生气了。

九、降格为镇

　　他叫拓跋焘,是北魏太武帝,一个说一不二的时代巨人。

　　西域的九月,秋高气爽,马壮草肥。高高的艳阳幻化成美丽的光晕,透过博斯腾湖的山水,攀援,袅娜,升腾,与湖光山色绞在一起。焉耆人的绿洲,飞鸟轻翩其中,疑似仙境。太平真君九年(448),拓跋焘在废鄯善国设立鄯善镇后,诏命万度归领兵讨伐焉耆。

　　这位万度归不过是皇帝的侍卫——散骑常侍。一个侍卫会打仗吗?不仅我们表示怀疑,听到消息的焉耆王也不屑地笑了。

　　在历史怀疑的目光中,万度归率北魏轻骑兵抛下辎重,只带干粮,如一片来自太平洋的滚滚乌云,迅速吞没了焉耆东部的左回、尉犁二城。然后,向焉耆的其他城池发出了劝降书。很快,又有四座城市开门迎降。

　　接下来,万度归逼近焉耆都城员渠城。这可是一座西域名城,四面环山,易守难攻,仅凭北魏的骑兵,显然难有作为。于是,狡猾的万度归决定示弱,引焉耆军队出城野战。

　　焉耆王鸠尸毕那在员渠城郊与万度归形成对峙。作为主方的鸠尸毕那,拥有4万名誓死保家卫国的军人,占据的还是有利地形,天时地利人和一个不缺;而作为客方的万度归只有5000名军人,旅途劳顿,粮草不济,地形不熟。可以说,战争的走向几乎没有悬念。万度归取胜的难度,类似于让1000个天使挤在一个针尖上跳舞。

　　但战争往往不遵循规则,决定胜负的常常是个别因素,譬如诡异的战术,譬如偶发事件,譬如士气,譬如一个许诺。战争开始前,万度归发表了简短的阵前动员:"破城之后,可以抢劫!"城内大堆的财宝,对于人人囊中羞涩的北魏军人来说,无异于鳏夫遇到了裸身的美女。

　　"夫战,勇气也"。在战场上,求生者死,求死者生。战鼓一响,一个个眼冒绿光的敢死队员,手持短剑,迎着矢石冒死前冲,争先恐后,死不旋踵,似乎他们面临的不是恐怖的死神,而是美人的怀抱。对面的焉耆军人被震丢了魂,吓破了胆,纷纷扔下武器举手投降。面对成群的俘虏,热血嚣张的万度归发出了骇人的咆哮:我来了,我看见,我征服!

眼看大势已去,鸠尸毕那跑得比自己的影子还快,单骑逃入山中,绝似古龙笔下的傅红雪,疲惫的眼睛里放射着冷冷的光。

逃到山中的国王并不死心,总想找机会翻盘。一直看着万度归把都城调理得井然有序,落难国王才耷拉着眼皮走小道投奔岳父国龟兹。就这样,一场毫无悬念的战争变成了一个神奇的传说,把万度归镀镍成了李广一样的战神,也令那位亡国之君每每无地自容。他用行动告诉世人,飞扬跋扈的家伙未必就是真老虎,默默无闻的小人物不见得就一定是弱者,尊严要靠自己的双手去争取。

按说,大胜的万度归应该开怀大笑才对,但他的脸色并不好看。战后,他对于鸠尸毕那单骑逃脱一事雷霆震怒,对负责追击的一名中级军官大加训斥,并要求他当众给一个解释。在众将愠怒的目光中,这名中级军官讲了一个故事:说的是猎人击中了兔子的后腿,让猎狗去追。受伤的兔子拼命逃生,猎狗在后面穷追不舍。可是兔子越跑越远,猎狗只好垂头丧气地回来。猎人生气地说:"你真没用!"猎狗辩解说:"我尽力了。"当兔子气喘吁吁地回到老窝,兄弟们问它成功逃脱的原因,兔子回答:"它是尽力而为,我是竭尽全力啊!它追不上我最多挨一顿骂,我若不竭尽全力,命可就丢了!"

听完故事,万度归捧腹大笑,不再追究什么责任,而是着手草拟呈给皇帝的捷报。

捷报传进阴山大营,拓跋焘喜出望外地说:"古今帝王,虽云即序西戎,有如指注,不能控引也。朕今手把而有之,如何?"兴奋之余,他随手批复了四个字:"镇抚其人!"

接到御批,万度归下令停止抢劫,将焉耆国降格为焉耆镇,委任大将唐和镇守。期间,高昌沮渠氏政权乘虚兼并了车师前部,车师王子歇率领部众千余家西迁焉耆,拓跋焘命令唐和开仓赈济,就地安置。消亡的车师在与焉耆的共名中获得了再生。

南北朝时期,焉耆先后臣属于柔然、高车、嚈哒。6世纪中叶以后,焉耆、高昌、龟兹等西域国家都成为突厥藩属。

转眼已是大唐。

十、邻里纠纷

唐日出不久,就辉耀中天。第二代君王李世民先灭东突厥,然后降服了控制西域的西突厥,西域终于步入了稳定期。

稳定,不过是一个表象。因为世界本是一个矛盾体,作为主要矛盾的外寇消除之后,内部纠纷便上升为主要矛盾。

俗话说,远亲不如近邻,指的就是邻里关系的重要性。焉耆的邻居,除了同宗同文的龟兹,就是汉人建立的高昌。左邻龟兹尽管也有口角,但不至于翻脸;右舍高昌则纠纷不断,有时甚至大打出手。鉴于"伊吾道"一直被高昌控制着,焉耆从国家利益出发,试图打通冷落已久的"楼兰道",也就是从焉耆南下,沿孔雀河东去,经罗布泊北沿直达玉门关的丝路北道。这条路距离北方游牧民族大本营较远,对唐来说则是一条更为安全的通商路线。丝路北道一旦恢复,对于依赖商贸生存的高昌来说,简直就像被判了死刑一般。所以,高昌不断发兵攻击焉耆,一再阻止丝路北道的复兴。

玄奘离开高昌时,高昌王麴文泰赠与了往返天竺二十年所需的旅费,还亲笔写了给西域二十余国国王的信,要求他们善待玄奘,给予放行。

玄奘抵达焉耆后,焉耆王率群臣出城迎接。见面后,玄奘递上了高昌王的书信。因为高昌与焉耆不睦,高昌王的信反而帮了倒忙,焉耆连换乘的马也不愿意提供,玄奘只住了一夜便匆匆离去。这一年应该是玄奘出发的第二年——贞观四年(630)。

贞观六年(632),焉耆王向长安派出使节,请求恢复隋末以来废弃的丝路北道。听到这个消息,高昌出兵突袭焉耆,尽情掠夺了一番。对于高昌的暴行,焉耆请求唐主持公道。

时隔六年,高昌再一次劫掠焉耆,攻陷了五座城池,"掠男女一千五百人,焚其庐舍而去"。于是,焉耆王再次上书唐朝,控诉高昌的强盗行为。

下一年,唐太宗李世民向高昌派出了问罪使李道裕。见到李道裕,麴文泰并不服气,还强烈要求唐进行换位思考。

李世民仍对麴文泰抱有期待,专门派出使者带上自己的亲笔信,盛情邀请他来长安会面。只要他肯前来,一切既往不咎,关于通商路线也可以充分磋商。

接到李世民的亲笔信,麴文泰假托生病拒绝入朝。

李世民终于忍无可忍,于十二月派大军远征高昌,焉耆国也出兵助战。第二年,麴文泰被吓死,高昌国成为唐的西州。

战后,被高昌掠走的焉耆民众连同几座城堡完璧归赵,焉耆踏着高昌的遗体站上新的峰巅。

十一、焉耆都督府

焉耆会珍惜这来之不易的果实吗?

按说他会。但有着游牧民族基因的焉耆人太散漫,太随意了,他们并没有从高昌灭亡中感受到唐朝的极盛,也没有珍惜在高昌之战中与唐朝结成的战斗友谊。贞观十六年(642),乙毗射匮可汗君临西突厥,派出手下分别驻扎在龟兹、焉耆,还将女儿嫁给了焉耆王龙突骑支。美女入怀,加上身边有突厥人监督,焉耆王由亲唐转向了反唐。

当你决定对并不陈旧的房屋予以拆除时,别指望所有的家人都心服口服。贞观十八年(644),焉耆王族内部在亲唐与反唐的问题上发生激烈争执,国王的弟弟、亲唐派首领颉鼻叶护栗婆准受到排挤与打压。一气之下,他星夜东逃到大唐的西州避难,然后向李世民上书,详细报告了哥哥仇唐反唐的罪恶言行。

这道奏疏尽管带有一定的感情成分,但事实却明摆在那儿,不容置疑。李世民并非火爆脾气,但这次还是被迅速激怒了。不久,驿马就驮来了皇帝的诏书,要求安西都护郭孝恪发重兵讨伐焉耆。立时,汹汹烽火照亮了西域的烽燧,滚滚狼烟飘向绿意盎然的焉耆盆地。

当年九月十七日,郭孝恪誓师西征。二十七日深夜,安西都护大军便悄悄逼近焉耆都城。此时的焉耆王龙突骑支还在搂着健美的匈奴公主呼呼大睡。在他看来,这座周长30里的都城,不仅四面高山环抱,而且有博斯腾湖作为天然的护城河,是一座不可能轻易攻克的坚城。

能被大水困住的绝非蛟龙。久经战阵的郭孝恪一边组织手下筑坝隔断博斯腾湖水,一边趁着夜色占领了城垛。等到东方露出一线曙光,城头突然鼓角争鸣,杀声震天,都护大军发起了疯狂的攻击,上千名焉耆守军掉了脑袋,两眼惺忪的龙突骑支当了俘虏。算起来,都护从发兵到终战只用了短短11天。这也意味着,龙突骑支眼中固若金汤的都城只坚持了几个时辰。

战后,唐在西域设立了第一个羁縻都督府——焉耆都督府,那位告御状的栗婆准被任命为焉耆王兼焉耆都督。

但郭孝恪还师仅仅三天,西突厥屈利啜便率兵杀进焉耆,囚禁了栗婆准。唐朝接到报告,再次派遣阿史那忠率兵夺回了焉耆,重新扶立栗婆准。不久,西突厥又统兵反攻,杀掉了栗婆准,另立薛婆阿那支为焉耆王,西突厥派出一名吐屯担任焉耆摄政。

由此,唐与西突厥的矛盾全面激化。贞观二十一年(647),李世民颁诏西征。第二年,唐军攻占焉耆,薛婆阿那支为唐军所杀,贵族先那准被立为新焉耆王。

塔里木城邦全部降唐之后,唐设立了焉耆、龟兹、于阗、疏勒"安西四镇"及焉耆、龟兹、疏勒、毗沙"四都督府",龙婆伽利被任命为焉耆都督。

需要说明的是,包括焉耆镇在内的安西四镇是汉军建置,受设在龟兹的安西都护府统辖,主将由朝廷任命,士兵且耕且战,属于职业军人;而包括焉耆都督府在内的四镇都督府是纳入唐管辖的城邦四国,四国统治者身兼都督、国王双重名号,对内照旧称国王,对唐则改称都督,区别仅在于必须得到唐的认可和履行册封仪式。这种汉、蕃有别的双重管理体制,优势互补,相得益彰,无疑是唐边疆管理的一大创造。

焉耆王过上了优哉游哉的日子。渐渐地,他们悟到了入世的辛苦与出世的快乐。原因嘛,一方面是因为他们经历了战争的残酷与血腥,另一方面则是因为这里传入了劝人向善的佛教。

十二、佛光普照

这是一块宽容的土地,他们不仅接受了中原的"父死子继、兄终弟及"和"仁义礼智信",而且在佛祖的教义到来时也虔诚地收下并进行了仔细品读。

经过研读经文,焉耆王公贵族们发现,中原的儒教解决的是如何统治,也就是国家与家庭秩序的问题,这个问题经过丝路开通以来数百年的教化已经为人们所接受;而印度的佛教解决的是如何对待命运,也就是如何接受统治的问题,这个理念急需要在生性桀骜不驯的焉耆平民中普及。

于是,焉耆王出资修建佛寺、佛塔,免费供应僧侣食宿,带头诵经、弘法,让佛教圣火照耀了苍茫长空。这块承载着太多战鼓马蹄、狼烟烽火的绿洲,终于为一种轻柔而神秘的声音腾出了空间。人们为了追求精神上的禅定,争相迈进木鱼声声的佛寺,在晨钟暮鼓、经诵梵呗中确立"无我、无常"的境界,抱持"慈悲喜舍"之心,摆脱轮回,进入无限。

隆安四年(400),东晋高僧法显前往印度取经,路经焉夷(焉耆)。也许焉夷人不了解中原也在弘扬佛法,也许没有把这个干巴老头看在眼里,因此没有给予应有的尊重,致使他在《佛国记》中说焉夷国"不修礼义、遇客审薄",甚至不得不委派智严、慧简、慧嵬东返高昌寻求盘缠。尽管不高兴,但他还是承认,此地有僧众4000余人,修习小乘佛教,教法规则齐整,是一方不能无视的佛土。

他说得没错,这里的确不能无视。五胡十六国的硝烟弥漫了200多年,焉耆遭遇了无数次战火的熏染,国都一次又一次地被攻陷,国王一任又一任地被撤换,国民一茬又一茬地减少,但他们对佛的崇敬并未中断。证实我这一推断的,是唐僧玄奘。

贞观四年(630),玄奘到印度取经路过西域。当他带着高昌王的推荐信来到阿耆尼国(焉耆),却因为阿耆尼与高昌不睦受到冷遇,在这里仅仅住了一夜,就西去屈支国(龟兹)。也许是忿忿不平,玄奘在《大唐西域记》中说:"阿耆尼国王,出身于本地,勇猛有余而谋略不足,喜欢宣扬自己四处杀伐的功劳。此国国无纲纪,法不整肃。"但在谈到佛教氛围时,笔墨就客观多了:"这里有伽蓝10余所,2000多名僧徒在习学小乘佛教。"

有意思的是,900多年后,一位辞官回乡的江苏淮安人以它为原型杜撰出一个乌鸡国,写进了家喻户晓的神怪小说《西游记》。

小说第36回到40回,讲到唐僧师徒路经乌鸡国。一晚,唐僧在一座皇家寺院里梦见国王的鬼魂诉冤,状告终南山来的道士全真将他推入御花园的水井中成了冤屈之鬼。然后道士变成国王的模样,霸占了他的宝座和王后,而王后、王子统统蒙在鼓里……所幸,那口井下有一座水晶宫,里面住着一位井龙王,他用顶级美容产品——定颜珠保存了国王遗体,从而引出了孙悟空变作小人将真相告诉王子和王后,猪八戒深夜井中背尸的一段趣事。

我曾一心寻找这口井,走遍焉耆终究一无所获。找不到井,却意外见到了名叫阿父师的名泉,《大唐大慈恩寺三藏法师传》记载:这是荒漠中一座崖高数丈的绝壁,绝壁之上就是阿父师泉。传说一支丝路商队途经此地,所带的水已经用完,他们几乎听到了死神的召唤,商队中一位行脚僧却毫不慌张,平静得如同天边悠悠的白云。有人抱怨他说:"这位师父,我们一路上都供应你饮食,才使你能不带任何口粮而行游千里,今日我们遭难,你为何一点也不担忧呢?"其他人也纷纷指责他。直到此时,僧人才宣布:"要想找到水,你们必须各自拜佛,接受三归五戒①,然后我自会为你们登崖取水。"尽管将信将疑,大家还是决定试试,等人们礼拜和受戒完毕,僧人说:"等我登上崖壁,你们就齐声高喊'阿父师为我降水!'"僧人登上崖壁后,大家便齐声高喊起来。很快,泉水从半崖中喷涌而出。众人喝足了水,却不见僧人走下崖壁。大家爬上悬崖,才发现僧人已经端坐圆寂。悲悔交加的商人们按照西域风俗火化了他,然后用砖石为其修建了一座佛塔。玄奘西游时,这座佛塔依然耸立,泉水依旧流淌。这股清泉甚至能根据往来行旅的多少而变化。若无旅人时,它仅仅冒出一些水滴而已。

以上,只是流传在焉耆的无数佛教故事中的一个。如果不惜笔墨,兴许可以写成一部大书。

佛教的浪花,在这里飞溅了数百年。在焉耆,佛教几乎是与国家共存亡的。香火旺盛的时候,也就是焉耆国祚延续的时候。

唐末,这里被吐蕃占据,焉耆由国家降格为小镇。

五代十国之后,焉耆镇被从蒙古草原西迁的西州回鹘占据,逐步开始

---

① "三归"即皈依佛、法、僧,以佛为师,以法为药,以僧为友;"五戒"即不杀生,不偷盗,不邪淫,不妄语,不饮酒。

了伊斯兰化与维吾尔化的进程,直到大清时期陕西、青海、甘肃的大批回民因为暴动流落到焉耆,把这里变成了一个多民族杂居的回族自治县。

岁月总是否定着岁月,当年那些如歌如泣的往事,早已化为一枕清霜。正如电影《乱世佳人》中的台词:"如今这已经是一个只能从书本中去寻找的旧梦,一个随风飘逝的文明。"

焉耆国小传:焉耆,讲吐火罗语,源于古欧洲人吐火罗部。这是丝路北道上的一个大国,因而始终彰显着独立与反叛的精神。它曾经在汉末策动了两场将西域都护府赶出西域的歼灭战,也曾在班超如日中天的时候仍像顽石一样孤傲地对抗着,使得班超高喊着"饮马孔雀河"的口号收拾了国王的脑袋。班超东归后,焉耆王再度反叛,逼迫班超的儿子班勇不得不与一名不怀好意的汉将联手出击,并因此受到诬陷锒铛入狱。三国时期,焉耆终于实现了晋身"西域八强"的梦想,还将这里变成了小乘佛教的乐土。唐初,李世民派出大将击败了它,在这里设立了都督府,一名焉耆贵族还被宽容地任命为都督。但随着大唐艳阳西落,这个唐庇荫下的国家被吐蕃征服,繁盛的丝路城国沦落为商贸小镇。再以后,西州回鹘与陕甘回民先后来到这里,渐渐完成了将焉耆伊斯兰化的过程。

第二十五章　危须——小小尾巴国

> 危须国,王治危须城,去长安七千二百九十里,户七百,口四千九百,胜兵二千人。击胡侯、击胡都尉、左右将、左右都尉、左右骑君、击胡君、译长各一人。西至都护治所五百里,至焉耆百里。
>
> ——班固《汉书》卷九十六下

一、远古流浪汉

从字面上说,主动地搬家叫迁徙,被动地搬家叫流浪。

这是一个鲜为人知的远古流浪汉的故事。

故事的主人公来自山东,与今天生活在孔雀河流域的新疆建设兵团农二师官兵是近亲。

5000年前,中华文明分成东西两大支脉。西部高原的炎帝是华夏族,以渭水为母亲河,崇拜龙,在黄土高原创造了灿烂的仰韶文化。东部山东省的伏羲与蚩尤是东夷族,以济水为母亲河,崇拜凤,创造了辉煌的大汶口文化。在本土积蓄了足够能量后,他们怀着更高的志向走向中原,龙与凤不期而遇。

东部以蚩尤为首领的东夷九黎部落,西进到达涿鹿(今山西运城,非今日河北涿州)。从古昆仑之丘走下来的有熊部落首领轩辕(后被称为黄帝),在今河南吞并了没落的炎帝部落之后,渡过黄河挺进涿鹿。

轩辕与蚩尤展开了恢弘而惨烈的"涿鹿之战",结果蚩尤战败被杀。群龙无首的九黎部落只能溃散,一部分继续留在东部地区,后来建立了莱等邦国；一部分被黄帝部族俘虏、同化，成为中原的黎民；一部分向西北流窜到今山西壶关县一带建立起黎国，直至商末被周吞并；还有一部分死硬分子向南方流浪，那是黄帝部落鞭长莫及的地方。这是一次艰苦卓绝的长征，直线距离不少于1200千米。

在颛顼、帝喾时期，九黎部落已经基本完成了战略退却，大部分集中收缩在长江一线，环洞庭湖与鄱阳湖而居，形成了与华夏抗衡的三苗部落联盟，时刻盼望着华夏出现内讧。

华夏的内讧发生在尧帝去世后。依照帝喾一度传位给长子挚的惯例，尧完全可以把继承权授予长子丹朱。但尧认定丹朱不肖，把帝位禅让给了以孝闻名的平民舜。丹朱不服，便联合三苗起兵，与舜争夺天下。舜派大禹领兵在丹水一带击败了三苗，三苗君主被杀，丹朱也不知所终。

叛乱平息后，舜"窜三苗于三危"，也就是将三苗强行押解到今甘肃敦煌的三危山一带。这是蚩尤后人的第二次忍辱含垢的长征，直线距离不少于3000千米。

三危山，又名卑羽山，这座绵延60千米的山因有三座山峰危峙，所以取名三危山。后来的莫高窟就在主峰的对面。

尽管地处偏远，人迹罕至，但因为有巍峨的山峰和葱翠的林木做伴，三苗后裔渐渐适应了这里的生活，于是选择三危山的"危"做了部落的姓氏。

秦末汉初，由于受到占据河西走廊的月氏、乌孙以及匈奴的压迫，危氏族人的一支下决心开始了第三次长途流浪，最终穿越寸草不生的流沙，沿孔雀河西行到达焉耆盆地。这是一次心惊肉跳的持续逃亡，直线距离仍在1400千米左右。

他们起步于惊涛拍岸的黄海岸边，落脚在黄沙漫漫的西域腹地，前后辗转流浪了5600千米，可谓名副其实的万里长征。

这个以危为姓的部族，能摆脱危险的命运吗？

二、尾巴国

他们抵达的区域，是一方牧草茵茵的绿洲，既面临着洞庭湖一般的湖泊——西海（今博斯腾湖），又背靠着三危山一样的大山——北山（今东部天山),山色如娥,湖光如梦,绿野如诗,温风如酒。特别是眼前的湖泊,如绿洲的一双秀目,一窝笑靥,一只美脐,一封永远读不够、读不懂的情书。老人们不禁感叹:"啊,这里的感觉像家一样!"

按照常规,一个使人感觉像家的地方,除了出生的故乡,就是命运的归宿。于是,他们在这里停下来,着手建造新的家园。

但这并不是一块未开垦的处女地,月氏的一支焉耆早就占据了绿洲中心。一来自身势单力薄,只有几千部众,无法与数万人的焉耆抗衡;二来自己新来乍到,焉耆不驱赶自己就心满意足了。最后,他们在焉耆东北部的绿洲上选好了城池的位置。

上帝赋予手以不同的手指,同时也给了人以不同的风格。这座城池建在今新疆和硕县曲惠乡,与许多犍陀罗风格的西域城池大相径庭,带有明显的中式建筑元素:街道简洁明快,城墙类似长城,宫廷宅院配有飞檐与廊壁,简直就是长安街亭楼阁的翻版。城池建好后,军民全部搬进了城垣之内。

有了自己的城垣之后,危氏部族首领宣布建国。这位称王的老首领说:"国名嘛,要有姓氏'危'字。第二个字选什么呢?"他捻了捻长长的胡须,灵机一动,"第二个字就选'须'吧,男人才有须,表示我们是个雄心万丈的国家!"

从此,他们自称"危须"。

民间有一种说法,名字决定命运。国家也是如此,不管如何改变年号,统统于事无补。如楼兰王安归,何处是归途?西秦国王乞伏暮末,不就是"日暮途穷"吗?如水专门克火,大清这个国号,不就是注定要灭亡大明吗? 当然,这只是一种宿命论的民间观点而已,但不幸的是,危须从诞生起,就是一个地地道道的危险须末之国。

因为危须身边,站着一个狗熊般的庞然大物——焉耆国。这个邻居有人口3万,军队6000;而自己只有人口5000,军队2000。对方的军人比危须国民还多。孙子兵法云:"十则围之,五则攻之,倍则战之,敌则能分之,少则能守之,不若则能避之。"意思是说,当你的兵力十倍于敌人时,可以包围他们;五倍于敌人时,可以攻击他们;一倍于敌人时,可以与之交战;势均力敌,可以分而歼之;比敌人兵力少,只能防守;如果不如敌人强大,只能避开他们。如今,危须的总兵力只有对方的三分之一,依据兵法

49

只有躲避。可是双方距离太近,打又打不过,躲又躲不开,最明智的选择只有给对方上贡,向对方称臣,听对方的话。

也就是说,焉耆王做得对的时候,他要服从;做得不对的时候,他也要盲从。有时明明看着前方是一个火坑,他不能提出异议,也必须陪着焉耆一起跳下去。道士黄生说,帽子再破,也要戴在头上;鞋子再新,也要穿在脚上。

西汉时期,焉耆王在与汉朝关系上尚算明智,因此焉耆没有像车师、轮台、大宛一样遭遇战火,危须也没有跟着倒霉。

东汉刘炟当政时期,班超在西域披荆斩棘,纵横捭阖,多数西域国家主动归附了东汉,但愚蠢的焉耆王和尉犁王有眼无珠,仍一味抱着匈奴的大腿不放。对此,危须王和山国国王心急如焚,但有苦难言。

永元六年(94)秋,班超征发西域联军,一举扫荡了焉耆及其走卒危须、尉犁、山国,砍掉了焉耆王和尉犁王的脑瓜。好在,危须、山国国王属于胁从,只是被撤了职,并没有丢掉性命。

按说,有了这一次教训,危须新国王应该拉开与焉耆的距离了吧?但在这件事上,他说了不算。说了算的,仍旧是实力。一天,新的焉耆王元孟传过话来:"不听话,就灭了你!"危须王战战兢兢地表示:"臣定会亦步亦趋。"

不久,年迈的班超返回洛阳,新任西域都护任尚继承了班超说一不二的脾气,却没有得到班超刚柔相济的真传,脸上种着乌云,嘴里长着狼牙,脚一发痒就拿西域国王们的屁股出气,结果引发了众怒。带头反抗的,居然是东汉任命的焉耆王元孟,胁从者当然少不了尾巴国危须。很快,任尚就陷入了泥潭,如果不是班超之子班勇等出面接应,任尚可能不会活着逃回玉门关。

危须新王尽管紧紧跟在元孟的身后,似乎很不情愿,但有时又自我安慰说,元孟在朝廷做过侍子,对汉人很了解,任尚不犯错,我们怎么会赶走他呢?也许这件事情有可原,汉人不至于兴师动众前来报复吧?

但日常生活中有一个规则:孩子犯了错,一般都交由家长去管教,任何家长都不会听任别人去打自己的孩子。延光二年(123),东汉委任班勇为西域长史,在三年内相继降服了鄯善、龟兹、温宿、车师,击退了匈奴呼衍王和北单于的反击,西域城郭诸国大多归附了东汉,只有焉耆王元孟以及尾巴国危须等还心存侥幸。

结局与33年前有些相似。永建二年（127），汉派敦煌太守张朗配合班勇发起军事行动。急于邀功赎罪的张朗率领河西四郡兵马3000人从北路率先发起攻击，斩杀了2000多名焉耆军人。元孟害怕被杀，派出使者向张朗请降。危须王也被迫负荆请罪。

三、烟消云散

有了连续两次倒霉的经历，危须王心中五味杂陈，开始寻找新的靠山，多次派使者到中原朝贡。一直到三国中期，中原史书都有危须国朝贡的记载。

三国时代，是一个文人出计谋，武将去杀人的时代。一代枭雄曹操喊出了"宁肯我负天下人，不可天下人负我"的口号，一向仁厚的刘备也在借来的荆州城赖着不走，割据江南的孙权则玩起了联蜀抗曹的把戏。连投降都可能是"苦肉计"，如黄盖；连摔孩子都是在"收买人心"，如刘备。诚实的人受愚弄，如鲁肃；好心的人遭祸殃，如吕伯奢。所有的秩序被打破，一切的规则被废弃，将军可以踢翻国王，女婿可以杀死岳丈，再也无章可循，再也无法可遵，曾经令周边民族崇敬无比的中原文明变成了一锅烂乎乎的馄饨。

这种礼崩乐坏的恶浊空气流传到西域，西域强国此前的温文尔雅与宽宏大度渐渐消失，小国的倒霉日子来到了。于是，"大鱼吃小鱼"的政治游戏揭开大幕，鄯善、于阗、疏勒、龟兹、车师前部、车师后部、乌孙先后下手，人口已达5万的焉耆也张开了血盆大口，亮出了狰狞牙齿，先强后弱，依次吃掉了万人的尉犁，5000人的山国，最后将人口只有自身十分之一的尾巴——危须国"围而灭之"。就这样，西域三十三国瘦身为西域八强。

战后，满面红光的焉耆王，带上大堆的礼品到魏国朝贡，顺便报告了自己将周边小国纳入焉耆版图的原因。具体原因，史上没有记载。他可能的理由，一是这个小国国王骄奢淫逸，国王的兄弟要求我们出兵主持正义（前秦出兵龟兹曾以此为理由）；二是他们接受了我国反对势力的避难申请,明显是与我作对(努尔哈赤讨伐大明曾以此为理由);三是他们扣押了我方士兵,拒不交还(日本侵华曾以此为借口)。还有一个更真实的理由他们难以出口,就是"焉耆饿了,想吃危须"。

对于这些"漏洞百出"的解释,魏王没有提出异议。

据说,危须贵族私下跑到魏国告状,但无人搭理。

至此,"危须"变成了一个历史名词。他们跑到哪里去了?史学家给不出令人信服的答案。

几经辗转,我终于寻到了危须国都遗址,它位于今和硕县曲惠乡政府所在地东部约300米的区域。城址呈长方形,城墙为黄土夯筑,西南角残留着一座长宽约3.6米、高约2.4米的土墩。专家介绍,这里曾出土过少量的彩陶罐、串球、开元通宝。由于文物稀少,遗迹残破,它只被定为自治区级文物保护单位。

危须国小传:一个可怜小佃户的故事,故事的主人公来自山东。涿鹿之战后,部分蚩尤后人来到长江一线避难,继而被大禹流放到敦煌三危山,以危为姓。秦末汉初,河西走廊被月氏、乌孙占据,不堪压迫的危氏族人穿越大漠西行,最终在风景旖旎的博斯腾湖畔停下了疲惫的脚步。但从建国的那天起,他们就被迫充当了强邻焉耆的尾巴国,亦步亦趋,战战兢兢,其地位还不如地主家的佃户。为此,在焉耆被更强盛的势力征服时,危须不知跟着挨了多少打,吃了多少亏。即便如此,他们还是在三国时期被老主人"围而灭之"。在国与国的生态中,物竞天择,强者生存。

第二十六章　乌垒——都护府驻地

乌垒,户百一十;口千二百,胜兵三百人。城都尉、译长各一人。与都护同治。其南三百三十里到渠犁。

——班固《汉书》卷九十六下

一、轮台歌

北风卷地白草折,胡天八月即飞雪。
忽如一夜春风来,千树万树梨花开。
散入珠帘湿罗幕,狐裘不暖锦衾薄。
将军角弓不得控,都护铁衣冷难着。
瀚海阑干百丈冰,愁云惨淡万里凝。
中军置酒饮归客,胡琴琵琶与羌笛。
纷纷暮雪下辕门,风掣红旗冻不翻。
轮台东门送君去,去时雪满天山路。
山回路转不见君,雪上空留马行处。

天宝十三年(754)秋,也就是"安史之乱"的上一年,轮台雪后初霁,天色澄明,树上挂满了梨花般的雪花。北庭都护府武判官东归长安,作为新任判官的岑参送出东门外。在怒号的朔风中,新旧判官依依惜别,一股旷世的豪气促使诗人吟咏出这首著名的《白雪歌送武判官归京》。

唐,一个彰显着激情、洋溢着诗意的朝代。李白"绣口一吐,就是半个盛唐";杜甫"笔落惊风雨,诗成泣鬼神"。而比李白小14岁,比杜甫小

3岁的边塞诗人岑参,尽管不像李白那样恣意洒脱,也不像杜甫那样严谨深刻,但却丝毫不缺少盛唐诗人应有的阔达与雄壮。接下来,身为判官的他,还为上司——北庭都护、伊西节度使封常清写下了一系列脍炙人口、流韵千载的边塞诗,后人记住了岑参,知道了封大夫、武判官,也注意到了身为背景的轮台。

不过,诗中的轮台是唐代轮台,是位于乌鲁木齐南郊10千米的乌拉泊古城①。而本章所讲的轮台,是汉代轮台,位于今轮台县。

汉代轮台是一个国家,又名仓头国,它一露面就以羸弱不堪和不自量力而闻名。

说它羸弱不堪,是因为这个国家只有数千人,只相当于今日中国东部的一个乡;军人不足千人,只相当于现代的一个步兵团。轮台国王,充其量就是一个乡长;轮台军事首脑,往大了说就是一个团长。

说它不自量力,是因为一次战争。

太初三年(前102),经过精心准备的汉贰师将军李广利,第二次西征大宛。这支由6万名军人、10万头牛、3万匹马、数万乘驴驼及大量民夫组成的庞大队伍,从敦煌启程,走楼兰道与丝路北道,如一道彻地连天的闪电,劈向大漠与绿洲交织的西域。

贰师将军此行,于公是为汉武帝征讨宝马,于私是为上一次兵败大宛报仇雪恨,于是,他恨恨地发出号令:"迎降者活命,抵挡者屠城!"大军所经之处,西域各国纷纷开城劳军,为将军接风洗尘,为士卒供给酒食,为牛马调拨草料。

连人口8万的龟兹,人口3万的焉耆,人口上万的楼兰都大气不敢出,不知为什么,这个只有几千人口的小国却城门紧闭。此时的轮台国处在焉耆与龟兹之间,正当丝路北道要冲,是李广利大军西征大宛的必经之地。轮台国王也许受了匈奴主子的蛊惑,也许想如三年前李广利初征大宛时一样闭门谢客,也许认为李广利不过是凭着裙带关系爬上将军之位的绣花枕头,也许想要一点买路钱,也许只是为了一点面子。

但面子是要实力撑的,没有实力,哪来面子?况且此一时彼一时也,

---

① 见苏北海《西域历史地理》(第二卷),新疆大学出版社2000年版。

李广利不仅军队多了,脾气也大了。看到前方城门紧闭,李广利派出大嗓门的士兵喊话:"贰师将军到了,开门!"

"不开!"过了半天,城头才有人回应。

"城门不开,将被屠城!"大嗓门汉兵又喊。

"败军之将,何以言勇?"城头上发出一阵哄笑。

李广利没有再让手下废话,挥剑一指:"拿下轮台,祭我军旗!"

一时间,如雨的马蹄,如雷的呐喊,如注的鲜血湮没了这座孤独的小城。恶战数日,城池终于陷落,轮台(即仓头城)遭受屠城,军民无一幸存。

最终,这场情绪化、戏剧化的抵抗,以赌气开始,以惨烈告终。这个名叫轮台的弹丸之国,迅速消失。

之后,李广利从轮台西门扬长而去,留下满城的尸体任苍鹰与野狗撕扯。

这时还不到秋天,但真的应该有一场大雪,替那些惨死的军民掩盖尸首。如果岑参看到这一场面,恐怕会写一首格调迥然不同的《白雪歌》吧。

二、轮台诏

提起轮台,另一个避不开的人物还是汉武帝刘彻。

刘彻生于父亲汉景帝刘启即位那年——公元前157年。刘启在位期间,太子刘荣被废,年方8岁的胶东王刘彻被立为太子。后元三年(前141),刘启驾崩,16岁的刘彻即皇帝位。

刘彻接手的,是一个不错的局面。政治上,汉朝经过60多年的辛苦经营,已经实现了政治稳定;经济上,经过文景二帝40年的休养生息,已经积累了大笔财富。但透过莺歌燕舞的表象,可怕的暗流正四处涌动,那就是诸侯国分裂倾向依然存在,匈奴的侵略压力越来越大,人们的思想观念呈现多元化趋势。

于是,这位敢作敢为的年轻帝王,先把政治、思想、外交、经济、军事"五指"叉开,然后攥成了一只虎虎生威的铁拳。

在政治上，接受了主父偃的建议，用推恩令①一次就削去了一半的侯国，从而奠定了西汉大一统的政治格局。

在思想上，采纳了董仲舒"罢黜百家，独尊儒术"的建议，结束了先秦以来"师异道，人异论，百家殊方"的局面，一举奠定了儒学在中国思想界2000年的统治地位。

在外交上，派张骞两次出使西域，打通了丝绸之路，开创了中西经济、文化交流的新纪元。

在经济上，采纳了桑弘羊的主张，由政府直接经营运输和贸易，将盐铁和铸币权收归了中央，控制了国家的经济命脉。

在军事上，一改文景二帝被动防守的策略，派出战将四面出击，通过卫青、霍去病发动的河南之战、河西之战和漠北之战，解除了匈奴的威胁；通过军事威慑与使者说服的方式，将朝鲜、闽越、西南夷纳入了版图；通过李广利二征大宛，促使西域各国前来朝贡，并于太初四年（前101）设置了汉朝派驻西域的第一个官员——使者校尉，数百名田卒进驻轮台屯田。

在刘彻手上，汉开创了中国专制王朝的第一个发展高峰，成为当时世界上最强大的国家。开拓疆域的"汉武"与统一中国的"秦皇"，得以成为中国史册上熠熠生辉的双子星座。

但刘彻四面出击，严重消耗了汉的国力、军力与民力，加上晚年的汉武帝派人入海求仙不成，巫蛊之祸又导致太子刘据自杀，李陵、李广利还相继投降，接二连三的打击使心雄万夫的刘彻变得心灰意冷。

征和四年（前89）的一天，刘彻对着一封奏疏发呆，上奏者是搜粟都尉桑弘羊。他提议派出数千名汉兵，对轮台附近的5000余顷良田进行大规模开发，并且将烽燧修到轮台，这样一来，既可以获得可观的收入，又可以有效地控制西域。

人真正的幸福不是拥有得多，而是索求得少。如果是在20年前，刘彻见到这种扬我汉威的奏疏，一定神采飞扬，拍案叫绝。然而此时，他的眉头皱成了疙瘩，脸色阴沉得如同百年的锅底。

不久，他来到泰山。在泰山极顶，这位睥睨天下的帝王与拔地通天的

---

① 即诸侯王的王位除了由嫡长子继承以外，还可以用"推恩"——也就是广布恩惠的形式将国土分封给其他儿子。新的侯国不再受原诸侯国的限制，而是接受当地郡县的管辖。

神山做了一次超越人伦的交流。刘彻对泰山说了什么,人们不知道;泰山告诉了刘彻什么,历史没记载。我们只知道,此后刘彻像他的名字一样"大彻大悟",颁布了《轮台诏》,对自己穷兵黩武的一生进行了深刻反思。诏书全文翻译成白话文意思如下:

"此前有的官员提出,把百姓赋税每人每年增加三十钱资助边防,这是明显加重老弱孤独者的负担啊。如今又有官员奏请派兵到轮台屯田,轮台在车师以西千余里,上次开陵侯攻打车师时,危须、尉犁、楼兰在京的六国子弟率先西归,送上粮草迎接汉军,国王自己发兵数万人,统驭将帅围攻车师,迫降了车师王。由于出征的军人众多,自带的粮食不足以保证大军班师回朝,结果造成部分体魄强健者尽食所蓄,数千名体弱多病者死在途中。朕派酒泉的驴、骆载着军粮出玉门关迎接,仍有很多人没有回来。

朕曾一时糊涂,听信一个名叫弘的军侯上书:'匈奴捆住马的四蹄扔到城下,说要送马给我汉朝。'又因为匈奴长期扣留汉使不许回朝,所以才派贰师将军李广利兴兵征讨,借以维护汉使的威严。古时候,每当卿大夫提出计谋,都要先求神问卜,得不到吉兆不能出兵。因此贰师将军出征前,朕曾普遍征询朝廷各位大臣以及地方郡国都尉成忠、赵破奴等人的意见,大家都认为'匈奴人捆缚自己的战马,是他们最大的不祥之兆',有的认为'匈奴是在故意向汉朝显示自己力量有余而已'。

经过占卜得到的卦象是'大过',爻在九五,匈奴必败。方士、星象家及太卜都认为吉兆明显,匈奴必败,机不可失。还说:'此次汉将出征,到䎱山就能获胜。'卦辞还显示由贰师将军挂帅最为合适,所以朕才派遣李广利率兵出征,并告诫他不要深入匈奴腹地。然而,所有的计谋卦兆全都与结果相反。后来听匈奴俘虏说:'闻听汉军前来,匈奴派巫师在汉军必经的道路、水源中掩埋腐烂的牛羊,以此诅咒汉军。单于送给汉帝马裘时,常常让巫师在马裘上下诅,诅咒汉帝获得灾祸。匈奴人捆缚战马,是为了诅咒汉军啊。'匈奴巫师还曾卜到"汉军一位将领命运不利"。匈奴人又说:'汉朝虽然强大,但无法忍受饥渴。丧失一将,千军散亡。'

等到贰师将军兵败,将士或战死或被俘或四散逃亡,悲痛常在朕心。如今有人奏请远赴轮台屯田,修筑哨所烽燧,这是典型的劳民伤财之举,根本没有为百姓考虑,朕不忍心采纳。大鸿胪等人又建议,招募囚犯以封侯作为奖赏,借送匈奴使者回国之机刺杀单于,发泄我们的怨愤,这种事情连春秋五霸也不会做,况且匈奴对投降的汉人要全面搜查、详细盘问。当今边塞防务还未走上正轨,关口可以随便出入,边关官员派兵士狩猎获取皮肉之利,兵士劳苦而烽火松弛,这些情况是从降兵和俘虏口中得知的。当今最重要的,是严禁各级官吏对百姓苛刻暴虐,废止擅自增加赋税的法令,鼓励百姓致力农耕,恢复为国家养马者免除徭役赋税的政策,用来补充战马的缺额,不使国家军备削弱而已。各郡国二千石的官员,要着手制定繁育马匹和补助边境的计划,年终呈报朝廷。"

在《楞伽经》中,佛陀说"悲生于智"。这是一道自我反省的诏书,也是中国史上第一份言辞恳切、保存完整的"哀痛之诏""悔悟之诏"。作为一介帝王,敢于自曝其"丑"于天下,不欺人,不欺心,不欺己,在死爱面子的中国人中是少有的。这也是这位专横跋扈、杀人无数的帝王能够赢得历史尊敬的一大原因。

需要说明的是,这道诏书不应该称之为"轮台罪己诏"。之所以有许多学者称其为"罪己诏",是因为据说刘彻曾说过这样的话:"朕即位以来,所为狂悖,使天下愁苦,不可追悔。自今事有伤害百姓,糜费天下者,悉罢之!"但据《资治通鉴》卷二十二记载,这段话是征和四年三月,刘彻封禅泰山之后的口谕,既非轮台,又非诏书。

这段话,《史记》与《汉书》上并无记载,仅见于《资治通鉴》。司马光的根据在哪里?一个宋代的人,怎么会知道连司马迁和班固也不知道的事呢?

两年后,刘彻撒手人寰,匈奴也发生内乱。

因这道诏书而愈加有名的轮台,继续落寞。

三、汉宣帝出手了

轮台旧事重提,是《轮台诏》发布12年之后。元凤四年(前77),作为汉武帝的继承人,18岁的汉昭帝刘弗陵已经登基10年,尽管身体一直不太好,但他感觉还是应该做点什么了,便从废纸堆里重新捡起了桑弘羊的奏疏,任命在汉朝当人质的扜弥太子赖丹为使者校尉,率领汉军进驻轮台屯田。可惜的是,赖丹很快就被企图称霸丝路北道的龟兹王杀害了。

赖丹被杀后,轮台出现了政治真空。本始二年(前72),死去多年的轮台国宣布复国,更名乌垒。此时的乌垒国只有1200名居民,300名士兵,在西域四十八国中基本忽略不计。据苏北海考证,轮台又名布古尔(仆固与仆骨的转音),是车师族的一个分支。①

汉屯田都尉被龟兹无辜杀死了,被李广利屠城的轮台国也死灰复燃了,难道汉真的如此软弱可欺,如此富有耐性,如此令人失望吗?

有一个人坐不住了,他就是上台刚刚两年的汉宣帝刘询。刘询的人生极富传奇色彩,是中国历史上唯一一个即位前蹲过大狱的皇帝。他是戾太子刘据的孙子,当年因"巫蛊之祸"②举家蒙难,嗷嗷待哺的他被扔进了牢狱,多亏刘彻及时悔悟才保住小命。但荣华已逝,富贵不再,他从小就被收养在身为平民的祖母家,如果不出意外,他以后无非就是一个叫嚷着"我乃大汉皇孙"聊以自慰的以编席卖鞋为生的刘备而已。

但和刘备一样,在看似被命运抛弃之后,他又奇迹般被命运垂青着:元平元年(前74),21岁的刘弗陵没来得及留下子嗣就一命呜呼,承继大统的昌邑王又极不争气,登基27天就干了1127件荒唐事,结果被权臣霍光废掉。环顾天下,只有民间的刘询属于根正苗红的武帝嫡传了。

捡到皇位的刘询可谓苦尽甘来。早年的悲惨经历已经把他磨砺成了一位真汉子,他开始打造"宣帝中兴"的盛世,成为四位获得庙号的西汉皇帝之一。

刘询登基后,一方面重新启动了汉匈战争,由守转攻;另一方面,兵发西域,让阵地前移到曾经折戟沉沙的地区。

地节二年(前68),刘询任命郑吉为侍郎,率领免除刑罚的犯人进驻

---

① 见苏北海《西域历史地理》(第一卷),新疆大学出版社1988年版。
② 征和二年(前91),丞相公孙贺之子公孙敬声被人告发以巫蛊咒武帝,与阳石公主通奸,公孙贺父子及相关人员被处死。武帝宠臣江充奉命彻查巫蛊案,江充与太子刘据有隙,趁机纠集同党陷害太子,皇后卫子夫和太子刘据起兵反抗未果,相继自杀。事件受牵连者达数十万人,史称"巫蛊之祸"。田千秋等人上书为太子诉冤,致使武帝悔悟,处死了江充等人。

轮台南部的渠犁屯田。站稳脚跟后,郑吉将屯田基地扩大到车师,因功被提升为卫司马,成为汉护鄯善以西使者。

但他的势力范围还极其有限,西域大部分国家还唯匈奴之命是从,西域真正的统治者仍是匈奴日逐王手下的僮仆都尉。郑吉那区区几百名屯田士,随时都有可能被匈奴及其走狗生吞活剥。郑吉会成为下一个赖丹吗?

四、天上掉馅饼

在郑吉进驻西域那年,匈奴壶衍鞮(dī)单于病逝,弟弟左贤王继位,称虚闾权渠单于。新单于尽管没有冒顿的雄心,但他不想匈奴帝国毁在自己手上,因此,多少还是想做一些改变。首先,他立右大将的女儿为大阏氏(单于之妻、妾的称呼);废黜了壶衍鞮单于所宠爱的颛渠阏氏,让她跟随自己的儿子生活,因为这位阏氏过于热衷权力,经常干涉政务。其次,就是想缓和与汉僵硬的关系,也让草原帝国有一点喘息的机会。

鞋子是否合适,只有自己的脚知道。新单于没有按常规继承哥哥所宠爱的颛渠阏氏,肯定与这个女人的性格与做派有关。但颛渠阏氏和她的父亲左大且渠①就不这么看了,因为按照匈奴的惯例,后任单于在继承上任单于之位的同时,也应该同时继承他的阏氏,只要两人没有血缘关系,这是其一;其二是,单于一般应该娶匈奴第二大氏族——呼衍氏的女人为阏氏,颛渠阏氏出生于呼衍氏,而右大将却与单于同属于匈奴核心氏族——挛鞮氏,这就明显违背了祖上的定制。所以史载,左大且渠"深怨"单于。每当单于试图与汉交好,左大且渠就从中作梗,派出军队跟在使者后面,让汉丝毫看不出匈奴人的善意。

这个女人不甘心就此退出政治舞台,就主动向右贤王屠耆堂投怀送抱。颛渠阏氏不仅正值盛年,风韵犹存,更关键的是,她是前任单于的阏氏,相当于中原王朝的太后,在匈奴中有一定势力,既然前阏氏有心,我又为何拒绝呢?于是,两人勾搭在了一起,成为人后的睡伴、人前的同盟。

---

① 与左右骨都侯、右大且渠一起辅助单于处理政务的近臣,一般由与单于结亲的呼衍氏、须卜氏贵族担任。

神爵二年(前60),虚闾权渠单于病死。历史上没有记载虚闾权渠单于的遗命,但按照匈奴的规定,有资格继承单于之位的有多人,依次是左屠耆(贤)王、左谷蠡王、右屠耆(贤)王、右谷蠡王、左右日逐王等,他们都是单于的子弟①。但在绝大多数匈奴人眼里,最有资格继承单于之位的有两个人,一是虚闾权渠单于的儿子稽侯狦(shān),一是深得民心的日逐王先贤掸。日逐王之所以有继承单于之位的资格,不仅仅是因为他深得民心,更因为这是前任单于的承诺。且鞮侯单于去世后,日逐王的父亲左贤王本应成为单于,但他让位给了且鞮侯单于的儿子狐鹿姑单于,狐鹿姑单于曾表示死后传位给日逐王的父亲。然而,狐鹿姑单于死后,颛渠阏氏和卫律合谋,立颛渠阏氏的儿子左谷蠡王为壶衍鞮单于,将左贤王晾在了一边。如今,狐鹿姑单于之后的两任单于都死了,日逐王的父亲也不在了,怎么说也该轮到左贤王的儿子先贤掸了。

此时的匈奴单于庭,正暗流涌动。早在五月龙城大会②的时候,虚闾权渠单于已经病入膏肓了,得到消息的颛渠阏氏暗示情人——右贤王屠耆堂不要远行。龙城大会结束后,右贤王部找理由留了下来。

时隔数日,虚闾权渠单于一命归天。匈奴执政大臣——刑未央立刻派人分赴各地,要求匈奴诸王到龙城商议立新单于一事。匈奴各王还未赶到,颛渠阏氏就和弟弟左大且渠都隆奇密谋,胁迫刑未央拥立右贤王为握衍朐鞮单于。

屠耆堂担任单于后,立刻开展了一轮清洗,郝宿王刑未央被一脚踢开,由且渠都隆奇取而代之;虚闾权渠单于的旧臣受到疯狂打压;两位备选单于也成为攻击目标。

虚闾权渠单于的儿子稽侯狦闻风而逃,躲到了岳父掌控的乌禅幕部。正因为这次成功逃亡,他才能在两年后被拥立为呼韩邪单于,迫使走投无路的握衍朐鞮单于自杀。后来,他还有幸娶到了具有落雁之貌的汉宫美人王昭君。

人身威胁更大的,是与新单于有隙的日逐王。经过激烈的思想斗争,日逐王最终决定穿越人生黑暗,到另一片阳光下去。

---

① 见陈序经《匈奴史稿》,中国人民大学出版社2007年版。
② 每年向夏营地迁徙的五月,单于都要在龙城举行全体匈奴贵族参加的大会,祭祀祖先、天地与鬼神。

神爵二年(前60)秋,负责管理西域的日逐王派人前来与郑吉秘密联系降汉事宜。郑吉将日逐王及其部下安全送到京师,常驻在焉耆的匈奴僮仆都尉得以废止。从此,四十八国之人,皆为汉天子之臣民;四十八国之河山,皆入汉之版图。

喜讯传到长安,刘询击节叫好,于是,昭告天下,封先贤掸为归德侯。应当说,汉能够全面接收西域,还应该感谢颛渠阏氏。

郑吉的运气也不亚于刘询。神爵三年(前59),郑吉受封安远侯,食邑千户,成为首任西域都护。于是,他昂首问候天空,伸指弹去满天尘埃,扯云朵拭亮太阳。从此刻起,这万里长空将是他镶嵌着太阳的湛蓝桂冠。

为此,史学家称赖丹是最倒霉的人,郑吉是最幸运的人。

五、西域都护府

考虑到乌垒国位于西域中心,郑吉因此将都护府设在渠犁以北330里的乌垒城。都护府属官有副校尉、丞各一人,司马、侯、千人各两人。职责是统领大宛以东城郭诸国兼督察乌孙、康居等行国,颁行朝廷号令。汉统领西域后,西域各国国王仍各领其国,但必须接受汉朝的册封和任命方为有效。据记载,汉代,西域各地"自译长、城长、君、监、吏、大禄、百长、千长、都尉、且渠、当户、将相到侯、王,皆佩汉印绶,凡三百七十六人"。他们都是由西域都护报请朝廷任命的。

近代以来,曾有极个别民族分裂分子曲解这一体制,认为这些边疆国家各有自己的国王,只是报由中央政府"认定",不应归入中央王朝的版图。但所有了解中国历史的人都知道,"宗法制度"是古代中国传统的家族习惯法制度。早期的国家建立后,这种宗法制度演进为治理国家的"分封制度",从分封家族、分封诸侯,到分封诸王。汉代之后,在分封制度的基础上,历代中央王朝将其发展为中央册封边远属国的"宗藩体制",凡是受到册封的国家,不仅要由中央王朝授予封号,颁发玉玺,赠与官袍,给予赏赐或俸禄,而且遇到荒年可以向朝廷要求援助,遇到侵略可以请求朝廷出兵卫护。在这些宗藩之上,必有一个行使行政、军事统领与协调职能的都护府、长史府、宣慰司。宗藩制是与郡县制并行的一种管理体制,是近代西方国际法确立之前历代中央王朝有效管辖边疆地区、具有法理地位的古代中国"国家制度"。无视这一点,就是不尊重历史。

当时的乌垒国王,既是汉帝任命的城都尉,又受都护府直接统辖。都护府与乌垒国,基本上属于"一套人马,两块牌子"。

在西域都护府的范围内,乌垒、渠犁、车师、伊循、姑墨的屯田士卒一度达到了5000人以上。以每人耕种20亩(约14市亩)计算,垦田近10万亩。显然,这是一个令人震撼的数字。

为了维持西域都护府并保证丝路畅通,汉朝耗费之巨大是难以想象的。与此前控制西域的匈奴人以纳赋相压榨截然不同的是,汉几乎没有向西域诸国收取任何赋税,经营西域的费用除了通过屯田去解决,就是用内地的财政收入来补充。西汉在西域的年支出找不到资料,但东汉每年花在西域的费用是7480万钱,按当时每石谷粟约为100钱计算,每年的花费折合74.8万石粮食。别说是令人眼红的册封、礼聘、馈赠了,仅仅是经济负担的锐减就让西域各国喜不自胜了,他们有什么理由不倒向汉朝,而去怀念那个对他们极尽压榨盘剥之能事的匈奴呢?!

经济是最大的政治,也是政治的集中反映。对此,那个只懂得以拳头说话的匈奴单于不知做何感想?

此后,郑吉又活了10年。郑吉明白,运气不会始终跟着自己,要取得让人信服的成绩,必须踏石留印,抓铁留痕。因此,他担任西域都护的这10年,正是乌垒屯田区第一次"大跃进",整个垦区风生水起、热火朝天,屯田士卒一度达到3000人。

郑吉——作为首任都护,手握一把宝剑,站在人来人往的乌垒城门,完成了一个"护"字的原始造型。此时的他,如鱼得水,冷暖自知。

黄龙元年(前49),郑吉在乌垒病逝。同一年,他的主子刘询驾崩,从乌孙回国的解忧公主也在长安仙逝。一王一将一公主三位著名历史人物的死亡,是否意味着汉势力在西域的衰落呢?我们拭目以待。

六、甘延寿

在混沌初开、成王败寇的年代,我们不能无视领袖与英雄的作用。如亚历山大死后,他开创的马其顿帝国如一块蛋糕,被手下的四个将军全部切走。如秦始皇死后,他建立的秦帝国如一块悬在山巅的巨石,被一个莽汉(项羽)和一个泼皮(刘邦)联手推下山涧。尽管这是事实,但毕竟是特例,我们不能因为这些特例而无限夸大领袖与英雄的作用。更多的情况是,许多英明的领袖和盖世的英雄死后,天并未塌下来。

刘询、郑吉、解忧离世后,西域并未丢失。从刘询到王莽,共派驻都护18人,见于史册的10人,除了郑吉,还有汉元帝刘奭时期的韩宣、甘延寿,汉成帝刘骜时期的段会宗、韩立、廉褒、郭舜,汉平帝刘衎时期的孙建、但钦,新朝王莽时期的李崇。

在这些有名有姓的都护中,有故事的,首推甘延寿。

甘延寿,字君况,西汉北地郁郅(今庆城县)人,少年时就以出身好、擅骑射被选进了御林军。据说,他力气了得,投石举重无人能比;他还会轻功,曾轻松爬上御林军亭楼,于是被提升为郎官。在一次徒手格斗比赛中,他又力克群雄,被选为负责护卫皇帝的期门,凭借着力气与机灵受到皇帝的宠爱。不久,他被调升为辽东太守,后来不知什么原因被免官。

此时的匈奴已分裂为南北二部,南匈奴单于呼韩邪已向汉投降称臣。北匈奴单于郅支则夺路西去,顺便占领了西域北部的坚昆和丁零。站稳脚跟后,他要求汉送还做侍子的太子。对于知趣远遁的郅支,汉显得姿态很高,专门派遣卫司马谷吉不远千里送还了太子。初元四年(前45),见到太子的郅支过河拆桥,把远道而来的谷吉砍了脑袋。据后来投降的匈奴人回忆,谷吉被杀的瓯脱(指边境荒地)尚且处于呼韩邪单于的管辖区。

"凡兵,不攻无过之城,不杀无罪之人。"这可是古代战争约定俗成的规矩。随后,郅支就深刻地意识到,自己杀死汉使是一件多么愚蠢的事啊!他开始害怕汉为复仇向他发动秘密进攻,所以放弃了刚刚占领的坚昆,继续向远离汉边的西方逃窜。汉元帝初元五年(前44),也就是罗马独裁官恺撒被暗杀那年,郅支单于率领部下到达远西的康居。

康居王盛情款待了他,并与他结成了坚实的同盟。康居王将女儿嫁给了郅支,郅支也把女儿嫁给了康居王。其情形就像本·拉登与奥马尔互为岳父又互为女婿一样。

郅支开始以康居保护人自居,并将建在赖水河(今塔拉斯河)畔的今哈萨克斯坦江布尔,以自己的名字命名为郅支城。他还传令西域各国进贡,并封闭了驼铃声声的丝绸之路。

汉多次派人索要谷吉等人的尸体,郅支都予以拒绝,而且一再写信嘲讽刘奭。试想,作为一大王朝,连续受到如此的侮辱,能善罢甘休吗?但贪婪的人,总是夸大对自己有利的因素,用一句成语来概括,就是"利令智昏"。

建昭三年(前36),经车骑将军许嘉推荐,甘延寿被起用为郎中谏议大夫、使西域都护骑都尉。他的助手是副校尉陈汤,山阳瑕丘(今山东兖州北)人。

两人携手进入乌垒城,直接面对西部不可一世的郅支单于。

甘延寿和陈汤冒着触犯汉律(矫诏发兵)的危险,以皇帝的名义秘密调发西域各国军队,连同屯垦军共4万余人出征郅支。临行前,两人联手上疏刘奭,陈说了紧急出兵的理由,并表示接受"因假造皇帝诏书征兵而触犯刑律"所应该接受的惩罚。当信使打马东去的同时,甘延寿与陈汤也引兵西去。皇帝任何要求军队撤回的命令,都已无法对其产生影响。

大漠沙如雪,天山月如钩。秋月下的中亚大草原,一支庞大的军队正衔枚疾进。西征军兵分两路——南路翻越葱岭,穿过大宛国;北路经温宿、乌孙、康居,在距离郅支城几十千米的地方成功汇合。

大军进入康居后,禁止军队劫掠,与一些憎恨郅支的康居贵族立下秘密协定,并积极搜罗有关郅支的军事情报。

听说汉军西来,心惊胆战的郅支单于强打起精神,派出使者前往汉营询问来意。甘延寿、成汤回应说:"听说单于客居康居,处境艰难,所以汉帝派我们前来迎接单于一家回汉地居住。"但郅支单于并未上当,而是一次次地让使者来回捎话,打口水官司,显然是在拖延时间。

"舌头淹不死顽敌",第二天,当第一缕曙光洒上绿洲,西征大军全员出动。远远地,木城外壳包裹着土质城墙的郅支城出现在西征军视野里。陈汤令旗一挥,大队人马风驰电掣般合围过去。

北匈奴在四个城门设下鱼鳞阵应战,已形成合围的西征军则用火烧木城外壳。傍晚,郅支命令数百名骑兵作试探性突围,但被西域联军用弓箭射了回去。眼看无法突围,郅支只有死守。他亲自披甲登上城楼,与几十名妻妾一起以弓箭射击攻城者。结果,郅支的鼻子被西域联军射中,血流不止;更可怜的是,他的多名妻妾被箭矢射中,香消玉殒。

半夜时分,木城陷落,北匈奴将士被迫退入内城——土城。天刚擦亮,西征军就从四面突入土城,郅支单于率领百余名男女逃进自己的宫殿。汉军再次发起火攻,然后争先恐后地杀进宫内,剑剑入肉,刀刀见血。走投无路的郅支单于被乱军刺死,头颅被军侯假丞杜勋砍下。

当时没有照相术,要想证明一个人死了,只能很不恭敬地把死者的脑袋切下来,然后上漆、装匣,由驿马传送给上司验看。很快,这颗大好的头颅被快马传送到3300公里外的长安。随之,两个不光彩的记录被郅支改写:他是第一个被汉军在战场上砍头的单于,也是第一个身首异处、死后不能全尸埋葬的冒顿子孙。

汉军的战绩还有,匈奴阏氏、太子、名王及以下1518人被杀,1000余人投降,145人被生俘。其中被俘的,还有部分罗马雇佣军,他们可能是公元前53年克拉苏率领的罗马东征军在卡尔莱(今叙利亚的帕提亚)被安息帝国军队击败后,向东方逃跑的罗马士兵。战后,多数俘虏被甘延寿和陈汤送给了跟随自己出兵作战的西域十五国的国王。那些罗马战俘则被安置在今甘肃永昌县境内。汉将这个罗马人居住的地方命名为骊靬(Líjiān)县,"骊靬"就是汉史对古罗马的称谓。这并非作者天马行空的臆测,此事从《汉书》到《隋书》都有准确无误的记载。隋开皇十二年(592),鉴于罗马人已被汉人同化,隋文帝杨坚下诏将骊靬并入了邻近的番和县。8世纪中叶,骊靬城有可能是被吐蕃大军毁坏。如今骊靬城遗址犹在,只是已经沧桑如沙漠中的木乃伊。

大功告成的甘、陈二人,谁也没有揽功透过,因为揽功也会揽到矛盾,透过也会委掉信任。在给刘奭的报告中,他们二人联名上奏说:"臣闻天下之大义,当混为一。匈奴呼韩邪单于已称北藩,唯郅支单于叛逆,未伏其辜,大夏之西,以为强汉不能臣也。郅支单于惨毒行于民,大恶逼于天。臣延寿、臣汤将义兵,行天诛,赖陛下神灵,阴阳并应,陷阵克敌,斩郅支首及名王以下。宜悬头槁于蛮夷邸间,以示万里,明犯强汉者,虽远必诛!"

接到底气十足的奏疏和木匣中郅支的人头,刘奭到底有什么反应,史书上没有记录,但近似的情景在后来的《三国演义》中出现过:孙权把关羽的头装在木匣子里送给了曹操,曹操打开木匣子,对着关羽的头冷笑道:"云长公别来无恙?"

对于大臣们要治甘延寿、陈汤矫诏之罪的建议,刘奭不仅没有理睬,而且将甘延寿封为义成侯,拜为长水校尉;将陈汤赐爵关内侯,拜为射声校尉。每人食邑200户,各赏黄金100斤,年俸禄定为2000石。然后,大赦天下。

　　得到升迁的两位将军依依不舍地离开了乌垒城,离开了给自己带来无上荣誉的西域。

　　两人一抬头,突见寒鸦万点,驼着如血的残阳,掠过苍凉的胡杨林,消失在粉红色的西天。

　　这一年,距离"有落雁之貌"的王昭君出塞还有3年,距离刘骜立舞女赵飞燕为皇后还有20年,那时的汉还没有浓重的脂粉气。而在西方,同样伟大的古罗马正忙着内讧,雷必达的军权被屋大维剥夺,三巨头变成了屋大维和安东尼两巨头。

七、背后的陈汤

　　我一直以为,在诛杀郅支单于一战中,功劳应该记在主帅甘延寿头上,山东人陈汤只是一个副手。副手就是随从,刘奭怎能把他和主帅一样封侯呢?

　　但打开《汉书》,一个令人惊愕的事实摆在面前。

　　原来,陈汤为人"沉勇有大虑,多策谋,喜奇功"。每当路过城镇或高山大川,他都登高远望,认真观察、记忆。在临近乌垒城时,陈汤对并排骑行的甘延寿建议:"郅支单于剽悍残暴,称雄于西域,如果任其发展下去,必定成为西域大患。现在他居地遥远,没有可以固守的城池,也没有善于使用强弩的将士,如果我们召集起屯田戍边的兵卒,再征调乌孙等国的兵员,直接去攻击郅支,他守也守不住,逃也无处逃,这正是我们建功立业的大好时机啊!"甘延寿认为他的分析很有道理,便说要奏请朝廷同意后行动。陈汤接着说:"这是一项大胆的计划,而朝廷公卿多是庸碌之辈,一经他们讨论,必然难以通过。"

　　这种敢于蔑视教条的摩罗精神和撒旦精神,的确是这个山东人身上独有的品质,也是尚且没有被董仲舒的儒家学说所洗脑的中原人的一种本真的血性。对此,甘延寿不是没有动心,但主帅的身份由不得他造次。于是,他沉默良久,最后还是强调应该履行程序,否则会无端背上矫诏的罪名。

抵达乌垒城后,一向强壮的甘延寿居然染上了重病。

陈汤深知,要成功,需要朋友;要取得巨大的成功,需要敌人。但时光匆匆流逝,都护的病却不见好转。眼看大好机遇即将错过,陈汤果断地撇开都护,假传圣旨征调屯田汉卒及车师国兵员。病榻上的甘延寿听到消息大吃一惊,立刻派手下将陈汤喊来,试图制止陈汤这种犯法的举动。却见陈汤手握剑柄,以威胁的口气呵斥甘延寿:"大军已从四方汇集而来,你难道还想阻挡大军吗?不抓住战机出击,你还算什么名将?!"此时的甘延寿已没有任何退路,因为即使他不同意,陈汤也会发兵西征,无论战争胜败,他作为都护都难脱矫诏的干系;而且,他不同意的后果,要么被这位山东大汉杀掉,要么被冷落在病榻上孤独地死去。这两种结果,对于这位并非懦夫的将军来讲,都是难以接受的。

积极的人像太阳,照到哪里哪里亮;消极的人像月亮,初一十五不一样。甘延寿不仅同意出兵,而且强撑着病体加入了西征的队伍。最终,这支众志成城的大军顺利灭掉了北匈奴残余,完成了一件彪炳千古的伟业。

其实,矫诏发兵,对于陈汤来说并不奇怪。原因在于,他既有山东人勇武率真的共性,也有桀骜不驯的个性。

山东人素以"路见不平,拔刀相助"著称于世,有着东夷人一不怕苦、二不怕死的凛凛古风。传说,古时山东大地有两个炫耀自己勇敢的人,一人住在城东,一人住在城西,一天两人在城里不期而遇,说:"一起饮几杯小酒如何?""好,但是无肉下酒啊。""你身上有肉,我身上有肉,何必再去弄肉呢?"于是,两人拔出短剑,一边喝酒,一边互相割身上的肉吃,谈笑自若,一直到死。

一直以来,山东人陈汤就不按套路出牌,他大脑中的额叶和顶叶似乎比一般人活跃得多。少年时代的陈汤,喜欢读书且文思开阔,但因家庭贫困有时靠乞讨度日,所以在四里八乡并无好名声。后来,他流浪到长安,认识了富平侯张勃。初元二年(前47),刘奭诏令公侯大臣推荐年轻才俊,张勃推荐了陈汤。等待分配期间,父亲病逝,接到丧报的陈汤居然没有回家奔丧。在那个儒学至上的年代,不奔丧就是不孝,不孝意味着无德。有人因此检举了陈汤,不仅陈汤被捕入狱,连举荐他的张勃也被削减了200户食邑。后来又有人大力举荐,陈汤终于被任为郎官。因他主动请求出使外国,才得以成为西域都护府副校尉并立下奇功。

正当甘延寿与陈汤率领凯旋的大军进入玉门关后,却被朝廷负责执法的司隶校尉从正面拦住,声称要对陈汤进行检查并予以逮捕。原来,在攻克郅支城后,一向贪财的陈汤将缴获的大量财物私匿起来,知情者便向朝廷举报了此事。陈汤立即上书皇帝说:"我与将士们不远万里诛杀郅支,按理说朝廷应派出使者前来慰劳与欢迎,如今却派司隶来检查审问并拘捕我,这不是为郅支报仇吗?"刘奭便下令撤回司隶,并令沿路县城摆设酒食夹道欢迎得胜的大军。

刘骜即位后,丞相匡衡又将陈汤私吞战利品一事旧事重提,案件进入了法律程序。秦汉时期,根据诉讼主体的不同,将案件分为两类,一类叫官纠,即由官吏代表官府对犯罪者提起控告诉讼,类似于现代的公诉;另一类叫民告,即由当事人直接向官府控告呈诉,类似今天的自诉。正所谓"民不告官不纠也"。这次陈汤经历的就是公诉案件,因此在官方取证后按律被免职。

之后,不甘寂寞的陈汤向刘骜上书,称康居王送来的侍子不是真正的王子。刘骜派人核实,证明康居王子并非假冒。陈汤被以诬告罪再次入狱,准备处以死刑。这时,太中大夫谷永向刘骜上书,引用《周书》中"记人之功,忘人之过,宜为君者也"的古训,吁请皇帝为曾经立下奇功的陈汤开恩。陈汤被刘骜特赦,但被命令从一般士兵当起。

时隔几年,受到乌孙围攻的西域都护段会宗请求朝廷发兵救援,百官讨论数日仍无结果。王凤建议把足智多谋的陈汤请来,于是刘骜紧急召见了陈汤。因风湿导致两臂不能屈伸的陈汤在觐见皇帝时,刘骜下诏不用行跪拜礼,然后把段会宗的求救信递给了他。陈汤推辞说:"将相九卿皆贤材通明,我已经没有任何官职,不足以谋划大事。"

心事这东西,你捂着嘴,它也会从耳朵里跑出来。刘骜听出了他话中的怨气,便笑着说:"国家有急,君其毋让。"陈汤这才慢吞吞地回复道:"臣以为,这件事没有什么可以忧虑的。"

"为什么?"刘骜一脸疑惑。

"一般情况下,五个胡兵相当于一个汉兵,因为他们的兵器原始笨重,弓箭也不锋利。如今他们也学汉兵的制作技巧,有了较好的刀、箭,但仍然须以三比一来计算战斗力。现在围攻会宗的乌孙兵马不足以战胜会宗,因此陛下尽管放心。即使发兵去救,轻骑平均每天可走50里,重骑平均才30里,根本不是救急之兵。"陈汤料定乌孙大军是乌合之众,无法维持持久的进攻,因此推算说,"现在那里的包围已经解除。不出五天,会有好消息传来。"

刘骜还是半信半疑。过了四天,刘骜果然接到战报,称乌孙大军已解围而去。

通过这件事,大将军王凤深感陈汤经验丰富,于是奏请皇帝启用陈汤为从事中郎,军事大事往往请他决断。

对于刘骜和王凤启用口碑不佳的陈汤,许多大臣不以为然甚至公开反对,但当政者自有其道理。因为用人标准并不是一成不变的,一般要随着时局的变化而变化,多事之秋更重视人才的能力,和平年代更重视人才的操守,这就是乱世枭雄曹操所说的:"治平者尚德行,有事者赏功能。"也是拨乱反正时期的雍正所提倡的:"宁用操守平常之能吏,不用因循误事之清官。"对于雍正的用人之道,他最信任的大臣鄂尔泰进一步解释说:"如果能做事业,虽然是小人,也应该爱惜指导;如果没有能力,虽然是善人,也应该调离他处。"

史载,陈汤出任从事中郎后,既严明法令,又博采众议,颇有将帅风范。

问题在于,再重效能,也不可能完全忽视操守。按说,在郅支城私吞战利品的教训历历在目,陈汤应该有所收敛了。想当初,陈汤被封关内侯时,有食邑200户,秩俸2000石①。据我考证,除去赋税,汉代一个青壮年农夫(实际上指一个家庭)的年耕作收入平均90石。据此推算,陈汤的年俸禄相当于22户农夫的全部收成。再加上皇帝赐给他的食邑,他每年的收入就是数百户农夫辛勤耕作的总和。要知道,一个治安、水利、赋税、赈灾什么都管的大县县长年收入才600石,小县县令才300石啊!

不是所有人,经过命运的淬火,都能炼成金刚不坏之身。

让一个好色的人戒掉欲望,除非挖去他的眼;让一个手痒的人停止作

---

① 据林甘泉《秦汉经济史》,汉代1石为2斗,1斗13.5斤,1石相当于27市斤粟麦。

案,除非砍去他的手。水衡都尉苟参死后,苟参的妻子想为儿子求封,送给陈汤50斤金,陈汤便答应为其上奏。弘农太守张匡因贪污被传讯,派人向陈汤求救,陈汤果然想法为其洗脱罪责,后来收了对方200万的谢礼。他还常常受人的请托上奏,并心安理得地接受请托人的重金,属于典型的"一手交钱,一手交货"。似乎,他付出了辛苦,别人就应该有所表示。

哲人叔本华说过,财富就像海水,你喝得越多,你就越感到口渴。长此以往,陈汤的贪财之名传遍朝野。

"千里为官,谁不为钱?若不为钱,谁来当官?"中国古代戏曲里的这四句念白,足以表明专制体制下权力与金钱的互换关系。因而,翻开《二十五史》的任何一史,都是贪官如毛,硕鼠遍地,但贪官遍地并不代表朝廷就认可贪官。面对一份份质证陈汤的奏章,皇帝只能摇摇头,遗憾地将陈汤贬为庶人。

在金碧辉煌的未央宫,当值太监要求陈汤出班。听完诏书中罗列的罪名与证据,他只能感谢皇帝的不杀之恩,然后长跪不起,再也没脸为自己作一句狡辩。有人看见,他那饱经风霜的脸上流下了一滴清泪。是后悔的泪,还是感激的泪?无人能懂。

免职后的陈汤被强制迁到风如刀、沙如霜的敦煌,日子墨黑如殇。几年后,敦煌太守上书朝廷说:"陈汤诛杀郅支,威风远及外国,现在降为庶人,不宜住在边塞。"于是,他被迁到安定(今宁夏固原)。看到陈汤晚景凄凉,议郎耿育又上书皇帝说:"当今枭俊擒敌之臣,独有一陈汤耳。他之所以屡遭不幸,乃是其他大臣嫉妒所致,恳请皇帝予以关照。"陈汤被允许迁回长安。

他开始酗酒,常常喝得烂醉,他很怕醒来,因为醒来是中断,是破碎,是幻灭,是往事不堪回首的低落。不久,他便在醉生梦死中走完了荣辱交错、跌宕起伏的人生。

八、都护段会宗

在陈汤的故事里,我们曾经提到过这个名字。似乎,这位西域都护不如陈汤心里有数,否则怎能一被包围就惊惶万状地请求朝廷救援呢?难道这是一个胆小鬼?

段会宗,字子松,今甘肃天水人,生于汉始元四年(前83)。竟宁元年(前33),年过50的他出任西域都护、骑都尉光禄大夫。他身居乌垒,眼观六路,轻赋税,废苛政,深受西域军民敬重。这就意味着,他尽管没有陈汤绝世的果敢与超人的谋略,但却有着陈汤最为缺乏的自律意识和亲和力。也就是说,在陈汤手下,人们不担心打败仗,却要时刻准备接受陈汤的训斥;跟着段会宗,也许在战场上会遭遇困难,但由于这位主帅的忠厚与和蔼,他们会有一种生活在温暖阳光下的惬意与安定。

童话大王郑渊洁说,奋斗人生的诀窍就是经营自己的长处。在段会宗担任都护的三年中,他自感没有陈汤的军事才能,便把自己以诚待人、以情感人、以理服人的长处发挥到了极致。在他任期届满担任沛郡、雁门太守的日子里,几任西域都护都名声不佳,无功而还。

只有经历过冷酷寒冬的人,才会怀念春天的温馨。鉴于后几任都护的嗜杀与冷血,西域君民更加怀念段会宗在任时那温暖而惬意的时光。西域国王们连连上书,请求汉帝再派段会宗前来领导他们,他们一再声称:"段任西域都护,我们言听计从。"

为此,刘骜既无奈,又欣慰,还担心。他之所以无奈,是因为他将不得不撤换任期未满的都护;之所以欣慰,是因为汉朝总算还有让西域满意的人;他担心的是,段已年老体衰,会领命出关吗?阳朔元年(前24),刘骜将段会宗从雁门召回长安,把自己的担心告知了这位比自己年长33岁的老将。想不到,老将毫不犹豫地答应下来。就这样,60岁的段会宗第二次风尘仆仆地走出玉门关。

闻听段会宗二赴西域,好友谷永一方面深表敬佩,一方面又替他担心,便写了一封书信作为临别赠言:"足下以柔远之令德复典都护之重职,真是一件令人称羡的好事。以你的才华智慧,足以在帝都充任国家之栋梁,担当九卿丞相之要职,又何必关山迢迢,去昆仑山下与风俗迥异之人一起生活呢?可是我又想到,方今天下我大汉皇恩浩荡,远方宾服,在你之前又有傅介子、郑吉、甘延寿、陈汤等人立下赫赫功勋,今后很难有人超过他们。因此作为你的挚友,我不得不劝告你,愿你到任之后,多保重身体。办一切事情,都要注重实际,切勿好高骛远,一味追求什么奇功大勋。"读完谷永的赠言,段会宗若有所悟。

事实证明,对人恭敬,就是在庄严你自己。段会宗出关的消息不胫而走,很快便传遍了翘首企盼的西域城邦,国王们派遣子弟出城数十里相迎,乌孙国小昆弥安日竟然远涉千里赶到龟兹迎接。段会宗每到一座城郭,都与国王和城主谈笑风生,畅叙离别之情,就像久别重逢的生死战友。每到一个国家,都要抚官恤民,了解风土人情以及邻国关系。

消息传到康居,康居太子保苏匿又高兴又惭愧,他既对自己一度受匈奴威逼反对汉心中不安,又坚信段会宗是一位值得信赖的都护,因此亲自率领数万部众前来归顺。段会宗派遣卫司马带领戊己校尉前去迎降。

遗憾的是,这位卫司马是个胆小之徒,他见前来投降的保苏匿人马太多,担心途中发生变故,竟然命令保苏匿让手下互相捆绑住手脚。保苏匿大为失望,便带着部下逃走了。后来,有人将此事呈报到朝廷,皇帝竟不分青红皂白地罢了段会宗的都护之职,调他去金城(今兰州)担任太守。

因为染病,段会宗未能赴任。一年之后,乌孙国小昆弥安日被杀,乌孙大乱。无奈之下,朝廷只好再次起用段会宗。

这一次,刘骜拜段会宗为中郎将、光禄大夫。已经年过70的他,仍不计个人恩怨,不顾年事已高和鞍马劳顿,毅然从乌垒前往乌孙,经过多方调停终于达成协议,立安日的弟弟末振将为乌孙小昆弥,将一场惨烈的内讧化为无形。

第二年,元贵靡的孙子雌栗靡担任乌孙大昆弥。雌栗靡为人宽厚,治国有方,势力日益壮大。末振将担心大昆弥将自己吞并,便先下手为强,派人以诈降之计将雌栗靡刺杀。没过多久,末振将也被雌栗靡的同情者刺杀。

刘骜命令段会宗向乌孙兴师问罪。

有人总结说,少年时你什么都信,就有了信仰。中年时你有信有不信,就有了理想。晚年时,你怀疑得多相信得少,就有了思想。接到命令,已过"从心所欲不逾矩"之年的段会宗,并没有简单地执行皇帝的诏命,而是像以往历次巡视一样,只带上30名弓箭手来到赤谷城。然后不动声色地把小昆弥的太子番丘找来,一边亲切交谈,一边将剑插进了番丘的胸膛,报了番丘之父暗杀大昆弥之仇。

消息传出,末振将的侄子乌犁靡调遣数千骑兵将段会宗困在城中。

大战前的空气凝重得像要滴下水来。段会宗登上城头,毫无惧色地对城下的乌犁靡高喊:"如今你来杀我,如同拔一根牛毛一样容易。可是不要忘了,大宛比尔等强大百倍,我汉军割取大宛王人头如探囊取物一般。"听完城上的喊话,乌犁靡匍匐在地,对段会宗说:"末振将反叛汉朝,父债子还,你们杀其子是对的。我等无罪,请勿诛讨。"段会宗答应不再追究。城下的小昆弥将士们感激涕零,解围而去。消息传到长安,皇帝下诏封段会宗为关内侯,赐黄金万两。

柳宗元笔下有一种小虫子,它会把沿途所遇尽可能捡拾起来,放在背上负重前行。这种虫子背部粗糙,东西堆积在上面难以掉落,但即使疲惫到极点,它还是不停地累加,直到仆倒在地。元延三年(前10),段会宗耗尽了最后的精力,病死在乌孙,终年75岁。

死亡是一杆秤,用以衡量那些逝去的光阴。他死后,西域国王和民众们自发为他送葬,还为他修建了庙宇,年年礼拜。

时隔三年,他的主子刘骜因纵欲过度,死在宠妃赵合德的床上,终年46岁。如果刘骜与段会宗一样活到75岁,正值新地皇四年(23),王莽正好被杀。

历史可以推演,但不能假设。

九、缩头乌龟

段会宗在世的时候,韩立就担任了西域都护,并且曾经与段会宗一起平定过乌孙内乱。后来的西域都护郭舜、孙建都乏善可陈。有些故事的,是著名的缩头乌龟但钦。

但钦刚刚担任都护时,匈奴已被彻底征服,西域已全部纳入了汉朝版图。到元始二年(2),西汉已拥有东西9302里、南北1.3368万里的广袤领土,人口接近6000万,耕地达到827.0536万顷。这应该是一个东方帝国此后1000年再也难以超越的峰巅。

正如礼花上升到最高点必然谢幕一样,以公元初年为标志,西域形势开始出现下行趋势。先是汉戊己校尉徐普因为与车师后国在道路问题上的纠纷,居然把车师后国国王姑句关了起来,造成姑句逃亡匈奴;接着,西域东南部的"去胡来"国被邻近的赤水羌包围,"去胡来"王唐兜急忙向西域都护但钦告急。

身在乌垒的但钦,一方面感觉乌垒距离去胡来太远,一方面骨子里不愿意多管闲事,因而把唐兜的求救信扔在一边,没有派出一兵一卒前往救援。唐兜万般无奈,拼死突出重围,率领妻子与部众1000余人东逃玉门关,而玉门关守将拒绝唐兜入关。一气之下,唐兜也率领部众投降了匈奴。

当时,匈奴与汉关系已经缓和。于是,执掌朝政的太傅王莽派出中郎将王昌,逼迫匈奴将姑句与唐兜引渡回了汉朝,然后当着西域各国国王的面,将唐兜、姑句二王斩首。按说,唐兜、姑句事件都事出有因,二王都不到非杀不可的地步,王莽因此在西域丧失了信用,但钦已经明显感觉到了西域各国的冷漠。

初始元年(8)十二月,王莽逼迫太后王政君交出传国玉玺,接受孺子婴禅让后称帝,改国号为"新",改长安为常安,称"始建国元年"。之后,王莽将汉朝所封的"王"、"侯"改称为"公",将周边民族的"王"降格成"侯",然后派出五威将王奇等12人赴各地更换印信。就连西域都护驻扎的乌垒城,也被王莽改名埒(liè)娄城。

新始建国二年(10),车师后国新王须置离听说王莽派右伯甄丰前来西域巡视,准备以迎接甄丰花费巨大为由,率领部下投降匈奴。消息传到戊己校尉刀护耳中,刀护将须置离逮捕后,押送到埒娄城,交由西域都护但钦处置。

按说,这是西域都护但钦对王莽的西域政策给予补救的良机。可是,但钦二话没说,就砍掉了须置离的带发人头,在西域各国怨恨的怒火上使劲添了一捆柴。

西域各国开始对匈奴暗送秋波,而置身西域中心地带的但钦却蒙在鼓里。

始建国五年(13)春,乌孙大、小昆弥派使者到大新朝贡。王莽试图通过匈奴的外孙小昆弥与匈奴缓和关系,便在安排座次时,有意派人把小昆弥使者排在身为中国外孙的大昆弥使者之前,从而激起了大昆弥使者的强烈不满。

夏日的西域,炎阳似火,大昆弥使者路过焉耆,不仅将一肚子苦水倒给了热情的焉耆王,而且表达了对新朝衰弱的观感。使者一席话,唤醒了焉耆王压抑已久的欲望。是啊,新朝的威望已江河日下,匈奴已承诺做自己的后盾,为什么我不能趁机崛起?要崛起,必须吃掉都护府治下的万顷良田。要知道,焉耆距离乌垒城只有350里,凭着焉耆快马不过两天。想到这里,焉耆王眼冒红光:但钦——你这只缩头乌龟,别来无恙?!

酸风射眸,寒日相吊,难道自己真的"四面楚歌"了吗?已经被不满与骚乱所包围的但钦,并非没有感受到威胁,他完全可以请求解甲归田,因为按照西域都护三年一任的成规,他已经超期服役很久了;他也可以私自躲到关系尚可的龟兹,理由可以找上一大堆。但他没有这样做,一来他认定王莽不会批准,二来都护府不能一日无帅。于是,抱有侥幸心理的他,像鸵鸟一样把头埋在沙土里,一副不战、不和、不守、不走的德性,患得患失,畏首畏尾,得过且过,苟延残喘。

如果你不能确定往哪里走,那么此处就是你的葬身之地。冬,焉耆王的6000兵马倾巢出动,突然西去攻入乌垒城,措手不及的但钦被砍下首级。

对于但钦,死亡不是终结,而是完成,他终于为自己的超期服役画上了句号。

他的不作为与少胆识,他的命运,是个性的悲剧与时代的悲剧的交织。在"天地不仁"的时代,他可以选择做一个"刍狗",也可以选择做一个英雄,选择的差别就在于个性。

十、最后的"舞蹈"

王莽岂能善罢甘休。

天凤三年(16),王莽派遣五威将王骏、西域都护李崇、戊己校尉郭钦进驻西域。迫于新朝大军的声势,西域各国违心地赶赴郊外欢迎。

王骏、李崇到达乌垒之后,先是痛斥了姑墨兼并温宿国的行为,然后征调都护府所属的西域各国兵马大举讨伐焉耆。莎车、龟兹等国共出兵7000余人,焉耆的尾巴国尉犁、危须也派出人马随行,就连刚刚被痛斥的姑墨仍派出军队"将功补过"。

这样一来,王骏手下可供调遣的人马超过了2万,三倍于焉耆兵马,战争的结果似乎失去了悬念。而且,作为被讨伐者的焉耆王,也公开声称投降新朝。似乎,征讨已经没有什么必要。

但样子还是要做的,如果这是焉耆的缓兵之计呢?于是,作为主帅的王骏决定兵分数路,进入焉耆接受投降。结果,他统领的这路大军钻进了焉耆布下的口袋阵,身后的姑墨、尉犁、危须军队又反戈一击,他的前胸与后背全都暴露给了对方。

美国西点军校军规说,唯一比敌方炮火还精确的是友军的炮火。很快,王骏就被"友军"如雨的箭矢射成了刺猬,随他征战多年的汉兵也被杀光。临死时,王骏的瞳孔里散发着无尽的疑惑,他至死也不明白,这几个西域国家是何时与敌人有了私下协议的呢?但历史背面的铭文犹如魔王私处的刺青,是轻易看不到的。

喧嚣过后,山谷里只剩下无数的断肢残骸,以及偶尔透进来的如血残阳。

末任都护李崇,只能收拾残兵败卒退入龟兹国境,李崇铜印在民国十七年(1928)发现于今新和县玉奇喀特古城(它乾城)。

只有担任后卫的戊己校尉郭钦侥幸引兵退回中原。

西域都护府,在残破的乌垒城降下飘扬了63个春秋的旗幡。此后,乌垒国连同都护府一起消失,土地被并入了西邻龟兹。

至于建武二十二年(46),莎车王贤杀掉龟兹王后设立的乌垒王,并没有真正脱离龟兹。而永平十七年(74)恢复的西域都护府,首任都护陈睦也曾驻扎在这里,但仅仅过了一年,陈睦的身首便分了家。等到班超担任了西域都护,也许嫌弃此地过于晦气,也许考虑到这座城池残破不堪,于是将府治确定为李崇避难的它乾城。只有光绪二十八年(1902)设立的轮台县,让我们依稀记起这个曾经令有些人爱得发疯,另一些人恨得要死的地方。

走马西来欲到天,平沙万里绝人烟。战争的瘢痕上开满了鲜花,关于血与火的故事已羽化为神话。近代,考古学家在轮台发现了几座古遗址。

一座叫柯尤克沁古城,位于县城东南20千米的迪那河流域的荒漠中,周长940米,墙基宽5米,又称奎玉克协海尔,维吾尔语意为"灰烬城",据认为是被贰师将军李广利攻克的汉代仓头城,即轮台古城①。

另一座叫卓尔库特古城,周长 1250 米,墙基宽 6 米,位于县城东南 25 千米的克孜勒河西岸的荒漠草甸中,也就是仓头城东 4 千米处,据认为是屯田校尉城,考古学家黄文弼甚至推测,修建者就是后来被龟兹杀害的屯田校尉赖丹。这座当年雄峙朔漠的军事堡垒,如今连废墟也算不上了,尚且能看出点轮廓的,是城中的一个环形小湖以及一座 9 米高的戍堡遗址。如果您足够细心,还可以在古城西部与北部的戈壁柳丛中,找到汉代"田卒"屯垦留下的田埂、水渠和大小均匀、划分整齐的田块。

还有一座叫协海尔科台克古城(维吾尔语意为"树墩城"),位于县城东部 56 千米、野云沟乡南部 32 千米的策大雅乡,据认为是西域都护府驻地——乌垒城。② 古城四周分布着几座屯垦军营,向南有大道通渠犁国,向西有大道通校尉城,城堡之间有烽火台传递信息,史称"七连城"。这样一座汉朝在西域中央的定鼎之地,一座威风八面的异域坚城,如今只剩下一片年代模糊的遗迹,陈列在恹恹的秋阳下。

2000 年的风雨尘沙,已将都护们踏石留印的足迹深深掩埋。

乌垒国小传:乌垒,原名轮台国,又名仓头国,创建者是车师的一个部落,应该划入吐火罗人系列。李广利二征大宛时,这个寂寂无闻的千人小国却不自量力地闭门据守,结果惨遭汉军屠城,继而沦为汉的军垦农场。直到汉宣帝当政时期,轮台才宣布复国,更名乌垒。肯定是新乌垒王开明而乖巧,因此郑吉将西域都护府迁到了乌垒,乌垒也摇身一变为西域的政治军事中心,为一任任都护或雄奇、或霸道、或贪婪、或猥琐的表演提供了宽敞的舞台。西汉末年,63 岁的西域都护府踉跄倒地,作为都护府另一张面孔的乌垒国也陨落在腥风血雨中,剩下的只有残垣断壁,衰草夕阳。

如果现在有人说,这里是西域的中心,这就好比说西安是中国的中心,您还会相信吗?

---

① 见李永康《轮台屯田史话》,新疆人民出版社 2011 年版。
② 据《轮台县地名图志》,1985 年版。

第二十七章 龟兹（Qiūcí）——飘逝的乐舞与梵音

> 龟兹国，王治延城。户六千九百七十，口八万一千三百一十七，胜兵二万一千七十六人。南与精绝、东南与且末、西南与扜弥、北与乌孙、西与姑墨接。能铸冶，有铅。东至都护治所乌垒城三百五十里。
>
> ——班固《汉书》卷九十六下

一、一叠桦树皮

光绪十五年（1889），一个平淡无奇的年份，如果非要找一点事情，恐怕只有光绪帝亲政、本杰明·哈里森当选美国总统、法国埃菲尔铁塔落成、甲骨文在河南安阳被发现勉强可以拿得出手。也就是说，这一年完全可以用上旧小说里的一句套话："当日四海升平，并无大事可叙。"

一天，一个英国青年沿着古丝绸之路悄悄进入新疆。表面上，这个英国人来这里是为了狩猎娱乐。实际上，他是英国驻印度中尉情报官鲍尔。前不久，英国著名的中亚探险家安德鲁·达格列什被杀死，凶手是一个阿富汗人。英国驻印度当局要求限期破案，追缉真凶的困难使命就交给了鲍尔——正以狩猎为幌子在中亚开展秘密测量的情报官。接受新任务后，他以狩猎队为基本力量，构建了一个地下情报网，把自己的探员撒向了阿富汗、中国和俄属中亚。而他自己，则像《悲惨世界》中那个固执、敬业的侦探沙威一样，毫无希望地沿着古老的丝路，一个绿洲一个绿洲地搜寻远走天涯的案犯。因为追踪一条显然是有意散布的假线索，他来到了塔克拉玛干沙漠北部的中国小城——库车。

一个名叫古兰·柯迪阿吉的库车人找到了鲍尔,但阿吉带来的,不是阿富汗凶手的消息,而是一本残破的书籍,这本书由桦树皮装订在一起,上面的文字稀奇古怪得犹如天书。据阿吉介绍,这是他无意中在一个废弃关隘里捡到的。经过讨价还价,鲍尔买下了其中的51页。回到印度后,他将此书交给了加尔各答的孟加拉亚洲学会。第二年,学会的语言学秘书霍恩勒发表了一篇满含欣喜的报告,他说这是用婆罗米字母书写的古印度梵语书稿,内容有关医药与巫术,时间在公元4世纪。

古印度人习惯于在桦树皮上写书,由于印度气候潮热,所以用桦树皮写成的书很难流传下来。此前发现的最古老的桦树皮写本属于公元11世纪,而这本书稿的年代一下子提前了七个世纪。于是,这份被称为《鲍尔文书》的手稿轰动了世界。

一夜之间,这个副产品使得小小的尉官鲍尔名扬天下,而那个杀人真凶也富有戏剧性地被很快逮捕:在中亚名城撒马尔罕,鲍尔的两个助手在集市上与凶手意外相逢,双方无意中同时抬头,探员发现对面站着的正是他们大海捞针般苦苦寻觅的杀人犯。后来,鲍尔晋升为少将,受封为汉密尔顿爵士,还出版了一部名为《中亚旅行记》的通俗读物,可谓名利双收。不知什么原因,他的著作至今没有被翻译成汉语。

需要特别指出的是,《鲍尔文书》之所以轰动世界,不是因为这本桦皮书有多么珍贵,而是因为它发现于丝绸之路交汇处的新疆。一本印度梵文书稿,为何保存在库车?它是外来的物件,还是当地的创造?

一个千古之谜即将揭开。

二、龟兹语

"鲍尔文书",引发了列强对新疆探险的热潮,俄国和英国驻喀什的领事,奉各自国家的命令,努力搜寻偶然出土的古代写本。来自英、德、俄、日的探险家也接踵而至,他们带着对未知学术领域的渴求,职业探险的殉道精神,征服者的无尽欲望,急切地抢夺对西域历史解读的优先权。这时,一个西方人哪怕是去测量了亚洲一座未知山峰的高度,回国后都会受到英雄般的欢迎。而在那片土地上生息的人们,连生存的尊严都无从谈起,就更谈不上什么解读自身历史的权利了。

接下来,在库车及相关地区的发现果然令人惊讶,大量的古文字残卷被从民间收购上来,或者被从黄沙底下翻检出来,书写材料五花八门,有棕榈叶、桦树皮、木板、竹子、皮革、丝绸、纸等;使用的字母也多种多样,除了常见的汉文,还有婆罗米笈多文、佉卢文、于阗文、摩尼文、粟特文、回鹘文、吐蕃文、阿拉伯文等。这些文字大多已变成死文字,每一种死亡的文字,都隐匿着一段消失的文明,而走进这个古代文字的丛林地带,则意味着坠入了不同文明交汇的漩涡之中。

面对这些木乃伊一般的神秘字符,语言学家们如饮甘饴,痴醉交加。在为大多数文字找到归宿之后,他们在一种陌生的语言面前皱起了眉头:这种语言出现在库车出土的文书中、陶片里和墙壁上,它们用婆罗米字母中亚斜体拼写,许多句子连在一起,无法把单词分开,对不上任何已知的语法规则,梵语专家们勉强能认出一些印度名字、医药名词和佛教术语,但一时弄不清这是一种什么语言。

在西医中,医生诊断疾病惯常使用排除法。在所有的解读都失败之后,习惯于排除法的学者们突然领悟到,既然已知的语言都能找到对应的族群,那么这最后剩下的语言,不正是古代库车地区原始居民自己的语言吗?

这种语言就是龟兹语。

《大唐西域记》记载:"龟兹,文字取自印度,粗有改变。"这恰好与后来发现的龟兹语写本相吻合。但这个"粗有改变"后的龟兹语,究竟是一种什么语言?

光绪三十三年(1907),库车出土了一本回鹘文书写的佛经——《弥勒会见记》。德国语言学家缪勒从这本佛经的序言中读到了这样一段文字,大意是这本回鹘文佛经,是根据当地的托和利文翻译过来的。"托和利"是什么?不正是史书中的"吐火罗"吗?细微的差别,仅仅是音译时造成的。因此,缪勒将它命名为吐火罗语。

第二年,德国的另外两名学者西格和西格灵发现,吐火罗语的数词、亲属名称、家畜、人体部位名称,同印欧语系西支的一些语言有所对应,因此确定了这种语言属印欧语系西支。

这一发现令学者们万分惊讶:印欧语系西支是北欧一些地区的语言,吐火罗语却流行于东方。从地理位置上看,它处在印欧语系东支伊朗的东边,恰似一个语言飞地,其中奥秘何在呢?

语言学家开始锲而不舍地阅读吐火罗语残卷,逐渐发现,龟兹语与焉耆语尽管有明显的亲缘关系,但焉耆语全是佛经,而龟兹语除了佛经,还有护照、情书等世俗文书,两种语言有些字体也有分别,因此就把它们区分为两种方言:吐火罗语 A 为焉耆语,吐火罗语 B 为龟兹语。

民国二年(1913),法国学者列维在论文《乙种吐火罗语为库车语考》中证明,所谓乙种也就是吐火罗语 B,就是古代龟兹的当地语言。就这样,西方语言学家凭着几页残缺的纸片,破解了一个千古之谜。1974 年,吐鲁番出土了一本用吐火罗语书写的《弥勒会见记》,进一步验证了回鹘语佛经序言中的说明。

来也匆匆,去也匆匆,西方的探险家虽然对带走的文物作了足够详尽的研究,但能够带走的毕竟是一个文化的枝叶,留下的才是它的根脉。

一个死亡的语言被发现了,一个消失千年的民族若隐若现于塔里木盆地的绿洲之上,他们叫吐火罗人。

我们的疑问是,生活于古龟兹的吐火罗人来自哪里?他们在这块绿洲上做了什么?

三、吐火罗人

要解答这些疑问,还需要从古欧洲人的迁徙说起。

比尔·布莱森告诉我们[①],使用印欧语的部落,在公元前 3500 年至前 2500 年开始向欧洲大陆和亚洲扩展。这种迁移形同蜗牛,只是循序渐进,以寻找新的猎物和牧场为目的。几个世纪以后,原始印欧语分裂为凯尔特语、日耳曼语、拉丁语、希腊语、印度—伊朗语、斯拉夫语等。其中的凯尔特语在公元前 400 年左右曾经覆盖了大半个欧洲,可惜如今说这种语言的人只剩下 50 万了。日耳曼语分成了三大语支:北日耳曼语,包括

---

① 见比尔·布莱森《布莱森英语简史》,中国人民大学出版社 2013 年版。

斯堪的纳维亚语;西日耳曼语,以英语、德语、荷兰语为主;东日耳曼语,包括已经消失的勃艮第语、哥特语、汪达尔语。古拉丁语则衍化出法语、意大利语、西班牙语、葡萄牙语、罗马尼亚语、普罗旺斯语、加泰罗尼亚语等。

　　试想,当一个说盖尔语的苏格兰高地人得知他与一个说僧伽罗语的斯里兰卡人所使用的语言有着相同的起源,一定分外激动。如果希腊人和罗马人得知他们的语言都源于同一个牧羊人,一定会目瞪口呆。而当我说立陶宛语是所有印欧语系语言中衍变最小的,今天的立陶宛人甚至能理解死文字——印度梵语中的某些简单词汇时,您会相信吗?

　　既然龟兹语属于印欧语系西语支,这是否意味着龟兹人的祖先来源于古老的欧洲人呢?

　　是啊,在古欧洲人的迁徙史上,的确有一伙说吐火罗语的人,大致在3000多年前,从近东及黑海沿岸向东流动,在巴尔干北部与希腊语、印度—伊朗语的祖先有了联系。在东移到塔里木盆地以及河西走廊后,又与东伊朗语族的塞人、粟特人发生了语言接触和民族融合。他们在中国史书中几乎无所不在,却往往语焉不详。许多专家认为,秦汉之际活跃在河西走廊的月氏人就是吐火罗人[1]。但国学大师王国维对此坚决反对,他认为吐火罗是汉初从锡尔河南迁阿姆河流域的大夏的后裔,吐火罗是大夏的对音[2]。这一派的理由有两个,一是《隋书》与《新唐书》上说大月氏与吐火罗是两个民族,吐火罗居住在葱岭以西500里,唐代玄奘西行时还路过了吐火罗国;二是汉代的大月氏曾"西过大宛,击大夏而臣之",自己人怎么可能攻击自己人呢?随着考古学、语言学的发展,王国维的论点已不攻自破,因为龟兹、焉耆、大月氏都说吐火罗语,都是由孔雀河古墓沟人和河西走廊月氏人演化而来,他们源出一脉,又各有特点。

　　如果您不信,请看荒漠埋藏着的历史密码。

　　1989年7月,在今拜城县克孜尔乡的一片开阔地上,乡政府正组织所属村赛马刁羊,一匹奔马突然踩陷进坑中……古龟兹人墓地被意外发现。由于这片开阔地将要因修建克孜尔水库而被淹掉,所以考古所对墓地进行了四次抢救性发掘,先后发掘出160余座墓葬。经碳-14测定,墓

---

[1] 这是李希霍芬、西诺尔、林梅村的观点。
[2] 见王国维《观堂集林·西胡考》,中华书局1999年版。

葬年代在公元前1000年至公元前600年左右。遗体脸型瘦长,鼻骨偏高,皮肤白皙,毛发金黄,属于典型的欧罗巴人种。难怪他们自称"龟兹"(意思是"白颜色"),因为龟兹人就是白种人。

后来,龟兹东部不远处相继出土的太阳墓地、楼兰美女、小河公主,都是欧洲人种北欧类型,距今3800年左右,他们与克孜尔墓地一起,自西向东连成了一条线。

种种迹象表明,在距今3000年左右,塔里木盆地边缘生活着一支古欧洲人种,缓慢地向水源充足的绿洲推进着,有古墓沟人、龟兹人、焉耆人、焉布拉克人、月氏人、车师人、乌垒人。当他们从欧亚草原东迁西域的时候,还没有与法国、意大利人的祖先在一起生活。等他们迁到西域数百年之后,印欧语系东语支的印度、伊朗雅利安人才开始向东方迁徙。已故加拿大汉学家蒲立本,早在1975年就任美洲亚洲研究学会会长时,就宣称古欧洲人进入中国,绝不晚于其进入印度。

这是一支相当古老也相当大胆的古欧洲人。可以想象,那时的这支游牧纵队,需要翻越白雪皑皑的崇山峻岭,需要渡过寸草不生的千里流沙,就是在今天的人们都要望而却步的严酷环境中,他们毅然走向了太阳升起的东方,驻足在一块块牧草茵茵的大漠绿洲间。这是一个多么伟大的壮举啊!

四、得罪汉朝

今天我们看到的,是信仰伊斯兰教千年之久的库车。

克孜尔河边,一户农家悠然地住在无名古城内,历史和现实就这样没了距离。在龟兹古国境内,类似的古城遗址有大约上百座,大者方圆二三平方千米,小者如一个学校的操场。其中有当地居民生活的聚落,也有汉唐将士戍边的城堡。既然王城统治着邦城是西域古国的基本形制,那么,龟兹古国境内的上百座废墟中,究竟哪一座是王城呢?

《汉书·西域传》里粗略记载:"龟兹国,王治延城。"《晋书》描绘龟兹都城说:"城中有佛塔寺庙千所,王宫壮丽,焕若神居。"唐代玄奘所见的龟兹都城"周十七八里"。显然,这是一座人口众多、规模宏大、灿烂非凡的城市。

考古界对龟兹王城的考察一直没有中断。1958年,考古学家黄文弼来到库车。听说一个农民在古城墙脚下取土时发现了陶器和人骨,他随之调查了整个城墙,发现库车古城与附近水系的关系,与郦道元《水经注》中对古代延城与附近几条水系关系的描绘完全一致。他由此断定:龟兹国都就在库车新旧城之间。

如今已被多数考古学家认定的龟兹故城——皮朗遗址,位于库车新城西约1千米的皮朗村。城中至今仍可见到三个高大建筑的台基风化而成的土墩——皮朗墩、哈拉墩、哈喀依墩。皮朗墩,维吾尔语为"大象"之意,传说为龟兹王的御苑高台,龟兹国王曾在此圈养大象,也有人说高台形似一头大象。故城周长近8000米,城墙高约2—7米,为夯土筑成,每隔40米左右有一个城垛。这片遗址不仅从汉到唐是主要的都城,而且从远古时代起,就是城邦和聚落的中心,一直没有被废弃过,是汉代龟兹王都延城、唐代伊逻卢城遗址、唐安西都护府驻地。如今,壮丽的宫殿已繁华落尽,只剩下四处散落的台墩夯筑在大地之上,撑起人们对历史的想象。

春秋战国时期,这里就居住着许多古墓沟后人。后来,被匈奴击败的大月氏从河西走廊经焉耆、龟兹西迁,在龟兹留下了不少人民,这也是后来的贵霜帝国屡屡与龟兹结盟的人种学基础。大约在汉初,龟兹就是一个完整意义上的独立国家了。

征和元年(前92),楼兰王与楼兰新王先后病逝,匈奴及时把楼兰王子安归送回家乡继承了王位。拥有一半匈奴血统的安归一头倒向匈奴,先后攻杀了汉派往西域的使者和大宛、安息派往汉的使者,切断了连接汉与西域的丝路。

"楼兰病毒"传播到西部不远处的龟兹。此时,负责在轮台屯田并担任汉朝屯田都尉的,是原扜弥国的太子赖丹。当年贰师将军二征大宛胜利班师时,正赶上扜弥太子赖丹去龟兹国担当人质。路过的李广利气不过,就把龟兹王训斥了一顿,然后把赖丹带到了长安。

昔日阶下因一变而为汉官,引发了龟兹王室的惊慌,在龟兹贵族姑翼的怂恿与挑唆下,龟兹王调集大军突袭了驻扎在轮台屯田的汉军,杀掉了赖丹及其随从。后来因为害怕,龟兹王又上书汉朝谢罪。

对于楼兰与龟兹的所作所为,汉一直耿耿于怀。

元凤四年(前77),汉平乐监傅介子率敢死队出现在楼兰,手刃了与汉作对的楼兰王安归,使楼兰重新归附了汉。

收拾完楼兰,就轮到龟兹了。

本始二年(前72),解忧公主所在的乌孙受到匈奴的围攻。汉宣帝刘询组织五路大军西征,并派出苏武的老部下常惠以校尉身份到乌孙督战。受命之后,常惠说服乌孙出动骑兵5万,与汉军东西并进,对匈奴形成了钳形攻势,取得了一场酣畅淋漓的大胜。战后,常惠被刘询封为长罗侯,受命再次出使西域,代皇帝封赏立下战功的乌孙贵族。

临行前,常惠向汉宣帝提起了赖丹被杀的往事,请示是否可以顺道同龟兹王算一算老账,汉宣帝没有答应,但权臣霍光暗示他,可以便宜行事。

五、国王的婚事

之后,常惠率500铁甲骑士来到西域,然后用皇帝的符节从龟兹以西各国征调军人2万,另派副使召集龟兹东部各国军人2万,加上乌孙军人7000,从三面杀向龟兹"兴师问罪"。

幸运的是,虽然漠北狼烟滚滚,大战一触即发,但汉军主帅常惠不同于白起、项羽,不是一个以嗜杀为乐的人,熟读兵法的他明白,战争的最高境界是"不战而屈人之兵"。于是,在三军合围龟兹之前,常惠派出使者向龟兹王问罪。

当年诛杀赖丹的龟兹王已死,如今在位的是老王的儿子绛宾。作为西域大国,龟兹扼守丝绸之路北道中段咽喉,地处丝绸之路上的中西交通要冲,古印度、希腊—罗马、波斯、汉唐文明千里迢迢赶到这里欢聚,使得龟兹的色彩浓烈而斑斓,但命运也把它放在了十字路口,它必须依靠某个大国的势力而生存,当这些大国的势力此消彼长时,龟兹就如同墙头风吹的野草。面对压境的大军,此刻的绛宾感觉自己正如孤独而无助的墙头草。降,丢掉的是尊严,换来的是自己与万民的生命。战,有可能与此前的轮台一样,将国都变成一座废墟。

他最终拿定主意,投向东方的汉帝国,迎接那个时代最强烈的政治、经济和文化的光芒。

绛宾在连连谢罪之后,对汉使说:"先王之所以杀了赖丹,完全是听了姑翼的谗言,而我无罪。"对方回应:"既然如此,请交出姑翼。"绛宾派兵将姑翼绑起来交给了常惠,常惠连想都没想,就砍掉了姑翼的脑袋。

姑翼被杀时,没有一个人替他说话。因为不论世道如何,处境如何,都要坚持做正直的人、善良的人。人可以穷可以富,可以细可以粗,可以雅可以俗,但"士不可不弘毅",总要对得起流金岁月,高天厚土。

既然转向了汉,那就要转得彻底,转得够本,像乌孙一样紧紧抱住这棵大树。对于如何深化与汉的关系,绛宾脑子比较清醒,他知道和亲是一个不错的选择,但像龟兹这样级别和影响的国家,同汉和亲恐怕只是一厢情愿,宁肯提出和亲被拒,还不如另辟蹊径:我不能揽星星入怀,但总可以枕星星入眠吧。

众所周知,中原礼教对于男女间接触的防范极严,叔嫂间不能对话,朋友的女眷不能见面,邻里的女子不能直视,未婚女子只能待字闺中。但这不是礼教森严的宋代,老夫子朱熹还未出世,这里是西域,鸟儿可以比翼齐飞,男女可以自由交往。一天,解忧公主的女仆冯嫽带着解忧的爱女弟史到龟兹访问。宾主一见面,弟史那汉乌混血的独特风韵便深深迷醉了绛宾,绛宾那高鼻深目的另类气质也征服了弟史。

那天,绛宾首先演奏了一组自己谱的曲子,然后请弟史弹奏一曲琵琶。她那轻盈的弹奏,悠扬的旋律,令绛宾赞叹不已。一曲奏罢,弟史又应邀起舞。她那令人眼花缭乱的舞姿和庄重高雅的风韵,慑服了包括绛宾在内的所有龟兹人。两人不仅一见钟情,而且郎才女貌,更重要的是门当户对,属于真正的千里姻缘。缘是什么?是红尘陌上的牵手,是十字路口的相逢,是千般春花一起绽放,是两枚秋叶一起凋零。

回国后,绛宾派出求婚使者求娶弟史。这门亲事可以说一举三得,既求得了美人,又与乌孙结成了姻亲,进而与汉续上了亲戚。可是不巧,弟史公主已去长安学习鼓琴,婚事只能搁置。

美谁也消灭不了,在火里不会燃烧,在水里不会下沉,在脑中难以抹去。接下来的日子,绛宾沮丧到了极点,有时一天不吃不喝,只是望着东方的万里云天发呆:除竹简代喉舌,千种相思向谁说?

后来,常惠回朝廷复命。刚刚将常惠送出龟兹,龟兹边防军人就截住了一个西来的汉使团。消息报到宫中,绛宾眼睛笑成了一条缝,嘴也咧到了腮边。原来,使团里有他朝思暮想的弟史。

原来,弟史学成之后,汉朝派侍郎送她回国,正巧路过龟兹。绛宾当即决定扣留使团,以免再生变故。同时派出使者前往乌孙说明情况。解忧公主为绛宾的诚意所感染,当即答应了这门婚事。

喜讯插上翅膀飞回龟兹,王宫一片欢腾,为绛宾和弟史举行了隆重的婚礼。美人配玉郎,犹如陌上观花,日影染身。绛宾娶到美人以后,把主要精力放在内政外交上,使得龟兹成为丝路北道影响最大的国家。弟史成为王后之后,亲自掌管国家乐舞机构,使得龟兹文化艺术结出了美丽的繁花。可谓珠联璧合,相得益彰。

元康元年(前65),深谙汉朝规矩的解忧公主,为女儿和女婿面授机宜,希望他们比照汉宗室弟子,前往长安觐见皇帝。于是,绛宾陪同弟史,带着龟兹乐器赶赴长安朝拜。有感于这对夫妇的忠心,更是出于对解忧和弟史的偏爱,刘询封弟史为公主,赐予了绛宾夫妇汉朝印绶,并留他们在长安住了一年。

归国时,刘询赐给弟史公主车骑旗鼓,送上数千万绮绣杂缯琦珍,赠给了一个数十人的乐队和钟、鼓、琴等乐器。回国后,绛宾按照汉律治理国家,仿照长安的样式建设宫殿,整修了城墙,铺设了道路,穿起了汉服,实行了出入传呼、钟鸣鼎食的礼仪。

"凡是现实的都是合理的,凡是合理的都是现实的。"黑格尔的这句名言,既欺骗了恶人,也欺骗了善人,既让改革者喜悦,也让守旧者狂欢。对于绛宾的一系列举措,某些西域国家不以为然,有些龟兹贵族心存抗拒,甚至有人编出顺口溜讥讽他:"驴非驴,马非马,若龟兹王,所谓赢(骡子)也。"但是,绛宾夫妇坚持只做不说,将龟兹纳入到了与中原王朝共同进步的洪流之中。此后,绛宾偕夫人多次到长安朝拜,诚心臣服于西汉。就连绛宾给儿子取的名字——丞德①,都是一个汉名。

基于此,我联想到维吾尔族诗人克里木·霍加的一首诗:

蒲公英鄙夷地揶揄无花果树:
"你糊涂了,居然觍颜侧身于花木!"
无花果树答道:"秋天再看吧,

---

① 见《冯承钧西北史地论文集》,中国国际广播出版社2013年版。

究竟是你有眼无珠,还是我滥竽充数。"

不觉间,龟兹成长为塔里木盆地最为强盛的国家,国祚一直延续了1000个春秋。人类发展史证明,任何隔绝自我、排斥交流的国家终将化为乌有,唯有沟通和融合方能生生不息。

六、李崇之死

民国十七年(1928),考古学家黄文弼率领考察队来到新和县玉奇喀特古城,古城位于新和县城西南22千米处,是古龟兹国的势力范围,此时已经城墙坍塌、杂草丛生。

就在这块不起眼的荒地上,黄文弼发掘出一枚镌刻着"李崇之印"的铜质印章。李崇,这是一个足以让黄文弼血液沸腾的名字。翻开史册可以发现,李崇是新朝最后一任西域都护。从郑吉到李崇,他已是第十八任都护了。那么,李崇的印章为何会散落在古城的废墟中?玉奇喀特古城,当地人称为"三重城",汉代的城郭由外城、中城和内城三道城组成,城墙高峙,形制宏伟。专家推测这里可能就是汉末西域都护府府治所在地。

让我们乘坐时光机器回到那个疯狂的年代。天凤三年(16),西域都护李崇正协同五威将王骏指挥士兵奋力厮杀,这是一次对焉耆三年前杀害西域都护但钦的复仇之战。刚刚履职的李崇,身负重扬朝威的重任。除了新朝军队,王骏和他还召集了龟兹、莎车7000军士以及姑墨、尉犁、危须援军,浩浩荡荡,兵发焉耆。

令铁杆同盟龟兹意外的是,朝廷主力遭到焉耆伏击,姑墨、尉犁、危须又临阵倒戈,王骏被乱箭射死,李崇不得不退守龟兹。

花落伤春,雁鸣悲秋。此后八年,李崇孤军苦守最后的据点,直到被数千焉耆军士包围,李崇所部和前来救援的羌人全部战死于西域都护府新治所——"三重城",壮士的热血浸透了沙土。

1953年,考古工作者又在此发现了"汉归义羌长印",这也许就是那位与李崇一同战死的羌人首领的印信。沙土掩埋了曾经的金戈铁马,只有几枚不朽的印信见证了曾经的慷慨悲歌。"三重城"辉煌不再,只能带着悲怆的记忆竦立于衰草残阳,任时光抽丝剥茧,化为尘土。

89

读到此处,许多汉族读者或许会生发出一种发自心底的遗憾。那种弥漫的愁绪,如同读到杨业绝食、文天祥就义、史可法断头一样。

记得小时候,当老师讲到"苏武牧羊""岳飞喋血""扬州十日"时,会眼含泪花。又讲到"戊戌六君子殉难""火烧圆明园""甲午中日海战"时,又悲愤难抑。于是,在泪花飞溅中,同学们懂得了什么叫汉奸,什么是卖国,什么是大义,什么叫气节;知道了中国之所以屡遭蹂躏,是因为草原上游牧民族的贪婪与野蛮;明白了中国之所以落后挨打,多在于大元与大清对中原文明进程的中止与切割。

后来,我开始对这一强烈而顽固的民族情绪产生了警觉。因为无数事实证明,这些沿袭千年的社会评判规范,多是从皇权专制正统观念中引申出来的,缺少人类普遍意义上的价值启蒙,带有深度的盲目性与欺骗性。先是司马迁的黄帝中心论,把颛顼、帝喾、尧、舜、禹全部考证为黄帝的直系后裔;然后是姓氏正统论,刘汉、李唐、赵宋、朱明,这些皇室继承人哪怕是色鬼、痴呆、懦夫、守财奴、精神病都是合法的,而外姓若想取而代之,如王莽、曹操、武则天、朱温、李自成,即便有千万个理由也站不住脚,真伪、忠奸、正邪全由此划分。

黄帝中心论、姓氏中心论广而大之,便是汉族正统论。正因为汉族正统论的长期影响,我们才只是把汉人卫青、霍去病、苏武、岳飞、杨业、范仲淹、文天祥、史可法称为民族英雄,而把无奈归附中国少数民族政权的汉将李陵、吴三桂、洪承畴等称为汉奸。使得这些或无奈归降者,或顺应大势者,始终无法摆脱后人的冷眼和历史的鞭笞。

汉族当然伟大,当然没有理由受到外族的侵略与屠戮,为了个人名利不惜出卖民族利益的无耻之徒,如秦桧、李鸿章、汪精卫等,当然要受到永久的唾弃,这是毫无异议并不容许任何人翻案的。问题是,我们不能由此把汉族等同于中华,把中华历史的正义、光辉与希冀,全部押在汉族一边。

我们必须站在五十六个民族的高度看待历史,必须把中国历史上所有的少数民族政权看作中国历史的一部分,必须拥有大历史观、普世价值和民本意识。谁对中国的统一、民族的融合、疆土的拓展、国民的幸福做出了贡献,谁就是整个中华民族的英雄。匈奴人冒顿,蒙古人成吉思汗、忽必烈、渥巴锡、乌兰夫,鲜卑人孝文帝,契丹人阿保机、萧太后,西夏人李元昊,女真人努尔哈赤、多尔衮,吐蕃人松赞干布等都无一例外地应该进入中华民族英雄的神圣殿堂。

七、东汉风云

设在龟兹的西域都护府倒塌了,龟兹也随之枯萎。

建武二十二年(46),莎车已成长为西域霸主。莎车王贤先是蹂躏了鄯善,然后攻入龟兹国,杀掉了龟兹王,立自己的儿子则罗为龟兹王。后来,考虑到则罗年幼,他从龟兹分出了乌垒国,任命妫塞贵族驷鞬为乌垒王,协助经验不足的则罗控制龟兹。

几年后,肯定是无法忍受外来统治者的横征暴敛,龟兹人杀掉了则罗和驷鞬,请求匈奴另立龟兹王,并上报了新王建议名单。

对此,许多读者也许会大感不解,为什么龟兹人选择国王要得到别国的认可?实际上,这涉及一个政权合法性的问题。合法性不是绝对意义上的正义或正确,它是一种存在于人们主观意识中的相对概念,也就是政权在人们心目中存在的理由。上千年来,王朝的合法性一直来自于"受命于天"的思想,也就是所谓的血统和正统。所以,一些国家的弑君者或乱中求胜者一旦夺取政权,做的第一件事就是寻求传统的合法性依据,如果与先王有直系血亲当然更好;如果没有血缘上的联系,那么就会考证出与某位先帝的血缘关系。做的第二件事就是派出使者,到周边大国寻求承认,这就好比新中国建立后首先寻求苏联的承认,也好比如今的中国台湾一直锲而不舍地希望得到联合国的承认。

在当时的西域,周边大国只有两个,一是汉,二是匈奴。当时汉与匈奴在西域的博弈,某种程度上就是国王任命权的博弈,当然也就是势力范围的博弈。

既然匈奴在西域一家独大,龟兹人只能跑到匈奴去寻求认定。结果,匈奴立龟兹贵族身毒为龟兹王。算起来,从绛宾脱离匈奴,到身毒重归匈奴,已经过了近120个春秋。

倒向匈奴的龟兹开始倒行逆施。永平十六年(73),龟兹王建攻破疏勒,杀掉了疏勒王,另立龟兹人兜题为疏勒王。之后,龟兹肩扛匈奴大旗,做起了丝路北道霸主。

仅仅过了一年,东汉军司马班超就率领一支36人的骑兵分队奇袭了疏勒,立老王的侄子忠为疏勒王,将龟兹人扶立的兜题遣送回了原籍,从此开始了与龟兹的长期对抗。

就在班超占据上风的时候,汉明帝刘庄于永平十八年(75)突然驾崩。趁东汉举行国丧之机,焉耆等国攻杀了驻扎在乌垒城的西域都护陈睦,班超和疏勒王也被龟兹、姑墨军队围攻达一年之久。汉章帝刘炟担心班超安危,下诏允许班超回国。在于阗君民的苦苦挽留下,东返途中的班超果断地留了下来。

之后,班超重新拉开架势叫板龟兹,把第一个目标对准了由龟兹人担任国王的姑墨。建初三年(78),班超率领于阗、疏勒、康居、拘弥联军攻破了姑墨石城,斩首700余级。

战后,班超上疏刘炟说:"如今拘弥、莎车、疏勒、月氏、乌孙、康居已经重新归附汉朝,只有龟兹、焉耆没有投降。如果降服了龟兹,那么西域未降服者就只有百分之一了。我孤守疏勒至今已有五载,对西域的形势已经了如指掌,每当我问起大小城邦,他们都说'倚汉如同依天'。现在最好拜龟兹侍子白霸为龟兹国王,以数百骑兵将他送回,与此同时我与西域诸国军队联合出击,岁月之间龟兹可擒。以夷狄攻夷狄,是最佳计策呀。我见莎车、疏勒田地肥广,草牧丰饶,军粮完全可以实现自给。况且姑墨、温宿二王都由龟兹人担任,既非其种,更厌其苦,其势必反。如果姑墨、温宿二国来降,那么龟兹会不攻自破。"

刘炟知道班超大功可成,于建初五年(80)派和恭率领800将士与班超汇合。建初七年(82),被龟兹买通的疏勒王忠向班超诈降,结果被班超设下鸿门宴砍下了脑袋。

章和元年(87),班超征发于阗等西域联军,向龟兹的另一个盟友莎车发起进攻。龟兹王派左将军率领龟兹、温宿、姑墨、尉头联军前往救援,结果中了班超的"反间计"。就在龟兹王和温宿王分别率兵来到莎车西部与东部边境埋伏时,班超已经集中兵力攻克了莎车军营。听到战报,龟兹王仓皇逃回国内,从此一夕数惊,失魂落魄,只等那个叫班超的战神前来收割自己的脑袋。

永元三年(91),龟兹、姑墨、温宿全部投降。汉和帝刘肇任命班超为西域都护,徐干为西域长史,派遣司马姚光将常驻洛阳的龟兹侍子白(或帛)霸送回了西域。班超与姚光共同胁迫龟兹贵族,废掉了龟兹王尤利多,另立白霸为新龟兹王。然后,由姚光将尤利多带回朝廷永久软禁。

白霸,是第一位姓白的龟兹王。就像疏勒人姓裴,于阗人姓尉迟一样,以后的龟兹国人多随国王取姓为白。据考证,白或帛为梵语的音译,意思是"供佛的花"。

之后,班超将都护府驻地设在龟兹它乾城①。从此,龟兹与班超一同璀璨着西域的碧蓝长空,直到班超年迈东归。

后任西域都护任尚刻薄而冷漠,既无老都护之威,更无老都护之信,在任四年就受到西域各国围攻。延平元年(106),朝廷将任尚召回,由新任西域都护段禧和西域长史赵博进驻它乾城。考虑到狭小的它乾城不足以抵御反叛势力的进攻,西域副校尉梁慬便以共同防守为由,劝说龟兹王白霸将都护府军迎入了龟兹王城。白霸此举,引起了龟兹人的强烈不满。龟兹吏民一起背叛白霸,联合温宿、姑墨数万士卒围攻龟兹。尽管事变得到了平息,但东汉保守派大臣也借此主张放弃西域。永初元年(107),汉安帝刘祜下诏撤销西域都护府,招回伊吾、柳中屯田吏士。汉朝骑都尉王弘率领关中汉军,迎回了段禧、赵博与梁慬。

都护府撤销后,白霸的意志被反汉势力所绑架,龟兹开始敌视东汉。因此,当班超的三子、新任西域长史班勇于延光三年(124)到达西域后,白霸之子、龟兹王白英一度犹豫观望。班勇当然明白对方在担心什么,便发出了法外开恩、既往不咎的信号。立刻,白英反绑了自己,率领姑墨与温宿王向班勇投降。

白霸的儿子与班超的儿子一见面,居然似曾相识。班勇亲自为白英松了绑,两双大手紧紧握在一起,两人谈笑风生地说起了父亲之间的战斗友谊,爽朗的笑声在塔里木河畔久久回荡。

八、小沙弥成长史

在克孜尔,有一尊类似石膏原模——"思想者"的雕塑。这是一尊佛

---

① 在今新和县玉奇喀特乡西22千米处,一说在今库车县牙哈乡的塔汗其。

像,光头、凝神、垂目、单腿屈膝,左手撑石,右手抚膝,身着露肩僧衣,衣褶纹路流畅,神态庄重而洒脱,眉宇间透着无穷智慧,他就是龟兹佛教高僧、翻译家——鸠摩罗什。

玄奘西行印度取经的故事几乎妇孺皆知,但很少有人知道,在他之前已经有人完成了相同的伟业,他就是我们将要介绍的鸠摩罗什。玄奘自东往西去,鸠摩罗什从西往东来。

佛教传入西域的线路主要有两条,一条是南线,翻越帕米尔到于阗,再向东到达鄯善;另一条是北线,先到疏勒,再到龟兹。从地理上看,中原的佛教是经过中亚和西域一站一站接力传递过来的。① 正因如此,当佛经拿到汉僧手上时,经过层层转译并由不同的中介文字译成的汉文佛典,错讹和附会之处自然难免。这时,急需一个能够对接印度、西域和中原的佛学大师。

公元4世纪初,一位印度小国宰相的儿子——刹帝利种姓贵族鸠摩炎(一说鸠摩罗炎),像释迦牟尼年轻时一样,放弃了家族的世袭官爵,翻越葱岭来到了小乘说一切有部②占统治地位的龟兹。龟兹国王白纯对他十分敬慕,不仅聘他为国师,还把年方20、过目成诵、笃信小乘的妹妹耆婆嫁给了他。

耆婆怀孕期间,常常到雀梨大寺③请斋听法,并且精通了梵文。东晋建元二年(344),她生下一个儿子,取名鸠摩罗什④。

当时的龟兹共有大型寺院17所,仿照印度寺庙建造的雀离大寺也已经竣工,越来越旺的香火昭示着又一个佛教中心在西域的兴起。在阿羯田的半山上,雀离大寺由众多寺院、禅房、佛塔组成,仿佛是一片绵延几十千米的城市。许多西域人翻越葱岭来到这里修行,其中包括各国的王室成员。佛教鼎盛时期,这里可以容纳1万名僧侣。

---

① 见季羡林《鸠摩罗什时代及其前后龟兹和焉耆两地的佛教信仰》,原载《孔子研究》2005年第6期。
② 小乘佛教的重要派别,它所依循的《阿含经》被公认是释迦牟尼最早的思想和教法。其主要理论为"法体恒有"和"三世实有",认为一切法是实在的,过去、现在、未来都存在。在佛体上,它只承认过去有六佛,现世有释迦牟尼佛,未来有弥勒佛。
③ 又称昭怙厘大寺,即今维吾尔语所称的苏巴什(意为"河的源头")佛寺遗址,位于库车县城东北23千米处的库车河两岸,雀尔塔格山的南麓。
④ 梵语Kumārajīva,音译为鸠摩罗耆婆,意思是"童寿"。

一日,耆婆出城游览,见坟冢遍野,枯骨纵横,于是深怀苦本立誓出家。鸠摩罗什也随母亲剃度出家,到雀离大寺修行。那时,他只有7岁……

天才不是一种简单的天赋,是一只孕育于石缝的猴子对这个世界做出的最大挑战。在雀离大寺,负责讲授经文与经律的两位高僧发现,幼小的鸠摩罗什悟性与记忆力相当惊人,一天能诵读1000偈,相当于3.2万字。渐渐地,高僧们感觉教不了这个天资过人的弟子了。

永和九年(353),中国书法界难以忘怀的节日,王羲之在半醉半醒中创作出中国第一行书《兰亭集序》。同一年,9岁的鸠摩罗什跟随母亲长途跋涉到达小乘说一切有部的中心——罽宾国,拜著名法师盘头达多为师。经师向他传授了佛祖入灭后最初结集的四部经藏中的两部——《中阿含经》与《长阿含经》,共400万言。由于鸠摩罗什声名鹊起,国王特意把他请到宫中,召集途经罽宾的几位外道论师与鸠摩罗什辩论。

见到这个乳臭未干的孩子,久经论战的外道们脸上堆满了不屑与轻慢。然而经过几回合辩论,外道们竟然面面相觑,张口结舌。《高僧传》描述说"外道折伏愧惋无言"。从此,国王对他另眼相看,每天供应他一对腊鹅、三斗好米、三斗好面、六升乳酥,还特意安排了5个僧人和10个沙弥为他服务。①

12岁时,鸠摩罗什学成回国,路经沙勒(即疏勒)并停留了一年。在那里,他遇到了大乘佛教般若空宗高僧——莎车王子须耶利苏摩,首次接触到了大乘经典。大乘理论,特别是"色空乃至一切空"的理论,对于持有小乘说一切有部"法体恒有"观念的鸠摩罗什来说,是难以接受的。期间,经过长时间的反复思辨,他终于接受了"空"论,"弃小乘归大乘",以一位宗教改革家的姿态大步登上历史舞台。

之后,他在温宿国以大乘宏论挫败了一位著名外道,名震葱岭,以至于龟兹王白纯屈尊前往迎请鸠摩罗什和母亲回国。

西谚有云:"上帝的归上帝,恺撒的归恺撒。"白纯没听过这句话,但他深谙此理。他之所以对鸠摩罗什如此热切,是因为小乘在龟兹的极度膨胀,不仅枯萎了国家的财源与兵源,而且干扰与限制了国王的权威。他

---

① 见薛克翘《中国印度文化交流史》,昆仑出版社2008年版。

决定依托鸠摩罗什倡导大乘,以宗教改革为先导,走富国强兵之路。

兴宁元年(363),年满20岁的鸠摩罗什在王宫正式受戒,当年便成为新建成的王新寺住持。两年后,鸠摩罗什开始向本国的小乘高僧公开挑战,轰轰烈烈的辩法传遍西域。

一天,小乘一切有部最著名的经师——鸠摩罗什的受业师盘头达多风尘仆仆地赶到龟兹,坐到鸠摩罗什的金狮子座对面。想不到,师徒的这次难得重逢,居然是一次撕破脸皮的论战。老师将大乘"一切皆空"比作寓言中的空线、空布,指责大乘空宗虚妄。学生则以"总破一切法"的中观学说为武器,徐徐道来,循环往复。一个月下来,老师已经信服,于是对昔日的学生感叹道:"我是你的小乘师,你是我的大乘师啊!"

辩法的获胜,不仅使得小乘一切有部和禅定的理论壁垒轰然倒塌,而且使得僧团权威、寺院戒律受到严重摧残。此后,鸠摩罗什广开大乘法筵,听闻者莫不欢喜赞叹,大有相逢恨晚之感。最终,龟兹信众接受了大乘教义,他也因此被国王誉为国师。每逢大型法事,各国前来聆听佛法的国王为了表达无限的敬意,都亲自跪在地上,让鸠摩罗什踩着膝盖登上法座。

他主持龟兹法座19年,地位已相当于白纯副王,以至于名震龟兹,蜚声西域。

九、佛教因缘

年轻的鸠摩罗什还有困惑,困惑来自两个预言。

一个预言是,当耆婆带他从罽宾归来时,在月氏北山遇到了一位罗汉,罗汉对耆婆说:"你要好好守护这个小沙弥,如果年至35岁(一说40岁)仍不破戒,将来必定像阿育王时代的优波掘多法师一样度人无数。假使他戒行不全,只能当个有学问的法师罢了。"[①]

另一个预言是,20岁的鸠摩罗什受戒后,耆婆决定前往天竺继续修行。临行前,她告诫哥哥——国王白纯:"我国即将衰落,所以我决定离

---

① 见梁代僧人慧皎《高僧传》,是记载自东汉永平至梁代天监间著名僧人的传记。

去。"然后告诉儿子:"你施展才华的地方只能是震旦(东方),但对你不利。"

前秦建元十五年(379),龟兹传出一个爆炸性消息:国王的弟弟白震不见了。据说这个对王位窥伺已久的亲王,已经联络车师前部王一起到达长安,游说前秦皇帝苻坚进攻龟兹。一起前往的车师国师鸠摩罗跋提还告诉信佛的苻坚,龟兹有三宝,一是觉卧释迦佛像,二是佛骨舍利,三是一代高僧鸠摩罗什。

引发战争的直接原因往往十分偶然,甚至有些搞笑。建元十九年(383),苻坚命令骁骑将军吕光率7万步兵、5000重装骑兵西征。史载,苻坚发兵的理由是:"朕久仰鸠摩罗什大名,早就想把他迎请到长安了。"他还特别叮嘱吕光:"攻克龟兹之后,把鸠摩罗什火速送回来。"如果透过这些刻意张扬的话语,就会发现,苻坚早就对龟兹领衔的西域垂涎三尺了。

待这股东方铁流进入焉耆,国王泥流赶忙率领周边小国投降。鸠摩罗什也规劝白纯开城纳和,但白纯无动于衷。

白纯并非不自量力,因为东汉以后的龟兹,先后吞并了乌垒、温宿、尉头三国,降服了姑墨国,疆域东起轮台,西至巴楚,北依天山,南临大漠,的确算得上西域的泱泱大国。

但白纯只看到了繁荣的表象,却没有参透暗藏的危机。这时的龟兹,用老子的一句话来形容至为贴切,是"天下有道,却走马以粪"。意思是,这样的太平盛世,却不重视操练军马,马儿都不上战场,所以被拾粪的小孩追着屁股打,让它多下些粪。

反观对手吕光,46岁,汉代皇后吕雉家族的后裔,没有多少文化,相貌平平,不是"风之子"与"黑天鹅",没有飞翔的翅膀,但诡计多端,心狠手辣,满口都是置人于死地的獠牙。吕光命令大军在龟兹城南集中,每五里设一营,挖战壕,筑高垒,广设疑兵。见威慑无效,便组织攻城。第二年七月,龟兹渐渐不支,于是用金银财宝向狯(kuài)胡求援。狯胡王派弟弟呐龙、将军馗率骑兵20万加上温宿、尉头等国联军共70万救援龟兹。

双方如期展开对决,尘沙冲天,呼号动地,流矢如雨,鲜血如注,人命的牺牲因近身肉搏而迅速与时间的流淌构成函数。最终,吕光大军全胜,西域联军溃败,白纯收拾珍宝细软逃走。

当一身戎装的吕光骑着高头大马进入龟兹王城,王宫的奢华壮丽让他大吃一惊,他甚至让部下段业模仿《阿房宫赋》的体例,写了一篇《龟兹宫赋》,以此来讽刺战败的龟兹王。

白纯被废,他的弟弟白震被立为新王,小乘佛教在龟兹得到迅速复辟。不久,一位天竺僧人携《大涅经》东来,发现"龟兹国多小乘僧,不信涅槃"①。

更凄惨的是,本应该成为座上宾的鸠摩罗什,也成了吕光的俘虏,他的东方传教之旅骤然变为一场隆重的押解。

但找到鸠摩罗什后,吕光并没有立刻班师,也没有将鸠摩罗什送往长安。因为,他被华美绝代的龟兹王城所吸引,更为龟兹的另一件珍宝——葡萄酒而陶醉。身为酒徒的吕光,一直看不惯佛教的清规戒律,他不仅自己喝酒,还强迫鸠摩罗什陪他喝酒。当时的西域葡萄酒叫穆赛莱斯,并非现代工艺,是介乎于葡萄酒和葡萄汁之间的一种含酒精的饮品,据说掺有枸杞、红花、肉苁蓉、鸽子血,甚至有时还会加入老虎、狐狸和公鸡的血,人喝了以后像老虎一样凶猛,狐狸一样狡猾,公鸡一样淫荡。当时,吕光见鸠摩罗什"年齿尚少,乃凡人戏之,强妻以龟兹王女",被鸠摩罗什坚决拒绝。吕光说:"道士之操,不逾先父,何可固辞?"于是,把鸠摩罗什灌醉,然后抬进事先布置好的洞房,并命令龟兹公主一丝不挂地睡在了鸠摩罗什身边。②

佛说,无论你遇见谁,他(或她)都是你生命中该遇见的人,没有人是因为偶然才进入我们的生命。尽管深谙此说,但一觉醒来的鸠摩罗什还是泪花翻卷,泣不成声。他深知,破戒对于已是高僧的自己意味着什么,但他又须对身边同样可怜的公主负责到底。此时,他想起罗汉的预言,或许自己与佛的因缘已经到头。

一年后,酩酊大醉的吕光才带着41岁的鸠摩罗什东返长安。途中传来了前秦在淝水战败,苻坚已被老部下姚苌杀死的噩耗。吕光只得停下脚步,割据凉州,在今甘肃武威成立了后凉。

鸠摩罗什变成了一个不用送达的礼物。不过,因为他的预测使东返

---

① 见唐代释智升撰《开元释教录》卷四。
② 见《高僧传·鸠摩罗什》,中华书局1992年版。

的大军躲过了一场洪水,吕光从此对他刮目相看,安排他帮助自己占卜吉凶、预测福祸。这种装神弄鬼的工作,一做就是17年。期间,他默默地学习汉语,加之他本身精通梵文、龟兹文,东西方文化开始在他脑海里融会贯通,一种具有创造精神的佛教中国化的独特文化观,在他随波逐流的外表下熔炼而成。

命运似乎还没有被谁的预言所击中。后秦弘始三年(401),吕光病死两年后,一场为得到鸠摩罗什的战争再次爆发。身为佛教徒的后秦皇帝姚兴,为了争夺鸠摩罗什发兵攻打后凉,后凉国主吕隆归降,鸠摩罗什被送往距离长安50千米的草堂寺。

就在两年前,高僧法显已经启程前往天竺取经,两位大师因此错过了切磋佛经的机会。假如鸠摩罗什早到长安两年的话,法显前往天竺的计划兴许会取消,因为法显前往天竺才得以解明的疑问,在鸠摩罗什这里都有较为满意的答案,而且鸠摩罗什进入长安后也将答案告知了众僧,法显的天竺之行几乎是一场徒劳。但在那个信息闭塞的年代,这样的重复劳动何止一宗?

抵达长安后,姚兴以国师之礼对待鸠摩罗什,让他收弟子800,率领僧众3000宣讲佛法,姚兴也常率群臣听他讲经。如此一来,置身长安的鸠摩罗什与身处庐山的慧远,形成了中国南北两大佛学中心。出于对鸠摩罗什的钦佩,慧远甚至写信向他求教。

弘始七年(405),姚兴在长安皇宫北墙与渭河之间开辟了逍遥园,作为鸠摩罗什的译经场,开始了中国史上规模空前的译经活动。年过半百的鸠摩罗什开始释放能量,思想和才华喷薄而出,他率领数千弟子共翻译大小乘经、律论35部294卷①。其中的《法华经》(又称《妙法莲华经》)促成了天台宗②的形成,《阿弥陀经》是净土宗的经典之一,《金刚经》《心经》《大品般(bō)若(rě)经》是被引用最多的佛经,《维摩诘经》被认为是中国文学的瑰宝,而他翻译的龙树和圣提婆的著作则成为他的弟子所创

---

① 见薛宗正《从说法龟兹到弘法长安》,原载《佛学研究》年刊,2001年。
② 佛教传入中国后,形成了八种观察佛法的方法——八大宗派:三论宗(法性宗)、唯识宗(法相宗)、律宗、净土宗、华严宗(贤首宗)、密宗(真言宗)、禅宗、天台宗。其特点可用一偈浅而概之:密富禅贫方便净,唯识耐烦嘉祥空。传统华严修身律,义理组织天台宗。

立的三论宗的基本经典。就连救苦救难的观世音菩萨,也是他在《法华经》中首先介绍给中国民众的。他的著述,至今尚有《大乘大义章》《维摩诘经注》《答姚兴书》传世。他每译一经,总是先当众解析,然后以西域本口译为汉语,另外安排一名僧人阅览译本核对,如果发现西域本有谬误,再用天竺梵文本校正,并且反复斟酌汉语字义,直至数百人详加审定后笔录下来,最后全面校正一遍,方才定稿。

鸠摩罗什,穿行在千里之外的一个人,不仅医治了中原佛经凝滞纷乱的痼疾,而且连通了天竺、龟兹、中原的文化与佛教,开启了佛教中国化的模式,在汉语应用上开创了新的文风,形成了大量被民众采用的日常用语。我们很难想象,今天挂在嘴边的汉语词汇,是一个来自龟兹的僧人和其他佛经翻译者创造的,如日常用语中的利益、方便、作用、单位、律师、流通、胜利、赞叹、爱河、欲火、夙缘、烦恼、安心、小品、倡导、习气、游行、抖擞、泡影、心地、正宗、法宝、开眼界、头头是道、单刀直入、一尘不染、昙花一现、一刀两断、一丝不挂、一厢情愿、三生有幸、三头六臂、五体投地,七手八脚、十字街头、天花乱坠、当头棒喝、顶礼膜拜、雪上加霜、回光返照、如获至宝、守口如瓶、家常便饭、僧多粥少、味同嚼蜡、回光返照、清规戒律、心无挂碍、伸手不见五指、"放下屠刀,立地成佛","苦海无边,回头是岸","上天无路,入地无门";如涉及校园的上课、下课、作业、导师;如涉及宗教的浮屠、尘缘、浩劫、晨钟暮鼓、天龙八部;表示时空的相对、绝对、过去、现在、当下、未来、刹那、世界、一弹指、大千世界、极乐世界、海阔天空;如有关哲学的自由、平等、觉悟、自觉、真理、真心、宗旨、差别、投机、如实、实际、相对、绝对、究竟、智慧、现象、尊重、迷信、唯心、悲观、执着、解脱、圆满、前因后果、不可思议、恍然大悟、本来面目、生老病死、看破红尘、现身说法、醍醐灌顶、井中捞月、盲人摸象、"种瓜得瓜,种豆得豆","不因一事,不长一智","早知今日,悔不当初";如表示褒义的庄严、大无畏、称心如意、心心相印、心花怒放、打成一片、借花献佛、功德无量、有口皆碑、皆大欢喜、快马加鞭、勇猛精进、斩钉截铁、独具慧眼、神通广大、大彻大悟、出污泥而不染、"百尺竿头,更进一步"等;表示贬义的污染、臭皮囊、灰头土面、想入非非、痴人说梦、作茧自缚、自欺欺人、自作自受、愁眉苦脸、空中楼阁、在劫难逃、拖泥带水、心猿意马、镜花水月、水中捞月、泥牛入海、唯我独尊、执迷不悟、痴心妄想、隔靴搔痒、一厢情愿、表里不一、家贼难防、无恶不作、牛鬼蛇神、群魔乱舞、杀人不眨眼等。① 正如赵朴初先生所说的:"如果彻底摒弃佛教文化,恐怕我们连话都说不周全了。"

推而广之,中国最为辉煌的唐诗、宋词、元曲与明清小说,无不流淌着恒河的涛声和奇妙的梵音。唐代和尚王梵志、寒山、拾得的诗,一改六朝以来颓废绮靡的宫体诗风,散发出令人耳目一新的通俗、自然之美;王维尽管不是僧人,但他取字摩诘,笃信佛教,诗中掩映着禅房花木,传导着钟磬之音,一举开创了无我、空灵、禅寂的佛家美学诗风。在"诗佛"王维身后,中唐诗人刘长卿、韦应物、贾岛、钱起、司空曙、戴叔伦等也纷纷披落风尘,走入自然,归入禅宗一派,获得了一种淡远、朦胧、超然的审美感受。② 宋代文人欧阳修号"六一居士",苏轼号"东坡居士",李清照号"易安居士",而这种风雅之举显然与佛教有关。从《窦娥冤》《牡丹亭》《西厢记》,到《西游记》《红楼梦》《聊斋志异》,随处散发着浓重的佛教气息。至于中国的佛寺、佛塔、雕塑、绘画、武术、体操、瑜伽、按摩,则直接刻写着佛教与古印度、犍陀罗的印痕。

由此,我们还可以得出一个结论:中国内地的佛教,不是从印度直接传入,而是先传入龟兹、于阗等地后,再进入中原的。汉译佛典音译,与其说是梵文音写,不如说是龟兹语音写,如沙弥,梵语为 Sramanera,龟兹语为 Sanmir;出家,梵语 Pnaunajya 为"前进"意,龟兹语 Ostmamlalne 含有"出家"之意;外道,梵语 Mithyaelnsti 有"谬见"之意,龟兹语 Pannann 有"外"之意;灭,梵语 Samma、Santi 为"和"之意,龟兹语 Kes 有"息"之意。当然,这也是季羡林先生一贯坚持的观点。

据《高僧传》记载,虔诚的佛教徒姚兴,居然也像酒徒吕光一样,挑战鸠摩罗什的心理极限。姚兴认为像鸠摩罗什这样"聪明超悟,天下莫二"的人,没有后代实在可惜,因此安排了一场优生学试验——逼迫他接受伎女10人,令他不住僧坊,别立廨舍。而《晋书·艺术传》却说鸠摩罗什破戒并非"被迫":一天,姚兴及朝臣、大德沙门千余人在草堂寺听鸠摩罗什讲经,罗什忽然走下高座,对姚兴说:"有两个小儿坐在我肩上,想是需要妇人了。"姚兴召宫女进奉,一经交合便生下两子。姚兴随后感叹"何可

---

① 见薛克翘《佛教与中国文化》,昆仑出版社2006年版。
② 见陈炎、李红春《儒释道背景下的唐代诗歌》,昆仑出版社2003年版。

使法种少嗣",便再逼迫鸠摩罗什接受伎女10人。仔细审视会发现,《晋书》的表述既耸人听闻,又前后矛盾,鸠摩罗什主动要女人的部分可能采自野史逸闻。①

戒已经破过,哪还怕再破?既然无法躲开强权的戏弄,那就把自己的亏愧陈情于众吧!即便被讥笑嘲弄,也要警示后人;即便被踢来踢去,也能铿然有声。因此,鸠摩罗什常常挂在口头上的话是:"譬喻如臭泥中生莲花,但采莲花勿取臭泥也",以此告诫弟子不要仿效自己招妻纳妾。品读此言,每一个人都能深深体会到他内心的自责与愧疚。

一个人的伟大并不在于他的肉体和精神生活是否像真空般纯粹,相反像代数公式一样板结的生活却很少产生伟大的人物。乔答摩也是在中断了山洞中避世绝欲的苦行,重新走入人群后才获得了一系列深刻的人生感悟并开创佛教先河的。鸠摩罗什所经历的一系列非常的磨难与尴尬,不会对他的佛学事业没有半点帮助吧?这也许就是后世僧侣一直铭记他的辉煌,而对他的屡次破戒忽略不计的原因吧。

弘始十五年(413)的长安,战云密布,人心惶惶,此时距离东晋灭亡只剩七个年头了。死神正表情严肃地走向鸠摩罗什的经床,床边跪满了徒弟。

那一刻,他苍老的目光分外坚定。他尽管破戒了,但对得起自己倾心的佛祖,配得上佛教高僧的称号。末了,他只是用郑重的口气说:"如果我所译出的经典不失佛意,身体火化后,惟舌不烂。"然后圆寂。对于他这句带有预言性质的话,多数弟子们并不奇怪,因为深谙预测学的大师几乎无所不能。当然,也不排除个别弟子在心中嘀咕:骨头都烧化了,舌头岂能不烂?

据说,他的尸体火化之后,唯独舌头没有烧焦,弟子们这才为他的临终誓言也为他的严谨精神所深深折服。又据说,今甘肃武威的罗什寺塔,便是安葬其舌头的地方。因此,罗什寺将是我今后必须前往拜访并印证真假的去处。至今,我的愿望未了,而美国作家比尔·波特却已经远涉重洋,寻访了今陕西户县南部的终南山草堂寺,见到了安放着鸠摩罗什舍利

---

① 见霍旭初《西域佛教考论》,宗教文化出版社2009年版。

的佛塔。①

一代高僧已离开我们1600个春秋,但他的英名不死,精神永存,他已经化作了佛的足迹,留印在了芸芸中华儿女的心头。

十、奇特寺的故事

200多年后的一天,玄奘西行取经路过屈支国(即龟兹),先后参观了大龙池、东昭怙厘寺、大城西门外的佛教大会场,然后渡河来到阿奢理贰伽蓝。"阿奢理贰"意为"奇特",所以这座寺庙又被称为奇特寺。

在这座庭宇敞阔、佛像林立、高僧云集的寺庙里,玄奘遇到了龟兹第一高僧木叉毱(jū)多。主修大乘的玄奘与主修小乘一切有部的木叉毱多展开了一场激烈的辩经。看来,曾经兴盛过大乘佛教的龟兹,因鸠摩罗什一人而兴,也因他的东去而衰。

在这里,他还听到了一个传说。说的是这个国家的先王笃信佛教,崇敬三宝:佛宝,指已经成就圆满的诸佛;法宝,指诸佛的教法;僧宝,指依照诸佛教法如实修行的出家沙门。一天,国王准备去远方瞻仰佛迹,便诏命自己的同胞弟弟代摄国政。国王临行前,王弟将一个密封的金匣交给了国王,一再叮嘱哥哥在瞻仰佛迹归来后方可打开。国王没有多想,便将金匣交给大臣保管。

等到国王归来,立刻有人觐见国王,宣称王弟在国王远行期间淫乱中宫,而且说得有鼻子有眼。此类事情很难取证,污蔑你容易,证明清白却十分困难,甚至可能越抹越黑。如此一来,王弟陷入了百口莫辩、跳进黄河洗不清的尴尬境地。

国王听后雷霆震怒,准备对弟弟和王后施以酷刑。想不到,王弟被传来后,没有丝毫惊慌,只是说:"我不敢逃脱罪责。"然后提醒哥哥,"请把我送给您的金匣打开吧。"大臣打开金匣,原文记载的是:"乃断势也"。古代把男性生殖器称作"势",也就是说,这是一个割下来的男性生殖器。国王看了看金匣中的物件,一脸疑惑地问:"这个奇特的东西是什么?你

---

① 见比尔·波特《空谷幽兰》,四川文艺出版社2014年版。

又想说明什么?"弟弟屏退左右,解开腰带,露出失去男性生殖器的下体。原来,这位王弟担心在临时摄政期间遭人陷害,便在国王临行前悄悄自宫,并将断势装入了金匣。

见此情景,国王先是满脸涨红,继而泪流满面,紧紧抱住自己的一奶同胞不放。进谗言者受到严惩,国王兄弟之间的情谊愈加深厚,王弟也有了随时出入后宫的特权。

说来奇怪,过了一段时间,王弟突然不再进出后宫了。国王以为王弟病了,便派亲信前去问候。

原来,在一个阳光明媚的上午,王弟出城时偶然遇到了一个人赶着500头牛匆匆行路。王弟好奇地问这个人:"你驱赶着这么多牛,意欲何为?"

那人回答:"欲事形腐。"也就是要将这些牛统统阉割掉。

听到这里,联想起自己"去势"的经历,他不禁悲从心生,自言自语道:"我今天身体残缺,难道是要偿付前世的罪孽?"随即,他用财宝赎下了500头牛,使它们免遭了被阉割的命运。

神奇的是,因为这件善事,王弟的男根居然渐渐生出,身体恢复到割势前的状态,当然也就不能随便进出后宫、招惹是非了。

知晓了事情的始末,国王深感此事奇特之至,于是专门修筑了这座伽蓝,借以弘扬弟弟的这种扬善之举和天作之妙。

不久前,克孜尔石窟前面出土了一件雕刻着龙首的陶祖(男根)。这样一个生殖崇拜象征物为何会出现在佛教圣地的前方?难道它与奇特寺"去势复生"的王弟有着某种关联?

十一、克孜尔石窟

中华民国元年(1912),新疆各方势力鏖战正酣,美丽的西域笼罩在血雨腥风中。在这个非常时期,德国人冯·勒柯克却开始组织探险队,准备前往新疆库车。当他办理签证时,德国当局警告他放弃此行,因为那里随时有生命危险。意外的是,冯·勒柯克回绝了这个善意的劝告,他和探险队员们签下生死状,决定照常出发。令他做出这一疯狂举动的,正是那个他曾经造访的地方,一个令他无法拒绝的诱惑——克孜尔石窟。

依山,则宗教生,从此生生不息;临水,则诗情发,于今浩浩荡荡。克孜尔,位于今拜城县克孜尔镇东南8千米处,背岩面水,渭干河流于谷底。克孜尔的维吾尔语意是"红色"①,得名于河对面的雀勒塔格山。艳阳下通红的山体,既显示了一种坚韧,也暗示了一种狂热,还仿佛聚满了神灵。

在陡峭的崖壁上,密密麻麻的洞窟绵延数千米。早在汉建安十年(205),龟兹就仿照印度阿旃(zhān)陀石窟②的样式,开始在克孜尔崖壁上开凿石窟,时间比敦煌莫高窟早了一个半世纪。然而,就是这样一座佛教圣地和艺术宝库,在伊斯兰教徒征服龟兹之后,被长期冷落和沉埋于荒沙蔓草之中。

近代,伴随着西方殖民者进军中亚的脚步,中国西北突然成了西方探险家梦中的乐园。光绪三十二年(1906)初,在德国皇室和军火大亨克虏伯的赞助下,普鲁士皇家吐鲁番探险队辗转抵达克孜尔洞窟。领队名叫阿尔伯特·格伦威德尔,是柏林民俗博物馆印度部主任;成员有柏林民俗博物馆馆员冯·勒柯克和博物馆勤杂工瑟奥多·巴图斯。这时的克孜尔洞窟,完全处于无人管理的状态,荒草凄迷,暮鸦回翔。破败的洞窟,如一个个骷髅的眼睛,裸露在松动的山崖上。冯·勒柯克迫不及待地钻进洞窟,展现在眼前的一切令他震惊不已。他在日记中写道:"最初看见的是供养人画像。他们双脚叉开,踮着脚尖,身穿织锦长袍,头戴三角帽。从画中人物的服饰衣着,以及绘画技巧的成熟洗练,可以推论该地的文明水准,要比同时期的日耳曼国度高出许多。根据我们推算,这些石窟在5至8世纪之间曾盛极一时……在昏暗的石窟墙壁上,古代龟兹人的形象与探险者之间的距离近在咫尺却相隔着一千六百多年……我们看到的人像,酷似欧洲骑士时代的绘画:在晃动的灯光下,君侯们姿态潇洒地用脚尖站在那里,身穿华丽的武士装;金属制的骑士腰带上,挂着长长的直宝剑,剑柄为十字形……(我们)好像来到了一个哥特式的墓室。"他兴奋地说,"看来,中国在古希腊、古罗马时期就已经和欧洲发生了关系。"

---

① 有人认为克孜尔的维吾尔语意思是"姑娘"。
② 位于印度马哈拉斯特拉邦北部文达雅山的悬崖上,西距奥兰加巴德106千米。始凿于公元前2世纪。石窟环布在新月形的山腰陡崖上,绵延550多米,以壮丽的建筑、精美的雕刻和壁画而著称,与泰姬陵并称为印度的"双璧"。

2000多年前,欧亚大陆两端遥相辉映的两大文明,正释放着耀眼的文明之光。他们从未停止对彼此的好奇与追寻,然而在历史的记载中,他们的触角却从未交叠在一起。

人们的疑问是,克孜尔壁画上的希腊风格,来自哪里?

建元三年(前138),张骞凿空西域的壮举被看作是丝绸之路开通的标志。实际上,这条路早在公元前两三千年就形成了,它是亚欧大草原上游牧民大迁徙的路径。公元前334年,马其顿国王亚历山大从丝路西段发起了长达十年的东征,大军所向披靡,从黑海、里海、阿拉伯海到印度河流域,都飘扬着他的旗帜,希腊文化在他占领过的地方特别是中亚犍陀罗扎下了深根。于是,太阳神阿波罗的形象被拿来塑造佛陀。高挺笔直的鼻梁、卷曲的头发、希腊长衫模样的袈裟,再加入宗教苦修的观点,眼窝深陷,形容枯槁,佛陀早期的形象成为东西合璧的最佳见证。此后,在犍陀罗融汇而成的佛教艺术开始沿着丝绸之路一路东渐,先后形成了三种样式,首先是被新疆文化融化的西域模式,进而是进入阳关后被西北少数民族文化与中原文化夹击下形成的敦煌模式,最后才是进入中原后被彻底汉化的龙门模式。

在"道震西域,声被东国"的佛都龟兹,梵音高唱、袈裟飘逸的克孜尔是一个中心。克孜尔这片陡峭的山崖,无疑就是最早诞生西域模式的地方。在克孜尔洞窟,希腊神话中的太阳神、月亮神成了天相图中的日天、月天。希腊神话和印度神话交织而成的形象——人面鸟身的金翅鸟也呈现其中。

冯·勒柯克和考察队很快投入了繁忙的工作,为洞窟编号、临摹壁画、拍摄照片。文字记载的缺乏,让克孜尔洞窟蒙上了一层神秘的面纱。唯一能找到线索的,是那些残破不全的壁画。

壁画中的许多人物为供养人——由于他们出资建造了洞窟,所以作为奖赏,他们及其家人的肖像被绘在石窟门左右两侧或甬道两壁,其情景类似为捐献者树碑。在205号窟,考察队发现了几个特殊的供养人形象。这些人衣着华丽、腰挎长剑,最令人不解的是他们的脑后都画着圆形的头光。

在另一个洞窟中,他们还发现了一束龟兹文书,在其中一张给石窟寺施舍钱财的账单中,他们发现了六个龟兹国王的名字。其中一个国王妻子的名字,居然正好与205号窟供养人像上题写的龟兹文相吻合。显然,这是一个龟兹国王出资修造的洞窟,他叫托提卡,王后叫司瓦雅普拉普哈。有头光的正是国王和王后。

国王供养人的发现成为打开克孜尔洞窟营造历史的钥匙,然而喜讯并未就此止步。很快,他们又有了新的发现。

在一个破旧不堪、充满潮气的洞窟中,他们发现了几个特殊的人物形象。这些人物戴着埃及样式的黑色假发,左手拿着一个小调色盘,右手拿着一支中原式样的长杆毛笔。显然,这是一个正在描绘壁画的画家。在212号窟,他们发现了一行字迹潦草的题记,经过破译,它的大致意思:"来自叙利亚的画家摩尼跂陀创作了这些画"。学者们根据壁画的风格,推测出创作时间应该在公元6—7世纪,当时萨珊王朝的波斯军队正大举入侵叙利亚,这位叙利亚画家也许正是因为这个原因沿着丝路来到龟兹避难,最终在克孜尔谋得了一份画工的差事。

就这样,来自世界各地的画家,像希腊神话中的皮克马利翁一样,倾注了自己的全部心血与爱,日日精心雕琢心中的"象牙美女"。在冰天雪地里,在饥寒交迫中,他们剔除了一方方顽石,磨秃了一把把凿头,多少人历经断臂折足,多少人不幸魂飞魄散,终于,石壁上浮现出佛陀的面影,菩萨的笑靥,飞天的翅膀,还有连环画一样的佛陀转世以前的本生故事。大量的画面,是年轻出家人如何抵御各种诱惑的。

整个石窟,简直就是一个裸体艺术的世界。这里的天宫伎乐、歌女舞神是裸体,故事画中的宫女、魔女、菩萨也是裸体,甚至连99窟中的佛陀之母摩耶夫人也以全裸的形象出现。

最美的裸体,莫过于83窟壁画里的有相夫人。她没有眼睛,看不见参观她的人;没有鼻子,嗅不出进洞人的气味;没有嘴巴,说不出一句话,只有裸露的腿、腰肢与乳房。壁画讲述的是优陀羡王的王妃——有相夫人因忘形欢舞招致祸灾,被以弹奏箜篌伴舞的国王看出"死相",戛然停止弹奏的瞬间画面。画面中的王妃在国王面前赤身起舞,她身材修长,头挽大花髻,耳佩大环珰,项挂璎珞,手足均佩串珠环饰,双手舞动彩巾,左脚后翘,身体前倾,乳房随着舞蹈朝上耸起,乳头盈红瑰丽,身体呈三道弯曲线,唯一的衣服是腰间的飘带,巧妙地遮住私处。

从此,这幅带有戒律性质的壁画被方丈作为每一个剃度的僧人必须经历的地方。那些年轻的僧人啊,当踏进洞窟,一定先是惊艳,继而脸红,然后依照佛规闭目打坐。壁画上的有相夫人知道,打坐的僧人们心并不平静,那个本该安放佛的地方,一定被自己柔美的腰肢、微颤的乳房、轻启的樱唇所霸占,口干舌燥,身体僵硬,淫心被放大到无限,直到窟中一黑如墨,洞外月光升起,僧人心静如土,回归枯寂。这时,有相夫人的眼里,也盛满了欣慰。因此,这里成为小乘佛僧理想的苦修地。

在佛僧被赶走的下一个千年,王妃眼里只剩下幽怨。因为此后到来的,再也不是虔诚打坐的僧侣,而是满身臭气的牧羊人、流浪汉、异教徒甚至盗画贼。他们色眯眯地盯着她的裸体,用嘴亲吻她的脚趾与小腿,用手亵渎她的乳房。当然,他们还残存着一点羞涩,因此抠去了王妃及所有壁画人物的眼睛。有相夫人就是一面风月宝鉴啊,纯粹者在她面前得到宁静,淫荡者在她面前现出原形。

反弹琵琶的飞天是佛教世界想象的飞神,每当佛讲法时,他们便凌空飞舞,奏乐散花。克孜尔的飞天身体饱满健硕,肤色通常是一白一棕,性别为一男一女,女性飞天头戴花蔓,男性飞天头披方巾,他们在天宫中舞璎珞,弹乐器,洒花雨,靠身体的能量飞行,被称为天宫伎乐。而飞天飞到敦煌莫高窟,不仅被穿上了衣服,而且没有了性别,他们借助与云气与裙带飞天,霞帔曳彩虹,袅袅于虚空,甚至成了天宫图里的装饰。从某种意义上说,莫高窟只是对克孜尔的模仿与复制,而且已经走向了汉化,莫高窟只是克孜尔的水中月、镜中花。只是克孜尔过于内敛、隐匿,才将光辉的冠冕交给了敦煌。

有人说:"如果世上有天堂,一定是图书馆的模样。"而我以为,假如世上真的有天堂,更像是克孜尔石窟。

克孜尔,这个远离人间尘嚣的去处,这个众神汇聚、多种文化交织的洞窟,却未能躲过历史的劫难,战乱、宗教纷争以及自然的侵蚀消耗着洞窟的生命。塑像被砸毁,壁画被刻划、挖空甚至成片铲去,许多洞窟甬道坍塌,壁画霉变脱落。

冯·勒柯克决意将洞窟中包括有相夫人在内的最为精美的壁画切割下来,将他们运回德国。他在著作中写道,"因为所有绘画如不被我或者欧洲类似的机构保存,毋庸置疑地要走向毁灭。"他眼里的克孜尔洞窟,如同一个无人认领的可怜孤儿。

然而,带队的阿尔伯特·格伦威德尔反对这样做,他认为壁画留在洞窟中更有价值且更易保护。作为助手的冯·勒柯克不得不暂时放弃这一想法,但他并未死心。所以1912年,当德国当局劝告他不要前往新疆时,他却硬着头皮出发了。

民国二年(1913),在新疆伊犁起义后的混乱无序中,冯·勒柯克平安抵达了克孜尔洞窟。这一次,由于阿尔伯特·格伦威德尔患病,冯·勒柯克成了考察队头目,他终于可以放开手脚为所欲为了。在库车县城,他定做了80个大木箱。接着,他指挥助手瑟奥多·巴图斯用狐尾锯肆无忌惮地切割剥取壁画,最为精美的壁画连同整个墙面被一同揭下来,分割成块后装入木箱运回德国,入藏柏林民俗学博物馆。

仅从克孜尔石窟,德国探险队就截取了近500平方米壁画。后来斯坦因和橘瑞超也步其后尘,采用类似的工具对西域的壁画进行了疯狂的切割。

比壁画被劫更让人尴尬的是,冯·勒柯克离去后,克孜尔洞窟仍未引起国人足够的注意,除了民国十七年(1928)考古学家黄文弼在此进行了16天的考察外,大部分时间克孜尔石窟处于死一般的寂静中。军队被打败了,要塞被攻克了,都城被占领了,龟兹还有世界公认和仰慕的伟大文化积淀。如果连这些文化积淀也被偷走了,龟兹还有什么?

幸运啊,克孜尔终于有了负责任的主人——新中国。1961年,中国政府把故宫、敦煌莫高窟、克孜尔石窟列为第一批国家重点文物保护单位。位于克孜尔石窟的新疆龟兹研究院,精心呵护与管理着现存的236个洞窟及近1万平方米的壁画。

流失德国的395块壁画中,如今只有145块还收藏在德国亚洲艺术博物馆。其余的250块壁画,已全部在"二战"的炮火中化为瓦砾。冯·勒柯克所带回的壁画遭遇如此劫难,而他所断言走向毁灭的洞窟中的壁画却完好地保留在洞窟之中,这对于自负的德国人无疑是一个莫大的讽刺。更大的讽刺是,这个出身富豪之家的探险者,居然死于贫困与孤独,时间是1930年。难道,这是上苍对"盗取"东方壁画的西方人永恒的惩罚?

十二、西域乐都

谁又能想到呢？一位既能上马征战，又能下马治国的皇帝，居然是一位音乐家，还能亲自谱写乐曲，亲自担任乐队指挥，并被后世艺伶尊为鼻祖。

他叫李隆基，唐睿宗李旦的三子，小名三郎，庙号"玄宗"，谥号"至道大圣大明孝皇帝"，所以又称唐明皇。

他属鸡，既可以报晓，用自己一心政务的前半生开创了"开元盛世"，成为一代英主；又可以报暮，以自己醉心艺术、寄情深宫、忠奸不分的晚年引发了"安史之乱"，成为唐的罪人。他的史料成堆成捆，关于他和曾经的儿媳的风流韵事俯拾皆是，但这些故事还是留给史学家和文学家恣意咀嚼吧。我只想蹑手蹑脚地溜进大明宫，看一看他亲手组建的音乐舞蹈团体——"梨园"。

我刚刚钻进宫殿，就遇到西凉节度使杨敬述觐见。

这是一个马屁精，粗通文墨，《全唐诗》收有他的一首刚刚能拿得出手来的诗。为了迎合李隆基的喜好，他把当时流行于西域的乐曲《婆罗门曲》整理成曲谱，敬献给了圣上。

天宝十三年（754），李隆基亲自组织修订乐曲，这首《婆罗门曲》被更名为《霓裳羽衣曲》。这部由李隆基作曲、杨玉环编舞的作品，据说是唐代最著名的宫廷乐舞，演出时歌舞器乐并用，场面宏大、色彩缤纷。歌舞者陶醉其中，观赏者如醉如痴。堪称大唐歌舞盛世里最大的靡靡之音。

后来，一位名叫江少虞的宋朝人发现，《霓裳羽衣曲》的创作来源是龟兹。《高僧传》也记载："龟兹境内有一处地方，其水滴溜成音可爱，彼人每岁一时采缀其声已成曲调。"

在一个幽深的山坳中，无数晶莹的水珠从布满苔藓的悬崖上滴下，叮咚有声，汇成一股清泉。当地人形象地称呼这里"千泪泉"。大自然的天籁之音，成了音乐家创作的重要源泉。山间流泉滴水成音，在微风相伴之下，龟兹乐工突发灵感，日后敬献给唐玄宗的那首《婆罗门曲》应运而生。

其实，管弦伎乐只是龟兹的半个身位，与音乐相伴而生的舞蹈——曲伴舞,最终使得龟兹成了蜚声亚欧的音乐舞蹈之都。

"回裾转袖若飞雪,左旋右旋生旋风,一曲似从天上来。"龟兹乐舞秉承龟兹文化中西合璧的深厚底蕴,把这种具有多元特征和杂交优势的文化推到了至善至美的境界,人称"天宫飞来的歌舞"。宋代诗人沈辽在《龟兹舞》中写道:"龟兹舞,龟兹舞,始自汉时入乐府。"以翘足、旋转、扭腰、送胯为主要特点的龟兹舞蹈,随着吕光东归,先是流向凉州,与汉乐融合产生了凉州乐;继而流进长安,推动重建了古典雅乐,以宫廷乐舞的形式涅槃于大唐,在燕乐、清乐、西凉乐、高丽乐、天竺乐、疏勒乐、安国乐、康国乐、高昌乐等"十大乐"中独领风骚,继而向西传到东欧,向东辐射到日本、朝鲜、越南、缅甸。

盛唐时节,龟兹艺人倡导的苏幕遮(发源于龟兹的一种假面具舞)、婆罗遮(古龟兹中秋节的一种街头舞蹈)、柘枝舞(从石国传入龟兹的一种民间独舞)、拨头舞(从印度传到龟兹的一种舞剧)、轮台舞(源于龟兹的一种大型舞蹈)、胡旋舞(从康国传入龟兹的一种快速旋转的舞蹈)、胡腾舞(从石国传到龟兹的一种以腾跃为特点的健舞)、春莺啭(源于龟兹的一种在席子上表演的软舞)一度风靡长安。

天和三年(568),一个阵容庞大的和亲队伍走进长安,新娘是突厥木杆可汗之女阿史那公主,新郎是北周武帝宇文邕。酷爱乐舞的公主带来了一支300人的西域乐舞队,外加西域特有的五弦琵琶、竖箜篌、哈甫、羯鼓等乐器。龟兹琵琶高手苏祇婆就在其中。

苏祇婆生于龟兹,姓白,从小随父亲学艺,因善弹琵琶而名噪乡里。抵达长安后,以苏祇婆为首的龟兹乐队,不仅在宫廷演出,而且走上街头表演,一时倾倒长安,声震朝野。北周灭亡后,宫廷乐师苏祇婆被迫流落民间,在酒肆歌坊卖艺为生。

隋朝建立后,隋文帝杨坚对宫廷雅乐极为不满,专门组织了一次"开皇乐议",下令改制音律。此后七年,宫廷乐师绞尽脑汁,也没有拿出音乐改制方案。

一天,刚刚受到杨坚训斥的郑译独自徘徊在街市上,冥思苦索着迟迟未能找到的高音。忽然,他的思绪被乐声打断。他循声走进一家酒肆,只见苏祇婆正在弹奏琵琶,娴熟而完美的旋律缓缓流淌。与中原音乐不同的是,琵琶七声之中有三声郑译从未听过的怪音。这三声怪音,不正是自己苦苦寻找的高音吗?

立刻,郑译拜苏祇婆为师,将苏祇婆的"五旦七声"与中原传统调式对照转译,创立了八十四调,俗称"苏祇婆琵琶八十四调"。郑译的音改方案得到了隋文帝的赞许,以龟兹为主的新音乐体系从此确立。后来,苏祇婆创作的《琵琶曲》被定为唐朝宫廷宴乐。在音乐史上,苏祇婆与创作了《高山流水》的俞伯牙和弹奏《广陵散》的嵇康得以并驾齐驱,入列中国古代十大音乐家。

千年一瞬,一切的诞生与消亡都在交替之间。曾经乐舞盛行的古龟兹,如今仍然弥漫着浓厚的歌舞气息。只是现在人们使用的维吾尔乐器,已经与壁画上的龟兹乐器大相径庭。然而,人们仍旧能够从中看到龟兹音乐的基因与遗韵,龟兹乐舞已经将血液注入到新的艺术之中。龟兹不死,龟兹乐舞不死。

十三、安西都护府

历代中原王朝在西域的进退,总是与自身兴衰相关联。魏晋之后,河西与西域群雄并起,中原王朝的影响早已退出这里。

事实果真如此吗?回答这个问题的,不再是考古人员,而是盗墓贼。

20世纪90年代,盗墓贼潜入了新和县通古孜巴西古城,不知盗走了多少珍稀文物。当文管人员发现盗洞后,只在里面捡到一批铜钱和破碎的陶片。据后来估算,此次捡到的铜钱至少有3000枚,铜币大多铭刻着唐朝"大历""建中"年号,然而使用这种年号的钱币却从未出现在历史记载中。更奇怪的是,它们用红铜铸成,铸造工艺粗糙,远远不及同期出土的开元通宝和乾元重宝。难道这座古城中的人们私自铸造货币?虽然中央政府允许驻军铸币,可是撇开朝廷统一规格单独铸造却极为罕见。

专家考证,留下这些钱币的,是与唐长期失去联系的安西都护府的一伙将士。问题在于,为什么安西都护府的将士会与唐朝失去联系,为什么他们会被阻隔在古龟兹境内?

事情还需要从唐朝建立说起。

李渊建立唐朝后,龟兹王苏伐勃马夫即刻派出使者到长安祝贺,表现出了高人一等的政治眼光。贞观四年(630),苏伐勃马夫的儿子——新王苏伐叠入朝献马,被李世民赐予了龟兹王国玺与国书。但是不久,龟兹臣服于西突厥,苏伐叠不再向唐朝贡。

对此,李世民一直耿耿于怀。贞观二十一年(647)的一天,苏伐叠的弟弟、新王白诃黎布失毕派使者前来朝贡。当晚,发生月食昴(mǎo,白虎宿星)星。次日上午,李世民下诏说:"月是阴之精,是用刑之兆;昴星,是胡地的对应,预示着龟兹、焉耆气数将尽。"

于是,李世民任命阿史那社尔为昆丘道行军大总管,契苾何力为副总管,率领安西都护郭孝恪、司农卿杨弘礼、左武卫将军李海岸,征发铁勒13部10万人马大举西征。

第二年秋,唐军击败西突厥处月、处密部和龟兹的同盟焉耆,前锋抵达距龟兹王城伊逻卢城300里的碛石。阿史那社尔派伊州刺史韩威带1000骑兵为前锋,诱使龟兹王及大将羯猎颠率5万龟兹主力出战,然后与提前埋伏的后军将轻敌冒进的龟兹军一举击溃,龟兹王狼狈逃进王城。

眼看唐军即将完成对王城的合围,龟兹王率领部分亲信西逃。阿史那社尔一边安排郭孝恪接收王城,一边组织精兵对龟兹王穷追猛打,最终在600里外的拨换城将龟兹王及羯猎颠擒获。

侥幸漏网的,只有龟兹国相那利。想不到,这个漏网之鱼胆敢带领西突厥援军与龟兹残余共1万多人突袭郭孝恪驻守的王城,猝不及防的郭孝恪及其儿子战死。仓部郎中崔义起在城中紧急招募军人与那利展开巷战,曹继叔、韩威也调集部众发起反击,杀死那利部属近万人,那利二次逃亡。

唐军到处张贴告示,悬赏千金捉拿那利。这比打猎、经商、放牧来钱快多了!许多龟兹国民像警犬一样低头乱窜,细细梳理着每一个帐篷、树墩与山包。很快,那利就被人扭送进了唐营。

踏平龟兹后,阿史那社尔将白诃黎布失毕、那利、羯猎颠押送到长安,然后扶立龟兹王的弟弟白叶护为新国王,并让工匠将这一辉煌的战绩刻进了石碑。

捷报传到遥远的长安,正值一个秋阳似火的日子,李世民亲自宣读了奏报,一脸阳光地对群臣说:"人生之乐,有几种几等。筑土城、骑竹马,是儿童的乐趣;佩金银、穿绫罗,是妇人的乐趣;卖得利、屯及时,是商人的乐趣;做高官、享厚禄,是士大夫的乐趣;树军威、战无敌,是将帅的乐趣;四海宁、人民安,是帝王的乐趣。今天,是朕最快活的日子!"然后,发出口谕,要求满朝文武"酒喝干,再斟满,今夜不醉不还"!

十四、胳膊要拗过大腿

胜利者的喜日,自然是失败者的末日。

龟兹王白诃黎布失毕、国相那利、大将羯猎颠被押到长安,李世民在紫徽殿接受了三名垂头丧气的俘虏。按照例行的程序,先是由皇帝责备他们的罪过,然后由俘虏们匍匐谢罪,继而皇帝诏令赦免其罪,让他们住进专门软禁外国君臣的鸿胪寺,还破例地委任白诃黎布失毕为左武卫中郎将。之后,唐宣布把安西都护府从交河城迁至龟兹都城,统领龟兹、焉耆、于阗、疏勒四国。我的题外话是,此战为阿史那社尔带来了无尽的荣誉,他在病逝后获得了陪葬唐太宗的陵墓——昭陵的殊荣,他的坟冢被修成葱山的形状,以表彰他平定龟兹之功。

阿史那社尔大军撤离后,新王白叶护过于平庸与懦弱,龟兹贵族分成两派,一派主张"按过去方针办",既与唐保持关系,又不得罪西突厥;一派坚持唯唐之命是从,绝不做首尾两端者。两派公说公有理,婆说婆有理,而新王又没有主见,龟兹面临着分裂的危险。于是,亲唐派贵族恳请唐朝送还白诃黎布失毕,以平息派系之争。

永徽元年(650),刚刚上台的唐高宗李治任命白诃黎布失毕为右骁卫大将军、龟兹王,允许他与那利、羯猎颠一起回国就任。回国前,22岁的李治肯定叮嘱了几句话。遗憾的是,此时武则天还在尼姑庵里修行,如果是武则天在场,一定会让白诃黎布失毕带上三句话上路:"你要明白自己是谁,要明白自己该做什么,要清楚谁是你的朋友。"

权力和爱情一样,失去的时间越久,复辟的可能性越低。他毕竟已经离开龟兹王位两年,不仅国事大为生疏,大臣们也被弟弟换得差不多了,他只有更多地依赖那利、羯猎颠这两位"难兄难弟"。

哪知道,那利、羯猎颠与唐本有二心,回国后便与反唐势力沆瀣一气。特别是国相那利,居然提出要与白诃黎布失毕分权,从而拉开了一场"王权与相权的博弈"。

这种博弈,在史学界被称为"虚君制"。中国近代国学大师钱穆在《中国传统政治》一文中说:"要避免世袭皇帝之弊害,最好是采用虚君制,由一个副皇帝即宰相来代替皇帝负实际的职务与职责。"

中国最早主张虚君制的,并非唐代的这伙龟兹人,而是战国时期秦国嬴政的"仲父"吕不韦。他的基本观点是"天下,非一人之天下也,天下之天下也"。他还在《吕氏春秋·分职》中说:"君也者处虚。素服而无智,故能使众智也。能执无为,故能使众为也。"意思是,君主处于超脱状态才能起到监督作用,百官也才能人尽其能;君主若事必躬亲,反而会造成国家的衰弱与混乱。应该说,这是一种理想的政权设计模式,君主仅仅作为象征,具体政务由宰相来行事。这种虚君制,与日本的天皇制和英国的君主立宪制有异曲同工之妙。这种体制能在2000年前提出,实在令人钦佩。可以说,秦庄襄王在位和嬴政即位前期,相国吕不韦基本上就是按这一设计做的。为了使这一设想变成制度,吕不韦在嬴政亲政的这一年公布了《吕氏春秋》,寄希望嬴政能继续施行他的这一设想。

但事与愿违,嬴政在主张举国体制为一人服务的李斯的协助下,继承了商鞅的思想,在以法家治国的路线上越走越远,直到成为最专制的帝王。吕不韦也被罢相,还落了个饮鸩自杀的下场。

从吕不韦罢相开始,君权与相权的博弈就成了中国政治史上最纠结的一道难题,不断被强硬的统治者所修正,并沿着强化君权、削弱相权的道路上越滑越远。明朝初年的朱元璋,在杀掉宰相胡惟庸以后,就决定在大明一朝永远废掉宰相这个职位。大清在大明无相权的基础上,进一步强化了皇帝的绝对专制,君权与相权集于一身,把皇帝这一天下最潇洒的工作变成了苦差。执政13年的雍正,仅朱批奏折就达3.5万多件,平均每天批阅8000多字,47岁就累死在了案头。

那么,龟兹的国相能拗转这一惯性吗?换句话说,胳膊能拗得过大腿吗?

十五、国王的绿帽子

按说,胳膊还真的有力气拗过大腿。因为不仅国相那利能力超群,而且他还有一个铁杆同盟——手握军权的大将羯猎颠。当时,在那利的首肯下,大将羯猎颠已经与唐朝叛将——西突厥可汗阿史那贺鲁接上了关系。内有同盟,外有强援,国相与国王分权似乎水到渠成。

但就在君权与相权的博弈即将分出高下的当口,龟兹王宫传出了一则丑闻。出身于突厥的王后阿史那氏居然出轨了,她的新相好居然是国相那利。

首先应该责怪那利,你在与王权博弈的关键时刻,怎能犯下低级错误,为政治对手留下如此恶劣的口实呢?

但一个巴掌拍不响,王后也难辞其咎。这是一个不甘寂寞的混血美人,眉似初春柳叶,常含雨恨云愁;面如三月桃花,暗藏风情月意。国王不仅在魄力上让她失望,而且在肉体上也满足不了她,再加上国相威望如此之高,两人又常常见面,因此她的出轨似乎顺理成章。

对此,国王却百思而不得其解,论地位,尽管国相权力很大,但毕竟是自己的下属;论长相,国相也比自己英俊不到哪里去。不仅是这位国王,就连如今许多才俊青年也在奇怪,为什么自己娶不到漂亮的老婆呢?因为他们连爱情的基本原理都不懂:爱是一颗心遇上另一颗心,不是一张脸遇上另一张脸。

在恍惚的灯光里,国王质问阿史那氏:"你为什么背叛我?"

"因为,你不是真正的男人!"最伤人的话,总是出自最温柔的嘴。闻言,他一夜无话。

好在,白诃黎布失毕还明白,能够抢走的爱人便不算爱人,但一国之君的面子往哪里搁呀?他的贴身侍卫要求杀掉国相,但他投鼠忌器,担心局势失控,迟迟下不了决心,结果被彻底架空,成了一名让国人讥笑的傀儡与"乌龟"。

人之为人,什么都有尺度,小人没有;什么都有底线,无耻没有。传说一天下午,满面春风的国相拜访了垂头丧气的国王。按说,这是一次尴尬的会面,但国相却给国王讲了一个佛经《九杂譬喻经》中的故事:"在古代的一个国家,王太子无意中看到母后轻浮,心中受了刺激,离家出走,在山中遇到了一个会法术的梵志。梵志从口中吐出一壶,壶中走出了一个美貌的女人。梵志睡着后,女人也用法术从口中吐出一壶,壶中走出了一个英俊的少年,与女人嬉戏玩乐。过了一会儿,女子将少年收入壶中,将壶吞下。梵志醒来,将女子收入壶中,将壶吞下,扬长而去。"显然,这个故事是给国王吃宽心丸的。但国王毕竟是一个大男人,而且是一国之君,岂能如此容易忘掉王后被夺的奇耻大辱?

见国王仍黑着一副乌云滚滚的面孔,国相无趣地走开了。

一天夜里,一名亲信对国王推心置腹地说:"若爱,请深爱;如弃,请彻底。不要暧昧,伤人伤己!"但灭山中贼易,灭心中贼难啊,国王的脸上仍没有一丝阳光,有的只是迷茫。

显庆元年(656),国王前往长安朝觐李治。在一个私密场合,前者向后者控诉了那利与王后通奸的恶行。

望着涕泪俱下的龟兹王,李治也不免黯然神伤,他轻抚着对方的后背说:"放心吧,朕替你做主!"

考虑到龟兹内讧已起,李治于显庆二年(657)将安西都护府迁回高昌故地,并派出大将苏定方出击西突厥。擦过年头,李治就将白诃黎布失毕与那利调往京城。未经审问,那利就被投进了唐的牢狱,罪名是"大不敬"。要知道,这在中原可是十恶不赦[①]的大罪呀!

白诃黎布失毕笑了。

据说一天下午,满面春风的白诃黎布失毕到天牢与垂头丧气的那利告别,并顺便为后者讲了一个故事:说的是一罐蜜糖不小心被打翻了,一只苍蝇被香气吸引,落到蜜糖上大吃大喝,结果脚被蜜糖所粘住,无论怎么死命挣扎地拍打翅膀也飞不起来,就淹死在了蜜糖里。在还有一口气时,苍蝇说:"唉,我尝到了蜜糖的甜蜜,却付出了生命的代价。"讲完故事,白诃黎布失毕扬长而去。之后,李治派遣左领军郎将雷文成护送白诃黎布失毕回国。就这样,因为国相那利没有管好自己的下半身,他此前关

[①] 隋唐法律将谋反、谋大逆、谋叛、恶逆、不道、大不敬、不孝、不睦、不义、内乱列为十大重罪,遇有大赦也不予赦免。

于"虚君制"的所有努力,全部付之东流。

别人只能帮你,却不能替你。您想,一个连老婆都管不住的国王,能让大臣们心服口服吗?果然,听说国相被大唐扣押,负责监国的大将羯猎颠命令军队紧闭国门,将国王挡在了境外,并派遣使者向正与唐军作战的阿史那贺鲁投降。

料峭的春寒,吹透了白诃黎布失毕的锦袍,也吹走了国王所有的雄心。他就像默片里的演员,想奋力呼喊,却发不出丝毫声音。只见他神情恍惚地坐在马上,向西方亲切的土地以及逶迤的远山,投去怅然寂寥的一瞥。岁月悠长,所余单薄,帝国已经不属于身为国王的自己,自己的魂魄难道也要离开自己的肉体?

史载,进退两难的他一下子病倒在郊外,很快便悒悒而终。这个可怜国王的唯一安慰是,他和其他13位少数民族领袖的石像有幸陪立在唐太宗的昭陵。

不久,苏定方就将阿史那贺鲁彻底击溃,西突厥从此灭亡。阿史那贺鲁侥幸逃到石国,还是被唐副将萧嗣业生擒,然后被扔进长安的太庙,面对当年恩公唐太宗的牌位,日日反思自己忘恩负义的后半生。有人认为应该将叛唐的阿史那贺鲁杀掉,但李治没有这样做。皇帝的开阔心胸,来自于唐的实力与底气,这是任何其他朝代所无法比拟的。试想,自省的"咒师"密勒日巴都能成为圣者,为什么阿史那贺鲁不能改邪归正?

此时已是盛春,满树的桃花开始凋零,如同龟兹王冤屈的血泪。李治命令左屯卫大将军杨胄挥师西域,已经失去西突厥后盾的羯猎颠孤掌难鸣。双方大战于泥师城,《新唐书》说:杨胄"大破之,擒羯猎颠及其党,尽诛之"。

至于龟兹王那位偷情的遗孀,史书上没有交代,如同《三国演义》忘了交代貂蝉的下落一样。

战后,唐册立白诃黎布失毕之子白素稽为新王,授右骁卫大将军、龟兹都督。安西都护府重新迁回龟兹都城,升格为大都护府,下设龟兹、疏勒、于阗、碎叶四镇,龟兹成为唐统治西域的中心,所以龟兹王城又称安西。

唐与吐蕃围绕安西展开了殊死的争夺,安西都护府数度失守。直到武则天所建的周朝长寿元年(692),王孝杰收复了安西四镇,安西都护府的府衙才在龟兹稳固下来。

安西都护府最为强盛时,管理的戍卒多达2.4万人。

十六、铁骑内调

就在唐雄心万夫、独步天下的时候,一把滚烫的匕首已经对准了帝国心脏。手握匕首的人名叫安禄山,是李隆基与杨贵妃宠信的大将,范阳、平卢、河东三镇节度使,控制着近20万战力超强的边兵,其中范阳节度使名下有兵9.14万人,马6000匹;平卢节度使名下有兵3.75万人,马5500匹;河东节度使名下有兵5.5万人,马1.489万匹。唐朝其余的六个节度使,总共才控制着兵28.76万人,马4.09万匹,而且全部分散在长安以西与以南的漫长区域内。

面对如此严峻的军事局面,近乎脑残的宰相杨国忠居然公开挑战安禄山,导致双方矛盾激化。

天宝十四年(755)十二月十七日,一个寒风刺骨的清晨,安禄山在范阳城南检阅了自己的15万大军,以奉密诏讨伐杨国忠为借口,把留守范阳的任务交给心腹大将史思明,随即命令全军杀奔洛阳,发起了著名的"安史之乱"。

接到战报,李隆基赶忙从杨贵妃温软的怀抱里爬起来,将北庭伊西节度使封常清任命为范阳、平卢节度使入关平叛。根据敌强我弱的形势,封常清与右金吾大将军高仙芝决定坚守潼关,结果被求胜心切的李隆基以"失律丧师"罪处斩。之后,杨国忠又挑唆李隆基逼着新任主将哥舒翰冒险出击,结果遭到安禄山部将崔乾佑的伏击,唐军18万人马仅剩8000,哥舒翰被俘,长安门户潼关失守,都城彻底暴露在叛军面前。

天宝十五年(756)六月十三日,天刚蒙蒙亮,启明星放射出少有的蓝光,李隆基急忙命令手下悄悄打开禁苑西门——延秋门,带上杨国忠、杨贵妃姐妹、皇子、公主、皇孙及部分近臣、宦官、宫女,在几千禁军的护卫下狼狈逃离长安。在逃亡的队伍里,太子李亨与禁军首领陈玄礼一直并马而行。走到马嵬坡(今陕西兴平市西北23里),陈玄礼突然鼓动禁军官兵乱刀砍死了杨国忠及其儿子杨暄。杨贵妃的大姐韩国夫人(杨贵妃的三姐虢国夫人和杨国忠的妻子裴柔从长安逃到宝鸡后被杀)也被砍断了粉颈。御史大夫魏方进试图阻止杀红了眼的军人,结果被军士们顺手砍死。然后,情绪激昂的士兵们包围了皇帝和贵妃临时休息的住所,要求把红颜祸水杨贵妃交出来。

面对陈玄礼,李隆基哀求道:"朕老矣,能安朕心者唯有贵妃,朕愿意退位。"陈玄礼面有难色。

李隆基又强硬起来:"如有坚持加害贵妃者,只有从朕身上踏过!"将士们坚决不允。

李隆基将目光无奈地转向亲信宦官高力士。高力士哭丧着脸说:"将士们杀了杨国忠和韩国夫人,贵妃活着,他们能心安吗?一旦他们闹起来,什么事情都可能发生,请陛下三思啊!"

李隆基只得赐死杨贵妃,由高力士执行,前提是给她留一个全尸。一介帝王,居然保护不了自己最心爱的女人。此时的李隆基,是否想起了自己带兵杀死韦后的情景?是否想到了策马飞奔的青春岁月?是否想到了万国来朝的开元盛世?是否想到了被自己授意杀害的高仙芝与封常清?

确认贵妃已被勒死,大军才保护着李隆基逃往四川。对于中国古代四大美人之一的杨贵妃的死,多数人感到她罪有应得,死不足惜。理由是,没她,无能的杨国忠一定当不上宰相;没她,安禄山可能也不会造反;没她,可能李隆基依旧英明。只有极少数人替她可惜,理由是,她不过是男权社会里的一朵浮萍,根本没有资格与能力决定自己的命运。是李隆基发现了她,从儿子怀里夺过了她,宠坏了她,也最终葬送了她。我说不清哪种意见更接近事实,我只知道,江山向来是一柄能开能合的折扇,美人的血泪溅在纸上,使历史的面庞一次又一次浮现出羞涩的红晕。

没有证据证明太子李亨是这场兵变的始作俑者,但他却是最大的受益者。此后,对父亲彻底失望的李亨与大队人马分手北上,于七月十二日在灵州(今宁夏灵武)自行宣布登基,是为唐肃宗,李隆基则被遥尊为太上皇,这也是李隆基驾崩后庙号被定为"玄"的原因,古语曰:"含和无欲曰玄,应真主神曰玄。"说得简单一点,甘心让位为之"玄"。

李亨以灵州为临时基地,举起了平叛大旗,调集河西、陇右、安西、北庭精锐部队入关作战,诏命朔方节度使郭子仪为武部尚书主持平叛。救援的烽火燃烧到西域,安西都护府1.5万名精兵返回凤翔,组建了镇西北庭行营,参加了收复长安的战争。唐还传檄西域各国参与平叛,并"许以厚赏",龟兹王派弟弟白孝德率领配有陌刀、长柯斧的龟兹骑兵入关助战。

乾元二年(759),史思明进军洛阳。在河阳县,白孝德随朔方节度使李光弼与叛军正面相遇。两军摆开阵势,史思明部下骁将刘龙仙在阵前高声叫骂。李光弼环视左右,问谁能出阵应战,白孝德应声而出。

李光弼问:"需要多少兵马?"白孝德答:"可独往耳!擂鼓助威即可。"话音刚落,白孝德已单骑冲到阵前,乘刘龙仙不备,用双矛将其挑落马下,叛军溃败而去。白孝德因功历任安西、北庭行营节度使,吏部尚书,太子少傅,封昌化郡王。

但驻军与属国精锐内调,大大削弱了唐在西域的防御力量,吐蕃军队乘虚而入,占领了河西走廊,丝绸之路被斩断,安西与朝廷的联系彻底中断,安西都护府部队成为一支孤军。

十七、飞地与孤军

当时担任摄安西都护、安西四镇留后的,是郭子仪的侄子郭昕。古城中出土的"大历""建中"铜钱,很有可能就是这些孤军在与朝廷失去联系后私自铸造的。

从2003年开始,新和县文物局与自治区考古研究所系统调查了古龟兹境内的古迹遗存。经踏勘、挖掘、航拍、测绘,学者们发现,把这些唐代遗迹串联起来的,正是一个功能完备的防御体系,而发现铜钱的通古孜巴西古城正处于整个防御体系的核心,这与当地人对古城的称呼也不谋而合。

巴西,突厥语意为"头"或"首府"。渭干河流域的大量戍堡周长只有200—300米,但通古孜巴西古城周长将近1000米。黄文弼断定,这里就是唐朝的屯田基地。

黄文弼在通古孜巴西古城中挖掘出几份文书。一件文书记载了一个名叫李明达的人,因为无粮下炊,在大历十五年四月十二日向同伴蔡明义借了青麦一石七升、小米一石六升。另一件文书记录了一个名叫白苏毕梨的人前来领取屯米。白苏毕梨，显然是个龟兹姓名。因此，黄文弼推断，龟兹与中原隔绝后，安西都护府屯田戍卒开始起用本地人。

面对吐蕃经年累月的围困，郭昕和守军们没有放弃。他们与龟兹当地民众团结一致，一边厉兵备战，一边耕作自养。

战备物资虽然可以安然无虞，然而一件事情仍然困扰着郭昕，那就是吐蕃的阻隔使得他们与朝廷的联系难以接续。在古城发现的唐死亡官兵的墓志上，出现了"广德四年"的年号，事实上唐代宗李豫的广德年号只用了两年。在发掘的文书中，大量出现了"大历十五年"的记载，然而唐朝年号"大历"只到十四年便因李豫的驾崩而终止了。连唐德宗李适继位这样重大的信息都难以传达，可见郭昕与长安隔绝之深。

一次次派出信使，一次次杳无音讯。终于，在建中二年（781），长安城里出现了安西使者的身影。一起到来的，还有北庭节度使李元忠的使者。这一次，郭昕派遣的使者，是从北面的回纥控制区，迂回绕道抵达京城的。

地球之所以是圆的，是因为上苍想让那些走失和迷路的人能重新回家。安西与北庭使节的到来，引起整个朝廷的轰动，朝野上下为他们"忘身报国"的精神感动得"鼻酸涕流"。久久未有音讯的安西、北庭守军，始终忠心耿耿，苦守飞地，对于纷乱动荡、危机四伏的朝廷来说，的确是一个莫大的安慰。

李适派遣使者，同样绕道回纥到达龟兹。使者带来的坏消息是，郭昕的叔叔郭子仪刚刚离开人世。使者带来的好消息是，郭昕升迁为安西大都护、四镇节度观察使，四镇将士均按等级破格提拔七级。兴元元年（784），李适又加封郭昕尚书左仆射，其官职加在一起是开府仪同三司、尚书左仆射兼御史大夫、检校右散骑常侍兼充安西大都护、四镇节度观察使，封爵武威郡王。一名驻守边关的将领，获得如此高的职务与封爵，我查遍史书，一直难以找到出其右者。

接到诏书，将士们自然是山呼万岁，欢呼雀跃。而郭昕却默默地走上城头，遥望着东方的万里云天，垂泪不止，是为自己撒手人寰的叔叔？为自己刚刚得到的荣誉？还是为自己今后的处境？是啊，此时唐朝所能给予他们的，也只有精神上的慰藉和鼓舞了。丝绸之路的断绝以及自身的困境，使得唐朝几乎不能再对龟兹孤军做任何支援，郭昕仍将面对孤立无援的困境。

郭昕的故事,使我联想到了高尔基作品中的一个情节:一群人在黑夜里穿行,迷失在莽林中,找不到走出去的路。一个叫丹柯的勇士把自己的心挖出来,点燃,举起来,像举起一支火炬,引导大家走出了莽林。郭昕也把心挖出来,燃成了火炬,但他能引导自己的部下走出战争的莽林吗?

贞元五年(789),唐僧悟空回国,在疏勒镇见到了镇守使鲁阳,在于阗镇见到了镇守使郑据,在龟兹见到四镇节度观察使、安西大都护郭昕,在焉耆镇会见了镇守使杨日佑。此时的安西仍然佛火旺盛,佛寺林立,安西四镇仍在唐军手中。

仅仅过了一年,吐蕃再次进攻西域,北庭陷落,北庭的同盟军回鹘被击败,北庭节度使杨袭古被杀,都护府余众和沙陀酋长朱邪尽忠投降吐蕃,安西与朝廷联络的唯一通道被截断。同年,安西四镇之一的于阗陷落。这居然是史籍对安西的最后记载。

从此,"安西阻绝,莫知存否"。

我们无法知晓,在吐蕃大兵压境的那一刻,垂垂老矣的郭昕和连升七级的将士们心中在冥想什么,最后的命运何去何从。

多少英雄在这里开疆拓土,用热血书写传奇。多少兵士征战沙场,白首戍阵。从凿空西域的张骞,到战死沙场的李崇,从平定西域的班超,到苦守飞地的郭昕,他们将生命抛洒在这片广袤的土地上,也将开拓与坚韧铸入了一个民族的灵魂之中。

在今新和县东南野猪出没、红柳簇簇、沙漠起伏的红柳滩中,隐藏着一座废址——通古孜巴西古城。要想感知这座"众城之城"昔日的风采,须站上八九米高的古城墙垣鸟瞰,只见古城周围点缀着十几个大大小小的城市遗迹、佛寺残墙以及远处依稀可见的烽燧戍堡,它们如同众星捧月一般拱卫着这座遗迹。遥想当年,数万唐朝屯田将士在此练兵、耕作、念经、生息,那将是一个多么繁盛、多么诗意、多么雄奇的景观啊。

对于安西都护府的消失,也许作为唐后人的汉族读者会发出遗憾的叹息。那么,作为吐蕃后人的藏族读者会生出何种情愫?

唐是中国的唐,吐蕃是中国的吐蕃。在五十六个民族济济一堂的中华大家庭里,你中有我,我中有你,站在历史的高处俯瞰,也就无所谓绝对意义上的成败荣辱。如果哪一方像受了多大委屈一样不断地血泪控诉,咬牙切齿，反而令人疑惑。浩瀚的历史进程容不得太多的单向情感，复杂的军事博弈容不得太多的是非判断。秋风起了，不要把最后凋零的枫叶当作楷模；春风来了，又何必把最后一场春雪当成仇敌？

十八、挥别佛陀

安西都护府陷落后，白姓龟兹王下台，从白霸开始延续了700年的白氏王朝落下帷幕。

50年后，从蒙古草原西来的西州回鹘征服了龟兹，大量的回鹘人移居此地。像于阗一样，龟兹人种逐渐回鹘化。

宋景德三年（1006），另一支回鹘——葱岭西回鹘建立的黑汗王朝，发起了持续而剧烈的伊斯兰圣战风暴，西域佛教的一大中心大宝于阗国被征服，最后的塞人——于阗人渐次回鹘化与伊斯兰化。西域佛教的另一大中心龟兹也被踏在圣战者脚下，信仰佛教的龟兹人被强迫皈依了伊斯兰教。从此，龟兹不再是一个独立或半独立的政权。

14世纪，改宗伊斯兰教的察合台汗秃黑鲁帖木儿，对龟兹佛教徒进行了残酷迫害，对佛教文化实施了毁灭性破坏。佛教寺院庙宇被拆毁，佛像被捣毁，佛教经典文献被焚烧，具有千年历史的龟兹佛教文化被破坏殆尽。当地佛教僧侣或被迫接受伊斯兰教，或逃往异国他乡，或抗拒被杀。至此，僧侣们曾经无限钟爱与向往的龟兹古国，只能无奈地挥别佛陀。

太古老的文明像太多灰尘积压成壳，令这个城市有种无法擦拭的陈旧感。当我们驱车进入风沙漫漫的库车县城，迎面遇到的是一座醒目的石坊牌楼，上书四个汉字："龟兹古渡"。这是一座桥，克孜（姑娘）们用纱巾蒙着面款款而行；巴郎（小伙）们手牵着羊缓缓走过。前方是一条老街，几辆搭着红色剪边凉篷的马拉车、驴拉车擦身而过。再往里走，就是一座古朴而肃穆的大清真寺。一切都懒散而悠闲，似乎在为一个多年前的梦而停留。

在近50万人的库车县，已经找不到一个纯正的吐火罗人，有的只是维吾尔族、汉族、回族、柯尔克孜族、哈萨克族、蒙古族、俄罗斯族、锡伯族、满族、乌孜别克族等。在这座现代化的县城里，也已经看不出曾经是佛教的一大中心,如果非要寻找佛教的印记,您只能加入旅游团,走进那些远离县城喧嚣的地方,走进著名的八大佛教洞窟,尤其是伟大的克孜尔。

今天,"龟兹"这两个字虽然成为了历史,但它传播的信仰和文明已经硅化为中华传统文化的一部分,与所有人类永恒的精神财富一样,在我们身躯上留下了不朽的印记。

光阴,大概是世界上最公平的使者了,它从不白白流逝。每一座城市在光阴里栉风沐雨穿梭而过,都会留下大大小小的"血泪"与"伤痕",但它们的所得也就是文化稳定地留了下来,成为这座城市最美丽、最合身的衣裳,如影随形,遗世独立。

龟兹永存。

龟兹国小传:龟兹,焉耆的邻居兼双胞胎兄弟,操吐火罗语B,白种人,3000年前来到塔里木盆地,是丝路北道上人口最多、实力最强的国家。西汉时期,在"赖丹事件"引发的国家危机面前,年轻的龟兹国王亲自扮演了美男计的主角,不仅成功化解了战争风险,而且与汉廷建立了牢固的朝贡关系。东汉时期,在一番你来我往、高下立判的较量之后,龟兹王心悦诚服地投降了班超,班超也放心地把西域都护府搬到了龟兹,使得此地一度成为西城的政治、经济、文化中心。更重要的是,这里是西域混血文明表现最为充分的地区之一,声名显赫的佛教翻译家鸠摩罗什成长于此,恢弘壮美的克孜尔石窟开凿于此,风靡于唐的龟兹乐舞诞生于此。至于龟兹国消失的准确日期,我们至今不得要领。不过,它给我们留下的文化遗产已然足够。

第二十八章　姑墨——取名"沙漠"的国度

> 姑墨国,王治南城,去长安八千一百五十里。户三千五百,口二万四千五百,胜兵四千五百人。姑墨侯、辅国侯、都尉、左右将、左右骑君各一人,译长二人。东至都护治所二千二十一里,南至于阗马行十五日,北与乌孙接。出铜、铁、雌黄。东通龟兹六百七十里。
>
> ——班固《汉书》卷九十六上

一、一水一峰一漠

今南疆小城阿克苏,镶嵌在冲积平原上,素有"塞外江南"之美誉,是阿克苏地区政治、经济、文化中心,新疆生产建设兵团农一师所在地,诗意地栖居着30个民族的30多万人口,像极了一位俊美贤淑的青春少女。说她俊美贤淑,是因为这里最著名的"一水一峰一漠",使她有了白水一样的温柔,山峰一样的挺拔,大漠一样的胸襟。

一水,指阿克苏河(古名托什干河)。阿克苏,维吾尔语意为"白水"。这条发源于天山南脉的纯白色河流,是塔里木河的一条北部支流,她与喀什噶尔河、葱岭河(今叶尔羌河)、于阗河(今和田河)、库车河、克里雅河一起,在塔里木盆地北缘汇入了一泻千里的塔里木河,从而造就了塔里木河作为中国第一大内流河的优美身段。与此同时,在这些支流所形成的冲击绿洲上,养育了一个又一个伟大的游牧部落,崛起了一个又一个独立的城邦国家。阿克苏河,就是阿克苏城的母亲河。

一峰，指天山第一峰——托木尔峰。托木尔峰，维吾尔语意为"铁峰"。"明月出天山，苍茫云海间"。托木尔峰位于中国与吉尔吉斯斯坦国境线附近，在中国、哈萨克斯坦界峰汗腾格里峰西南20千米处，属天山山脉中天山区，海拔7443.8米，终年白雪皑皑，云缠雾绕，雄伟俊秀，直插云霄。它像一个脸色冷峻的卫士，千年如一日地护卫着美丽的阿克苏。

一漠，自然是指塔克拉玛干沙漠。尽管大漠是荒凉与险恶的代名词，但却与高山、大河一起，造就了阿克苏人吃苦耐劳、不畏强权、刚直不阿的独特性格。

在汉代西域四十八国中，居然有一个国家对大漠情有独钟，以沙漠为名，它就是今阿克苏地区的古国——姑墨。"姑墨"一词，来源于梵语，意为"沙漠"。

他们说，沙漠是伟大的。你敬畏它，它就会馈赠你红柳、骆驼甚至绿洲；你漠视它，它会随时将你埋葬！

如果不信，请听流传在阿克苏的一个古老传说。

很早以前，如今的塔克拉玛干沙漠曾是一个百花盛开的地方，有着潺潺的河流，茂盛的森林，密布的城镇和乡村。这一国度的人们开始都有道德信仰，到后来就过起了渎神生活。真主出于自己的仁慈，对属民的罪孽忍耐了很久，但他们越来越远离宗教陷入了歧途，最后真主决定惩罚他们。在一个漆黑的夜晚，这个王国的天空下起了沙土，一连下了数日，全国上下措手不及，都被厚厚的沙土埋了起来，只有一个名叫瓦利的教徒连同家人逃脱了这一灭顶之灾。沙灾前夜，真主预先告知瓦利王国即将灭亡，命他赶紧逃离。瓦利携带着家眷连夜北逃，来到如今阿克苏的城郊，在此度过了自己的后半生。如今，仍有不少信徒前来朝觐他位于阿克苏近郊的陵墓。[①]

二、浑水摸鱼

这个绿洲国家，分布在葱岭河以北，天山汗腾格里峰以南地区，中心

---

① 见米哈伊尔·瓦西里耶维奇·别夫佐夫《别夫佐夫探险记》，新疆人民出版社2013年版。

位于今新疆阿克苏市及北部13千米的温宿县。

《汉书》介绍,姑墨国拥有居民2.45万名人、军队4500人,人口总数排在乌孙、大宛、疏勒、龟兹、焉耆之后,列西域四十八国第六位,是一个不可小觑的中型国家。而且,在汉代,它已发展成以农业为主、牧业为辅的文明国家,建起了南城,成为丝路北道的重要驿站。值得炫耀的是,这里矿产资源丰富,出产铜、铁,这就为实现强兵富国梦提供了取之不尽的原料。

这里还出产一种名叫雌黄的矿物质。雌黄,是一种单斜晶系矿石,主要成分为三硫化二砷,含有剧毒,是在低温热液矿床和硫质火山喷发中与雄黄伴生的矿物。在古代,雌黄常用来修改错字,并被有些不怀好意的人用于篡改文章,久而久之也就有了"胡说八道"的引申义,成语"信口雌黄"即由此来。

文章可以用雌黄篡改,但历史无法篡改。尽管姑墨这个中型国家不无雄心,但这个名字从出现那天起,就与汉朝紧密地联系在了一起。

神爵二年(前60)前后,汉朝在姑墨东部2021里的乌垒城设立了西域都护府,姑墨王还先后被任命为姑墨侯、辅国侯,成为汉帝直接任命的官员。建始三年(前30)之后,为防备北部的乌孙发生叛乱,汉成帝刘骜派己校尉率1000名田卒来到姑墨屯田。这是一段甜酸交替的日子,甜的是可以不受原来的西域霸主匈奴、地方霸主龟兹奴役了,酸的是要接受西域都护的调遣与屯田校尉的监督。遇到段会宗那样敦厚的都护也就罢了,一旦遇到冷苛的都护,就只有打碎牙齿向肚子里咽的份儿。

这种酸酸的感觉在西汉末年持续发酵,渐渐变成了怨恨。特别是王莽建立新朝之后,已与王莽离心离德的西域各国开始对匈奴暗送秋波,曾经风平浪静的西域顿时战云密布。

始建国五年(13)冬,焉耆王突然发兵攻入乌垒城,杀死了西域都护但钦,西域大乱,姑墨王丞杀温宿王,把温宿并入了姑墨。

尽管新朝国内饥民遍野,起义频发,王莽已经捉襟见肘,困顿不堪,但对于姑墨王的浑水摸鱼之举,特别是焉耆攻杀都护的罪恶行径,一向自负的王莽当然不能听之任之。天凤三年(16)二月,关东地震,雪深数尺。王莽不顾"天怒人怨",仍派遣五威将王骏、西域都护李崇、戊己校尉郭钦进驻西域都护府。

王骏、李崇一到乌垒,就发出令箭,痛斥了姑墨兼并温宿的行为,严令姑墨尽快恢复温宿国,给姑墨改名为"积善",然后祭出符节,征调都护府所属各国兵马,准备大举讨伐焉耆。

姑墨南城王宫内死一般寂静。刚刚受到痛斥并被改名,如今又接到了都护府征调军队的命令,姑墨王丞一脸的阴云。如果不出兵,显然就给了西域都护府新的口实,他们在踏平焉耆后也许就会接着收拾自己;出兵吧,自己又有一万个不情愿。在左右为难中,丞找来几个智囊商议对策。他们从日落嘀咕到日出,又从日出磋商到月升,终于,君臣达成一致:主动出兵,暗通焉耆,两面夹击,赶走汉人。

当公开宣称"将功补过"的姑墨国军队赶到乌垒城时,西域都护的老同盟莎车、龟兹国军队早就到了。令姑墨人想不到的是,焉耆的尾巴国尉犁、危须也派出军队集结到都护帐下。难道,焉耆的铁杆兄弟尉犁与危须已经真心归附汉人?

夜里,月儿躲在了乌云后面。姑墨军事统帅偷偷来到尉犁与危须军营,几双眼睛诡秘地闪烁着,原来他们都与焉耆私下取得了联系。心领神会之后,他们只共同说了一句话:"见机行事!"

第二天,王骏将西域联军分作数路,向焉耆发出了绞杀令。

王骏不仅天性乐观,而且急躁冒进。他统领的这路大军很快就钻进了焉耆布下的口袋阵。王骏下令应战,而身后的姑墨、尉犁、危须军队却反戈一击,很快就将冒死突围的王骏射杀。

听到战报,姑墨国王脸上一片朝霞。

三、龟兹帮凶

整个东汉一朝,尽管姑墨并不弱小,但却常常站在东部邻居龟兹的阴影里。这个角色,说得好听一点是帮手,说得难听一点叫帮凶。

他之所以甘心这样做,是因为有着惨痛的历史教训。东汉初年,姑墨西南部的邻国莎车,借助与东汉的特殊关系迅速崛起。建武二十二年(46),莎车王贤先后发兵攻克了鄯善、龟兹、于阗。一年后,贤怀疑邻近各国有叛逆之心,便将于阗、拘弥、姑墨、子合王召集到莎车,在酒宴上杀死了他们。此后,贤没有再在这几个国家任命新的国王,只是派出将军镇守这些国家。

不要总觉得被轻视,先问问自己有没有分量。通过这一轮空前的劫难,姑墨人认识到,仅凭自己区区几千人的军队,是难以自全的。最现实的选择,就是找一个同盟军。找不到同盟军,就干脆投进大国怀抱。

永平三年(60),于阗国人杀掉了镇守该国的莎车将军,于阗新王休莫霸连续两次击败了莎车王贤,姑墨、龟兹等北道国家在匈奴的支持下趁机复国。复国后的姑墨投到龟兹帐下,龟兹王走到哪里,哪里就有姑墨王战战兢兢的身影。

后来,于阗新王广德攻克了莎车国,杀掉了自己的岳父——莎车王贤,将东汉初年的西域霸主莎车吞并。匈奴当然不想让于阗一国独大,便派出5名大将,率领焉耆、尉犁、龟兹、姑墨等十五国军队兵临于阗。广德选择了投降,将太子派到匈奴做人质,愿意从此接受匈奴的管辖。此后,西域再次成为匈奴的天下。

在西域无边的黑暗里,一颗名叫班超的将星划破夜空。这个从书香门第走出的彪形大汉,于永平十六年(73)率领36名骑兵出玉门关,一个旷古的传奇拉开序幕。

这支小小的骑兵分队,先后征服了鄯善、于阗和疏勒国,重开了西域都护府,丝路南道重新回到中原王朝手中。

永平十八年(75),汉明帝刘庄驾崩,焉耆趁东汉举国哀丧,攻杀了西域都护陈睦。孤立无援的班超也被龟兹、姑墨军队围攻达一年之久。为此,汉章帝刘炟允许班超回国,但东归途中的班超被西域军民的信任与挽留所感染,毅然冒着生命危险重返疏勒。

班超决定先拿龟兹的帮凶姑墨开刀。建初三年(78),班超组织疏勒、于阗、康居、拘弥联军1万余人,攻破了阿克苏河西岸的姑墨军事重镇石城,斩首700,打通了疏勒与乌孙之间的军事通道。

有了这一仗做积淀,班超萌发了一统西域的雄心,于是向汉章帝申请增兵。元和元年(84),东汉派遣假司马和恭率领800将士增援班超。

时间之歌总是向上,视过去为序曲,未来为高潮。章和元年(87),班超征发于阗等国2.5万名军人,第二次攻打莎车,龟兹派左将军率领姑墨、温宿、尉头等5万人解救莎车。面对空前严峻的形势,班超召集将校和于阗王商议说:"眼下我们兵少不敌,为今之计不如各自散去,于阗军队从此东归,我从此西归,夜半听到鼓声便可分别撤退。"会后,故意将军事部署透露给了俘虏。龟兹王尤利多得知后,亲率1万骑兵提前到西部拦截班超,姑墨、温宿的8000骑兵则到东部去拦击于阗军队。得知两支敌军已经分别出动,班超便秘密召集各部兵马,于鸡叫时分奔袭莎车军营,被斩杀的军人远远超过5000,莎车王无奈地投降班超。

听到战报的龟兹、姑墨、温宿统帅五内俱焚。此战最大的意义在于,它让西域诸国意识到,班超不仅是一名阴毒而血腥的刺客,还是一名可以指挥大兵团作战的大将。你想,区区2000名汉军加上西域联军就能吃掉一个庞大的国家,难道自己还要在这里等待被班超各个击破吗?于是,他们没命地逃回国内。

之后,他们就像一片熟透的庄稼,翘首企盼着班超前来收割。

永元三年(91),龟兹连同两个尾巴——姑墨与温宿一起投降班超。三个国王各自扛着自己的脑袋,身后各领着一行脚印,像埋藏在五线谱里稀稀落落的黑色音符,朝着班超的军营走来。龟兹王尤利多被撤职后押往东汉,姑墨、温宿王侥幸保住了王冠。

姑墨的助手与帮凶生涯似乎已经结束。

但,似乎结束并不代表真正结束。只要有大地主,就会有狗腿子。只要有主犯,必会有胁从。三国时期,龟兹仍是丝路北道大国,那么作为小弟的姑墨,不仅要附属于中原的魏国,而且必须听命于东邻龟兹,以便换取一种唾面自干的宁静。南北朝时,姑墨被写作"姑默",从字面意义上说就是"姑且沉默"。到了唐代,姑默被称为"亟墨""跋禄迦"或"婆楼迦",阿拉伯语又称"拔换"。

唐僧玄奘前往印度取经,路经跋禄迦国。他在回忆录中说:跋禄迦国东西六百余里[1],南北三百余里,都城周长达五六里,风土、人情、习俗、文字、法律与龟兹相同,只是语言稍有差异。有寺庙几十所,僧徒上千人,修习小乘说一切有部。[2] 可惜啊,他来去匆匆,以致佛徒们来不及作揖,许一些美丽的愿望。

---

[1] 唐代1里相当于今442.5米。
[2] 见玄奘《大唐西域记》第一卷,时代文艺出版社2008年版。

显庆三年(658),唐高宗李治在这里设置了姑墨州,州府设在拔换城(今阿克苏市)。天宝十年(751),因唐军退走,姑墨州从此废除,这个或国或州的政权被龟兹合并。

由是,姑墨古城沉入历史的荒漠。

南城何在?拔换何在?州府何在?

四、古城安在

人们一直在今温宿县孜孜追寻着姑墨古城遗址。

有人说,它位于温宿县温宿镇自东至西近6平方千米的坎坡上,遗址有四到六层,分别是汉代南城、唐代州府和清代王母殿、马将军府和王子城。

也有人说,它位于温宿县博孜墩古墓群附近。"博孜墩"柯尔克孜语意为"褐色的土丘",它地处半山坡,起伏错落的墓葬绵延数平方公里,这里既有土垣环列的家族墓园,也有形单影只的孤家坟丘;既有高大气派的墓门拱拜,更多的则是排列有序的平民坟茔,曾出土了带孔磨刀石、青铜刀、铁器等汉代文物。古墓群左侧有一条深达30米的裂谷,但见谷中白杨成列,流水淙淙,房舍错落,炊烟袅袅。这片墓地周边完全有可能承载西域古国的一个王庭。

在今温宿县政府背后的一片民居中,还残留着一段约50米长的黄土夯成的古城墙。如今这道残墙已经沦落为一排房屋的山墙,只有一棵老态龙钟的杨树斜靠在墙基上,像一位弓背的老人见证着岁月沧桑。左宗棠西征时期,这里还是一座完整的古城。有人说,它或许就是姑墨古城。

在温宿县城西北的坎坡上,有一片散布着杂草、灌木的荒滩。荒滩东北部的绿洲上有几堵残墙,残墙边竖着一块1992年刻立的石碑,上有"高老庄"三个大字。难道这里就是《西游记》中"猪八戒背媳妇"的高老庄?当地老人听更老的人说过,这里有过一个高姓庄园,说不清是什么原因消失了。《西游记》里的流沙河就在温宿县西部,当地人称库木艾日克河,意思是"流动的沙河"。他们还说,这里有过一个丝路古城。

这些似乎都值得商榷,我们期待着通过考古发掘找到更多姑墨国的历史"印痕"。远古文明如远年琥珀,既晶莹可鉴又不可能全然透明,一定的沉色、积阴,即些许的神秘感与浑浊度,反而是它的品性。

　　姑墨国小传:姑墨,梵语的意思是"沙漠",后来更名姑默、亟墨、跋禄迦、婆楼迦、拔换,是一个人口超过2万的中型绿洲国家。论实力,它显然无法与疏勒、龟兹抗衡,但欺负一下小邻居倒是绰绰有余。于是,他们在西域都护被杀后,浑水摸鱼地吞并了邻国温宿。这一严重违反游戏规则的做法,当然受到了新任西域都护的痛斥,他们也因此对汉人恨之入骨,先是在加入都护府联军后吃里爬外,随后又帮助龟兹与班超唱对台戏,结果被班超一顿猛踹。这个似国似州的政权坚守到唐天宝年间,便迥然失去了记载,如同一阵绕膝的秋风。

第二十九章　温宿——为鸠摩罗什垫背

　　温宿国，王治温宿城，去长安八千三百五十里。户二千二百，口八千四百，胜兵千五百人。辅国侯、左右将、左右都尉、左右骑君、译长各二人。东至都护治所二千三百八十里，西至尉头三百里，北至乌孙赤谷六百一十里。土地物类所有与鄯善诸国同，东通姑墨二百七十里。

——班固《汉书》卷九十六下

一、又一个常识性错误

　　姑墨的下一站自然是温宿国。《汉书》上说，姑墨距离温宿 270 里，换算成今天的距离是 112 千米，与今温宿县到今乌什县的距离基本相符。也就是说，古温宿国在今温宿西部 120 千米的乌什县。

　　对此，我不禁哑然失笑，因为这已不是新疆官员的第一次"张冠李戴"了。在设立鄯善县时，大清新疆巡抚饶应祺闹过一次笑话。而在这里，笑柄再一次出现。乾隆二十年（1755），大清将古温宿国地区定汉名为"乌什"（回语"乌赤"，意为"山石突出"；一说是突厥语，意为"物之顶端"）。乾隆二十二年（1757），大清将古姑墨国地区定名为"阿克苏"。到了光绪九年（1883），阿克苏道员罗长祜禀报朝廷，提出修建一座新城，道署设在新城之内。而老城则"沿用古名温宿"，设巡检。19 年后，正好也是光绪二十八年（1902），温宿升格为县，而这时的新疆巡抚还是那位举人出身的饶应祺。

　　这样一来，新疆的县名就出现了第二个张冠李戴的错误：古温宿之名被可笑地戴在了古姑墨头上,而古温宿只能被另外取名乌什县。

按说,这次就不能全怪新疆巡抚饶应祺了,他最多是个"失察"的错误。这个错误首先应该归罪于阿克苏道员罗长祜。

罗长祜,又被写作"罗长祐""罗长佑""罗长裕",湖南双峰县人,著名爱国将领左宗棠的手下悍将。

光绪元年(1875),大清"海防"与"塞防"之争尘埃落定,左宗棠受命西征阿古柏叛军。负责统领西征大军营务的湘军统帅刘锦棠时年31岁,而统领湘军营务处的罗长祜只有29岁。

这支如狼似虎的年轻军队,按照先北后南的作战方针,在成功攻克乌鲁木齐、玛纳斯等北疆重镇之后跨过天山,挺进南疆。

光绪三年(1877),阿古柏在内讧中身亡。阿古柏的长子伯克·胡里率领部下仓皇西逃到与俄罗斯交界的西部边城乌什。刘锦棠在解放库车、拜城、阿克苏之后,逼近乌什。乌什、阿合奇的柯尔克孜牧民,也纷纷跨上骏马追击伯克·胡里残部。这样,在清军及当地爱国民众的双重打击下,叛军残余被迫翻越天山,逃进俄罗斯境内。十月二十六日,清军在各族百姓的欢呼声中进入乌什。当年年底,新疆全境基本回到大清手中。

战后,刘锦棠被任命为署理钦差大臣、督办新疆军务,罗长祜被任命为阿克苏道员(俗称道台,正四品)。

身为将军的罗长祜是打仗的好手,也是建设阿克苏城的功臣,但不是一位文武全才,因此,出现这种将温宿与姑墨混淆的历史错误也就在所难免了。

鉴于这是一位爱国将领,我们也就原谅他的这次失误吧,尽管这一失误非常低级。

大概,后来的大清和民国官员也原谅了他,所以温宿县和乌什县的地名至今未改。

二、小国噩梦

温宿,维吾尔语意为"水源丰富的地方"。中心位于今乌什县境内的温宿国,北依天山南脉,南临塔里木盆地,处于天山与盆地结合部的山坡上,平均海拔1200米以上,塔里木河北部支流托什干河穿境而过,从此造就了此地"半城山色半城泉"的独特景致。

独特的地势,使得古温宿国成为温带大陆半干旱气候区,冬暖夏凉,四季宜人。因此,这里在汉代初期就聚集了8400名居民,温宿国都城温宿城就建在美丽的托什干河旁,是汉代丝路北道上的一颗明珠。

神爵二年(前60),汉在西域设立了都护府,将包括温宿在内的西域四十八国纳入了汉版图。

表面上看,一个独立的国家听从西域都护的号令,似乎意味着国家主权的让渡。但在事实上,每一个西域小国都乐此不疲。拿温宿国来说,其国民人数,尽管比西部的尉头国多一倍,但不到东邻姑墨国的三分之一,只相当于丝路北道大国龟兹的十分之一,如果没有西域都护府的制衡,自己随时会面临着被姑墨或龟兹吃掉的危险。

因此,温宿国王对西域都护府的号令表现得尤为积极。正因为如此,汉宣帝在温宿人中任命了辅国侯、左右将、左右都尉、左右骑君等官员。

这种幸福而安全的日子过了70多年,温宿国王不知经历了几代,突然有一天,噩梦随着西域都护的被杀而降临。

始建国五年(13)冬,趁新朝内外交困之机,焉耆王发兵杀死了都护但钦。但钦一死,西域大乱。

一个漫天大雪的日子,小小的温宿城像雪人一样龟缩在冰封的托什干河边。姑墨王丞率领4000名士兵进入温宿,全部士兵才只有1500人的温宿王放弃抵抗,乖乖地打开了城门,将丞毕恭毕敬地迎进了温暖的王宫。手握宝剑的丞坐在已被缴械的温宿王对面,开始了一边倒的对话:

温宿王问:"您雪天来此,有何贵干?"

"无他,只是想吞并贵国。"丞一脸轻蔑地回答。

"你这样做,都护答应吗?"

"别指望但钦那个缩头乌龟,他已经被焉耆王杀死了。"

"你到底想干什么?!"温宿王一身正气。

"干什么?"话音未落,丞已经将锋利的宝剑刺入了温宿王的胸膛。一股殷红的血喷涌而出,在金黄色的宫墙上绣出了一朵诡异的玫瑰。

宫外的雪越来越大,雪花飞舞,洋洋洒洒,每一片雪花都是那么柔美,但又格外阴冷。漫天的雪花掩盖了刺杀者零乱的脚印,一切都陷入了雪压之后无缝可寻的绝对平静。

待到雪霁天晴,丞宣布吞并温宿,将自己的儿子任命为新的温宿王。

三、一棵向日葵

向日葵的特性,是希望时时沐浴太阳的光辉。

温宿王被杀后,温宿贵族偷偷跑到新朝求援。此时,但钦与温宿王先后被杀的消息早已传到新朝,王莽一连数天脸色铁青。

天凤三年(16),在内政外交捉襟见肘的情势下,王莽仍派遣五威将王骏、西域都护李崇、戊己校尉郭钦进驻西域。王骏、李崇一到乌垒,就痛斥了姑墨兼并温宿的行为,严令姑墨尽快恢复温宿国。

一贯阳奉阴违的姑墨王丞,一方面,满口答应立刻恢复温宿国;另一方面,主动派军参加了西域都护征讨焉耆的战争,做出了改邪归正的姿态。但在私下里,他既不召回担任温宿国王的儿子,又秘密派出间谍与联军内部的尉犁、危须结成同盟,然后与焉耆达成里应外合的默契,试图彻底扳掉新朝军队这块绊脚石。

由于新朝军事统帅王骏的自负与轻信,姑墨王的阴谋居然轻易得逞了。轻敌冒进的王骏中了焉耆的埋伏,姑墨、尉犁、危须军队又临阵倒戈,结果王骏被杀,新朝军事势力从此退出西域。

消息传到西部的温宿国,大街小巷一片哭声。

转眼又是30个懒洋洋的春秋。说起来,温宿国人应该感谢万人唾骂的莎车王贤。建武二十二年(46),西域新霸主——莎车王贤先是攻克了不服调遣的鄯善,继而吞并了人多势众的龟兹、大宛和于阗。一年后,贤又摆下鸿门宴,将温宿国的死敌姑墨王连同于阗、拘弥、子合王一起杀掉。然后,贤派出将军镇守这些国家。尽管温宿国的命运也好不到哪里去,但毕竟,他们看到了欺负别人的人最终被别人欺负的下场。

永平三年(60),是一个令所有被压榨和奴役的西域国家欢欣鼓舞的年份。就在这一年,于阗国人首先发起了反抗莎车的斗争,杀掉了镇守该国的莎车将军,于阗新王休莫霸连续两次击败了莎车王贤,姑墨、龟兹、温宿等北道国家在匈奴的支持下趁机复国。

十几年暗无天日的日子,使得复国后的温宿王与姑墨王捐弃前嫌,一起投到了龟兹帐下,成为龟兹的两个忠实信徒。

后来,在于阗新王广德杀掉莎车王贤,试图独霸西域的严峻形势下,温宿王毅然派出军队,参加了匈奴人组织的十五国联军,最终迫使于阗投降,从而打破了于阗一家独大的格局,在西域维系了群雄并存的微妙平衡。

这种微妙的平衡因为一个汉人的到来而趋于稳固。永平十六年(73),班超率领36名东汉骑兵潜入西域,很快控制了丝路南道。听到这个消息,温宿王亦喜亦忧,喜的是他们渴望重续在西汉西域都护府掌控下的温馨时光,忧的是这支小小的汉人骑兵分队无法对以龟兹为主的丝路北道国家构成实质性威胁。更大的担心是,自己时刻处于龟兹人的监督之下,稍有不慎就可能脑袋搬家。于是,温宿王既不敢明抗龟兹,又开始为自己考虑后路。

永平十八年(75),刘庄驾崩,焉耆趁东汉举行国葬之机,攻杀了西域都护陈睦。龟兹王要求姑墨、温宿王与自己一起围攻孤立无援的班超,但温宿王以身体不适为借口未领兵前往。龟兹、姑墨军队围攻班超达一年之久,但后来不了了之。

战后,龟兹王对温宿王一顿臭骂,并且公开扬言:"以后再遇战事,如不及时出兵,定当踏平温宿!"

章和元年(87),班超征发于阗等国2.5万名军人,第二次攻打莎车。接到同盟国莎车的求救信,龟兹王立刻派左将军率领姑墨、温宿、尉头等5万军人解救莎车。迫于龟兹王的威势,温宿王无奈地亲自率军参加了战斗。

面对龟兹联军与于阗里应外合的严峻形势,班超故意散布消息,将于夜半分两路撤离战场。龟兹王尤利多得知后,亲率1万骑兵提前到西部拦截班超,命令温宿王率8000骑兵到东部拦击于阗军队。得知两支敌军已经分别出动,班超秘密召集各部兵马,于鸡叫时分奔袭莎车军营,莎车王无奈地投降班超。

听到战报的温宿王大惊失色。你想,区区2000名汉军加上西域联军就能吃掉一个庞大的国家,难道自己还要在这里等待被班超各个击破吗?

于是,他没命地逃回国内。

温宿王就像一棵向日葵,可怜兮兮地企盼着如日中天的班超。

永元三年(91),难兄难弟温宿、姑墨王心悦诚服地投降了班超,他们昔日的主子龟兹王尤利多也无奈地投降。结果,龟兹王尤利多被撤职后押往东汉,温宿王则侥幸保住了王冠。

接下来的日子,温宿国的温馨恰如西汉。

温宿军民在燕子山腰,刻下了"追班随汉""继超追宪"八个大字。

四、为罗什垫背

可惜的是,东汉并未能万寿无疆。中原朝廷的势力退出西域后,温宿被迫与姑墨一起再次附属于龟兹。

公元1世纪之后,佛教经大月氏之手传入西域,历经磨难的温宿国积极拥抱了这个能度人去天国的神奇宗教。国王带头信仰佛教,广建佛寺,许多僧众赶到这里修行。尽管此地的宗教氛围因为居民数量的关系,赶不上号称佛国的于阗和号称佛都的龟兹,但还是云集了一批能言善辩的高僧。

永和十二年(356)左右,温宿国一个高僧以善辩名震四方。据说,他曾手击王鼓发出誓言:"谁能在论辩中战胜我,我将砍下脑袋来感谢他!"

此时的鸠摩罗什,先后在罽宾国、沙勒国(疏勒)研修了小乘说一切有部和大乘佛经,佛学境界已经达到了一般僧人难以企及的高度。

一天,他和母亲挥别沙勒,顺着丝路北道经温宿回国。一进温宿,他就听到了那位善辩的高僧以脑袋为赌注,与天下僧侣论经的消息。顺理成章,14岁的小沙弥——鸠摩罗什坐在了趾高气扬的高僧对面,周边聚集了一大批围观的僧徒和民众,就连温宿王子和公主也赶来观看。

辩论开始前,小沙弥微笑着说:"出家人何必以脑袋为赌注?"

未等高僧回应,小沙弥已经提出了两个问题。听到这两个高深莫测的佛学题目,一直研习小乘的高僧随即迷闷自失,久久无法回答。

一束灿烂的阳光投射在罗什稍显稚嫩的脸上,只见他以平静而坚定的语气,循循善诱地解答自己的两个问题,每说出一个答案,围观者便发出一阵惊叹。听罢小沙弥的解释,高僧惊奇地问:"小师父法号?"

"还没有法号,我叫鸠摩罗什。"

围观者听到这里,纷纷窃窃私语:"怪不得,原来是名震罽宾、沙勒的佛教神童啊。"

对面的高僧倒头便拜,宣布皈依罗什。于是,罗什声誉大起,闻名四方,以至于龟兹国王亲自来到温宿迎接罗什回国。

似乎,温宿国出现在佛教史上,就是专门为鸠摩罗什垫背的。

五、改名乌什

北魏以后,龟兹国将同样信仰佛教的温宿国兼并。

贞观二十二年(648),唐攻克龟兹,在温宿国旧地设置了温肃州,州治地名叫"大石城",也叫"于祝",隶属于安西大都护府。

唐僧玄奘前往印度取经时,尽管遗憾地与温宿城擦肩而过,但却是通过温宿境内的别迭里山口西行的。别迭里山口就是史书记载的拔达岭、凌山,是丝路中道的一条支线,也是通往伊塞克湖南岸的便捷之路。

17世纪至18世纪,准噶尔汗国为了巩固在南疆的统治,将居住在吐鲁番的部分维吾尔人迁到了古温宿国地区。居民成分变了,地名也随之变化。在清朝文献中,准噶尔汗国被平定以前的乌什被记作"图尔满","图尔满"正是吐鲁番的另一种译写。

传说很久以前,三个吐鲁番商人来到乌什,他们原计划从此继续南行,但在抵达此地后发现,这里山峦起伏,跌宕有致;小河环绕,泉水喷涌;林荫蔽日,绿草茵茵;夏无酷暑之感,冬无凛冽之寒,是名副其实的"塞外江南",特别是游览了燕子山、九眼泉、柳树泉及托什干河沿岸的原始沙棘林之后,他们被深深地陶醉了,于是决心定居于此,独享上天之恩赐,独占地理之福泽,并以此为基地做起了生意。依靠得天独厚的自然环境和毗邻中亚的地理优势,他们生意越做越大,家族越来越兴旺,如今维吾尔族已占此地总人口的90%。

三个商人百年之后,他们的后人便把这片三面环山的地方称为"乌什吐鲁番"(意为"三个吐鲁番"),意思是"富庶无边"。

今"乌什"的维吾尔语发音就是"乌什吐鲁番"。

看来,这个名字所包含的诗意并不亚于温宿。

温宿国小传:温宿,一个半城山色半城泉的优美去处,位于今乌什县海拔1200米的山坡上,是丝路北道上的一颗明珠。这是一伙"被侮辱与被损害的人",西域都护刚刚被杀,"狼外婆"——姑墨王就对"小红帽"——温宿王下了毒手。多少年后,温宿才在匈奴支持下复国,并在班超到来后弃暗投明,成为东汉的忠实拥戴者。为了表达对班超的敬意,他们甚至别出心裁地在燕子山腰刻下了"追班随汉""继超追宪"八个大字。北魏之后,丝路北道霸主龟兹将其吞并。

第三十章　尉(Yù)头——一道狭长的河谷

> 尉头国,王治尉头谷,去长安八千六百五十里。户三百,口二千三百,胜兵八百人。左右都尉各一人,左右骑君各一人。东至都护治所千四百一十一里,南与疏勒接,山道不通,西至捐毒千三百一十四里,径道马行二日。田畜随水草,衣服类乌孙。
>
> ——班固《汉书》卷九十六上

一、找到尉头

这是一个天光灿灿的上午,天山雪帽反射出耀眼的光芒,殷红的秋叶随风起舞。恋恋不舍地离开"塞外明珠"乌什,我们前往另一个丝路驿站古尉头国。凭着直觉,我决定溯托什干河而上,前往阿合奇。

其实,尉头国到底在哪儿,我并不是十分肯定。

现代史料上说,这个古国的疆域涉及了今柯坪县、阿合奇县、巴楚县、图木舒克市。这几个县的政府网站显示,图木舒克市是汉代尉头国所在地,境内的唐王城即是尉头国遗迹;柯坪县是古"丝绸之路"的重要驿站,境内的奇兰古城属于古尉头国;巴楚县汉代为尉头国地;阿合奇县在东汉至北魏时期称尉头国,其疆域大致就是今阿合奇县辖境范围。这些杂乱的资料埋葬了火把和路标,我们几乎失去了前进的方向,周围野径交错,迷雾湿衣。

《汉书》上说,尉头国在温宿国西部300里,换算成今天的距离是125千米。还说,尉头国"田畜随水草",意思是这是一个依傍大河的所在。

而乌什县向西只有阿合奇县,而且阿合奇县城就在托什干河南岸。看来,我出发前的直觉是对的。

但是,我在查阅了中国公路里程表后发现,乌什县城西去阿合奇县城只有78千米,与《汉书》中描述的距离相差近50千米。难道我错了?

在路边的一块草坪上,我和地质同行们继续手忙脚乱地查阅资料。突然,一个同事发现,阿合奇县城西去哈拉奇乡47千米,与乌什与阿合奇的距离相加正好是125千米。而且我也查到,阿合奇也处于托什干河谷,与史书上的尉头谷有些契合。另一个同事也在喊:"阿合奇县网站上说,汉代尉头谷就在哈拉奇!"

于是我们认定,古尉头国的中心就在阿合奇县哈拉奇乡。

二、游牧行国

汽车在望不到尽头的狭长山谷间徐徐穿行,一条柏油路起伏蜿蜒着伸向西方,像牧马人甩出的长鞭。山谷间流淌着一条白浪飞卷的河流,偶尔可以见到一两处绿草茵茵的牧场,几匹马儿一边甩着尾巴,一边悠闲地低头吃草。喧闹中夹着悠闲,如一幅美丽的风景画。

发源于吉尔吉斯斯坦的托什干河,北沿就是连绵而峻拔的天山,南边则是喀拉铁克山,这里的地形是两山夹一谷,这个长长的谷地叫卡克夏勒,柯尔克孜语的意思是"干旱少雨的山区"。这个县海拔在1700米以上,全部处于山谷地带,所以被形象地称为九山半水半分田。这里的柯尔克孜族占总人口的90%,是著名史诗《玛纳斯》的故乡。柯尔克孜族在境外称吉尔吉斯族。

汉文帝六年(前174)以后,被匈奴击败的大月氏举部西迁,然后占领了塞人游牧的伊犁河地区,迫使几十万塞人分散迁徙。其中一小股塞人马队,从伊塞克湖西南部穿过天山别迭里山口,然后溯托什干河而上,在托什干河中上游河谷中停下了脚步,在河边草地上建成了一连串美丽的牧场。

天长日久,这个2000余人的游牧部落,偶尔向南游荡到今柯坪县、图木舒克市和巴楚县境内,已经无限接近了以今喀什为中心的另一支塞人。

后来,听说其他塞人兄弟部落纷纷建立了国家,首领也自称为国王,也许是自尊心使然,他们也宣布建立了一个名叫尉头(又名"郁头")的国家,部落首领自称为国王,并将国都定在今哈拉奇乡的尉头谷。

好笑的是,尉头谷并不是一座城市,而是整个山谷的名字,因为这个来回游牧的部落,似乎并不需要什么固定的城市,首领只需在山谷里搭建一座大帐就足够了。这也是后人苦苦寻找这个名叫尉头谷的王城,却屡屡空手而归的原因吧。

我们赶到哈拉奇乡后也遗憾地发现,这里除了托什干河谷里散落着的几个牧场,河谷旁几座看不出年代的墓地,乡政府门前高耸的电讯铁塔,无锡市援建的一所希望小学,几栋新落成的兴牧楼房,就再也难以找到什么入眼的人文景观。

史载,张骞出使西域之后,官方丝绸之路正式开通。当时的丝路北道,从龟兹西行,经姑墨、温宿,然后就抵达了尉头。从这里转身向南,便是南北丝路交汇的疏勒。因此,这个没有王城的地方,也曾经是丝绸之路的一座重镇。

神爵二年(前60),汉在西域设立了都护府,尉头国正式划入都护府管辖,汉宣帝刘询还在尉头国贵族中任命了左右都尉和左右骑君。

这个游牧行国很听话,整个西汉时期都没有闹事的记录。据说,为了与汉保持高度一致,他们不断派出王族到与汉联姻的乌孙国学习,就连服装都照搬了乌孙人的样式。《汉书》上说他们"衣服类乌孙"。

它之所以不闹事,是因为军人太少,没有闹事的本钱。因为无能为力,所以顺其自然;因为心无所恃,所以随遇而安。都护掌控西域时,他言听计从。都护撤出西域后,他乖乖地听从莎车使唤。莎车被匈奴制服后,他转而听命于匈奴。更多的时候,他跟在塞人老大哥疏勒屁股后面。

可是,当邻居闹事的时候,他能不跟着起哄吗?

三、得罪班超

东汉时期,尉头还真的跟着别人起哄了一次,被起哄的人还是班超。

班超,一位外表粗鲁、内心缜密的文武全才,于永平十六年(73)投笔从戎,然后以军司马的身份率领37名部下闯荡西域。在丝路南道,班超把自己的胆略与嗜血发挥到了极致,人还没到疏勒,他那"超级刺客"的故事就已经传得神乎其神。永平十七年(74),班超一行从小路潜入疏勒,然后派人进入疏勒王驻扎的城池,绑架了龟兹所立的疏勒王兜题,立老王的侄子忠为疏勒王,并大度地将兜题释放并遣送回了龟兹。如此巨大的"宫廷政变",在班超手中简单得如同儿戏一般。

班超将自己的大本营设在槃橐(tuó)城,北部的尉头国王特意赶来会见班超。见到班超,尉头王稍稍有些失望,他实在无法将心目中高大俊朗的汉将与眼前这张满腮胡须、僵硬乏味的面孔联系起来。尽管如此,他还是表现得毕恭毕敬,发誓甘做汉臣。

永平十八年(75),刘庄去世。焉耆国借汉朝国丧之机,攻陷了都护陈睦的驻地。西部的班超立时变得孤立无援,受到龟兹、姑墨的围困长达一年之久。

刚刚登基的汉章帝考虑到班超的艰难处境,下诏准许班超回国。对于班超的离去,西域诸国表现出两种截然相反的态度。疏勒与于阗君民拼命劝阻,悲号痛哭;而班超的敌对势力却暗中窃喜,班超前脚离开疏勒,疏勒就有两座城池投降了龟兹国,与对班超素无好感的尉头王联兵叛汉。

对此,我百思不解:一个一向低调、与世无争的小国国王,怎么敢不顾后果地背弃盟约,跟着几个毫不靠谱的城主起哄以前的主子呢?他是吃了豹子胆,还是被灌了迷魂汤?

心理学上有一个案例:一个人鼻子流血,仰面走路,后边的人以为天上有什么稀罕景,也跟着仰面而行。不一会儿,后面的仿效者跟了一大串儿,越是什么也没看见,越是挺着脖颈看。直到最前边的人鼻血止住了,觉得身后似乎有人,回头一看,吓了一跳,忙问跟着我干什么?后面的人面面相觑,无言以对。

四、"饶你不死"

也许对于阗君民的苦苦挽留所触动,也许对几个小人的反复无常所激怒,义薄云天的班超居然调转马头,以赴汤蹈火的决心和壮士断腕的气概,带着36名忠勇之士重返疏勒。

我们无法穿越历史的隧道,看不到班超那喷火的眼神。我们只知道他制定了由近及远、先易后难的报复计划。先是将仍在弹冠相庆的疏勒叛将全部捕杀,砍下首级挂在城头示众;然后向猝不及防的尉头国发起了惩罚性的进攻,600余名身强力壮的尉头骑士为国王的短视赔上了性命。

600人,在冷兵器时代并非一个大数字,但对于只有800兵力的尉头王来说,那几乎就是军队的全部啊。好在,他的亲兵们冒死抵挡,才保护着他拼命逃进一条深山,和狐狸一样躲进一个臭烘烘的山洞。

有时需狠狠地摔一跤,才知道自己站在哪儿。惊魂稍定之后,对自己的愚蠢行径痛悔不已的尉头王派出亲信向班超请罪,请罪的人额头都磕出血来了,班超才勉强应承说:"将尉头王的榆木脑袋暂且寄放在肩膀上吧,饶你不死!"

收拾完尉头,班超转而对付围攻过自己的姑墨。几年后,曾经带头攻击班超的龟兹也宣布投降。

至此,尉头王已经对这位外表粗鲁的汉将佩服得五体投地。后来,学会了汉语的尉头王偶然读到了"孔子见老子"一节,然后,他把臣下召集在帐中,学着孔子评价老子的口气,煞有介事地说:"我知道鸟能飞,但常被人射下来。我知道鱼能游,但常被人钓出来。我知道狼善跑,但常会落入罗网。只有龙我们没见过,它能云里来,雨里去,变幻莫测,无人能够看清它的真面目。我每次见到班超,他都会给我一种不认识的感觉。我想,他大概就像龙一样吧!"

此后的尉头国史,可以用两个字概括:"顺从"。在中原军事力量退出西域后,他既不强军,也不富民,而是把主要精力用于巴结丝路北道霸主龟兹,甘心做龟兹的烧火棍、跟屁虫。对此,一些大臣颇有微词,但这位国王振振有词地说:"水,天下至柔者也,但击之无创,刺之无伤,斩之不断,焚之不燃,所以能顺势而流,随势而变,或湍涌大山之间,或奔腾大荒之野。"闻之,臣工们再也无言。

无言并不代表服气,因为臣下们心里清楚,态度决定心情,但无法决定前途。魏晋南北朝时期,龟兹国开始蚕食周边的附属国,失去国王头衔的不仅有尉头,还有温宿。这条"至柔至顺之水"终于流到了尽头。

尉头转世的名字,就是阿合奇,柯尔克孜语意为"白芨芨草"。

五、英雄史诗

> 一些话说出来就是火，
> 一些火点燃了就是飞翔，
> 一些树长高了就是山，
> 一些山一碰就生出闪电，
> 一些闪电在瞬间就完成了一生。

这是柯尔克孜史诗《玛纳斯》的一个片段。

《玛纳斯》与藏族史诗《格萨尔王传》、蒙古族史诗《江格尔》并称为"三大英雄史诗"，而阿合奇县是英雄史诗《玛纳斯》的故乡。

这部23万多行、2000余万字的格律诗共分八部，叙述了八代人的创业历程，史诗以第一部的主人公玛纳斯（蒙古语意为"巡逻者"）而得名。如今广泛流传在今中国新疆、吉尔吉斯斯坦、哈萨克斯坦、乌兹别克斯坦、阿富汗的柯尔克孜（吉尔吉斯）人居住区。其中尤以阿合奇县流传最广。

《玛纳斯》第一部长达7.3万多行，内容最为古朴，气势最为磅礴，故事最为曲折，结构最为完整，艺术上也最为纯熟，篇幅占到了整部史诗的四分之一。这部史诗由"神奇的诞生""少年时代的显赫战功""英雄的婚姻""部落联盟的首领""伟大的远征""壮烈的牺牲"几节构成。

史诗是从英雄的诞生开始的。说的是柯尔克孜加克普汗富甲一方，但老来无子。通过祈子仪式，年迈的妻子竟然神奇地怀孕了。玛纳斯诞生时，一手握着血块，一手握着油脂。手握血块预示玛纳斯将会让敌人血流成河，手握油脂则预示玛纳斯要让柯尔克孜人民过上富裕生活。在此之前，统治柯尔克孜民众的卡勒玛克汗王就从占卜者口中获悉了柯尔克孜族将要降生一个力大无比的英雄的消息。于是，卡勒玛克汗王派人四处搜寻，并把所有怀孕的柯尔克孜妇女一一剖腹查看，试图将英雄绞杀于母腹之中。

为了躲避卡勒玛克人的追杀，玛纳斯出生后便被送到森林里扶养。幼年的玛纳斯，主动把财产分赠给贫苦百姓，还与普通民众一起进山放牧。11岁时，已经力大无穷的玛纳斯，率领40名小勇士与柯尔克孜各部民众，与入侵的卡勒玛克人进行了浴血搏斗，最后把入侵者赶出了柯尔克孜领地。由于玛纳斯出色地主持了哈萨克汗王阔阔台依盛大的祭典,他的威名得以传遍四面八方,他被拥戴为汗王,成为当时被卡勒玛克奴役的各族民众公认的领袖。

为追剿东逃的卡勒玛克人,玛纳斯率领大军远征。经过与独眼巨人搏斗,与卡勒玛克大将交锋等数次浴血的搏斗,玛纳斯终于大获全胜,登上了卡勒玛克首领昆吾尔的宝座。但他把爱妻卡妮凯依的"远征胜利应立即班师,否则必有大祸"的劝诫置于脑后,乐而忘返,结果被败将昆吾尔的毒斧砍中头部,不幸身亡。柯尔克孜族重新陷入了无尽的灾难之中。

在这部千年不断的弹唱里,玛纳斯被塑造成了一位剽悍、善战、粗犷的勇士:"他的眼睛如深邃的湖泊,他的鼻梁如高耸的大山,他的胡须如茂密的苇丛,他呼出的气如一股旋风,他眼中射出的光像风箱煽旺的火团。从前面看去,他像一只猛虎;从后面看去,他像一条巨龙;从上面看去,他像一只苍鹰。"

战争场面则扣人心弦:"这场厮杀吓得高山发抖,滔滔的河水也停止了奔流。战场上弥漫了遮人的尘沙,日光暗淡无华。"

说唱起爱情却又峰回路转:"高山上的鲜花,也比不上她的漂亮,卡妮凯依像草原上的彩霞,她的芳名刻在玛纳斯的心上。"

史诗后七部,讲述的是玛纳斯的儿子、儿子的儿子、儿子的儿子的儿子等数代人继承先辈遗志,内惩叛逆,外御强敌,斩除妖魔,追求幸福的悲壮人生与曲折传奇。史诗的每一部既独立成篇,又前后照应,共同组成了情节离奇、场面壮阔、爱恨交织、悲喜交替的宏大史诗,自始至终贯穿着反对奴役、争取自由、追求爱情的主题,通篇流淌着一个被压榨、被奴役的弱小民族不畏强权、团结奋斗的精神品格和坚强意志,是怒放在中华民族文明园林中的一朵瑰丽的奇葩。为此,我们应该向柯尔克孜——这个伟大的民族致敬。

更应该接受致敬的,是一位小学教师出身的柯尔克孜老人。他叫居素甫·玛玛依,民国七年(1918)出生于阿合奇县哈拉布拉克乡米尔凯奇村,是目前世界上活着的唯一一位能演唱23万行《玛纳斯》史诗的大玛纳斯奇[①],歌词的体量是古希腊史诗《伊利亚特》的14倍,被国内外史诗

[①] 柯尔克孜语,意为"民间歌手"。

专家誉为"活着的荷马"。

"荒滩变成了湖泊,湖泊变成了桑田,山丘变成了沟壑,冰川变成了河湾,一切的一切都在变化,唯有祖先留下的故事代代相传"。没有文字,没有曲谱,这就是居素甫·玛玛依老人留给我们的唱词,也是这部英雄史诗得以世代口传的精髓。

既然为中华民族奉献智慧与力量是每一个国民弥足珍贵的品质,那么,我们有充足的理由祝愿居素甫·玛玛依老人永驻在国人心间。①

尉头国小传:尉头,又叫郁头,中心位于今阿合奇县西部的尉头谷,那里生活着2000多名与乌孙衣着相似的牧民。他们多数时间自甘寂寞,唯一的一次不寂寞,居然是在班超率兵东归时举兵反叛。结果,600多尉头骑士被砍了脑袋,那可是尉头国的八成兵力啊!此后,尉头王落下了另一个后遗症,那就是只知"顺从",不管对方是谁,不论是非曲直。

---

① 我写完本章半年之后,也就是2014年6月1日,阿合奇传来噩耗,居素甫·玛玛依老人安静地离开了人间。令人欣慰的是,他的孙女阿克拉依已成为小有名气的女玛纳斯奇。

第三十一章 疏勒——十字路口的绿洲

疏勒国，王治疏勒城，去长安九千三百五十里。户千五百一十，口万八千六百四十七，胜兵二千人。疏勒侯、击胡侯、辅国侯、都尉、左右将、左右骑君、左右译长各一人。东至都护治所二千二百一十里，南至莎车五百六十里。有市列，西当大月氏、大宛、康居道也。

——班固《汉书》卷九十六上

一、张骞西来

元光六年（前129），漠北草原。一个深沉而无辜的黑夜，几颗微弱的星辰，在龙城①上空无力地闪烁着，连风也不再孟浪，只敢蹑手蹑脚地吹拂。

一位35岁左右的汉人，深情地望了一眼酣睡的妻儿，然后匆匆钻出帐篷，与几个约好的同伴像萤火虫一般飘逝在沉沉的夜幕中。

他叫张骞，字子文，汉中郡城固（今陕西城固县博望镇）人，汉朝使者，九年前受汉武帝刘彻的委派出访大月氏，不幸被匈奴扣留。最近，匈奴人的戒备有所放松，他和使团成员才得以逃脱。

这伙成功脱逃者，从龙城向西南，跨过浚稽山、涿邪山，经伊吾、车师、危须、焉耆、乌垒、龟兹、姑墨、温宿，西行数十天，来到西域南北道交汇处的绿洲国家疏勒。

---

① 又名"茏城"，为匈奴祭天之处，在蒙古鄂尔浑河西侧的和硕柴达木湖附近。

疏勒建国的历史并不长。大约在汉文帝六年(前174)左右,受到西迁的大月氏攻击,驻牧在伊犁河流域的塞王被迫率部南下,穿过铁列克山口来到疏勒。后来,考虑到疏勒绿洲承载能力有限,塞王便带领大部分人继续南行,只留下部分塞人定居于此。尽管这是一片不大的绿洲,但毕竟处在东西交通的十字路口,是连接世界四大文明的枢纽。这就意味着,它既是世界文明交汇的福地,各色商旅休憩的乐园,也将是一片战云密布的疆场,西域大国争夺的目标。也就是说,独特的地理位置,使它大受其益,也使它饱受其害。

对于疏勒这个陌生的国家,张骞的第一观感是"有市列",也就是有商贸街市。① 对此,张骞吃惊不小。要知道,这可是他一路上看到的唯一有市列的国度。根据经验推测,这应该是一个人口不少、交通便利、商贸发达的国家。

疏勒王热情接待了张骞一行,宾主进行了深度的交流。

张骞问疏勒王:"贵国为什么取名疏勒?"

疏勒王皱了皱眉,滔滔不绝地说:"疏勒是简称,正确叫法是佉(qū)路数怛(dá)勒。按照我的理解,疏勒是我们所讲的粟特语,意思是有水的地方。可我的智囊们不太认同,他们说疏勒又叫佉沙,是古波斯语英雄的音译,全称是伽师祇离或者迦师佉黎。我倒希望这是一个英雄的国家,但我们的军人只有2000,国民不足2万,怎能配得上英雄之名呢?"然后,疏勒王闭上眼摇了摇头,并深深叹了一口气。

从对方的叹息里,张骞感到这是一个对汉帮不上忙的国家。

接下来的交流内容更为宽泛,涉及人文、地理、交通、商贸、对匈奴的态度、周边国家的状况等。在疏勒王看来,张骞所在的汉朝令他十分羡慕。而对于张骞来说,疏勒王所说的一切,都形同天书。

但毕竟,疏勒不是张骞的目的地,他还必须继续西行。

在惜别疏勒王之后,他们西行到达了大宛国,继而转道康居,然后到达了终点站大月氏。张骞从长安出发时,大月氏王尚且健在,他们仍在阿姆河以北的索格底亚那游牧。而在张骞滞留匈奴的十几年中,大月氏已经征服了阿姆河以南的大夏。时间和距离是造物主最妙的魔具,它能让

---

① 见疏勒县委宣传部《丝路疏勒》,山东人民出版社2011年版。

人慢慢地忘记痛苦。当张骞到达大月氏时,大月氏王已死,王后当政,安居中亚的大月氏人不想再与匈奴为敌。难道那里真有一种忘忧草,抚平了他们昔日的伤疤吗?张骞不信。

张骞在大夏整整住了一年,使出了浑身解数并磨破了嘴皮,也未能说服大月氏与汉夹击匈奴。万般无奈之下,只得带着深深的遗憾回国。为避开匈奴,张骞选择了南路,打算经青海羌人部落返回长安。戏剧中的曲折情节再次出现,倒霉透顶的张骞再次落入匈奴之手。一年多后,匈奴单于去世,张骞才与胡人妻子和堂邑父乘乱逃回长安。

地理学的发现往往如此,是战争而不是和平引导着人们去了解中亚的地理。张骞此行虽未达到预期目的,却意外地了解了西域及南亚人文地理,为中国发现了一片比汉还要广大的崭新世界,他的贡献也许只有哥伦布发现新大陆可以比肩,从而被司马迁表述为"凿空"了西域。

此后,汉的丝绸、纸张、瓷器等传入中亚,西域的各种物产源源不断地传入汉地,包括疏勒的无花果、巴旦木(偏核桃)、胡桃(核桃)、火浣布、葡萄。

细细想来,刘彻并非和平使者,他派张骞出使西域的目的,在于断匈奴右臂,割断蒙古草原与青藏高原的联系。因为这两块大陆上的羌胡一旦连为一体,天朝扩张的梦想就会破灭。张骞出使西域与发动对匈战争一样,都是汉武帝经略西域的组成部分。经略的收获:一是开通了著名的丝路,掀开了汉与西方的外交史章;二是设置了武威、张掖、酒泉、敦煌四郡,将四把楔子钉入了祁连山草原。

二、班超亮相

张骞带回的消息,令文臣武将们有些失望。但他介绍的西域风情、丰富物产和广阔疆域,却让刘彻大开眼界。这位已到而立之年的帝王决心用雄心与刀剑,犁开这块神秘而遥远的处女地。

如同愚公移山一样,经过刘彻及其儿子刘弗陵、曾孙刘询70多年前赴后继的征战,汉终于在神爵二年(前60)赶走了西域的主人——匈奴僮仆都尉,在乌垒城设立了西域都护府。

但处于西域极西的疏勒,一直没有引起人们的注意。

东汉永平十六年(73),以匈奴为后盾的丝路北道霸主龟兹王建,悍然出兵疏勒,杀死了疏勒国王成,将龟兹贵族兜题任命为新疏勒王,牢牢控制了这个十字路口上的国家。

与此同时,汉明帝刘庄也没闲着,出身于书香门第的班超被委派和从事郭恂一起,率领36名骑兵出使西域。在鄯善小试牛刀之后,班超又用武力迫使于阗王广德归附了汉朝。永平十七年(74),班超一行已经神不知鬼不觉地来到距疏勒王兜题驻扎的槃橐城90里的地方。

90里,换算成今天的距离不足38千米,一匹快马只需一个小时,是一个进可迅速到达,退可从容逃离的距离。班超扎下军帐,派遣手下田虑前往槃橐城劝降。田虑临行前,班超交代说:"兜题本就不是疏勒人,疏勒人必然不会听从他的命令。如果他不肯投降,可以立刻绑了他。"

田虑进城后,兜题见这位汉将既年轻又文弱,并没有把他和他的话放在心上,丝毫没有投降的意思。乘兜题不备,田虑突然将刀架到了兜题的脖子上,然后将他五花大绑起来。兜题的亲信猝不及防,纷纷惊慌逃走。在成功控制现场之后,田虑派人将消息飞报给了城外的班超。

那应该是一个日光炽烈的午后,满脸胡须的班超骑在马上,大摇大摆地进入槃橐城。然后,他把疏勒文武大臣全部召集起来,控诉了龟兹国的无道行径,提议立原疏勒王成的侄子忠为疏勒王,疏勒国人无不欢欣鼓舞。

刚刚走马上任的忠和疏勒官员,纷纷要求班超杀掉兜题。按说,他们的要求并不过分,而且这也含有为被无辜杀害的疏勒老王报仇的因素。但班超却将兜题释放回了龟兹,因为他不短视,他需要在刚刚到来的西域树立宽宏大量的声誉。就这样,班超在极西的疏勒,在这个汉威从未达到的地方扎下了根。随之,西域都护府重新设立,丝绸之路再度开通。

故事讲到这里,可能给读者留下了这么一个印象,就是班超天生有着救世主的气质,通体闪耀着神圣不可侵犯的光辉,从莅临西域的那一刻便有着唯我独尊的气魄,就像一道彻地连天的闪电,划破了西域那混乱而单调的漫漫长夜;也像一场百年不遇的暴风雨,摧枯拉朽般荡涤着旧世界的一切污泥浊水。他的成功是近乎压倒性的,天命所归,不可抗拒。他带来的震撼力和冲击力是如此巨大,西域的国王和将军会大气不出,恭顺有加,唯班超马首是瞻。

三、生死关头

班超的西域开拓史,更像是一部莽林探路史,每一步都布满了陷阱、荆棘,笼罩着重重迷雾,伴随着剧烈阵痛,波折不断,血泪斑斑。

永平十八年(75),刘庄驾崩,18岁的汉章帝刘炟登基。乘汉朝大丧之际,焉耆国王领兵围攻西域都护府,杀死了都护陈睦。龟兹、姑墨等国也趁风扬沙,发兵进攻疏勒。

班超领兵驻扎的盘橐城,在星球地图出版社编制的《新疆维吾尔自治区地图集》上显示,位于今喀什市东南郊的吐曼河岸边,别名艾斯克萨城。① 疏勒王忠所在的疏勒城(今喀什)与班超所在的盘橐城一前一后,互为掎角,首尾呼应,虽然势单力薄,还是坚持了一年有余。

建初元年(76),刘炟得知陈睦已死,担心班超独臂难支,便下诏允许班超回国。考虑到时局艰难,加上将士们思乡心切,特别是又收到了皇帝的诏书,尽管心有不甘,班超还是偷偷叮嘱手下收拾行装,准备归国。不告而别,不符合班超的性格。清晨,他派出快马向疏勒君臣通报了自己即将东归的消息。

这几年,班超在西域南道各国广施恩德、伸张正义,让久经乱世的民众沐浴到了和平的阳光。消息传出,疏勒上至王宫贵胄、下至贩夫走卒,无不群情汹涌,惊恐莫名。负责带兵的疏勒都尉黎弇(yǎn)凄婉地说:"汉使弃我们而去,疏勒必将再度被龟兹所灭,我实在不忍心看到汉使离开啊。"说罢,拔刀自刎。

班超一行东归路过于阗,于阗君民放声哭喊着说:"我们依赖汉使就像依赖父母,你们千万不能走啊!"许多人抱住马腿,苦苦挽留。

这是一个多么令人心酸也令人感动的场面啊!坐在马上的班超,仰望着寂寥而深邃的天空,任热泪在腮边横流。44岁的他,是第一次流泪

---

① 林梅村认为,盘橐城位于今图木舒克市的托库孜萨来古城,即今生产建设兵团农三师所在地。谢彬则认为,盘橐城位于疏附县治回城。

吧,为什么? 为了疏勒、于阗百姓的无限信赖,为了像自杀的黎弇那样的生死情谊!

"走还是留?"班超把征询的目光投向了身旁的郭恂和身后的36位壮士。他分明看见,每一个战友眼里都滚动着泪花,脸上没有显现出哪怕一丝畏惧。他们深知,生活就是一棵长满可能的树,真的勇士一辈子只需要做一件事,就是使不可能变成可能。于是,班超拨转马头,重返疏勒。

身后,是于阗君民山呼海啸般的颂歌:"南山苍苍,南水泱泱,将军之德,山高水长。"他们走出于阗城很远了,那高亢而喜悦的呼喊还轰鸣在城头,久久不去。

潮退了,才能发现谁在裸泳。班超东返的短短几天里,疏勒已有两座城池归降了龟兹,北邻的尉头国也与这两座叛城联合作乱。班超一回疏勒,就带兵捕杀了反叛首领,然后领兵攻入尉头那片山谷,杀死尉头军人600余人,迫使对方乖乖归降。

建初三年(78),班超率疏勒、康居、于阗、拘弥1万联军,攻入龟兹的"马前卒"姑墨,踏平了姑墨石城,斩首700余级。

两年后,班超上书刘炟,分析了丝路北道形势及自身优势,要求适当增兵,平定西域。消息传出,班超的老乡徐干自愿前往西域辅佐班超。对于徐干西来,《后汉书》原文是:"平陵人徐干素与超同志,上疏愿奋身佐超。"每每读到这里,我相信,一种共鸣定会在2000年来中国义士们的心中如江河一般隆隆作响。

刘炟任命徐干为假司马,带领1000名解除徒刑和自愿随行的人增援班超。

本来,莎车认定汉朝不会派兵增援班超,仅凭班超的37名部下根本成不了气候,于是依附了龟兹。新任疏勒都尉番辰也突然反叛。危急关头,徐干恰好赶到疏勒。两位老乡合兵一处,突袭毫不知情的番辰,杀掉番辰及手下千余人,再次平息了疏勒境内的反叛势力。

接下来的目标,就是龟兹。要解决兵多将广的龟兹,仅仅靠班超及徐干的千余兵力显然远远不够。于是,班超上书汉章帝说:"乌孙乃西域大国,控弦之士超过10万,过去刘彻时曾派公主远嫁乌孙,到刘询时最终得到了乌孙的援助。当下如今可以派遣使者前去招抚慰问,以使乌孙国能与我们同心协力。"

刘炟愉快地采纳了班超的建议，于建初八年(83)拜班超为将兵长史、假鼓吹幢麾，徐干为军司马，另派卫侯李邑护送乌孙使者回国，向乌孙大小昆弥赏赐锦帛，顺便联系"合作"事宜。

正是这个使团的出现，使班超遇到了大麻烦。

四、将军的绯闻

这支汉乌联合使团行进到于阗，正赶上龟兹进攻疏勒，胆小如鼠的李邑再也不敢前行。

南斯拉夫有句谚语，如果你帮不上忙，那请你别捣乱。按说，这是为人处事的底线。但李邑为了掩饰自己的怯懦，居然上书朝廷称西域之功难成，并一再强调班超"拥爱妻，抱爱子，安乐外国，无内顾心"。

已在疏勒住了六年的班超，到底有没有娶疏勒美女，这是一个令人纠结的问题。从内心的情感来说，我真希望当年的他没有在疏勒娶妻。倘若如此，一个既不好色，也不贪财，一身正气，两袖清风的班超，是多么完美啊。

但是，一个无法掩饰的答案，最终将完美遐思击得粉碎：班超确实娶了一位疏勒王室之女，这位美女还为他生了一个儿子，名叫班勇。据《后汉书》记载，永元十三年(101)，班超送在西域出生的三子班勇随安息使者回到了洛阳。班超的原配夫人远在洛阳，班勇的生母只能是一位疏勒女人。

班超听说自己受到李邑的诋毁，慨叹说："我本就不具备孔子弟子曾参的贤德，如今又遭到多次加来的谗言，恐怕要被世人所怀疑了！""遂去其妻"，也就是"休"了自己的妻子。

即使是一个"粪土当年万户侯"的超级强人，只要是生活在风口浪尖上，就不得不面临"千秋功罪，任人评说"的无奈与尴尬。从古至今，人一旦被流言击中，哪怕是最为明显的无稽之谈，流言也不会轻而易举地烟消云散，正所谓"好事不出门，恶事行千里"，人性弱点使然。

但又有谁能顾及那位被赶走的女人的感受呢？由于《后汉书》的作者不肯为这位女人多说一句话，因此我们不知道这位女人的名字，也看不到这位女人临走时的表情。她不仅被迫离开朝夕相处的丈夫，还要与年幼的爱子生别。悲如何抑？情何以堪？

戎马征战的班超因保卫边疆给千百万人带来了安全，却给自己的女人带来了莫大的痛苦。从此，有七情六欲的人性班超，变成了百毒不侵的超人班超。他的最后一抹温情，就这样被事业的巨手折断。喜哉？悲哉？

五、义薄云天

一天，李邑的告状信辗转万里，送到了刘炟手中。以宽容著称的刘炟不禁叹了一口气。他深知班超的为人，要说班超娶一位女子、生一个孩子可能所言不虚，但一味强调他"拥爱妻""抱爱子""安乐外国"就未免过分了。所以，他下诏痛切责备李邑说："纵然是班超拥爱妻、抱爱子，那么他手下思念家乡的千余名士兵为什么都与他同心同德呢?!"刘炟还命令李邑接受班超的节制调度，并诏告班超："如果李邑胜任在外事务，可以留下担任你的从事。"

史载，班超并未将李邑扣留在身边，而是让李邑带着乌孙侍子回京。为此，直肠子的徐干质问班超："李邑之前亲口诋毁你，试图败坏平定西域的大业，如今你何不借着皇上的旨意留下他，还派他护送乌孙国侍子呢？"班超回答："是何言之陋也！以邑毁超，故今遣之，内省不疚，何恤人言？快意留之，非忠臣也。"翻译成现代文就是，你这话大错特错了！正因为李邑诬陷过我，我今天才送他回去。如果一条疯狗咬了你，难道你也趴下去反咬它一口吗？既然自己问心无愧，为什么要害怕别人的闲言碎语呢？为了自己一时痛快而把他留下来，并非忠臣啊！

"内省不疚，何恤人言？"这是班超心灵深处的一股清泉，流不尽，吐不完，一直奔流到永远永远。如果把这句话作为当今中国官员的座右铭，那该是多么大的警示啊。

泰戈尔说："世界痛吻我，而我回报以歌。"班超就是这样一个人，严厉起来杀人不眨眼，宽容起来忍得胯下辱。不知道李邑是否从此吸取教训，变成了一个好人；但受到班超这位仁义之士的感染，以荒蛮无理著称①的疏勒民风大变。正是这种人格的力量，在敌寇林立的铁血残阳中

---

① 《慧苑音义》认为，"疏勒"也可以翻译为"恶性国"，因其国人性多犷戾之故也。

鞭霆掣电,拔山贯日,支撑起东汉西域一片天。

元和元年(84),刘炟又派遣假司马和恭等四人率领800名兵士前去协助班超。实力大增的班超调集疏勒、于阗联军攻打听命于匈奴的莎车。

诡计多端的莎车王也没有闲着,他使出了"釜底抽薪"的狠招,暗中派人带上重金前去收买疏勒王忠。在一般人看来,忠的疏勒王之位是班超给的,如果没有班超,他也许仍旧生活在兜题的冷眼与淫威中。但莎车王了解他,知道他是个见利忘义的人,只要奉上足够多的财宝,忠翻脸会比翻书更快。

果然,见到财宝的忠与班超决裂,跟随莎车王西逃到乌即城据险顽抗。

听到忠反叛的消息,班超的脑袋几乎炸开了:自己拼上性命扶立,又苦心孤诣辅佐的忠,怎么会为了区区利益而置良心和道义于不顾,做出如此下作卑鄙,如此令人恶心的举动呢?

于是,他另立疏勒府丞成大为疏勒王,发动所有不愿谋反的人前去攻打忠。双方相持了半年,因为康居王派精兵援救忠,班超最终没有攻克乌即城。

无奈之下,班超只有懊恼地退兵。此时的班超,就像童话里的渔夫,亲手把魔鬼从封印的瓶子里放了出来,自己却反而差点被魔鬼吃掉。在返回驻地的路上,班超在部下面前一再嘟囔说:"对于这个卑鄙小人,我怎么会看走眼呢?"

这就意味着,他承认自己也有用人不察的时候,也会遭遇"滑铁卢"。这与我们此前设想的那位明察秋毫、战无不胜的文武全才似乎有些差距了。但细细想来,作为一个食人间烟火、吃五谷杂粮、有喜怒哀乐的历史人物,他既有超出常人的刚毅果敢,也有正常人的性格缺陷,有时也看人不准,视事不明,处事不周。

智慧向来长在伤口处。于是,他像竹子一样,有力地拔节,不断在否定中塑造更高的自己,全力熔铸自己的心志,直到把轻信融化成沉稳,把血气融化成坚韧,把聪明融化成狡黠,把鲁莽融化成诡谲。

得知大月氏与康居实现了联姻,班超派人带上丝织品探望月氏王,让他规劝康居王不要与忠同流合污。康居王很快撤兵而去,并将忠带回了康居。

元和三年(86),叛王忠从康居王处借兵回国,占据了桢中城(今喀什西南40千米),并暗中与龟兹达成默契,然后派人向班超诈降。见到忠的使者,班超很高兴,满口答应了忠请降的要求。听说班超上钩了,忠心中窃喜,马上带领轻骑来见班超。

岂不知,鹰立如睡,虎行似病,正是它取食吃人的非常手段。表面上,班超表现得很从容大度;暗地里,他派出精锐埋伏,设下帷帐,准备舞乐,按照最高礼仪盛情接待忠及其随从。酒过三巡,菜过五味,正值酒酣耳热之际,班超突然高喊:"来人,拿下叛贼!"立刻,几位彪形大汉牢牢控制住了忠。那一刻,忠面如死灰,呆若木鸡,似乎想说什么,但又无话可说。

班超一声令下,一颗大好头颅滚落在地。

汉军就势击溃忠的随从,又收获了700余颗脑袋。这些脑袋与尸身被堆在一起,上面覆以沙土,形成了一个沙丘模样的人文景观,丘前立上石碑,碑上刻有经过,供西域各国的君臣们定时前来观摩。其作用,类似于西湖岳王庙里的秦桧夫妻跪像。

此后,班超收服了莎车、大月氏、龟兹、姑墨、温宿、焉耆、危须等国,西域大大小小近五十个国家全都归附了汉。总之,他已经可以开口惊风雨,挥手起风雷,再也没有攻不下的堡垒和征服不了的国家,只要他愿意。我仿佛听到一个粗犷而坚凝的男高音隔着2000年的历史洞壁高喊:举世滔滔,舍我其谁?!

永元四年(92),班超被正式任命为西域都护,站上了事业与荣誉的峰巅。恰恰就在同一年,他远在京城的哥哥、《汉书》作者班固,因受到窦宪案牵连,受尽狱吏的非人折磨,惨死在狱中。尽管汉和帝刘肇随后严厉谴责了这种残忍的行径,但已经于事无补。

噩耗传到疏勒,班超只是老泪纵横。

征服龟兹后,班超将都护府驻地设在龟兹它乾城,从此离开了逗留了整整18年的疏勒。他打马离开疏勒的那天早晨,天阴沉着老脸,地罩着一层沙,送行的人一眼望不到尽头,他一步一回头地回首致意,直到所有人都淡出了他的视线,只剩下天空中的飞鸟。一路上,他低头不语。是啊,这个距离中原万里之遥,但已成为第二故乡的极远之地,寄托着班超多少爱恨情仇啊。

永元七年(95),刘肇颁布诏书说:"班超历尽艰险,坐镇西域22年,西域各国无不宾服。班超除掉依附匈奴的国王,改立心向汉朝的国王,不动丝毫钱粮,不须大军远征,便得远夷之和,同异俗之心。鉴于班超立下大功,封班超为定远侯,食邑一千户。"

六、英雄归去

靠着班超,东汉不仅称霸关内,而且业已纵马西域。汉的光辉达到了顶点。似乎,从天上的行星到地上的沙土,都毕恭毕敬地遵循着汉的指令来运行。似乎,汉已经君临天下,振长策而御宇内,普天之下莫非汉土。

世纪初的西域天空闪烁着金色光芒,象征着汉帝国的全盛时代。这样的伟大时代在东汉史上是空前的,或许也是绝后的。然而,这个统一的帝国注定只能昙花一现,喧嚣一时,终究要像春花一样凋零于地,像泡沫一样化为无形。

因为,东汉在西域并未建立起与中原一致的郡县体制,原来的西域诸国仍在运行,西域都护府只是一个代管者、协调者而已;未推行与中原一致的土地与赋税制度,原来的西域诸国并无义务向东汉纳赋,各国的权力与西周时期的封国并无二致;未实行与中原一致的法律制度,西域诸国各有各的法律体系;也未将中原的文化推行到西域,西域诸国仍各有各的文字、语言与习俗;至为关键的是,东汉连军队都没有统一,西域诸国各有各的军队,归国王统辖,当西域某国发生叛乱或受到外来攻击时,才按照西域都护府的号令出兵,而是否按时出兵还要看国王的心情。也就是说,西域诸国之所以如此恭顺地听命于东汉,不是因为东汉在西域设立了什么都护府(都护府汉兵数量有限),而是因为有一个智慧、强悍、义薄云天、令人折服的班超。一句话,起决定作用的,是班超的人格魅力。在西域国王们眼里,班超是个战神,是个魔鬼,是个诅咒,谁想得罪他,就必须先摸摸自己脖子上长着几颗脑袋。

如果春风已将原野吹绿,不用很久,秋霜一定会来将它染红,这是季节的律动;如果你现在身强力壮,终有一天,岁月一定会使你老态龙钟,这是生命的律动。班超也吃五谷杂粮,也会和常人一样生病;班超也阻挡不住太阳东升西落,也会和常人一样老去。特别是,他已近70岁了。俗话说,人生七十古来稀啊!

人们开始感觉到一种不安,似乎有什么重大事件即将发生。尽管西域都护府这座大厦依然高高耸立,看上去依然那么雄伟壮丽,那么牢不可破,但气氛却突然变得凝重起来,一种山雨欲来的压抑感在人们心中蔓延。眺望天际,人们隐约看到一片小小的乌云,小得那么不起眼。没人知道,它即将带来一场疾风骤雨,将老都护辛辛苦苦垒砌起来的大厦彻底抹去。

在暴风雨到来前,还是让我们再次抬头看一眼西域黄金时代的天空,作为最后的纪念。这可是一片东西上万里、南北数千里,云集了四十八个国家的疆域呀,白种人、黄种人、混血人在这里安然栖居,世界各地的商人在这里随意停留,这里没有战火,没有天灾,大漠孤烟直,长河落日圆。金色的光芒照耀在老都护纹沟深深的脸上,把他身旁的土地都涂上了神圣的色彩。此情此景,不禁令人想起希腊神话中奥林匹斯山上的巍峨宫殿,以及宫殿前饮宴狂欢的宙斯和众神们。

谁会想到,这震撼人心的壮丽,却是斜阳投射在东汉帝国土地上最后的余晖。

永元十二年(100)盛夏,宫里的花树落英满地,洛阳的空气湿热得像要拧出水来,21岁的刘肇接到了一封远方的上疏。上疏者是68岁的西域都护班超。他在上疏中动情地说:"臣听说姜太公虽然封在齐,死后却安葬在周;狐狸死时,头往往朝着出生的山丘;代地所产的马,总是怀恋北边吹来的风。周与齐同在中原,相隔只有千里,太公尚且思恋故土,何况小臣远处绝域,怎能没有'依风''首丘'之情?当年苏武滞留匈奴19年,现在臣奉皇命驻守西域已近30载,如果终老于此也将无怨无悔,只怕后人因此不愿出使西域。臣不敢奢望到达酒泉郡,但求活着走进玉门关!我老而多病,身体衰弱,冒死上言,谨派遣我的儿子班勇携带贡品入塞,趁我活着的时候,让班勇回去看一眼亲爱的中国。"

看完这封上疏,刘肇打了一个寒噤。昨天夜里他刚刚做了一个奇怪的梦,梦见洛阳西部的一个关城狼烟滚滚。难道,这个不祥的梦应在渴望东归的班超身上?

皇帝在犹豫。

第二年农历十月,洛阳进入中秋,天越来越阴沉,厚厚的乌云堆积在空中,黑夜一天比一天漫长,金黄的落叶铺满了城中大道,偶尔吹过一阵凉爽的风,沙沙作响。从西域归来的班勇见到了从未谋面的姑姑,侄子跪在姑姑脚下,姑侄二人泣不成声。

第三年初春,冰雪尚未消融,寒风依旧刺骨。年轻皇帝的案头又多了一份上疏,上疏者名叫班昭,是班超的妹妹,东汉才女。她守寡后,一直帮助哥哥班固编撰《汉书》。在班固被酷吏冤杀后,是她最终完成了《汉书》的编撰,成为中国第一位女史学家。如今,班昭已经56岁。

这封上疏是替哥哥求情的,大意是:"我的兄长班超侥幸立功,特蒙皇帝重赏封侯,我们全家将永远铭记皇帝的恩德。哥哥当初出使西域,立志以生命报效国家。不意碰上陈睦事变,哥哥孤身辗转挣扎于险地,以智慧与勇气艰难维持着西域的局势。每当爆发战争,他总是身先士卒,虽然身受重伤也不避死亡。幸蒙陛下的神灵,他才得以延续生命于大漠,到现在已经整整30年了。30年啊,我们兄妹骨肉分离已久,就是见面恐怕也已经认不出对方。同他一道出使西域的将士都已不在人世,而年龄最大的哥哥也将近70岁了。我听刚刚归来的侄子说,他身患重病,须发皆白,两手麻木,耳不聪,目不明,依靠拐杖才能正常行路。他虽想竭尽全力报答皇上的天恩,但迫于年岁迟暮,犬马之齿将尽。而西域诸国素来对老人不敬,如不及时派人接替班超,恐怕坏人会伺机而动,萌生犯上之心。一旦发生暴乱,班超定然力不从心,其结果上会毁灭国家累世的功勋,下会废弃忠臣长期的努力,那将是最为令人悲痛的局面啊!所以哥哥于万里之外,怀归国之诚,自己陈述痛苦焦急之心,伸颈企望,已经3年,但仍未蒙皇上省察。

我听说古代15岁服役,60岁免役。陛下登基以来,以至孝治理天下,得万国之欢心,就连小国的臣子都体恤有加,况且班超已获封定远侯,所以我才敢冒死为班超乞求,乞求允许班超回乡安度余年。《诗经·大雅》说:'老百姓通过劳动,可以得到小康。先施恩惠于中国,然后乃安定四方。'班超一在书信和我生别,今生恐怕真的见不到他了。我实在不忍看到班超壮年时尽忠于大漠,年迈时遗尸于荒野那无限悲惨的结局啊!如果皇上执意不允许班超归来,西域一旦发生恶变,希望班超一家能像赵母、卫姬那样,因事先上奏而免于牵连之罪。我愚笨不明大义,触犯朝廷忌讳,万望皇上见谅。"

看完上疏,刘肇已泪眼蒙眬。

那应该是刘肇上任以来少数几个吃不下、睡不香的日子。他闭上眼睛,体味着焦急、疑惑、担心、沮丧混杂在一起的那种复杂感觉。他模糊地意识到,班超兄妹的上疏已经在群臣中传扬开来,多数人既担心,又同情。如果不允许班超回来,他将是一个令人心寒的君主。第六感觉告诉他,他其实已经没得选择。

终于,刘肇诏命任尚接任西域都护,允许班超东归故里。

在继任者的选择上,刘肇很是谨慎。任尚,也是一个干才,有着担任护羌府长史和戊己校尉的丰富履历。对于这一任命,监察御史们无一反对。

即将离开西域的班超坐卧不宁。一连几天,他既兴奋,又痛苦。因为,他的根已经深深地植入了浩瀚无垠的西域,他的梦已经完全地融入了羌笛声声的边关。

临行前,任尚要求老都护将经验留下。班超告诫任尚说:"您一定要我提建议,我就贡献一点愚见。塞外的官吏士兵,本来就不是孝子顺孙,都是因为犯有罪过而被迁徙塞外,守边屯戍。而西域各国,心如鸟兽,难以扶植,却容易叛离。水至清则无鱼,人至察则无徒,应当采取无所拘束、简单易行的政策,宽恕他们的小过,只求总揽大纲而已。"显然,这是一位将军置身激流漩涡之中却能惊弦雁避、骇浪船还的原因所在,也是一位外交家在西域各国之间纵横驰骋30载的经验之谈。

表面上,任尚连连称是;私下里,却不以为然地对手下说:"我原以为班君会有奇策,他今天所言不过平平罢了。"

这位新西域都护行事苛刻严酷,不久就激起了西域各国的反叛。是啊,如果你的心是一座火山的话,怎能指望从你的手里开出花朵?

一瞬间,闪电划破了夜空,暴风雨终于来了。其实,也不能完全怪任尚。因为,班超在西域留下的烙印太深了。换了任何一个人,都无法达到班超的威望与境界。况且,这位新都护根本听不进老都护的临行嘱托。在四面楚歌中,东汉不得不将任尚撤回,班超30年的苦心经营一朝尽废。

不管怎样,班超该说的已经说了,该做的也都做过了。至于西域的未来,他只有祈祷。

大漠重重,长路漫漫。长达30年的西域征战加上数月的长途跋涉,

163

耗尽了老英雄的全部精力。永元十四年(102)八月,他一经抵达洛阳便卧床不起,胸肋部的老病迅速加重。皇帝派来御医问诊和用药,也未能挽留住老英雄的生命。九月,班超撒手人寰,终年71岁。

有人说,他驾鹤西去了,因为那里才是他的归宿。有人说,他根本未归来,因为他的名字已经和西域永远熔铸在了一起。

更多的人说,班超就是西域,西域就是班超。

七、与罗马失之交臂

我本想结束班超的故事,但却发现有一件事不舍得遗漏,尽管有点节外生枝之嫌。受命承办这件事的,是班超的部下甘英,任务是"出使大秦"。

"大秦",就是西方史书中的罗马帝国。至于为什么汉称罗马为大秦,《后汉书》的解释是:"其人民皆长大平正,有类中国,故谓之大秦。""长大"是指身材,"平正"是指道德,意思是身材与道德都与中国人类似,所以叫大秦。如果这一解释无误,显然这是在为别人随便起名字,显得不太严肃。更有意思的是,当时的西方人不称中国为"汉",而称中国为"赛里斯"和"秦"(China)。这是不是也算西方史学家对中国给别人乱起名字的报复呢?

史载,永元九年(97),甘英率领使团从龟兹(今新疆库车)启程,经条支(今伊拉克境内)、安息(今伊朗境内),"穷邻西海而还"。

西海,是什么海呢?

中东地区在国际政治中号称"五海之地",环绕着阿拉伯海、红海、黑海、地中海、里海。甘英西行,可能去往里海;也可能经过里海边缘向西北行走,抵达黑海岸边;如果向西南行走,可能到达阿拉伯海的波斯湾;如果穿过伊朗、伊拉克、阿拉伯半岛,他可能会到达红海岸边;他也可能一直向西走,来到地中海岸边。也就是说,甘英所临的西海,有可能是五海之中的任何一个。但《后汉书》又说这里是"安息西界",那么最有可能就是地中海和红海。不管这个西海是两者中的哪一个,他只要再迈出一步、两步,就可能进入了"大秦"——伟大的罗马帝国。

但他却受到安息人的恐吓,没能跨出至为关键的一步,从而与罗马失之交臂。如果顺利抵达罗马,他很有可能见到罗马皇帝涅尔瓦,并且带回罗马皇帝致东汉皇帝的国书,东汉与罗马这两个世界级帝国有可能共同缔造世界历史的新纪元。

可惜的是,安息人太狡猾,汉使甘英太胆小。

众所周知,汉与西方交往通商,丝绸是获利最为丰厚的项目。作为汉朝与大秦丝绸交易的中转站,安息一直通过垄断这一项目获取暴利。它之所以能够实现贸易垄断,是因为当时的安息是西亚一霸,西亚各国大多臣属于它。[1] 也许是考虑到若汉朝直接开通与大秦的商路会损害其垄断利益,于是安息人不断设置障碍,从中作梗,没有向甘英提供更直接的经叙利亚的陆路,而是通过船员之口陈说渡海的艰难,千方百计阻止汉使西行。

历史记载,甘英临大海欲渡,安息西界船员对甘英说:"海水广大,往来者逢善风三月乃得度,若遇迟风,亦有二岁者,故入海人皆赍(jī,带着)三岁粮。"

见甘英迟疑,安息人又通过传说渲染海上航行的恐怖:"海中有思慕之物,往者莫不悲怀,若汉使不恋父母妻子者可入。"

甘英闻之,停下了西行的脚步。

有人分析,甘英之所以停止西行,一方面是因为胆小,另一方面则是他出身于内陆,对海上航行知识知之甚少,因而才轻信了安息船人对航海危险的夸张描述,只能对着对岸那个名叫"大秦"的国度望洋兴叹。他不知道大秦本名罗马,更不知道罗马的人对来自中国的丝绸趋之若鹜,丝绸价格甚至一度成了帝国经济的晴雨表。

尽管功亏一篑,但他改写了一个记录——甘英是史书所载第一个到达地中海或红海岸边的中国人。以孤傲著称的近代学者王国维也禁不住赞叹甘英说:"千秋壮观君知否,黑海东头望大秦。"

八、大唐疏勒镇

东汉末年的风云变幻,并未动摇疏勒君民"一心向汉"的信心与决

---

[1] 见向达所著《中西交通史》,岳麓书社2012年版。

心,因为他们再也不想为班超的第二故乡背上叛徒的骂名。永建二年(127),疏勒王臣磐派遣使者朝贡,汉顺帝拜臣磐为汉大都尉。

东汉衰落后,中原陷入了旷日持久的内战。在随后的400年间,中原皇帝换了上百位,疏勒王也经历了几十代,他们先后被迫役属于龟兹、嚈哒、突厥等,但仍一如既往地与中原割据政权保持着进贡关系。

寒意终难久,报春三两枝。唐朝的建立,特别是东突厥被唐朝灭亡的喜讯,很快点燃了疏勒王归附中央王朝的信念。贞观九年(635),疏勒王使终于冲破西突厥的军事高压,来到长安面见李世民,当面表达了恢复中央对西域统辖的强烈愿望。

疏勒王的举动使西突厥可汗大为恐慌。这一次,西突厥痛下血本,把一位美貌的公主下嫁给了疏勒王,企图以联姻拴住他。疏勒王不为所动,一年后再次秘密遣使入唐。

贞观十三年(639),长安又一次出现了西域打扮的使者。说起来,这是疏勒王使第三次遣使入唐了。面对一脸阳光的李世民,使者再度重申了上两次的请求,言辞之恳切,态度之积极,令李世民怦然心动。但以敢于直言著称的大臣魏征却不以为然。

疏勒王使当然知道魏征之言在皇帝心中的分量,一股从未有过的失望涌上心头。

望着疏勒王使落寞而去的背影,40岁的李世民眉头皱起了疙瘩。散朝后,他留下中书令、山东淄博人房玄龄,就疏勒王三次遣使之事对房玄龄说:"我南征北战平定了天下,建立了唐王朝,四方的少数民族无不欣然前来归附。但像疏勒这些西域小国,至今处于苦难之中无法自保,实在让人痛心。希望你们认真辅佐我,不要老是说些丧气话,让我难下决心啊!"也许,他已经产生了在西域设置安西都护府及四大军镇的设想。

不久,李世民派到高昌国的问罪使李道裕回到长安,报告了高昌王麹文泰种种无理言行。李世民大怒,任命吏部尚书侯君集为交河行军大总管,左屯卫大将军薛万均为副总管,率步骑数万及属国军队,于当年冬天远征高昌。贞观十四年(640)八月,唐军进占高昌。随后,李世民不顾魏征的劝阻,果断地在交河城设置了安西都护府,以乔师望为首任都护。

贞观二十年(646),在唐军的步步紧逼下,西突厥乙毗射匮可汗向唐遣使求和,并提出求婚,答应割让疏勒等五国作为迎娶唐公主的聘礼。

李世民当然不会答应。贞观二十二年(648)底,唐朝大将阿史那社尔荡平了龟兹,疏勒、于阗也望风而降。

贞观二十三年(649),52岁的李世民,下令将安西都护府从交河城迁往龟兹,同时宣布建立龟兹、焉耆、疏勒、于阗四镇,统归安西都护府辖制。同年七月十日,一代豪雄李世民驾崩于含风殿。从此,疏勒有了唐朝驻军。这就意味着,李世民在生命的最后一刻完成了那位疏勒王及其使者孜孜以求的心愿。疏勒镇设立时,不知那位三赴长安的疏勒使是否健在?

李世民驾崩后,西域风云骤变。

永徽元年(650),唐高宗李治继位。吐蕃公然叛唐,攻陷了安西四镇。李世民在世时任命的唐瑶池大都督、突厥人阿史那贺鲁也发动大规模叛乱,在击败乙毗射匮可汗后自称西突厥可汗,然后与吐蕃争锋,整个西域陷入混战之中。

显庆三年(658),唐将苏定方、萧嗣业击败并生擒了阿史那贺鲁,西突厥作为一个汗国从此走下历史。漏网的西突厥残部由思结阙俟斤都曼带领窜往天山以南,胁迫疏勒王联兵攻破于阗,企图勾结吐蕃共同对抗唐军,但几个月后也被唐军擒获。

龙朔二年(662),西突厥残余势力又窜至疏勒一带作乱。三年后,西突厥人将刀架在疏勒王脖子上,逼迫他发兵与吐蕃、突厥人一起联合进攻大唐的于阗镇。但疏勒军民始终不甘担起叛唐之名,随时伺机摆脱突厥与吐蕃的控制。唐为了夺回安西重镇疏勒,也派大将萧嗣业发兵征讨。

萧嗣业,唐朝名将,出身于兰陵萧氏,早年曾跟随隋炀帝左右,隋朝灭亡后随萧皇后逃入东突厥避难,李世民当政后回归大唐,作为苏定方的助手出征西突厥,因亲手生擒了阿史那贺鲁而名声大震。听到萧嗣业西进的消息,西突厥首领心惊不已,被迫带上疏勒使者入朝请罪,疏勒重新回归大唐。

对于重新控制疏勒,李治很是兴奋。但如何才能有效控制这个极西的军事要地呢?一向审慎的他陷入了沉思。

中庭月色正清明,无数杨花过无影。他站在窗前,任晚风吹拂着他瘦削的脸颊。突然,他的身子开始摇晃。一个太监大喊:"皇上的风眩症犯了——"

九、设立都督府

李治的风疾,是宫内尽人皆知的老毛病了。因为身体不好,他常常让皇后武则天帮自己处理政务。

早在永徽六年(655),27岁的李治立31岁的武则天为皇后那天起,见多识广、行事果断的武则天就开始为体弱多病的李治出谋划策。麟德元年(664),上官仪试图借助李治废除武后,结果反被武后杀掉。此后,武后已将李治牢牢掌控在了股掌之间。每次上朝,武后都会垂帘于御座之后,与闻政事,幕后指挥。再以后,风眩日重的李治已经难以临朝听政,政事皆决于武后。对于如何更好地控制西域,当然也要听武后的主意。

上元二年(675)正月二十一日,李治支撑着病体上朝。鉴于于阗王抗击吐蕃有功,李治下诏:"升于阗镇为毗沙都督府,以于阗王尉迟伏阇雄为大都督,府下设五州,属安西都护府管辖。"听完诏书,群臣山呼万岁。李治终于做了一次主,他的脸上露出了久违的笑意。

三月的长安,桃红柳绿,蝶飞蜂舞,花光人面,掩映迷离。受惑于阳春的景致,李治与武后结伴春游。结果,风眩症又犯了。于是,他召集大臣们商议,准备让武后摄知国政。中书侍郎郝处俊阻止他说:"天子理外,后理内,天之道也。陛下怎能以高祖、太宗之天下委天后而不传子孙!"中书侍郎李义琰也表示反对,李治便不再坚持自己的意见。

一天,武后向李治建议说:"你单独将安西四镇之一的于阗升格为都督府,其他三镇如何平衡?况且疏勒的战略位置不亚于于阗。"

李治问:"天后的意见呢?"

"我意是将疏勒、焉耆、龟兹全部升格为都督府,一来可以收买本地国王之心,二来可以派驻唐兵屯垦,以便将这些地区彻底控制在朝廷手中。"

李治感觉有理,便一一答应。

武后以李治的名义下诏,将疏勒、焉耆、龟兹三镇全部升格为都督府,任命本地国王为大都督,都督府下设司马与参将,前者协助都督理政,后者主办汉文文书。都督府下设数州,各州首脑为刺史,也由本地贵族兼任。

诏书传到疏勒,受益者无不额手称庆。

新设的疏勒都督府,治所设在伽师城(今喀什以东25千米的汗诺依古城),东北接龟兹都督府,西接休循州都督府,东南接毗沙都督府,辖境西达帕米尔高原,东北至今阿克苏,东南至今皮山一带,是安西各都督府中辖地最广、领州最多的重镇,在唐朝西陲牵一发而动全身。因此,这里除有疏勒镇的常规性地方部队外,还有安西都护府直接控制的疏勒军,常备兵力最盛时达万人以上,兵员大半来自内地,不足部分从西域补充。

意想不到的是,仪凤二年(677),吐蕃大军卷土重来,再次攻占了疏勒,设立仅仅两年的疏勒都督府名存实亡。到永隆元年(680)秋,安西四都督府全部沦入吐蕃之手。此时的吐蕃"地方千余里,诸胡之盛,莫与为此"。

光宅元年(684),60岁的武则天宣布登基。由于连年征战,朝中大臣多主张放弃安西,独有武则天秉承唐太宗遗志,决心恢复对西域的控制。两年后,疏勒人、唐忠武将军裴沙钵罗与安西大都护共同制定了收复西域的大计。

如意元年(692),周朝武威军总管王孝杰统兵大败吐蕃,将吐蕃势力赶出了西域,安西都护府和四大都督府得以全部恢复。圣历元年(698),疏勒大都督裴夷健曾遣使觐见周朝女皇武则天。

长安三年(703)冬,突骑施部首领娑葛自立为"可汗",发动大规模叛乱,武则天下令发重兵征讨。娑葛企图先发制人,以5000骑兵部队抢攻疏勒。驻扎在疏勒的安西都护郭元振,集中都护兵力与疏勒都督府兵占据了赤水河口的要津,使敌人一时无法突破。第二年夏天,周朝大军大规模反攻,娑葛无奈投降,疏勒转危为安。

在胜利的喜庆中,万里之外的中原传来消息,81岁的武则天退位,武则天的三子、49岁的李显第二次登上皇位,国号从周改回唐。

疏勒都督府一片欢腾。

十、河南人张孝嵩

在公元8世纪的西域,期望获得长期的安宁,那只是一个肥皂泡般美丽的梦,因为南方强大的吐蕃一直居高临下,虎视眈眈。

连猎狗都知道,骨头啃不动时便换一个更易着力的角度。正面强攻安西受挫之后,吐蕃大军重辟蹊径,于开元十年(722)九月迂回到喀喇昆仑山以南,企图先攻占小勃律国,而后北上进犯安西。很快,吐蕃攻占了小勃律九城,并包围了都城孽多(今克什米尔西北吉尔吉特),小勃律王没谨忙一面组织抵抗,一面致信唐北庭都护张孝嵩:"勃律,是唐的西门。如果丢失,西方诸国都会附属吐蕃,请都护赶快派兵援助。"

当时有两个兄弟国,称为大勃律①、小勃律②,位于吐蕃与西域之间,历来是唐与吐蕃必争之地。开元初年,小勃律国王没谨忙到长安朝贡,唐玄宗李隆基应邀在小勃律派驻了绥远军。受到攻击的小勃律王向唐求救,是自然的事。

张孝嵩,字仲山,南阳(今河南邓州)人,身长七尺,仪表非凡,虽是进士出身,但慷慨好兵,期望像班超一样立功异域。开元三年(715),他以监察御史的身份前往安西考察军情。临行前,李隆基允许他在关键时刻可以相机行事,不必上奏朝廷。当时,吐蕃与大食对西域垂涎三尺,它们首先把目标选定在内附唐朝已久的拔汗那国身上,共同扶立阿了达为拔汗那新王,并发兵向拔汗那王遏波之进攻。遏波之兵败后逃往安西都护府求救。正在安西巡察的张孝嵩接到军情,立即对安西都护吕休璟说:"不救则无以号令西域。"鉴于张孝嵩有机断专行之权,吕休璟将指挥权交给了张孝嵩。张孝嵩亲率万余兵马,一路山行水宿,西进数千里,对阿了达盘踞的连城发起了猛攻,俘斩叛军千余人。大食、康居、大宛、罽宾等八国相继遣使请降,准备乘机偷袭的后突厥阿史那默啜也退向漠北。但张孝嵩取胜后,不但没得到封赏,反而被关进了凉州监狱,后又被贬为灵州兵曹参军,原因是有人控告张孝嵩贪污。

在漫长的人生中,总会有起有落。关键在于,起的时候要有落的准备,落的时候要有起的信心。落难之后,他潜心研究政治、军事与地理。似乎,这不是在经受灾难,而是在准备功课。

冤情大白后,他被任命为北庭都护。当时,唐北庭都护府辖区在天山

---

① 在今巴蒂尔斯坦一带,先后附属于大唐和吐蕃,今别称"小西藏"。
② 在今克什米尔西北部,先后附属于大唐和吐蕃。

以北,任务是"防制突骑施、坚昆、斩啜(武则天为"东突厥"起的名字)"。尽管北庭都护的地位比不上负责"抚宁西域"的安西都护,但毕竟有了一方展示智与勇的舞台。

经历过苦难历练的他,以清新的面貌重新走进史册,一如暴风雨过后的绚丽彩虹。走到沙洲(今敦煌),他因斩杀蛟龙平定了水患而名声大震。来到西域,又正好遇上小勃律王没谨求救。

接到求救信,张孝嵩一刻也没有怠慢,命令疏勒军紧急驰援。

十月二十九日,疏勒军副使张思礼率领疏勒都督府兵与中亚士兵共4000余人,快马加鞭,昼夜兼程,翻越葱岭,穿过瓦罕谷地,进入小勃律北部边境。得知援军已到,小勃律王没谨忙乘势出击,与唐军从南北两个方向对吐蕃大军形成夹击之势。经过几昼夜鏖战,杀死与俘虏数万名吐蕃将士,丢失的城池全部光复。

由是,疏勒都督府威名大振,大都督裴安定于开元十六年(728)被唐册封为疏勒王,李隆基还在嘉奖令中说:"你能捍彼边陲,归我声教……绥厥戎落,永为汉藩!"张孝嵩也因功调任安西副都护,不久又升任安西都护,晚年还被封为南阳郡公。

一个人身后的荣光如同闪电,谁也不知道它会照亮哪里。他是邓州的骄傲,也完全称得上是河南乃至中华民族的骄傲。有了他,这个如今饱受诟病的地区,成了中国历史名人版图上闪亮的一隅。但令人不解的是,别说河南网,就连邓州政府网上罗列了一大串祖籍邓州的名人,如医圣张仲景,南北朝政治家宗懔,唐宋名将张巡、王坚,现代作家姚雪垠、周大新、二月河、秦俊,教育家韩作黎等等,唯独没有"张孝嵩"三个字。

也许是因为张孝嵩走得太远,已经走出了家乡官员的视线。好在疏勒记得他,西域记得他,中国记得他。

算起来,他是因疏勒成名的第一位唐将。

十一、将帅恩怨

下一位唐将因疏勒成名,还要等到十多年以后,他叫夫蒙灵詧,羌人出身,时任疏勒镇守使。

开元二十七年(739)秋,突骑施在唐朝西部重镇——碎叶城①发动叛乱,发兵占据了怛逻斯城。唐碛②西节度使盖嘉运发兵进攻碎叶城,但却面临着碎叶城和怛逻斯城叛军的夹击。危急时刻,盖嘉运要求疏勒派兵驰援。接到命令,疏勒镇守使夫蒙灵詧调集疏勒精兵,以闪电般的速度穿越疏勒西北的铁列克山口,与拔汗那国王军队成功汇合,然后奇袭并攻克了怛逻斯城。不仅保证了唐军主力在碎叶城的全面胜利,而且使先前被大食和突骑施裹胁的中亚小国纷纷归附唐朝。

开元二十九年(741),碎叶城遭到西突厥达奚部围攻。夫蒙灵詧再次奉命出兵,一举击溃了敌军主力。

战后,夫蒙灵詧荣升安西四镇节度使,形同于如今的地委书记直接升任省委书记。部将高仙芝也荣升安西节度副使。高仙芝,高句丽人,出身将门,姿容俊美,善于骑射,少年时代跟随父亲高舍鸡来到安西前线,先后在安西四镇节度使田仁琬、盖嘉运手下任职,一直未受重用。其实这也正常,因为宝石自身是不能发光的。接下来,自然是夫蒙灵詧慧眼识宝,高仙芝腾达有期。在夫蒙灵詧帐下,他被引为左膀右臂,成为冉冉升起的一颗将星。

不久,屡战屡败的吐蕃再次打起了安西四镇的主意。有了上一次兵败小勃律的教训,这一次吐蕃换了一种策略——和亲。吐蕃以武力为后盾,胁迫西部的小勃律王与吐蕃公主成亲,继而收服了小勃律国。受其影响,附近的二十余个小国也纷纷倒向吐蕃,丝绸之路又为之堵绝。

朝廷诏令夫蒙灵詧发兵征讨,夫蒙灵詧把出征的机会留给了节度副使高仙芝。

真正的英雄从不放过任何扬名立万的机会。天宝六年(747)八月,疏勒都督府旌旗蔽日,鼓号声声,行营节度使高仙芝帐前已聚集了一万大军。他命令疏勒守捉使赵崇玼(cǐ)为前部先锋,拔换(今阿克苏)守捉使贾崇瓘(guàn)为后应,高仙芝与部下封常清统领中军,浩浩荡荡越过葱岭,渡过播蜜川(Pamir,帕米尔,也可能是乌浒水),进入小勃律边境。当时的监军是中使边令诚,一个来自李隆基身边的宦官。

---

① 今吉尔吉斯斯坦托克马克城西南8千米处,诗人李白的出生地。
② 音 qì,指沙漠,这里指敦煌以西、高昌以东的大沙碛。

这个宦官,是我们不得不说的人物,也是高仙芝与封常清一生避不开的瘟神。他中等身材,高鼻梁,嘴上没有一根毛,一双冷冰冰的小眼睛,眉毛几乎拧在一起,脸上永远带着一种痛苦的微笑,就好像他已经憋不住了、非上厕所不可的表情。第一次见到这张脸,高仙芝就倒吸了一口凉气,显然,这是个需要小心应付的人。

唐三路大军悄悄逼近小勃律西北部的连云堡(今阿富汗东北的萨尔哈德)。连云堡南依险峻挺拔的大山,北临波涛滚滚的婆勒川,地势险要,易守难攻。堡内吐蕃军人仅有千人,但堡南15里的山上有八九千人驻扎。一旦唐军被发现,堡内和山上的吐蕃守军必将联手顽抗,那将大大增加唐军的进攻难度。次日清晨,趁婆勒川河水低缓,高仙芝率军强渡河流,以雷霆万钧之势发起攻击,只一个时辰便斩敌5000人,活捉1000人,缴获战马千匹,第一道屏障被迅速清除。

由于边令诚畏惧不前,高仙芝只好留下边令诚率老弱士卒3000人守城,自己则亲率主力疾行三天进逼坦驹岭。

海拔4688米的坦驹岭(今巴基斯坦北部的达尔科特山口),是兴都库什山最为险峻的山口之一。要想登临山口,只有沿冰川而上,别无他途,其艰难可想而知。唐军以必死的决心,沿陡峭而湿滑的冰川攀援而上,终于越过山口,击溃了小勃律叛军,活捉了小勃律王与吐蕃公主,战争以唐军大获全胜而告终。

这就是震惊中外的"坦驹岭大战"。战后,葱岭以西的东罗马、大食等七十二个国家受到强烈震慑,纷纷遣使来到长安,表示与唐朝永结睦邻。

秋来了,天地涂满金色,高仙芝胜利班师,带着数不清的战利品,包括一批垂头丧气的俘虏——最大的俘虏就是反绑着双手的小勃律王与吐蕃公主。大军走到播蜜川,高仙芝再也难以抑制心中的喜悦与豪迈,命令手下刘单在河边起草了捷报,并派中使判官王廷芳骑快马进京报捷。

按照常规,作为皇帝任命的行营节度使,高仙芝完全可以直接向朝廷报告战况。但毕竟,他还是安西副都护,是夫蒙灵詧的部下。这一"越级上报"的做法,引起了夫蒙灵詧的强烈不满。

长江后浪推前浪,这是自然的规律;一代新人换旧人,这是人生的必然;父母缔造了我们却理解不了我们,这就是进化。对此,经历了诸多变故的他并非不明白,只是不甘心,就像绝大多数临近退休的官员总是变着法子多干几天一样。只有急流勇退的人成为历史的伟人,如华盛顿,如叶利钦。

但夫蒙灵詧显然不具备伟人的特质,因而当高仙芝一行回到都护府时,不仅未派一人出面迎接慰劳,而且一见面就破口大骂:"吃狗屎的高丽奴,你的于阗使是谁举荐的?你的焉耆镇守使是谁举荐的?你的安西副都护使是谁举荐的?你的安西都知兵马使是谁举荐的?你竟敢绕过我擅自奏捷!要不是刚立了功,立马砍了你的脑袋!"

骂完高仙芝,他又瞪着起草报捷书的刘单吼叫:"就你会起草诏书吗?!"

没有挨骂的,只有宦官边令诚。尽管如此,这位宦官还是一脸的不快。他怕死与冷漠,却看不惯别人的冷漠,于是就将此事密报给了皇帝,在客观上帮了高仙芝一个大忙。史载,他在密报里愤愤不平地说:"仙芝立下奇功反而受到死亡的威胁,以后谁还替朝廷卖命呢?"

肯定是密报发挥了作用,年底,李隆基宣布撤销夫蒙灵詧的一切职务,任命高仙芝为鸿胪卿、摄御史中丞、安西四镇节度使,封常清为庆王府录事参军、充节度判官。将小勃律王赦免后留在京城做皇帝的侍卫,改小勃律国号为归仁,派归仁军守卫。

昔日的下级立时变成上级,夫蒙灵詧害怕极了。每天醒来,他都会不由自主地摸摸脖子,看看脑袋是否完好无损。更奇怪的是,他每次遇到高仙芝,对方还像过去一样恭恭敬敬。夫蒙灵詧害怕了,对方的恭敬背后是否包藏着更大的祸心?

最紧张的还不是夫蒙灵詧,而是经常在背后说高仙芝坏话的副都护程千里,押衙毕思琛,行官王滔、康怀顺、陈奉忠等人。

一天,高仙芝将这些人找来。先是用手指点着程千里的脑袋说:"你面似男儿,心如妇人,你知错吗?"程一脸苍白,频频叩头。高仙芝又责问毕思琛:"你夺了我城东几千亩田庄,还记得吗?"毕狡辩道:"那是您看我生活艰难,好心送给我的。"高仙芝没好气地回应:"你那时作威作福,我是怕你,哪里是看你可怜?!"高仙芝还高声痛斥了王滔、康怀顺、陈奉忠。

狗血喷头的训斥持续了一刻钟,当五个人准备接受严厉的责罚时,高仙芝却刀剑入鞘,代之以和蔼的笑容:"如果我今天不当面把话说清楚,恐怕你们会整天提心吊胆。既然话已说完,过去的就让它过去吧。"受训斥者没有笑,但高仙芝灿烂的笑容足够六个人分了。

消息传到夫蒙灵詧那里,这位老上司摸了摸脑门,摸到了里面的愚钝。然后摸了摸胸口,安抚了悬着的心。

临行前,夫蒙灵詧似乎有几句抱歉的话想对昔日爱将说,不光是为了表达歉意,也是为了对方的前程,他多么想告诉他,事业越是辉煌,越要冷静、心定、宠辱不惊呀。但刚刚受到自己训斥、如今又风光无限的老部下,能听得进劝诫吗?他欲言又止。

云烟漫漫,漠风萧萧。驻马踌躇,他身后是代表着力量与尊严的都督府,风雨如晦,不堪回首;他眼前是日夜东流的塔里木河,默默无语,逝者如斯。

回到长安,这位名将一度淡出了人们的视线,正所谓"春花闻杜鹃,秋月看归雁。人情薄似云,风景疾如电。"他最后一次出现是天宝十四年(755),时任安东副大都护并改名马灵詧的他,被叛将安禄山派人诱杀。

老帅死了,他曾经的助手能活下去吗?

十二、名将之死

夫蒙灵詧的预感没有错,高仙芝的"越级汇报"之举只是他性格弱点之冰山一角。尽管高仙芝后来又打了几次胜仗,被好大喜功的李隆基加授开府仪同三司,但这反而使他特立独行、嗜杀无度的本性更加充分地暴露出来。到了后来,他为了邀功请赏,居然发展到污蔑中亚小国反叛,然后借此理由征讨的地步,与唐关系最为密切的石国国王和突骑施可汗被他押到长安交由李隆基斩首。从进入长安的那一刻到被砍掉头颅的那一瞬,两位可怜的西域国王一直都抢天呼地地喊冤,声嘶力竭地申诉,那喑哑的嗓音,哀怨的眼神,无助的表情,甚至让杀人不眨眼的刽子手都有些不忍。可是,他们越是喊冤,李隆基越是觉得他们该杀,因为"一代明君"怎能怀疑自己的爱将而相信"反贼"呢?

高仙芝的所作所为,激起了境内中亚各国的反抗,在客观上给了西部强邻——新兴的阿拔斯王朝以可乘之机。

接下来,是一段逆势而动、以沙搓绳的历史闹剧。面对阿拔斯王朝咄咄逼人的东扩,高仙芝企图凭一己之力将漫天的夕晖化为旭日朝霞,于是在天宝十年(751)先发制人,与副将李嗣业,别将段秀实一起,率领安西都护府2万汉军外加拔汗那、葛逻禄盟军1万人西进,在怛逻斯城与阿拔斯呼罗珊总督阿布率领的10余万阿拉伯联军遭遇。唐军虽在兵力上居于劣势,因高仙芝指挥有方,双方激战五天未分胜负。就在相持不下的时候,葛逻禄部突然叛变,与阿拉伯联军前后夹击唐军,高仙芝率部溃逃。临阵倒戈的拔汗那部又挡住去路,幸亏膂(lǚ)力绝众的李嗣业用陌刀奋力杀开一条血路,他才仅仅率数千人逃回安西。

怛逻斯之战,使唐朝在中亚的羁縻府州沦丧殆尽,唐的号令再也不能西出伊犁河,2万名被俘的唐兵和工匠被带到大食。一个名叫杜环的战俘,曾跟随阿拔斯王朝使团到过中亚、西亚、非洲的十余个国家,并于762年从海路回到了广州。从他的游记《经行记》中,人们得知被俘的唐工匠将瓷器、画工、纺织等技艺传入了中东。① 更重要的是,中国的造纸术被带到了撒马尔罕,继而传播到开罗、意大利、西班牙,在客观上引发了欧洲的文艺复兴。在今天的伊朗语中,中国式宣纸还被称为"撒马尔罕纸"。

战败后,高仙芝回京担任右金吾大将军。天宝十四年(755)十一月,"安史之乱"爆发,面对叛军的疯狂进攻,唐军副元帅高仙芝和北庭伊西节度使封常清决定收缩防线,退守潼关。

自认为帮过高仙芝的宦官边令诚,多次向高仙芝索贿未果,趁机向李隆基进谗言,声称高仙芝无故失地且贪污军粮,封常清畏敌如虎并动摇军心。急于求胜的李隆基派边令诚为监军,代表自己到潼关督战,并给了边令诚一大特权:"拒绝出战者,斩!"

拒绝出战的封常清首先倒在了边令诚刀下。

高仙芝外出巡视刚进大帐,边令诚就带着100名陌刀手赶到了。听完敕书中罗列的罪状,高仙芝满脸冤屈:"我退兵,的确是罪,虽死不辞;然而说我克扣军粮,分明是诬陷我啊。"然后,他用一双血红的眼睛瞪着边令诚说:"上是天,下是地,兵士都在,你难道不知道吗?!"当时,营中将士都跟着大呼"冤枉",一时怨声震天,天地变色,但边令诚不为所动。

---

① 见《杜环经行记》,中华书局1963年版。

美好的人性源自美好的制度,在君权至上的年代,单纯讲道理是一件很无力的事。再说,向别人解释你自己是无用的,因为喜欢你的人不需要,不喜欢你的人不相信。就这样,高仙芝与封常清这两个如雷贯耳的名字,先后在一个荒坡的临时墓碑上找到了归宿。说起来,他们被杀的确有些冤屈,可想一想那些冤死在他们刀下的中亚国王呢?这正应了耶稣基督的话:"凡动刀的,必死于刀下。"

哈萨克斯坦也有句谚语,吹灭别人的灯,会烧掉自己的胡子。迫于边令诚的淫威,新上任的将领冒险出击,中了叛军埋伏,以至于全军覆没,边令诚也当了俘虏。后来,边令诚侥幸逃回唐营。唐肃宗李亨一见边令诚,便命令手下将其拖出辕门斩首。边令诚辩解说:"我对唐的忠心,天地可鉴啊!"但李亨愤愤地回应道:"出卖战友的小人,留之何用?!"

历史上的坏太监多如牛毛,边令诚的坏名声尽管没有魏忠贤、刘瑾、安德海、王振、汪直大,却也是很坏很坏的一个。有人认为他的坏,一部分是阉割手术后遗症,应予同情;但唐肃宗的同情心没有富余,留给死难的将帅用还嫌不足,怎么会分给这种丧尽天良的坏蛋?

随着"安史之乱"的爆发,唐再也无暇西顾。不仅如此,唐还征发安西都护府精兵入关勤王,只剩一些老弱病残守卫西域,以致不得不依靠新兴的回纥勉强支撑残局。

贞元五年(789),中原僧人悟空在取经返国途中路过疏勒,见到了身兼唐大都督的疏勒王裴冷冷和疏勒镇守使鲁阳。他们仍然率领全体军民,奋力抵挡着步步紧逼的吐蕃大军。这就是"一心向唐"的疏勒,值得尊敬的疏勒。

史籍中最后一次提到安西,是贞元六年(790)。这一年,吐蕃大举进攻西域,于阗与北庭先后陷落,疏勒也讯息全无。

十三、国王与佛教

在历史叙述中,大凡战争故事都过于引人注目,和平故事则因为略显平淡,而容易被忽略,比如佛教的传入,就是温文尔雅的故事,流淌了几个世纪,绵延不绝。

公元前1世纪,使用粟特语的大月氏南迁大夏以后,对神奇而神秘的佛教产生了深深的敬仰之心。而此时的佛教起源地——印度,占上风的宗教已非佛教而是婆罗门教①。因此,佛教的中心从印度转移到了贵霜。这个以富楼沙(今巴基斯坦的白沙瓦)为中心,与罗马、安息、东汉并列的世界级帝国,其领土已经直接与东汉的西域接壤。从地域上说,距离贵霜帝国最近的就是疏勒。因此,疏勒有理由成为西域最早引入佛教的国家之一。

永初年间(107—113)的疏勒国,就像安徒生童话里的天国花园,藏在一般人看不到的西域角落里,尽管河水清澈,花儿争艳,仙女如云,美酒飘香,但人们见怪不怪,习以为常,日子过得清肠寡肚,波澜不惊,谁家的孩子夭折了,谁家的女儿入宫了,谁家的老太婆上吊了,都会引起不小的骚动。一天,城里传出一个爆炸性的新闻,说有人被杀了。杀人凶手名叫臣磐,是疏勒国太后的弟弟,国王安国的舅舅。这是个讲义气、有血性的人,因为打抱不平,捅死了一个欺男霸女的贵族,按律应当入狱。事件发生后,国王安国将臣磐"流放"到贵霜帝国做了人质,一来给了死者家属一个说法,二来使舅舅免遭了牢狱之苦。

臣磐来到富楼沙后,贵霜国王迦腻色迦破格接见了他。两人一见如故,相见恨晚。之后,迦腻色迦给了他最高的礼遇,特意为他在印度、迦毕试国(即高附国)、健驮逻国(在今阿富汗喀布尔河以南)建造了三座馆舍,供他在冬、夏与春秋季节分别居住。每个馆舍还建有一座伽蓝,供他研修佛教。

"人质"臣磐从此成为佛教徒。

后来,安国病逝,因为安国无子,主政的太后立臣磐的侄子遗腹为疏勒王。消息传到大月氏,臣磐求见大月氏王说:"安国没有后代,若从母姓中选择疏勒王怎么会轮到遗腹呢?我是遗腹的叔父,按照长幼有序的原则,应该优先立我为疏勒王吧?"大月氏王感觉有道理,便派兵将他送回了疏勒。巴基斯坦史书将这一段史实记录为贵霜帝国占领了疏勒,显

---

① 源于公元前2000年的吠陀教,是今印度教的古代形式。它把人分为婆罗门(教士和学者)、刹帝利(贵族和战士)、吠舍(农夫和客商)、首陀罗(奴隶)四个等级,而与此对立的佛教则主张众生平等。公元前180年后印度推行种姓制度,奉婆罗门教为国教,佛教在印度的地位一落千丈。

然大错特错了。

闻听臣磐要回国,疏勒国内开了锅。新王遗腹愁眉不展,惶惶不可终日;而疏勒贵族们则眉开眼笑,奔走相告,他们一来佩服臣磐的为人,二来忌惮大月氏的兵威,于是一起夺取了遗腹的印绶,迎立臣磐为王。

许多大臣建议,为绝后患,应该立刻除掉遗腹。但此时的臣磐已经不是过去那个血腥的莽汉,一心向善的佛教已经将他改造成了一个宽容的智者。他下达诏书,只是将被夺了王位的遗腹降格为磐槀城侯。

有人不解,臣磐说:"是佛告诉我这样做的。"

"那么,佛是谁呀?"大臣们纷纷向国王投来热切的目光。

于是,臣磐开始自上而下地推广佛教。

在处理政务与念经之余,臣磐心中依旧挂念着贵霜的故居与伽蓝,虽然远隔高山大川,但一直没有中断对佛的供养。而且,随着佛教在疏勒的迅速流行,大量的伽蓝、佛塔、僧舍拔地而起,西来东往的僧侣开始汇聚疏勒。最终,疏勒成为与于阗、龟兹、高昌并列的西域佛教圣地。人们常常看见,国王臣磐和一般僧众一样跪在佛像前,焚香祷告,虔诚无比。

也就是说,疏勒能成为佛教的一大中心,臣磐居功至伟。

只可惜,一心向善的臣磐死得过于凄凉。建宁元年(168),年迈的他外出游猎,被急于篡权的小儿子和得放暗箭射死。

十四、人性的悲哀

儿子杀死老子从而篡位,和得不是第一人,在他之前的匈奴单于头曼之子冒顿这样做过,在他之后的安禄山之子安庆绪也这样做过。问题是,头曼有错在前,冒顿弑父在后;安禄山不是什么好人,同样不是好人的安庆绪弑父似乎也符合常理。但和得之父臣磐不但一心向善,而且爱民如子,对待儿子们似乎也找不出任何可以指责之处,身为儿子的和得何以做出如此该受"天谴"与雷劈的恶毒之举呢?

原因,还是国王头上那灿烂的王冠和手中那无上的权力。

自从人类社会有了产品剩余,产生了国家和国王的那天开始,对极权的争夺就一刻也没有停止过,不管权力在谁手上,是爷爷、父亲、叔伯,还是哥哥、弟弟、侄子,一切都不重要,重要的是把权力攥进自己手心。所以,谁手中有王冠,我就抢谁;谁阻拦我,我就杀谁。

尽管每个国王都宣称,王位是上天授给的,但总有人敢于对其说不,总有人在私下鼓噪"王侯将相,宁有种乎"?更多的说不者往往就在帝王身旁。在芸芸众生眼中那么神圣与庄严的帝王之位,在身边某些人看来,不过是唾手可得的物件。于是,高坐龙椅的皇帝行走于刀锋,说不定哪个夜晚或凌晨,会有身边人揣着匕首走到他床前;说不定哪一碗参汤、哪一碟美味里,会有致他于死命的急性或慢性毒剂。于是,宫幔深处演绎出一出出祸起萧墙的阴谋,流淌出一摊摊猩红的王侯之血,传出一起起被极权诱惑而扭曲了人性的骨肉相残的故事。

这不禁使人想起流行于历代盗墓者中间的一个"潜规则"。月黑风高之时,如果是父子俩合作进入某座大墓,当他们饱获之后,特别是盗取了价值连城的宝物之后,必须按照父前子后的顺序撤出。唯有如此,在前面钻出盗洞的父亲接起他们盗取的成果,还会拉扯儿子出来;假如相反,为父者可能会被儿子一脚踹回大墓深处。

无上的权力和暴发的财富对人性的扭曲,不但迅速、彻底,很难避免,而且无法医治。是权力异化了人性,也异化出疏勒这则血腥的弑父事件。

对于这起灭绝人伦的事件,身为西域守护神的汉朝表现出超常的愤怒。《后汉书》记载,两年后,汉灵帝刘宏为了给臣磐报仇,派凉州从事任涉率领500敦煌军人,与戊己司马曹宽、西域长史张宴带领焉耆、龟兹等西域联军3万余人,一起讨伐疏勒,把和得困在桢中城达40余天,可惜最终不了了之。对于汉朝来说,打不下来是我的能力问题,但我毕竟为臣磐做了点什么。

而现藏于西安碑林的《曹全碑》则说,这次战役以东汉大胜而告终,城破之日,和得自己捆绑着出城投降,被汉朝按律砍去了脑袋。此举的意义在于,谁若胆敢杀害被东汉加封的国王,先要摸一摸自己的脖子上有几个脑袋。

臣磐死了,疏勒因内讧衰落了。好在,他所引入的小乘佛教顽强地传承了下来。证据有:

永和十二年(356),12岁的鸠摩罗什从罽宾习佛归来,在疏勒停留了一年。

隆安四年(400),东晋高僧法显西行途经疏勒,正好赶上当地举行五年佛教大会。

贞观二年(628),唐僧玄奘取经经过疏勒,发现这里有僧徒万余人,习小乘教说一切有部。

开元十五年(727),新罗僧人慧超从印度回唐路经疏勒,发现这里仍"有寺有僧,行小乘法……"

据记载,疏勒佛火缭绕、寺塔林立、僧徒遍城的状况,一直持续到信仰伊斯兰教的喀喇汗王朝东扩至此。也就是说,盘坐含笑的佛陀一直普照了疏勒近800个春秋。

十五、喀喇汗王朝

要叙述喀喇汗王朝,还须从蒙古草原上的回鹘说起。

这是一支不容小觑的力量,大唐的忠实盟友和草原霸主。但到了晚唐,回鹘汗国内讧不断,属部黠戛斯趁机在叶尼塞河上游挑战回鹘的权威。开成四年(839),回鹘境内又遭遇了百年不遇的饥荒。雪灾发生的第二年,10万黠戛斯骑兵向回鹘发出了致命的一击。回鹘馺破可汗被杀,无限辉煌的回鹘汗国从此灭亡。

回鹘分五支南下、西迁。西迁主力由回鹘宰相馺(sā)职和外甥庞特勤率领,汇集15部回鹘投奔原来附属于自己的葛逻禄,远迁到葱岭西部的楚河一带,被称为葱岭西回鹘。

葱岭西回鹘并不甘心就此沦落,他们于公元9世纪末建立了一个名叫喀喇汗王朝的袖珍小国。喀喇,突厥语意为伟大、强大、最高,而它的原意是黑色。因此,喀喇汗王朝又被多数史学家称为黑汗王朝。但一些维吾尔语言学家对这一称谓很有意见,他们认为就像"喀喇昆仑"不是"黑昆仑"而是"巍峨昆仑"一样,不能简单地把"喀喇汗王朝"直译为"黑汗王朝"。[①] 不容忽视的是,几任喀喇汗在钱币上先后自称"桃花石·博格拉汗""东方与中国之王""东方与中国之苏丹"。

---

① 见魏良弢所著《喀喇汗王朝史》,人民出版社2010年版。

首任汗王名叫毗伽阙·卡迪尔汗(可能是庞特勒),建牙于巴拉沙衮(吉尔吉斯的托克马克附近),称喀喇斡耳朵(意为"大王帐")。汗王死后,两个儿子分别继位:老大巴泽尔驻在巴拉沙衮,称阿尔斯兰(狮子)王,为大汗;老二奥古尔恰克驻怛逻斯,称博格拉(公驼)汗,为副汗。

奥古尔恰克与萨曼王朝关系恶化。公元893年,萨曼王朝发动了声势浩大的伊斯兰圣战,喀喇汗副都怛逻斯被攻克,1.5万名军人被俘,他被迫迁都疏勒国旧地——喀什噶尔[①]。

不久,萨曼王朝伊斯玛仪汗兄弟发生内讧,伊斯玛仪汗的弟弟纳斯尔在内讧失败后来到喀什噶尔寻求政治避难。为了利用伊斯玛仪汗兄弟的矛盾打击萨曼王朝,奥古尔恰克热情接纳了这位穆斯林王子,并且委任他为阿图什地方长官。

期间,奥古尔恰克的侄子萨克图·布格拉认识了纳斯尔王子并与之结成了朋友。在长期的耳濡目染中,萨克图偷偷皈依了伊斯兰教,并取了阿不都·克里木的教名。

千万不要低估萨克图这位英俊少年,并认为他信仰伊斯兰教是被动的。其实,他信仰的转变包含着不为人知的勃勃雄心。果然,他一边暗中学习宗教知识,一边秘密发展忠实信徒。经过多年的卧薪尝胆,他在25岁时带领穆斯林兄弟成功发动了政变,夺取了博格拉汗位。

一上台,他就宣布伊斯兰教为合法宗教,号召臣民皈依穆斯林。然而,他的号召如石沉大海,几乎没有掀起什么波浪,甚至有些佛教徒开始酝酿暴动。没办法,他只有舞动手中的权杖,开始自上而下地强制推行伊斯兰教。伊斯兰历三百三十年(951—952),他又发动了对巴拉沙衮的圣战,打败了拒绝接受伊斯兰教的大汗,占领了巴拉沙衮。从此,伊斯兰教成为喀喇汗王朝的国教,作为穆斯林标志的星月旗开始在这片土地上猎猎飘扬。

阿不都·克里木将伊斯兰教定为国教后,便立刻发起了去佛教化印记的军事行动,大量的佛寺、佛塔、洞窟被捣毁,僧舍被改作他用,僧侣被强迫改宗伊斯兰教,抵触者受到残酷镇压。几乎一夜之间,"佛教圣地"疏勒已成陈迹。

[①] 维吾尔语直译为"玉石",引申为"美石般的地方"。还有"各色砖房""初创"之意。

喀喇汗王朝强制推行伊斯兰教并疯狂迫害佛教徒的做法,引起了信奉佛教的东部邻居大宝于阗李氏王朝的不满。于阗国不仅对喀喇汗王朝的佛教徒暴动给予支持,而且还对逃亡于阗的佛教徒予以收留和庇护。于是,两国关系急转直下,从宋太祖建隆三年(962)开始,展开了接近半个世纪的血腥肉搏。

战争进程一波三折,有胜有负。天平在咸平二年(999)发生倾斜,喀喇汗王朝顺利灭亡了萨曼王朝,收编了大量伊斯兰圣战同盟军,战力急剧上升。景德三年(1006),喀喇汗王朝占领了于阗城,导致具有千年文明史的讲印欧语的于阗人皈依了伊斯兰教,开启了塔里木盆地维吾尔化和伊斯兰化的历史巨潮。它在地图上像是一条泛滥的河流,逐渐向西域东部扩展。

至此,喀喇汗王朝达到鼎盛时期,疆域包括今中国新疆南部,吉尔吉斯、塔吉克和哈萨克南部、乌兹别克东半部。首都设在巴拉沙衮,陪都设在喀什噶尔。伊斯兰教传入后,他们将用粟特字母创制的古回鹘文改为以阿拉伯字母创制的"畏吾儿字"。

喀什噶尔顺理成章地成为西域伊斯兰教的大本营。

十六、《福乐智慧》

> 在这世上我已遂心愿,
> 对贪欲我也紧闭上双眼。
> 对今生的求索我已厌倦,
> 万年俱泯,再也无话可言。

这是回历[①]四百六十二年(1069—1070),作者快要完成长诗时写下的几行诗。他感觉,自己已经用生命将该说的话用诗化的语言说完了,把世界写尽了。他是满意的,因为自己有了两种归宿:喀什噶尔和这首长诗。

[①] 又称伊斯兰历、希吉来(意为"迁徙")历。第二任哈里发为纪念穆罕默德622年率穆斯林由麦加迁徙到麦地那,决定把公元622年7月16日定为伊斯兰历元年元旦。

长诗名叫《福乐智慧》,直译为"带来幸福的智慧",作者于1012—1017年间出生于喀喇汗王朝八剌沙衮名门世家,名叫玉素甫·哈斯·哈吉甫。青年时代,玉素甫来到喀什噶尔的"汗勒克买德力斯"——皇家伊斯兰经学院,学成后留校任教。

喀什噶尔的吐曼(维吾尔语意为"雾")河,是一条对玉素甫有过生命启示的河流。

> 我不知道从什么时候喜欢上了这条河
> 但它一直在感动着我

那是一个炎炎的夏日,河里盛开着浪花,河边斜倚着绿树。已经读完皇家伊斯兰经文学院的玉素甫来到河边。浩渺的天宇之间,似乎有一道灵异之光,投射在伫立在河边的他身上。那一刻,他感到自己的心飞出了胸膛,与那道光芒一起舞蹈,大脑中涌动起从未有过的诗意。这种灵异的感觉,引导他成为一个讲述者,说出他听到的那些神示的话语。

又一个春风和煦的日子,他带着一批学生来到吐曼河边咏经唱歌。兴之所至,他向学生们谈起了自己的理想,并随口吟咏出一句:"明丽的春天拉开了幸福之弓。"话音刚落,学生们一片惊呼,纷纷赞扬这是一句好诗。

学生们的惊呼,拨动了他心中那根诗的琴弦。望着水汽蒸腾的吐曼河,他脑中孕育出一个动人心魄的故事:在一个美丽的国家,有一位名叫"日出"的国王,励精图治,一心求贤。一天,一个名叫"月圆"的人慕名求见,发誓报效国家。国王慧眼识才,任命"月圆"为大臣辅佐自己。"月圆"年迈辞世时,将自己的幼子"贤明"托付给了国王。国王对"贤明"高度信任,让他承袭了父亲的职务。"贤明"有一位宗亲名叫"觉醒",人品高洁,智力非凡,国王想任命他为官,让他和"贤明"一起辅佐自己。然而,"觉醒"却奉行遁世主义,躲进山林苦修,虽经"贤明"奉召三次敦请,却始终不肯应诏出仕。随着时光的流逝,"贤明"也产生了遁世苦修的念头,"觉醒"却劝他忠心报效国王。不久,"觉醒"因病卧床不起,"贤明"前去探视。"觉醒"告诫他说,为人要懂得知足,顺势而为,人性不可违。"觉醒"死后,"日出"国王和"贤明"深感悲戚,对他高洁的人品缅怀不已。此后,"贤明"秉政更为勤勉,万民安居,天下大治。

故事中的四个人物——日出国王、月圆大臣、贤明大臣、觉醒隐士,分别代表正义、幸运、智慧、知足。能否用一种特别的写作形式,让这四个人围绕"幸福的智慧"展开讨论:如何治理国家,建设理想的东方之国?

他有了一种难以抑制的冲动,他要把这个故事写成长诗。长诗由无数个小故事组成,而整部长诗的结构就如同无数条小溪汇成的吐曼河。这个打算一经说出,学生们无不认可叫好。

喀什噶尔的暮春,绿暗红稀,落英缤纷。经过长期的积累与孕育,玉素甫的诗情终于爆发。他从喧闹的校园里神秘蒸发,躲进一个不为人知的小巷,在那个只能容下一人的小屋里,开始了亦苦亦乐的诗歌创作。

第二年金秋的一个早晨,朝霞满天,像玫瑰一样清新,如红绸一般柔曼。经过18个月的埋头创作,一部长达85章、13290行的回鹘文长诗《福乐智慧》,终于在喀什噶尔诞生。书完成了,总要给它找一个归宿。诗人想了想,还是把它献给东喀喇汗王朝的布拉格大汗吧,因为通过他可以让更多的人看到这部书。

一个天河灿烂、金风浩荡的月圆之夜,诗人被召进布拉格大汗的王宫。大汗与亲信们围坐在一起,倾听着诗人激情澎湃地朗诵着诗歌:

> 从东方吹来的春风,
> 给世界善良的人打开了天堂之路。
> 积雪消失大地充满馨香,
> 脱去冬衣世界又穿上新装。
> 此时宇宙瞧着自己,
> 看着别人,感到自豪又欢喜。
> 知识伟大智慧不可思议,
> 这二者特选的奴隶变得高大。
>
> 智慧和知识可以洞悉一切,
> 证明这点有这样的话:
> 有知识者可以达到目的,
> 有知识者疾病远去。
> 社稷的基础建于正义之上,
> 正义之道乃社稷的根底。

  清醒和法制是国家基石，
  又是治国的钥匙和缰绳。
  良法使国运昌盛，人民兴旺，
  暴政使国运衰微，天下不宁。
  男儿若伸出才德的巨手，
  巍巍高山也会向他低头。
  知识好比炼丹炉，
  物质纳入其中。
  智慧好比王宫，
  财富集于其中。

  整部长诗以诗剧的形式，通过四个虚构的象征性人物之间的对话，颂英明君主，赐金玉良言，叹国运兴替，惋韶华易逝，堪称一个思想库，一曲社会歌，一部人生书。

  大汗被这部皇皇巨著所震惊，专门赐予诗人锦袍，封诗人为哈斯·哈吉甫——可靠的侍从。

  从这部长诗的命运来说，它显然要比此后诞生的《突厥语大辞典》幸运得多，一出世便进入高层阅读领域，受到了无数的赞誉，而且没有遭受战火与流失的苦难。秦（指中原）人称它为《帝王礼范》，马秦（指于阗）人称它为《治国南针》，东方人称它为《君王美饰》，伊朗人称它为《突厥语诸王书》，还有人称它为《喻帝箴言》。作为一本书，它是幸运的。

  玉素甫病逝后，被大汗安葬在吐曼河畔的"巴日尕"（意为"军营之地"）。

  400多年后，叶尔羌汗国拉失德汗与王妃阿曼尼莎汗祭拜诗人之墓时，发现诗人的灵位面临着洪水的威胁，断然决定将诗人的遗骨迁往"阿勒吞鲁克"——如今位于喀什体育路南侧的皇家陵园。当我们有幸进入墓室，映入眼帘的，就是墓墙上用维吾尔文、汉文、英文、阿拉伯文镌刻的诗人的格言：

  智慧是明灯，给盲人赋予眼睛，
  它赋予哑人以语言，死人以灵魂。
  财物好比是盐水一样，

你越喝越渴,欲壑难平。

人的心田好比无底的大海,

知识好比珍珠,深藏在海底。

字字句句,都会重重叩击心灵,使人受到一次久违的洗礼。

在喀什这座伊斯兰文化园林里,含苞吐蕊地绽放着两朵奇葩,长诗《福乐智慧》是一枝,下一枝是一部辞典。

十七、《突厥语大辞典》

它叫《突厥语大辞典》,是喀喇汗王朝时期一笔沉甸甸的文化遗产。然而,这部大名鼎鼎的珍贵典籍,却是一部富有争议的大书。我们承认它在语言学上巨大贡献的同时,不得不对它在民族学上带来的混乱深表遗憾。

本来,阿尔泰语系是一个语言学分类,其中的西部语族包括突厥语、回鹘语、葛逻禄语、薛延陀语、黠戛斯语、样磨语、突骑施语、乌古斯语,突厥语和其他语言处于平等地位。但《突厥语大辞典》以纯粹的语言学分类代替了民族分类,将"突厥"一词变成了一切阿尔泰西支语言的共名,把与突厥不同种族、曾经臣属于突厥或与突厥临近的部落一股脑儿归入突厥语族之中,其中不仅包含了异姓突厥的乌古斯、样磨、处月等,而且把历史比突厥还久远的回鹘、黠戛斯、党项等也包罗进去。按照这一分类,现在讲突厥语族语言的人主要分布在俄罗斯、中国、土耳其、哈萨克斯坦、乌兹别克斯坦、吉尔吉斯斯坦、土库曼斯坦、阿塞拜疆、伊朗、阿富汗、蒙古等国,人口超过1亿。中国操突厥语族语言的有维吾尔、哈萨克、柯尔克孜、乌孜别克、裕固、撒拉、塔塔尔以及蒙古族图瓦人,人口近千万。难道他们都是突厥人吗?

按说,《突厥语大辞典》乃是一家之言。问题在于,西方学者最先是通过中亚书籍而不是汉文正史认识突厥的,因此"突厥"在西方书籍中由一个民族专称变成了语言学泛称,土耳其泛突厥主义者更是对此大做文章,就连今天极个别无知的维吾尔族人也称自己是突厥人。

作者是一名中国人,出生在喀什市西南48千米处的乌帕尔阿孜克村,其祖父侯赛音·本·穆罕默德是东部喀喇汗王朝大汗,父亲艾米尔·侯赛音是一个城市的总督,后来继承了大汗之位。1058年,王朝爆发政变,大汗被自己的小妃毒死,大量王室成员被杀。在宫廷政变中,有一个人只身逃出喀什噶尔,他就是艾米尔·侯赛音的儿子穆罕默德·喀什噶里。

他头戴色兰,身背袷袢,匆匆行进在苍茫山水间。身后的喀什噶尔,王室成员的血已经凝为血块,那位阴毒王妃的儿子已经就任大汗,他只有远离这个血雨腥风的是非之地,翻越帕米尔,向中亚的文化名城布哈拉、撒马尔罕持续逃亡。一路上,他虚心求教,精心收集着突厥人、土库曼人、处月人、样磨人、黠戛斯人的各种资料,几乎走遍了突厥语族的所有村庄和草原。1067年,他终于抵达了塞尔柱苏丹国首都——巴格达。

在巴格达,出身于喀喇汗王朝的苏丹王后托尔坎哈敦给了他很大的帮助,鼓励他从事学术创作,一切费用都由她支付。此后,他倾听着幼发拉底河与底格里斯河的涛声,像左丘明、司马迁一样埋头著述,历经2000多个日夜,终于用阿拉伯语写成了世界第一部《突厥语大辞典》。

从书斋里走出来的那一天,他已是65岁的皓首老者。抬起一双慧眼与一副长髯,面对着巴格达的灿烂阳光,他老泪纵横。

1074年2月,他将书稿献给了阿拉伯世界名义上的统治者——阿拔斯王朝哈里发阿布·哈希姆·阿布杜拉·伊本·穆罕默德·穆格塔迪。他是如此慎重,如交出自己唯一的爱女。他明白,在动乱年代,一个哈里发更能使自己的智慧与心血保存下去。

《突厥语大辞典》有八大部分,7500条词目,277首诗歌,216条谚语,提供了包括维吾尔在内的突厥语各民族的语言、文字、人种、历史、民俗、天文、地理、农业、手工业、医学以及政治、军事和社会生活知识,堪称11世纪我国新疆和中亚的一部百科全书。他还用抒情的笔调,写下了如许的格言警句:

  羊羔无骨髓,孩子无智慧。
  树多鸟来栖,漂亮招人议。
  勤人满嘴油,懒汉血满头。
  截木要长些,截铁要短些。
  二上加一成千,一滴滴流淌成河。

> 有路标不会迷路,有知识不会失言。
> 大风可以驱散乌云,贿赂可以打开官府大门。
> 不经试验,就会受骗;不动脑筋,就要失败。
> 凭计谋可把狮子捕捉,凭蛮力连老鼠也难逮着。
> 猫儿吃不着挂着的油块,却说它不需要人们的东西。
> 尽管油腻人,油还是好的;尽管太阳炙人,太阳还是好的。

人类历史因此变得幸运,历史上少了一个多如牛毛的官僚,多了一个名垂千古的文人。试想,没有敢于抛开生命去追寻灵魂的激情,又怎能写出振奋人的生命并使灵魂得到升华的作品呢?他放弃了江山吗?不,他用一本书占有了江山——这是一本书的胜利,也是一个人的凯旋。

此时,阿拔斯王朝的实权已转移到了昔日的部下——塞尔柱苏丹手中,哈里发既无权威又无前途可言。因此,收到这本书后,哈里发欣喜万分,一直将其珍藏在王宫之内。不久,巴格达遭遇攻击,王宫在战火中化为灰烬,《突厥语大辞典》不知去向。

这部书虽然没有印行,但阿布已将它作了宣传。在战争结束之后,人们四处寻觅这部巨著,但一直杳无音讯。

190年后的一天,巴格达街头出现了一个蓬头垢面的女乞丐,她背着一个包袱,径直地走向王宫。卫士横刀拦住了她,她告诉卫士,她有一件珍宝要献给哈里发。

哈里发在王宫里接见了她——已经沦为乞丐的阿布的后裔。她打开包袱,将珍藏多年的《突厥语大辞典》献给了哈里发。

哈里发喜出望外,立即组织学者们将辞典抄了几十部。没过多久,十字军二次东征,战火又一次烧向巴格达,辞典再次神秘失踪。

直到1914年,一位饥寒交迫的女人——奥斯曼帝国大臣纳吉甫·贝伊的后裔,为了填饱肚皮,通过书商将秘密收藏了几百年的《突厥语大辞典》卖给了土耳其贵族——藏书家阿里·埃米尔。但不知为什么,阿里·埃米尔并未让它面世。

但冥冥之中,似乎受到了真主的保佑,在战争中两度沉默,然后又被战争所发现,以至于最终不灭。第一次世界大战期间,一颗像是长了眼睛的炮弹,炸开了阿里·埃米尔的书库,人们从大量藏书中发现了一本用阿拉伯文写成的古书,但因为没有人能看懂它,所以一个名叫穆阿里木·里费阿特的教师将它带回家,试着作一番研究。

在恍惚的油灯下,打开弥漫着墨香的古书,教师的血液沸腾了。原来,眼前就是"众里寻他千百度"的《突厥语大辞典》。

这部弥足珍贵的历史文献最终得以刊行天下。它是世界上仅存的抄本,现珍藏于伊斯坦布尔图书馆。在这本书面前,时间仿佛是一个打磨器,思想和智慧在它的作用下愈加闪耀着真理的光芒。

将作品奉献给哈里发后,穆罕默德·喀什噶里心愿已了。元丰三年(1080),72岁高龄的他随一个访问喀喇汗王朝的巴格达使团返回故乡喀什噶尔,在今疏附县的毛拉木贝格村开办了一所学馆,度过了最后几年教书生涯,死后被安葬在乌帕尔山上。因此,这座小山被维吾尔族称为"艾孜热特毛拉木"——圣人山。

正因为他的中国情结,所以《突厥语大辞典》的作者并不像后来的个别维吾尔人那样糊涂,他一再表明自己为秦人。在词典的地理山川部类,他把东部的于田称为上秦、马秦,名称为"桃花石";把中国的中原称为中秦,名称为"契丹";把以喀什噶尔为中心的喀喇汗王朝称作下秦,名称为"巴尔罕"。

如今的圣人山,险不过昆仑,秀不如天山,朴素得像真理一样,游人稀稀落落,风景也远谈不上如画,但静谧、隽永、温婉,一群鸟儿轻轻掠过,几只羊儿低头吃草,如浴如洗,纤尘不染,俨然是一个安放人类心灵的地方。站在穆罕默德·喀什噶里墓前,我的脑海里突然流出《突厥语大辞典》中的名句:

　　你看着我,
　　就是治疗我。

十八、铁蹄声声

有生必有死,喀喇汗王朝也不例外。

天会八年(1130),一阵急促的马蹄敲碎了西域的宁静,辽国大将耶律大石率领一支哀兵辗转西迁。短短一年,他就用激情划破了帕米尔到咸海之间的广阔天空,使葱岭回鹘建立的东喀喇汗王朝和高昌回鹘建立的高昌国承认了他的宗主权。

绍兴元年(1131),耶律大石在新建的叶密立城(今新疆额敏)号称葛尔罕(或菊儿汗,意为"普天下之汗"),国号仍为大辽(即西辽,又称喀喇契丹)。两年后,大石迁都巴拉沙衮。

西辽康国元年(1134),耶律大石派出7万大军东征,接连征服了喀什噶尔、和阗、和州。康国八年(1141),塞尔柱王朝苏丹桑贾尔亲率西域各国联军10万人扑向新兴的西辽,耶律大石则带领契丹、突厥、葛逻禄和汉人组成的西辽联军迎战。桑贾尔联军大败,3万多官兵横尸荒野。战后,塞尔柱突厥势力退出阿姆河以北,西喀喇汗朝成为西辽的附庸。

好在,耶律大石对国民的宗教信仰采取了宽容政策,伊斯兰教并未遭受大的摧残。

事情在西辽末代国王屈出律手中发生了巨变。

屈出律,是蒙古草原上的乃蛮部太阳汗之子。太阳汗被成吉思汗击败后,屈出律于元太祖三年(1208)逃奔西辽。他相貌英俊且能言善辩,很快便骗取了西辽国王耶律直鲁古的信任。耶律直鲁古不仅将女儿浑忽嫁给了他,而且允许他带上大量军费前去收集余部。元太祖六年(1211),屈出律纠集散失在东部的乃蛮部和篾儿乞部将士,浩浩荡荡地杀回西辽都城。久疏战阵的西辽军队土崩瓦解,老国王乖乖地当了女婿的俘虏。于是,屈出律尊耶律直鲁古为太上皇,堂而皇之地登上了西辽王位。在位子坐稳后,屈出律废除了原来的王后,另娶了一位西辽公主为妻。

新王后是一个美人坯子,脸晕朝霞,腮凝晚翠,修短合度,秾纤得中。生得漂亮倒也没有什么,问题在于她是一个虔诚的佛教徒。她不仅规劝屈出律放弃景教皈依了佛教,而且要求屈出律逼迫全民信佛。要知道,这里的国民多是穆斯林,伊斯兰教在这里已经扎根200余年,伊斯兰文化已经渗入了居民血液,仅凭一撮红唇就让他们改变信仰谈何容易。尽管如此,醉卧在酥胸秀腿之间的屈出律还是答应了这位美女的要求,逼迫伊斯兰教徒们放弃信仰,关闭了各大清真寺;把伊斯兰教长剥光衣服,钉死在伊斯兰教学院门口;他还强迫民众改穿契丹服装,在每户穆斯林家中安排一名士兵住宿以便实施监督。

为打压伊斯兰教,屈出律磨刀霍霍,结果刀锋却对准了自己。元太祖十三年(1218),成吉思汗派大将者别率军进攻西辽,倍受虐待的伊斯兰教徒纷纷叛归蒙古,伊斯兰教徒家中的西辽士兵被群众逐个消灭。屈出律在逃到撒里黑昆山谷时被当地猎户俘获,献给蒙古人后被立即处死。不久,成吉思汗将西辽旧地和畏吾儿故地封给了次子察合台,这个新国家叫察合台汗国。

明代,察合台的直系后裔赛依德创立了叶尔羌汗国,疏勒旧地被划入了叶尔羌势力范围。清初,叶尔羌汗国被蒙古准噶尔汗国所吞并。面对准噶尔人的不断挑衅,乾隆出兵将准噶尔人灭种,把天山以南纳入了大清版图。

十九、领事们的较量

喀什噶尔东边,横亘着塔克拉玛干沙漠,以商队进去了出不来而名扬天下;北边、西边、南边,依次耸立着天山、帕米尔、喀喇昆仑山三条巨大的山脉。要想来到这里,人们或是从印度穿越克什米尔的高山峡谷,经受大小"头疼山"的折磨;或是从中亚的奥什启程,持续攀登一个个达坂,以倒毙的驼马为路标,与经验丰富的商队结伴同行。喀喇昆仑山口、红其拉甫达坂、明铁盖达坂、乌孜别里山口、吐尔尕特、铁列克山口,这一系列的关隘,既是他们人生的高度,也是命中的劫数。多少个世纪以来,不知有多少行旅或葬身于冰雪覆盖的山隘,或将白骨留在了热浪灼人的沙海之中。也就是说,在电报与飞机发明之前,土城墙围起来的喀什噶尔城,是世上最封闭、最孤独、最不易进入的地方。然而,到了19世纪晚期,当冯·李希霍芬提出"丝绸之路"这个概念之后,英、俄两个超级帝国同时将目光聚焦到喀什噶尔。

他们为什么看好喀什噶尔?地处亚洲腹地的喀什噶尔对他们意味着什么?他们在喀什噶尔又将做些什么?

打开亚洲地图便会发现,喀什之所以被大国觊觎,是因为它是塔里木盆地的门户,是东亚与中亚和印度次大陆的结合部,处在连接亚欧的丝绸之路的十字路口。

版图已经横跨欧亚的沙皇俄国一旦占据了这里,便可南下印度洋开辟出海口,威胁整个南亚次大陆,与占据着印度的"日不落"帝国——大英帝国相抗衡。而英国一旦占据了这里,便可控制中亚与东亚的经济、军事通道,彻底阻断北极熊南扩的脚步。看来,这里不仅是丝路十字路口,还可能成为决定英、俄帝国和整个世界走向的十字路口。

光绪八年(1882),俄国率先将长满杂色长毛的魔爪伸到了这里,建立了领事馆(今色满宾馆)。俄国驻喀什噶尔总领事名叫尼古拉·彼得罗夫斯基,斯文·赫定称他是"喀什噶尔最有势力的人",当地人则调侃他为"新察合台汗"。他的主要任务,是广泛搜集有关英国的情报,随时向圣彼得堡发回报告。

光绪十六年(1890),英国在距俄领事馆不足一千米的地方,建立了一个小领事馆——"秦尼巴克"。秦尼巴克是一个中西合璧的词,"秦尼"是英文"中国"的译音,"巴克"则是维吾尔语"花园"的意思,连起来就是"中国花园"。它也是一座中西合璧的建筑,是维吾尔园林浪漫情调与英式庭院典雅风格的有机结合。一位英国作家[①]说,这里飘扬的英国国旗,是印度与北极之间飘扬的唯一一面英国国旗。

最早住进秦尼巴克的,是一位24岁的年轻人,名叫乔治·马嘎特尼,中文名马继业,英中混血儿,父亲是苏格兰人,母亲出身于中国江南的显贵家庭。人们习惯上把他称为英国驻喀什噶尔总领事,他的实际职务只是英国驻克什米尔公使的中国事务特别助理。他的主要精力是监视俄国领事馆的动向,与来华的外国探险家周旋,收购流散在民间的西域文物。

光绪二十四年(1898),他借回英国度假的机会,带回了新婚妻子——凯瑟琳·波尔兰德。此后,马嘎特尼在妻子陪伴下,为了英国在中亚的存在,苦守这份冷衙闲差,耗尽了大好年华。凯瑟琳·波尔兰德,这位苏格兰小家碧玉,竟成了秦尼巴克漫长岁月的见证,并以细腻、温婉的笔调,写下了西域探险史上的名作《一个外交官夫人对喀什噶尔的回忆》。文笔之优雅、生动,甚至可以和勃朗特三姐妹相媲美[②]。

马嘎特尼刚刚进入喀什噶尔时,处处受到了彼得罗夫斯基的挤兑,已在喀什噶尔居住了8年的俄国总领事,根本没把这个毛头小伙看在眼里,

---

① 指英国作家彼得·霍布科克,著有《丝绸之路上的外国魔鬼》,由甘肃人民出版社出版。
② 见凯瑟琳·马嘎特尼所著《外交官夫人的回忆》,新疆人民出版社2010年版。

甚至有过每周都出席同一个社交集会,但可以在两年中不与马嘎特尼讲一句话的时候。

而且,马嘎特尼的身份十分尴尬,最初的19年他只是中国事务特别助理,宣统元年(1909)才成为英国驻喀什噶尔领事,进而在3年后升格为总领事。就这样,他以现代人难以想象的敬业精神,在这里一住就是28个春秋。

苏联十月革命爆发后,马嘎特尼曾被派到苏联统治的中亚执行公务。民国八年(1919),他从英属印度政府退休,然后与妻子一起定居在英吉利海峡中的泽西岛上。马嘎特尼生性低调,没有为后人留下回忆录。他写的官方日志及情报报告,后来被收藏在大英图书馆印度事务档案部,一般人根本无权查阅。

而他的竞争对手彼得罗夫斯基,早在光绪二十八年(1902)就因健康原因卸任了。

英国末任总领事艾瑞克·西普顿是与妻子戴安娜一起赴任的。但"二战"结束后,"日不落帝国"解体,美国成为新的世界霸主。更尴尬的是,民国三十六年(1947),印度独立,英属印度驻喀什噶尔总领事馆突然成了找不到上司的机构。第二年,西普顿被任命为英国驻中华民国昆明总领事馆领事。尽管解放军正大踏步走向大西南,昆明并不安全,但他没有选择的余地。

撤离前,秦尼巴克一片狼藉,人们匆匆收拾着行李。没有音乐伴奏,也没有鲜花衬托,西普顿亲手降下了那面已经有些破旧的英国国旗。他无收获并不代表身边的人没有收获。她那不甘寂寞的妻子戴安娜·西普顿根据他们在喀什噶尔的经历,撰写了一本名叫《古老的土地》的回忆录,被誉为可以与《一个外交官夫人对喀什噶尔的回忆》相匹敌的力作。只是,写作此书已是这对夫妻从昆明撤回英国以后的事了。而且,戴安娜已经与担任境外探险学校校长的西普顿离了婚。

英、俄领事馆几十年的争夺,竟在客观上拉开了丝路复兴的序幕,喀什噶尔因此成为丝路复兴的起点,喀什噶尔大巴扎渐渐成长为环塔里木盆地的经贸中心。当英、俄政客们在阴暗角落里交易着情报和良心的时候,世界各地的商人们正在阳光照耀的巴扎中交易着琳琅满目的物品。

中国人尽管有时略显迟钝,但并不狭隘。在各国探险家忙于对西域的文物展开争夺的时候,中国政府却在设想打通一条连接中西的通道——新丝绸之路。因为千百年来,被帕米尔高原分割为多个不同文化群落的人们始终期盼着能有一条像样的路,这也恰恰同斯文·赫定的梦想相吻合。于是,斯文·赫定于民国二十三年(1934)最后一次来到新疆,他的使命是勘察公路,身份是中国政府顾问。由于当时地方军阀混战,他的任务最终没能完成。

虽然斯文·赫定的梦想未能实现,但他勘测的线路却成为第二次世界大战期间苏联援华物资的唯一陆路通道。

喜讯接踵而来。吐尔尕特海关早在1953年就已设立;从吐鲁番起步的南疆铁路1999年底已经修到喀什;两条高等级公路分别从库尔勒和若羌直通喀什;从乌鲁木齐飞抵喀什的航班,呈逐渐密集之势。从喀什通向巴基斯坦、吉尔吉斯、乌兹别克、塔吉克的公路也四通八达。透过它们,似乎让人看到了喀什所承载的丝绸之路复兴的希望。

无限的过去以现在为归宿,无限的未来以现在为渊源。如今的喀什,正在完成着从一个单一民族占绝对主体的城市向多民族移民城市的转变。

那是一个历史的新十字路口。

二十、生命中不能承受之轻

据说,母螳螂在交配之后,为了繁殖后代会吃掉公螳螂,公螳螂也会乖乖地将自己送到爱人口中。而除了因为传承原因的螳螂,人类是现存物种中仅存的敌视同类的动物。狗不会吃狗,虎不会食虎,甚至最凶猛的藏獒也能够和它的同类和平相处。可是,人却仇恨人,人却杀戮人,人饿极了还会吃人。今日世界,每个国家的头等大事就是为了屠杀邻国或者避免被邻国屠杀做出快速反应。

原因何在呢?是因为没有道德吗?但人类是唯一制定了道德准则的生物。是因为没有约束吗?可人类所发布的法律条文几乎涵盖了所有领域。如果这些都不是,那么就要退而求其次,从种族或血缘差别上找原因了。但1995年国际人类学与民族学联合会在意大利佛罗伦萨通过了《关于人种概念的声明》,宣布现在栖息在地球上的所有人拥有共同的血统,属于同一物种现代智人,这就从学术上为形形色色的种族主义画上了句号,堪称人类学第一公理。如果您感觉这还不够权威的话,时隔三年,也就是1998年,联合国大会批准了联合国教科文组织提交的《关于人类基因组与人类权利宣言》,从学术和政治上宣告人类有一个共同的基因组,反对一切形式的种族歧视,任何主张种族或民族群体存有固有差别或优劣的学说,均没有科学根据,且违背人类伦理原则。

是宗教原因吧?为此,我必须负责任地告诉您,除了那些没有市场、人人喊打的邪教,世界上所有受众广泛的宗教,包括佛教、犹太教、伊斯兰教、基督教、天主教、东正教、印度教甚至中国的道教,没有一个是反人类的,没有一个是反和平的,没有一个是以毁灭人类为目的的。

但不知为什么,只要一涉及喀什,不管是历史学家、地理学家、政治家、宗教人士,还是一名普通的旅游者,都会感到自己处在历史与民族问题的漩涡之中。其实,喀什多数居民所信奉的伊斯兰教,从诞生的那天起,就崇尚绿色,倡导宽厚与仁慈,以"和平、顺从"为理念,高扬"凡穆斯林皆兄弟"的旗帜,成为与基督教、佛教并列的世界三大宗教之一。

但是,到了近现代,在伊斯兰教的土地上,从来没有出现获得诺贝尔奖的科学家或者多样化的现代经济。因此,个别非伊斯兰教徒认为,伊斯兰教的教条极其愚昧,令人们身陷在迷信的泥潭中不能自拔。但果真如此的话,我们就难以解释为什么1000年前,世界上最好的科学家、哲学家和工匠都是伊斯兰教徒?为什么直到16世纪,伊斯兰教的天文学家都无人能够超越?根本的原因,是从18世纪开始,许多伊斯兰教徒对军事和政治上的缺陷采取了保守的态度,一个极端的例子就是紧紧抱住教条主义不放,最终滑向腐朽没落深渊的奥斯曼帝国。要结束这种尴尬的局面,对伊斯兰教来说,任重而道远。

当我们回顾历史,我们要问"为什么";当我们面向未来,我们要问"为什么不"。当下至为关键的是,伊斯兰教究竟是向开放上走,还是向排他方面走,直接涉及这个世界性宗教的生死存亡。但令人遗憾的是,仍有极个别不能代表伊斯兰教的人,一味抱住过去的已经被历史证明了的原始、落后、排他不放,不承认日新月异的现实,不接受人类文明进步的共同成果,不愿意融入现代化的浩荡洪流。明明是一些无稽之谈和歪理邪说,偏偏被他们奉若神明,视同圣典。这些被洗脑的人认为,平坦的公路、高水平的学校、现代化的医院、日益富裕的日子——这些世俗的舒适与进步固然必要,但与他们头脑中的所谓"民族权益"相比,与他们参与恐怖活动能进入天国相比,实在算不了什么。据了解,民族分裂分子往往把文化程度较低的农牧民作为洗脑的首选对象,因为没有接受过正规历史教育的人就像一张白纸,灌输起来更能起到先入为主的效果。这些人一旦上套,杀起人来眼都不眨,被政府处决时也"大义凛然"。

对于没有文化的人来说,这是一种被愚弄的过程;而对于熟悉历史的人来说,是一种典型的历史健忘症。米兰·昆德拉强调,对过去记忆的丧失,将使"人变得比大气还轻,会高高地飞起,离别大地亦即离别真实的生活。他将变得似真非真,运动自由而毫无意义"。

疏勒国小传:疏勒,全名佉路数怛勒,近代称喀什噶尔,现名喀什,处于丝路十字路口,是各色商旅休憩的乐园。张骞首次出使西域,就发现这里有西域最早的商贸街市;班超进入西域后,也发现这是一方叱咤风云的福地。正是班超埋下的情感种子,使得疏勒王室世代不改"一心向汉"的初衷。由于疏勒处于东西文化交汇的前沿,所以这里是中国最早引入佛教的地区,含笑的佛陀一直普照了疏勒近800个春秋;这里也是西域最早接收伊斯兰教的地区,一度晋身为喀喇汗王朝的陪都,伊斯兰教之花至今仍在疏勒大地上诗意地怒放着。可以说,疏勒从不缺少关注,从不缺少文化,从不缺少物流,唯一需要警惕的,是个别不怀好意的殖民主义者和不懂历史的极端民族主义分子。

丝路北道国家存续表

国名 朝代	山国	尉犁	渠犁	焉耆	危须	乌垒	龟兹	姑墨	温宿	尉头	疏勒
西汉	山国	尉犁	新朝时期被尉犁吞并	焉耆	危须	轮台，公元前72年复国，改名乌垒，新朝时期并入龟兹	龟兹	姑墨	新朝时期被姑墨吞并	尉头	疏勒
东汉	山国	尉犁		焉耆	危须		龟兹	被莎车所灭，后复国	东汉初年复国	尉头	疏勒
三国	被焉耆吞并	被焉耆吞并		焉耆	被焉耆吞并		龟兹	姑墨	温宿	尉头	疏勒
西晋				焉耆			龟兹	姑墨	温宿	尉头	疏勒
东晋南北朝				焉耆			龟兹	姑墨	被龟兹吞并	被龟兹吞并	疏勒
隋				焉耆			龟兹	姑墨			疏勒
唐				唐末被吐蕃攻灭			唐末被吐蕃攻灭	跋禄迦国，唐朝中期被龟兹合并			唐末被吐蕃攻灭

第四编　天山十六国

第三十二章 车师前国——丝路明珠的破碎剪影

> 车师前国，王治交河城。河水分流绕城下，故号交河。户七百，口六千五十，胜兵千八百六十五人。辅国侯、安国侯、左右将、都尉、归汉都尉、车师君、通善君、乡善君各一人，译长二人。至焉耆八百三十五里。
>
> ——班固《汉书》卷九十六下

一、交河之歌

2007年春季拍卖会传出一条惊人的消息，中国当代艺术大师吴冠中的彩墨画《交河故城》，以4070万的天价刷新了中国大陆当代艺术家国画拍卖的最高记录，这座古城立即成为媒体和世人关注的焦点。

交河故城，位于今吐鲁番市以西约13千米处，废弃于元代，是世界上规模最大、年代最久远、保存最完好的生土建筑城市遗迹。它建在一座崖壁如削的黄土高台上，这个高台就在雅儿乃孜河的河床中央。因河水从城北分流绕城南下，故称交河。遗址呈柳叶形，长约1650米，中间最宽处约300米，四周有宽达百米的河川。从河面仰视，最高的崖体达30余米。从军事意义上说，这是一座天然的城堡。整个城市全部由夯土版筑而成，形制布局与唐代长安城基本一致，城内的市井、官署、佛寺、佛塔、街巷以及作坊、民居、演兵场、藏兵壕仍历历在目，仿佛都城军民昨天刚刚撤离。

吐鲁番素有"火州"之称，因深居内陆，每年35℃以上的高温天气近百天，极端高温曾达49.6℃，年降水量只有16毫米，蒸发能力却达3600

毫米,居民吃水和良田灌溉全靠天山渗透到地下的雪水,这也就是这座土城千年不倒、风韵犹存的关键原因。

地质学告诉我们,地球表面是不断变化着的,阳光普照、大雨滂沱、冰川崩裂、海潮侵蚀、陨石撞击、火山爆发、寒来暑往、物换星移,从昨天到今天,几乎没有什么事物是完全相同的。1000万年后,我们的后代将用难以掩饰的惊讶目光盯着我们的地图,就像我们现在注视着第三纪时代的假定地图一样,自问:"这可能吗?"

是的,没有什么是不可能的。尽管今日的吐鲁番干旱少雨、酷热难耐,但史前时期却是浩渺无际的大海。2.25亿年前,可爱的"吐鲁番鳕"曾在这片大海中畅游。7000万年前,这里是古地中海东海岸,憨态可掬的恐角兽曾在这里悠然漫步。3000万年前,长9米、高5米的准噶尔巨犀,曾摇动着笨重的身躯从这里蹒跚走过。但不久,随着可怕的"喜马拉雅造山运动",平坦的海底不断凸起,形成了高高的天山、喜马拉雅山及帕米尔高原。不断升高的山脉不仅让海洋远远退去,而且挡住了北冰洋、印度洋、大西洋的温湿水汽,使得这一区域变成了沙漠戈壁连绵的干燥地带。意外的是,这片海底在持续抬升过程中,居然形成了一块1万多平方千米的洼地,最低处达到海拔154米,好似地球的一个美丽肚脐眼儿。它就是仅次于死海的世界第二洼地——吐鲁番盆地。

天山顶部的冰雪是一座用之不竭的固体水库。每到春暖花开的季节,冰川融化所形成的道道河流,从天山顶部叮咚而下,经过被切割的火焰山河谷,滋润了这片饥渴难耐的土地,形成了万里沙漠之中的一片茵茵绿洲——吐鲁番绿洲和绿波荡漾的月亮湖——艾丁湖。此地北与西有群山,东与南有戈壁大漠,一日之间,既有盛夏绿树,严冬雪峰,又有小溪流水,戈壁豪情,看不尽的江山如画,数不尽的人间风流,是一个近乎天堂般的所在。

有鲜花就有蝴蝶。这片葱郁的土地早在远古时期就被游牧民族发现并占据了。公元前3000年之后,古欧洲人中的吐火罗人,从波斯西部向东进发,进入了塔里木盆地,其中一部分来到吐鲁番盆地居住下来,他们就是操焉耆—高昌语(吐火罗语甲)的吐火罗人。后来,一伙同属于古欧洲人后裔、操东伊朗语的塞人,从伊朗东部草原游荡到此地,因为语言相近,这些"高鼻深目、头戴尖顶毡帽"的游牧民很快便融入了当地民族。

西汉初年,游牧在河西走廊的月氏被匈奴击败后西迁,其中一小股掉队的月氏人在这里留了下来。难怪,史学家余太山认为他们出自塞人,另一位西域问题专家薛宗正认为他们出自月氏。

据人类学专家介绍,吐鲁番盆地西缘发现的阿拉沟墓,碳-14测定距今约2600—2100年,58具头骨中有49具属欧洲人种,其他则属蒙古人种支系或两个人种混杂类型。而在欧洲人种的头骨中,占优势的为中亚两河型或古欧洲类型向中亚两河型过渡型,另有少部分地中海东支类型。看来,余太山、薛宗正都属于"盲人摸象",只说对了几分之一。

这个由不同时期的欧洲人组成的族群,在这块希望的田野上一边挥鞭放牧,一边种植胡麻、葡萄,先是有了发达的农业,然后营造了自己的城市——交河城。

2300年前,交河城绽放出一朵绚烂的国家之花——姑师。

姑师国,是吐鲁番盆地以及东部天山最早的主人。

二、姑师谢幕

秦末汉初,姑师和楼兰,是镶嵌在罗布泊周边的国家之星。它们一北一南,分别扼守着伟大的丝绸之路。

毕竟,这两个国家人数太有限了。楼兰只有1万人口,姑师人口还不足1万。不久,匈奴追踪着月氏继续西进,顺便占领了楼兰、姑师等西域城邦。鉴于西域各国已经臣服,匈奴单于并未留下军队驻扎,只是把西域划入了浑邪王的管理范围。到了太始元年(前96),狐鹿姑单于才任命一个子弟为日逐王,强化对西部的统治。日逐王又下设了僮仆都尉,具体管理西域。也就是说,匈奴是西域的主人,姑师、楼兰等只是匈奴的"僮仆"而已。

汉使张骞两次出使西域,尽管没有达到与大月氏、乌孙结盟的直接目的,却将汉的声威与善意撒遍了西域,使得许多国家派出使臣随汉使来到中原,在客观上开通了绵延万里、惠及中西的丝绸之路。

"西域主人"匈奴吃醋了,发怒了。鉴于楼兰、姑师分别处在丝路南北要道上,匈奴命令他们截断丝路。须知,负责管理草原西部的浑邪王已经降汉,休屠王已在内讧中被杀,匈奴的军威已今非昔比,对于单于从漠北发出的命令,姑师与楼兰应付一下也就罢了,但令人费解的是,这两个弹丸小国居然继续不折不扣地执行匈奴的指令,阻断交通,攻击汉使,抢劫货物。同时,他们还数次将汉使的动向通报给匈奴,让匈奴派军截杀汉使。

丝路受阻、汉使被杀的消息源源不断地飞到汉武帝刘彻的案头,其中尤以汉使王恢的上奏说得最为痛切与激愤。要知道,刘彻可不是内敛沉稳的汉文帝,此时的匈奴也不是汉高祖时期的匈奴了,卫青、霍去病已经取得了对匈奴作战的空前胜利,刘彻早就有了出兵西域的打算,只是没有找到合理的借口。可以说,姑师与楼兰在错误的时间干了一件错误的事。

错误的决定必然付出应有的代价。刘彻派大将赵破奴率兵西征,由刚从西域赶回的汉使王恢辅佐。元封三年(前108),赵破奴仅仅带上700轻骑,就活捉了楼兰王。

"请将军暂时休息,也给我一个出气与立功的机会。"在得到主将赵破奴的首肯后,副手王恢于元封四年(前107)率领一支精兵北上。他们穿过墨山国境内的库鲁克塔格山,直插沙漠北部的吐鲁番腹地,突然出现在内外城不分、国王与平民混居的自由之城——交河城,轻而易举地攻进城中,光荣和胜利水到渠成。

姑师在历史的幕布后面消失了。为此,姑师人应该感到幸运。当一个国家自己冲不出"怪圈",或者说需要漫长的历史演进才能冲出"怪圈"的时候,那么来自较高文明国家的侵略,就变成了一种催化剂,这是一种痛苦和耻辱,但也是一种文明的推动和撞击。

于是,大戏继续上演。草地依旧铺向天际,百鸟依旧依枝鸣啼,白雪皑皑的东部天山,一轮火红的太阳缓缓升起。

啊,车师!

三、五争车师

占据交河故城并继承姑师衣钵的,是车师国。

远征楼兰、姑师以及大宛的胜利,长了汉的志气,灭了匈奴的威风,使得西域各国纷纷到长安朝觐,匈奴也上书汉,表示要像对待老丈人一样侍奉汉天子。然而,示弱于汉并不代表不堪一击,实力并未遭受根本损失的匈奴依旧是汉的心腹大患,在可控的范围内建立防御基地,成为汉的当务之急。在众多的西域国家中,位于东部天山的车师距离匈奴最近,要掐断匈奴伸向西域的魔手,只有牢牢占领车师。

汉匈双方都认识到了车师的重要性,一场硬碰硬的较量在所难免。想不到,这场拉锯战竟然持续了近40年。

以下,是汉匈五争车师的故事。

第一次争夺发生在天汉二年(前99)。刘彻制定的策略是,先是派出三路大军出击匈奴后方,牵制匈奴主力;然后派出军队出击吐鲁番,一举占领车师。两路汉军进入匈奴腹地后,皆无功而返。只有骑都尉李陵一路与匈奴主力遭遇,几乎全军覆没。既然主动出击的汉军无法有效牵制匈奴主力,那么,当汉朝开陵侯介和王统帅着楼兰等国军队攻入车师时,匈奴右贤王率领数万骑兵赶来救援。面对强大的匈奴援兵,介和王知难而退。一战车师无功而返。

征和四年(前89),刘彻决定二争车师,作战方针仍与上次雷同,一方面派出三路大军攻打匈奴以牵制其救援车师,另一方面继续由开陵侯率领西域联军攻打车师。对此,几位大臣表示疑惑,刘彻没好气地解释说:"水无常势,兵无常法,一个招数用两次,也能出其不意。再说,上次的战略部署不可谓不完备,问题出在执行不够坚决上!"战争开始后,重合侯马通率4万骑兵抵达天山附近,截住并吓退了前往车师救援的偃渠大将及其2万匈奴骑兵,使得开陵侯顺利拿下了车师,活捉了车师王。但汉拿下车师后,并未留下一兵一卒驻扎。不久,匈奴派遣4000名骑兵进驻车师屯田,摆出了一副永远不走的架势。听说匈奴学着汉军的样子屯田,连当地牧民都深感钦佩。

直到乌孙向长安求救,汉朝方才知道车师已经丢失。当时,匈奴壶衍鞮单于发兵攻打乌孙国,声称得到解忧公主方才退兵。负责攻击乌孙的,便是匈奴与车师联军。汉昭帝刘弗陵延续了刘彻末期休养生息的政策,并未出兵救援乌孙。

本始二年(前72),汉宣帝刘询终于挺直了腰杆,派出10余万大军兵分五路攻入匈奴腹地。乌孙昆弥也在汉使常惠的劝说下,率5万骑兵从西部杀进匈奴领地。这次出击产生了两大连锁反应：一是匈奴的气势受到遏制，使得丁零、乌桓等邻居有机会趁火打劫，抢走了匈奴的大量地盘；二是匈奴派驻车师屯田的骑兵惊慌退走，车师王向汉负荆请罪，诚挚地要求接受汉的统辖，剪断了自己与匈奴之间的"脐带"。

三争车师后，汉决定在车师屯田。后来，匈奴单于听说车师与汉交好，不禁大怒，要求车师王将太子军宿派往匈奴担任人质。身为焉耆王外孙的军宿，对即将开始的人质生涯又惊又怕，便跑到焉耆避难。对此，车师王既生气又无奈，便将另一个儿子乌贵立为太子。不知为什么，匈奴没有要求乌贵去当人质。

也许是感谢匈奴逼走了前任太子，也许是感谢匈奴没有要求自己做人质，也许匈奴人在新太子身上下足了功夫，乌贵当上车师王后，立刻宣布与匈奴和亲，再次阻断了与汉的交通。无奈之下，刘询只能咬牙再战。

"白日登山望烽火，黄昏饮马傍交河。"地节二年（前68）秋，在刘询授意下，汉朝侍郎郑吉与校尉司马熹率领1500名渠犁屯田士加上万余名西域联军从墨山国北上，悄然进入吐鲁番盆地，一举攻陷了交河城。车师王乌贵已提前逃进交河城北部的石城（兜訾城），龟缩不出。考虑到军粮将尽，郑吉暂时退兵。

秋收一结束，郑吉再次发兵攻打乌贵避难的石城。听到探马的报告，乌贵逃到匈奴求救。但匈奴壶衍鞮单于刚刚病死，他的弟弟左贤王被立为虚闾权渠单于，引发了一连串的不和与动乱，自顾不暇的匈奴人对乌贵未予理睬。万般无奈，乌贵只有向汉军投降，但以什么作为见面礼呢？贵族苏犹建议，不妨顺道抢劫匈奴边境的小蒲类国，以此作为向汉军投降的见面礼。很快，他们带着从小蒲类抢来的财物和俘虏的部众，向郑吉投降。

"足坛坏小子"埃里克·坎通纳说过："海鸥跟着拖网渔船飞行，那是因为它们以为沙丁鱼会被扔进大海。"说来好笑，当时车师旁边有一个匈奴附属国——小金附国，跟在获胜的汉军屁股后面抢劫车师民众，想趁机捞点儿油水。乌贵担心自己所立的战功不能完全取信于汉，便将送上门来的金附国顺便灭亡了。所以，笔者没有将昙花一现的小蒲类国与金附国列入西域四十八国之中，在此敬请史学家谅解。

听说车师王乌贵投降了汉，并且灭亡了匈奴附属国金附、小蒲类，匈奴终于失去耐心,发兵攻打车师。郑吉从渠犁率兵北上迎战,期望来一次彻底了断。对郑吉早有忌惮的匈奴人并没有上当,而是收拢能控制住的车师余众,以乌贵的堂弟(一说弟弟)兜莫为国王,建立了又一个车师国。

此后,郑吉留下一个军侯及20名士兵保卫乌贵,自己领兵回到渠犁屯田。一路走来,乌贵已变得胆小如鼠,时时担心匈奴前去杀他,于是只身逃到乌孙。

一株参天大树,曾经诱使过多少人绞尽脑汁地攀附于它,而今暴风雨未到,它却自动倒下了,只有世界上最为怪诞的人才能演绎出这般令人啼笑皆非的闹剧来。国王逃走后,大臣们惶惶不可终日,王后、王子与公主们更是日夜哭泣。对此,郑吉又好气又好笑,只得派人将乌贵的妻子儿女接到了渠犁。

四争车师后,郑吉虽然有意保有车师,但似乎对老屯垦基地渠犁太过留恋,只是派遣了300名田卒在那里屯驻。人们不禁怀疑,这支300人的队伍,能保得了车师平安吗?

匈奴单于也对郑吉的做法感到好笑:你只派300田卒就想保住车师,也太小看我大匈奴了吧?!于是,单于派遣骑兵不断袭击车师屯卒。郑吉闻讯后,把1500名渠犁田卒全部拉到了车师。见汉军增多,匈奴也加大了袭击力度。赌注越下越大,双方都已眼红。但1500人怎能挡住上万骑兵?郑吉只得退入城中。

匈奴大将面对城头的郑吉高喊:"单于必得此地,不要在此屯田了!"围城数日,匈奴大军解围而去。不久,匈奴又派出数千骑兵前来围城,车师再无宁日。有感于车师的胶着局势,郑吉向刘询上书说:"车师远距渠犁千里,又有河山阻隔,北面靠近匈奴,渠犁的汉兵不足以救车师,恳请朝廷增加屯田士卒的数量。"刘询召集智囊商讨对策,公卿们一致认为应该撤销这一耗费巨大的屯田基地,但眼下之计,要保证郑吉顺利退回渠犁。

随后,刘询派遣长罗侯常惠率领张掖、酒泉骑兵,杀到车师以北1000余里,迫使匈奴骑兵从车师解围而去,郑吉这才率领田卒回到渠犁继续屯田。与此同时,郑吉将在焉耆国避难的原车师太子军宿接回,由汉任命为车师王。车师民众也带上能够带走的一切财产,全部搬迁到了千里外的渠犁,将肥美的水草与壮丽的交河城全部留给了兜莫和他的新车师国。

如同一场拳击比赛,当一方甘拜下风,另一方只能表现出君子风度。

汉主动放弃车师前国仅仅四年,也就是神爵二年(前60),匈奴发生内讧,受到排挤的日逐王先贤掸率1.2万人降汉。西域都护府宣布成立,日逐王属下的匈奴僮仆都尉撤销。郑吉趁机反击车师,护送亲汉的车师王军宿回到了交河城,亲匈奴的车师王兜莫则率众迁徙到天山北麓。地域广阔的车师被彻底肢解,原车师分出了四个国家,如同一个精美的瓷瓶一下子摔成了四瓣:分别是山前的车师前国、车师都尉国,山北的车师后国、车师后城长国。

"五争车师",形同一场诡异的梦。

四、高昌壁

《北史》记载,当年,为了取得大宛的汗血马,贰师将军李广利率领大军西征。一路上,大漠连连,人困马乏。当大军路经吐鲁番时,为这里的高山雪水所吸引,萌生了利用丰富的水资源屯垦的想法。于是,军中伤病员被留下来,负责屯田耕作,修建城垒,因其"地势高敞,人庶昌盛",所以得名"高昌"。

在这里,《北史》出现了两大错误。

第一,它是一种望文生义的解释。吐鲁番盆地是著名的洼地,怎么可能"地势高敞"呢?史学家王素考证,"高昌"来源于凉州刺史部敦煌郡的高昌里。汉代西域屯田士卒多来自凉州特别是敦煌,他们被按籍贯编排起来然后派往西域,此地的屯田士卒可能多是高昌里籍,为了表达对故乡的思念,他们把屯戍的地方称为"高昌壁"。

第二,高昌壁的建设年代并非李广利远征大宛的太初三年(前102),而是半个世纪后汉元帝刘奭登基那年。当时,由于西域北道距离匈奴最近,战略地位重要,而设在轮台的西域都护又鞭长莫及,因此汉朝于初元元年(前48)设立了戊己校尉,作为负责西域屯田的最高军事长官,在屯垦上直属于大司农管理,在军事上受西域都护节度,秩俸比二千石(月谷100斛),治所设在交河城。戊己校尉府配备丞和司马各一人,秩俸比千石(月谷80斛);戊己校尉下一级编制为曲,共有前后左右中五曲,军侯为曲的首领,秩俸比六百石(月谷55斛);曲下设屯,为最基层单位,有屯长一人,秩俸比二百石(月谷30斛)。

戊己校尉上任后,把屯田基地从交河城扩展到了东部50千米的高昌壁。负责高昌壁屯田的为己校尉,负责交河城屯田的为戊校尉。

渐渐地,高昌由一个小小的屯田筑壁发展成了东部天山的军事政治中心,戊己校尉府也从交河迁到了高昌。

当时的高昌壁,就是今天残迹犹存的高昌古城,维吾尔语称"亦都护城"(即王城),位于吐鲁番市以东40千米的三堡乡,地处天山南路的丝路北道,总面积200万平方米,是古代西域留存至今最大的故城遗址。

交河故城与高昌古城相距50千米,堪称吐鲁番盆地这个绿洲美人胸前的两朵鲜花。两座翘首相望的姊妹城,在西域的广袤沙漠里相依相伴,共同挽手走过了2000年的漫漫光阴。

接下来,我们将把目光从交河转向高昌,看一看这里发生的一系列惊心动魄的故事。

五、校尉府喋血

西汉末年,有记载的戊己校尉共有三人,分别是徐普、刀护、郭钦。而且这三人有一个共同点,就是以刀说话,不事周旋。

元始年间(公元1—5)的徐普,曾经因为车师后王姑句没有按照自己的号令及时赶到高昌,就把对方抓了起来,逼迫其投降了匈奴。后来姑句被引渡回汉朝,丢了性命。

随后的刀护也是铁石心肠。车师后王须置离因为受不了路经此地的汉朝官员的盘剥与敲诈,私下发了几句"还不如投降匈奴"之类的牢骚,就被刀护抓起来严刑拷打。在屈打成招后,须置离被押送到西域都护府,由更冷漠的但钦砍掉了脑壳。一怒之下,须置离的哥哥狐兰支率众投奔了匈奴。

当时,"单于玺"刚被新朝皇帝王莽换成了"单于章",乌珠留若鞮[①]单于正在气头上,他不仅愉快收留了狐兰支及其国民,而且派出精兵与狐

[①] 若鞮,匈奴语意为"孝",是历代单于的尊号。

兰支一起进攻车师,杀死了车师后城长,击伤了都护司马,给了嗜杀无度的王莽、但钦与刀护一记重拳。

一时间,西域乌云滚滚,匈奴大兵压境,高昌壁人心惶惶。生死存亡时刻,戊己校尉刀护偏偏又病了。

晚上,一弯冷月斜挂在西天。长史陈良、终带,司马丞韩玄、右曲侯任商凑在一起,像四只老鼠一样,鬼鬼祟祟地商议起对策:"如今多数西域国家叛汉,匈奴又大规模入侵,我们危在旦夕。唯一的出路,是杀掉校尉,率领人马投降匈奴。"

"说干就干!"他们纠集了三四百名官兵,在骗开校尉府后乘虚而入,将病榻上的刀护和男性亲属全部杀害。然后,胁迫校尉府2000多名官兵投降匈奴。陈良、终带被任命为乌贲都尉。

三年后,乌珠留单于病死,本来应该由乌珠留单于的儿子苏屠胡本继位,但王昭君的女婿——主事大臣右骨都侯须卜当发挥了作用,他和妻子伊墨居次云与王莽所封的孝单于咸(乌珠留单于的弟弟)关系密切,便力推咸成为乌絫若鞮单于。乌絫单于上任后,立刻调整了哥哥对新朝的仇视策略,宣布与王莽和亲。本来对匈奴一向鄙视的王莽,感觉这是为被杀的刀护复仇的机会,便派王昭君的侄子——和亲侯王歙带上大批财宝贿赂新单于,要求买回陈良、终带等人的带发人头。财迷心窍的乌絫单于将陈良、终带、韩玄、任商和亲刃刀护的芝音及其妻子等27人扔进囚车,交给了大新使者。犯人一到长安,便被斩首焚尸。据说,王莽亲作"焚如之刑",以解心头之恨。目的达到后,王莽断然回绝了单于的和亲要求,匈奴与新朝再次翻脸。

匈奴大举侵入新朝北部边境,焉耆国王也在西域发难,引兵杀死了西域都护但钦,并在随后伏击了王莽派出的西征大军。

西域重新成为匈奴的天下,戊己校尉府被废。

六、三绝三通

历史的脚步匆匆向前,将一切岁月的浮云像空瓜子壳一般抛在脑后。汉军的身影重新出现在高昌,已是半个世纪以后。

东汉建立后,面对莎车的欺压,西域各国要求恢复王莽时期撤销的西域都护府。建武二十一年(45)冬,车师前国等十八国国王各自派出儿子到达中原,以侍奉汉帝为条件,祈求刘秀派出都护到西域主持公道,但被一心内务的刘秀回绝。绝望之下,车师前部等向北匈奴屈服。这是"三绝三通"的一绝。

东汉第二位皇帝——汉明帝刘庄决心"尊武帝故事,击匈奴,通西域"。永平十六年(73),刘庄命窦固、耿忠领兵进抵天山,击败了北匈奴呼衍王,夺取了伊吾卢,车师前部重新附汉。第二年,刘庄恢复了西域都护,并以耿恭为戊校尉屯驻车师后王王都金蒲城;关宠为己校尉屯驻车师前国柳中(今鄯善县鲁克沁一带,在高昌东南20千米),高昌则降格为用来保护柳中屯田壁的斥候垒,这便是"三绝三通"的一通。

永平十八年(75),洛阳东宫前殿传出噩耗,48岁的刘庄撒手人寰。消息传到西域,亲匈势力借机反叛,焉耆与龟兹出兵擒杀了西域都护陈睦,龟兹、姑墨等国又发兵进攻班超,匈奴、车师等则出兵围攻戊、己校尉。建初元年(76),汉章帝刘炟得知陈睦已死,便下诏允许班超回国,并派兵把戊校尉耿恭接回了关内。除了班超因为于阗君民的劝阻没有回归,其余汉军或命丧敌手,或撤回内地。这就是"三绝三通"的二绝。

谁也想不到,滞留疏勒的班超,居然凭一己之力打出了一片天。到永元四年(92),他已基本掌控了西域局势,于是汉和帝刘肇任命班超为西域都护,驻扎在龟兹;任命徐干为长史,驻扎在疏勒;任命任尚为戊己校尉,领兵500人借驻守高昌壁,高昌重新由垒升格为壁。这就是"三绝三通"的二通。

永元十四年(102),刘肇诏命任尚接替班超的西域都护之职。任尚并非一介武夫,但听不进班超交接时的忠告,严字当头,只堵不疏,导致西域怨言四起。元兴元年(105)底,死神瘦骨嶙峋的手敲响了洛阳章德前殿的红漆宫门,刘肇的太阳穴突突地跳动,耳朵嗡嗡地作响,呼吸越来越困难。宫廷御医们开始交头接耳,私下嘀咕说:"唉,才27岁(虚岁),不可救药了……"十二月二十二日,26岁的刘肇驾崩,出生仅一百多天的刘肇次子刘隆继位,是为汉殇帝。与汉明帝驾崩后惊人相似的是,刘肇驾崩的消息传到西域,任尚受到西域各国围攻。因为周边国家明白,成年皇帝死了,继位的肯定是一个孩子,皇宫里一定手忙脚乱,这恰恰是浑水摸鱼的好时机。事实的确如此,在东汉的14位皇帝中,只有刘秀和刘庄是成年人,其他不是弱冠登基就是在襁褓中拉来充数,其中的殇帝、少帝、冲帝、质帝都没有机会庆祝10岁生日。于是,外戚与宦官开始交替掌权,宫廷内外乌烟瘴气。这一次,尽管东汉派行事稳重的段禧接任了西域都护,仍无法从根本上扭转任尚造成的被动局面。永初元年(107),朝廷再次迎回西域都护、长史以及柳中、伊吾卢的屯田吏士。这就是"三绝三通"的三绝。

延光二年(123),西域长史班勇率500名士卒出屯柳中,鄯善、龟兹、姑墨、温宿于第二年相继归附。班勇召集万名西域联军兵发车师,在伊和谷击退了匈奴伊蠡王,重新控制了车师前部和丝路北道。班勇还攻杀了车师后部王和东且弥王,收复了车师六国;捣毁了北匈奴呼衍王的老巢,生俘了呼衍王的2万多部下。北匈奴逢侯单于亲率万余骑兵前来报复,也大败而去。这是"三绝三通"的三通。

考虑到时机已经成熟,班勇向朝廷要求征讨唯一没有公开投降的焉耆。永建二年(127),朝廷派遣敦煌太守张朗配合班勇会攻焉耆,张朗为了抢功率先发起进攻,随后又诬陷班勇"迟到",导致班勇被免职下狱。从此,西域再也无人信服这个黑白不分的中央政权,西域长史王敬被于阗人杀死,曾经是班超忠实根据地的疏勒也发生了反汉叛乱。

历史有时如同蹩脚的连续剧,总是在最不引人注目的地方出现高潮。熹平四年(175),出生于岷县地方豪强之家的董卓被任命为西域戊己校尉。听说凶神恶煞的董卓西来,吐鲁番盆地突然静了下来,天山各国国王没人愿意用自己的脖子来试验董卓手上那把大刀锋利与否。

可惜的是,董卓不久就转任并州刺史。如果他不内调,历史或许能少一个窃国大盗,多一个流芳千古的班超。

但历史不允许假设。董卓风生水起的日子,正是车师与中原失去联系的岁月。中平三年(186),河西十几万羌人造反,丝绸之路被阻断,东汉在西域的统治成为一枕黄粱,而满脸横肉的董卓,已经挽起袖子打马东去,前往洛阳收拾那如画的江山。他背后,是萧条的残山剩水、凋零的明日黄花。

七、高昌壁变高昌郡

汉末的黄巾起义、王莽迁都以及曹操、刘备、孙权三强混战,使得中原重新回到了400年前的战国时期,谁还顾得上什么西域甚至车师？直到曹丕宣布代汉自立,西域各国才开始遣使贡献,魏国这才在海头派驻了西域长史,在高昌派驻了戊己校尉。

西晋建立后,秉承魏制保留了西域长史府与戊己校尉府,驻扎地点也没有变化,唯一的变化是,车师后部已经役属于新兴的草原帝国鲜卑。

不仅鲜卑势不可挡,匈奴、羯、氐、羌也趁西晋"八王之乱"之机跨越长城,逐鹿中原,北方从此血雨满天,腥风劲吹。

中原大乱,逼迫无辜的士族与百姓举家迁徙,有的向南越过长江进入东晋；有的向西来到敦煌,进而进入富庶的高昌。吐鲁番曾经出土了一张西晋时期的类似于连环画的《墓主生活图》,画面正中一个头戴高冠的地主正襟危坐,侍女跪在旁边,下面则描绘着地主家的厨房、厨娘、农具、马车等,画面虽然简洁,但却洋溢着富贵荣华的气息。可见,当时的高昌已是一个经济发达、人口众多的商贸与农业重镇。也就是说,"五胡内迁"在摧毁了中原秩序的同时,也使得世外桃源般的高昌获得了意外的发展,它迅速由一个屯田壁垒蜕变为一个堪与中原媲美的郡县,如一只脱壳的蝴蝶蹁跹于杂树乱花之间。

第一个在高昌设郡的,是张轨建立的前凉。张轨,西汉常山王张耳的十七代孙。"八王之乱"爆发后,自感世事艰险的他占卜预测吉凶,结果六十四卦中的泰卦与观卦意外遇合,他扔掉蓍草大喜说："这是霸者之吉兆啊。"第二天,他便向晋惠帝司马衷请求到凉州任职。永宁初年(301),张轨出任护羌校尉、凉州刺史。由于他内安乱民、外退鲜卑,被司马衷升为安西将军,封安乐乡侯。此人虽割据一方,但心向晋室,经常出兵帮助朝廷平定内乱,这在人人自保的晋末是难能可贵的,因此史书评价："诸征镇能知君臣之分者,张氏父子而已"。在他的教导下,儿子张寔、张茂都以保卫晋室为己任,并一直奉用晋朝年号,西晋建兴年号竟然被用到建兴四十九年。显然,这是战争阻隔的缘故,因为早在建兴四年(316),晋愍(mǐn)帝司马邺就光着膀子、口含玉璧、带着棺材向匈奴人刘曜投降了。

张茂的侄子张骏担任凉州牧时,虽然多有建树,但喜欢美女,穷奢极欲。带头挑衅张骏的,是驻守高昌的戊己校尉赵贞。闻听赵贞图谋不轨,张骏没有亲自动手,而是把任务交给了西域长史李柏,据说李柏也大包大揽地表示保证完成任务。

双方一交战,李柏就大败而归。张骏的近臣与美人纷纷要求处死回来领罪的李柏,但张骏没有直接表态,而是给身边人讲了一个久远的故事:"战国时期,秦穆公手下有一个将领,名叫孟明视,是百里奚的儿子。有一年,秦穆公不听众臣的劝告,决定拜孟明视为大将兴兵讨伐郑国,不想在路上中了晋军埋伏,秦军全军覆没,孟明视也被俘虏。孟明视被释放回国后,秦穆公把战败的责任全部揽在自己身上,不但没有处罚孟明视,而且一如既往地信任他。过了两年,孟明视要求领兵进攻晋国,以报上次失败之仇。结果,孟明视再次被准备充分的晋军击败。虽然这次败得没有上一次惨,但也足以使他无地自容。于是,他自己上了囚车,不希望秦穆公再免他的罪……"讲到这里,张骏喝了一口水,美人们急不可耐地问:"他被治罪了吧?"

"没有!"张骏接着说,"富有阅历的秦穆公明白,只有久经大风浪甚至翻过船的人才能更好地掌舵,因此对他勉励了一番,让他继续统领军队。经过两次失败,孟明视更为机警与老练,他拿出家产和俸禄送给阵亡将士家属,并与士兵们一起吃粗粮、啃草根、埋头苦练。不久,晋国联合宋、陈、郑三国攻入秦国边境,孟明视命令将士坚守不出。两座城池被联军夺去了,他仍熟视无睹。许多人骂孟明视是胆小鬼,请求秦穆公另选良将,但秦穆公不为所动。三年后,孟明视请秦穆公御驾亲征,出征前他对秦穆公说:'要是这次再打不了胜仗,我决不活着回来!'大军东渡黄河,烧掉渡船,以背水一战的气概奋勇冲杀,很快就夺回了上次丢失的两座城池,还打下了晋国的几座大城。此战过后,晋国闻风丧胆,秦穆公开始称霸西戎,虎视关东,周襄王也承认秦穆公为西方霸主。《左传》称原因在于'用孟明也'。"听完这个故事,近臣们张着嘴巴半天不说话,美人们则口中啧啧有声,一脸钦佩。

咸和二年(327),李柏再次领兵出征。卧薪尝胆的李柏再也没有辜负主子的信任,一举生擒了赵贞,平定了高昌之乱。1500年后,李柏的文书被一个名叫橘瑞超的日本和尚从海头废墟中偷走,如今藏在日本一个大学图书馆里。李柏的名字也因此在世界考古界尽人皆知,这是后话。

战后,张骏在原戊己校尉驻地设置了高昌郡;在柳中设立了田地县,作为戊己校尉的治所。

历经战事的张骏深知,刀剑唱着死亡之歌,但唱不出镰刀的收获。咸和五年(330),占据长安的石勒称大赵(史称后赵)天王。为了避免战争,张骏让使者带上高昌图籍,率领于阗、鄯善、大宛使者向石勒朝贺,认同了后赵的宗主地位,因此后赵没有过分为难他们。

就这样,高昌在前凉5世9主76年的统治下,基本保持了相对稳定,经济与文化获得了飞速发展,这也为高昌最终破蛹成蝶积累了力量。

八、本土太守

这是一个英雄高举霸王鞭的时代。苻坚担任前秦皇帝之后,哪能甘心让前凉这个小不点偏安一隅。建元十二年(376),前秦兵发前凉,迫使末代首领张天锡投降。苻坚任命灭凉功臣梁熙为凉州刺史、领护西羌校尉,任命高昌土著杨幹为高昌太守。

白雀二年(385),奉苻坚之命西征的前秦大将吕光从龟兹东还。此时,苻坚已死,高昌太守杨幹认定吕光必定割据河西,因此向上司梁熙进言:"吕光听说中原大乱,必定有所图谋,您应守住高梧谷口,断绝吕光的水源,身处沙漠的吕光便会不战自乱。如果认为高梧谷过远,那就在伊吾关扼守。如能守住二关,吕光即使有张良之计,也无法自救。"可惜,胸无大志的梁熙并未采纳这位下属的意见。杨幹深知,以自己一郡之力,根本无法阻挡吕光的虎狼之师,于是当吕光临近高昌时,举郡投降了吕光。而梁熙当断不断,大兵临境又想负隅顽抗,结果已经无关可守的凉州被破,梁熙也身首分家。就因为杨幹的左右逢源,最终使高昌在这个走马换将的时代成了一片安静的乐土。

太安四年(389),吕光在武威建立后凉。他充分认识到了高昌扼居西域要冲的战略地位,没有再在高昌土著中选择太守,而是任命儿子吕覆为西域大都护,常驻高昌。龙飞二年(397),匈奴人沮渠蒙逊背叛后凉,在张掖推举段业为凉州牧,建立了北凉段氏政权。随后,段业派遣沮渠蒙逊攻克西郡,高昌也乖乖地归顺了段氏北凉。东晋隆安四年(400),段氏北凉属下的晋昌太守反叛,推举汉人李暠(hào)为凉公,建立了西凉,高昌又归顺了西凉李暠。

这还是个城头变幻大王旗的年代,看到这段历史,读者或许才能明白,什么叫走马灯,什么叫换面具。天玺二年(401),沮渠蒙逊杀掉自己所扶持的段业,建立了北凉。玄始九年(420),北凉攻杀了西凉主李歆(李暠之子),多数西凉郡县纷纷归附,高昌也宣布投降。

在选择谁担任高昌太守的问题上,沮渠蒙逊早已胸有成竹。想当初——玄始四年(415),北凉与西秦在湟水爆发战争,连太守沮渠汉平都投降了,而高昌贵族出身的郡司马隗仁仍在死战,最终力竭被俘。在做囚徒的日子里,隗仁不亢不卑,大义凛然,西秦居然每天三茶六饭地养了他五年。当隗仁被释放回北凉,沮渠蒙逊紧握住隗仁的手,声泪俱下地说:"爱卿啊,你就是我的苏武!"所以,高昌归附后,沮渠蒙逊把隗仁叫到面前:"回家吧,由你任高昌太守。"

衣锦还乡的隗仁对主子的信任很是感激,从内心深处也想好好建设自己的家园。但这位打仗的好手,却不是一个治世的能臣,因为他不爱江山,不爱美人,偏偏酷爱金钱,一天没人送礼他就心痒,继而手痒,脏话张口就来,体罚更是家常便饭。开始时是民众、贵族不满意,后来连他的亲信也忍无可忍了。永和三年(435),高昌军民把隗仁愤怒地赶出了家乡。

高昌人自己推举出的太守,名叫阚爽,是一位汉人。

九、阚氏高昌

奇怪的是,阚爽被民众拥戴为高昌太守的消息传到北凉,北凉却没出兵平叛,而此时距离北凉灭亡还有五年之久。原来,英勇盖世的沮渠蒙逊早在两年前就去世了,此时的北凉国主名叫沮渠牧犍,是沮渠蒙逊的三子,他尽管聪颖好学,和雅有度,但生性懦弱,偏好女色,自己嫔妃成群,居然还与嫂子通奸。尤其是,此时有两股势力牵制着他,一是横行北方的北魏,二是窥视中原的柔然。

同样的消息传到北魏,太武帝拓跋焘却兴奋得夜不成寐,赶忙派遣散骑常侍王恩生出使高昌,任务嘛,一是建立外交关系,二是探查高昌的虚实。但王恩生出发不久,就被柔然俘虏。因为在柔然看来,高昌是自己的势力范围,不仅北凉不能进攻,北魏也休想染指。

就这样,阚氏高昌处在三大势力的夹缝中,都不能灭它,但又都想拉拢它。阚爽头脑一发热,于北魏太延四年(438)宣布建国。第二年,东方就传来了北凉被北魏灭亡的消息。经过权衡,阚爽决定取消王国建制,重奉北魏年号。事实证明,他的决定是正确的,北魏并未追究阚爽的越轨之举,仍一如既往地善待他。谢天谢地,高昌总算躲过一劫。

就在这时,精心缠绕的乱麻中突然断了一根线,打破了相对稳定的格局,引发了一系列连锁反应。

20年前,西凉灭亡,李氏西凉的余孽——李暠的孙子李宝与舅舅唐契、唐和逃到伊吾,臣服于漠北的柔然,被柔然封为伊吾王。后来,李宝暗中通好北魏,结果被柔然发现。柔然可汗一怒之下,发兵攻打唐契兄弟。既然打不过,就只有逃亡,而这股亡命之徒选择的逃亡之地,居然就是西邻的高昌。

太平真君三年(442),唐契兄弟疯狂围攻高昌,高昌危在旦夕。万般无奈之下,阚爽有病乱投医,派亲信深夜出城,向蜗居楼兰的另一伙亡命之徒发出了求救信。

这一股亡命之徒是沮渠氏北凉的残渣。北凉灭亡后,沮渠牧犍的弟弟沮渠无讳、沮渠宜得和沮渠安周分别逃到酒泉、敦煌和吐谷浑。为躲避北魏的穷追猛打,沮渠无讳派弟弟沮渠安周越过流沙,西取鄯善。太平真君三年(442)四月,沮渠无讳又率领1万多户部属,西去楼兰与沮渠安周会合。但自然环境已经急剧恶化的楼兰,显然不是沮渠无讳兄弟的久留之地。就在他们寻找新目标之际,阚爽的求救信到了。信的大意是,如帮我解围,高昌将听命于你。大喜之下,沮渠兄弟于八月率领全部军民赶赴高昌。

沮渠无讳还在路上的时候,作为高昌保护国的柔然已经派精兵进入吐鲁番,不仅解了高昌城之围,而且杀死了唐契,唐和与外甥李宝也收拾残余投奔了车师前国。

当沮渠无讳赶到高昌，高昌之围已解。既然对方并未帮忙，阚爽也就关闭了城门，不再兑现承诺。热风烈日下，沮渠无讳只能对着紧闭的城门发呆。这就好比是一家山民遇到了狼灾，便向远方的亲戚紧急求救，承诺如果前来帮我赶走狼，这座山就属于我们两家了。但当亲戚拖家带口赶到山民家中，山民却说，狼碰巧被一个猎人打死了，请你原路返回吧！

沮渠无讳岂能善罢甘休？阴历九月一个月黑风高之夜，沮渠将士趁着夜色翻过城头，向睡梦中的阚爽发起了致命一击。阚爽骑上快马投奔了柔然，而满城百姓因为他的一个决定遭到血洗。惊回首，他心凉如水，想不到啊，自己没有栽在阎王——北魏手中，却被小鬼——沮渠氏端了老窝。

高昌从此易手，沮渠无讳在这里重整旗鼓，建立了北凉流亡政权，改元承平，公元443年就是承平元年。

十、人祸与天灾

沮渠兄弟几乎就是倒霉的化身，似乎他们走到哪里，霉运就跟到哪里。来到高昌的第二年，沮渠无讳就一命呜呼了。他死后，他的弟弟沮渠安周与他的儿子沮渠乾寿又围绕继承权展开了殊死的搏杀。姜还是老的辣。能征惯战的安周一举击败了乾寿，成为流亡政权的第二代当家人。而无家可归的乾寿只能带着500兵丁，投奔了车师前国的车伊洛。随后，车伊洛备好车马将乾寿送到了北魏都城。

人祸刚刚平息，天灾——饥荒便接踵而至。当时，高昌有一位法号释法进的高僧，多次上书沮渠安周放粮赈灾。安周也多次打开国库，向嗷嗷待哺的饥民放粮施粥。只是，再丰盈的国库，也经不起持续的饥荒啊。

目睹一个个饥民在面前倒下，有着悲天悯人情怀的释法进决定把自己的身体施舍出去。一天，他斋戒沐浴后，带着刀子与食盐来到饥民聚集的地方，对眼冒绿光的饥民说："我把身体施舍给你们了！"人们尽管饥饿难忍，但没有一个人忍心接受他的施舍。见饥民无人动手，释法进便拿起刀子，向自己腿上割去。然后，拿起自己割下来的肉，蘸着食盐吃了下去。就这样，一点点、一块块，他将自己腿上的肉几乎全部割下，奉劝大家带回家充饥,但饥民们悲不自胜,没有一人忍心拿肉。

据考证,这次大饥荒整整持续了七年。其实,仅仅是天灾也就罢了,人祸也随时威胁着他们。因为这个流亡政权有一个死敌,那就是被柔然赶跑的唐和与外甥李宝。在流亡车师前国的日子里,他们与前国国王车伊洛结成了生死同盟。

这两个相距50千米的近邻开始死掐。

承平八年(450),车伊洛与唐和领兵攻打焉耆,让儿子歇留守交河城。按说,沮渠安周的机会来了。一方面,他倾全国之力兵发交河;另一方面,联络柔然从另外三面攻打歇。歇内无强兵,外无救援,最终交河城丢失,他只得像一只被拔了毛的公鸡一样,逃往父亲所在的焉耆前线。

行军途中的车伊洛,远远望见儿子带着残兵败卒仓皇赶来,便知大事不妙。当得知老窝已经被端,车伊洛更是泣不成声。车师500年的国祚,难道就毁在自己手上?

太阳懒洋洋地挂在头上,车伊洛与部下们再也不说一句话,任汗水与泪水在脸上奔涌。自知无力回天,车伊洛便上书北魏皇帝拓跋焘,希望北魏能展大国之胸襟,收留国破家亡的自己。以一统天下为目标的拓跋焘,专门派出使者诏谕抚慰,打开焉耆粮仓赈济车伊洛军民。事后,车伊洛的后裔被允许迁往平城,车师前国彻底消失。沮渠安周幸运地占有了交河郡、田地郡,吐鲁番盆地的政治、经济、文化中心也由交河彻底转移到高昌。

从此,交河丰姿不再,风华凋敝,渐渐被边缘化为一堆骷髅般的废墟,曾经生活在交河的车师后人——敕勒、高车、铁勒慢慢演化为近代的维吾尔与土库曼族;而高昌则逐步发展成熟,一颗耀眼的"丝路明珠"从此闪现在传动着财富、宗教与梦想的丝路上:驼铃声中,商队穿梭;琵琶伎乐,舞裙摇曳。

十一、华容公主

高昌真正为中国所知,还是因为一位中原公主。

在北凉残余被柔然灭掉后,高昌又先后出现了四个独立的王国,分别是阚氏高昌(460—488)、张氏高昌(488—496)、马氏高昌(496—501)及麹氏高昌(501—640),其中麹氏高昌统治时间长达141年。

这个由陇西望族麹嘉所建的汉人政权,先后臣服于柔然、高车、铁勒、突厥,一心追求和平。这倒不是因为他们想得诺贝尔和平奖,而是时势使然。在风雨如晦、纵横交错的利益冲突中,在波诡云谲、荆棘丛生的民族关系中,麹氏高昌能够屹立上百年而不倒,的确需要世事洞明的境界,能屈能伸的胸怀,左右逢源的手腕以及愈挫愈奋的精神。

隋建立后,高昌这朵向日葵迅速转向东方。大业五年(609)六月,高昌王麹伯雅亲自出使隋,在张掖见到了隋炀帝杨广。大业七年(611),麹伯雅又陪同西突厥处罗可汗入朝觐见杨广。觐见结束后,他和儿子麹文泰还跟随杨广东征高句丽。作为奖赏,杨广将一位宗室之女封为华容公主嫁给了他。

华容公主出身北周皇族鲜卑宇文氏,有着纯正的皇族血统、娴静的气质和秀美的姿容。公主一到,高昌王后①无奈地搬出了后宫。

麹伯雅不久病逝,而华容公主正娇花怒放。于是,麹伯雅之子麹文泰依照民俗,再娶华容公主为王后。

臣下来报,中原改朝换代了,而新王朝——唐的创立者和隋一样有着鲜卑血统,唐太宗李世民的祖母独孤氏和皇后长孙氏都是拓跋鲜卑后裔,与华容公主的祖先宇文鲜卑一脉相承。李世民一上台,便赐给华容公主一枚精美的花钿,而华容公主也以玉盘回赠。

贞观四年(630)冬,在猎猎寒风里,华容公主陪同麹文泰到长安朝觐,不但回到了久违的故乡,而且见到了李世民。朝觐时,她特意在秀发上别上了李世民所赠的花钿。

乐舞声里,华容公主与长孙皇后执手相看泪眼,喜极而泣,她说起了旅途的劳顿,说起了思乡的悲切,说起了自己并非隋朝皇族,说起了与唐浓浓的血缘。鉴于她在高昌两代为后的地位,基于她和丈夫对唐的倾心归附,李世民宣布赐华容姓李,封为唐常乐公主。一位远嫁的女子,居然被前后两个势同水火的朝代封为公主,在中国历史上实属特例。

---

① 西突厥室点密可汗的女儿,先嫁高昌王麹宝茂,再嫁麹宝茂的太子麹乾固,在近60岁时又依照风俗嫁给了麹乾固的儿子麹伯雅。

顾炎武说:"常将《汉书》挂牛角。"陆游说:"细雨骑驴入剑门。"这是一种化干戈为玉帛,变激越为舒展的人生境界,因为再宏伟的史诗也会化为灰烬,再豪迈的英雄也将变成故人,因为战争的目的是为了和平,怒吼的目的是为了安宁。渐渐地,我已经不太喜欢刀光剑影、鼓角争鸣的战争场面,更愿意看公主远嫁、贵妃醉酒的和平故事。

所以,我一直对和亲津津乐道。

十二、高僧与国王

就在公主朝觐的前一年,丝路要冲的高昌来了一位和尚。

这显然不是《西游记》里的一个镜头。他既未牵着什么白马,也没有孙悟空、猪八戒、沙和尚陪伴,而是孤身一人,风尘满面。他叫玄奘,俗名陈祎,今河南偃师人,时年27岁,是大唐的一位高僧,据说是路经西域前往天竺取经。

玄奘出关后,本想走草原丝路,从伊吾直接西去可汗浮图城。巧合的是,高昌使者在伊吾遇到了玄奘,并把消息传给了醉心佛教的麴文泰。麴文泰赶紧派出使者团前往伊吾,盛情邀请玄奘绕道高昌。于是,玄奘改变了行进路线,从伊吾启程绕道南下,于六天后抵达高昌。

当玄奘抵达高昌王城时,天空已变成夜的蓝,月亮已呈现柠檬黄,如果从一个较远的角度,就可取下一幅明月照城楼的古典画面。玄奘来临的消息传进王宫,麴文泰下令门司打开城门。

令玄奘感慨万端的是,时值天寒地冻的正月,而且已是夜半时分,国王和妻子儿女一直未眠,一边诵经一边等待他的光临。

见到玄奘的那一刻,麴文泰喜不自胜,因为眼前的高僧尽管尚显年轻且一脸疲惫,但眉宇间透出的那股灵性与佛智,行进时显出的那份淡定与从容,令见多识广的他敬由心生。

之后,麴文泰表现出了一个佛教徒非同一般的狂热与虔诚,他将玄奘奉为上宾,拜为国师,天天带着嫔妃、大臣们听玄奘讲经说法。渐渐地,麴文泰被玄奘广博的学识、高雅的气度和精深的佛学所折服,居然动了让玄奘辅佐国事的念头。

有梦想不足以使一个人到达远方,但到达远方的人一定有梦想。麴文泰一而再再而三地规劝高僧,一边以高官厚禄相许,一边以真情实意相邀。见软法子不行,麴文泰祭出了硬手段,给玄奘出了一道选择题,选项只有两个:一、留在高昌;二、送您回国。留在高昌意味着违逆玄奘的初衷,送他回国将使私自出关的玄奘面临着牢狱之灾。玄奘回应:"您可以留住我的尸骨,无法留住我的心。"说完,"因呜咽不复能言"。

话说到这个份上,麴文泰留住法师之心仍如玄奘西去之心一样坚定,麴文泰吩咐手下一日三茶六饭相供养,每日高僧进食时麴文泰必亲自捧饭。见麴文泰定要留下自己,玄奘便绝食明志,连续三日滴水粒饭不进。

麴文泰与玄奘,实质上是在进行一场没有硝烟的心理战。玄奘绝食到第四日,已经奄奄一息,直到此时麴文泰才为玄奘西去取经的执着与无畏深深折服,终于答应放玄奘西去,前提是再讲经一个月,而且玄奘自天竺返国时要在高昌滞留三年讲经说法。双方达成共识,在国母张太妃主持下,两人结为兄弟。《西游记》中唐僧的御弟身份就是从此而来。

随后一个月,麴文泰设立了专供玄奘讲经的大帐,可供300人一起听讲,国王、太妃、王妃、王子、大臣都赫然在座。每当玄奘说法,麴文泰必会手执香炉前来迎接。玄奘升座时,麴文泰都会俯身跪下,让玄奘踩着他的脊背上座。

期间,麴文泰为玄奘准备了足够20年往返的费用,剃度四名小和尚作为随伴,送上了30匹骏马,还修书24封给沿途各国要求提供方便。出发那天,全城夹道相送,麴文泰抱住玄奘失声痛哭,亲自送到50千米外的交河城。高僧频频回首作揖,国王则不断挥手致意,直到西行的马队变成几个黑点,国王仍静立在剪刀般锋利的春风里。

麴文泰的24封国书及信物,给了玄奘以巨大的帮助。尽管高昌实力一般,但毕竟处在丝路要道上,与西域各国联系密切。就连当时雄踞漠北的西突厥叶护可汗,见到国书及礼物都欣然接待了玄奘。当玄奘向叶护可汗辞行时,叶护可汗还送上了自己致西行诸国的国书。有了高昌与突厥的两份国书,玄奘简直如鱼得水,如虎添翼,所到之国,国王无不亲自迎接。可以说,玄奘能够顺利到达天竺,麴文泰功不可没。

贞观十三年(639),如日中天的著名佛教中心那烂陀寺,玄奘正在代该寺的住持、佛学权威戒贤大师讲授《摄大乘论》和《唯识抉择论》。伴随与笼罩着他的,是羡慕的目光、荣誉的光环、祥和的梵音。但他没有得意忘形,因为他还要请教,还在参悟,还没有成为离开天竺时大乘行者口中的"大乘天"和小乘佛教徒口中的"解脱天"。

历史的悬念是,玄奘能顺利回国,如约与麴文泰相见吗?

十三、患上"自大症"

麴文泰执政前期,对唐还是十分恭敬的。从上台的第二年——武德七年(624)开始的六年中,他多次遣使入唐贡献。特别是贞观四年(630),他还亲自莅临长安。

然而,问题就出在这次入唐上。时值冬日,他路经陕西、甘肃,但见城邑萧条,农村破败,哪还有一丝隋炀帝时代的繁华。抵达长安后,尽管受到了李世民的盛情款待,他的王妃宇文氏也被赐予了李姓,但他对中原王朝已经失却了此前的敬慕与热情。

从贞观八年(634)开始,麴文泰再也没有向唐派出使者。五年不向唐贡献,无异于递交了绝交信。这种可怕的迹象,连高昌重臣张雄都焦虑不已,他多次面见麴文泰,请求不要有任何偷安和独立的奢望,抓紧派出使者到唐朝觐。对此,麴文泰无动于衷。

不贡献还不足以与以宽大为怀的唐交恶。接下来,麴文泰的所作所为越来越离谱。隋末大乱时,曾有许多中原人进入东突厥避难。东突厥被唐击败后,这些避难的中原人又大量流亡高昌,被麴文泰如数补充到军中。当时,唐曾用重金赎买这些中原人口,后来又三番五次地诏令高昌遣返这些汉人,但麴文泰根本不予理会,连解释的话也懒得说。应该说,这是高昌与唐交恶的开始。

更过分的是,麴文泰找到了新盟友——西突厥乙毗咄陆可汗,并与之郑重相约:一国有难,另一国当全力救援。

麴文泰认为,这是一个让自己不再惧唐的盟约。于是,他开始玩火,开始藐视一切,开始蜕变为一个自我膨胀、目光短浅的典型。他闹出的最大动静是公开劫掠焉耆国。

起因还是丝路。"伊吾道"开通后,高昌利用自身的交通枢纽地位,肆意抄掠西去东来的使者与商旅,使得这条繁忙而诱人的丝路几近停滞。贞观六年(632),焉耆王向长安派出使节,请求恢复隋末以来被阻断的大碛道——"楼兰道",也就是从焉耆南下,沿孔雀河东去,经罗布泊北沿直达玉门关的丝路北道。这条路一旦恢复,就可以摆脱对北新道的依赖,这对于靠商贸发财的高昌来说,无异于一场灾难。听到这个消息,高昌立即出兵突袭焉耆,一番掠夺之后撤回。

贞观十二年(638),高昌再一次劫掠焉耆。

下一年,唐向高昌派出了问罪使李道裕。因为高昌的罪行已不限于一再掠夺焉耆,他们还疏于朝贡,未尽藩臣之礼;而且擅自更改元号,官职的名称也模仿唐。

按说,麴文泰完全可以将计就计地进行一番表演,装出一副可怜兮兮的样子,拿出一堆拿得出门的理由,顺便表示一下对唐的忠心,甚至偶尔挤下一两滴委屈的眼泪。但他不是一个演技派,只是一个本色演员,喜怒皆形于色。特别是,他对唐根本就不服气。

见到李道裕,麴文泰的脸拉得比驴脸还长,只见他皮笑肉不笑地说:"鹰飞于天,雉伏于蒿,猫游于堂,鼠噍于穴,各得其所,岂不能自生邪?"意思是说,强大的鹰、猫与弱小的野鸡、老鼠一样,都有自己独立的活动区域,难道我们不能拥有自己的生存空间吗?

岂不知,话说出去之前你是话的主人,说出去之后你就成了话的奴隶。人通常需要花两年时间学会说话,却要花数十年时间学会闭嘴。可见,说,是一种能力;不说,是一种智慧。

李道裕见对方把话说到这个份上,便不再白费口舌,而是气呼呼地回国复命。事情到了这个地步,李世民仍对麴文泰抱有期待,再次派人送信到高昌,试图说服对方认清时局,并邀请他来长安会面。只要他肯前来,一切既往不咎,关于通商路线也可以细细磋商。即使恢复西域北道,经由高昌的"伊吾道"并不需要废弃不用,因为有两条路总比一条路方便吧。

接到李世民的亲笔信,麴文泰假托生病拒绝入朝。这时的麴文泰形同一个赌红了眼的赌徒,他明知道没有必胜的把握,却把几代人辛勤积攒的老本连同自己的大好头颅全部赌上。他所看到的未来是,第一,李世民不下注;第二,一旦李世民下注,幸运之神也眷顾一次自己。也就是说,一切全凭侥幸。

对于高昌的轻慢与自大,忍无可忍的李世民终于出手了。

一场改变西域千年格局的较量如期而至,战争的阴云从长安上空滚滚扑向数千里外的高昌。

这是一个层层递进的历史故事,故事背后隐藏着深层次的起承转合,它不是一个特定时代的孤立片段,而是一出由麴文泰、李世民主导的,由无数像张雄、麴智盛、李道裕、侯君集一样的文臣武将参与的大戏,悬念丛生,又惊心动魄。

十四、麴文泰能打赢吗

贞观十三年(639)底,李世民力排众议,下诏远征高昌。诏书上说:"原先考虑文泰旧有入朝贡献之诚心,不忍加以兵革,因此遣使劝慰,希望他能自新,可惜麴氏怙恶不悛,如此离灭亡也就不远了。况且现在西域各国无不希望杀之而后快,朕只能顺应民心,替天行道,以惩不法之君,解救无辜之民。"诏书最后警告说,"如果文泰能够俯首请罪,朕可保你性命;其余臣民如能弃恶归诚,朕也将一起加以抚慰,从而让人们明白逆顺之理。如果文泰胆敢抗拒王师,便休怪我以大兵之势致上天之伐。如此清楚地告诉你,使你能知会朕的用意。"

李世民任命吏部尚书侯君集为交河行军大总管,负责统帅西征大军。西征大军共分六军,总人数超过15万。中军由侯君集亲自统领,前军由交河行军副总管姜行本、总管阿史那社尔率领,左军由总管牛进达率领,右军由总管萨孤吴仁率领,后军由交河行军副总管薛万钧、总管曹钦率领,另有交河行军副总管契苾何力率领突厥骑兵协同中军进军。在这样一个空前鼎盛的阵容里,士兵出身的侯君集足智多谋,工匠出身的姜行本善于攻城,突厥出身的阿史那社尔熟悉地理,其余的将领无不身经百战,因此史学家感叹:"秦汉出师,未有如斯之盛也"。

大漠瀚海中,孤烟落日下,大唐15万步骑兵犹如一条钢铁巨龙,卷起遮天蔽日的滚滚沙尘,浩浩荡荡地穿越河西走廊,冲入那亘古不变的苍茫西域,拉开了唐帝国进军高昌的序幕。

面对这样一支人数众多、将星云集的大军,国民总人数仅仅是这支大军五分之一的高昌国还敢顽抗吗？

一个人如果走进了死胡同，就只看到自己，看不见别人。贞观十四年（640）八月，唐出兵的消息传到高昌，举国上下一片哀鸣，太子麹智盛甚至跪在麹文泰脚前，声泪俱下地恳求父亲以国家社稷和天下苍生为重。他还表示，按李世民对待周边民族一贯的宽宏大量，只要麹文泰真心悔过，一定会得到宽恕。但麹文泰不以为然地说，大唐距离高昌有7000里之遥，黄沙漫漫，地无水草，冬风冻寒，夏风如焚，唐朝绝对不会以大兵相加。即使唐真的派大军前来，主力也会被浩瀚的沙海——这道东兵西进的休止符所吞噬。而他则可以坐在家门口以逸待劳，等着收拾冲出沙漠劫后余生的唐军残部。

而后，高昌国内开始流传一首童谣："高昌兵马如霜雪，汉家兵马如日月。日月照霜雪，回首自消灭。"

凡把议论作为洪水猛兽的人，一定有他的虚伪暗藏其中。面对如水的民意，麹文泰居然下令逮捕初唱者，但却追无此人。尽管心怀忐忑，但他仍自欺欺人地沉醉在与唐使斗嘴时获胜的喜悦中，日日念经，夜夜笙歌。

战讯传进高昌。那一刻，麹文泰脸变得蜡黄，嘴角抽搐不停，双手颤抖不已。当他终于镇定下来，赶紧手拟了向西突厥乙毗咄陆可汗的紧急求援信。这就相当于，面对下了大注的对手，他能拿得出手的赌注有限，急需向另一位同盟者筹借赌资。

信使出发后的几天里，他食不甘味，夜不能眠，目光呆滞，性情大变，常常无端地对随从发火，甚至对宠爱的王妃恶语相加；有时连续几个时辰站在城头，翘首张望着远方的地平线，每当有人策马进城，他都会急不可耐地问身边人："是朕的信使吗？"

几天后，匆匆赶回的信使告诉麹文泰，可汗早已不知去向。原来，侯君集为了防止西突厥驰援高昌，命令契苾何力率领突厥、铁勒骑兵拿下了几座西突厥堡垒，驻守可汗浮图城的突厥将军投降，可汗讯息全无。听完信使的话，麹文泰一屁股坐在地上。宫里传出消息，国王病倒了。

在病榻上，他后悔没有记住17年前父亲临终时关于与唐永无二心的嘱咐，他懊恼没有听从已逝世7年的忠臣张雄的劝谏，更痛恨言而无信的西突厥。难道唐军真的所向披靡？难道麹氏高昌的百年基业要毁在自己手上？

突然，一阵急促的脚步声打断了他的沉思。"报！唐军已到碛口（今新疆与甘肃交界处的星星峡）……"探马话音未落，麴文泰惊惧交加，一口鲜血喷涌而出，那猩红的血喷洒在身旁的宫墙上，如一行用生命写成的血书。等侍卫上前搀扶，国王已经气息全无，连一句后事都没来得及交代。他死了，算是一种解脱，一种幸福，因为他终于可以安睡，变成化石。

昨天的负债，需要预支明天来偿还。在刀尖上继位的麴智盛，经不住唐军步骑兵的轮番冲杀和抛石机的疯狂轰击，于八月初八出城投降。高昌君臣与豪族被全部迁到内地。

由高昌招惹来的这次战争，显然要结束一段历史，但这种结束又意味着什么呢？是毁灭，还是开启？是跌入更深的长夜，还是迎来一个黎明？

问题的解答权已不属于高昌。

十五、玄奘的迷茫

接收高昌后，围绕着如何治理高昌，朝廷内部出现了不同的声音。以敢于直言著称的大臣魏征建议，高昌远离中原，可攻不可守，长期镇守高昌，会成为朝廷的累赘，仍立麴氏为王，遥相制衡，才是上策。主战派大臣则坚决反对放弃大唐将士用鲜血和生命换回的每一寸土地。李世民不仅没有采纳魏征的意见，而且在朝堂上严厉质问主张放弃高昌的大臣："汉可治西域，为何唐不可?!"

朝廷下诏废除高昌国，设西昌州（不久改称西州），下辖高昌、交河、柳中、蒲昌、天山五县，原高昌国8000多户人家、3.77万人口全部成为唐的子民。在此基础上，朝廷又在交河城设置了安西都护府，统辖西州与伊州。麴智盛则被安慰性地任命为唐朝左武卫将军，封金城郡公。更大的安慰是，李世民驾崩后，麴智盛的石像得以立在昭陵玄阙之下，同时在列的还有吐蕃赞普松赞干布、龟兹王诃黎布失毕、于阗王伏阇信、焉耆王龙突骑支、天竺国王阿罗那顺、林邑（今越南）国王范头黎、突厥可汗颉利、突厥可汗突利、突厥可汗阿史那社尔、突厥可汗李思摩、新罗乐浪郡王金德真、薛延陀可汗真珠毗伽、吐谷浑可汗乌地也拔勤。

残阳西落,将高昌国这个自大的背影拉得很长很长。它的死亡,又一次证明了"月满则亏,水满则溢"这一亘古常新的真理。

对此,远在印度取经的玄奘一无所知。当他学成回国的时候,为了践行与麴文泰的约定,舍弃了归国比较方便的海路,甘心翻雪山、涉流沙,重走崎岖艰险的陆路。

抵达阿富汗的人首马身时,玄奘方才听说,麴文泰已在三年前魂归西天,高昌也沦为唐的西州。

之后,玄奘选择了西域南道。到达瞿萨旦那国(于阗)后,他向李世民上书奏请准许入国的同时,还要求为他准备迎接的马匹。一年后,东方传来喜讯,想必李世民得知玄奘在印度赢取的辉煌,所以企盼他早日回国相见,并通报沿途的国家放行。玄奘垂首东去,经且末、鄯善回到了长安。

鉴于麴文泰已成唐的罪人,玄奘在给李世民的进表中并未提及这位结拜兄弟,但这并不表示他忘掉了那段苍劲的记忆,忘掉了自己与麴文泰的深深情谊。私下里,他时常向弟子们讲起在高昌的奇遇,讲起与国王的友谊,讲起国王对自己的资助。这些眼含热泪的讲述,后来被他的弟子慧立详细记录在《大慈恩寺三藏法师传》中。

十六、一堆废墟

这块寂寞和遥远的地方,一直是东方流亡者的乐园。

200年后,在漠北草原帝国之争中败下阵来的回鹘汗国残余——也就是车师族后人辗转西迁,其中的一支驻足高昌,在此建立了回鹘高昌国,其疆域东起河西,西达葱岭,南临大漠,北越天山,不仅延续了中断200年的高昌文明,而且把维吾尔民族之花移植到了广袤的新疆大地上。

当历史时针指向公元13世纪,西域出现了强悍的蒙古骑兵。长期遭受西辽重压的高昌回鹘国主巴尔术·阿而忒·的斤杀掉西辽少监,向成吉思汗上表归顺。元太祖六年(1211),国主亲临克鲁伦河上朝,要求做成吉思汗的第五个儿子。成吉思汗欣然答应,并且把心爱的公主阿勒·阿勒屯赏赐给了他。

兴许是对回鹘人十分满意吧,成吉思汗称他们为畏吾儿①。

13世纪下半页,窝阔台汗国后汗海都与察合台汗国后汗都哇联合进攻大元,多次派重兵南下侵犯臣服于元的回鹘高昌国,战火燃烧了40余年,直到高昌王火赤哈尔的斤战死,高昌城消失在战火之中。就这样,千年高昌成为废城。

进化论并不意味着,高级的东西一定长存。恰恰相反,文化发展较高等的民族,常常被低等民族所消灭。因为在冷兵器时代,文化落后的民族往往善于打仗。这也许就是历史螺旋式发展论者津津乐道的一个范例。

岁月的沧桑湮没了往日的锣鼓喧嚣与低吟浅唱,斑驳了曾经的雕梁画栋与金碧辉煌。如今,那些冷兵器时代的勇士、懦夫统统带着他们的荣耀和耻辱归于黄沙。他们也带走了辉煌的丝路,带走了丝路上一座座用人类的心血与智慧构筑的城市明珠,带走了某种文化和某种永远无法寻找、无法破译的文明……

但死去的高昌,却无处不在。后人在废墟、沙丘、古墓中挖掘出许多被称为死文字的文书。望着那浩如烟海的古籍,能够识读的人寥寥无几。中外学者经过艰苦的探寻,也只能识得零星的几个字母,拼读出几段句子,古西域文明最灿烂的部分已经永远丢失在历史深处。学者们不免发出一声声叹息,为了这些无法破译的文字,更为了千年高昌的消失。

人们大可不必叹息,因为世上没有任何事物可以永恒。如果它流动,它就会流走;如果它停滞,它就会干涸;如果它生长,它就会渐渐凋零。

十七、流泪的石窟

在火焰山身后的峡谷中,一条布满绚丽图案的画廊静静停留在时间长河中。工匠们从5世纪起,就在这个名叫伯孜克里克②的地方开凿洞窟。

为何今天的吐鲁番佛教壁画中,绝大多数人物的眼睛和嘴巴被损坏

---

① 蒙古语意为"联合""协助",后写作"维吾尔"。
② 维吾尔语意为"有美丽装饰的地方"。

了？这起源于一个宗教禁忌。在佛教壁画完成后的一个时期,信奉伊斯兰教的当地人相信,壁画人物会在夜晚出来伤害他们的孩子。于是,除掉画像的嘴和眼被认为是有效的方法。

但是,又是什么原因使这些墙壁上的作品完全消失了呢？尽管由于宗教原因致使壁画受到损毁,但仍有相当数量的壁画因地震和塌方被砂土保存下来。它们被时间封存,侥幸掩埋了几个世纪。原来,是闻风而来的外国探险家"挖"走了它们。

光绪三十年(1904)秋,"普鲁士皇家吐鲁番探险队"第二次进入新疆。到达吐鲁番的这支探险队只有两个人,他们是柏林民俗博物馆的冯·勒柯克和博物馆勤杂工瑟奥多·巴图斯。

勒柯克在日记中写道:就在我们清理积沙时,忽然,好像变魔术似的,墙壁上奇迹般的露出了精美的壁画,其颜色是那么鲜艳,就好像是刚刚画完似的。

对勒柯克来说,欣赏壁画并非此行的真正目的。六年前,俄国探险家克莱门茨在吐鲁番将壁画揭取运走,他是第一个对壁画动刀子的人。克莱门茨的收获极大地刺激了勒柯克,这次吐鲁番之行,他和巴图斯既带着克鲁伯公司赞助的金钱,也带着比匕首还要锋利的狐尾锯。

于是,吐鲁番的壁画再次被钢锯屠毁。他们成功地把许多精美的壁画锯了下来,装进100多个木箱子。经过20个月的艰苦跋涉,这批壁画终于运抵柏林,收藏在柏林印度民俗博物馆。

此举引发了一系列连锁反应。光绪三十一年(1905),俄罗斯中亚考察委员会的奥登堡从敦煌赶到吐鲁番,仅用10天就将切割的伯孜克里克壁画装满了100只木箱带回俄国。宣统二年(1910),橘瑞超来到吐鲁番,他掠走的伯孜克里克壁画,如今收藏在东京国立博物馆和韩国国立博物馆内。民国二年(1913),斯坦因来到吐鲁番,当他看到被肆意切割后的石窟残壁时,对考古同行的粗暴行为感到异常愤怒与惊愕。然而,当他离开时,仍然没有忘记将100箱壁画和文物运向他所服务的英属印度。

伯孜克里克流干了所有的眼泪,那苍老的洞壁上只剩下没有瞳仁的眼眶。军队被打败了,要塞被攻克了,都城被占领了,高昌还有世界公认和仰慕的伟大文化积淀。如果连这些文化积淀也被偷走了,高昌还有什么？

华灯一夕梦，明月百年心。2000年，我第一次来到这座世界闻名的洞窟。因为早有心理准备，我是带着平静的心态参观这座洞窟的。然而，只要是一个中国人，如何能做到平静呢？那根本就不叫壁画，那只是被盗画贼无意中遗留下的壁画的边角；那根本就不叫艺术，那是对人类文明史的一次血泪控诉；那根本也不叫洞窟，那是被自称文明人的考古学家们人为制造的一座宗教废墟。

十年后，我又一次来到伯孜克里克门前。导游说，里面的情况好多了。但我没有入洞参观，因为我的眼睛生怕碰到记忆的扳机。

据说，文物工作者将用数字技术对壁画进行复原。对此，我不以为然。我情愿保留它那凄惨苦楚的原貌，如同北京至今保留着被焚毁后的圆明园。因为那是中华民族又一块茧结的伤疤，它能使我们更好地记住历史，记住使命。

车师前国小传：出身于欧洲人种中亚两河类型，建国于秦末汉初，据有吐鲁番盆地。原名姑师，后来被汉所灭，更名车师。从此，西汉与匈奴在这里拉开了架势，联手上演了"五争车师"的恢弘战役；随后，东汉与北匈奴展开了反复拉锯，导致丝路北道"三绝三通"。直到北匈奴西走欧洲，吐鲁番盆地才涛落潮平。尽管交河城在战火中沦为废墟，但高车却借助屯垦基地高昌壁浴火重生，进而涅槃为高昌郡与高昌国，成为东部天山的一颗国家之星。可惜的是，末代高昌王是一个两面人，他不仅是一位虔诚的佛教徒，还是一个不折不扣的大头症患者，居然不自量力地挑战唐太宗的心理底线。结果，唐军西来，高昌陷落，国王吓死，一朵灿烂的政权之花凋零满地，成为远在印度取经的结拜兄弟的一个苍凉的梦。

第三十三章 车师都尉——位置决定态度

车师都尉国，户四十，口三百三十三，胜兵八十四人。

——班固《汉书》卷九十六下

一、它称得上国家吗

前文讲到，吐鲁番盆地里有一座名叫高昌壁的城池，是汉屯田士卒驻扎的地方。其实，在高昌壁周边，还生活着一群牧民，他们被称为车师都尉国。

对此，恐怕每位读者都会提出质疑：他们只有区区40户，333人，84名士兵，如果是在中原，连被列为行政村的资格都不具备，能称得上国家吗？

但国家何时又以人数多少为标准呢？如果按照居民人数，中国东部的任何一个省份，都比欧洲最大的国家还要大。

当时，在西域被称为国家只需具备三个条件：第一，这个族群是独立的，不从属于任何政权；第二，有自己的地盘，有相对固定的统治中心；第三，受到汉或者匈奴的认定与加封。

而以上条件他们全部具备：这个族群是独立的，其中心位于今鄯善县的赛尔克甫沟北口——连木沁镇，从吐鲁番市胜金乡到鄯善县连木沁镇一带的草地，是他们的传统地盘。而且，这个国家得到了汉的认定，所以他们赫然位列西域四十八国之一。

他们之所以被《汉书》称为车师都尉国，可能是因为这个亲汉的族群,生活在屯田都尉的管辖范围内,形成了与汉军混合而居的政治格局吧。就像天山北麓的一个亲汉的游牧部落,生活在汉军车师后城长的管辖区域内,因此被称为车师后城长国一样。

这个小国诞生的时间,大概是地节二年(前68)之后。

当时,汉宣帝刘询派遣侍郎郑吉、校尉司马憙进攻车师,顺利攻陷了交河城,车师王乌贵逃亡匈奴,但匈奴没有收留他。一怒之下,乌贵带着从匈奴的附属国蒲类抢来的财物和俘虏的部众,向郑吉投降。于是,失去耐心的匈奴发兵报复车师,郑吉被迫将车师民众迁往渠犁。而匈奴则封车师贵族兜莫为国王,在天山北部又建立了车师后国。

车师都尉国,就是车师分裂后,一伙独立的族群在吐鲁番盆地东部建立的国家。

有意思的是,他们并非四十八国中最小的国家,比他们更小的还有三个国家,分别是194名国民的单桓、231名国民的乌贪訾离、264名国民的狐胡。

二、位置决定态度

古时候,齐国有个好色之徒,见邻居家死了主人,遗下一大一小两个漂亮老婆,就挖空心思地去勾引。大娘子稳重贞洁,始终不肯相从;小娘子水性杨花,不久就勾搭上了。后来,好色之徒也死了老婆,需要续弦。知道内情的人都以为他会娶邻家小娘子,结果呢,他却娶了没给过自己好脸色的大娘子。有人不解,便去问他:"跟你好的不是那个小娘子吗?"此公稍作迟疑,然后老实地回答:"我也不知道什么原因,以前看那个小娘子好,如今看这个大娘子好。"

通常而言,一个人处在什么样的立场,就会有什么样的观念与选择。我要讲述的车师都尉国,就涉及了这样的问题。

初元元年(前48),刚刚登基的汉元帝刘奭下诏,在交河城设立戊己校尉,作为负责西域屯田的最高军事长官。戊己校尉上任后,把屯田基地扩展到了交河城东部50千米左右的高昌。渐渐地,高昌由一个小小的屯田筑壁,发展成了东部天山的军事政治中心,戊己校尉府也从交河迁到了高昌。戊己校尉府属下的屯田士卒,一度达到 2000 人以上。

车师都尉国民几乎全部生活在高昌壁周边,而且总人数不足汉朝屯田士卒的六分之一,他们有选择自己政治立场的余地吗?

正所谓位置决定态度,位置决定立场,位置决定命运。如果他们选择与匈奴交好,除非举族迁往天山北麓;如果他们选择继续住在此地,只能背靠戊己校尉这棵大树,像羔羊一样听话,充当他们的哨兵与警卫,与他们荣辱与共,唇齿相依。正如一位诗人所告诫的:如果你是一簇小草,就应该散见于花卉一旁,扶持出绚烂;如果你是一片云絮,就甘心点缀在蓝天,映衬出一道彩虹。

显然,他们就是这样做的。当然,他们的选择也有风险,这个风险来自于无限强大的汉朝某一天可能的衰败。

尽管这个可能看似极小,但还是在半个世纪后不可逆转地降临了。新天凤三年(16),王莽派出的远征军在西域惨败,中原王朝彻底失去了对西域的控制。唇亡齿寒,树倒鸟飞,车师都尉国从此消失,这支 300 人的族群不知所归。

说起来,它太微不足道了,如同古代戏剧舞台上跑龙套的人,没有一句台词,但却流汗最多。

车师都尉国小传:一个小国,出身于车师族,成立于西汉中后期,衰亡于新朝时期,活了不到 85 岁,男女老少加起来才有区区 333 人。按照现代国家的标准,如果数量比质量更能说明人的重要意义的话,我们大可不必介绍这个国家。但它充当了戊己校尉卫星国的角色,为维护丝路北道的安全尽了一份绵薄之力。从这个意义上说,它值得我们关注。可以说,它是附着在汉这棵大树上的藤萝,当大树参天时,它随之扶摇直上,风光无限;当大树倒下时,它也匍匐于地,腐朽于泥土。

第三十四章　狐胡——大蒜的故乡

　　狐胡国，王治车师柳谷，去长安八千二百里。户五十五，口二百六十四，胜兵四十五人。辅国侯、左右都尉各一人。西至都护治所千一百四十七里，至焉耆七百七十里。

——班固《汉书》卷九十六下

一、大蒜的来历

　　一天，长安街头张出了招贤榜。榜上说，当朝皇帝刘彻为了对付咄咄逼人的匈奴，面向天下招募使者出使西域，代表汉与大月氏缔结军事同盟。要知道，这可不是一个好差事，因为当时的西域处于流沙以西，不仅路途遥遥，风沙弥漫，而且要穿过匈奴控制的河西走廊，即便是渴不死、累不死，也有可能被匈奴人杀死。因此，榜前围观者甚众，但无人敢揭榜。

　　最终，一个名叫张骞的郎官拨开人群，郑重揭下了招贤榜。据说，他从小胆壮如虎，是一个天生的探险家、拓荒牛。

　　建元三年（前138）初夏，满地残絮，翠色如烟。汉使张骞率百人使团西出长安，取道陇西，踏上了丝路古道。张骞一行刚刚穿过河西走廊，就被匈奴右部诸王手下的骑兵所扣留。由于水土不服，加上匈奴人提供的食物含毒，汉朝使团有70多人浑身浮肿，腹泻不止，不久就有20余人中毒身亡。

　　"一定要坚持呀！"看到手足情深的兄弟们相继死去，想起使命未竟，虚汗淋漓的张骞强撑着病体，带领未中毒的属下到野外寻找食物充饥，并在帐篷周边发现了一种野菜，因为他们最初被扣在狐胡国，所以大家称这种野菜为"葫草"。①

他们中没有医生,不知道这种首次见到的野菜是否有毒。吃不吃呢?吃了有可能被毒死,不吃有可能被饿死。

胆大容易招惹是非,但也能改变命运。一向不怕死的张骞带头吃起"葫草"及其结的"葫",其他人也纷纷仿效。尽管口感稍显辛辣,但饥饿感的确得到了暂时缓解。第二天,奇迹出现了,大家身上的浮肿减轻了,腹泻也停止了。

因为"葫"救了大家,所以张骞在被押往龙城的十年里,一直把它带在身边,直到元朔三年(前126)带回长安。《大宋重修广韵》记载:"张骞使西域,得大蒜,胡荽。"②

回到长安,张骞马上组织种植"葫"。物以稀为贵,由于张骞带回的"葫"种子有限,所以收获的"葫"被视为珍品,只有皇家方可享用。

汉宣帝的皇后名叫许平君,出生于山阳郡③。一天,她偶尔品尝到"葫"做的凉菜,口感特别,甚是开胃。不久,亲戚许二从老家赶来看望她,许皇后偷偷把两头"葫"送给了他,想让家乡亲人品尝一下它的独特味道。可家人舍不得品尝,就把"葫"摆上大堂祭拜。几个月后,它竟然长出了根须。

拥有良田千顷的许二分外欣喜,专门划出一方沃土种植从宫里带来的"葫",并安排老农精心照料。第二年,"葫"如愿收获了,而且果实比"种葫"大得多。许二骑上快马赶赴长安,将最新收获的"葫"送到了后宫。

时值初夏,花红草菲,鸟鸣蝶舞。来自老家的"葫"正巧在午饭前送到了,许皇后即刻安排御膳房做成凉菜。伸筷一尝,顿觉凉中带辛,口舌生津。她一边仔细回味,一边笑着点头说:"味道确实不错!"然后,侧身问身旁的太监,"这东西叫什么?"

随侍太监正专心计算它共有几瓣,被皇后突然一问,他以为皇后问自己在干什么,便随口回答:"算……"

许皇后大喜:"蒜?对,就叫大蒜!"因为随侍太监的一句口误,原产

---

① 见《巧用大蒜》,辽宁科学技术出版社2010年版。
② 见余迺永《新校互注宋本广韵》,上海人民出版社2008年版。
③ 原昌邑国,今山东金乡县一带。

于西域的"葫草"从此更名。

得知贡品被赐名"大蒜",山东人皆以此为荣,于是更加细心栽培,并广为种植。久而久之,山东成为名闻遐迩的大蒜种植地,其中尤以金乡大蒜、苍山蒜薹最为著名。诺贝尔文学奖获得者、山东高密作家莫言还写有一部反映"蒜薹事件"的长篇小说《天堂蒜薹之歌》。

时至今日,它仍有"葫"和"大蒜"两种叫法。

二、狐胡在哪儿

那么,这个产"葫"的狐胡国到底在哪儿?

《汉书》称它为狐胡,而《后汉书》称它为孤胡。其实,古代"孤"读hú,"孤"与"狐"乃是同音异写。

史书又说,狐胡国王治在车师柳谷。对于柳谷在哪儿,后人莫衷一是。笔者推测:第一,狐胡应该在车师前国境内,否则它的王治就不会叫车师柳谷;第二,狐胡是一个游牧部落,它的王治不是一座城池,而是一道山谷,否则就不会冠名为谷;第三,《汉书》记载,狐胡国距离焉耆比车师前国近65里,所以它应该在车师前国西部或西北部。

唐史记载,车师有两个柳谷,一是《西州地志残卷》所标注的西州至北庭之间的柳谷,一是《新唐书》所说的侯君集从碛口进军所路过的柳谷。前者在车师西北,后者在车师东部。一般史料多采信前者,也就是今吐鲁番市西北部边界,具体位于达坂城区阿克苏乡东部大河沿村的潘家地城堡遗址附近。至今,这里仍有两座牧场,分别是大河沿村东部的五星牧场和西部的高崖子牧场。而且今大河沿村就处在贯穿天山南北的"车师古道"上。这条古道又称"柳谷道",唐代称为"他地道",从交河故城出发,沿着大河沿河畔的道路一路向北,便可到达今大河沿村,然后越过博格达山的石窑子达坂,就可以抵达今吉木萨尔县的吾塘沟——车师后国的牙庭。

遗憾的是,经考察,这座城堡是一座唐代建筑。而且这里距离焉耆比交河故城要远得多,不符合《汉书》里关于距离的记载。

因此,我更愿意相信《西域地名考录》。这部词典认为,狐胡国中心柳谷,位于今吐鲁番市西部的小草湖流经处。这也是一条连接天山南北的交通要道,东通交河故城,北通达坂城进而抵达天山北麓,战略地位非同小可。汉军进驻西域后,孤胡国还有三名贵族分别被汉朝封为了辅国侯和左右都尉。

据说,这个国家很明智,谁来借道他也不予阻拦,是一个类似于今日瑞士一样的中立国。但在烽烟滚滚的西域,要想摆脱战争的梦魇,就像被捆在木桩上的倒霉蛋要躲开愤怒的人群丢来的石头一样几乎不可能。

《后汉书》说,永元八年(96)秋,"色鬼"——车师后王涿鞮反叛东汉,杀掉了车师前王,抢走了前王的王后。第二年三月,车师后王又灭掉了狐胡。因为它毕竟是一个国家,是车师前国与车师后国争取的对象,对于企图争霸天山的涿鞮来说,他实在不愿意身边有一个独立的政权存在,尽管它一直似睡非睡,不具有任何实质性的威胁。

没过几天,班超就派出西域长史王林率军来到柳谷。汉军目之所及,只有满地的断肢残骸和漫天的苍鹰。之后,王林继续北上,攻杀了车师后王,为这个小国报了仇,血了恨。

那么,狐胡遗民哪里去了呢?据推测,他们中的俘虏被强制并入了车师后国,他们中的逃亡者大多去了邻近的车师前国。

从此,这个以"狐"为名的国家彻底消失了,在历史上没有留下丝毫痕迹。至于有人考证出"狐胡"与"回鹘"同音,回鹘是狐胡的后裔,那纯属文字游戏式的臆测,因为回鹘这个名字直到唐末才出现。创新固然重要,但历史考察不鼓励望文生义的文学式虚构。

狐胡国小传:狐胡,名字实在不雅,事迹也不够光鲜。王治位于今吐鲁番市西部的小草湖,是一个类似于今瑞士一样的中立国。所谓中立,是相对于有信誉的国家而言的。当它遇到"大色鬼"——车师后王时,倒霉日子就降临了。车师后王在杀掉车师前王,带着抢来的车师前王的女人回国之后,兴之所至,把路边的狐胡国也踢死了。当班超派军赶到时,狐胡国已人去谷空、满目疮痍,汉军只能带着满腔的义愤继续北上,前往车师后国收割那个"大色鬼"的脑袋。

第三十五章　车师后国——天山北麓一霸

车师后国，王治务涂谷，去长安八千九百五十里。户五百九十五，口四千七百七十四，胜兵千八百九十人。击胡侯、左右将、左右都尉、道(导)民君、译长各一人。西南至都护治所千二百三十七里。

——班固《汉书》卷九十六下

一、打出来的国家

诗人们习惯把世界比作一片大海。在这片大海里，有着来来往往、大大小小的船只。每当一只船撞上另一只船，便产生了或撕心裂肺或感天动地的故事，人们把它叫作历史。

地节二年(前68)金秋十月，吐鲁番盆地太阳依旧火热，葡萄已经熟了，瓜果正在飘香，牛羊长了肥膘，田野一片金黄。车师国民正忙忙碌碌地组织秋收。

一天，墨山北麓突然飘来一片黑压压的乌云。当这片乌云飘进吐鲁番盆地，忙于秋收的车师国民才发现，这哪里是什么乌云，而是一支前来征讨的大军，为首的是汉朝侍郎郑吉、校尉司马憙，军阵中有1500名渠犁屯田士，还有1万多名西域联军。

很快，这支钢铁之师悄然进入吐鲁番盆地，一举攻陷了交河城。车师王乌贵已提前逃进北部石城，龟缩不出。考虑到军粮将尽，郑吉暂时退兵。

秋收一结束,郑吉再次发兵攻打乌贵避难的石城。听到探马的报告,乌贵逃到匈奴求救。但匈奴壶衍鞮单于刚刚病死,他的弟弟左贤王被立为虚闾权渠单于。新任单于由于没有继承哥哥的妻子颛渠阏氏,而是立右大将的女儿为大阏氏,引起了颛渠阏氏家族的强烈不满,颛渠阏氏的父亲——左大且渠时时设置障碍,制造混乱,搞得单于心烦意乱,思绪难宁,因而对于乌贵的求援没有理睬。一气之下,乌贵顺便抢劫了匈奴的属国小蒲类,并以抢来的财物和俘虏向郑吉投降。

匈奴终于失去耐心,发兵攻打车师。郑吉则从渠犁率兵北上迎战,试图与匈奴来一场决战。匈奴人并没有硬碰硬,而是收拢能控制住的车师余众,立车师王乌贵的弟弟(一说堂弟)兜莫为国王,建立了又一个车师国。

乌贵逃亡乌孙避难后,汉扶立车师原太子军宿为王。随后,鉴于车师形势恶化,郑吉将车师王军宿和手下军民一起迁到屯田基地——渠犁。

匈奴日逐王降汉后,郑吉成功收复了车师,然后将亲汉的车师王军宿送回了交河故城,而亲匈的车师王兜莫则逃亡天山北麓。从此,车师国一分为二,天山南部的车师被称为车师前国,天山北部的车师被称为车师后国。

车师后国的中心,最初设在务涂谷。据考证,务涂谷是东部天山主峰——博格达山北麓的一个山谷,大体方位在今吉木萨尔县泉子街镇南部的吾塘沟一带。今吾塘沟与务涂谷的读音极其相似,大概不会是历史的巧合,而且这里还发现了大量的木质弓、金属箭及石器、陶器。吾塘沟口的乱葬岗,有可能就是车师后王的牙庭所在地。这里进可以穿越博格达山的石窑子达坂进入吐鲁番盆地,退可以涉过准噶尔盆地进入北匈奴境内,是一个流亡政权理想的落脚地。

车师后国风生水起的历史,拉开帷幕。

二、因为新道

神爵二年(前60),匈奴日逐王先贤掸率1.2万人降汉,西域都护府成立,车师前、后国又自然而然地回到汉朝手中。

设在轮台的西域都护府,管理起西域南道来驾轻就熟,但对于距离匈奴较近的西域北道特别是车师,则是费尽了心机,吃足了苦头。因此,汉于初元元年(前48)在车师设立了戊己校尉,车师后国也被纳入了戊己校尉的管辖范围。

元始年间(公元1—5),驻扎在交河城的戊己校尉名叫徐普,是一个勇猛过人、善于思考的人。一段时间,人们常常看见他对着手绘的西域地图发呆。

当时,出玉门关经楼兰前往车师,作为东西交通的主干线,其缺陷是自然条件恶劣,特别是三陇沙、白龙堆和罗布泊北岸的龙城雅丹崎岖难行,供给困难。西域难道没有一条新的道路吗?

不知询问了多少路人,经历了多少波折,他才收获了一个发现。在一次军事会议上,他对部下眉飞色舞地说:"车师后王国有一条新道,从五船北部可以直达玉门关,既可节省近一半的道路,又可以避开险恶的白龙堆。"

鉴于新道所在地与匈奴南将军的领地连接,徐普想划明此界以报告朝廷,就邀请车师后王姑句前来帮助证明此事。接到徐普的邀请书,姑句本就黑红的脸膛立刻变得如同锅底一般。他认为新道一旦开通,必会贯穿本国,将对国境安全十分不利,因此产生了抵触情绪,也就没有如约前往。徐普一怒之下,派兵把姑句和他妻子抓到了高昌。姑句几次用牛羊贿赂汉朝官吏,要求放他出去,都未能得到批准。

每到生死存亡的关键时刻,历史总要适时推出一个倾城倾国的美人。这次推出的美人名叫股紫陬,是姑句的王后。据说,这个出身牧民的女人尽管穷得像老鼠,但骄傲得像孔雀,因此得以嫁入王宫。据说,她不仅有一般女人所没有的好脸蛋,也有一般女人所没有的长舌头。

知识最少的人发言最多,这是不变的真理。一天,姑句家的矛头上"意外地"冒出火花。这本是一个正常的物理现象,但股紫陬的舌头又发痒了,她猫眼滴溜溜一转,便想出了一套玄而又玄的说辞。史载,她对姑句说:"矛头上冒火花,这是兵气,有利于用兵。夫君,你还记得车师前王被都护司马杀死的前车之鉴吗?如今你长时间被关押,说不准哪天就会被处死,我看还是投降匈奴吧。"

听完爱妻的话,本就志忑的姑句更为惊慌。于是,他策马突出高昌壁，一路向北投奔了匈奴。当时，去胡来王唐兜也因对朝廷不满投奔了匈奴。

按照常规，姑句无论如何不该投奔匈奴，因为分裂后的匈奴已无法与西汉抗衡，并从呼韩邪单于开始公开接受了汉朝管辖。看来，一味听老婆的话，有时是要付出代价的。

听说二王先后投降匈奴，执掌西汉朝政的新都侯王莽大怒，派出中郎将韩隆与王昌等出使匈奴，要求引渡二王。面对气势汹汹的汉使，乌珠留单于赶忙将姑句、唐兜捆起来交给了汉使。此后，王莽下令当着西域各王的面，将二王斩首示众。

借助斩杀二王的余威，王莽还为单于定下了一条规矩："凡是佩戴汉朝印绶、受汉朝节制的民族、部落，都是和匈奴同级的汉臣，匈奴一律不得接受其投降。"

尽管徐普开通新道的计划因为姑句的阻挠而延误，但新道还是在西汉末年得以开通。这条后来被称为大海道的新道南段，从今鄯善县迪坎乡出发，经过恰舒阿山谷、喀瓦布拉克泉、大洼地、笔架山谷地、新月形沙丘、疏勒河河谷，直抵玉门关。新道北段则是从车师后王廷到疏勒城，沿吐鲁番市与鄯善县交界处的二唐沟南下，经今鄯善县连木沁镇抵达柳中。

对于这条道路，《魏略·西戎传》也记载："从玉门关西北出，经横坑，辟三陇沙及龙堆，出五船北，到车师界戊己校尉所治高昌。"

据交通专家计算，从车师后王庭通过新道到柳中约440里，由柳中到敦煌约1360里，共1800里。而原先的路程则有3200里。这就验证了徐普所说的话并不夸张。

三、投奔匈奴

始建国二年（10），也就是王莽建立新朝的第二年，王莽任命广新公甄丰为右伯，前往西域视察。姑句的接班人——车师后王须置离听说后，顿时慌了手脚，因为五威将王奇此前从这里经过，应供给的东西尚且没有备齐，如今官职更高、随从更多的右伯又要从这里经过，他们面临的必将是一次空前的浩劫。

须置离召集右将股鞮、左将尸泥支商量对策,议论来议论去,大家都拿不出什么好办法。最后,须置离既无奈又气愤地说:"还是走一步看一步吧。实在不行,我们投降匈奴算了。"

这本是一次秘密的聚会,但哪里能瞒过耳目众多的戊己校尉?接到密报,戊己校尉刀护就把须置离抓起来审问。

半夜里,看押国王的屋子传出一阵阵凄厉的号叫,惊飞了屋边大树上的几只乌鸦。人们听出,那是有人被严刑拷打发出的惨叫。几个回合下来,须置离的嘴巴背叛了意志,如实招认了自己的密谋。其实,与须置离一起密商的左、右将早就把他出卖了,须置离的招认不过是无关大局的程序而已。须置离不能后悔自己扛不住皮肉之苦,应该后悔对身边人看走了眼,更应该后悔自己不该说那句气话。

于是,须置离被戴上木枷,押往西域都护府驻地坺娄城。

国民们知道国王此去凶多吉少,都为国王喊冤叫屈。须置离的亲属们则一刻不停地向汉朝官员求情,请求看在国王并没有真正投降匈奴的分上,给他留一条生路。他身后,是亲人与国民们纷飞的泪水和悠长的叹息。

须置离一到坺娄城,就被西域都护但钦砍掉了脑袋。

噩耗传来,举国震恐,须置离的哥哥辅国侯狐兰支率民众2000余人,赶着牲畜,带上行李,举国投奔匈奴而去。

我的疑问是,与王莽早有约定的匈奴,敢违约收留狐兰支吗?此前的车师后王姑句和去胡来王唐兜不就是因为投奔匈奴,被王莽砍掉了脑壳吗?但此一时彼一时也。匈奴之所以收留狐兰支,只能怪王莽自己。因为王莽篡汉后,根本没把周边民族放在眼里。他一上台,就派出12位将军到各地巡视,顺便将汉朝印绶换成了新朝印信,"匈奴单于玺"被换成了"新匈奴单于章"。乌珠留单于最初并不知道新旧印绶有什么不同。他稀里糊涂,但他的手下并不全傻,一个匈奴谋士很快发现,玺乃是王者之印信,章乃是臣下之印信,特别是新章上又增加了一个"新"字,标志着匈奴已成"新朝"臣下。乌珠留单于赶紧向新朝索要旧玺,但旧印绶已被新朝官员破碎。因此,乌珠留单于不仅收留了车师后国军民,而且派出精兵与狐兰支一起进攻车师,杀死了车师后城长,击伤了都护司马,给了王莽、但钦与刀护响亮的耳光。

此后半个世纪的西域,是匈奴领导下的西域。车师后王跟在匈奴人屁股后面,亦步亦趋,逐渐取代了原"山北六国"(指天山北麓的蒲类国、卑陆国、郁立师国、单桓国、且弥国、劫国)盟主蒲类,成为新"车师六国"(车师前国、车师后国、东且弥国、卑陆国、蒲类国、移支国)的盟主。

四、血色疏勒城

对于中原王朝来说,西域丢之挨骂,拿之烫手,后来居然发展到谈虎色变的地步。王莽到死也没能回到西域,光武帝刘秀当了27年皇帝也没敢对西域动手,直到汉明帝刘庄驾崩前一年,才下决心重续前汉的辉煌。

永平十七年(74)冬,朝廷派出奉车都尉窦固、驸马都尉耿秉、骑都尉刘张进击北匈奴。耿秉的堂兄耿恭被任命为军司马,跟随大军一起出击。窦固在蒲类海(今新疆巴里坤)大破北匈奴,迫使匈奴势力退出了天山北麓。战后,东汉乘势恢复了西域都护,以陈睦为都护,驻扎在乌垒城,统领西域军政;设置了戊己校尉,以耿恭为戊校尉,驻屯于车师后王国都金蒲城①;以关宠为己校尉,驻屯于柳中城。

戊校尉驻屯的东北天山屯区,也可称为金蒲屯区,以吉木萨尔县、奇台县为中心,东至今木垒县,西至今阜康县东部。屯区内共有三座城池,分别是金蒲城、疏勒城②、且固城③。

耿恭,今陕西兴平人,名将耿弇的侄子,班超的同乡。耿恭到任后,深知北匈奴不会坐视车师丢失,所以他三管齐下,一是注重远交,使西域大国乌孙坚定地站在了汉朝一边;二是热心近抚,与汉人出身的车师后王夫人结成了联盟;三是抓紧军训,带出了一支人数虽少但信心百倍的武装。

想不到,敌人会来得如此之快。永平十八年(75)三月,北单于派左谷蠡王率2万骑兵进攻车师。耿恭派司马率300人南下救援,结果在路上被匈奴骑兵全部攻杀。匈奴乘胜攻占车师后国,杀死了国王安得,进而直达金蒲城下,大有一口吞下戊校尉之势。

---

① 同名异写为"金满城",在今吉木萨尔县城以南泉子街镇的金附国故牙——小西沟古城。
② 位于今奇台县南部的半截沟镇麻沟梁村的石城子古城。
③ 指车师后部侯城,位于小西沟古城以南8千米的东大龙沟古城。

这场战争众寡之悬殊,堪称东方版的"斯巴达300勇士"。面对蝗虫般的匈奴将士,耿恭临危不乱,让守军在箭矢上涂上一种毒药,向攻城的匈奴军人高喊:"汉军手中的箭乃是神箭,中箭者创口必生怪状。"然后将箭射向城下,中箭者伤口眼看着溃烂成花朵,于是匈奴军团大为惊恐。适逢一阵暴风雨袭来,耿恭率部倾城而出,一边发出冲天的怒吼,一边趁着迷蒙的雨雾狂攻猛击。匈奴人既震惊又恐惧,随即解围而去。

敌人退却后,耿恭立即做了两件大事:一是招募勇壮以扩充军队,二是将防御据点由金蒲城转移到东部的疏勒城。

耿恭之所以移兵疏勒城,是因为他有着独到的眼光。第一,疏勒城海拔1770米,地势险要,易守难攻;第二,疏勒城有涧水流过,可以保障军民饮水;第三,疏勒城正当车师新道北段,可进可退,既有利于汉军驻扎下来震慑天山北麓四邻,又可以防止匈奴攻略山南西域小国。匈奴人很快发现了耿恭的战略意图,便于七月再次前来围攻。

为此,耿恭做了两手打算,一是让骑兵带上自己的亲笔信,分别向己校尉、西域都护和敦煌太守求援,派往敦煌的军吏①范羌还肩负着领取士兵过冬军衣的任务;二是固守待援,适时出击。敌人刚刚赶到,他便以逸待劳,先发制人,以所募集的数千军人直冲敌阵,给了匈奴人以迎头痛击。可是,狡猾的匈奴兵并未撤走,而是在城下扎营,切断了涧泉之水。

耿恭后来回忆说:"面对无水可饮的绝境,我组织士兵在城中日夜掘井,但井深达到15丈,也未见水。渴乏不堪的吏士们连马粪汁也挤出来喝了。我不禁仰天长叹道:'听说昔日贰师将军以佩刀刺山,飞泉涌出;如今汉德神明,岂有穷哉。'于是整顿衣裳对井再拜,并为掘井吏士们祈祷。不一会儿,水泉喷涌而出,军民山呼万岁。我指挥士兵们在城头向下扬水,匈奴人见状,以为神助我也,便无奈地再次撤围而去。"②

然而,西域的形势比耿恭的处境还要糟糕,外出求援的三路骑兵有两路已经回来了。派往都护府的骑兵流着泪说,早在六月,匈奴就授意焉耆、危须、尉犁、龟兹联军攻杀了西域都护陈睦、副校尉郭恂及吏士2000

---

① 泛指军中的将帅官佐,为汉朝下级军官。
② 现代地质学家对麻沟梁山体构造进行了考察,认定疏勒城下为砂岩层,地下水位在400米以下,汉军在疏勒城中掘井取水绝无可能,因此王炳华认定,这是耿恭归朝后编造出来的"突围神话"。见王炳华《天山东段考古调查纪行》,《新疆文物》1988年第1期。

245

余人,踏平了埒娄城;派往柳中的骑兵也垂头丧气地说,匈奴把柳中城团团围住,日夜攻打,已校尉关宠生死不明。派往敦煌的范羌则迟迟没有消息,后来他们才知道,汉明帝刘庄于八月突然驾崩,朝廷忙于国丧和皇位更迭,无暇发兵救援耿恭。远在疏勒的军司马班超,此时也被围困在槃橐城。长话短说,就是外援全无,只能自救。

更坏的消息还在后头。一天,探马来报,被匈奴攻克的车师前后国再次背叛汉朝,正与匈奴合兵向疏勒城进军。

内外交困之下,耿恭与将士"推诚同死生,故皆无二心",加上车师后王夫人暗中给他们运送粮食,还多次将匈奴的动向密报给他们,才使得他们守住了这座可怜的孤城。几个月后,数千士兵只剩下几十人,粮食也已吃光,已经到了"煮铠弩食其筋革"的地步,连老鼠也纷纷向城外移民。北单于适时发起招降攻势,派出使者向他喊话:"你若投降,单于就封你为白屋王,并把女儿嫁给你。"耿恭假装答应,把单于使者骗上城头,亲手杀死,然后把使者的肉一块块割下,在城上用火烤着吃。千年之后岳飞喊出的"壮志饥餐胡虏肉"的豪迈诗句,就是对这一场景的再现。单于使者的随从远远望见这恐怖至极的一幕,号哭而去。

北单于羞愤交加,下令拼死攻城。匈奴是野战的巨人,却是攻城的侏儒。他们不是扛着榆木脑袋向光滑的城墙上爬,就是漫无边际地向城头放箭,数千名打着饱嗝的勇士围攻几十个饿得发晕的人,居然毫无进展。

永平十八年(75)严冬,耿恭和几十个饱受冻饿之苦的弟兄,凭着为国尽忠的一腔热血,不仅顽强地活了下来,还使疏勒城成为匈奴难以逾越的一道屏障。

第二年正月,一支7000人的东汉救援军到达柳中,前往敦煌领取冬衣的范羌就在这支队伍中。眼下,柳中汉军已全军覆没,邻近北匈奴的耿恭部早就阴阳两隔了吧?秦彭、王蒙、皇甫援等将领决定班师,他们不想到天山以北去做无谓的冒险。但范羌慷慨直言兄弟袍泽之义、家国英烈之忠,强烈要求一定去疏勒城看看,"只要还有一线希望!"将领们虽然感觉这是不可能的事,还是分给了他2000军人。

这是一个大雪纷飞的冬日,积雪齐膝,道路无痕,范羌领兵从交河城翻越天山,深一脚、浅一脚,历尽艰辛,终于在夜间抵达疏勒城下。此时,城中汉军只剩下可怜的26人,当他们听到动静,还以为是匈奴偷袭,不禁陷入了绝望。范羌向着城墙高声喊道:"我是范羌!是来迎接耿校尉的——"

是啊,是老战友范羌,是负责军需的范羌,是范羌那有些尖厉的声音!于是,守军们高呼着"万岁",快速打开城门,扑向远道而来的战友。如失散的孩子见到父母,如久旱的大地降下甘霖,在漫天的飞雪中,将士们忘情相拥,涕泪交流。

第二天,守军同救兵一道返回。在战争艺术领域,撤退是难度最大的项目,比进攻还要凶险,导致明英宗被俘的"土木堡之变"就发生在撤退途中。这次也不例外,汉军且战且走,北匈奴骑兵紧追不舍,到三月份抵达玉门关时,耿恭部已经只剩13人,个个衣衫褴褛,鞋履洞穿,面容憔悴,形销骨立。中郎将郑众一面安排为他们洗浴更衣,一面上书朝廷为耿恭请功。耿恭到达洛阳后,有的大臣甚至称赞耿恭"节过苏武"。于是,汉章帝任命耿恭为骑都尉,耿恭的司马石修为洛阳市丞,张封为雍营司马,范羌为共县丞,其余9人都加入了皇家禁军——羽林军。

耿恭的结局并不圆满。建初二年(77),羌人叛乱,长水校尉耿恭上表提出了平叛方略,皇帝因此下诏派他率领3000士卒,作为车骑将军马防的副将出征西羌。在马防奉调回京后,耿恭率军迫降了所有的羌人部落。

前方节节胜利,后方已经起火。因为耿恭出师前曾上书朝廷,声称车骑将军马防不适合做主帅,从而开罪了后来的上司马防。马防回京后,暗中指使监营谒者李谭弹劾耿恭。弹劾人给耿恭开列的罪名是,不以国事为忧,接到出征诏书时有怨望之色。

是否以国事为忧如何洞察?接到出征诏书时是否有怨望之色又如何证明?这两项罪行与秦桧的"莫须有"何异?此时的汉章帝年方22岁,执政才3年,当然还不具备明察秋毫的能力,因此听信了弹劾人之言,将耿恭召回京城免官治罪,遣送回乡。

一代英豪没有倒在敌人刀下,却倒在了自己人嘴边。但对于这种卑劣下作的伎俩,耿恭既无奈又仇恨更冤屈,始终难以释怀。

也有个把邻居偷偷来看他,劝他。但世上最好的安慰,并不是告诉对方"一切都会好起来的",而是苦着脸说:"哭什么,你看,我比你还惨。"

可是,落难的友人自顾不暇,哪有人远路赶来?而那些从他这里获益不少的亲戚们,在他遭遇挫折最需要帮助的时候,全都突然转身,忙自己的事情去了。

不久,他就被难以排解的怨恨与不平噬穿、蛀空,抑郁而终,结局与50年后的班勇惊人地相似。

伴随着他的死,连天上的白云都皱起了眉头。

回忆耿恭在被敌人围困的两年中,兵不满百,孤悬塞外,以死铭志,坐困穷城。前有数万劲敌,屡挫其锋;后无匹马之援,终无异志,士卒至死仍不离不弃,史上还很难找到超过他的名将。可惜的是,纵然他"节过苏武","胆逾班超","韧超句践",但如今又有几人记得这位盖世英豪?王维有诗曰:"卫青不败由天幸,李广难封缘数奇",历史人物生前会遭遇不公,死后依旧会受到冷落。历史的淡化,后人的漠视,会使英雄永远难以阖上含冤的双眼。

千年的天空时晴时雨,千年的明月时圆时缺,千年的草木有枯有荣,唯有千年的华章气贯长虹。

五、压错了赌注

耿恭入关了,但同样被围困的班超并未入关。班超不仅半路返回了疏勒国,而且凭着一己之力打出了一片天。永元三年(91),龟兹王向班超投降,班超被汉和帝遥拜为西域都护,朝廷还重新设置了戊己校尉,领兵屯驻在高昌壁;又设置了戊部侯,屯驻在车师后国的侯城(即金蒲城南部8千米的且固城)。

尽管西域重新掌控在了班超手中,北匈奴单于西逃伊犁,但右谷蠡王于除鞬却趁机在蒲类海自称北单于,率2万余骑兵在车师后国北部游弋徜徉,时刻准备卷土重来。

那时西域,恰似一个赌博场。把宝押在东汉,还是北匈奴身上,关乎身家性命。在赌博场上,尽管所有人都在互相欺骗,但总不会一丝不漏,总会有人在某个时候偷窥到别人手中的牌。似乎,车师后王涿鞮的牌就被别人偶然看到了,这个人名叫尉卑大,是车师前王,涿鞮的同宗兄弟。

童话里说,两只蚂蚁在大路上相遇了,由于步履匆匆,互相没理,爬过不久都后悔了,毕竟是同类啊,怎么没有拥抱一下?

由于同出一宗,并同时处于东汉与北匈奴争夺的前沿,这两个国王断不了来来往往,吃吃喝喝。一天,涿鞮到车师前国走访,尉卑大盛情接待了他,他们坐在一起,嘴里有吃的,耳里有听的,眼里有看的……忽然,宫里转出一个满脸红云的女子,身着薄如蝉翼的丝衣,仿佛正从长安走来。

"这是王后。"尉卑大介绍说。

王后太美了,她以花为貌,以月为神,以柳为态,以玉为骨,是一位光风霁月型美女,再加上那若隐若现的胴体,但凡男人见了都会遐思邈邈,春情萌动,一向好色的涿鞮更是不停地咽口水。那一刻的涿鞮,就像范蠡在溪边走,撞见了不施粉黛却娇艳无比的西施。

俗话说,从猴子到人需要百万年,从人到猴子只需要一瓶酒。一会儿,涿鞮喝大了,不仅公开调戏身旁的车师前国王后,而且把自己在北匈奴都能吃得开的惊天秘密吹了出来。言外之意,自己表面上听从汉朝,实际上更倾向于北匈奴。他甚至喷着满嘴的酒气,觍着脸对尉卑大的王后说:"如果北匈奴大军来了,不会动我涿鞮一根毫毛,你的丈夫行吗?"

斜觑着涿鞮的嘴脸,身为主人的尉卑大没有当面发作,但他脸涨得通红,牙咬得咯嘣响,拳攥得出了汗。

宽容与忍让的区别是,前者是平静的大海,后者是等待喷发的火山。尉卑大本是个城府很深的人,平时嘴巴很严,但受到调戏的妻子一到枕前就哭闹,还一再埋怨丈夫窝囊,渐渐把尉卑大的醋意发酵成了仇恨。终于,他将那个醉汉酒后吐出的"真言"捅到了戊己校尉府。永元八年(96),戊己校尉索頵(jūn)宣布废黜涿鞮,改立破虏侯细致为车师后王。

涿鞮不从自身找原因,反而怪罪车师前王尉卑大出卖了他,于是决定放手一搏,去杀掉告密者并顺便把那位美女抢到手。

显然,这是一个不计后果的押注,不可理喻的决定,心在天国的醉态,嗜美如命的痴狂。更意外的是,身边的将军居然全都支持他。

意外的决定,往往能取得意想不到的成功。涿鞮领兵突袭了车师前国,毫无防备的尉卑大被杀掉,尉卑大的美妻被涿鞮扛到了自己的帐中。

西域各国大哗,都护班超大怒。第二年(97)三月,和煦的春风把莽莽的天山译成了青色的语言,山前的桃花含露绽放了,如同尉卑大那滴血的心。西域长史王林奉班超之命,率领2万大军讨伐涿鞮,金蒲城很快告

249

破,上千人被俘虏,涿鞮在逃亡北匈奴途中被活捉。涿鞮带着酒气的脑袋被割下带回,脑袋之外的其他部分则由车师后国负责掩埋。因为好色与吹嘘丢掉性命,涿鞮应该不是第一人,也绝不会是最后一人。

战后,汉军立涿鞮的弟弟农奇为车师后王。

一阵春风吹过天山北麓,金蒲城河沟里的蒲开出了金黄色的花,随风飘荡起一种沁人心脾的馨香,因此被当地人称为"香蒲"。老人们说:"这才是金蒲城啊!"

六、遇到班勇

班超年迈东归后,继任者任尚行事苛刻严酷,激起了西域各国的反叛。永初元年(107),汉安帝刘祜被迫下诏撤销西域都护府,招回伊吾、柳中屯田吏士,班超用一砖一瓦辛苦垒造起来的西域大厦迅速崩塌。

为了确保河西的安全,朝廷于元初六年(119)派西域长史索班率领千余人出屯伊吾,车师、鄯善等国望风归附。第二年,车师后国国王军就与母亲沙麻反叛,杀死了后国司马与敦煌行事。接着,北匈奴及车师后国联军杀死了索班,迫降了车师前王,占领了西域北道。受到威胁的鄯善王急忙向敦煌太守曹宗求救,曹宗因此请求朝廷派兵5000攻击匈奴,收复西域。

是恢复班超的西域伟业,还是彻底放弃西域?最终,执掌朝政的邓太后采纳了班超的儿子班勇的部分建议,恢复敦煌郡营兵300人,设西域副校尉驻扎敦煌。延光二年(123)夏,班勇建议的剩余部分也被采纳,朝廷任命班勇为西域长史,率兵士500人出屯柳中,先后迫使鄯善、龟兹、姑墨、温宿投降,并将匈奴赶出了车师前国。

延光四年(125),班勇亲率敦煌、张掖、酒泉6000骑兵,加上鄯善、疏勒、车师前国军队,大破车师后国,俘获8000余人及5万余头牲畜,活捉了国王军就与北匈奴持节使者。战后,军就与北匈奴使者被带到索班战死的地方,砍下了脑袋,血祭了前任西域长史索班的英灵。随后,两颗血淋淋的人头被传送到京师。他模仿当年陈汤的语气给刘祜上书说:"杀我汉将者,必以血偿!"

阳春三月,春雨温润如酥,柳絮轻似烟萝,桃李含露绽放,但皇帝的车驾内传出一阵阵悲戚无助的哭声,放声大哭的人是当朝皇后阎姬。原来刘祜在南下游玩途中染上风寒,返回到今河南叶县就断气了,驾崩时年仅32岁。班勇的信使赶到洛阳时,朝廷正手忙脚乱地安排刘祜的大丧和新皇册立仪式,哪还顾得上什么西域与班勇。

皇后阎姬,今河南荥阳人,是一个比花花解语、比玉玉生烟的绝代佳人,可惜她未能为刘祜生下传承江山的一男半女。她不生育也就罢了,偏偏又嫉妒能生育的嫔妃。当宫人李氏终于为刘祜生下独子刘保后,阎姬居然派人毒死了李氏。刘祜驾崩后,阎姬与弟弟阎显担心刘保一旦上台会报复自己,便废了刘祜的独子——济阴王刘保,然后找来不懂事的幼儿——汉章帝的孙子刘懿立为皇帝,试图像吕后一样执掌朝政。

有民谚说,人算不如天算。刘懿并非真龙天子,做了七个月皇帝就夭折了。是重新找一个姓刘的孩子,还是大度地接回刘保?就在阎姬及其亲信们犹豫不决的时候,宦官王康、孙程等19人发动宫廷政变,杀死了阎显及其党羽,将阎太后打入了冷宫。时年11岁的刘保被拥立为帝,改年号为永建。

永建元年(126),洛阳宫廷里传出两个消息,一个是阎太后死了,谥号安思皇后,至于死因谁也没有透露;第二个是由太监执掌的朝廷以皇帝的名义同意了班勇的建议,立车师后国老王农奇之子加特奴为后国国王,农奇的另一个儿子八滑为后国亲汉侯。汉朝的戊部侯重新进入车师后国屯扎。

当年冬天,班勇再接再厉,率领加特奴、八滑及其数万西域兵马,彻底捣毁了北匈奴呼衍王的老巢,呼衍王侥幸逃脱,而他的2万部众全部被俘。

在匈奴俘虏中,职级最高的是逢侯单于的堂兄。他被带到班勇面前,班勇没有亲自下手,而是把刀交给了身旁的加特奴。加特奴一刀下去,不仅剁掉了这个俘虏的项上人头,也砍断了车师后国与北匈奴的所有情分。

堂兄被杀的消息传到逢侯单于耳中,不可遏制的愤怒啃噬着这个虚荣男人的心,尽管屡战屡败,他还是亲率万余骑兵前来报复车师后国。当匈奴军团到达金且谷(在伊和谷北部)时,班勇派假司马曹俊率领一支精骑救援车师后国。由于害怕受到车师后国与汉军的两面夹击,逢侯单于

251

仓皇退走。曹俊率精骑穷追不舍,追上并杀死了北匈奴骨都侯,还迫使呼衍王远迁到枯梧河(在庭州西北)畔。

杀声停歇,硝烟散尽,车师周边已经没有匈奴人的影子了。

班勇手中的国家之剑,发出了逼人的寒光。

七、政坛"黑哨"

永建二年(127),敦煌太守张朗与班勇兵分两路进攻焉耆,有罪在身的张朗为了邀功请赏,抢先发起了进攻,随后又诬陷班勇"迟到"。执掌朝政的宦官们未加明察,就把班勇扔进了牢狱。

在西域人眼里,班超与班勇几乎就是汉朝的代名词,拥有崇高的威望。班勇一倒,西域各国立刻与东汉拉开了一定的距离。尽管戊己校尉仍在车师前国,戊部侯仍常驻在车师后国,但影响力已经大打折扣。

接下来发生的战事,很好地见证了什么叫"能惹不能撑"。阳嘉三年(134)夏,汉车师后部司马率领加特奴等1500人,突袭了北匈奴,收割了几百个头颅,俘虏了北单于的母亲、叔母和几百名妇女,得到了牲畜十余万头。第二年春,北匈奴呼衍王发起了疯狂报复,尽情蹂躏了车师后国的庄稼与城墙。汉敦煌太守征调6300人驰援车师后国,也没有占到什么便宜。秋,呼衍王率领2000铁骑再度来攻,二度蹂躏了车师后国,汉朝还是束手无策。直到元嘉元年(151),司马达率大批汉军主动出击蒲类海,才赶跑了北匈奴呼衍王。

尽管北匈奴逃走了,但车师后王再也看不起驻扎在这里的戊部侯。因为每到关键时刻,这些人数少得可怜的汉人根本不能依靠,而远路的汉军又不能及时赶到。

近距离的摩擦只有两种结果,一是生电,两者抱得更紧;一是生火,两者走向分离。车师后国与汉朝驻屯军显然属于后者。永兴元年(153),车师后王阿罗多与汉戊部侯严皓发生口角,继而矛盾激化。一天,脾气暴躁的阿罗多率兵南下,攻进了汉军屯田的且固城,杀死杀伤了大批屯田士卒。

矛盾再大,也不至于动手杀人吧?由于看不惯国王的做派,亲汉的后国侯炭遮带领多数国民背叛了阿罗多,向汉朝官吏公开投降。

环顾左右,阿罗多身边已经没有多少可供役使的军人。由于害怕汉军报复,他带上母亲、妻儿和100多名亲兵投奔北匈奴。但江河日下的北匈奴哪里还能依靠?他们只是找了块无人的草地暂避风头。

事件发生后,敦煌太守宋亮向朝廷上书,要求在车师后国重新册立一位国王。至于人选,宋亮想到了原国王军就的儿子卑君。当时,这位过气的王子正在洛阳担任人质。

东汉官员找到了卑君,说明了朝廷的意图。想不到,卑君拼命摇头,他的理由是:"我离开后国多年了,那里的人早就不认识我了。"

东汉官员接过话茬说:"那是你的家,难道你还怕回家吗?"

卑君哭丧着脸回应:"我当然不怕回家,但我父亲得罪过朝廷,他的名声又那么臭,后国臣民能接受我吗?"

"这个好办,当地的屯田士卒会辅助你,朝廷也会一直支持你的!"汉朝官员信誓旦旦地说。

"听说阿罗多没死,如果他回来和我争夺王位怎么办?"

"你怎么这么多废话?!"

朝廷连哄带吓,软硬兼施,总算让卑君回国当了国王。

听说卑君填补了自己的空缺,找不到落脚地的阿罗多又不服气了:"军就毕竟是东汉的仇人,自己无非是犯了一点小错,谁当国王也不该让军就的儿子做国王呀!"于是,他从北部匆匆赶回国内,向卑君公开叫板。

卑君此前的担心没错,老国王军就的臭名多少影响到了新王,因此阿罗多身边聚集了不少军民。

在一片吵闹声中,戊校尉阎详走向了裁判席。考虑到阿罗多人多势众,如不及时招抚,必然乱及天山南北,于是阎详先是公开答应恢复阿罗多的王位,促使阿罗多向阎详投降,然后强行收回了赐给卑君的印绶。对于卑君的安置是,将他连同300帐车师后国牧民迁往敦煌,将这些牧民缴纳的赋税作为他的俸禄。阎详对卑君的解释是:"后国最初只有600帐,如今分给你300帐,也算是一个说得过去的交代吧。"

这不是睁着大眼说瞎话嘛!后国在前汉时期的确只有600帐,而后汉时期的车师后国已发展到4000帐了,但处于弱者地位的卑君敢反驳吗?这就好比一个手握生杀大权的足球裁判,刚刚把一个故意踢人的老运动员红牌罚下,让一个年轻队员顶替了他。等年轻队员上了场,身背红牌的老队员重新闹着上场。令全场观众大跌眼镜的是,裁判居然又让这个老队员上场了。

一切来得蹊跷无比,又似乎难以避免。每件事情发生时,他都能清楚地窥见命运之手的捉弄。每当他坚持给一个说法,可是天神只是轻轻告诉他:"你在劫难逃",然后摆出一副目空一切的样子,消遁在高高的云层后面。

他只有认命,并持续咀嚼着每一个像废话一样的日子。人生如寄啊,就像苏轼说的:"寄蜉蝣于天地,渺沧海之一粟;哀吾生之须臾,羡长江之无穷。"

而那些蹩脚的"东汉裁判"也因此失去了威信,在30年后被西域"观众"赶回了中原。当时,正赶上河西走廊的羌人造反,这些背着铺盖卷回家的"裁判"差点丢了小命。

此时,卑君应该还没有死,须发皆白的他也许正站在敦煌的一个山坡上哈哈大笑。

八、可汗浮图城

从前汉到三国,随着时间的推移和中原王朝的退出,整个西域国家越打越少,仗越打越大,人越死越多。特别是三国时期,车师后国将他们的能力发挥到了极限,一度征服了山北的所有国家,与乌孙、大宛、焉耆、龟兹、疏勒、于闐、鄯善一起,晋身为"西域八强"。可惜的是,习惯于游牧的车师后王缺乏大国风范与战略眼光,没有适时对狭小的金蒲城予以扩建,从而建立起能承载万民的军事、政治、经济中心。

随后,车师后国就为自己的目光短浅付出了代价。鲜卑、柔然铿锵西来,车师后国那几座矮小的城池根本挡不住草原帝国的铁蹄,他们的选择除了投降也只有流窜。

与此形成鲜明对照的是,车师前国国民及大量西迁的中原流民,适时扩建了汉军留下的高昌壁,一个拥有高大城垣的高昌巍然挺立在天山南麓,北来的草原铁蹄只能望城兴叹。

直到有一天,受到柔然保护的高昌国,将车师后国一口吞下。

尽管天山的经济、文化中心因此而转到了山前的高昌,路经高昌的"丝路北新道"也已开通,但作为西域霸主的柔然并没有放弃对山北的开发与利用,因为那里自古以来就有一条贯穿欧亚大草原的"草原丝路"。之前,我们只知道绿洲丝路、海上丝路,其实,还有一条鲜为人知的草原丝路。

请打开欧亚大陆地形图,从东向西,大兴安岭、阴山、贺兰山、巴颜喀拉山、冈底斯山、兴都库什山、伊朗高原、高加索山脉如一道屏障,挡住了东来的太平洋夏季风,南来的印度洋、地中海暖湿气流和西来的大西洋夏季风,从而成为农牧业分界线。山脉南部气候湿润,适合种田,是典型的农耕区,从东到西依次诞生了黄河文明、印度河文明、两河文明、爱琴海文明;山脉北部干旱少雨,只能放牧,是典型的游牧区,著名的欧亚大草原就诞生在这里。

所谓的欧亚大草原,是指在北纬50度附近,降水量在400毫米以下,属温带大陆性气候的一个狭长区域。东部为蒙古草原,中部是以阿尔泰山为中心的哈萨克草原,西部是里海、黑海北岸的俄罗斯、乌克兰草原。这里是欧亚大陆最平坦、最宽广的胸膛,当风起草绿太阳沉浮四季轮转时,感知到大自然节律和牧草荣枯的牧人便跨上马,自由自在地迁徙飘荡。早在远古时期,这里就是连接欧亚大陆的经济文化大动脉。

如果仔细审视还会发现,这条草原丝路最早是沿着天山北坡的山间狭道行进的,西汉时期山北六国的国治,包括车师后国的金蒲城、疏勒城和且固城,无不处在这条山间丝路旧道上。

但是到了两晋南北朝时期,已经成为丝路贸易垄断者的中亚粟特商人,以骆驼作为主要运输工具。这样一来,这条丝路的运输工具就由传统的马匹,换成了擅长长途跋涉的驼队。为了适应骆驼的习性,山间丝路也自然而然地北移到了准噶尔盆地南缘的平原地带。

山北丝路新道诞生了。据《新唐书》记载,这条平原新道,从伊州伊吾县开始,经罗护守捉(今哈密市七角井镇七角井村)、独山守捉(今木垒油库古城)、蒲类县(今奇台县城东北古城)、北庭都护府(今北庭故城)、沙钵守捉(今吉木萨尔县庆阳湖乡镇双河古城)、轮台县(今昌吉古城),直达中亚的碎叶城。

柔然汗国,这个继匈奴、鲜卑之后的第三草原帝国,尽管统治蒙古草原和西域只有一个半世纪,却在中华文明史上留下了深深的痕迹。这是一个外表强悍但内心柔软的游牧部落,他们不仅使用汉字作为书面文字,而且对粟特商人带来的佛教表现出了浓厚兴趣。柔然永康五年(470),可汗①予成聘请汉僧法爱为国师。正始三年(506),可汗浮图②开始重用信仰佛教的粟特人,并正式皈依了佛教。之后,他在粟特商人聚居的平原上修建了一座坚固的城池,以自己的名字命名为可汗浮图城。

可汗浮图城位于今吉木萨尔县城北部的北庭镇,与后来的北庭故城是一座城池。今北庭故城内城中的小城,就是可汗浮图城的原型。可以说,没有它,就没有后来规模巨大的北庭都护府。

九、突厥发祥地

柔然的末日来得极其突然,起因只是一次求婚事件。大统十二年(546),高车(即铁勒)突袭柔然,被柔然属部——突厥首领土门率军击退。大统十七年(551),土门满怀希望地来到柔然可汗庭,在向主子报捷的同时,提出了请婚的要求。

柔然当政的,是第十八任可汗阿那瓌(guī)。这是一个极端自负的人,根本瞧不起这位从前的部下,还指着土门的鼻子说:"你是我的锻奴,怎敢提出这种要求?!"

对于求婚,你有权力拒绝,但没有权力侮辱对方。土门转而向西魏求婚,如愿娶到了西魏长乐公主。在争取到"岳父国"西魏的中立后,土门联合高车突袭柔然。

在恶狼般的突厥、高车骑兵出现在帐前时,曾经孤独求败的阿那瓌竟然来不及拉起一支像样的队伍。柔然一败涂地,阿那瓌含恨自杀,柔然王室四散而去,有的被突厥剿杀,有的被北齐俘虏,有的融入了汉人,只有少数漏网之鱼在菴罗辰可汗率领下顺着草原丝路辗转西迁,其后裔就是今

---

① 柔然最高领袖,原意是"神灵""上天",这一称呼后来被突厥、回鹘、蒙古及中亚游牧国家沿用。
② 又称浮屠、伏图,指佛陀、佛。后来泛指佛塔、佛教、佛教徒。

俄罗斯境内的阿瓦尔人。

突厥以火箭般的时速,完成了从奴隶到主人的过渡,建立了中国历史上的第四个草原帝国。

经反复甄别与合理推测,今土耳其先人突厥,应该起源于古欧洲人的支系塞人。公元前4世纪,迫于亚历山大东征军的压力,塞人的一个部落——呼揭(即乌揭)东迁漠北,在匈奴北部建立了索国,因为两次降服于匈奴,所以被称为匈奴别部。晋代,索国销声匿迹,部分人在首领阿史那带领下,来到寒气逼人、野狼出没的叶尼塞河上游,住毡帐、食畜肉、饮马奶,成为一个以狼为图腾的游牧部落。东晋十六国时期,阿史那氏族从漠北南迁到平凉,被中原史书称为平凉杂胡。太延五年(439),北凉被北魏太武帝击败,阿史那氏族随北凉残部沮渠氏西渡大漠,进入吐鲁番盆地。和平元年(460),北凉沮渠氏被柔然所灭,阿史那氏族被迫逃亡。

传说突厥始祖阿史那翻越天山,来到"四面环山、周回万里"的高昌北山。

考古学家一致认为,高昌北山就是今吉木萨尔县的南山。但今南山峡谷道道,山水分流,类似于突厥传说中的地貌不止一条。那么,被称为突厥发祥地的山谷究竟在哪里呢?

这个山谷必须具备两个特征,一是有突厥人生活过的痕迹,是否找到草原石人是重要的标志之一;二是必须有铁矿分布,这是一个善于锻造的部落必需的矿产资源。最终,考古工作者在众多的谷地中,发现了符合以上两个条件的山谷——吉木萨尔县新地乡南部2000米的新地沟。这里不仅有铁矿资源、采矿痕迹及冶铁遗址,而且还发现了一件古代塞人墓葬的标志——草原石人。新地沟就是突厥先祖发祥圣地之一的高昌北山洞穴。

50年,半个世纪,整整两代人,远离了战争,安居于山中,这对于一个颠沛流离、伤痕累累的游牧民族来说,是难以忘怀的童话般的日子。因此,高昌北山是走遍世界的突厥人永恒的记忆。

美梦总有中断的时候。熙平元年(516),柔然灭亡了车师后人高车,顺便把阿史那部落赶出了北山,逼迫其首领阿贤设及所属500户迁居到金山(阿尔泰山)南麓,成为专门为柔然打制武器的"锻奴"。因金山形似古代战盔,俗称突厥,所以阿史那部落从此被称为突厥人。

40年后的草原,已是这群从高昌北山走出来的铁匠的草原。

十、唐军西来

柔然汗国残阳西落后,土门建立了风云一时的突厥汗国。土门死后,他的儿子木杆可汗统一了塞外,并且请叔父室点密率10个部落发起了规模宏大的西征。

室点密西征胜利后,在西部自立为西面可汗。虽然他在名义上接受木杆可汗的节制,但却为突厥汗国的分裂埋下了伏笔。当木杆可汗将正统头衔传给并非亲生儿子的沙钵略可汗时,室点密的儿子达头不干了。开皇三年(583),达头宣布成立西突厥汗国。从此,东、西突厥分道扬镳,形同水火。

贞观十三年(639),乙毗咄陆可汗掌控了西突厥,开始独自号令西域各国。他首先派出吐屯阿史那矩进驻高昌国,被高昌王麴文泰任命为冠军将军,基本控制了高昌国政;他又派出叶护①阿史那步真进驻与高昌一山之隔的可汗浮图城,与阿史那矩遥相呼应,迫使麴文泰全面反唐。

此时的唐皇,乃是被誉为"千古一帝"的李世民。谁胆敢得罪他,谁定会厄运缠身。首先得罪他的,是东突厥颉利可汗。武德九年(626),李世民夺得皇位才几个星期,雄心万夫的颉利可汗和侄子突利可汗统帅10万骑兵南下,直达距长安20千米的渭水边,逼迫李世民签订了"渭水之盟"。四年后,李世民派出大将李靖、李勣(jì,原名徐懋功,山东菏泽人)率军10万,在阴山大破东突厥,颉利可汗被俘,突利可汗投降。

东突厥灭亡不到10年,西突厥又与高昌联合挑战唐朝。李世民派出15万大军远征高昌。西征军兵分两路,一路由大将侯君集率主力主攻高昌;一路由铁勒王子契苾何力率突厥、铁勒骑兵进攻可汗浮图城,切断高昌后援。契苾何力一到,驻守可汗浮图城的西突厥叶护阿史那步真便望风而降。乙毗咄陆可汗也没有任何赶来救援的迹象,失掉后援的高昌只有投降。

---

① 突厥、回鹘等民族的官名,地位仅次于可汗,由可汗的子弟或宗族中的强者担任。

258

李世民于贞观十四年(640)宣布:在天山之阳的高昌城设置西州,在西州与伊州之上设置安西都护府。贞观二十二年(648),西突厥叶护阿史那贺鲁降唐后,李世民又在可汗浮图城设置了庭州,下辖金满、轮台、蒲类三县,后来又后增设了西海县。新设的庭州归安西都护府管辖。

可汗浮图城,这一由柔然人所建,由突厥人所占的丝路重镇,从此升格为西域的两大中心之一。

十一、庭州初设

可汗浮图城,即别失八里,是突厥语 besbaliq 的音译,意思是"五城",但充其量是一个丝路小镇,一旦成为庭州州治和金满县治,规模远远不能满足需要。于是,唐开始在可汗浮图城旧址上大兴土木,将促狭的小镇扩建成了一座周长4600米的长方形大城。城墙上的角楼高耸入云,彰显出唐的厚重与气派;城外开挖了深深的护城河,令所有入侵者望而却步;城内的府衙、县衙、寺庙、佛塔拔地而起,庄重肃穆;平坦笔直的城市大道两旁,是一排排的屯田士卒、汉族新移民、汉化粟特人的民居。从此,庭州成为与西州、于阗并称的西域三大丝都之一。

初设的庭州,是天山北麓唯一的州级单位,与西突厥降将阿史那贺鲁主持的瑶池都督府相毗邻。庭州首任刺史骆弘义在主持城市建设的同时,一直密切注视着阿史那贺鲁的一举一动,并在第一时间洞察了对方的叛乱阴谋,及时向唐太宗发出了密报。

接到密报,朝廷立刻派通事舍人[①]桥宝明前往瑶池都督府慰抚,并馈赠了弓矢、杂物,要求阿史那贺鲁的长子咥运入朝宿卫。唐使的突然出现,特别是要求其长子入朝的要求,令阿史那贺鲁大惊失色,半天说不出一句话。他压根想不到朝廷会洞察他的内心,对他尚且处于谋划阶段的叛乱一清二楚。惊慌之下,他只能无奈地送长子上路。在路上,精细的桥宝明"内防御而外诱谕",不止一次地粉碎了咥运逃走的阴谋,将其顺利

---

① 全称为"中书通事舍人",负责起草皇帝诏书,受皇帝委任出使,宣旨劳问,受纳诉讼的官员。

送到了京都。进京后,咥运被授予右骁卫中郎将(统领皇帝侍卫的官员)。

贞观二十三年(649)七月十日,李世民驾崩。22岁的太子李治继任天皇。李治刚刚继位,庭州刺史骆弘义的密报又到了,大意是"阿史那贺鲁正紧锣密鼓地策划叛乱,绝不能将贺鲁的长子放回西域"。

然而,执掌朝廷大权的首辅长孙无忌,无视庭州刺史的警告,为了表示对阿史那贺鲁的信任,居然把咥运放回了西域。

永徽元年(650),见到爱子咥运,再无后顾之忧的阿史那贺鲁率众西去,击败了西突厥乙毗咄陆可汗,将左厢五咄陆部、右厢五弩失毕部"十姓突厥"①全部归入麾下,自称沙钵罗可汗,建牙于双河(今新疆博尔塔那河)及千泉。

阿史那贺鲁自认有了与唐对抗的本钱,便任命长子咥运为先锋,于永徽二年(651)春侵入庭州,相继攻陷了金岭城(今奇台县西北)和蒲类县。受其感染,龟兹大将羯猎颠发起叛乱,与阿史那贺鲁联手抗唐。

西突厥与龟兹的反叛,证明了长孙无忌、褚遂良、李勣三位顾命大臣怀柔政策的彻底失败。顾命大臣心目中仁柔怯懦的李治,居然分外强硬,力主镇压。在众臣惊愕的目光中,李治颁布诏书:第一,召回具有驸马身份的安西都护柴哲威,改派高昌王族麹智湛出任安西都护,设置西州都督府,动员高昌民众全力保卫西域;第二,任命左武卫大将军梁建方、右骁卫大将军契苾何力为弓月道行军总管,庭州刺史骆弘义为向导,率3万府兵外加5万回纥骑兵进攻庭州。不久,天山北线传来喜讯:庭州光复。

大军乘胜大破龟兹,生擒了羯猎颠,又于显庆三年(658)一举击溃了西突厥军团,直到将阿史那贺鲁及其儿子咥运擒获。战后,李治以阿史那步真为继往绝可汗兼濛池都护,驻扎在碎叶城,主管西突厥右厢弩失毕各部;以阿史那弥射为兴昔亡可汗兼昆陵都护,驻扎在庭州境内,主管西突厥左厢咄陆各部。

听到战报,李治的大嘴咧到了腮边。因为阿史那贺鲁平定后,唐的西北边界包括了整个咸海,西南边界已与波斯接壤,帝国版图大出了三分之一。显庆四年(659),李治下诏,在西域一口气设立了127个州县。

---

① 指被西突厥降服的各个游牧部落。碎叶川以东称左厢,碎叶川以西称右厢。

十二、来济的命运

下一年,曾经的中书令来济,由台州刺史调任庭州刺史。

来济,生于今江苏扬州,隋朝名将来护儿的儿子,初唐进士,唐太宗时期任通事舍人、吏部考功员外郎、中书舍人,唐高宗继位后先后出任中书侍郎、中书令兼太子宾客,封南阳县侯。

武后,是来济无论如何都绕不过去的一道坎。她是今山西省文水县人,少年英雄刘胡兰的老乡,父亲武士彟(yuē)是唐朝开国功臣,母亲杨氏出身于隋皇室。她14岁进入后宫,被李世民封为五品才人。在李世民病重期间,她与太子李治发展出一段地下情。李世民驾崩后,她和部分未生育的嫔妃一起进入长安感业寺为尼,但与新皇李治一直藕断丝连。李治孝服期满后,将武才人召回后宫,封为二品昭仪。她的优势在于,她的身体是李治在这个世界上最想要的。她运用肉体的魅力,正如圣人运用超强的精神力量,去获得看似不可能得到的东西。幸运的是,那个可爱的躯体上还有一个像外科医生手术刀一样锋利无情的大脑。一个女人只有拥有这样的大脑才会爬得更高,别说什么皇后、淑妃,就连自认功勋盖世的大臣也休想挡住她。

永徽四年(653),李治的爱妃武昭仪产下长女安定思公主。公主满月后,王皇后按照惯例前来看望,王皇后前脚刚走,李治后脚就到了。武昭仪笑着打开被子一看,发现女儿已经死了。李治追问侍女们是怎么回事,侍女们都说:"皇后刚刚来过这里。"武昭仪大哭着控诉王皇后的罪过,李治也认定是王皇后掐死了公主,因此下决心废掉王皇后。

围绕谁是凶手,君臣出现了重大分歧。在李治看来,爱妃怎么会掐死自己的女儿呢?虎毒还不食子呐。而侍女们谁敢动公主一根手指头呢?因为这可是灭门之罪啊。凶手只能是受到自己冷落的王皇后。但长孙无忌、褚遂良、来济等重臣们就不这么看了,因为按照常理,杀人总要有动机吧,王皇后的动机是什么?掐死武昭仪的女儿对她有什么好处呢?他们实在想不通一向仁厚的王皇后会如此下作。武昭仪倒是这一事件的受益者,一旦嫁祸王皇后成功,她就可以取而代之。而在老臣们眼中,武昭仪是什么事情都做得出来的,只要对她有利。因此,这几个大臣一再规劝李治要明察。言外之意,武昭仪与侍女们也有嫌疑。

永徽五年,心结难解的李治仍坚持废黜王皇后,由武昭仪取而代之,但遭到了宰相来济、韩瑗的公开反对和褚遂良、长孙无忌的暗中抵制,而另一位宰相李勣则说:"这是陛下的家事,何必更问外人!"于是,李治在十月十三日颁布诏书,以"阴谋下毒"的罪名将王皇后和萧淑妃废为庶人。七天后,27岁的李治再次下诏,立31岁的武昭仪为皇后。新皇后可是一位笑起来俊美如花,凶起来狞厉似鬼的女人。那一天,凭借对武皇后的了解,来济的心说:"咱的苦日子快到了。"

的确,云飞浪卷、规模恢弘的政治舞台,比起小小后宫的争风吃醋,更适合武后施展玲珑多窍之心。显庆二年(657),李治已被武后牢牢控制,武后开始反攻倒算,她暗中指使许敬宗、李义府诬告来济、韩瑗与褚遂良准备谋反,尚书右仆射褚遂良被贬任桂州(今广西桂林)都督,中书令来济被贬任台州(今浙江台州)刺史,另一位宰相——侍中韩瑗被贬任振州(今海南三亚)刺史。两年后,太尉长孙无忌被逼自杀,韩瑗被处死,褚遂良在流放途中病死,只有来济还顽强地活着。

从表面上看,来济由台州刺史调任庭州刺史,品级仍然是正四品,并不是什么了不起的政治灾难。但在当时的人们看来,这一任命比贬为平民还要可怕,因为他新近调任的地方,不是一般的边关州,而是条件最差、路途最远、危险最大的州。这里孤悬于天山以北,处在西突厥各部的包围之中,时刻面临着灭顶之灾。将政敌置于危亡之地,是武后的一贯策略。曾经的宰相来济被外放到庭州,就等于把他送进了虎口与狼窝,被吃掉是必然,不被吃掉则成了偶然。

作为一位在政治高峰栏杆拍遍的政治家,来济饱览过景色的壮美,更深知风涛险恶尤其是皇后的用心。因此,在抵达庭州后,没有为暂时的平静所麻痹,而是未雨绸缪,未冬先储,抓紧组织人力扩建庭州,修缮城墙。

来济的预判没有错。龙朔元年(661),吐蕃反唐派大臣噶尔·东赞域宋又回到大相位置,然后与大食结为反唐同盟,进一步策动龟兹、疏勒、弓月等亲吐蕃势力,全面发动了对大唐西域管辖区的进攻。战争开始后,安西大都护杨胄战死,李治紧急起用原伊州刺史苏海政暂时代理安西大都护。但苏海政处置失当,激起了西突厥阿史那都支的叛乱,庭州遭到西突厥各部的围攻。

面对汹涌而来的西突厥铁骑,刺史来济率领有限的兵力冒死迎战。战前,他对将士们说:"我早就该死了,只是因为侥幸才活到今天,现在终于到了以身报国的时候了!"于是,他不穿甲胄,冲入敌阵而死,庭州也沦陷在凄厉的血色中。为此,我想起了美国将军麦克阿瑟的话:"老兵永远不死,他只是凋零。"

来济是死在庭州的第一位刺史,也是在庭州献身的最高级别的唐朝官员。要知道,武后所执掌的"顺我者昌逆我者亡"的官场,几乎就是一个阴暗肮脏、臭气熏天的茅坑。但来济一直坚持自己的处事原则,至死也没有向武后低头。他以自己的死,维护了一个刚正之士的人格尊严。这正应了那句令人深思的话:太阳也照进茅坑,但从不被玷污。也应了弥尔顿的箴言:即使明知战死沙场,也要享受战死的荣光。

听到来济战死的消息,朝廷君臣们无不垂泪动容,或许只有武后在心里格格而笑,因为当年反对她封后的人全都死掉了。

其实,尺有所短,寸有所长,伟人身上有痣子的影子,君子心里也会有小人的因素。除了她掐死自己的女儿一事(至今是一宗历史公案)不可原谅之外,或许武则天也没有多么坏。她长得很美,她的能力也不亚于最英明的帝王,她的许多做法多是基于政治斗争的需要,她与中国历史上众多的君主们没有多少区别。我们如果埋怨,只能埋怨残酷而肮脏的专制政治。

十三、成为流放地

龙朔二年(662),玉门关外,血雨淋漓,腥风浩荡。安西大都护杨胄已经战死,庭州失守,于阗遭到弓月部包围,安西大都护府从龟兹迁回西州,唐在西域的据点只剩下西州与伊州,由于伊州都督苏海政的府兵损失惨重,收复庭州的希望只能寄托在西州府兵身上。统领这支府兵的,是西州都督府长史裴行俭。

裴行俭,今山西闻喜人,隋代名将裴仁基的儿子,早年曾随苏定方学习兵法,一度出任正五品的长安县令,很受宰相褚遂良的器重。在皇后废立事件中,他曾经参与长孙无忌、褚遂良的密商。想不到,河南太康人、御史中丞袁公瑜出卖了他,将他参与密商一事密报给了武则天的母亲杨氏,导致裴行俭像来济一样被贬到了边关西州任长史,辅佐西州都督麴智湛执掌西州兵马。但与来济不同的是,他不是皇后废立事件的首要分子,没有被武则天列为非除掉不可的人。

《哈姆雷特》中有一句台词:即使把我放在火柴盒里,我也是无限空间的主宰者。庭州失守后,裴行俭立即打开武库,取出库藏的全部武器,分发给由壮丁组成的西州都督府府兵,稍加训练便挥师北上。好在,阿史那都支攻陷庭州之后,只是烧杀劫掠了一番,并未在城中停留。于是,裴行俭幸运地收复了庭州。

府兵眼中的庭州,城楼只剩下几根骨架,街道上一片狼藉,民居与商铺大部被焚,州衙与县衙则被洗劫一空,偌大的城池里只有几百个幸存的遗民,还有几只野狗在低头闲逛,一群乌鸦在树头上怪笑。裴行俭率兵进城后,赶紧安抚遗民,整建街坊,修缮城池,重建州、县、乡、坊各级机构,并奏请朝廷从内地向庭州大批移民。

很快,裴行俭的第二份上疏又到了李治的面前。大意是,尽管阿史那都支退走了,但天山北麓的战略地位日益突出,朝廷应该在庭州创建相应的军府建制,否则庭州还有可能丢失。此时的李治,尚且沉醉在收复庭州的喜悦中,当然不希望看到天山北麓再度易手,于是在龙朔三年(663)初创建了金山都护府,属于上都护府,隶属于已经移治西州的安西大都护府。辖区为天山以北、巴尔喀什湖以南、双河(精河与博尔塔拉河)以东、金山以西。都护为正三品;副都护为从四品上。金山都护由西州都督麴智湛兼任和遥领,金山副都护由裴行俭出任并常驻庭州。

接着,为了使庭州变成天山北麓名副其实的政治、军事中心,李治下令,定庭州为流放地。

流放,是将罪犯放逐到边远地区的一种刑罚,是古代仅次于死刑的一种重刑,历代统治者以"不忍刑杀,流之远方"为旗号,把流放自诩为一种仁政与慎刑。但是,为了让获刑者受到惩戒,朝廷煞费苦心地变换流放的方式,并在流放地的选择上费尽心机,西北绝域、西南烟瘴、东北苦寒之地都先后成为流放地,从而造就了许多著名的流人聚居区。

早在舜帝时期,就流共工于幽陵(指幽州),放驩兜于崇山(指湘西),迁三苗于三危(指敦煌)。秦汉流放地有武当山区的房陵(今湖北房县)、上庸(今湖北竹山县),岭南的合浦(今广西合浦县)、日南(今越南顺化市)、九真(今越南清化),西部的凉州(河西走廊),北部的朔方(河套平原)。到了隋唐,随着朝廷版图的扩展,流放地也随之变远,最南部到了崖州(今海南省琼山县),最西部则到了刚刚占据的庭州。

崖州尽管偏远荒蛮,但毕竟没有战事;而庭州却是个既偏远贫瘠又硝烟弥漫的所在,流人的命运除了饿死渴死还有浴血疆场。有那么多的朝廷大案为句点,因此"庭州"两个字成了全国官员心底的符咒,任何人都有可能在一夜之间与此产生终生联系,从此坠入暗无天日的深渊。金銮殿离庭州很远又很近,因此这两个字常常潜入高枕锦衾间的噩梦,把许多人惊出一身冷汗。

春天一到,万木葱茏。从内地流放庭州的罪犯也一批批抵达,其中包括李义府的儿子和女婿们。原来,诬陷长孙无忌等人谋反的李义府已经获罪流放。而曾经追随李义府告发过裴行俭并逼迫长孙无忌自杀的河南太康人袁公瑜,也被贬为代州长史。更好笑的是,上元元年(674),裴行俭的仇人袁公瑜居然来到西域任西州长史,一年后又出任金山都护兼庭州刺史。

此时的裴行俭已经东山再起。早在麟德二年(665),他就从金山副都护升任安西都护,以非凡的威望赢得了西域民心,使得西域重新划入唐版图。随后,他回到朝廷担任了吏部侍郎,因善于选贤任能和李敬玄、马载一起被誉为"裴李""裴马"。也就是说,袁公瑜的这一任命,也许出自裴行俭之手。世事难料,此时的袁公瑜,不知能否反省当年的行为?

此后的袁公瑜,并无建树,还被流放振州,碰巧遇上朝廷大赦方才回归故里。[1] 我想,作为一个有名的小人,能不害人就不错了,别指望他为国家做什么。美好的人性源自美好的制度,在小人云集的皇权专制体制下,单纯讲道德是一件很无力的事。

---

[1] 见《千唐志斋藏志》中的"袁公瑜墓志铭",文物出版社1983年版。

十四、都护王方翼

在历任金山都护中,最出彩的当属王方翼。而这位王方翼,偏偏也与武则天有过节。

王方翼,今山西祁县人,祖母是李渊的妹妹同安大长公主。李治继位后,他的堂妹王氏被封为皇后,他也时来运转,升任安定(今甘肃泾川)县令,后来因为政绩卓著,先后升任肃州(今甘肃酒泉)刺史、检校安西都护。

永淳元年(682),西突厥阿史那车薄啜发起叛乱,碎叶城沦陷,前任金山都护、现任安西都护杜怀宝退保弓月城(今新疆霍城西),大唐举朝震恐。患有风疾的李治支撑着病体上朝,再次启用忧病交加的裴行俭挂帅西征,但裴行俭启程当晚便撒手人寰,苦守弓月城的杜怀宝也因援兵不到以身殉国,天山北麓防护的重担一下子落在了金山都护王方翼肩上。

王方翼调集起伊州、西州、庭州府兵及所辖的西突厥部落,千里驰援弓月城,与阿史那车薄啜部在伊犁河遭遇,杀死西突厥千余人,将对方一举击溃。

阿史那车薄啜不甘心失败,煽动三姓贵族咽面率10万部众加入了叛军,两股叛军汇成一股铁流向王方翼军扑来。就在热海(今伊塞克湖),双方展开了生死对决。战鼓擂响后,王方翼身先士卒冲入敌阵,流矢贯通了他的胳膊,他瞒着身旁的将士,抽出佩刀断去了箭镞。

在双方僵持不下的时候,他手下的突厥首领密谋绑架王方翼以配合阿史那车薄啜。密谋者的一言一行哪怕一个眼神,都别想瞒过这位名将锐利的眼睛。战争间隙,他以召开军前会议的名义,通知通敌分子前来开会,并公开表示将赏赐突厥首领军资,然后依次斩掉了70多名突厥将领的脑袋。时值风起,他又命令手下擂响战鼓,从而掩盖了突厥首领临死前的号叫,没有引起突厥骑兵的任何怀疑。

然后,他兵分两路,分头痛击阿史那车薄啜与咽面,不仅大破敌军,而且生擒西突厥酋长300余人,西突厥叛乱得到平息。

因为此战的惨烈与辉煌,王方翼终于离开了金山都护这一极度危险的岗位,调任夏州都督。赴任前,李治接见了立下不世之功的王方翼,并发现了他肩上的血渍。王方翼褪下衣袖,让皇帝验看了创伤,并复述了热海那恢弘而血腥的一幕。听罢,皇帝叹息说:"为国致身,乃吾亲也!"①

李治驾崩后,屡立战功的他被武后找了个理由下狱治罪,判决流放天涯——崖州。接到判决的那一刻,他似乎面无表情,只是双目紧闭。但他低垂的双肩还是流露出一种对不幸命运的深深哀伤。不久,一代名将死在流放途中,终年63岁。

这样的处置是否过分残酷了呢?说到底,在政治斗争的祭坛上,道德只是一盘毫不起眼的牺牲②而已。

永淳二年(683)底,李治驾崩于贞观殿,宰相裴炎奉召入宫时李治已死,身旁只有天后,裴炎并未听到天皇的遗言,他所见到的只有天后记录的遗诏:"遗诏太子枢前即位,军国大事有不决者,兼取天后进止。"这其实已为唐中宗被废留下了伏笔。

很快,太子——武后第三子李显(又名李哲)继位,尊天后为皇太后。时隔两个月,李显被废,皇太后第四子、豫王李旦继位,朝廷大事直接由太后决策。垂拱元年(685),亲唐的回纥与反唐的同罗、仆固爆发战争,回纥请求唐派兵援助。

接到朝廷的诏书,金山都护田扬名率领十姓突厥兵东征。这次远征打击的对象无疑是反唐的同罗、仆固部,但由于远征军除了汉军之外,还有大批纪律性差、难以约束的西突厥军,他们参战的最大动力就是不分青红皂白的抢劫,结果,不仅同罗、仆固部被击溃,而且回纥部也受到东征军的严重洗劫,元气大伤。

听到回纥人的哭诉,武太后凤威大发,以"妄破回纥部落"罪免去了田扬名的金山都护一职,已经设立82年之久的金山都护府也被撤销。

主帅撤职了,参战的3万西突厥军当然也不会受到任何嘉奖。因怨生恨,西突厥人重新叛唐。

这就是武太后一手导演的乱局。

但这又有什么办法呢?天下是李家的天下,不折腾一下,她武后能走

---

① 见宋代李昉《文苑英华》卷九一三"王方翼神道碑",中华书局1992年版。
② 供祭祀用的牲畜,色纯为"牺",体全为"牲",后来引申成"为正义事业献出生命"。

到前台吗?

十五、武曌后悔了

但一个人,特别是一个女人想当皇帝,仅有锋利无情的大脑是不够的,还必须有上天的旨意。

垂拱四年(688),武曌的侄子武承嗣在洛水边"捡到了"一块石刻,上面赫然写着:"圣母临人,永昌帝业。"消息传进皇宫,武曌大喜,将石刻命名为"宝图",并依照石刻上的天意接受了"圣母神皇"的尊号。

但她感觉还不够,原因在于她的名字"武媚"。至圣先师孔子说过:"天无二日,土无二王"。"日"就是指天下共主,后来皇帝更是被堂而皇之地称为"天子",是普照万方的太阳。因为皇帝是太阳,所以皇帝的名字中就该带个"日"字。唐文宗本名李涵,称帝后改名李昂;朱温夺了唐朝天下后,立刻改名朱晃;宋太宗原名赵匡义,继位后改名赵炅;就连李自成进京后,也改名李自晟。男皇帝名字中加个"日"字好办,因为男人属阳。但女皇帝若在名字中加"日"字就让人头疼了,因为女人属阴。特别是仓颉造字时,并未考虑后代会出一个女皇,也就没有为这个女性当权者留下一个贴切的字。于是,武后发动自己的御用文人们想办法。果然,困难吓不倒拥有最强大脑的中国人,凤阁侍郎宗秦客于永昌元年(689)为武后成功造出了一个字——曌(zhào),字意为"高悬于长天的日月"。这个字有日有月,亦阳亦阴,充分满足了武后以阴为阳的心理。于是,武后笑逐颜开地宣布:"今后我就叫武曌!"

载初二年(691)七月,白马寺高僧法明向武曌呈上了由其编纂的四卷本《大云经》,经文中宣称净光天女将下凡人间为帝。接到经书,67岁的武曌似乎焕发了青春,她再也不想也不必躲在幕后。九月,李旦退位,武曌改国号为周,自立为大周天册大圣皇帝;立李旦为太子,赐姓武氏;追尊周文王为始祖文皇帝,立武承嗣为魏王,武三思为梁王,武氏多人为王或公主;改元天授,以红色为国色,定洛阳为上都,长安为陪都。朝廷从此由李姓改为武姓,武曌也成为中国历史上第一位也是唯一的女皇。

随着女皇迈着婀娜的莲步登上金殿,云蒸霞蔚的盛唐气象已喷薄而出。在她身后,屡遭贬谪的陈子昂登上幽州台泫然而歌:"前不见古人,后不见来者!"

就在武曌忙于改朝换代的时候,重新复兴的东突厥可汗阿史那骨咄禄,不再满足于大漠南北的统治,突然领兵西征,力图一举吞并武周所属的西突厥部落。当时的庭州,已经没有了都护府级的建制与武力,哪里还敢出兵阻拦东突厥军团,它能做的只有固守城池罢了。结果,东突厥大军势如破竹,一路横扫了天山北麓,直接攻入了武周所册封的继往绝可汗兼濛池都护所管辖的西突厥右厢部落,进围碎叶城。继往绝可汗力尽援绝,只有放弃碎叶城,带领六七万部属逃往中原。

尽管武曌和将领们费尽了心机,西域的局面依旧时好时坏,个中原因固然很多,但其中一个原因显而易见,那就是金山都护府撤销后,朝廷无法牢固控制天山北麓,因而也就不能对碎叶川西的少数民族部落予以有效地制约。

要恢复金山都护府,不是打自己的嘴巴吗?死爱面子的武曌当然不情愿。不情愿归不情愿,但也不能拿自己的帝国版图开玩笑吧,再说她也78岁高龄了,不想因为西域不断传来的坏消息影响睡眠,更不想有人打断自己与年轻人张易之、张昌宗的调情。

武曌一贯的风格是,不做则已,做必彻底;不鸣则已,一鸣惊人。长安二年十二月十六日(703年1月7日),武曌一举出台了四大决策:一是设立北庭都护府,府治庭州,都护为正三品,负责管理西突厥故地,在行政上隶属于安西大都护府。二是创立烛龙军,作为北庭都护府的直属部队。三是新设轮台县(县治在今昌吉古城),与金满县、蒲类县一起归北庭都护府统辖。三是重建天山北麓汉、蕃协防机制,重新召回并册立阿史那献为三世兴昔亡可汗、右骁卫大将军,令他建牙于庭州城外,号令附属于大周的西突厥左厢部。一旦发生战事,北庭都护解琬与兴昔亡可汗阿史那献可以并肩作战。

阿史那献,是室点密可汗的七世孙、第二代兴昔亡可汗兼昆陵都护阿史那元庆的次子。阿史那元庆在西域兵败之后东返洛阳,受封左卫大将军,后来被酷吏来俊臣所杀。阿史那元庆的长子听说父亲被杀,寻机逃亡西域,当年就被吐蕃册封为西突厥可汗;阿史那元庆的次子阿史那献没来得及逃走,被流放崖州。阿史那献被重新启用后,直接从崖州赶赴了天山北麓。

不久,烛龙军更名为瀚海军,一个令人恐怖的铁甲军团在天山北麓诞生。武曌用自己铁的手腕,使西域重新恢复了平静。

人什么都可以改变,只有性别难以改变(古人不会做变性手术);人什么都可以战胜,只有年龄不可战胜。在长达22年的时间里,武曌始终牢牢控制着整个朝廷,把那些男人中的精英操纵于股掌之中,她的政治技巧使她完全有资格跻身一流政治家行列。即便如此,她最终仍无法摆脱以男性为主的封建文化的天网,也无法避开"三纲五常"那无处不在的陷阱。她本想将武周王朝千秋万代传承下去,因此试图将侄子武承嗣或武三思立为太子,然而宰相狄仁杰提醒她:"姑侄关系与母子关系,哪个更近?陛下立儿子为太子,千秋之后会在太庙中作为祖先祭拜;如果立侄子,将来他只会供奉自己的父母,他会把姑姑供奉在太庙吗?"这段晴天霹雳般的话,炸开了武曌那想当然的心,她从此打消了让武氏继承大统的念头,于圣历元年(698)重新立庐陵王李显为太子。那一刻的武曌,脸上无奈极了,因为这意味着她改唐为周的努力已经付之东流。也许就在那一天,她的威望开始悄悄下降,如同她那越来越老的容颜。

北庭都护府设立仅仅两年,也就是神龙元年(705)正月二十日,81岁的武则天病重,只有张易之、张昌宗兄弟随侍左右,这两个男宠借机发号施令,搞得朝廷内外人怨沸腾。宰相张柬之、崔玄暐联合禁军统领李多祚,以张易之、张昌宗谋反为名发动兵变,簇拥着太子李显从玄武门斩关而入,冲入迎仙院杀死了张氏兄弟,然后包围了武曌所在的正殿。已经卧床不起的武曌被迫禅位于李显。李显二次登基,为母后上尊号为"则天(意思是"以天皇唐高宗为榜样")大圣皇帝",武曌从此被称为武则天。

如同拉丁美洲作家马尔克斯在《百年孤独》中所说:"生命中曾经有过的所有灿烂,原来终究,都需要用寂寞来偿还。"在她经历了长达半个世纪的光荣与辉煌之后,接下来的十个月与活埋无异。十一月二十六日(705年12月16日),宫中大树上的最后一片黄叶凄然飘落,在病榻上寂寞地躺了十个月的武则天病死,时年82岁。她死时,上阳宫仙居殿里只有一个哭丧着脸的老宫女,那里静得几乎都能听到小鬼前来为她收尸的脚步声。临终前她应该明白,万物各有其迷人的韵律,而终究是以不同的方式在演算一道相同的定理——岁月无情。

武则天死了,她所设立的北庭都护府会被撤销吗?

十六、北庭升格

北庭不仅没有被撤销,而且升格了。

李显二次称帝时,已经49岁了。经历了下野20余年的宦海风涛,李显在政治上已经相对成熟。面对武则天执政末年一味强硬、四面树敌的状况,他没有妄自菲薄,也没有急于求成,而是陆续出台了一系列举措:一是将金城公主嫁给吐蕃赞普,与吐蕃建立了久违的和平;二是不再干涉葱岭以西的事务,淡化了与大食的对抗关系;三是全力对抗主要的敌人——后东突厥汗国,变守为攻,在漠南建立了"三受降城"。四是将北庭都护府升格,以便有效钳制天山北麓的突厥人。

景龙二年(708),李显下诏将北庭都护府升格为大都护府,设大都护一人,从二品,官位仅次于三公,与尚书、左右仆射同级;设副大都护二人,从三品;副都护四人,从四品。大都护府下设2个都护府,23个都督府,辖伊州、西州、庭州三州。从此,唐在西域出现了两个级别相同的军政中枢,实现了由一元化军府统辖到两个军府分疆而治的演变。天山以南直至葱岭以西、阿姆河流域属安西大都护府管辖;天山以北包括阿尔泰山和巴尔喀什湖以西归北庭大都护府统辖。

北庭大都护向西结盟突骑施,向北牵手黠戛斯,纵横东西,提携万里,社会安定,商路通畅,农业、牧业、商业、手工业得到空前发展,成为西北地区的政治、经济、文化与军事中心。

景龙四年(710),李显颁诏北伐突厥,唐军共出动80万,中路军由朔方道行大总管张仁原统领,西路军由金山道行大总管、检校(代理)北庭大都护兼碎叶镇守使吕休璟统领,东路军则由幽州都督薛讷应为主将。一场酣畅淋漓的胜利指日可待。

就在此时,宫廷里出大事了。据正史所言,闹事的人是李显的皇后韦氏。唐中宗李显复位后,与他风雨同舟多年的韦氏被立为皇后。种种迹象表明,政治上已经成熟的李显却是感情上的弱智,他感觉当年亏欠韦氏太多,因而对这位雄心勃勃的女人一味纵容,并允许她像自己的母亲武则天一样公开参与朝政。最好笑的是,韦皇后不仅做主把女儿安乐公主嫁给了武三思的儿子武崇训,还与武三思发展出了一段近乎公开的婚外情。一天,韦皇后与武三思"云雨"刚毕,便在床上衣衫不整地赌钱,上朝归来的李显见二人赌兴正浓,还兴致勃勃地帮人家数筹码。景龙四年(710)春,地方官员燕钦融上书指责韦皇后淫乱后宫并干预朝政,被李显亲自召来诘问,韦皇后居然指使卫士将燕钦融摔死。李显尽管没有追究,却首次表现出异乎寻常的恼怒。事后,做贼心虚的韦皇后与安乐公主密谋,安排情夫——散骑常侍马秦客、光禄少卿杨均在李显的食物中下毒,造成李显腹痛而死。对于这一宗历史公案,目前学术界尚无定论。因为韦皇后与李显感情深厚,李显对安乐公主也宠爱有加,再说李显也没有与韦后公开翻脸,李显依旧是母女二人最好的挡风墙,她们尚且不至于对自己的亲人痛下毒手。而李显一旦被害,李显的妹妹太平公主和弟弟李旦倒是直接的受益者。但成王败寇,历史的规律就是如此。

李显驾崩后,朝廷改立李显的四子、年方15岁的李重茂为帝,韦后以皇太后身份临朝称制,俨然武则天再世。不久,李旦的三子李隆基与太平公主联络禁军拥兵入宫,诛杀了韦太后,废黜了少帝李重茂,拥立李旦二次登基。

但李旦是一个胸无大志、唯求自保的人,他上任之后,便化敌为友,宣布放弃北伐,与东突厥默啜可汗议和;继而化友为敌,断送了突骑施、黠戛斯两大盟国,挑起了与吐蕃和奚人的边界冲突,做了一系列只有大脑炎后遗症患者才能做出的蠢事。景云三年(712),年方50岁的李旦明智地将帝位传给太子李隆基,这应该是这位平庸皇帝做的最英明的事,他为年轻有为的儿子开创"开元盛世"腾出了舞台。有了这件事,人们还好意思说他的坏话吗?但也有人说,李旦此举哪里是什么英明,不过是无奈罢了,笨皇帝就该主动让位。但是,比李旦还傻的晋惠帝不是到死也赖在台上吗?比李旦还要老迈的许多皇帝不是连话都说不清了还不舍得退位吗?

李隆基上台后,得知阿史那献是室点密可汗七世孙,便接连授予了他北庭大都护、瀚海军使、伊西节度使的名号,使得北庭大都护府的管辖区域增加了伊州与西州,这也标志着安西、北庭二府的分工由此前的南北分治演变为东西分治。

开元元年(713),北庭大都护属下的北庭都护、今山东济南历城人郭虔瓘(guàn)进驻北庭,将所率军队编为田卒,开荒屯垦。随后,唐又在北庭设立了碛西节度使,由阿史那献兼任,统领瀚海、天山、伊吾三军,其中拥有1.2万名军人、5000匹战马的瀚海军就屯驻在北庭。

为了限制边将不断膨胀的权力,李隆基曾经尝试以一位亲王遥领碛西节度使一职,安西、北庭重新归到一个节度使名下。亲王遥领的体制证明无效后,李隆基又任命战功显赫的盖嘉运担任了碛西节度使。

开元二十九年(741),盖嘉运入朝,碛西节度使一职随之罢废。李隆基下诏设立安西四镇节度使,治安西都护府,统辖西域西部;设立北庭伊西节度使,治北庭都护府,统辖西域东部。

十七、大唐英魂

天宝十四年(755)十一月十六日,也就是"安史之乱"爆发的第六天,时任北庭节度使在华清宫向李隆基奏报北庭之事。但皇帝只字未提北庭防务,而是焦急地向对方询问平叛方略。将军未及细想,便夸下海口:"臣请求前往东京洛阳,开府库,募兵勇,挑马棰渡河,不日就将逆贼的首级献于阙下!"

这位夸海口的将军,名叫封常清,今山西猗氏县人,少年时代随被充军的外祖父来到安西。成年后,他向安西都知兵马使高仙芝写信,要求担任高仙芝的随从。见到封常清后,高仙芝发现这是一个体瘦、斜眼、跛足,脸盘像磨刀石似的丑人,因此没有接受。第二天,封常清继续向高仙芝自荐,一再申明自己的不同寻常之处,高仙芝不胜其烦地说:"我的亲兵名额已满,你怎么又来烦我!"听完训斥,封常清大怒道:"我素来敬慕将军的高义,甘愿为你牵马坠镫,所以才冒昧前来,你怎能如此待我?将军如果以能取人,便会赢得士大夫称颂;如果以貌取人,恐怕会失掉将士之心!"从此,他如愿成为高仙芝的随从,并跟随高仙芝远征小勃律,立下了汗马功劳。高仙芝出任安西四镇节度使后,封常清被任命为庆王府录事参军、充节度判官,又加朝散大夫,专门负责仓库、屯田、甲仗、支度、营田等事宜。封常清还独自率军征服了大勃律,因功被封为御史大夫。天宝十三年(754),北庭伊西节度使程千里入朝任职,李隆基任命封常清代理北庭都护、伊西节度使。同年,边塞诗人岑参第二次出塞,充任封常清的判官。《轮台歌奉送封大夫出师西征》《走马川行奉送封大夫出师西征》等诗作,就是这一时期的经典。

本来,皇帝已经委派毕思琛前往洛阳募兵。就是封常清的这句大话,使皇帝临时改变了主意,免去了封常清的北庭伊西节度使一职,授予其范阳、平卢节度使名号,把这位名将推上了一条暗箭如雨的不归之路。

封常清日夜兼程赶到洛阳,仅十天就招募新兵6万人。他一边训练新兵,一边下令拆毁洛阳北部的河阳大桥(今河南孟州西南),以阻止叛军从北面进攻洛阳。

十二月,叛军渡过黄河,与封常清部在武牢(今河南荥阳汜水镇西)遭遇。封常清虽然久经战阵,足智多谋,无奈手下多是未经训练的新兵,而叛军却是百炼成钢的劲旅,唐军刚刚列好阵势,就被叛军铁骑冲垮。封常清收拾余部拒战于洛阳城东的葵园,又败。封常清收拾余部与叛军战于洛阳上东门内,再败。十二日,叛军攻陷洛阳,封常清率残部与叛军战于都亭驿,再败。退守宣阳门,又败。他只好率领败兵推倒禁苑西墙向西撤走,一路狂奔到达陕郡(今河南三门峡市西)。

退到陕郡后,封常清向驻守该地的副元帅高仙芝建议:"我血战多日,发现叛军锐不可当。如果叛军突入潼关,长安危矣。陕郡无险可守,不如引兵据守潼关。"高仙芝接受了他的建议,率军退往潼关据险固守。安禄山部将崔乾佑率部赶到潼关,一时不能攻下,只好退居陕郡。叛军的攻势一度得到遏制。

封常清兵败后,曾三次派特使入朝上表陈述叛军的形势,求胜心切的李隆基都拒绝接见。最后,封常清只好亲自入朝报告。他刚刚到达渭南,皇帝将他撤职的诏书也到了。

皇帝将封常清撤职后,诏令他以普通士兵的身份在军中效力。老上司高仙芝深谙封常清的冤情,便让他负责巡监左右厢各军。退守潼关后,监军边令诚多次催促高仙芝出战,但高仙芝雷打不动。于是,边令诚跑到长安面见皇帝,状告高仙芝、封常清私自退兵、克扣军粮。听了边令诚的一面之词,皇帝大怒,于十八日派遣边令诚赶到前线斩杀高仙芝与封常清。

边令诚返回潼关大营,将封常清召到驿南西街刑场,向他宣示了皇帝的敕书。其实,早在渭南时,封常清就做好了被杀的思想准备。此时,他将事先写好的遗书取出,托边令诚务必呈送皇帝。遗书大意是,请皇帝不要有叛军会速败的揣测,千万不要轻视敌人。他最后的遗言是:"常清之所以没死,是因为不忍心玷污国家旌麾,受戮于叛贼之手。我讨逆无效,死也甘心!"

封常清的从容赴死,使我想起了中国现代轮椅作家史铁生的话:"死是一件无须乎急着去做的事,是一件无论怎样耽搁也不会错过了的事,一个必然会降临的节日。"

封常清死后,尸体陈放在一张破席子上。

接着,边令诚就带着皇帝的问罪敕书和陌刀手找到了高仙芝。望着草席上老战友封常清血肉模糊的尸体,高仙芝大声叹息道:"封二,你从贫贱到显赫,是我提拔你为我的判官,后来你又代我为节度使,今日又与你同死于此,这是命中注定的吗?!"

此后引颈就戮。

早在封常清被任命为范阳、平卢节度使前的几个时辰,原北庭伊西节度使程千里已被授予河东节度副使、云中(今山西大同)太守,前往安禄山势力较为薄弱的河东募兵平叛。来到河东后,赤手空拳的程千里迅速组建了一支武装,于天宝十五年(756)进入上党郡(今山西长治)。叛军屡次进攻上党,都被程千里击退,他也因此被朝廷累加开府仪同三司、礼部尚书兼御史大夫。至德二年(757)九月,安禄山部将蔡希德领兵包围了上党城。程千里自恃骁勇果敢,率领百名骑兵出城迎战,当兵败退回城中时,吊桥突然塌落护城河,程千里意外被俘。被俘后,他对回城的骑兵高声喊道:"转告全军将士,宁可失去统帅,不可失去城池!"

变化的是头雁,不变的是群体力量。城中将士们依照程千里的嘱托昼夜严守,致使叛军始终未能攻克此城。

程千里被押送到东都洛阳,安庆绪将他软禁在宾馆中,想尽千方百计劝降他,但他一直牙关紧咬,铁骨铮铮。安庆绪撤离洛阳时,程千里被安庆绪的丞相严庄杀害。

意味深长的是,唐军光复洛阳后,既设计杀死了安禄山又主持杀死了程千里的叛军核心成员严庄,审时度势地向唐军投降,被新皇帝李亨任命为从三品的司农卿。

听到这一任命,程千里的部下们能服气吗?九泉之下的程千里能瞑目吗?

唉!这就是唐,一个让人心寒、走向穷途的朝廷。

十八、入关勤王

天宝十五年(756)七月十二日,皇太子李亨在抗敌前线——灵武(今宁夏吴忠市)自行宣布即位,遥拜逃亡四川的李隆基为太上皇,诏令安西与北庭节度使入关勤王。

接到命令,拥有2.4万精兵的安西四镇节度使梁宰几经踌躇,才派出5000步骑,由安西都知兵马使李嗣业带领进入朔方;而拥有2万精兵的北庭伊西节度使赵崇玼则痛快得多,他委托伊西行军司马李栖筠率7000精兵入关,北庭副都护高耀、北庭兵马使王惟良、宿将荔非元礼也随军东去。

入关的边军分为两支,小部分充实了皇家禁军,其中李栖筠、高耀被编进了禁军;大部分合编为镇西(因叛贼姓安,所以不再称安西)、北庭行营,由李嗣业出任行营节度使,与郭子仪的朔方军以及回纥军一起成为平叛三大主力,立刻投入了收复长安的香积寺战役。战役开始后,李嗣业部作为前军冲锋陷阵,一往无前,回纥部又从一侧杀出,10万叛军现出疲态。从午间到傍晚,唐军共斩敌首6万级,迫使叛军大溃而去,长安顺利收复。

乾元二年(759),安禄山已在内讧中丧命,刚刚投降的史思明再次反唐,李亨紧急调集九节度使讨伐盘踞在相州(今河南安阳)的史思明。可笑的是,李亨发兵60万竟不设置元帅,唐军号令不一,结果遭遇惨败,李嗣业中箭身亡。北庭系的荔非元礼成为第二任二庭行营节度使,为平定"安史之乱"立下了奇功。

安西、北庭行营入关勤王,虽然拯救了大唐社稷,却严重削弱了边防实力。战后,安西节度使梁宰虽然背上了"逗师观变"的罪名并因此受到惩处,却为守土护境保存了相当实力,使得吐蕃不敢轻易进犯。而北庭伊西节度使赵崇玼在以匡扶王室为先的原则指引下,一次就调发7000精兵,几乎抽空了本地的军力,从而为亲吐蕃势力的来犯提供了可乘之机。

后来,杨志烈出任河西副元帅,主持河西、北庭、安西三道联防。由于"安史之乱"已经平息,他曾经奏请唐代宗李豫允许入关勤王的二庭劲旅返回西域,并且得到了李豫的批准。远在北庭的剩余将士们听到消息,无不欢呼雀跃。

但他们高兴得过早了。就在广德元年(763),也就是"安史之乱"平定的当年,吐蕃军突然大举入寇,攻陷兰、廓、河、鄯、洮、岷、秦、成、渭等州,一度占领了唐都长安,唐代宗逃亡陕州,此前奉调入关的大部分北庭军只能继续滞留在内地平叛,入关勤王兵马真正返回西域的只有高耀。长安以西地区被吐蕃占领后,唐朝东西疆土从此断裂为二,丝路交通被完全阻断,此后的中原早已改用永泰、建中年号,但北庭、安西一无所知,仍继续沿用广德、大历年号,成为与朝廷失去联系的一块飞地。

杨志烈与河西节度使兼伊西庭节度使杨休明死后,粟特将领曹令忠自荐担任了北庭都护,依靠与回鹘结盟,顽强维系着北庭的艰难局势。建中二年(781),北庭都护曹令忠与安西四镇留后郭昕派出专使,历尽千难万险,终于从北路抵达京城,引起了举朝轰动。唐德宗李适下诏,赐曹令忠李姓,改名元忠,加北庭大都护、伊西北庭节度观察使,赐爵宁塞郡王;任命郭昕为安西大都护、四镇节度使,赐爵武威郡王。两都护府所属将士普遍提拔七级,以示嘉奖。

但朝廷的加官晋爵,只能是精神鼓励而已,对西域唐军的困境几乎没有任何实质性帮助,他们可以依靠的,唯有漠北回鹘汗国的驰援。但是,随着回鹘汗国内讧的加剧,北庭大都护府也走到了季节的尽头。

所有的重担全部落在了一个人的肩上,他叫杨袭古,是最后一任北庭节度使。

十九、杨袭古之死

杨袭古,籍贯不详,岁数不详,我只知道他曾任检校工部尚书,锦绣满腹但不修边幅,高高的身材像没叠过的被子一般。贞元二年(786),李元忠死,杨袭古代为北庭大都护、伊西北庭节度使、摄御史大夫。此时,形势已经岌岌可危,朝廷曾同意他返回内地,但他不甘心将大好河山拱手相让,坚持驻守北庭。为了防备吐蕃来攻,他使出了浑身解数,一方面在龙兴寺组织僧人为国家祈祷,缓解军民的紧张情绪;一方面主动与回鹘结盟,寻求对方的军事帮助。前者是精神疗法,后者乃强身壮体。

正所谓,有山谷必有高峰。杨袭古打仗不怎么样,但公关手段了得,居然凭借三寸不烂之舌,说动了回鹘的实权派——大相颉干迦斯。最出乎意料的是,颉干迦斯居然当面表态:"如果吐蕃贼兵来犯,我当亲自率军驰援!"

贞元六年(790)夏,吐蕃、葛逻禄、沙陀联军进攻北庭,颉干迦斯果然亲率回鹘骑兵来援。双方大战于碛口,不知是因为敌众我寡,还是因为战术失误,北庭、回鹘联军大败,杨袭古率2000残兵南逃西州,颉干迦斯则逃回漠北的回鹘老巢。

首次联合,既丢了兵马,也失了面子,颉干迦斯脸上实在挂不住,杨袭古也心有不甘,两人在获得喘息之机后又走到了一起。当年秋天,颉干迦斯又纠集5万多名回鹘壮丁与驻节西州的杨袭古联兵反攻北庭,结果又被吐蕃与葛逻禄联军击退,伤亡过半。

一轮夕阳将败逃将士的影子拉得很长,他们逃亡的步伐仓促而慌乱。当杨袭古准备率领160多名残兵返回西州时,颉干迦斯规劝说:"老弟可以和我一起回归牙帐,我当会将你送回大唐。"杨袭古也自感西州难以坚守,于是随同回鹘残兵退入了回鹘汗国境内。史载,杨袭古到达回鹘牙帐后,被颉干迦斯杀害。

依照犯罪心理学分析,凡事总要讲究动机,杨袭古与颉干迦斯一直肝胆相照,风雨同舟,再加上杨袭古是颉干迦斯请来的,杀掉杨袭古,既会给人留下言而无信的口实,又使自己少了一个同盟者,对颉干迦斯几乎没有任何益处。

历史记录背后,一定隐藏着鲜为人知、讳莫如深的阴谋。如果要分析原因,最好从权力斗争的格局中去分析。当时的回鹘可汗,不仅年轻,而且羸弱,回鹘的军政实权一直由大相掌控。回鹘大相颉干迦斯一直在外征战,而回鹘次相骨咄禄已经渐渐掌握了回鹘大本营的实权。据估计,早在大相战败归来前,次相和他的铁杆同盟就应该为他准备好了陷阱。想不到的是,大相居然邀请杨袭古一起归来。但这不仅没有打乱次相的计划,反而为他的计划增加了一个砝码——先杀掉杨袭古,继而嫁祸于大相。结果,不但杨袭古做了冤死鬼,大相也随之神秘蒸发了。与此同时,次相骨咄禄晋升大相,并于贞元十一年(795)登上了回鹘可汗宝座,被唐册封为怀信可汗。而"杨袭古为大相所杀",就是怀信可汗告诉唐朝的。更有意思的是,他还受到了唐朝的表扬,因为是他替唐处死了"滥杀唐将"的大相。我感觉,用"借刀杀人,栽赃陷害,邀功请赏"十二个字来形容这场闹剧,应当没有什么不妥吧?

就这样,孤悬塞外35年之久的北庭都护府被吐蕃占领。

初冬的狂风掠过漠南的戈壁草原,发出咣当一声巨响,那是厚重的城门轰然倒塌的声音。第二天,一位西来的商旅看见,城里好像被洗劫过,城头立着几个披羊皮袄的士兵,城门旁边扔着一具将军的头盔。

之后,回鹘人将北庭从吐蕃人手中奋力夺回,蒙古人也曾在此设立了别失八里屯田兵元帅府、行尚书省、宣慰司,但都无法再现北庭都护府的绝世辉煌。

一支英雄传奇戛然而止。好似一座灯火辉煌的大剧院里,上万观众正屏神静气地观看一位武林高手挥剑起舞。突然,灯灭了。

车师后国小传:出身于车师族,是姑师国灭亡后由一位车师流亡贵族建立的政权,中心位于天山北麓的一道山谷。由于天生重名,所以从诞生之日起,这个由匈奴扶立的政权,就与汉人支持的车师前国形同水火,势不两立。它的起落,似乎总与汉人势力在西域的消长有关,每当中原王朝进军西域,它就会经历一次灰头土脸的失落与衰败;每当中原王朝淡出西域,它就会赢得一次令人羡慕的崛起与辉煌。新朝退出西域后,它一度成为"车师六国"新盟主;东汉退出西域后,它征服了山北的所有国家,成为"西域八强"之一。但当时光流逝到五胡十六国时期,这个定律就失灵了。它先是被柔然一顿狂殴,继而被柔然支持的高昌吞并。

第三十六章 车师后城长国——驻屯军卫星国

车师后城长国，户百五十四，口九百六十，胜兵二百六十人。

——班固《汉书》卷九十六下

一、汉元帝的新举措

汉元帝刘奭之所以能让人记住，并非因为他有什么超人的禀赋和惊天的伟业，而是因为他是一个好色之徒。

他不仅生就了一副风流倜傥的好皮囊，而且能写一手漂亮的篆书，弹琴鼓瑟、吹箫度曲、辨音协律无不穷极其妙，令人叹为观止。他遍采天下美女入宫，又懒得逐一见面，宠幸宫女居然完全凭借画像。其中一位来自秭归的宫女因为不肯贿赂宫廷画师，结果被画师毛延寿在画像上做了手脚，本应点在眼睛上的丹青被点在了面颊上，因而入宫三年仍未能见上皇帝一面。当时，匈奴单于呼韩邪向汉元帝要求和亲。对此，刘奭慨然应允。但他既没有派出公主，也没有派出翁主（皇室贵族的女儿），而是要求"家人子"——也就是没有名号、尚未被皇帝临幸的宫女自愿报名远嫁。当这位来自秭归的貌若天仙的宫女报名并被收为公主后，刘奭又后悔了，事后还愤怒地处死了画师毛延寿。这位宫女就是王樯，历史上多称她为王昭君。

在刘奭42年的人生历程中，一直别着"和平"的标签。据说，早在他8岁时，他就向父王——汉宣帝进言"持刑太深，宜用儒生"，结果受到崇尚"霸术治国"的父亲的痛斥，汉宣帝甚至预言"乱我家者，必太子也"。

只是顾及他是皇后、山东人许平君的儿子,才没有废黜他的太子之位。

或许因为有着半个山东人血统的缘故吧,尽管他受到了父亲的痛斥,但仍一如既往地尊崇发端于山东曲阜的儒学。他即位的当年,就以皇帝的名义奉祀孔子,封孔子第十三世孙孔霸为关内侯,并以儒家标准选官用人,大幅度增加太学博士弟子数量。对这些博士弟子,每年按甲、乙、丙三科考试,考试合格者授以相应的官职。读儒经做官,渐渐成为士人入仕的主要途径。正如郭沫若所说:"元、成以后……明经逐渐成为举足轻重的政治势力,出现了'州牧郡守,家世传业'的经术世家。"不容忽视的是,以经取士固然为汉朝选送了大批人才,但由此也把社会的兴奋点由立功转移到了读经上,因此能治者不能为官,为官者不能为治,士与吏截然两途,这不能不影响到西汉后期各级政权的效能,所以王夫之才发出了"汉无刚正之士,遂举社稷以奉人"的感叹。

"柔仁好儒",一直是史家对汉元帝的定评,也是一个褒多于贬的评价。但在我看来,正是因为他的仁与儒,才使得朝政管理失之于宽,犯法者得不到严惩,弄权者大行其道,外戚、宦官势倾朝野,西汉从此走向衰落,正所谓"元、成、哀、平,一代不如一代"。

客观上讲,刘奭在任期间还是有些政绩的,尽管许多政绩是歪打正着。如甘延寿、陈汤灭掉了北匈奴,但事先并未请示他;如昭君出塞缓和了汉匈关系,但他一直后悔放昭君出宫。只有一件事,是他主动所为。

这件事发生在初元元年(前48)。考虑到西域都护对车师鞭长莫及,刘奭下诏设立了戊己校尉,作为负责西域屯田的最高军事长官,治所设在交河城。戊己校尉下设前后左右中五曲,军侯为曲的首领。其中一个军侯——戊部侯来到天山以北的车师后国,建立了一个屯田壁。

二、短命之邦

这个屯田壁被称为戊部侯城或车师后城,位于今奇台县城东南部的老奇台镇。

车师前后部分离后,特别是南匈奴与汉朝和好后,在戊部侯城周边有一个亲汉的游牧部落,遵从于汉朝的号令,服从戊部侯(后城长)的管理,从而被抬举为一个国家——车师后城长国。

我之所以说它是被"抬举"的国家，是因为它的确不具备一个国家的基本要件，但对于已有40多个国王的西域来说，少它一个不少，多它一个不多，既然能多一张赞成票，汉朝何乐而不为呢？

有人说，这个国家人口不足1000，纯粹是由汉朝驻屯军扶植起来的车师政权，主要作用是监控车师后王的动向，应该算汉朝驻屯军的卫星国吧。但车师后国在今吉木萨尔县南部，而车师后城长国处于匈奴与车师后国之间，说它是个哨兵有些看低了它，说它是个楔子倒是恰如其分。

只可惜，这个楔子寿命过短，在《后汉书》中已见不到这个国名。

生活不见彼岸，总有人登场，有人谢幕。这个与汉朝驻屯军共进退的小国，应该比车师都尉国灭亡的时间还早。始建国二年（10），车师后王须置离因为不堪忍受前来西域巡视的新朝使者的骚扰，私下发了几句牢骚，就被西域都护砍了脑袋。大怒之下，须置离的哥哥辅国侯狐兰支率民众两千余人，举国投奔了匈奴。早就对新朝更换印信不满的乌珠留单于不仅愉快接受了车师后国国民，而且派出精兵与狐兰支一起进攻新朝驻屯军，杀死了车师后城长，击伤了都护司马，横扫了新朝在天山以北的所有势力。

试想，车师后城长死了，汉屯田军消失了，车师后城长国的靠山倒塌了，天山北麓已经成为车师后王的天下，匈奴支持下的车师后王能允许这个此前的眼中钉、肉中刺继续存在吗？

除非狐兰支是个柔仁好儒的人。可惜，他没有一点儿山东血统，也不像刘奭一样喜爱艺术，他只懂得用拳头和刀箭说话，特别是他与汉人有着杀弟之仇。

车师后城长国小传：在车师后国身边，有一个亲汉的车师族游牧部落，围绕汉朝戊部侯——后城长，建立了一个名叫"车师后城长国"的卫星国。不是每一粒宝石都会璀璨，不是每一棵树苗都能参天，这个与汉朝驻屯军共进退的小国，短暂如流星，柔弱如秋叶，大概在新朝时期，车师后王就联合北匈奴攻杀了车师后城长，并顺便灭掉了这个碍手碍脚的游牧部落。它的国祚，甚至比车师都尉国还要仓促。

第三十七章　蒲类——饮马巴里坤

> 蒲类国,王治天山西疏榆谷,去长安八千三百六十里。户三百二十五,口二千三十二,胜兵七百九十九人。辅国侯、左右将、左右都尉各一人。西南至都护治所千三百八十七里。
>
> ——班固《汉书》卷九十六下

一、小盟主

这个故事有两部分,前一部分可以省略不提,不过既然它能给我们提供一些背景,听听倒也无妨。

说的是秦末汉初,河西走廊里游牧着两个白人部落,一个叫月氏,一个叫乌孙。时间一长,邻里口角升级为斗殴,月氏毫不讲理地突袭了乌孙,杀死了乌孙首领难兜靡,残败的乌孙人被迫逃到北方的匈奴避难。已经怀孕的难兜靡之妻,惊吓加上劳累,居然在逃难途中生下了小猎骄靡。可怜的是,母亲生下孩子不久就因失血过多死掉了,只剩下嗷嗷待哺的小猎骄靡,在杂草丛中蹬着双腿哭叫。

史载,当人们发现猎骄靡的时候,竟有野狼以乳喂养着他,飞鸟叼肉守护着他。消息传到匈奴,单于感觉有些神奇,因而抱回王庭收养起来。

萝卜、西红柿不相信世上有南瓜,它们认为那是一种空想。南瓜不说话,只是默默地成长。在寄人篱下的环境中,国难家仇集于一身的猎骄靡不仅铸就了一身的武艺,而且练就了非凡的胆略。他还年轻,他在等待。他深深地明白,时间既然能使河水枯竭、沧桑巨变,美人色衰,那就没有什么不可能的。

害人者的日子也好不到哪里去。就在小可怜——猎骄靡慢慢成长的日子里,匈奴冒顿、老上单于先后发动了对月氏的突袭,逼迫月氏人四散而去。其中的大部分逃亡西域并在伊犁河畔落脚,后来被称为大月氏;其中小部分老弱病残逃进临近的南山,后来被称为叫小月氏。

　　猎骄靡长大后,成为乌孙的昆莫①。老上单于让他带领乌孙降众"长守于西域"。就这样,昆莫来到匈奴西部边塞的蒲类海②,分驻于今哈密、巴里坤及吉木萨尔一带,从此有了自己的新家,并与伊犁河畔的大月氏形成了正面对峙。昆莫以天山以北的巴里坤或吉木萨尔为夏都,以哈密为冬都,"哈密"就是"昆莫"的变音。③

　　汉文帝后元三年(前161)左右,猎骄靡请求老上单于允许他西攻大月氏,以报杀父之仇。老上单于也想假借昆莫之手消耗大月氏,于是又一次答应了他并派兵协助他。早已厌倦了寄人篱下生活的猎骄靡率部猛攻大月氏,顺利砍下了大月氏王的头颅,迫使大月氏翻越天山南下今阿姆河流域。

　　大胜后的昆莫将统治中心设在伊犁河流域,在那里建立了一个伟大的国家——乌孙。接下来,是故事的后一部分。

　　占领伊犁河之后,昆莫并没有彻底放弃曾经的基地——蒲类海。考虑到蒲类海周边草原的承载能力,他将一个2000余人的乌孙部落留在了那里。

　　后来,这个与乌孙遥遥相望的部落,被称为蒲类国。统治中心设在疏榆谷——今巴里坤县城东南5千米的兰州湾子。

　　这个拥有2000人的蒲类国,西有乌孙做后盾,北有匈奴的首肯,在天山北麓的几个行国中,最有发言权且威望最高,所以,它一度成为"山北六国"的小盟主。

　　对猎骄靡有养育之恩的老上单于死后,老上的儿子——个性张扬、暴躁、嗜血的军臣单于不再容忍乌孙人的独立,专门设置了休屠王与浑邪王管理河西乃至乌孙。受到刺激的猎骄靡不再按期朝会匈奴,军臣单于也以此为借口讨伐乌孙。

　　由于相距遥远,匈奴对乌孙的远征并未达到理想的效果,但邻近匈奴的蒲类国就倒霉了。匈奴大军一到,势单力薄的蒲类国王立刻表示臣服,

---

① 又叫昆弥,乌孙语,直译为"一千个太阳",意译为像太阳一样伟大的首领。
② 蒲类,在突厥语中是"水和草"的意思。蒲类海就是今巴里坤湖。
③ 见苏北海著《西域历史地理》(第一卷)366页,新疆大学出版社1988年版。

主动献出了大批牧草、军粮与战马,这才避免了被吞并的悲惨结局。

战后,蒲类公开宣布成为匈奴的附属国,并且不断地前往单于庭朝贡。

二、躲不开的厄运

尽管表面上臣服于匈奴,但毕竟,蒲类国源出于乌孙,与西域大国乌孙有着永远割舍不断的血缘,所以蒲类王也偶尔派出使者与同宗的东且弥一起赶赴乌孙朝贡。为了掩人耳目,蒲类王的使者昼伏夜出,谨慎小心,唯恐给匈奴人留下什么蛛丝马迹。

百密终有一疏,往往在最不可能遇到人的时间、地点,偏偏遇到了最想躲开的人,这就是所谓的喜剧性吧。那是一个美丽的黄昏,在淙淙流淌的玛纳斯河畔,从乌孙归来的匈奴使团与匆匆西去的蒲类使者不期而遇,尽管是擦身而过,但精明的匈奴使者已经从对方的慌张神情中洞察到了什么。不用说,蒲类使者的目的地一定是同宗的乌孙。

匈奴使者第一时间将此事报告给了匈奴单于——极有可能是军臣单于。因为军臣在位长达35年,直到元朔三年(前126)才由弟弟伊稚斜单于继位。

军臣单于早就对乌孙的独立耿耿于怀,对于胆敢与乌孙勾搭的属国当然不会轻饶。于是,他立刻调集重兵进攻蒲类国。蒲类国王只得硬着头皮迎战。结果,参战的蒲类国军民尽数被俘。幸免于难的,只有少部分提前躲进山谷的老弱病残。

战后,蒲类王被押往单于庭一顿训斥,然后砍下脑袋做了单于的尿壶,而被俘的6000余名蒲类军民则被作为囚徒,迁往匈奴右部一个名叫阿恶的地区,在那里接受暗无天日的劳动改造,后来那个地区被称为阿恶国。

匈奴军队撤走后,躲进山谷的那部分老弱病残擦干眼泪,在远离巴里坤湖的地方——今巴里坤萨尔乔克以西的一个牧场重建家园,他们仍称蒲类国,有人也称它为后蒲类国。

就这样,曾经的山北盟主成为一个飘逝的残梦。代替其盟主地位的,是匈奴支持的姑师。

此后,阿恶划归姑师代管。

三、赵充国

匈奴与汉的战争,几乎成为汉对外政策的主旋律。特别是在张骞二次出使西域,贯通中西的丝绸之路开通后,匈奴要阻断丝路,汉要派兵护路。于是,汉匈之间围绕丝绸之路沿线地区的争夺进入了白热化。

汉要打通丝路,必须首先控制蒲类海及其周边的部落。本始三年(前71),登基仅仅三年的汉宣帝刘询,派遣五位将军兵分数路向匈奴发起全面进攻。其中,他任命赵充国为蒲类将军,令他率领3万大军与乌孙在蒲类海附近夹击匈奴军团。

赵充国,生于建元四年(前137),今甘肃天水人,少年时代因善于骑射被从一名普通骑兵进补为羽林卫士。天汉二年(前99),身为假司马的他随贰师将军李广利出击匈奴,不幸中了匈奴埋伏。在被困数日、士兵断粮的严峻态势下,赵充国亲自带领百余名壮士冒死突围,李广利和汉朝大军紧随其后。在突围途中,赵充国全身受伤达20多处,仍面不改色,气势如虹。受到他的感染,士气高昂的汉军终于解围而出。战后,李广利将这次惨烈的突围战向汉武帝做了详尽的描述。听完爱将的禀报,刘彻立刻传诏面见那位立下奇功的下级军官。当见到正值壮年的赵充国,特别是验看了他身上累累的创伤之后,一向心硬如铁的皇帝也唏嘘不已,连声称赞他为"勇士",下诏拜为中郎,升任车骑将军长史。汉昭帝刘弗陵当政时期,他先后被提升为中郎将、水衡都尉、护羌校尉、后将军。元平元年(前74),他因随大将军霍光一起迎立刘询为帝,受封营平侯。

此次受命领兵的赵充国,已经67岁了,在平均寿命只有22岁的汉代[1],是地地道道的古稀老人。但此时的他,既老谋深算,又腰板挺直,根本看不出什么老迈之态。意外的是,他本来约好与乌孙在蒲类海汇合,但

---

[1] 中国人均寿命为:夏代18岁,秦代20岁,汉代22岁,唐代27岁,宋代30岁,清代33岁,1949年35岁,1957年57岁,1981年68岁,2000年71.8岁。

先期到达的乌孙等了几日,因为汉兵没有赶到已撤兵回国。赵充国领兵赶到会合地点后,并没有因为乌孙的退兵而放弃进攻,而是领兵直捣匈奴右谷蠡王庭,俘虏了大批敌兵和牲畜,占领了蒲类地区及车师,打通了西域东大门通向乌孙的草原丝路。

神爵三年(前59),刘询宣布设立西域都护。蒲类得以复国,从此被称为蒲类前国。而那个由蒲类国遗民组成的国家,则被称为蒲类后国。

又过了七年,曾经的蒲类将军赵充国方才告别人间,终年85岁。他死后,被朝廷定谥号为壮侯。刘询令工匠将11名功臣的画像刻在麒麟阁上,这11人依次是:霍光、张安世、韩增、赵充国、魏相、丙吉、杜延年、刘德、梁丘贺、萧望之、苏武。

埋葬赵充国的,是一个枕冈卧水的地方——甘肃清水县渭河支流牛头河南岸的李崖。他睡在那儿,不是青山,也会万年长青。

2000年过去了,那高大的坟茔犹在,并且已成为中华赵氏的一大圣迹。

四、刘庄的决心

然而,蒲类前国的好日子并未维持多久。王莽建立新朝后,西域各国在匈奴支持下趁机发动叛乱,王莽派往西域平叛的大军几乎全军覆没,东部天山及蒲类前国重新落入了匈奴魔掌。

东汉建立后,深受匈奴压榨的西域各国纷纷派出使者或人质,甘愿接受东汉统辖,请求朝廷立即恢复西域都护府。无奈,光武帝刘秀忙于平定中原,暂时无力顾及遥远的西域。

建武中元二年(57),刘秀第四子、29岁的刘庄继皇帝位。刘庄的母亲名叫阴丽华,是齐国名相管仲的后裔,闻名天下的美女,其相貌不在中国四大美女之下。刘庄显然遗传了管仲的基因,早在少年时代就表现出了过人的天资,10岁通晓《春秋》,12岁能帮父皇出主意。

刘庄上台后,一改父皇光武帝宽松、内敛的风格,对内注重刑法,从严治吏;对外崇尚武力,转守为攻,试图重建前汉中期气吞万里的威势。

经过刘秀30年和刘庄15年的休养生息,东汉已经积蓄了与北匈奴一较高下的实力。东汉攻击的目标已经没有主动求和的南匈奴,而是占据着天山以北以及西域丝路的北匈奴。

永平十五年(72),44岁的刘庄准备出手,他特别召集谒者仆射耿秉、太仆祭肜、虎贲中郎将马廖、下博侯刘张、好畤侯耿忠等人,共同商议攻打北匈奴事宜。前中郎将窦固因熟悉边疆事务,也破例参加了廷议。

耿秉提出:"当今之计,应当首先进攻白山(天山的旧称),夺取伊吾,打败车师,派使者联合乌孙各国以切断北匈奴的右臂。在蒲类海还有一支北匈奴呼衍王的军队,如果将他们打败,便折断了北匈奴的左角,此后就可以对北匈奴单于庭发动全面进攻了。"对于这位爱将的建议,刘庄频频点头,但也有人认为:"如今进攻白山,北匈奴单于必定发兵救援,我们还应当在东方分散匈奴的兵力。"窦固还建议说:"塞外水草丰美,此次出征不必准备战马的粮草。"

刘庄综合了众将的建议,着手组建负责主攻的西路军与负责牵制的北路军。

同年十二月,刘庄下诏,组建两支西路军,任命耿秉为驸马都尉,骑都尉秦彭为耿秉的副手;窦固为奉车都尉,耿忠为窦固的副手,分别进行战前的准备,并要求他们抓紧挑选从事、司马等属官,出京屯驻凉州。同时,朝廷还另外组建了两支东路军,由祭肜等名将领衔。

听说朝廷要发起战争,许多期盼已久的有志之士纷纷报名参战,一位满脸络腮胡子的中年人也决定应征。

五、初试锋芒

冬日的洛阳,刚下过一场大雪,银装素裹,寒气逼人。在一个门禁森严的官府里,一张书案上堆着如山的竹简与帛书,正伏案抄写文书的,并不是一个清瘦典雅、细眉顺眼的文人,而是一个虎背熊腰、浓眉豹眼、满脸络腮胡子的中年人。只见他叹了一口气,对身边的同事说:"大丈夫应当效法傅介子、张骞立功异域而封侯,怎么能天天悠闲地围着笔砚转呢?!"然后,将毛笔狠狠地扔到地上。"投笔从戎"的成语由此诞生。

立刻,屋子里发出一阵哄笑。

这个被哄笑的人就是我们反复提到的班超,他生于建武八年(32),是史学家班彪的幼子,出身于书香门第,目前的职业是替官府抄抄写写小文书。按说,他应该是一个文质彬彬的书生,不知为什么,他不仅长相剽悍,而且不修边幅,行侠仗义,俨然一位地地道道的武林中人。

困难,困在家里就难;出路,出了门才有路。听到朝廷准备征讨匈奴的消息,班超那颗躁动不安的心鼓起了风帆,此时的他已经40岁了,仍然有从军的责任与义务①,如果继续听任岁月流逝,自己将会永远失去建功封侯的任何可能。于是,他决定"投笔从戎",并开始选择自己准备投奔的将军。

为此,我想起了一个有关"选择"的寓言。狗对熊说:"嫁给我吧?"熊说:"嫁给你生狗熊,我要嫁给猫,生熊猫才尊贵。"这个寓言告诉我们,选择至关重要。

当时,可供班超选择的有三个人,一是耿秉,这是皇帝最信任的将军,跟着他有可能飞黄腾达;二是祭肜,身经百战,战功赫赫,官职已是九卿之一的太仆,担任他的下属也应该前程无忧;第三才是窦固。

窦固,今陕西咸阳东北人,大司空窦融的侄子,博览群书并熟读兵法,因为有幸娶到了刘秀之女——涅阳公主而被拜为黄门侍郎。刘庄即位后,他被提升为中郎将,俸禄比二千石,曾以监军身份随捕虏将军马武大破烧当羌。永平五年(62),因为受到堂兄窦穆的牵连,被罢官赋闲达十年之久。也就是说,窦固刚刚被起用,并不是皇帝最中意的将领。

令同僚和家人都看不懂的是,班超投奔的恰恰就是窦固。原因可能有两个:第一,窦固是班超的老乡;第二,窦固是涅阳长公主的丈夫。

班超的选择会带来什么样的结局呢?我们只能拭目以待。

永平十六年(73),汉军共分四路出击,从东到西分别是:第一路,太仆祭肜、度辽将军吴棠率河东北地、西河羌兵及南单于兵1.1万骑出高阙塞(今内蒙古狼山中部计兰山口);第二路,骑都尉来苗、护乌桓校尉文穆率太原、雁门、代郡、上谷、渔阳、右北平、定襄郡兵及乌桓、鲜卑兵1.1万骑出平城塞(今山西大同东北);第三路,驸马都尉耿秉、骑都尉秦彭率武

---

① 按照汉朝兵制,男子20岁要在官府登记,每年服劳役一月,称"更卒"。从23岁起正式服役,役期一般为两年,一年在本郡县服役,称为"正卒";另一年到边郡戍守或到京师守卫,称为"戍卒"或"卫士"。如遇战争,还须随时应征入伍,到56岁方能免除兵役。

威、陇西、天水士兵及羌骑万人出居延塞(今内蒙古额济纳旗东);第四路,奉车都尉窦固、骑都尉耿忠率酒泉、敦煌、张掖士兵及卢水羌兵1.2万骑出酒泉塞(今甘肃酒泉市)。

第一路大军最不顺利,本来南单于左贤王信与祭肜约定在涿邪山一起攻打北匈奴。但信当初与祭肜有仇,当他们挺进到高阙塞以北900多里的一座小山时,信就谎称是涿邪山。由于此地空无一人,祭肜便认定敌人已经逃走,因此不战而回。回到朝廷后,祭肜以"逗留畏敌"的罪名被废为庶民,投入了监狱。

第二路大军来到匈奴河水上,北匈奴部众已全部溃逃而去,此路征讨也无果而终。

第三路大军负责进攻北匈奴句林王,耿秉和秦彭横越沙漠600里,终于到达敌人驻扎的三木楼山,但此地的北匈奴早已闻风退走,汉军只能不战而还。

只有第四路大军有所斩获。主帅窦固深知,自己所主攻的北匈奴呼衍王,一向诡计多端,来去无踪,要想歼灭其有生力量,绝不能打草惊蛇。于是,他一方面封锁消息,一方面快速突进,当他们抵达天山附近的呼衍王老巢时,对方还蒙在鼓里。

未等敌人有所反应,汉军便向呼衍王部发起了暴风骤雨般的强攻,斩杀1000余人,又追击敌人到蒲类海,夺取了伊吾卢(今新疆哈密西北四堡),直到呼衍王率残兵消失在茫茫戈壁中。

在蒲类海大战中,身为低级军官的班超左冲右突,勇毅非凡,斩敌首数十颗,可谓一战成名。

战后,东汉修筑了伊吾屯城,驻兵屯田;设置了宜禾都尉,掌屯田事务,并保障丝路北道的畅通。窦固还推荐一战成名的假司马班超出使鄯善,从而为班超铺出了一条光辉灿烂的前程。

古往今来,有多少胸怀大志的人一事无成。如果不是历史凑巧提供了一个高度,即使一个人甘愿将自己的生命燃成一把火炬,照亮的也可能仅仅是下巴底下一个极其逼仄的角落。班超生在这个时代是幸运的,不仅仅因为这是个产生英雄的时代,更因为他遇到了一个甘心将巨人扛在肩上的时代豪杰窦固。那时的窦固,可是一个形同三国关羽、南宋岳飞、大明于谦一样的旷世英雄。有窦固这位战功卓著、口碑极佳、谦和好施的不倒翁作为后盾,班超前程似锦。

永平十七年(74),刘庄决定借蒲类海大胜的余威,全面控制丢失半个多世纪的西域。由于上一年耿秉不战而还,刘庄命令驸马都尉耿秉、骑都尉刘张交出调兵兵符,归属窦固调遣。1.4万名汉军,在窦固的统一指挥下,二次兵发蒲类海,一举击败了盘踞在白山的北匈奴军团,为丝路北道彻底扫清了障碍。

此后,大军沿着草原丝路西征,先是击败了车师后国,继而迫降了车师前王,东汉重新设置了西域都护、戊己校尉,恢复了对西域的控制,蒲类前国也被从呼衍王的魔掌下解放出来。

而此时的班超,已经远离了我们的视线,他肩负着上司窦固的信任与皇帝刘庄的重托,带着他那36人的骑兵分队,沿着丝路南道进入了大漠西部的疏勒,开始勠力书写自己长达30年的西域征服史。

如今,铁马秋风、刀光剑影的古道早已隐匿在草丛里,曾经远望夕阳、回叹故乡的军人早已化作黄土,当年窦固所勒立的刻石已经失去踪迹,只有今巴里坤天山庙旁的一座班超塑像,仍全副戎装,威风凛凛地俯瞰着这片可爱的土地。

六、西域火药桶

从此,蒲类国成为名副其实的西域火药桶,汉、匈围绕它展开的拉锯战,几乎贯穿了整个东汉时期。

在世界上,凡是被称为"火药桶"的地区,一定具有非同寻常的战略地位。最著名的两大"火药桶",一是中东地区,二是巴尔干半岛。中东之所以成为名副其实的"世界火药桶",一是宗教原因,这里是伊斯兰教、基督教、犹太教的发祥地,三大宗教长期对立,水火不容;二是石油原因,本地区石油储量丰富,大国之间常因争夺石油控制权而不惜诉诸武力;三是水资源匮乏,许多缺水国家常常因为争夺水源而绞尽脑汁甚至大打出手;四是地缘政治原因,中东地处三洲五海之地,常常成为大国角力的战场,至今仍战火纷飞,炮声隆隆。而巴尔干半岛地处欧、亚、非三大洲的汇合处,既控制着地中海和黑海的门户,也扼守着通往印度洋的航路,而且有着丰富的自然资源,具有非凡的战略地位,"一战"就是由此引发,是地地道道的"欧洲火药桶"。

随着欧盟东扩,巴尔干半岛沉寂,朝韩半岛已悄然上升为仅次于中东和波斯湾的一大"火药桶"。其实,早在"二战"结束后,以美国为首的资本主义世界和以苏联为代表的社会主义阵营,就围绕朝韩半岛展开了殊死争夺,这种争夺至今毫无降温的迹象,尽管苏联已经解体,新的俄罗斯已算不上霸主,并已不是真正意义上的社会主义国家。但这座半岛太重要了,谁单独控制了它,谁就能控制东海,进而俯瞰太平洋。

蒲类国同样如此,它是汉人出玉门关后的第一站,是匈奴进入西域的咽喉要道,也是新开辟的"丝路北新道"的重要驿站,这里四面环山,只有东西两条通道通向山外,东出伊吾峡谷通向哈密、河西走廊和龙城故道、呼和浩特,西出巴里坤盆地通向木垒与乌鲁木齐,"枕山带海,险扼全疆",素有新疆东大门和丝路重镇之称,蒙古人称其为"巴尔库尔"[①]。

永平十八年(75)八月,刘庄驾崩。消息传到西域,许多已经归附东汉的西域国家立刻反叛,都护陈睦被杀,班超及戊、己校尉各自受到围攻。汉章帝刘炟下诏允许班超回国,同时派兵接回了戊校尉耿恭。建初二年(77),刘炟又含泪宣布,撤回伊吾卢屯兵,撤销宜禾都尉。因此,车师前后部连同蒲类国全部被匈奴控制。

令刘炟万万想不到的是,孤军奋战的班超居然捷报频传。不断传回的胜利消息,总算抵消了他被迫撤销宜禾都尉的烦恼。永元二年(90),大将军窦宪大破北匈奴,受到震慑的车师前、后王宣布归附东汉。永元四年(92),汉和帝刘肇在任命班超为西域都护,任尚为戊己校尉的同时,恢复了伊吾驻屯军,蒲类国也成为伊吾驻屯军的铁杆支持者。

伊吾卢恢复后,一个富有争议的人物向这里走来。

七、任尚的前半生

他叫任尚,西域都护班超的继任者,因为不听班超离任前的忠告,行

[①] 蒙古语,一说意思是"老虎的前爪",一说意思是"有湖"。

事苛刻,致使班超创立的和平局面付之东流。由此看来,他是东汉西域治理的一个罪人。

作为一名中国读者,出于对英雄班超的由衷爱戴,肯定会对引发西域混乱的任尚心生义愤。因此,很多人把任尚推定为一个饭桶、脓包、狗熊式的人物。

但历史从不赞同非白即黑的简单定义,更不认同将历史人物脸谱化。任何成功者都有缺点,所谓的失败者也绝非一无是处,因此我们不能以一场滑铁卢而将一个人彻底否定。按照彼得定律,每个人都会升迁到他能力不逮的位置。就任西域都护之前的任尚,其实曾有着十分光鲜的履历,是一位叱咤风云的人物。

他的军旅生涯是从征讨羌人开始的。章和二年(88),任尚作为护羌校尉邓训的护羌府长史,击败了人多势众、屡屡暴乱的烧当羌部落首领迷唐。

永元元年(89)初春,春风正驱赶着冰雪,爬上这个季节的高原。眼看牧草开始返青,迷唐试图率部卷土重来。接到密报,邓训派任尚前往迎敌。接受任务后,任尚决定暗度陈仓,先发制人。在一个伸手不见五指的暗夜,他率领6000名士兵,用皮革缝制成小船偷偷渡河,向睡梦中的迷唐营帐发起了突袭,斩敌1800余人,俘虏2000人,缴获牲畜3万余头,迫使迷唐收集残余部众向西迁移1000余里,原来依附迷唐的部落全部归降东汉。

永元三年(91)二月,铁马萧萧,群山如簇。大将军窦宪派遣左校尉耿夔、司马任尚从居延塞出兵,在金微山(今阿尔泰山)包围了反叛的北匈奴单于。汉军大败北匈奴军,俘虏了北单于之母阏氏,斩杀大部落王以下5000余人,北单于不知去向。在此战中,任尚尽管身为副将,但冲锋在前,威风八面,如同一个专门收割敌军脑袋的死神。

北单于失踪后,弟弟右谷蠡王自立为於除鞬单于。永元四年(92)正月,东汉向於除鞬授予了北单于印信绶带,命令中郎将任尚持符节在伊吾屯田,负责监督於除鞬。

当时,窦宪曾计划护送於除鞬重返匈奴单于庭。永元四年(92)六月,党羽众多的窦宪被刘肇收回了兵权,并被诏令自杀,送於除鞬北归的计划只得作罢。于是,位于天山以北的北匈奴与东汉展开了争夺东天山的斗争。在於除鞬看来,辽阔的西域是他进退自如的地方,如果遭遇汉军的强大军事压力,他可以休战,可以逃离,也可以投降;当汉军撤离后,他又会乘机反叛。

永元五年(93),刘肇派长史王辅率领1000余名骑兵出关西征。王辅与任尚汇合后,共同翻越东天山,在蒲类海边与於除鞬展开决战,一举击垮北匈奴军,斩杀了於除鞬,迫使其残余势力落荒而逃。

战后,任尚成为名震边关的著名战将。

永元六年(94),他又率兵击败了逢侯单于。

因为战功赫赫,他被任命为负责西域屯田事务的戊己校尉。因此,他最有资格在永元十四年(102)接替东归的班超。

彼得原理告诉我们,在实行等级制度的组织里,每个人都期待升到他无法胜任的位置。最后的结果是,大部分领导职位是由不能胜任的人所担任。自从接替班超担任西域都护后,任尚就再也没有顺利过。他是领兵杀敌、率众屯田的好手,却不具备班超恩威并施、勇谋兼有的能力。他一向专注于军政,却不顾及别人的感受。他的悲剧,既有能力的原因,也有性格的因素。

去时风花雪月,归来雨雪凋零。他在西域受到围攻后,被朝廷召回了河西,专门负责平定羌人叛乱,曾经因为没有战功而被免官。得到朝廷重新起用后,他居然返老还童一般取得了一连串战功,但却"不识时务",没有把战功全部送给并肩战斗的将军——邓太后的堂弟、度辽将军邓遵。邓遵派人将任尚"虚报斩杀羌人数量、贪赃一千万钱、接受巨额贿赂、违背法律"等一揽子罪状密报到了朝廷。朝廷当政的正是邓太后,其结果可想而知。元初五年(118)冬,任尚被朝廷用囚车押到京师,以"坐盗断军粮"的罪名在闹市区斩首示众,弃尸于街头。

被斩首的他,向蓝天喷出的,应该是一腔不屈不挠的血,壮志难酬的血。《后汉书》记载,这一年,郡国发生了14次地震。第二年春,京师及郡国又发生了42次地震,大地开裂,水泉涌出。这是巧合,还是上天对朝廷冤杀任尚的报复?

需要说明的是,任尚被杀三年后,邓太后病死,邓遵也因为受到别人的诬陷而自杀。

1980年,巴里坤松树塘军马场的拖拉机手在耕地时,偶然翻出了一块青色石碑,石碑高1.6米,宽0.65米。碑文为隶书,共5行,每行10余字,字迹已残缺不全,碑头有"汉平夷碑"四字,碑文只有"惟汉永元五年""任尚""海"等14字尚可辨认,记述的是任尚平定北单于之战。如今,这块珍贵的汉碑——"任尚碑"珍藏在巴里坤县文物局。

有石碑在,被"冤杀"的任尚应该瞑目了。

八、乱云飞渡

元兴元年(105),26岁的刘肇突然驾崩,出生才一百多天的刘隆继位,是为汉殇帝。刘肇驾崩的消息传到西域,许多西域国家相继反叛,西域都护任尚受到围攻。永初元年(107),朝廷考虑到西域难守,迎回了西域都护、长史以及柳中、伊吾卢的屯田吏士,蒲类海再次易手。

东汉步步退让,北匈奴则得寸进尺。占据蒲类海的北匈奴残部甚至开始骚扰河西。为了确保河西的安全,朝廷于元初六年(119)派敦煌长史索班率领千余人出屯伊吾。索班一到,车师、鄯善、蒲类等国便望风归附。

第二年,北匈奴及车师后国联合杀死了索班,迫降了车师前王。战后,北匈奴单于派呼衍王在蒲类国建立了牙帐,像西汉时期的日逐王一样统领西域。

面对北匈奴及亲匈奴势力咄咄逼人的势头,一些东汉大臣要求关闭玉门关,而班超之子班勇却坚决反对。朝廷最终采纳了班勇的意见,在敦煌重新设置了西域副校尉,并任命班勇为西域长史出屯柳中,鄯善、龟兹、姑墨、温宿等国相继归附,车师前部、车师后部、东且弥被逐一征服。汉永建元年(126)冬,班勇率军捣毁了呼衍王的老巢,蒲类国再次回到东汉的怀抱。

在《后汉书》中并无记载的是,永和二年(137),敦煌太守裴岑率领3000名郡兵,在伊吾以北斩杀了呼衍王,为该地区赢得了13年的和平。此事有《裴岑记功碑》[①]为证。

[①] 又名镇海碑、雍正碑,由清将岳钟琪于雍正七年(1729)发现于巴里坤县石人子乡石人子台村,碑文现收藏在新疆自治区博物馆。

元嘉元年(151),新任呼衍王率3000骑兵卷土重来,伊吾司马毛恺率500名汉军在蒲类海东部迎战,结果无一生还。之后,呼衍王南下狂攻伊吾屯城。接到战报,朝廷紧急派遣敦煌太守司马达率4000多骑兵前往救援,大军采取围魏救赵之计,直扑蒲类海边的呼衍王牙帐,呼衍王方才撤围而去。

这种反反复复的争夺,一直持续到东汉降落,北匈奴西去,东部草原上的鲜卑接踵而来。

在蒲类国苟延残喘的同时,不知何时,巴里坤湖西北部出现了一个新的国家,名叫移支国,是另一个乌孙部落所建的地方政权,拥有3000多国民,1000余名骑兵,不事农耕,居无定所,勇猛善战,以抢劫丝路商人的钱财为业,是一群不折不扣的江洋大盗。好在,这个名声不佳的国家存在时间很短,我实在不愿为它浪费笔墨。

九、大唐伊吾军

蒲陆(蒲类国)勉励支撑到三国时期,还是被车师后部所吞并。之后,蒲类人还先后接受过魏国西域长史府、西晋西域长史府、前凉、前秦、后凉、西凉、北魏、柔然、突厥的管辖。

贞观四年(630),唐派开国功臣、西北道安抚大使李大亮对蒲类与伊吾土著进行招慰,继而在此设置了西伊州(两年后更名伊州),州治被确定在伊吾(今哈密市),先后归金山都护府、北庭都护府统辖。

从此,蒲类海地区的中心从巴里坤湖南移到了今哈密。

哈密的地位在上升,蒲类海的地位在下降,但这里毕竟是丝路北新道的重要驿站啊。于是,唐中宗李显在景龙四年(710)专门组建了伊吾军,来到巴里坤湖周边驻扎屯垦。

按照《唐六典》提供的数据,唐在西域的屯垦单位共有56屯(每50顷为一屯),其中安西都护府20屯,疏勒7屯,焉耆7屯,北庭都护府20屯,伊吾军1屯,天山军1屯。《旧唐书》也记载,伊吾军设在伊州西北300里的甘露川,有屯兵3000人,地5000亩,马300匹,是一支有着相当战力的塞外军团。

史籍记载和出土文物,证明伊吾军驻守的城池就是今大河水库西侧的大河古城,也称大河唐城,初建于景龙四年(710),占地200多亩,附城和主城呈东西向排列,主附城之间仅一墙之隔,中部有门道相通,城墙为夯土筑成,墙高近10米,四周设角楼,现西北与东南城墙仍保存完好。在从唐城东去的要道上,新建了一系列传递情报的烽燧,烽火台上的士兵与唐城遥相呼应,共同戍守着这座敏感的丝路重镇。

城之北,是当年伊吾军开垦的良田;城之南,是一片长满优良牧草的湿地,一条溪水如银线穿透草原西去注入蒲类海,丰茂的草地中缀满五色野花,马驴牛羊徜徉其间。置身其间,人们无不赞叹这是大自然特别赐予的一条绿色之川,甘甜之川,雨露之川,生灵之川,因而被称之为甘露川。

伊吾军在这一马平川的草原上建城驻守,完全无险可凭,而且孤立无援,看似大犯兵家之忌,其实也从另一个角度显示了泱泱大国的军威。同时,它与驻守高昌的瀚海军、驻守北庭的天山军互相照应,成为蹲踞天山、鸟瞰四野的一支震慑力量。

仪凤四年(679)夏,白衣诗人骆宾王出现在蒲类海。在我的印象里,尽管他是七岁就吟出《咏鹅诗》的"神童",诗名位列"初唐四杰"之一,但一生历尽坎坷,曾在侍御史任上进了监狱,后来因为起草了将武则天骂得狗血喷头的《代李敬业传檄天下文》而不知所终。令我想不到的是,这位由浙江义乌的秀水玉露滋润出的白面书生,居然还有随军出塞的壮美履历。当时,骆宾王作为军中书记,随安抚大食公使、波斯军使裴行俭送波斯王子返国,在夕阳西下时分抵达了伊吾军驻扎的蒲类海。面对苍茫的丝路、巍巍的戍楼、滚滚的烽烟与苦守的戍卒,诗人百感交集,随口吟咏出《夕次蒲类津》:

> 二庭归望断,万里客心愁。
> 山路犹南属,河源自北流。
> 晚风连朔气,新月照边秋。
> 灶火通军壁,烽烟上戍楼。
> 龙庭但苦战,燕颔会封侯。
> 莫作兰山下,空令汉国羞。

一勾新月,清冷皎洁,连朔的寒气吹透了戍边将士的衣甲,晚餐的灶火映红了垦殖归来的兵士的脸膛,大家刚刚微笑着捧起热腾腾的晚饭,忽然望见高高的戍楼上燃起的烽火,他们赶忙扔下碗筷,穿上戎装,跨上战马,准备投入下一场苦战。一旦战胜了,或许能有机会封侯。一旦失败了,也不能让国家蒙羞。

事实证明,伊吾军没有让祖国蒙羞,至死都钉在丝路要津上,直到宝应元年(762)被吐蕃大军所灭。

大中四年(850)之后,沙州义军首领张议潮先后从吐蕃手中夺取了伊州、西州、河州、肃州等河西及西域的大片国土,然后派遣兄长张议潭携带十一州版图户籍进入长安,使得伊州在陷落88年后重归大唐,伊州也重新成为蒲类海地区的中心,而伊吾军唐城却再也没有恢复。

这种一边倒的状况一直持续到今天,今哈密市下辖两县,分别是巴里坤哈萨克自治县与伊吾县。

素有"古牧国"和"庙宇之冠"的巴里坤,曾经是与迪化、伊犁齐名的西域"三大商埠"之一!先有了巴里坤,才有了哈密。哈密是巴里坤的儿子。

蒲类国小传:它是乌孙从河西走廊西迁的第一站。当乌孙大队人马西去伊犁河之后,只留下一小撮人留守,并在此建立了一个名叫蒲类的国家。幸运的是,他们西有乌孙做主,北有匈奴为援,因而有底气成为天山各个行国——"山北六国"的盟主。在汉朝兵锋深入此地后,一条距离最短、最为顺达的丝路——丝路新北道宣布开通,这个匈奴进入西域的咽喉,成为汉人从玉门关进入西域的第一站。也因此,这里成为名副其实的西域火药桶,窦固、任尚曾在此浴血奋战,班超曾在这里一战成名,索班、毛恺曾在这里丢了性命,大唐伊吾军曾在此屯垦,诗人骆宾王也曾在此引吭赋诗。

第三十八章　蒲类后国——山北"老人国"

蒲类后国,王去长安八千六百三十里。户百,口千七十,胜兵三百三十四人。辅国侯、将、左右都尉、译长各一人。

——班固《汉书》卷九十六下

一、老人国

上一章讲到,汉文帝后元四年(前160),老上单于病逝,太子军臣单于即位。如同一匹刚刚从围栏里放出来的饿狼,他一上台便成为所有邻国的噩梦。首先,他公开放弃了与汉的和亲政策,领兵南下肆意蹂躏与掠夺汉地,使得边疆烽火一直燃烧到未央宫;继而,他开始清算此前所有不服调遣的西域各国。在远征乌孙受挫之后,他转而把矛头对准了乌孙的同胞兼同盟——巴里坤湖畔的蒲类国。

一天,军臣单于调集骑兵大举入寇蒲类国,如庞大的战车碾过柔弱的小草,数量有限的蒲类军队一战便一败如水,绝大多数人当了俘虏。幸免于难的,只有少部分提前躲进山谷的老弱病残。战后,军臣将被俘的6000余名蒲类军民强行迁徙到匈奴右部一个名叫阿恶的地区,为他们设立了阿恶国。

匈奴军队撤走后,躲进山谷的那部分老弱病残,从巴里坤湖西行,在今木垒哈萨克县与巴里坤哈萨克自治县之间建立了新的家园,这个由幸存者建立的政权仍称蒲类,但在《汉书》中被称为蒲类后国,它准确的名字应该是"老人国"。

由于担心匈奴来犯,他们在草原丝路上东西游走,居无定所,就连统治中心也从未正式确定在哪道山谷。因此,这是西域四十八国中唯一没有王治的国家。

神爵二年(前60)秋,负责管理西域的日逐王向汉朝护鄯善以西使者郑吉投降,日逐王下属的僮仆都尉一职废止,西域四十八国获得了彻底解放。第二年,郑吉被任命为西域都护,蒲类后国——这个被匈奴吓得屁滚尿流、赶得流离失所的弱小政权,不仅得到了都护府的认定与保护,而且汉还在蒲类后国贵族中加封了辅国侯、将、左右都尉。

依照汉所确立的"国家无论大小一律平等"的原则,蒲类后国开始与其他西域国家平起平坐,到长安朝贡时也能见到威风八面的汉帝,能享受丰盛的国宴,这位小国国王的脸上一定写着从未有过的笑。与如今个别超级大国对落后小国降格以待截然不同的是,中国这种善待小国的传统一直持续到现在。这一点,令许多第三世界国家感慨良多。所以说,在最初的几大文明中,唯有中国在混乱骚动中,携着她无可怀疑的主权和完好无损的传统脱颖而出。

蒲类后国消失于何时,史料上查不到。据推测,它应该灭失于王莽派驻的西域都护被焉耆攻灭之后。吞并或者合并他们的,不是西邻——北匈奴支持的车师后国,就是东邻——同宗兄弟蒲类前国。

二、独山守捉

天山苍苍,大漠茫茫,河水泱泱。蒲类后国再一次被世人所知,已是600年后唐太宗李世民当政时期。

唐顺利灭掉高昌国,并迫使西突厥叶护阿史那贺鲁投降后,于贞观二十二年(648)在天山之阴的可汗浮图城设置了庭州,下辖金满、轮台、蒲类三县。其中的蒲类县,就是蒲类后国旧地,名称也来自汉代的蒲类后国。

开元元年(713),唐在蒲类县境内设立了独山守捉。

今木垒[①]县东南2500米处有一座山,独立如屏风,俗称照壁山。海

[①] "木垒"系匈奴语"蒲类"的转音,在突厥语中指"水和草",在蒙古语中是"河湾"的意思。

拔1794米的照壁山,是分割于天山山脉的一座前山,在唐代名叫独山。独山西南脚下,今石油公司油库对面,有一座废弃的古城,经考证就是唐独山守捉。

唐西域两大都护府下辖的军事据点共分四级,依次是军、镇、守捉、烽戍。守捉意为军事据点,是军、镇之下的驻军戍边的城堡。唐在西域北疆东起哈密、西到伊犁及哈萨克斯坦的地区,共建立了10个守捉城,独山守捉是北庭都护府最东边的城堡之一,位于巴里坤和哈密两条要道的交叉点,东依突兀独立的独山,西临波涛滚滚的木垒河,依山傍水、易守难攻,扼守着丝绸之路新北道的咽喉,既是古丝绸之路的一座重要驿站,也是连同中原与西域的一座军事要塞。

贞元六年(790),吐蕃攻克了北庭都护府,独山守捉被迫废弃。直到咸通七年(866),沙洲义军首领张义潮联合回鹘首领仆固俊,从吐蕃手中夺回了西州、伊州、庭州、轮台,重新在西域北部设立了11个守捉,独山才再次升起袅袅的炊烟。

元太祖十四年(1219),成吉思汗率大军西征中亚,路经有名的独山城,发现这是一座野狼出没的空城时,便问随行人员:"这是何城?何以荒无人烟?"

伴驾的维吾尔将领哈剌亦哈赤北鲁回答:"这是唐朝著名的独山守捉,因为连年的饥荒与战乱,原来的居民已远走他乡,所以这里成了一座空城。依臣之见,独山城地当要冲,水草丰茂,可以屯兵驻守,招民耕种,以资军需。臣当年在唆里迷国(焉耆)主政时,曾有许多民户表示愿意到此居住。"[1]

闻言,成吉思汗大喜,当即安排哈剌亦哈赤北鲁与其儿子月朵失野纳留下驻守此城,并命令他从唆里迷国迁徙60户人家到此屯垦,争取在最短的时间内再现独山城的繁荣。

送走蒙古大军,哈剌亦哈赤北鲁一面派人前往唆里迷国办理移民事宜,一面带领士卒在独山守捉废墟上夯筑城墙,兴建房屋。

时隔六年,当成吉思汗凯旋时,独山城壁垒高筑,城内人丁兴旺,城外黍麦飘香。成吉思汗见状,不禁抚须大笑,高声追问哈剌亦哈赤北鲁人在

---

[1] 见宋濂、王祎主编的《元史》卷一二四,中华书局2000年版。

何处。当得知哈剌亦哈赤北鲁已经积劳成疾,撒手人寰时,成吉思汗禁不住潸然泪下,于是封其子月朵失野纳为都督兼独山城的达鲁花赤(蒙古语意为"守城官")。

经过月朵失野纳的精心浇灌,独山城人丁兴旺,浓荫蔽日,成为蒙古军团最可信赖的一大后勤基地。

元朝灭亡后,战乱与灾荒迫使城中百姓纷纷背井离乡,独山城最终毁于兵燹(xiǎn)。

三、大将岳钟琪

雍正七年(1729),一位清将向古蒲类后国走来。

岳钟琪,岳飞第二十一世孙,生于康熙二十五年(1686),早在康熙五十八年(1719)就作为先锋,随皇子胤禵(tí)平息了西藏叛乱,因功被任命为左都督、四川都督,赐孔雀翎①。

雍正元年(1723),岳钟琪作为随军参赞,跟随抚远大将军年羹尧兵赴青海平叛。他亲率6000精兵,克服了高原缺氧的不适,一路摧枯拉朽,成功收复了青海地区,被临阵提拔为奋威将军,战后又被授予三等公。

年羹尧被解除兵权后,岳钟琪集甘肃提督、甘肃巡抚、川陕总督三大要职于一身,并被加封为兵部尚书,以39岁的意气占尽了人间风华。

39岁,正是他的先祖岳飞被害的年龄,如同一个魔咒。而此时的岳钟琪也已经面临着与岳飞同样的险境。因为作为一个汉人,而且是以抗击满洲的祖先大金闻名的英雄之后,居然执掌川陕甘三省军政大权,自然容易招来闲话与忌恨。当时就有谣传,说钟琪欲报先祖之仇,在暗中积蓄力量。

一波刚平,一波又起。雍正六年(1728),湖南靖州秀才曾静派遣徒弟张熙给岳钟琪送信,给雍正列出"谋父、逼母、弑兄、屠弟、贪财、好杀、酗酒、淫色、怀疑诛忠、好谀任佞"十大罪状,规劝手握重兵的岳钟琪起兵

---

① 大清皇帝亲赐给功臣的一种尊贵的奖赏,包括亲王在内的五品以上官员方可冠戴孔雀花翎;六品以下只能戴褐羽蓝翎,俗称"野鸡翎子"。

反清。岳钟琪立刻将曾静逮捕,交由朝廷处置,这才引出了曾静的思想导师——吕留良被从坟墓中挖出来砍去脑袋示众,吕留良的儿子被斩立决,其他亲人被发配宁古塔的重大事件。对于爱将的做法,雍正给予了褒奖,封他为宁远大将军、加少保,责令前往新疆平定准噶尔部叛乱。望着岳钟琪远去的背影,雍正瞳仁里闪现出一道怀疑的光。

自认光明磊落的岳钟琪,率西路军铿锵西去,先驻巴里坤,后移驻木垒。

木垒地形险要,有水有草,既可屯垦,又可驻防,如果在此建立军事堡垒,既可有效阻截准噶尔翻越东部天山,也可同巴里坤形成犄角之势,于是岳钟琪上疏雍正要求在此筑城。为说服皇帝,他专门立下军令状:"若将来穆垒驻军有未协之处,请将臣置之重典,妻子从重治罪。"雍正降旨同意后,岳钟琪开始组织军民在"两山之中"筑城。一座城周长600余丈、外围辅有护城河的坚城拔地而起,大清驻兵一度达到2万。后来,雍正将此城定名"穆垒",今木垒之名即由此来。

与此同时,汉军镶红旗人张广泗被任命为西路军副将,率领4000将士赶到穆垒与岳钟琪汇合。不久,雍正将岳钟琪召还京师,命张广泗代理大将军。岳钟琪刚刚赶回京师,张广泗写给雍正的密信就到了。信上说,穆垒地处两山之间,筑城其中,形如釜底,哪里是屯兵进取之地呀!准噶尔军乃一色的战马,我军应该马步兼用,而岳钟琪却执意使用兵车,这种战法根本不适合沙碛之地。考虑到穆垒没有广阔的牧场,岳钟琪便将2000余匹战马安排在乌兰乌苏、科舍图两地,这无疑又给了敌人以窥伺之机。此次西征出兵数万,粮草运输至关重要,这里地处崇山峻岭,车驼分运,必会绕出沙碛,岳钟琪惧怕敌人劫我粮草,便下令停止了粮草运输,这才导致了大军进展迟缓。特别是岳钟琪张皇刚愎,号令不明,请陛下明察。

密信充斥着不实与诽谤,无非是想取而代之。但在多疑的雍正看来,就不是换将这样简单了。

雍正九年(1731),雍正借口进击准噶尔部受挫,以"误国负恩"的罪名将岳钟琪免官拘禁。

那是一个嫉妒之鸟满天飞的时代,大臣们乘机落井下石。大学士鄂尔泰参劾岳钟琪"专制边疆,智不能料敌,勇不能歼敌",大将军查郎阿则弹劾岳钟琪"骄蹇不法",负责审理的大臣甚至向雍正递上了"奏拟岳钟琪斩决"的奏折。

历史是如此地相似,也是一位姓岳的名将被打入冤狱,也是他的部下——大将军纪成斌和总兵曹襄力相继被问斩,也是有几位重臣想置这位名将于死地,南宋初年的那场冤案即将重演。

人之所以成为圣贤或明君,很多时候取决于在信息嘈杂混乱的时候,还具有明辨是非的能力。那是一个天光浩荡的正午,雍正面前摆着"奏拟岳钟琪斩决"的折子,一束阳光通过镜子反射到御案前,如同一道神秘的咒符。那一刻,雍正也许想起了 590 年前的岳飞,想起了大臣们嫉妒的目光,想起了这位岳家将立下的不世之功,他的心反常地一软,在折子上改签了"斩监候"三个字。

正是这一笔,历史上才没有出现又一个岳飞,雍正也才侥幸逃脱了后人的诅咒。

岳钟琪入狱后,刚刚完工的穆垒城被人为地废弃乃至焚毁,因为在诋毁他的人看来,只要这座城池在,人们就会记起建设他的将军。这种做法,打击的对象不是人的肉体,而是人的精神与记忆。如同项羽灭亡秦朝后,立刻把咸阳付之一炬;金国攻陷宋都汴京,在撤走前将这座贵为宋朝象征的繁华都市变成废墟一样。罗伯特·贝尔说:"摧毁一个人身处的环境,对于一个人来说可能就意味着从熟悉的环境所唤起的记忆中被流放并迷失方向",把它称为"强制遗忘"。

岳钟琪还算幸运,因为不到四年——雍正十三年(1735)八月雍正就猝然离世了。乾隆继位的第二年——1737 年,岳钟琪在蹲了五年的黑暗牢狱后重见光明。直到乾隆十三年(1748),朝廷用兵屡屡受挫,这才想起了被贬为平民的岳钟琪。乾隆重新起用岳钟琪,授总兵衔、四川提督,这时他已 62 岁。

对此,有人曾质疑他"廉颇老矣,尚能饭否"?但真正的英雄绝不会轻易屈服于岁月,哪怕雨洗风蚀让他的棱角不再那么尖厉,他还会默默积攒着最初的豪情,在最恰当的时候上演最致命的雷霆一击。上任后,他参与了平定大金川土司叛乱,连续攻占了一系列堡垒,致使大金川土司莎罗奔一筹莫展。莎罗奔当年曾随同岳钟琪参加过平定西藏、青海之战,当他听说清军统领就是自己曾经的老上司时,立刻萌生了投降的念头。而岳钟琪也乘机给了从前的部下一个台阶,他轻骑深入敌营,晓以大义,促使莎罗奔心悦诚服地投降。之后,他老当益壮,屡立奇功,直到像他的先祖岳飞一样被加太子少保①,复封三等公,并被乾隆誉为"三朝武臣巨擘"。

岳钟琪病逝的第五年——乾隆二十二年(1757),大清远征军与喀尔喀蒙古军将准噶尔汗国彻底绞杀。

准噶尔被平定后,大清多次派出官员到天山以北实地考察,认定木垒"土沃泉滋",便在这里招募人丁"大开阡陌"。

乾隆三十七年(1772),乌鲁木齐城开建的同时,木垒新城也在东城口破土动工。从此,这条丝绸之路新北道,延续和演变为从乌鲁木齐、奇台、木垒、巴里坤一直通向蒙古草原和关内的"骆驼商路"。而唐军的独山守捉和岳钟琪的穆垒城,却沦落为荒草萋萋、尘沙漫漫的废墟。

但毕竟,汉代西域的大部分仍在大清版图之内,民国时期的新疆则是国人心中不允许外人染指的神圣领土。当时的中国大学里,随处都能听到那首由赵元任谱曲的校园歌曲:

左公柳拂玉门晓,塞上春光好,
天山融雪灌田畴,大漠飞沙旋落照,
沙中水草堆,好似仙人岛,
过瓜田碧玉丛丛,望马群白浪滔滔。
想乘槎(chá)张骞,定远班超。
汉唐先烈经营早!
当年是匈奴右臂,将来更是欧亚孔道。
经营趁早,经营趁早!莫让碧眼儿射西域盘雕。

回眸西域,夕烟如焚,我仿佛看见一个矫健的身影从塞外古城闪出,佩三尺长剑,着一身戎装,骑高头大马,风尘仆仆地向我们走来,带着自信与胜利的微笑……

他像岳钟琪,又像赵破奴、傅介子、郑吉、耿恭、班超、班勇、侯君集、高

---

① 负责教导太子的官员,周代为三公(太师、太傅、太保)之一的太保的副职,简称"宫保"。隋、唐之后成为赠官加衔的名号,并非实职。宋代的岳飞、明代的于谦都曾加封过此衔。从大清雍正起,实行秘密的建储制度,不再公开册立太子,但仍沿袭古制给功臣加上虚衔以示恩宠,如岳钟琪、丁宝桢、袁世凯、岑春煊等先后加过此衔。

仙芝、封常清、刘锦棠,仿佛又看不清面影……

蒲类后国小传:一伙被边缘化的乌孙人,建国者是一群在战争中幸存的老弱病残,建国地点是今木垒与巴里坤之间的一道无名山谷。它灭失于何时,史上没有记载;他葬送于谁手,后人也闻所未闻。似乎,它应该消失于西汉末年。合并它的,不是西邻的车师后国,就是东邻的蒲类前国,几乎没有第三种可能。

第三十九章　郁立师——月氏的分支

郁立师国，王治内咄谷，去长安八千八百三十里。户百九十，口千四百四十五，胜兵三百三十一人。辅国侯、左右都尉、译长各一人。东与车师后城长、西与卑陆、北与匈奴接。

——班固《汉书》卷九十六下

一、东来说与西来说

如同今天填写个人履历表必填籍贯一样，弄清每一个古国的出身似乎难以回避。对于这个姓郁的游牧行国——郁立师国的来历，有两种天差地别的说法。

一种是东来说，代表人物是被誉为"书痴"的何光岳。这一流派认为，禺夷、嵎夷、郁夷、于夷是东夷的一支，起源于山东、江苏交界处，远古时期沿黄河南岸西迁，春秋战国时期来到河西走廊，被称为禺知、禺氏、月氏。后来，禺知的一支郁夷西迁到今新疆吐鲁番市南的白龙堆沙漠以西，建立了郁立师国。

一种是西来说，代表人物是现代人类学家与考古学家。起初，这批人也认同月氏来源于东夷的郁夷，但经过对月氏人墓葬的头盖骨鉴定，他们具有明显的欧洲人种特征，与东夷人所属的东亚蒙古人种大相径庭。尽管不太情愿，但理智终究战胜了民族情感，月氏西来说随之占了上风。还有一点万万不能忽视，那就是东夷是农耕文明的创造者，而郁立师是地地道道的游牧行国，一个早已跃进到农耕文明的部族怎么会重走蒙昧落后的回头路呢？

公元前3000年前后，原本居住在今伏尔加河、顿河流域的古欧洲人游牧部落——高加索人种中的金头发白皮肤的诺迪克种族，先后离开故土。其中一个分支——吐火罗人，穿越高耸入云的葱岭和遍地黄沙的塔里木盆地，在公元前2000年左右大规模来到罗布泊地区，成为中国新疆最早的开发者。公元前1000年左右，他们中的一支游牧部落，向东深入到祁连山下，占据了绿宝石般的河西走廊，这部分人被中国古籍称为禺知、禺支、禺氏，也就是后来《史记》中所记载的月氏①。月氏是古欧洲人迁徙浪潮中延伸到最东方的一个箭头。

与之相印证，中国的史书也开始提到这伙游荡在河西走廊的神秘之旅。黑头发、黄皮肤的周穆王从中原西行，周游西域诸国，曾经到过祁连山下黑水河畔的"禺知之平"，受到了相貌迥异于黄色人种的禺知人民的真诚接待②，这被认为是月氏人第一次在传说中与中华文明正面碰撞。而且，周穆王邂逅了也许就是月氏部落首领的西王母，他献上了丝绸织物，她回赠了白圭玄璧。西王母肤白得透明，眼蓝得如海，这才使得阅女无数的中原国王"惊如天人，乐而忘归"。

到了公元前7世纪，禺氏以手中的白璧与中原王朝频繁地进行易货贸易③。我推测，早在"丝绸之路"命名前，作为西方贸易代理人的月氏人，已经把他们占据的河西走廊变成了神奇的"青铜之路"和"玉石之路"。

由于人丁兴旺，这时的月氏人不仅遍布河西走廊，而且像星星一样撒在了邻近河西的地区，其中的一支来到白龙堆沙漠以西，建立了一个名叫郁立师的国家。

二、驻足山谷

在中国西部征战史上高频率出现的河西走廊，是指黄河以西被祁连

---

① 音Ròuzhī，有个好笑的历史学家据此推断它的字面意义是"吃肉的部落"。上海辞书出版社1999年版《辞海》的注音为Yuèzhī。
② 据《穆天子传》(又名《周王游记》)，上海古籍出版社影印本1990年版。
③ 据《管子·国蓄》第七十三，李山译注，中华书局2009年版。

山和北山夹在中间的、从乌鞘岭到星星峡的狭长地带。宽度从几公里到100公里,长度竟然达到1200公里。读者且不可忽视它,这个被称为"游牧者天堂"的地方,可是抓一把泥土就能攥出古老文明液汁的所在。

正因为如此,这里成为游牧部落争夺的焦点。春秋战国时期,此地就已经聚集了三大部落。一个是河西走廊东部的匈奴,另一个是敦煌一带的乌孙,还有一个就是郁立师所属的月氏。月氏人一度独霸了敦煌、祁连间的大片绿洲。

月氏的灾难,来自草原霸主——匈奴单于冒顿。这位匈奴历史上最有名的单于,先后两次发兵进攻月氏,迫使月氏离开河西走廊,逃亡西域。

西逃的月氏人先是来到郁立师国境内小憩,抢光了这个小亲戚的财富、粮食甚至女人。无奈之下,郁立师首领只有率众向北翻越天山,来到天山北麓的内咄谷——今吉木萨尔县泉子街镇大龙口沟河谷。

在这道山谷里,春天野花镶嵌,秋天细草铺垫,重声是落果,轻声是落叶,鸟语与泉水共鸣,远山和天边一色。就在这个葱茏、静谧的所在,这支疲惫、病弱之师抚平了伤疤,养好了体魄,兴奋地成立了一个名叫郁立师的国家。

此时的天山北麓,从东到西排列着蒲类、郁立师、卑陆、卑陆后国、东且弥、西且弥,这六个国家人数相当,风俗相近,地域相接,都以游牧为主,统治中心都在天山山谷中,因此被称为"山北六国"。

如果说,命运曾经把他抛向高空,那只是为了要把他摔进更深的深渊,为了教给他认识兴奋和绝望的幅度。汉神爵二年(前60),匈奴日逐王降汉,汉朝西域都护府成立,西域都护郑吉护送亲汉的车师王军宿回到了交河城,亲匈奴的车师王兜莫只得率部众迁徙到天山北麓建立车师后国,从而拉开了"山北六国"的噩梦。

最惨的,当属距离车师后国不远的郁立师。

接下来,是一个猫和老鼠的故事。

三、猫与老鼠

《格林童话》里有一则猫和老鼠交朋友的故事,说的是一只猫结识了一只老鼠,通过花言巧语,终于使老鼠同意与她生活在了一起。

为了过一个不挨饿的冬天,猫和老鼠共同买了一罐肥油,并按照猫的提议,把肥油藏在了教堂的祭坛下面。

没过多久,猫馋了,便对老鼠说:"我表姐生了一个儿子,想请我去做教母,给孩子起名字,你要好好守在家里,别到处乱跑。"老鼠答应了。

其实,猫的话全是假的,她根本没有什么表姐,也没被请去当教母,她径直溜到教堂油罐那儿,舔起油来,她舔呀舔,舔去了一层皮,然后一直磨蹭到天黑才回家。

"你回来了,"老鼠问,"给孩子起了个什么名字呀?"

"去皮。"猫毫无表情地回答。

过了几天,猫又馋了,她对老鼠说:"你自己留在家里干活吧,我表妹生了个女儿,请我去当教母,我不能拒绝。"

好心的老鼠又同意了,可猫却从城墙后面溜进教堂,把那罐油舔去了一半。

回到家,老鼠问她:"这个孩子叫什么名字呀?"

"去一半。"猫回答。

不久,猫对那罐油又垂涎三尺了。"好事都成三,"她对老鼠说,"我又要去做教母了,这回是另一个表妹生孩子了,你会让我去的,是吗?"

"去吧。"

猫走后,老鼠把家里收拾得又干净又整齐,而馋猫把那罐油吃得一干二净,直到很晚才挺着圆鼓鼓的肚子回家。老鼠又问起第三个孩子的名字。

"他叫全光了。"猫说。

从这以后,再没有谁来请猫当教母了。冬天来了,北风怒号,外面找不到吃的,老鼠想起他们的存货,便约上猫来到教堂,钻到祭坛下面,见装油的罐子还在那儿,可里面已经空了。

"哦,"老鼠恍然大悟,"现在我算明白了,你去做教母的时候就把油吃光了:先去皮,再去一半,然后……"

"全光了"三个字刚溜到小老鼠舌尖,猫就扑过去捉住老鼠,把她吞下去了。

猫和老鼠的故事,搬到车师后国与郁立师身上是那么恰如其分,连过程都几乎没有什么两样。前者刚到天山北麓时,曾经千方百计地拉拢后者,与后者又是起誓,又是联姻,好得就像一奶同胞一样。时间一长,前者就变着法子欺骗与愚弄后者,把后者当丫鬟对待,当邮差使唤,后者一直敢怒而不敢言。永元九年(97),当西域都护班超派遣副使甘英出使大秦的当口,车师后王涿鞮趁机发难,将"小老鼠"一口吞进了肚里。

郁立师国史结束了,恰如那个悲戚的童话。

郁立师国小传:古欧洲人种,月氏的一个分支,战国与秦时期位于白龙堆沙漠以西,被称为郁夷。当从河西走廊西逃的大月氏,沿着楼兰道进入西域后,曾经在郁夷的领地上落脚,顺便抢劫了这个同宗的小部落,迫使他们向北翻越天山,来到天山北麓的一道山谷,成为"山北六国"之一的郁立师国。这里尽管并不富饶,也不美丽,但并不妨碍它成为周边强国觊觎的目标。东汉时期,它被车师后国吃掉。

第四十章 卑陆与卑陆后国——有关分手的故事

卑陆国，王治天山东乾当国（谷），去长安八千六百八十里。户二百二十七，口千三百八十七，胜兵四百二十二人。辅国侯、左右将、左右都尉、左右译长各一人。西南至都护治所千二百八十七里。

卑陆后国，王治番渠类谷，去长安八千七百一十里。户四百六十二，口千一百三十七，胜兵三百五十八人。辅国侯、都尉、译长各一人，将二人。东与郁立师、北与匈奴、西与劫国、南与车师（前国）接。

——班固《汉书》卷九十六下

一、挥泪作别

如果您去过寺庙，一进庙门，就会遇到笑脸迎客的弥陀佛像，然后就是黑脸示人的韦陀塑像。相传在很久以前，他们并不在一起，而是分别掌管不同的庙。弥勒佛热情快乐，来的人非常多，但他什么都不在乎，丢三落四，所以入不敷出。而韦陀虽然管账是一把好手，但成天阴沉着脸，太过严肃，搞得人越来越少，最后香火断绝。佛祖在查香火时洞察了个中因由，就将他们俩放在同一个庙里，由弥勒佛负责公关，笑迎八方客，于是香火大旺；由韦陀负责财务，锱铢必较，于是收入大增。两人既分工又合作，庙里从此欣欣向荣。

这是一个扬长避短、合作共赢的美丽神话。但接下来的传说，就是另一番景象了。

说的是很久以前,甘河子镇南部有六条发源于博格达山冰川的河流,从东到西依次是黄山河、白杨河、甘河子河、四工河、三工河、水磨沟,并排着流入北部的准噶尔盆地。河边绿树成荫,青草依依,百鸟啾啾,马羊成群,根本没有今天所看到的一丝荒凉。那时,修建万里长城的秦始皇还没有出生,这里就生活着两个勤劳勇敢、亲如兄弟的牧民首领,他们继承了古塞人的剽悍和强壮,纵马扬鞭赶走了外来势力,在白杨河边建立了一个名叫卑陆的小国。

地盘虽小,国民也不多,但他们每天对着圣洁的博格达峰祈祷,喝着瑶池里流下来的圣水,放牧着他们的牛羊,开始尝试着开垦一些荒地,播种一些粮食,希望过上安定美满的生活。

光阴荏苒,岁月无情。两位首领不得不承认自己老了,于是商定,把共同建立起来的国家连同自己的梦想一起交给下一代——一个男孩和一个女孩。男孩和女孩青梅竹马,比翼齐飞。长大后,他们带着国人在白杨河两边种下越来越多的杨树和庄稼,卑陆国在他们的手中日益兴盛,人丁增加到2000以上,能够上马征战的骑士也接近了1000人,成为天山北部谁也不敢怠慢的一个强国。他们看着幸福的牧民、成片的绿树和成群的牛羊,心头漾起无比甜蜜的满足。博格达一天比一天圣洁,瑶池水一天比一天纯净。

直到有一天,准备结婚的男孩和女孩起了争执,他们为成家以后应该把家安在白杨河东岸还是西岸争执不下。一直生活在白杨河至黄山河之间的男孩,对相伴了十几年的一草一木有着深深的眷恋,并且认为,成家以后去女孩的白杨河西岸仅仅只是一河之隔,所以无论如何应该把他们共同的家建在东岸。而成长在白杨河西岸的女孩也有充分的理由认为,他们未来的家应该安在西岸。为此,他们不停地争执,相持,彼此不退让,寸寸弯强弓,伤筋动骨地折腾,直到走向最后的决裂。

任何人性格的养成必有其深刻的家庭与社会背景。这一男一女,各自成长在部落首领家庭,都是当然的首领继承人,受到的是独立自主的教育,耳濡目染的是祖先南征北战的英雄故事,因而也就形成了舍我其谁、睥睨群雄的鲜明个性。别说是那位身手矫健、雄心万丈的少男,就是那位少女也早已傲雪迎霜,不让须眉。因此,我们不能拿汉族的男尊女卑观念来衡量这对男女,更不能以汉族妇女足不出户、笑不露齿的标准来要求这位女首领,因为在游牧民族中并不乏冲锋陷阵的女骑士,女性国王在战国之前的游牧民族里也并不鲜见。让周穆王乐而忘归的西王母、让居鲁士丢掉脑袋的马萨格泰女王托米丽司就是最著名的两位。

"让我做你的女人可以,但让我住在你的地盘上不行!"卑陆国女首领对男首领说。

"为什么不行?"

"因为我有自己的牧民,他们世世代代没有离开过自己的首领。"女首领斩钉截铁,继而反问男首领,"你能住到我那里去吗?"

男首领脸涨得通红,坚定地摇摇头。

美丽矫健的女首领眼含泪珠起身而去,连同披在她肩头的美丽晚霞。听着帐外那熟悉的马蹄声渐行将远,大帐里的男首领泪眼婆娑,搥首顿足。读者可能会问,为了爱,他们中的一个难道不能做出一点让步吗?答案是残酷的。英雄可以相惜,但并不可以相守。

第二天清晨,女首领率领她的400余户牧民,从白杨河西岸拔帐而去,向西来到今阜康市九运街镇、水磨沟乡附近的山谷,这个山谷时称"番渠类谷"。

原本是一片叶子的晃动,却让生息相关的两棵树隔河相望,逐渐凋零。由于这个政权是从卑陆国分出来的,所以被史书称为卑陆后国,这位女首领被称为卑陆后王。

说是后国,其实并无严格意义上的前后之分。从传统历史角度来说,一般后国的成立是在前国灭亡的基础上,而卑陆后国则不然,它不过是一对相爱至深而无法谦让的情人间的矛盾衍生物罢了。

二、自由的女王

卑陆后国所在的区域,南抵天山的天池,北到准噶尔盆地南缘的绿洲,东到甘河子河谷,西与劫国相接,是一个比原来的游牧区还要富庶、美丽的地域。

在这里,女王有了施展政治抱负的天地,她手下的人丁也迅速兴旺起来,整个国家呈现出一派祥和的景象。毕竟,她是一位成熟的女人,是一位尝过爱之甘甜的女人,她不仅要满足生理的需要,更要培育自己将来的继承人。渐渐地,她的心不仅得到了修复,而且变得富于弹性,恢复了水一样的自由、灵动与率性,打开了心结,放开了手脚,可舞蹈,可奔走,可生儿育女。

很快,番渠类谷传出消息,女王怀孕了,让她怀孕的是女王手下的一名将军,人长得并不英俊,黑得像焦炭一样,壮得如野牛一般,但对女王言听计从。还有人暗中嘀咕,当这位黑将军外出巡查时,有一个灵活得像猴子一般的骑士夜里钻进了女王的大帐。甚至有人总结说,女王喜欢的男人共有两种类型,一要壮实,二要灵活,但前提是要听话,她最不喜欢中看不中用的奶油小生。

她终于拥有了属于自己的情感,有了不受任何羁绊的自由。如此一来,就容易理解女王为什么结婚了。在她看来,这个部落的男人都属于她,而她不专属于任何一个特定的人。显然,这是母系氏族社会的遗风,也是女人主宰的世界的规则,如同中原的皇帝有无数的妻妾一样。

消息传到白杨河东岸,那位仍夜夜祈祷女情人回头的卑陆国王,也无奈地结婚了。

女王所处的时代,应该是战国之前,也就是中原的西周时期。基于此,一个念头突然从我的脑海里浮现出来。面对这个念头,连我自己都吓了一跳。

大脑里第一次跳出这个念头,还是在天山之巅的天池。

三、她是西王母吗?

安坐于酒亭,忽地想起西王母,仿佛想起一个熟悉的故人。

天碰巧落着雨,我们碰巧饮着酒,碰巧是在天池边,天池碰巧和《竹书纪年》《穆天子传》里写的一模一样,我们碰巧都知道穆天子和西王母。

所有与西王母有关的事物,碰巧在这个时候,聚齐。

而就在这个时候,我的脑子里碰巧跳出了一个大胆的推测:"卑陆后国女王是否就是传说中的西王母?"面对我的推测,同事们手中的酒杯,停在半空:"快说说看!"

人们最早知道西王母,还是因为西周时期的周穆王。周穆王,名叫姬满,周朝第五位帝王,生活在公元前921年之前,世称"穆天子"。古本《竹书纪年》中说,周穆王曾西征昆仑邱,见西王母。后来的《列子·周穆王》记载更为具体,说周穆王既不沉溺于政务,也不喜爱自己的妻妾,而是喜欢四处巡游。当年,周穆王以擅长制造的造父为车夫,以诸侯进献的八匹骏马为御驾,从长安北上向西,经陇西、兰州、武威、张掖、居延海、巴丹吉林沙漠,然后一路西去,①抵达了遥远而神秘的昆仑之丘,向西王母赠送了丝绸、铜器、贝币、朱砂。西王母报之以非凡的热情,在瑶池之上专门设宴招待他。推杯换盏之间,西王母为周穆王作了一首天子谣,周穆王也以诗和之,诗歌里散发着淡淡的愁绪。显然,这些记载只能有一个来源,那就是周穆王自己的回忆。

后来发现的《穆天子传》里,还有两人饮酒赋诗的情景。要知道,传记作者并未随同周穆王西巡,他的记述肯定有文人所惯有的推测的成分。

而800年后的司马迁就只剩想象了,所以他在《史记》中进一步演绎说,穆天子"西巡狩,见西王母,乐而忘归"。

试想,两位相隔万里的一男一女在人生最美的花季邂逅,两人都贵为国王,都气度不凡,又人种迥异,肤色不同,一个风流倜傥,一个美丽开放,一个不喜欢自己的妻妾,一个没有固定的丈夫,两人一定生出了"惊如天人""相见恨晚""依依不舍"的情愫,这才有了诗歌作和,这才有了"执手相看泪眼",这才有了"乐而忘归"。

相识总是美丽,结局遥遥无期。对于向大臣们亲自讲述这段故事的穆天子来说,这是一场风花雪月又转眼成空的爱情,令人缅怀,又无法重来。它是一个传说,一缕伤痛,一种想象,一场走遍天涯也不愿醒来的春梦,所以他才津津乐道于此次西游,并杜撰出了所谓的二次重逢。而对于身在异域的西王母来说,可能也就是一段不一样的回味而已,因为身为一位浪漫的女王,她的生命里从来就不缺爱情。

鉴于这段故事近乎传说,过于遥远与飘渺,所以我们不必过分计较故事细节的真实性。我们只需要了解,瑶池到底在哪儿?西王母到底身在

---

① 见李利安《丝绸之路:人类文明交往的历史足迹》,原载2014年8月6日《光明日报》。

何处?

《竹书纪年》和《列子·周穆王》中所说的昆仑之丘的瑶池应该就是天山的天池,天池古称瑶池,它在民间传说中是西王母梳妆台上的一面镜子,而昆仑山上根本没有什么瑶池甚至水池。

而我之所以推测西王母就是卑陆后国女王,理由有三:

一是我们身边的旅游胜景——天山天池,处在卑陆后国辖区内,旁边有西王母祖庙,至今香火旺盛。

二是天山北麓的卑陆后国,处在连通亚欧的草原丝路上,在西域南道尚未成为商贸主通道的周朝时期,这条由远古游牧部落踏出来的草原丝路,是最为有名和通畅的道路,周穆王西巡最有可能选择这条通道。

三是当时的西域拥有女王的国家可能只有卑陆后国,因为大月氏女王生活在汉武帝时期,马萨格泰女王托米丽司生活在东周时期(公元前530年前后),而镶嵌在青藏高原上的女国是西晋之后的一个地方政权。

我的推测只有一个疑点,那就是周穆王生活在西周时期,而卑陆后国是汉代初期才进入史册的国家。

后来发生的事情无需赘述,我们只知道岁月抚平了爱的创伤,距离产生了新的美感,两个国家在面临车师后国的进攻时,重新走向了联合。

为生存而合并,是卑陆后国消失的唯一原因。

在缺乏史料支撑的情况下,大胆想象,可能是破解历史之谜的一把钥匙。

四、靠近你,温暖我

《汉书》上说,这个兄弟国相隔只有30里。所以我推测,卑陆国的活动范围应该在黄山河、白杨河甚至甘河子河流域,而卑陆后国的活动范围应该在甘河子河流域或者以西地区。

汉武帝时期,它们同时被出使西域的汉使张骞看见。于是,他们就在《汉书》里同时留下了身影:"卑陆国,王治天山东乾当国(谷);卑陆后国,王治番渠类谷。"此时的他们,与蒲类、郁立师、东且弥、西且弥,被合称为"山北六国"。他们应该是乌孙的分支,与"山北六国"盟主蒲类同源。

他们的第一次考验发生在东汉永元八年(96),当时的车师后王涿鞮受到了匈奴人的暗中支持,发兵攻克了强大的车师前国。消息传来,"山北六国"无不惊恐不已,因为车师后王连受到汉朝庇护的车师前国都敢进攻,那么对付身边的游牧小国还会有什么顾虑吗?

于是,东部的卑陆国王骑上快马,星夜赶往30里外的卑陆后国。

伊斯兰教圣典《古兰经》里有一句话:"山不过来,我就过去。"也就是说,如果事情无法改变,我们必须改变自己。我的疑问是,当强敌压境时,那个负气出走的卑陆女首领,能抛下私心,捐弃前嫌,与它的母体重新走到一起吗?

所幸的是,听说卑陆国王前来主动结盟,卑陆后王也匆匆迎了出来,两双男人的大手握在了一起。此时身为卑陆后王的已不是女人,而是那位从白杨河东岸西走的女王的后代。

就这样,在面临强敌的严峻形势下,两个分裂百年的兄弟再度联手,两个国家宣布合并,他们面对群臣立下誓约,年长者为王,年幼者为副,年长者去世后由年幼者接替,如有反悔,必受天谴。

接下来,这个拥有上千名军人的国家日夜操练,枕戈待旦。消息传进车师后王涿鞮的耳朵中,使得这个飞扬跋扈的人也不得不有所忌惮。永元九年(97),涿鞮率骑兵南拓西进,先后灭掉了孤胡、郁立师、单桓、乌贪訾离,唯独绕过了合并后的卑陆国。之后的事情,借用童话的结尾:从此他们幸福地生活在了一起。

当我们打开东汉西域地图时,曾经的"山北六国"仅仅剩下卑陆、东且弥、蒲类和从蒲类分出的移支,它们还与车师前、后国一起被《后汉书》称为"车师六国"。

三国时期,即便是合并后的毕陆(原卑陆),也未能最终逃脱日益强大的车师后国的魔掌,它们与蒲类国、单桓国、东且弥等一起,被号称"西域八强"的车师后部彻底埋葬。

不久,埋葬它们的车师后部也被铿锵西来的鲜卑、柔然所踏平。之后,山北的西域国家如数消失,剩下的只有瑟瑟发抖的衰草与斑驳苍凉的废墟,还有那条人烟稀少的草原丝路。

如今的阜康市有两个哈萨克自治乡,难道,他们是古卑陆国和卑陆后国的遗民?

这是一个需要史学家证实的疑问。

卑陆与卑陆后国小传：源于乌孙，一奶同胞，诞生于汉初，因为一言不合或分配不均而分手，又因为面临强敌入侵而捐弃前嫌，重新走向了联合。尽管整合后的他们——毕陆，最终也没有摆脱被吞吃的命运，但毕竟走得很远，顽强坚持到了三国时期。学会团结，不只是人与人的相处之道，国与国亦当如此，卑陆与卑陆后国就是一个例证。

第四十一章　劫——是个时间概念吗

> 劫国,王治天山东丹渠谷,去长安八千五百七十里。户九十九,口五百,胜兵百一十五人。辅国侯、都尉、译长各一人。西南至都护治所千四百八十七里。
>
> ——班固《汉书》卷九十六下

一、所谓"劫"

劫,原本是一个时间概念。中国的道家把天地一成一毁称为一劫,也指命中注定的厄运、大难、大限。无独有偶,在古印度,"劫"是梵文"劫簸(kalpa)"的音译,是用来计算时间单位的通称。

劫有小劫、中劫、大劫三种,用以描述我们所处世界的具体时间位置。一是小劫,平均人寿最短为十岁,平均人寿十岁时,每百年加一岁,加到平均人寿最长的八万四千岁,为增劫;再从平均人寿八万四千岁,每百年减一岁,减到平均人寿十岁,为减劫。如此一减一增的过程,共1680万年,总称为一小劫。二是中劫,二十个小劫称为一个中劫。佛典中说,地球共分"成、住、坏、空"四大阶段。"成"是由气体变液体再由液体而凝固的过程,"住"是指地球可以供人类居住,"坏"是指经过火灾、水灾和风灾使地球消失,"空"是在空无一物中诞生另一个新地球,进入下一个从"成"开始的循环。一个中劫时间为3.36亿年。三是大劫,经过四个中劫,便是一个大劫。换句话说,地球世界一生一灭,便是一个大劫。人们口头常听到的"劫数难逃",就是指这一自然规律是永恒的,不会因为个人的力量有所变化。在佛教眼中,八万四千大劫,也仅刹那之间的时光而已,唯有通过修行空去了"我",才入涅槃——不生不死的境界。唯有再进一步空去了"法",才能称为菩萨,走向成佛之道。

显然,劫国所取的"劫"字,是一个十分玄妙的时间概念和宗教概念。那么,在中国的道教尚未传到西域,印度的佛教只是在东汉初年才进入西域的年代,这个游牧在天山北麓的草原民族,何以有了这样一个不寻常的名字呢?

可能的解释是:第一,"劫"是这个国家的音译,与时间、宗教概念里的"劫"并不搭边;第二,这是在中原战乱中"劫后余生"的一伙人建立的国家,他们熟悉中原文化,对老子和庄子的哲学若有所悟,因此根据自己的冒险经历起名为"劫国"。

二、来去无踪

《汉书》中说,这是一个以畜牧业为主的国家,其统治中心在天山北麓的丹渠谷,东距卑陆后国170里,西距东且弥国100里,有人据此推测丹渠谷位于今阜康市西部。但也有人推测丹渠谷处于昌吉市北部,他们的根据是《汉西域图考》里的记载:"劫国,在昌吉北,是昌吉北属劫国,余属单桓也。"还有人根据他们地处山谷的特点,推测他们处在昌吉南山中。

撇开地理位置不说,我更感兴趣的是其来历。既然古老的"山北六国"里没有劫国,那么,劫国出现在天山以北一定较晚,不是本地的土著,这就为我推测他们像皮山国一样来自中原提供了可能。我以为,在您用考古学、人类学证据驳倒我之前,我任何的推测都不能被定罪为"胡说八道"。

也许由于来自中原的缘故,劫国在汉西域都护府建立后表现得相当主动与积极,因此不但受到了汉的认定,而且还被任命了一名辅国侯,一名都尉,一名译长。

奇怪的是,我在东汉西域地图上没有找到劫国。而《后汉书》里也没有劫国被灭亡的记载。永元九年(97),车师后王涿鞮灭掉的天山北麓诸国中,也没有劫国的名字。

我推测,它也许在王莽势力退出西域时就迁走了,至迟它也是在车师后王发动进攻前就逃走了。试想,这个区区 500 人的游牧小国,收拾起帐篷趁着夜色遁去,又会引起多么大的波澜呢?即便是路上遇到另一伙牧民,对方或许会认为这是一支送亲的队伍呐。否则,不论范晔多么惜墨如金,也不会舍不得写上"劫国"两个字的。

他们迁徙的方向,估计还是故乡中原吧,于是才有了故事开篇涪江劫王的故事。当某个国家沦落到要通过传说查找下落的地步,是这个国家的悲哀,还是史学家的悲哀?

但也有人提醒我,它没有东迁而是西迁了,隋唐时期曾经出现在中原史料[1]中。这一个"劫国",位于葱岭之中,气候炎热,种植麦稻,有户数万,风俗与突厥接近,距离长安 1.2 千里,武德二年(619)曾到长安朝贡。当然,我们不能仅凭一个相同的国名,就认定一个数万户的大国是从一个 500 人的小部族演化而来。但同样的奇迹在西域并不鲜见,突厥不是由高昌北山时期的千人小部落发展到了隋朝时期的数十万人吗?突厥能做到的,劫国为什么不能?

但一本西域地名词典[2]给我泼了一盆凉水,词典上说:"《新唐书·吐火罗传》中的劫国,是《魏书》伽比沙、《大唐西域记》迦毕试的略译。"也就是说,这个简称的"劫国"就是汉代的罽宾国。《佛学大词典》则认为迦毕试是汉代的高附国。

河流因为充斥着阻隔,所以产生了一波波让人驻足流连的美丽波澜;人生因为充斥着遗憾,所以留下了一串串令人荡气回肠的奇妙回忆;历史因为充斥着劫难,所以产生了一系列使人掩卷沉思的壮美传奇。

劫国小传:劫,是一个哲学词汇,也是一个佛教词汇,但它作为一个国名就蕴含着太多的玄妙了。不是吗?我们不知道它从哪里来,不知道它何时迁走,也不知道迁徙到哪里去了,只知道它曾经游牧在天山北麓的一道山谷,曾经主动接受西域都护府管辖,其他的一切,都是谜,或者说是劫。

---

[1] 见唐朝杜佑所撰《通典》卷一九三,浙江古籍出版社 2000 年版。
[2] 见钟兴麒《西域地名考录》,国家图书馆出版社 2008 年版。

第四十二章　东且弥与西且弥——请尝尝班勇的大刀

东且弥国，王治天山东兑虚谷，去长安八千二百五十里。户百九十一，口千九百四十八，胜兵五百七十二人。东且弥侯、左右都尉各一人。西南至都治所千五百八十七里。

西且弥国，王治天山东于大谷，去长安八千六百七十里。户三百三十二，口千九百二十六，胜兵七百三十八人。西且弥侯、左右将、左右骑君各一人。西南至都护治所千四百八十七里。

——班固《汉书》卷九十六下

一、班勇的大刀

东且弥国，总人口只有2000，骑兵也不足600，是一个龟缩在天山东兑虚谷（今乌鲁木齐市境内）里的游牧行国。他们和蒲类国一样，出身于乌孙部。

就是这样一个在西域排不上号的中小型国家，居然是天山北麓西片最大的国家：郁立师国1445人，卑陆国1387人，卑陆后国1137人，劫国500人，西且弥国1926人，单桓国194人，乌贪訾离国231人。以上七个国家只有西且弥与东且弥势均力敌，但他们同出一宗，不可能同根相煎。

说起来，邻国之间偶然斗点气是再正常不过的事，就像邻里之间因为丢了一只鸡而发生口角一样。但在大是大非问题上，特别是关系国家生死存亡的战略选择上，就不能意气用事了。西汉时期，东且弥国王们较好地把握了西域局势，与匈奴人划清了界限，坚定地站在汉朝一边，因此受到了汉朝的承认与庇护。可是,到了东汉初年,东且弥王突然迷失了自己,暗地里与车师后王沉潺一气,充当了北匈奴的马前卒。永元九年(97),当车师后王涿鞮悍然发起天山吞并战时,东且弥王也趁火打劫,吃掉了同宗的西且弥国。硝烟散尽,天山北麓西部仅剩下车师后国、卑陆国、东且弥国三强。东且弥已膨胀为拥有5000多国民,2000多骑兵的中型国家。

当西域都护班超派兵前来报复时,车师后王涿鞮掉了脑袋,但东且弥王毫发未损,因为东汉拿不出东且弥王任何的通敌证据,只听到了他对涿鞮义愤填膺的控诉。

对于小人来说,翻脸一定会比翻书快。听说班超返回中原,东且弥王立刻背弃了誓言,又一次与车师后王军就滚在了一起。此后,车师后国与北单于联合发起了攻杀西域长史索班、驱逐车师前王两大战役,东且弥王都暗中派出了骑兵。

东汉尽管君轻兵弱,毕竟不甘心任人宰割。这时,一个人站了出来,他就是班超的三子、新任西域长史班勇。虎父无犬子,班超之所以给儿子取名叫班勇,一定是希望他像自己一样勇冠三军吧!

延光二年(123),班勇率领500名士卒进屯柳中。第二年,鄯善、龟兹、姑墨、温宿相继归附,占据车师前部的匈奴伊蠡王被赶走。第三年,班勇率领东汉精骑与西域联军大破车师后国,生俘并处死了车师后王军就和北匈奴持节使者。

天山北麓最大的威胁消除了,但潜在的隐患尚在,那就是始终躲在暗处,不断趁火打劫的东且弥国。最可恶的地方在于,听说朝廷另封加特奴为车师后王,东且弥王居然派使者跑到柳中,要求班勇嘉奖自己。这位使者恬不知耻地说:"我王与你父亲是同辈,对朝廷始终忠心不二。"

班勇冷笑数声,下令把使者拿下。永建元年(126),班勇并未亲自出征,而是拨出一支军队,由别校率领西征东且弥。临行前,班勇把随身的大刀借给了这位别校。

那是一个寒风瑟瑟的日子,路上看不到一个行人和一只飞鸟,只有自南向北的一支庞大的骑兵,沿着黑色的山间小径悄悄穿行,踏着满地的草絮与碎石铺出的肃杀。

当东汉与西域联军逼近兑虚谷,自称不倒翁的东且弥王正忙着与手下的阿谀奉迎者大吹大擂。东且弥王手下只有2000名士兵，而且仓促应战，哪里是面前这支万人大军的对手。真正的角斗不过半个时辰，喊杀声未落，东且弥骑兵已倒下一片，未死的骑兵则落荒而逃，只剩下东且弥王扛着那颗自作聪明的脑袋，等着班勇的别校前去收割。

《后汉书·班勇传》记载，班勇派别校斩东且弥王，另立亲汉的贵族为新王，车师六国全部归降朝廷。

兑虚谷并非荒凉之地，如果是春日，也有一些秀丽山水所具有的弯弯清溪、青青树木、星星野花、翩翩彩蝶。但战争不会选择季节，假如这场战争不是在那个严冬，而是发生在春意弥漫的时日，那位被砍头的东且弥王，面对这溪、这树、这花、这蝶，也许会平添几分对人世的留恋。

听到来自前线的快报，班勇笑着问："砍下东且弥王脑袋的，是我借给别校的那把大刀吗？"送信的骑兵连连点头。

此后的东且弥国，再也没有从站错了队的阵痛中恢复过来。

野心从哪里开始，快乐就从哪里结束。

二、云深不知处

松下问童子，言师采药去。
只在此山中，云深不知处。

这首名叫《寻隐者不遇》的诗，出自晚唐"苦吟"诗人贾岛之手。以这首脍炙人口的诗，来暗示西且弥国是一个找不到所在的国家，不知是否贴切？

西且弥国到底在哪里？可以顾名思义，说它就是位于东且弥国西部的一个国家吗？更何况，《汉书》已经交代得一清二楚："西且弥国，王治天山东于大谷，去长安8670里，西南至都护所1487里。"

但天山东部有一系列大谷，西且弥国的中心于大谷到底是哪条山谷呢？并且，东距长安8670里，西南至乌垒1487里，岂能画出具体的坐标呢？

因为按照班固给出的数字，只能得出西且弥国在东且弥西部100里左右的模糊结论。试想,我们连东且弥在哪儿都搞不清楚,又如何能搞清西且弥的方位呢?

与傲慢、张扬、跋扈的东且弥比起来,这个与东且弥人数相当、势均力敌的国家,行事低调、谦逊、温和。正因为如此,它才无人问津,倍受冷落,史书上关于她的记载少之又少,除去《汉书》上71个字的超简单介绍之外,其他史书对它都避之不及。似乎,西且弥国如瘟疫一般,谁都不愿意沾一点边。

昌吉州记载:"两汉时期,昌吉曾经是西且弥等国分属地域。"但昌吉市政府网站却说:"昌吉市汉代时为山北六国中的劫国和单桓国、乌贪訾离等地。"

《汉书》新注里有一个说法:"西且弥国,约在今新疆乌鲁木齐市西北雀儿沟一带。"《汉西域图考》也记载:"西且弥在今呼图壁①河至玛纳斯河以南一带。"

遗憾的是,无论是在呼图壁县城南部的雀儿沟镇,还是在呼图壁县文管所,都找不到任何有关西且弥国的信息,县政府网站上也查不到关于西且弥国的任何文字。

在玛纳斯②县,同样无人知道什么西且弥国。

三、公主的脚印

难道,西且弥国就没有留下任何的历史脚印吗?

幸运的是,班固告诉我们:"汉家公主曾经从这里走过。"

元封六年(前105),16岁的细君公主依照汉武帝的诏令远嫁乌孙。那是一个春光摇曳的日子,身为孤儿的她连同一支数百人的送亲队伍,诀别了巍峨富丽的长安,沿丝路古道徐徐西去。

对于她出嫁前的身世和嫁人后的遭遇,本书已在乌孙一节详尽叙述过,在这里,有价值的是她的西行路线。

---

① 蒙古语,意为"吉祥如意的地方"。
② 蒙古语,意为"巡逻者",因古代玛纳斯河沿岸有巡逻的士兵而得名。

大漠连天一片沙,苍茫何处觅人家。
　　地无寸草泉源竭,隔断邻封路太赊。

　　这是一条距离长安8900里的漫漫长路,她和随从们整整走了一年。有人认为,细君一行经河西走廊、敦煌、玉门关、楼兰、尉犁、乌垒、轮台,然后北上来到天山北麓的东且弥、西且弥,最后翻越天山山脉的博罗科努山进入了伊犁河流域的乌孙领地。对此,有两点疑问:一是此时的西域尚且属于匈奴汗国的势力范围,丝绸之路尚未开通,中心设在乌垒的西域都护府45年后方才设立,送亲的队伍怎么可能选择这条时刻都会遭遇匈奴人的道路呢?二是从轮台北上东、西且弥,需要反方向翻越峻拔的天山,他们为什么舍近求远,舍易求难,不从尉犁北上焉耆,经开都河西去,直接进入伊犁河流域呢?当然,那时的开都河流域还没有道路。

　　据推测,细君公主一行的行动路线是古老的草原丝路,这条路出玉门关向西北,经蒲类国(今巴里坤)、蒲类后国(巴里坤湖以西)、郁立师国(今吉木萨尔县)、卑陆国(今阜康市东部)、卑陆后国(今阜康市中部)、劫国(今阜康市西部、昌吉市北部)、东且弥、西且弥、今沙湾县、今奎屯市、今乌苏市,然后向南翻越天山山脉的博罗科努山,进入乌孙的中心区域——伊犁河。

　　古老而温和的西且弥国,肯定留下了细君那茉莉花般的幽香和枫叶般美丽的脚印。与乌孙人同宗的西且弥王,或许还在于大谷的大帐里盛情款待了汉家公主一行。

　　但可惜的是,当时的西且弥缺少工匠,没有像吐蕃人一样将公主的脚印刻入石头。

四、血统的力量

　　那么,东、西且弥国是何时从历史上彻底消失的呢?
　　史载,西且弥在消失了整整一个朝代后,居然在三国时期神奇地复国了。一起还魂的,还有邻近的单桓和乌贪訾离。

他们的下一次灾难,就与中原王朝无关了。

在整个两汉时期,车师一直是中原王朝与匈奴汗国激烈争夺的目标。多数时候,车师前部是汉朝的势力范围,而以车师后部为盟主的天山北麓各国,由于距离匈奴较近,所以更多地倾向于匈奴。

在划天山而治后,匈奴必然会想方设法壮大自己的力量。所以,北匈奴在三国时期怂恿车师后部兼并周边小国也就在所难免。有关史料记载,三国时期,趁中原王朝无暇西顾,西域诸国开始了空前惨烈的大兼并,三十三个国家最终只剩下"西域八强"。东部天山北麓的东且弥、西且弥、毕陆、单桓、乌贪訾离、蒲类等国被车师后部全部吞下,这些落难的国王或者战死,或者在战后被杀,理由是"以绝后患"。

但是,从某种意义上来讲,西域和中东有些相似,人们所追求的不是国家的大一统,而是类似于老子所谓的"小国寡民",所以,除非外在力量左右,这些国家一般是不太情愿相互吞并的。那么,到底还有什么原因促使西域各国在短时间内相互兼并呢?

经过查阅气象史料得知,魏晋南北朝时期发生了一次全球性的气候变异,引起了世界性的民族大迁徙。新疆的气候也发生了重大变化,具体表现为沙化进程的加速,河流的迅速退缩,孔雀河改道,罗布泊萎缩,楼兰、精绝、拘弥等国被流沙湮埋,中亚人种纷纷东迁塔里木绿洲,吐谷浑人西进鄯善、且末;北印度释迦族进入于阗;费尔干纳盆地的大宛人入主龟兹;焉耆的主体居民变为塞种;柔然、铁勒、突厥人相继进入天山北麓,新疆的人种变得更为复杂了。

我们据此认为,东、西且弥之所以在如此短的时间内被车师后部所兼并,其中一个原因就是他们半定居的土地被沙漠化后被迫迁徙,在迁徙的过程中被车师后部所同化了吧。

此后,东、西且弥再也没有复国。因为国王和大臣们都死了,剩下的都是一介平民,而且这些平民说:"谁能保证我们的安全,就听谁的话吧。"还有一个不容忽视的原因,那就是统治他们的车师后国是一个塞人、月氏、乌孙混血国家,起码有三分之一的乌孙血统,与自己种族同源,语言相通,风俗类似。

这就是血统与文化的力量,其他大国的吞并史莫不如此。

五、达坂城的姑娘

作为东且弥国辖区的达坂城,被认为是一个类似泸沽湖一样艳遇丛生的地方。

> 达坂城的石路硬又平啊,
> 西瓜大又甜呀,
> 那里来的姑娘辫子长啊,
> 两个眼睛真漂亮。
> 你要想嫁人,
> 不要嫁给别人,
> 一定要你嫁给我,
> 带着百万钱财,
> 领着你的妹妹,
> 赶着那马车来……

这首脍炙人口的新疆民歌,出自西部歌王王洛宾之手。据王洛宾生前回忆,民国二十七年(1938),兰州的一个月夜,为了慰劳运送苏联抗战物资的新疆车队,王洛宾所在的"西北抗战剧团"举行联欢会。也许受到了联欢会热烈气氛的感染,一位戴着小花帽、留着小胡子的维吾尔族司机一个箭步跳到舞台上,用维吾尔语演唱了一首新疆民歌。尽管王洛宾听不懂歌词,但还是被旋律优美的歌曲深深打动了。演出结束后,他带着好酒,迫不及待地赶到车队临时住所,找到了那位司机,记下了这支歌的准确旋律和"达坂城、丫头、辫子、娶她做老婆"等互不关联的几句歌词,然后凭借着对新疆的想象,连夜对这首民歌作了精心改编。就在第三天新疆车队离开的时候,抗战剧团演员演唱了这首由王洛宾改编的歌曲,清新的曲调与幽默的歌词震惊了全场。立刻,这首冠名《马车夫的幻想》的民歌不胫而走,像一阵春风吹遍了兰州的大街小巷。最终,这首简短、流畅、风趣的民歌被定名为《达坂城的姑娘》。

这是年方25岁、先后就读于北京师范大学艺术系和中央音乐学院音乐系的王洛宾成功改编的第一首新疆民歌。毫不夸张地说,王洛宾凭借想象写出的这首歌,是一首天授的作品。不是王洛宾写出了它,而是它选择了王洛宾。这样的作品,与年代无关,与伦理无关,与风俗无关,它是一株永不凋谢的理想与爱情之花。

这次意外的收获,让王洛宾叩开了民歌天国的门扉。从此,他与新疆民歌结下了不解之缘,把自己的艺术之花嫁接在了歌舞之乡——西域这棵常青树上,在大西北整整生活了58年,他此后改编的《青春舞曲》《曼丽》《在那遥远的地方》《半个月亮爬上来》《玛依拉》《在银色的月光下》《阿拉木汗》《掀起你的盖头来》《可爱的一朵玫瑰花》《康定情歌》《亚克西》《草原上的金太阳》《萨拉姆毛主席》,每一首都堪称经典,每一首都唱红了中国。

歌曲中的达坂城,位于乌鲁木齐市东南86千米,是一个石头被风刮得又圆又大的大风口。200多年前,大清将部分陕甘回民强制迁移到此地屯田,一个具有浓郁民族风情的移民村镇出现在这个连接南北疆的隘口上。

同治九年(1870)底,浩罕国贵族阿古柏相继占领了吐鲁番和乌鲁木齐,并在达坂城、吐鲁番、托克逊三座城池部署重兵,与奉命挺进新疆的清军相抗衡。驻扎在达坂城的阿古柏军队中,一名来自吐鲁番的维吾尔族壮丁与当地的美貌少女阿拉木罕相爱了。不久,阿古柏军在达坂城被清军击败,残余部队仓皇退向吐鲁番,这对相爱的人儿只能生离死别。于是,痛苦无助的青年用歌声唱出了自己的无尽哀怨:

>我看啊看啊,
>却再也看不见她,
>达坂城也渐渐远去,
>我真是一个不幸的人啊,
>就这样永远离开了阿拉木罕……
>
>我的梨儿撒落在地,
>你愿不愿意为我拾起?
>想要吻你我却不够高,
>你可愿为我弯下腰……

这首流淌着哀婉与遗憾的吐鲁番民歌,就是《达坂城的姑娘》的前身。

100年前,德国探险家冯·勒柯克来到距离达坂城不远的高昌古城"考察"。在那里,德国佬用被当地人称为"魔匣"的录音机收录了多首新疆民歌。房东家的女儿珠丽可罕也录下了三首歌曲,其中一首就是表达那位阿古柏士兵对达坂城姑娘无限仰慕与伤怀的情歌。昔日美丽的珠丽可罕已成故人,但那些原汁原味的民歌的录音至今保存在柏林心理学院,那应该是关于达坂城最早的诗意,也应该是最持久的诗意。

于是,到达坂城看长辫子姑娘,成为诸多旅游者的一大心愿。

东且弥与西且弥国小传:一对兄弟国,乌孙的分支,人数相当,习性趋同,西汉时期一直奉行依靠乌孙、附汉抗匈的战略,因此受到了西域都护府的认可与庇护。但东汉初年,其中的老大——东且弥患上了"失心疯",频频对北匈奴和车师后国暗送秋波,并且毫不讲理地吃掉了小兄弟西且弥。老大的所作所为,自然惹恼了贵为"家长"的班勇。班勇派助手带上自己的大刀,顺利结果了东且弥王。不知为什么,西且弥居然在三国时期神奇地复国了。但没多久,这对生性散漫的兄弟,一起被车师后国征服。此后,历史再也没给他们三度还魂的机会。

第四十三章 单桓(Dānhuán)——西域最小的国家

> 单桓国,王治单桓城,去长安八千八百七十里。户二十七,口百九十四,胜兵四十五人。辅国侯、将、左右都尉、译长各一人。
>
> ——班固《汉书》卷九十六下

一、遇到霍去病

元狩二年(前121)夏,年方19岁的霍去病被汉武帝刘彻授命领兵出征匈奴。

早在两年前,17岁的霍去病就主动请缨,亲率800轻骑,深入大漠数百里,歼敌2000余人,斩杀了单于的祖父,俘虏了单于的叔父,因功冠全军,被刘彻封为冠军侯。而在刚刚过去的春天里,被任命为骠骑将军的他,率领1万精骑从陇西郡(今甘肃西部)出击匈奴,越过焉支山千余里,歼敌8960人,并且得到了匈奴休屠王祭天的金人,给了匈奴沉痛的打击。也就是说,此时的霍去病,已战功赫赫、名震朝野,成为与卫青并称的大汉"战神"。

一心灭亡匈奴的刘彻,当然不想让手中的这张王牌闲着,更不想给匈奴单于留任何喘息之机。霍去病征尘未洗,刘彻就迫不及待地发出了再次出击的命令。

接到命令后,身为统帅的霍去病在合骑侯公孙敖的辅助下,率数万骑兵从北地郡(今甘肃北部)再次出击匈奴,兵分三路发起了河西收复战。

令人哭笑不得的是,身经百战的公孙敖居然在大漠中迷了路,没有起到应有的策应作用。老将李广所部则被匈奴左贤王包围。而分兵之后的霍去病,依旧采取他最为擅长的闪电战、大迂回、大穿插策略,先由今宁夏灵武渡过黄河,向北越过贺兰山,穿过浩瀚的腾格里沙漠和巴丹吉林沙漠,绕道居延海,转而由北向南,沿弱水而进,经小月氏(今甘肃酒泉一带),再由西北转向东南,深入匈奴境内2000余里,在祁连山与合黎山之间的弱水上游地区,从浑邪王、休屠王军队侧背发起猛攻。经过迅猛、剧烈、血腥的突击战,汉军以损失3000人的代价,歼敌3万余人,收降匈奴单于所封的单桓王、酋涂王及相国、都尉等2500人,此外还俘虏五王及五王母、单于阏氏、王子59人,相国、将军、当户、都尉63人,匈奴大军被歼近三分之一。

这就是匈奴人永恒的耻辱——河西战役,也是西汉时期西域城郭小国单桓在河西历史的荒滩上留下的唯一脚印。

战后,匈奴浑邪王宣布投降汉朝,河西走廊被汉朝控制,这才有了匈奴妇女的那首哀怨的悲歌:"亡我祁连山,使我牲畜不蕃息;失我焉支山,使我嫁妇无颜色;夺我金神人,使我不得祭于天。"

被俘的单桓王如何处置,史书上没有交代。

二、袖珍小城

自从遭到霍去病的横扫,匈奴单桓部再也没在河西地区出现过,反而是西域四十八国中出现了一个单桓国。这个西域小国的位置,李广廷的《汉西域图考》认为在今乌鲁木齐市辖区,陶葆廉的《辛卯侍行记》则说可能在今昌吉市。而我根据《汉书》推测,它应该在呼图壁河下游、昌吉市小东沟河下游或五家渠市以北地区。不论怎么说,这是一个距离河西数千里的国家。

那么,河西的单桓部与西域的单桓国,到底有没有关系呢?对此,史学家们已经争论了很久。在没有新的考古学成果出现前,王宗维先生的推论更有道理①。他认为,这可能是一个部落在不同时期所建的政权。

---

① 见王宗维《丝绸之路的咽喉——河西路》,昆仑出版社2001年版。

《汉书》所记载的单桓国,虽然有王、侯、将、都尉等官职,但实际上只是一个很小很小的部落。这个部落原来居住在酋涂王(酒泉盆地)附近,大体位置是张掖、酒泉之间。在霍去病将他们击败后,单桓余部一二十帐牧民仓皇西迁,经过数十年的辗转跋涉,最后在新疆北部的阜康市、昌吉市、呼图壁县一带停下了疲惫的脚步。鉴于天山附近的山谷已被其他先到的游牧部落所占据,他们只得在邻近准噶尔盆地的空旷绿洲上扎下了帐篷。

问题是,这里无山可依,野旷风高,沙粒飞扬,帐篷刚刚扎下,就被狂风掀翻了。万般无奈之下,这个习惯于游牧的部落只能像农耕民族一样修筑自己的城堡。好在,他们人数不多,不必费力修造楼兰那样的大城。

经过蚂蚁搬家、燕子筑巢般的辛勤劳作,天山北麓的第一座城池——单桓城赫然出现在准噶尔盆地边缘,像旷野里一把立起来的锥子。那里住着一个年轻的国王和他的193个臣民,但这已是单桓国民的全部。在这个像小炮楼一样的城堡里,大家天天碰面,互相能叫得出名字,就连每家的猎狗都成了朋友。据统计,这是西域四十八国中人数最少的一个国家,也可能是古往今来世界上最小的国家。

可能有的读者会问,他们拥有了城市,就从此由牧民变成农民甚至市民了吗?很遗憾,单桓人没有借此改变自己的生活习惯,阔步走向农耕文明、商业文明或城市文明,他们仍旧是日出开城到野外放牧,日暮入城回家里睡觉,只有极个别的聪明人做起了买卖,或者为东来西往的商旅提供食宿挣点零花钱。如同今日中国"新农村建设"运动中的乡下农民,人住进了高楼洋房,心却记挂着鸡鸭鹅狗。

据说,这样一个随时有可能被吃掉的袖珍小国,其国王的治国方略是"无为而治"。不过,他所谓的"无为而治"并不是中原王朝的与民生息,而是什么也懒得做。

三、懒死的国家

西方童话里有一个《三个懒人》的故事:从前有一个国王,他有三个儿子。对于这三个儿子呀,他真的没有一点儿偏心。所以,他不知道在自己百年之后该让哪一个儿子继承王位。

在他临死的时候,他把三个儿子叫到床前,说:"亲爱的孩子啊,我有一个最后的决定:你们当中哪一个最懒,我就把王位传给他。"

"父亲,"老大说,"这样说来,国家是我的了,因为我懒得很,我如果躺着想睡觉,恰巧一滴水掉进我的眼里,那么我干脆不闭眼睛,睁着眼睛就睡。"

"父亲,"老二接着说,"王位应该属于我,因为我更懒,如果我在火边取暖,而我的脚跟烧着了,我也懒得把腿缩回来。"

"父亲,"小三最后说,"国家当然是我的了,因为我比他们都要懒,我如果站在了绞刑架上,绳索套上了我的脖子,而这时有人递过一把锋利的刀子,允许我割断绳索,我却宁可让自己被活活绞死,也懒得举手割断那根绳索。"

小三如愿继承了王位。

如同童话故事中描述的一样,在东汉时期,单桓曾被东部的车师后部灭亡过一次,好不容易在三国初年复国了,但单桓执政的却是这位最懒的老三,他丢了东西不找,倒了油瓶子不扶,老婆出了轨不管,城墙坏了不维修,城防形同虚设,什么也不肯做,只是安闲地享受挡不住的阳光与剩下来的财富,直到眼睁睁地被车师后国吞并。

按说,休闲是一种生活方式,本身并没有错。苏格拉底曾说,闲暇乃文明之母。梭罗在少年时代就发誓,他要将《圣经》中关于一周工作六天休息一天的教义,改为工作一天休息六天。他在瓦尔登湖畔实践了这种生活方式:仅仅花了28美元就建起了栖身的小木屋,花27美分就足以维持一周的生活,只需工作六周就可以维持一年的简朴生活,一年中他可以有46周做自己喜欢的事情。梭罗最重要的贡献是对"国家机器"的批判,他以《论公民的不服从权利》提醒人们警惕国家主义的扩张。

问题在于,人类历史是从"动手斗争"(刀枪)的暴力社会发展为"动口斗争"(选票)的文明社会的过程。梭罗生活在文明社会,没有被杀戮、被驱赶甚至因为隐居而被追究的后顾之忧。而我们本节所说的单桓处在典型的暴力社会,那可是一个以拳头论高低、用刀剑定命运的时代,你枕戈待旦、卧薪尝胆尚且难以自保,懒与闲的结果就只能是自取其辱甚至丢掉小命了。

可是这个可笑而又可气的单桓国究竟在哪儿?据推测,也许单桓城遗址就埋藏在准噶尔盆地南缘众多的唐代城堡遗址下面吧？这一区域内的古城遗址共有三处——昌吉古城、乌鲁木齐乌拉泊古城和米泉下沙河古城，但这三个遗址都过于靠近河流上游，与那个紧靠着乌贪訾离的单桓似乎相距甚远。

或许，它已被古尔班通古特沙漠所湮埋，成为西域的又一座沙埋古城？

单桓国小传：匈奴之子，汉初游牧在河西走廊。部落酋长——单桓王被霍去病俘虏后，余部西迁到今准噶尔盆地南缘的一片空旷绿洲上，创造性地修筑了天山北麓第一座城池——单桓城。但从游牧到定居的转变，使他们走上农耕文明和商业文明道路的同时，也使他们从此失去了原始匈奴人应有的野心与血性。最要命的是，他们一直长不高，属侏儒症患者，麻木懈怠，得过且过，是西域四十八国中人数最少的国家。因此，当三国时期车师后国大军滚滚西来时，它就迅速灭亡了，形同被一辆坦克碾过的一根朽木。这个故事告诉我们，东西且弥的灭失是因为没有改变游牧的习性，而拥有城堡的游牧民族如果不思进取，同样难逃一死。

第四十四章　乌贪訾(zī)离国——玛纳斯河畔的匈奴

> 乌贪訾离国，王治于娄谷，去长安万三百三十里。户四十一，口二百三十一，胜兵五十七人。辅国侯、左右都尉各一人。东与单桓、南与且弥、西与乌孙接。
>
> ——班固《汉书》卷九十六下

一、乌鲁木齐的前世？

> 将军出紫塞，冒顿在乌贪。
> 笳喧雁门北，阵翼龙城南。
> 雕弓夜宛转，铁骑晓参驔(diàn)。
> 应须驻白日，为待战方酣。

这首名叫《战城南》的边塞诗，出自"初唐四杰"之一卢照邻之手。此时的他，在官场上还算顺利，因此诗中张扬着征服边寇的蓬勃朝气。不幸的是，他在回到洛阳后蒙冤入狱，被友人营救出狱后又染上风疾。尽管得到了"药王"孙思邈的悉心照料，但再著名的医生也有走麦城的时候，就是因为吃了孙思邈的一服丹药，诗人的病情一天重于一天，双脚残废了，握笔的手也完全麻木，平时只能爬行。随后，他在山脚下买了几十亩地，让人挖了一个坟墓，没事就仰卧在墓穴之中等待死去，任草叶落满全身。就在孙思邈去世那年(682)，形同骷髅的卢照邻与亲人慨然告别，投颍水自尽。他与此前的屈原、此后的海子一样，在滚滚波涛中找到了诗人的归宿。

这首边塞诗中的"乌贪",指代匈奴所在的异域,并非特指我们将要讲述的乌贪訾离国。

乌贪訾离,是一个出现在汉代西域的相当古怪的名字,没人知道它代表的确切意义。而乌鲁木齐的出现,是乾隆二十年(1755)的事。清平定准噶尔叛乱后,将筑垒屯兵的今乌鲁木齐九家湾一带定名为"乌鲁木齐"。就在清代,有人推断乌鲁木齐的名称来源于乌贪訾离,一是因为两者发音相近,二是因为乌鲁木齐在蒙古语里的意思是"优美的牧场",而乌贪訾离则盛产宝马,宝马当然离不开优美的牧场。

如果此说属实,那么乌贪訾离就是今新疆首府乌鲁木齐的前世,这无疑是这个可怜的游牧小部落的无上荣光。

可以肯定的是,这个名称古怪的小国,源于中国最早的游牧巨人——匈奴。

二、亡秦之胡

始皇帝三十二年(前215),嬴政再次派方士卢生入海寻求仙人指点未来并寻找长生不老药,总是无功而返的方士这次带回了一本《录图书》,这是一本谶书——预测未来的书,书上记录着一个惊天的秘密:"亡秦者胡也!"

方士所说的"胡"①,是一种侮辱性的称呼,这里专指诞生于今内蒙古河套及大青山一带的匈奴。匈奴,是一个典型的游牧部落,一直踏着季节的鼓点追逐着肥嫩的水草而迁徙。这种来回游荡的日子,造就了他们全民皆兵和擅长游击的典型特征。令人恐怖的是,匈奴军团从不将战利品收归国库。一场战争下来,不仅战俘成为参战者的奴隶,劫掠的财物也归参战者所有,这就为匈奴骑士投入战争提供了充足的燃料和持续的动力。于是,匈奴人以嗜杀和痛饮为人生之乐,马背上的生活就剩下简简单单的三件事:扬鞭放牧,弯弓狩猎,挥刀杀戮。

---

① 胡,体毛较长,引申为不守规矩。如胡乱,胡闹,胡搅,胡诌,胡思乱想,胡说八道。

由于匈奴长期生活在400毫米年等降水量线①以北,也就是非季风区中,那里属温带大陆性气候,干燥多风,只能放牧。一旦遇到气候干旱、牧草枯萎的年份,他们便会越过这条等降水量线,进入农民所在的季风区抢劫粮食与财物。零星的袭击渐渐扩大为战争,防守者则企图报复,有时也全面出击以图先发制人。这一根本原因导致塞外的牧人与中原的农民沿边塞开始了连亘2000年的血腥战争。渐渐地,中原已经对匈奴的骚扰忍无可忍,因而在秦时期给匈奴起了一个含有深刻贬义的名字——胡。而且,其他边疆民族也跟着遭殃,居住在匈奴东部的乌桓、鲜卑先祖被称为"东胡",居住在匈奴以西的西域民族被称为"西胡","胡人"成了汉人对西部和北部游牧民族的泛称。

在秦实施统一六国决战的公元前221年,匈奴马队又像被风吹皱的一条线一样惊现在边塞。他们在第一个有记载的匈奴单于——头曼率领下,乘机攻占了原属赵国的河套以南地区。中原未平,哪顾得上外寇?在无奈和叹息中,嬴政的噩梦一直持续了六年。六年,对于这位血性十足的年轻皇帝来说是难以忍受的。因而,当他看到《录图书》上的那句"亡秦者胡也"的谶语时(后来此谶歪打正着地应验于秦二世胡亥),立时把此"胡"与边关最大的威胁匈奴联系在了一起。于是,这句搪塞责任的话引发了秦朝针对匈奴的一系列疯狂行动。

始皇帝三十二年(前215),蒙恬率30万铁甲将士,如飓风一样扑向匈奴的帐篷和马群,将黄河以北的高阙、阳山踏在脚下。天高野旷的边塞,黑压压的苍鹰在低空盘旋,因为那里散落着一片片在血迹中喘息的胡马和身首异处的胡人。之后,为了堵死胡人卷土重来的途径——北方诸侯国之间的长城缺口,刚经历过七国纷争的秦王朝,竟然不惜血本征用79万军民,从始皇帝三十三年(前214)开始,在崇山峻岭之上将秦、赵、燕的古长城连接起来,筑起了一条西起临洮(今甘肃岷县),东至辽东(今朝鲜平壤西北海滨)的万里长城。

此后的长城,便成为中原王朝与匈奴汗国争夺的焦点。双方你来我往,互有胜负。真正的转折出现在五凤元年(前57),匈奴因为单于继承人问题引发了内讧,一度出现了五个单于争立的乱象。经过一轮又一轮

---

① 中国地理课本的说法,史学家黄仁宇则认为"15英寸等雨线与长城走向基本一致"。

火并,最终剩下南北对峙的两个单于。南单于呼韩邪于甘露三年(前51)率领全部属下与牲畜向汉朝投降称臣。听到消息,担心受到汉与南匈奴联合进攻的北单于郅支向西部逃窜。

之后,汉匈之间发生了两件足以改写历史的大事。一是西逃的北单于郅支杀掉了汉使,汉西域都护甘延寿和副校尉陈汤于建昭三年(前36)以皇帝的名义秘密调发西域各国军队,连同屯垦军共4万余人,兵分两路远征,最终将郅支单于的头颅快马传送到3300千米外的长安。二是北归单于庭的南单于呼韩邪,于竟宁元年(前33)提出了愿为汉家之婿的请求,昭君出塞的故事拉开序幕,汉匈之间长达半个世纪的和平炊烟被点燃。

汉元帝当政时期(前48—前33),匈奴东蒲类王兹力支顺应大势,率领部下1700余人向西域都护投降。西域都护将车师后王西部的一块土地划出来,将这伙匈奴人安置在玛纳斯河以东、塔西河以西的玛纳斯平原上。这里南倚天山,北临古尔班通古特沙漠,是一方被天山雪水所造就的冲积扇平原。

这个湿地连绵、静水如碧、牧草丰腴的地方,被称为乌贪訾离。这伙匈奴人建立的政权,被称为乌贪訾离国。

三、人数何以锐减

问题是,最初投降西域都护的这支匈奴人有1700多人,为什么《汉书》中记载的乌贪訾离国人却仅有231人呢?这期间到底发生了什么?是分裂,还是战争?

历史不能妄加推测。我们只知道,西汉时期的乌贪訾离国,西靠乌孙,南接且弥,东邻单桓,处在古丝绸之路北道上。依靠西域都护的庇护,近结乌孙,远交车师后王,并且被迫时时用名马与美女与东且弥国周旋,顽强地维系着这个弱小的政治生命。

试想,一个不断送出美女和骏马的部落,有可能人畜兴旺吗?况且,匈奴有着桀骜不驯的天性,每年与邻国发生一两次摩擦,是再正常不过的事。如此一来,人口从1700人下降到231人,根本用不了多少年月。

永元九年(97),暗中背叛东汉的车师后王涿鞮,在北匈奴的支持下,发起了天山吞并战,先后灭掉了郁立师、单桓、孤胡,与匈奴同宗的乌贪訾离也没有躲过这次劫难。

班超发火并发兵收复天山北麓后,乌贪訾离国曾与单桓一起复国。勉强维持到三国时期,车师后王再次发兵西进,乌贪訾离国与单桓一起二度沦陷。从此,乌贪訾离国再也没有醒来。

在玛纳斯县黑梁湾,考古工作者发现了一处战国时期的古墓,出土了一具无头男尸骨骸和一个夫妻合葬墓,陪葬品有单耳黑陶杯、骨制脚链、铜镜和金箔人像等,看来这是一个塞人墓地,与出身匈奴的乌贪訾离国毫无关系。

玛纳斯县的第二处古迹,是城东16千米的塔西河古堡遗址,遗址占地2000平方米,现仅存一座6米高的烽燧,相传为唐时期所建,而此时的乌贪訾离国已经消失。

位于玛纳斯县城东北2000米的破城子遗址,同样是唐代之后的建筑,与乌贪訾离国也风马牛不相及。

乌贪訾离国的身世,恰如一场远古的梦境。

玛纳斯河水流潺潺,一直流进面积约550平方千米的玛纳斯湖(又称艾兰湖)。这个形状像一只鞋般的美丽湖泊,难道是乌贪訾离国的一个脚印?

乌贪訾离国小传:这是个有些拗口的名字,似乎与乌鲁木齐的名字有关。它出身于匈奴,本来游牧在巴里坤湖以东。汉元帝时期,南匈奴归附了汉。这个匈奴分支也在东蒲类王带领下向西域都护投降,然后被安置在牧草如毡、静水如碧的玛纳斯平原上。东汉初年,作为北匈奴马前卒的车师后王,突然发起了天山吞并战,身前的匈奴小兄弟——单桓倒下了,乌贪訾离国也未能幸免。好在,班超及时出现在天山北麓,为他们报了一箭之仇,乌贪訾离国与单桓一起复国。三国时期,中原王朝无力西顾,车师后国又一次抡起屠刀,砍向了可怜的乌贪訾离。直到如今,我们仿佛仍能听到玛纳斯草原上发自远古的凄厉悲鸣。

第四十五章 乌孙——迎风怒放的天山雪莲

> 乌孙在大宛东北可二千里,行国,随畜,与匈奴同俗。控弦者数万,敢战。故服匈奴,及盛,取其羁属,不肯往朝会焉。
> ——司马迁《史记》卷一百二十三

一、乌孙是谁?

元狩四年(前119),37岁的汉武帝刘彻发起了规模空前的"漠北战役",卫青、霍去病率大军向匈奴大本营发起了疾风骤雨的攻击,其中卫青一路直达今蒙古杭爱山脉,霍去病的兵锋甚至延伸到今贝加尔湖,给了匈奴帝国以致命打击,河西与漠南再也见不到匈奴骑兵的身影。

劲敌远遁,心愿已了。一连几天,刘彻都在忙着封赏战役中的有功将士和臣僚,长安城未央宫里充溢着大胜后的骄傲与惬意。这天,初冬的太阳移到中天,繁杂的政务已经处理完毕,刘彻也感到肚子咕咕叫了。突然,当值太监传报:"张骞求见——"

"张骞?!他不是废为平民了吗?"要在往常,刘彻肯定不会见他,因为他第一次出使西域尽管没有完成与大月氏结盟的任务,刘彻还是给了他太中大夫的职位,并在四年前将他封为博望侯。可惜,这位外交家不知珍惜,在两年前与飞将军李广出击匈奴时,因为迷了路没有率主力如期赶到目的地,致使李广的前锋部队陷入了敌人的重围,战后被夺了爵位,一直赋闲在家。按说,削职为民的人是没有资格面见皇帝的,但今天刘彻心情不错,于是问:"他为何要面见朕?"

"他说有一条妙计,能对付逃亡西域的匈奴。"

刘彻点了点头,他倒要听听原博望侯有什么高招。

张骞进殿后,直截了当地说:"陛下,卫青与霍去病大败匈奴,迫使匈奴逃亡西域与漠北,的确可喜可贺。但如不乘胜进击,就会给对方以喘息之机。所以,罪臣建议,应该抓紧派出使团出使乌孙,与乌孙联手砍断匈奴的'右臂'!"

"乌孙?"当张骞提到这个西域国家时,刘彻不免一怔。似乎,张骞出使西域归来时,曾经提到过这个字眼,但七年过去了,这个字眼在他的脑海里早已洗白。

"乌孙是谁?你怎么会认定乌孙会与我朝结盟?"刘彻急切地问。于是,张骞只得耐住性子,给圣上讲述这个远方的国家。

从战国到汉初,河西走廊及其周边生活着三个游牧部落,"本为塞种"的乌孙[①]游牧在瓜州一带的绿洲上,讲吐火罗语的月氏几乎占据着整个河西走廊,而匈奴已经将触角向西伸展到了今腾格里沙漠。其中最强盛与凶悍的,是月氏。

国与国的邻里关系,是世上最难处的关系之一。渐渐地,月氏与乌孙这对相貌近似的邻居由口角发展为械斗进而演化为战争。月氏攻杀了乌孙部落首领难兜靡,乌孙民众被迫逃亡匈奴。在逃难途中降生的难兜靡之子猎骄靡,也被匈奴单于王庭收养起来。

在猎骄靡健康成长的日子里,月氏同样经历了两次噩梦般的战争。汉文帝前元四年(前176),匈奴右贤王奉单于之命,发大军击败了西部的月氏。前元六年(前174)或稍后,老上单于发兵攻入月氏,杀死了月氏王。在焉耆、龟兹落脚的大月氏人只能继续向西部天山逃亡。在那里,恰如亡命徒一般的大月氏人杀败了当地的塞人,占据了美丽富饶的伊犁河、楚河流域,迫使无数的塞人部落仓皇南迁。

汉文帝后元三年至四年(前161—前160),已经被乌孙人推举而为昆莫的猎骄靡,请求老上单于允许他西攻大月氏,以报杀父之仇。老上单于也想假借昆莫之手消耗大月氏,于是痛快地答应了他,并派出部分精兵助战。

---

① 张守节《史记正义》指出:"乌孙,本塞种。"但经人类学家鉴定属古欧洲人种北欧类型。

昆莫与匈奴联军从天山北麓率部杀入伊犁河流域,砍掉了大月氏王的头颅。战斗的进程异常惨烈,大月氏付出的代价更为惨痛,流传至今的一首月氏民歌仍氤氲着血的味道:

孩子,你要是渴了,莫饮河水。
河水里,敌人下了毒;
你就喝敌人的血吧!
孩子,宁死,也莫屈服,
死了,不要让我看到你睡在棺材里,
你的尸首一定要躺在盾牌上被抬了回来。①

战后,惨败的大月氏被迫翻越天山,进入妫水(今阿姆河)以北。昆莫收服了未及撤走的塞种人和大月氏人,使域内居民达到了数万户,军队也达到了5万以上。

昆莫大仇得报,又有了新的基地,一时心满意足,便数次告诫子嗣贵胄:"非匈奴无以复国,须秉持感恩之心。"他不仅对老上单于尊崇有加,而且对前来敲诈的匈奴贵族也一味忍耐。考虑到昆莫一直恭顺有加,老上单于也从来没有难为他。

但随后继任的老上单于之子——军臣单于就不客气了。一天,军臣的一个命令像一顿重拳猛击到昆莫心上。原来,军臣单于设置了二王分治河西,一为休屠王,一为浑邪王。据语言学家考证,休屠是月氏的转音,休屠王就是月氏王;而浑邪是昆莫的转音,浑邪王就是昆莫王。单于明知先前的大月氏之地已为乌孙占据,却任命自己的部下以月氏、乌孙两族王者自居,无疑是对昆莫独立地位的挑战和人格的侮辱。

一气之下,昆莫不再按期朝会匈奴。军臣单于不甘心昔日的臣属与自己平起平坐,便兴兵讨伐。

胜利属于敢于牺牲的一方。尽管来犯者气势汹汹,但防守者众志成城,双方各有死伤,来犯者并未占到什么便宜。经此一战,匈奴认为昆莫有神相助,从此打消了与乌孙为敌的念头。

不久,一座精美、坚固的城池——赤谷城(今吉尔吉斯伊什提克一

---

① 见陈澄之著《伊犁烟云录》,中华建国出版社1948年版。

带)在伊塞克湖东南部拔地而起,昆莫宣布恢复失国数十年的乌孙。这个新政权东接匈奴,南靠焉耆、龟兹、姑墨、温宿、尉头,西和西北与大宛、康居为邻,统治区纵横5000里。

张骞最后说,这是一个与匈奴有仇的国家,也是一个有战斗力的国家,我愿意再次出使西域,说服乌孙与我朝结盟,也算是戴罪立功吧。望着一脸诚恳的张骞,刘彻挥了挥手,表示你可以退朝了,"容朕想想!"

二、张骞二使西域

次日,刘彻下诏,任命45岁的张骞为中郎将,率领300人的使团,携带数车金币丝帛与万头牛羊二使西域。因为占据河西的匈奴浑邪王投降,汉已与西域接壤,所以使团顺利到达了乌孙。

昆莫在第一时间接见了张骞。如同外交辞令中常说的那样,宾主进行了热情友好的谈话。张骞建议双方联合夹击匈奴,许诺在战后允许乌孙回祁连山旧地居住。但乌孙距匈奴近,大臣皆畏惧匈奴;距汉朝远,不知汉之大小,因而不敢下决心与汉朝结盟,更不愿盲目东归。据理力争已没有任何意义,张骞再一次在宿命面前败下阵来。

令张骞稍感安慰的是,昆莫派人送张骞的副使分别访问了大宛、康居、大月氏、大夏、安息、条支、奄蔡、身毒等国。这位副使到达安息帝国时,正值数万安息军队在东北边境集结,准备与邻国接战。当时闹出的笑话是,张骞的副使还以为是安息王特意派大军迎接他们。当副使返回时,自认强大的安息王也派出使节来到汉朝,以便证实汉朝是否像副使介绍的那样广袤而富饶,还将鸵鸟蛋和罗马杂技艺人作为礼物送给了刘彻。

这是一个多么令人鼓舞的景象啊!当元鼎二年(前115)张骞返回长安时,随同张骞返程的,居然有上百名西域国王的使者。据记载,昆莫派数十名使臣携礼陪同,到长安窥探虚实。

宽阔的大道、辉煌的宫殿、如织的人流令乌孙使臣眼界大开,瞠目结舌。其情其景比张骞的描述有过之而无不及。使臣回国后,将观感如实报告了昆莫,使之萌生了与汉朝结盟的强烈欲望。

张骞二次出使西域,虽然未能达到与乌孙合击匈奴的目的,但以艰难困苦为代价,使中原人得到了前所未有的关于西域的丰富知识,使汉朝的声威和汉文化的影响传播到了当时中原人世界观中的西极之地,沟通了一条通向中亚、西亚和南亚乃至欧洲的陆路通道。此后,中亚、西亚、南亚诸国陆续派使节随张骞的副使来到汉朝。与此同时,汉朝商人接踵西行。大量丝绸、瓷器、铜镜、桃、梨、杏、姜、桂、茶、白矾、砂糖、樟脑不断西运。西域的植物苜蓿、葡萄、无花果、安石榴(因产于安国和石国而得名)、胡桃(核桃)、胡麻(芝麻)、胡豆(蚕豆和豌豆)、胡瓜(黄瓜)、胡蒜(大蒜)、芫荽(香菜)、绿豆、波斯草(菠菜)、胡萝卜、番红花、酒杯藤、茴香、葱等进入中原;动物大宛马(波斯草马)、驴、绵羊、犀牛、狮子、大象、安息雀、瘤牛、大狗、沐猴、鹦鹉、鸵鸟、孔雀、黑貂等传入内地;其他物产包括青金石、琉璃、珊瑚、琥珀、象牙、玳瑁、珠玑、犀角源源不断地传入汉地。无怪乎一位诗人感叹:"不是张骞通西域,安能佳种自西来?"

丝路的开通,令刘彻喜不自胜。于是,他拜张骞为大行,负责掌管汉朝各族事务。一年后,博望侯张骞因长年在外奔波而病逝于大行任上。

三、扬州美女

闻听故土东方的汉富甲天下,美女如云,昆莫便派遣使者返回长安,声明取消王号向汉称臣,并以珍贵的西域良马作为聘礼请求和亲。

不久前,刘彻就在一次占卜中得到了"神马当从西北来"的兆示。乌孙良马一到,刘彻立即将它命名为天马,答应了乌孙王永结姻好的要求,并兴致勃勃地作了一首《西极天马歌》:

> 天马徕兮从西极。经万里兮归有德。
> 承灵威兮降外国。涉流沙兮四夷服。

比昭君出塞早了72年的细君出塞的故事拉开了序幕。

其实,细君不是公主,而是一位翁主。她的生父是刘彻之兄刘非的儿子——江都(今江苏扬州)王刘建。刘建私刻玉玺,大造兵器,图谋不轨,后来东窗事发,在元狩二年(前121)自缢身亡,他的妻子也因同谋罪被杀,江都国从此改为广陵郡。父母死时,襁褓中的细君因年幼逃过一劫。

元狩六年(前117),广陵王刘胥派人找到了流落民间的刘细君。5岁的细君被送入宫中,和皇家姐妹一起学习典章、音乐、歌舞及其礼仪。

春来如兰,秋去如画。渐渐地,细君不仅出落得雪乳玉腕,丰姿绰约,娇若春花,艳若朝霞,而且出人意料地成长为汉代诗坛和乐坛上一株凄美的修篁。据说,她精通音律,妙解乐理,是乐器琵琶的首创人。琵琶创制的直接原因,是汉武帝"念其行道思慕",让远行千里的细君"作马上之乐"。于是,细君"裁琴、筝、筑、箜篌之属",兼裁各种乐器之长,别创新声,发明了"嘈嘈切切错杂弹,大珠小珠落玉盘"的琵琶。她的诗也远在姐妹之上,她的芳名传遍了京城长安。

元封三年(前108),刘彻决定让芳名昭昭的细君远嫁乌孙,下诏赐封细君为汉江都公主。此前的西汉曾先后七次送宗室之女嫁给外邦,但从未留下这些女子的姓名。如果细君顺利远嫁,将是第一位名传史册的和亲公主。

此时的细君美丽、柔弱而轻盈,如清晨滴着晨露的栀子花,在微风中打开了柔软的花苞,像是呼吸又像是颤抖。将这样一位深宫里的娇花移植到风沙浩渺的西域——承载一个国家的和亲使命,的确有些难为她了。况且,她舍不得繁华绝代的长安,舍不得朝夕唱和的诗友,舍不得锦衣玉食的温馨生活。

但老人们告诉她,命是掌心的纹,肤上的痣,无言以对的神秘。她只有认命。

元封六年(前105),细君在16岁的花季,被刘彻送出了巍峨而繁华的长安,成为一位素昧平生的远方君主的新娘。长安城外,车轮滚滚、翠华摇摇,一支庞大的送亲队伍逶迤西去,随嫁人员多达数百人,既有宫娥彩女、乐工裁缝,也有技艺工匠、护卫武士,陪嫁物饰之丰更是前所未有。

就像晚霞虚幻地把大地染得金碧辉煌一样,应当说,汉朝的送别仪式不可谓不壮观,公主的陪嫁不可谓不丰厚,她的前途不可谓不光明,但细君脸上一直没有现出汉帝期待的灿烂和喜悦,要不诗人为什么感叹"行人刁斗风沙暗,公主琵琶幽怨多"呢?

为了显示汉的威风和恩赐,朝廷对公主远嫁乌孙一事大肆渲染,以至于公主还未启程,周围国家就得到了消息。事实无情地证明,汉朝过度的宣传是多么愚蠢。得到细君启程的消息,匈奴单于赶紧把女儿嫁给了昆莫,被昆莫收为左夫人。细君到达乌孙后,最尊贵的左夫人一位已被占据,她只能屈居右夫人之位。好在正处二八年华的她太漂亮了,乌孙人都称她为"柯木孜公主",意思是"白净美丽得如同马奶酒一样的公主"。

不管怎么说,一开始就不顺利,加上公主不懂胡语,过不惯异族生活,可能也对嫁给年迈的昆莫心存遗憾,她开始以诗歌寄托自己的心志,一不小心吟唱出一首千古铭传的《悲愁歌》(又名《黄鹄歌》):

吾家嫁我兮天一方,远托异国兮乌孙王。
穹庐为室兮旃为墙,以肉为食兮酪为浆。
居常土思兮心内伤,愿为黄鹄兮归故乡。

这是中国历史上的第一首边塞诗。它冲破了"诗言志"的樊篱,给暮气沉沉的诗坛吹进了一股和煦的春风,标志着古代诗歌从"诗言志"向"抒情诗"的回归。80年后,班婕妤的《怨歌行》完成了抒情诗由骚体向五言的转变。耐人寻味的是,抒情诗在汉代的复苏与兴起,是女诗人从中扮演了担纲和旗手的角色。而细君,无疑是披荆斩棘的先锋。

细君一度丰盈的日子在陌生的西域骤然瘦弱。于是,她的心如投宿一根寒枝,想到风,风吹她身;想到枝,枝摇她心。

对于一位在深宫中长大的嫩苗,我们不能从政治的高度求全责备她。刘彻也很挂念她,不仅令随嫁的工匠为她在夏都——今昭苏草原修建了一座汉式宫殿,而且每隔一年就派使臣带着帷帐锦绣前往探视。

不合适的人生活在一起的难度,胜过再找一个。老乌孙王显然深谙此道,因此有意把她改嫁给自己的继承人——孙子岑陬。猎骄靡共有十几个儿子,以中间的一个儿子大禄最强,善于领兵打仗,率领万余军队住在王城以外的地方。猎骄靡的太子早死,太子临死前,向父亲猎骄靡提出了唯一的要求:"必以军须靡为太子。"猎骄靡答应了他,立长孙军须靡为继承人,授予了岑陬之职。大禄大怒,挟持弟兄们联合反叛,积极谋划攻击父亲猎骄靡。为此,猎骄靡分拨给孙子军须靡万余骑兵,到别处驻扎;自己也带领万余骑兵,以应付儿子们的进攻。于是,乌孙国一分为三,在名义上归猎骄靡节制。

军须靡不但是王位继承人,而且比老乌孙王年少和英俊多了。但一下子降了两辈,和一位叫自己奶奶的人结婚,这对于深受孔孟之道熏陶的细君来说是难以接受的。于是,她上书汉武帝,用"难为情"之类的理由推辞了老乌孙王的"美意",提出了回归家乡的请求。

驿站快马传来了刘彻的亲笔回信,回信规劝细君为了国家大义"从其国俗"。而且,为了有效地卫侍公主,经猎骄靡同意,汉派出数百名士卒在胘(xián)雷(地处伊犁河谷)屯田,这是汉在西域最早的屯田点。

细君只有屈尊改嫁。

猎骄靡病逝后,孙子军须靡继任。细君和军须靡生有一女,名叫少夫。刚刚生下女儿,细君就因身体虚弱撒手人寰。如烟花般绚烂,却在最美时消失,这就是她生命的写照。

有人说,细君是久被冷落的罪臣之女,刘彻让她远嫁是对她的信任。这句话放在一般女子身上确有道理,但这位罪臣之女是一位彪炳史册的文学家和音乐家,一位才女的远嫁带给外族的冲击力绝非一般美貌女子可比。君不见,细君出嫁后,不仅赢得了乌孙上下的一片赞誉,而且为这个蛮荒之地送去了东方的文明。从此,这里才有了琵琶、房屋、种植甚至墓冢。

有人说,她一直对远嫁西域心存幽怨,她心中或许本来就没有什么国家大义。她心中怎么想我们永远难以臆测,退一万步讲,即便是她心存幽怨,即便梦牵故乡,但她的远嫁在客观上促成了乌汉的军事同盟,为汉本始二年(前72)乌汉联军一举击垮匈奴,西域最终纳入中国版图,发挥了保证金和奠基石的作用。基于此,她称得上是中国公主中第一位有记载的民族英雄。

还有人说,她之所以被历史记住,不是因为她的美丽、她的诗作和她的琵琶,而是她为祖国做出的牺牲。此人就是将细君写入《汉书》的班固。

至今,美丽的昭苏草原还传颂着细君的故事,他们说:"这里之所以成为新疆最美的草原,是因为有美丽的汉家公主点缀其间。"

四、解忧与肥王

爱美是人的天性,爱异地美女更是有权有势的男人的天性。军须靡对东方美人情有独钟。因为细君刚刚病逝,军须靡就以维持汉乌亲善为名,请求刘彻再赐一女。

又一位汉公主闪亮登场。

新公主名叫解忧,楚王刘戊的孙女,也是一位南国美人。刘戊是汉景帝时期"吴楚七国之乱"的主谋之一,叛乱失败后遭到残酷的惩罚,只有极少数的后代因为"皇恩浩荡"侥幸免死。解忧出生时,祖父刘戊已经自杀30多年。她出生在和细君一样的罪臣之家,没落而暗淡的童年生活,培养和磨炼了她独立而坚强的个性。与柔弱而敏感的细君决然不同的是,解忧不仅生得丰腴健美,英姿飒爽,而且落落大方,胆识过人,娇媚中蕴含着浓浓的英雄情结,具有一副忠君报国的侠肝义胆。

接到军须靡再次和亲的书信,刘彻立刻想到了这位远在徐州的侄女。就这样,19岁的解忧被封为"楚公主",于太初三年(前102)踏上了西去的漫漫途程。

公主也曾悲伤一时,但很快,她就坦然接受了命运的安排,尽管前面是茫茫的草原戈壁,冽冽的寒风冰雪,艰难的异域生活,严峻的战争威胁。渐渐地,这个出生在罪臣之家,小时备受冷落的女子,在西域飘凝成了历史天空中最奇幻的一抹云霞。

初到乌孙的解忧并不顺利,因为她的丈夫军须靡像他祖父一样,也拥有汉匈两位公主。匈奴公主生有一子取名泥靡,而解忧却未能生子。几年下来,汉乌关系毫无进展。

太始四年(前93),军须靡病危,本来想册立自己与匈奴公主所生的儿子泥靡为嗣,无奈泥靡年龄尚小,而季父大禄的儿子翁归靡正值壮年,颇具威望与才智,于是,军须靡以退为进,宣布传位于堂弟,并且在乌孙贵族面前与翁归靡指天立誓:"泥靡长大后,以国归之。"

翁归靡登上昆弥之位后,已经分裂的乌孙再度统一。

因翁归靡看上去又肥又痴,所以乌孙人戏称他为"肥王"。按照风俗,肥王继承了解忧与匈奴公主。也许是性情相投吧,解忧接连为肥王生下了三位王子和两位公主。长子元贵靡被立为嗣子,从而打破了乌孙国继承人皆由匈奴公主所生的惯例;长女弟史嫁给龟兹王绛宾为妻,使得龟兹与汉朝保持亲密关系达一个世纪之久,成为西域都护府最可信赖的根据地,弟史也因此被汉宣帝特别加封为汉家公主;次子万年后来成为莎车王,小儿子大乐官至左大将,次女素光则嫁给乌孙若呼翖(xī,古同"翕")侯为妻。公主家族成为乌孙最为显赫的家族。

这是一个和风劲吹的岁月,肥王对解忧不仅关怀备至,而且言听计从,乌汉双方进入了蜜月期,一度沉寂的丝路也恢复了往日的喧闹。

大地每撒下一缕阳光,就会投下一片阴影。也许对乌孙亲近汉朝心怀不满,也许对匈奴公主受到冷落心有不甘,匈奴壶衍鞮单于终于公开发难,他调遣大军以巴里坤草原为基地,以车师国为跳板,长驱直入攻打乌孙国,并声称得到解忧方才退兵。

面对滚滚而来的匈奴铁骑,赤谷城内人心惶惶,亲匈奴势力趁机煽风点火,翁归靡一时没了主意。

解忧公主从幕后走到前台。她首先说服翁归靡绝不投降,然后派出特使向汉朝紧急求援。

此时的汉朝,比乌孙还乱。从汉昭帝刘弗陵病危到驾崩,朝中大事不断,权臣霍光甚至废掉了在位仅仅27天的刘贺。大臣们在为立谁为新君而焦头烂额且步步惊心,又哪里顾得上解救万里之外的乌孙?

救援乌孙的奏议拖了又拖,更无人响应出兵一事。在这内忧外患的三四年中,解忧公主费尽心机,拉拢利诱了一批首尾两端的匈奴贵族,着力为战马加料催膘,扩充昆弥近卫,奋力抗击匈奴的侵袭,使得匈奴铁骑始终不能进入伊犁河谷。在这段危难的岁月里,她以持如履薄冰心,行勇猛精进事的方式,展现了一代巾帼为夫解忧、为国排难的本色。

汉宣帝刘询即位后,解忧公主与翁归靡再次联袂上书汉宣帝,立陈汉乌联手、夹击匈奴的必要性,并保证出动乌孙最精锐的5万骑兵参加对匈奴的东西夹击。

本始二年(前72),刘询终于下定了决心,派出五员大将率军挺进塞外,迫使匈奴仓皇退走。

随后,翁归靡亲自披挂上阵,西域校尉常惠手持汉朝符节随军而行,5万铁骑千里奔袭,直捣位于巴里坤草原的匈奴右谷蠡王的老巢,"三犁其王庭",俘虏单于父辈、公主、诸王、都尉、千长、骑将一下4万多人,获得牲口70余万头,可谓是大获全胜。史载,"匈奴遂衰耗,怨乌孙"。常惠还朝后,因功受封长罗侯。这一年是本始三年(前71)。

战后,乌孙威望激增,成为西域诸国的一大偶像:丝路南道的莎车,在老国王死后,把解忧公主入侍长安的次子万年请去做了国王;丝路北道的龟兹王绛宾,辛苦地求娶了解忧公主的长女弟史为王后;东部的车师王乌贵,干脆投奔了乌孙,翁归靡收留他七年后才将他送到长安。至此,乌孙进入极盛时期,拥有居民12万户,63万人,军队也达到创记录的18.8万人。

那可是一种鲜花着锦般的兴盛啊!

五、半路公主与落难公主

为表彰乌孙君臣的战功,刘询派长罗侯常惠带着贵重财物和锦缎,专程赶赴乌孙奖赏立功的贵族与将军。

元康二年(前64),翁归靡通过常惠上书刘询说:"愿以汉朝的外孙元贵靡为继承人,让他也娶汉公主,结两重姻亲,断绝与匈奴的关系。愿用马骡各一千匹作为聘礼。"

接到和亲的奏疏,刘询召集公卿们商议此事。东海兰陵(今山东苍山兰陵镇)人、大鸿胪萧望之认为,乌孙远离汉边,如有变故很难保护,还是不答应和亲为好。刘询则认为,乌孙新立大功,如今又主动交好,不能辜负了对方的好意啊。

刘询选定解忧公主的侄女刘相夫为第三位乌孙和亲公主,为她配备了百余人的仆从,并让她进入上林苑学习乌孙语。刘询还亲赴平乐观,会见匈奴使者和外国君长,大演角抵之戏和音乐、歌舞,庆祝汉乌和亲。

神爵二年(前60),万里之外的长安,一支以长罗侯常惠为首的庞大送亲队伍,由300人的乌孙迎亲队伍陪同,满载着金银财帛与生活用具,在刘询写满希望的目光中启程了。

徐徐龟行的和亲队伍刚刚抵达敦煌,西域就传来了肥王翁归靡病逝的噩耗。不久,更坏的消息从西域传来,因为军须靡的儿子泥靡已经成年,所以肥王病逝后,乌孙贵族们按照军须靡临终前与翁归靡的约定,拥立泥靡为昆弥,解忧之子元贵靡的昆弥之梦暂时破灭。

序幕竟然出现了纰漏,以至于正剧无法进行。听说元贵靡没有成为昆弥,常惠上书刘询:"愿将少公主暂时留在敦煌,我赶到乌孙,责备不立元贵靡为昆弥之事,回头再接少公主,可否?"一直对和亲持反对意见的萧望之再次进谏汉宣帝说:"乌孙向来在汉朝与匈奴之间摇摆不定,很难坚定地执行与汉朝的盟约。解忧公主去乌孙已40多年,边境也不得安宁,就是明证。如今我们因为元贵靡没有被立为昆弥而唤回少公主相夫,并没有失掉对周边民族的信义,也是汉朝的福气。少公主不唤回,战争就会爆发,徭役就将增加,根源由此而起,请陛下三思!"于是,刘询召回了在敦煌驻足观望的少公主,堂而皇之地取消了这对表兄妹的婚约,"半路公主"刘相夫半是庆幸、半是落寞地回到长安。世间多少事,无言可说,无象可形,只是一朵云儿往来,一缕清风游走。

汉朝抽身而去,尽管避免了一场纠纷甚至战争,却让事态无法阻止地向崩塌的一方滑落。元贵靡的声誉直线下降,解忧也失去了往日的风光,稳固多年的汉乌关系一夜间付之东流。

饱经冷漠的泥靡,对解忧公主垂涎已久。一旦成为昆弥,便立刻向自己的梦中情人求婚。按照风俗,解忧无奈地第三次改嫁给了泥靡。

绝望的爱情让人悲哀,让人恋栈,正如一片碎瓷,在阳光下折射出夺目的光泽,反倒比一件完美的瓷器更有摇曳多姿的魅力。婚后,解忧对泥靡越是冷漠,泥靡对解忧就越加纠缠。泥靡不仅逼迫解忧为他生下了儿子鸱靡,而且以十倍的疯狂倒行逆施,因此被称为"狂王"。

尽管同居一室,但解忧与泥靡已经形同陌路。即便是用倍数最高的放大镜,人们也无法在这桩婚姻中再发现一丝丝爱的痕迹,找出一个温柔体贴的原子。而且,在解忧看来,如果听任狂王为非作歹,继续衰落的乌孙必将难以摆脱被匈奴吞并的命运,大汉半个世纪的苦心经营也将付之东流。

这时的解忧已经不是那位足不出户的贵族小姐,而是一位驰骋沙场的草原骑手;她胸中奔涌的已经不是汉族女人的闺中愁绪,而是草原勇士的高亢情怀。时值汉朝派卫司马魏和意、副侯任昌送侍子到乌孙,解忧向两位汉使表达了自己的满腔怨愤,并表示多数乌孙人对狂王不满,除掉狂王并不困难。于是,双方开始紧锣密鼓地策划谋杀计划,准备摆下鸿门宴除掉狂王。

不承想,一流的解忧和汉使却在行动中犯了一个末流,甚至不入流的错误,那就是事先安排好的刺客宝剑刺偏,负伤的狂王趁乱逃走。问题是,这次刺杀不同于荆轲刺秦王,而是在刺杀者占优势的情况下精心安排的。这个低级错误实在令人吃惊,至今让人匪夷所思。或许一些看似偶然的事件真的能够改变历史吧。

立时,伊塞克湖南岸铁流滚滚而来,狂王的儿子细沈瘦发兵将解忧和汉使围困在赤谷城内。

在接下来的日子里,公主和城中军民击退了一次又一次的血腥进攻。城墙内众志成城,城墙下血流成河。

日落十分,解忧公主在将士的护卫下,登上沾满鲜血的赤谷城墙,遥望着被如血的残阳染红的美丽的伊塞克湖,泪水蒙上了她的双眼。她对身旁的将士说:"我是这样地爱乌孙!乌孙的太阳是这样地美!"

身旁一位将军感慨道:"公主就是一轮不落的太阳啊!"

从中原文化的坐标看,那是一个桓宽写《盐铁论》、刘向写《说苑》的时代,而在遥远的西域,他们的公主正浴血奋战。

数月之后,西域都护郑吉调集西域诸国兵马赶到赤谷城,方才将细沈瘦赶走。为了顾全大局,刘询派遣中郎将张遵带上良药前往乌孙给狂王疗伤,并赐予了20斤黄金和一匹彩绸。作为刺杀案件主谋,汉使魏和意、任昌被戴上枷锁,从尉犁坐囚车押赴长安斩首。

解忧闻讯,只有泪如雨下。

一场戏演到高潮,想要改变情节已不可能。无论多少人泪流不止,也终究要把结局演完。

六、愚蠢高官与智慧女仆

汉车骑将军长史张翁被刘询派到乌孙,专门负责调查刺杀事件的始末。刘询的本意,是要他稳住泥靡,表面上公事公办,但暗地里要替解忧公主解脱罪责,最好寻找适当时机将泥靡干掉,起码也要将大事化小,小事化了。

人是唯一能接受暗示的动物。谁知,张翁不把自己看成"动物",他自认为读过几卷圣贤书,竟然幻想万里之外的乌孙也尊崇"君君臣臣父父子子""嫁鸡随鸡嫁狗随狗"的孔孟之道,认定解忧公主既然嫁给了泥靡就应该忠心不二,因此"大义凛然"地审查起了解忧公主。既然办案者客观公正,案情很快就水落石出,所有人证、物证都指向了解忧,真正的主谋无疑就是解忧,两位汉使只是辅从。于是,张翁板起一副居高临下的面孔,用铁的证据指责解忧"谋杀亲夫"。解忧不服,向张翁叩头,拒绝认罪。张翁居然揪住她的头发破口大骂。

竹可焚不可毁其节,玉可碎不可抹其白。解忧公主含泪上书刘询,痛陈了自己受到张翁审讯与体罚的经过。张翁被押回长安,先是下狱,然后斩首。

而张翁的助手——副使季都,同样没有领会朝廷的"暗示"。季都率领将士前去探视养伤的狂王,警惕性不高的狂王只带十几名随从将季都送出门外。此时下手,极易成功,季都却将这一良机白白错过。回到长安,刘询以"坐视杀死泥靡的大好时机"的罪名,将季都实施了宫刑,成了一个不男不女的人。

处置完这两个部下,刘询也奇怪:朝廷里怎么会有这么多愚蠢透顶的官员?

螳螂捕蝉,黄雀在后。在狂王受伤的时候,肥王与胡妇所生的儿子乌就屠与诸侯逃到北山,扬言匈奴大军将至,所以很多人都归服了他。解忧的刺杀计划流产后,乌就屠却成功地刺杀了泥靡,自立为昆弥。由于担心乌就屠归附匈奴,汉皇命令破羌将军辛武贤领兵1.5万人火速到达敦煌,准备西征乌孙。

恶战一触即发。

西域都护郑吉了解到冯嫽的丈夫与乌就屠关系密切,便把劝说乌就屠投降的重任交给了冯嫽。

和不一样的人在一起,就会有不一样的人生。冯嫽,是解忧远嫁乌孙时的侍女。她不仅知书达礼、机敏过人,而且能言善辩,兼有特殊的语言天才。到达乌孙后,解忧待冯嫽如同姐妹,并将她嫁给了乌孙手掌重兵的右大将。就这样,解忧与冯嫽在王庭内外形成了掎角之势。

接到郑吉的指令,汉朝移植在西域的第二朵玫瑰铿锵登场。

像她的主子解忧一样,这位侍女出身的汉族女子也是一位义薄云天、韬略满胸的不凡女性,冒着被杀头的危险,冯嫽只身来到乌就屠的营帐,凭借着自己的凛然正气和伶牙俐齿,对乌就屠析以时势,晓以利害,硬是使得气焰嚣张的乌就屠低下了头颅。乌就屠战战兢兢地说："给我保留个小昆弥之号就行了。"

在乌就屠答应投降的前提下,冯嫽回到长安向刘询报告了事件的经过。刘询任命冯嫽为正使,竺次、甘延寿为副使,锦车持节回到西域,全权处置乌孙事件。冯夫人回到乌孙,将乌就屠召到赤谷城长罗侯常惠的官邸,立元贵靡为大昆弥,乌就屠为小昆弥,分别赐给印绶。甘露元年(前53),长罗侯常惠率三校来到赤谷屯田,并负责将乌孙分为大、小昆弥二部,划定了地界,让肥王与解忧所生的元贵靡担任大昆弥,领户6万;让肥王与匈奴公主所生的乌就屠担任小昆弥,领户4万。

经过一双纤纤玉手的点拨,一场错综复杂的恶性事件得到平息。

可以说,刘询派70岁高龄的常惠来到赤谷城屯田,是一步高棋。常惠所率领的三校,按每校1000人计算,赤谷城屯田士卒达3000人;按每人种田20亩左右计量,赤谷城屯田规模应该在5万亩以上。这支力量,足以让乌就屠毛骨悚然,如履薄冰。

岁月载得动志向,却载不动年龄。山头月,迎得云归,还送云别。甘露三年(前51),元贵靡、邸靡病死,元贵靡之子星靡代为大昆弥。在得到刘询的特别恩准后,70高龄的解忧带着三个孙子、孙女与冯夫人一起东返。

秋风吹渭水,落叶满长安。回到京城后,她被安置在上林苑中的蒲陶宫,朝见礼仪与皇亲公主待遇相等。从此,她将回忆浓缩在一个叫"时光"的光盘里,慢慢品读。

两年后,也就是黄龙元年(前49),解忧在长安仙逝。

行笔至此,我的耳边响起唐代诗人常建的《塞下曲》:

玉帛朝回望帝乡,乌孙归去不称王。
天涯静处无征战,兵气销为日月光。

七、外战郅支

就在乌孙大、小昆弥分设前后,草原上的匈奴也发生了空前惨烈的内讧。

先是驻守西域的匈奴日逐王因为没有当上新单于,一气之下率部归顺了汉朝。不久,匈奴境内发生了蝗灾、冻灾、饥荒以及"五单于并立"的内战。经过多轮次火并,最终剩下了南北两个单于。弟弟南单于呼韩邪于甘露二年(前51)向刘询称臣投降。哥哥北单于郅支因担心汉朝与南单于的联合进攻,慌忙夺路西去,将希望的目光投向了乌孙。

郅支单于知道,乌孙国的小昆弥是乌就屠,此人体内有着一半匈奴血统,他不仅掌控着乌孙最强大的军队,而且因为汉朝强立元贵靡为大昆弥,并且偏袒元贵靡的继任者星靡,一直对汉心怀怨恨。于是,郅支亲拟了一封热情洋溢的书信,派出得力信使赶往乌孙,表达了合兵一处、共谋霸业的愿望。

接过书信,乌就屠冷笑数声,招来刀斧手,将郅支的信使砍下脑袋,再将信使的头颅装进木匣送往西域都护府。然后,乌就屠发兵8000进击郅支。在乌就屠看来,郅支是一只丧家之犬,战斗力与强盛时期不可同日而语,如果能够一战擒获,或许能借此赢得汉的倚重,起码也能洗白自己的"胡妇子"身份。

别忘了,郅支毕竟是从尸山血海中走出来的枭雄,经历过无数次战争的历练,身边也聚集了数万铁血精骑,奈何不了汉难道奈何不得乌孙?听说乌孙来攻,郅支单于立刻勒兵上马,列阵出击。接战不久,郅支就将乌就屠击溃。

按说,这是郅支为祖先报仇的大好机遇,但经验丰富的他并未恋战。因为他清楚,如果他乘胜攻入伊犁河,西域都护府联军不久就会前来救援,到那时,他将陷入泥潭难以自拔。于是,他向北攻入乌揭、坚昆和丁零,在坚昆设立了新单于庭,一时间颇有白手起家、搞出一个大匈奴帝国的势头。

偏远而寒冷的坚昆,东距原单于庭7000里,南距车师5000里,周围并无强悍的国家,汉军也鞭长莫及。以此为根据地,北匈奴开始频频出击乌孙。而裂土分治的乌孙,每一次都反击乏力,随时面临着灭顶之灾。

危难时刻,一个偶然事件救了乌孙。

这个偶然事件的导演,就是郅支。初元五年(前44),郅支派出使节到达长安,要求仿效弟弟呼韩邪"内附"汉,同时要求送还入侍长安已达十年的质子、右大将驹于利。汉元帝刘奭很是高兴,不仅设宴款待了北匈奴使者与质子,而且当面答应放质子回到父亲身边。第二天,他召集大臣商议如何护送质子西归。

一上朝,大臣们就为送不送质子回国争吵起来。刘奭一脸不高兴地说:"现在讨论的,不是送不送质子回国的问题,而是如何护送质子回国的问题!"言外之意,我已经当面答应送质子回国,君无戏言,覆水难收啊。

对于如何护送质子回国,大臣们也有着重大的分歧。御史大夫贡禹和博士匡衡感觉到了北匈奴此举的反常,便联合劝谏说:"北匈奴距离汉朝过于遥远,郅支为人又素来奸诈,是否真心归附难以度量,最好的办法是,使者将质子送出塞外便立刻返回,以防对方有诈,遭遇不测。"

然而,已被任命为使者的谷吉却语气坚定地说:"汉与北匈奴有羁縻关系,养其儿子已达十年,德泽十分深厚,质子回国而汉却不派使者相送,如同有子不养,有畜不饲,会让他们弃前恩,立后怨,失去从属之心,这对汉是十分不利的。我既然幸运地被任命为强汉之使,理当秉承皇帝的质疑,前往北匈奴宣谕汉的厚恩。事成,则郅支归附;不成,仅仅是我一人丢掉性命而已。如果对方怀有禽兽之心,无缘无故地杀掉我这个使者,那么他就会背上老少共愤的滔天大罪,必然远遁而去,再也不敢靠近汉边。以一个汉使的性命来换取万千百姓的安宁,国之计,臣之愿也,我愿送质子到达北单于庭。"

话已至此,刘奭只能同意谷吉的建议,由谷吉护送质子前往郅支单于庭。

被注定的意外,不是意外。郅支一见儿子安全返回,便出尔反尔,过河拆桥,在南、北匈奴交界处的南匈奴一边残忍地杀死了汉使谷吉。我们看不到谷吉临死时的表情,对于这种结局他早就预见到了,但他不理解北匈奴为什么真的这样做,他不会后悔冒险前来,也不会低声下气地求饶,他能做的或许只有不停地警告对方杀死自己的严重后果,并高声大骂北匈奴"顽固不化"。看来,这种自以为是的顽固如同一堵石墙,任何试图达成谅解的努力都会碰得粉碎。

须知,人的欲望,包括占有和谋取,追求和获得,是与生俱来的,本无可厚非。但欲望膨胀到无限大,或争名于朝,争利于市;或欲壑难填,无有穷期;或欺世盗名,招摇过市,得则大欣喜,失则大沮丧,神经像淬火一般经受极冷极热的考验,难免要濒临崩溃的边缘,最后落一个身心憔悴、朝不保夕的结果。儿子回来了,那口恶气也出了,郅支心里十分痛快。但最惬意的时候,往往是失败的开始。当平静下来,郅支便意识到闯了大祸,他自知汉朝会联合南匈奴前来报复,于是决定迅速西逃。

郅支西逃的目的地,是锡尔河北岸的康居。此时的康居,南靠大月氏,东南与大宛接壤,东邻乌孙,东北抵坚昆,是一个拥有60万人口、十几万军队的地区强国。郅支到达康居后,与康居王互相娶了对方的女儿。不久,郅支单于就依靠超人的政治手腕控制了康居王。

有了新的资本,郅支再次胆大起来。他先是带领康居与匈奴联军,数次向东攻入乌孙,兵锋几度逼近赤谷城,造成乌孙上下既心惊胆战,又不堪其扰。后来,因大、小昆弥无能,竟然让郅支攻到赤谷城下,大批民众被杀,无数的牲畜被抢走,致使乌孙西部边境空虚如气,"不居者且千里",犹如对强盗敞开了大门一般。

向东收拾完乌孙,郅支又向南攻击大月氏、大宛、乌戈之属,向西欺负安息,搅得中亚一片血雨腥风,古老的丝绸之路也被他截断。更有甚者,郅支对前来求取谷吉尸体的汉使说:"我所居住的地方异常困厄,正准备再派一个质子入侍长安,投奔强汉呐!"然后,像一个无赖一样盯着汉使冷笑不止。

郅支单于所言,一如我们听到了蚂蚁说地球太小,不够它们做一个翩翩起舞的舞台。

对此,一伙汉人无法忍受了。建昭三年(前36),在郅支杀害谷吉八年之后,副校尉陈汤挟持西域都护甘延寿,以皇帝的名义秘密调发屯垦军和西域联军共4万余人,兵分两路——南路翻越葱岭,穿过大宛国,北路穿过乌孙国,在郅支的老巢郅支城下形成合围。城池很快陷落,无处躲藏的郅支被砍下脑袋。

远在乌孙的大昆弥星靡、小昆弥乌就屠比刘奭还要兴奋,因为汉朝报的是一箭之仇,而乌孙避免的是亡国之祸呀。

但是,外伤尚可以外力医治,可内伤呢?

就在周边国家认为乌孙可以东山再起的时候,它却令人失望地走向了穷途末路。

359

八、刺杀成瘾

　　历史链条的某些环节,总由一些既五光十色又啼笑皆非的怪圈组成。我们在为细君和解忧远嫁乌孙津津乐道的同时,不得不面临一个深层次的问题,那就是汉匈争相与乌孙和亲,也为乌孙埋下了内讧的种子。特别是冯夫人与常惠将乌孙分为大小昆弥,从表面上讲避免了矛盾激化,却在客观上造成了乌孙的分裂。

　　与包括《汉书》在内的许多中国史对冯夫人极尽褒奖不同,我对冯夫人的这一举措一直不以为然。我不是一个男权主义者,不会给她扣上"妇人之见"的帽子,但可以将此定性为一个"短视之举"。因为拥有汉家公主骨血的大昆弥,与拥有匈奴公主骨血的小昆弥,尽管有着共同的父系,却因母亲分别属于两个仇深似海的大国,所以有着与生俱来的对立与仇视,一直貌合神离、势同水火。如今她又人为地将乌孙分成大小二部,这就等于在同父异母的兄弟之间划了一道鸿沟,这道鸿沟将成为这对兄弟及其各自的后人永远仇恨、互不信任的借口。接下来,大的想吃掉小的,小的又不服气大的,哪一方都试图压倒对方进而一统江湖,为了达到目的甚至不惜毁灭心爱的国家。就这样,乌孙渐渐笼罩在了恐怖主义的阴云之下,变成了十步一杀的刺客天堂,陷入了持续内斗的怪圈,王权神授在这里成为天大的笑话,国力渐渐衰减到经不起任何风吹草动的地步。对此,冯夫人难辞其咎。

　　果然,解忧东归之后,大昆弥星靡为人怯懦,难以服众,乌孙再次发生内乱。

　　于是,刘奭自然想到了大小昆弥分设的始作俑者冯夫人。"家是你分的,还是有劳你去调停吧!"已经不算年轻的冯夫人只能奉诏西行。你别说,她分家没分好,但处理起纠纷来还是有些手段。史载,她一到乌孙,内乱就戛然而止,星靡系和乌就屠系从此保持了17年的表面和谐。

　　须知,把国家和平寄托在一个人身上,是无奈的也是可悲的。冯夫人等分家的当事人一死,乌孙就爆发了三次内讧。

　　第一次是小昆弥被弟弟暗杀事件。乌就屠死后,儿子拊离被汉册立为小昆弥。建始三年(前30),拊离被弟弟日贰所刺杀。弟弟刺杀兄长时,并未意识到长期以来乌孙背后那只无所不能的巨手。闻听自己册立的小昆弥被杀,汉成帝刘骜大怒,立刻派出使者赶到乌孙抓捕幕后黑手。日贰畏惧汉的天威,赶忙逃到康居国避难。汉使抓不到凶手,只能拿日贰的亲信祭刀,然后扶立拊离的儿子安日为小昆弥。与此同时,汉派遣己校尉屯驻姑墨,准备随时发兵擒杀躲在康居的日贰。

汉朝在行动,安日也没闲着。新上台的小昆弥安日尽管年纪不大,但胆识超群、工于心计,大有祖父乌就屠的遗风。他直接策划了一场诈降的好戏,派手下的贵族姑莫匿等三人伪装成叛逃者,成功打入了日贰阵营,最终趁日贰不备,一刀砍下了日贰的首级,不仅报了杀父之仇,而且提升了自身权威,也省却了汉军千里征讨的辛苦,可谓一石三鸟。作为奖赏,西域都护廉褒特别赐给姑莫匿等三人20斤黄金,300匹绸缎。

虽然内讧已平,但也使刺杀变成了政治斗争的常规。鸿嘉四年(前17),刺杀的受益者安日也被降民所刺杀,乌孙各个翎侯趁机争权夺势,小昆弥陷入了空前混乱。汉无奈,要求前西域都护段会宗前往处置乱局。本来已经准备致仕的段会宗,在同僚们"廉颇老矣,尚能饭否"的质疑声中,顾不上鞍马劳顿,毅然前往乌孙,利用自己的声望,经多方调停,终于达成了协议,扶立安日的弟弟末振将为小昆弥。

第二次是小昆弥暗杀大昆弥事件。在小昆弥发生内讧时,大昆弥管辖区却十分平静。原来,新任大昆弥雌栗靡不但继承了父亲星靡的宽厚,而且拥有父亲所不具备的魄力,一直公平、公开、公正地处理各类纠纷,使得大昆弥辖区出现了多年未有的万民一心的局面,连小昆弥的许多部属也自动投奔到雌栗靡帐下。

所谓嫉妒,其实就是用别人的成功折磨自己。小昆弥末振将睡不香了:与其被渐渐蚕食,不如先下手为强。于是,末振将采用了哥哥用过的诈降之计,安排手下贵族乌日领投奔雌栗靡,然后成功地刺杀了雌栗靡。事变发生后,段会宗与西域都护立雌栗靡的叔父、解忧公主三子大乐将军的孙子伊秩靡为大昆弥。对于小昆弥的处罚,仅限于把他在长安的侍子惩罚性地没为官奴婢。这样做,显然是在息事宁人。

岂不知,雌栗靡的威望太高了。据说,雌栗靡生前为人十分宽厚,就连一个名叫难栖的翎侯得罪了他,他都一笑置之,难栖从此对他十分爱戴。得知大昆弥被刺杀，难栖悲痛欲绝，这种悲痛之情渐渐凝结成难以抑制的仇恨，最终促使难栖起了杀心，并将凶手末振将一击致命。

消息传到长安，刘骜既脸上无光，又心中恼火，便传令段会宗征发西域戊己校尉和各国联军，前往赤谷城兴师问罪。

经验丰富的段会宗并没有简单地执行皇帝的诏命，因为他不想把简单问题复杂化，更不想拿部下的生命去做赌注，而是对兴师问罪过程中可能遇到的一切问题做了充分的估计，在多个选项中做出了一个最为冒险但代价最低的选择。

他像以往历次巡视一样，只带上30名精壮弓箭手走进了乌孙赤谷城。然后不动声色地把小昆弥末振将的太子番丘找来，一边和颜悦色地亲切交谈，一边悄悄拔出利剑将他刺死，报了番丘之父暗杀大昆弥之仇。一名乌孙卫士意外逃脱，将番丘被杀的消息传播开来。末振将的侄子——安日之子乌犁靡闻报，立即调遣数千骑兵将段会宗困在城中。

年轻无极限，也没有大脑。年少气盛的乌犁靡一到城下，便破口大骂段会宗是一个只会偷袭的无耻小人，更是一个应该天诛地灭的刽子手，并厉声质问道："欺我乌孙无人邪？"段会宗登上城头，以剑遥指乌犁靡，仰天狂笑之后，方才狠狠地说："如今你率领大军前来杀我，如同拔汉朝一根牛毛一样容易，可是千万不要忘了，大宛、郅支比尔等强大百倍，但我汉军割取他们的人头如探囊取物一般，你是要步他们的后尘吗？"话音未落，城下的乌犁靡已经跪倒，以近乎哀求的口气对段会宗说："末振将叛汉，父债子还，你们杀他的儿子是对的。我等无罪，请勿诛讨。"段会宗回应："好吧，你们不必惊慌，也不要潜逃。"于是，小昆弥的部下感激涕零，解围而去。

元延二年（前11），这段峰回路转、跌宕奇诡的故事传到长安，刘骜喜不自胜，下诏封段会宗为关内侯，赐黄金万两。

第三次是小昆弥的弟弟造反事件。从表面上看，刺杀事件已经平息，但事件的后遗症却在持续发酵，小昆弥的亲属并不服气，末振将的弟弟卑爰疐（zhì）率8万多部众投奔了康居，试图借助康居之力兼并大、小昆弥。

藏起一片树叶，最好的地方是树林。大、小昆弥担心被卑爰疐各个击破，都比之前更加亲密地依附于西域都护。在强大外力的作用下，乌孙与汉居然形成了一只难以下口的铁拳，这是卑爰疐万万想不到的。

时光流逝到元始年间(公元1—5),客居他乡的卑爰疐已坐了十几年冷板凳,银丝染上了双鬓,他那吞并乌孙的梦想已被岁月销蚀得如同秋日落叶。经过再三权衡,他以刺客乌日领的脑袋为见面礼,公开宣布投效汉朝。考虑到他手下拥有大量部众,汉平帝刘衎封他为归义侯。

既然接受了汉的节制,就应该规规矩矩做人,但卑爰疐本性难改,仍恃强凌弱,不断地派兵蹂躏大、小昆弥。在数次警告无效后,西域都护孙建将卑爰疐刺杀。其实,历史上和现实中有很多人就像卑爰疐一样:在庙里敲钟,却惦记着化缘的自由;而外出化缘,又渴望庙里的清净。

在接近半个世纪的时间里,乌孙先后有七名昆弥和贵族死于暗杀。每一个侥幸活过50岁的乌孙贵族,在被恭敬地送入家族墓地之前,都曾亲身经历过至少一次暗杀。这就是分裂后的乌孙。汉西域都护时而安抚,时而镇压,没有经历过一年的太平岁月。

九、加入哈萨克

如果乌孙人因此而埋怨汉朝,那就大错而特错了。因为强盛的汉朝一灭亡,乌孙人就甘尽苦来了。

新始建国五年(13),大小昆弥派遣使者到长安朝贺,大昆弥,是中国的外孙;小昆弥,乃匈奴的外孙。王莽为了示好作乱的北匈奴,特意将小昆弥使者的座次不合常规地排在了大昆弥使者之前,成为令西域各国嗤笑的黑色幽默。王莽此举,使得西域各国更加瞧不起新朝,焉耆王率先发难,攻杀了西域都护但钦,地处极西的乌孙从此淡出了中原王朝的视线。

之后,小昆弥境内出现了一个新国家悦般,它是匈奴、白匈奴和大月氏联合体。只有乌孙西部的大昆弥勉力支撑,苟延残喘。

"灭六国者六国也,非秦也;族秦者秦也,非天下也。"这就是构成中国历史的帝国定律,乌孙也不例外。而且,当一种文明衰落崩溃时,外来蛮族总会适时出现。5世纪初,草原霸主柔然与悦般国开始联手鲸吞西域,水草丰美的乌孙国成为首当其冲的猎物,赤谷城被夷为平地,乌孙残余被迫西逃天山。

太延元年(435),北魏卷入了西域争夺,将柔然的盟友悦般拉拢到了身边,使乌孙人看到了复兴的曙光。于是,乌孙带头派遣使者到北魏朝贡,从而掀起了西域各国脱离柔然入贡北魏的浪潮。时隔两年,北魏太武帝拓跋焘派董琬、高明出使乌孙,将乌孙纳为属邦。转过年头,拓跋焘又派兵深入漠北攻击柔然,不料被柔然挫败,柔然吴提可汗趁势兵犯西域。之前,悦般与乌孙带头反叛柔然而攀附北魏,一度使得柔然威风扫地,如今是秋后算账的时候了。此后十几年,草原帝国柔然先是迫使悦般远走欧洲,然后为苟延残喘的乌孙补上了最后一刀。

乌孙余部被迫翻越天山,南迁到葱岭苍茫的群山中,与当地的塞人杂居,当起了最原始的牧民,显赫一时的乌孙国从此绝迹于史册。柔然西去后,天山以北的乌孙故地被东西突厥瓜分。成吉思汗占领中亚后,残存的乌孙人相继成为蒙古金帐汗国①、白帐汗国②、蓝帐汗国③的臣属。

景泰七年(1456),蓝帐汗国月即别克烈汗和贾尼别克汗率领下属的乌孙、康里、克烈、乃蛮、弘吉剌惕、都拉特、札剌亦儿等部落投奔了东察合台汗国,以楚河和塔拉斯河流域为基地,建立了哈萨克④汗国,定都土尔克斯坦城。

作为世界火药桶的中亚,绝非一块和平的乐土,哈萨克汗国一出生,就被迫加入了与东察合台汗国、帖木儿帝国及昔班尼汗所属的乌兹别克部落长达30年的群殴。

得益于自己的低调与谦和,哈萨克汗国在夹缝中渐渐坐大,在哈斯木汗统治时期达到了鼎盛,领地东南据有七河流域,南至锡尔河,西达乌拉尔河流域,北到伊施姆河,东北包括巴尔喀什湖以东以南的辽阔区域,人口膨胀到百万以上。

公元16世纪末,哈萨克按血缘关系划分为三个玉兹⑤。

大玉兹即乌鲁玉兹,又称大帐、右部,占据着七河流域及楚河、塔拉斯河流域的肥美草原,以乌孙部为主体,由康居国后裔康里、乌孙大禄的后裔都拉特(唐代称咄陆)、撒里乌孙突骑施、突厥可萨、北匈奴悦般国后人

---

① 术赤的封地,后为术赤的次子拔都继承。
② 术赤长子斡尔达的封地。
③ 术赤幼子昔班的封地。
④ 突厥语意为"脱离,迁徙"。
⑤ 突厥意为"部分、方面"。

阿勒班、札剌亦儿、素宛、千希克勒、恰普拉施特、斯尔格里等构成。

中玉兹即奥尔塔玉兹，又称中帐、左部，冬季驻扎在萨雷苏河和锡尔河中下游，夏季在额尔齐斯河与托博尔河、伊施姆河畔游牧，以葛逻禄的后裔阿尔根部为主体，由克普恰克（东钦察人），塞种人后裔克尔塞克、别斯塞克、波尔塞克、卡尔塞克部，克烈、乃蛮、篾儿乞惕、弘吉剌惕部等构成。

小玉兹即基希玉兹，又称小帐、西部，以奄蔡（阿兰人）后裔阿里钦为主体，由拜乌勒、艾里木乌勒和节特乌勒构成，冬季在伊别克河、乌拉尔河畔游牧，夏季则迁往阿克提尤别草原。

从以上构成不难看出，此哈萨克非彼乌孙，而是一个地地道道的混血民族。经对昭苏土墩墓、早期天山乌孙组、哈萨克斯坦境内的乌孙头骨、中亚七河地区乌孙头骨的研究，乌孙大多属于短颅型欧洲人种的帕米尔—费尔干类型（也称中亚两河类型）、安德罗诺沃型（原始欧洲人种的一个变种，为中亚铜器时代居民，因发现于俄罗斯安德罗诺沃村的墓地而得名），还有少量的北欧型及地中海与北欧型之间的类型。而现代哈萨克人则属于南西伯利亚类型，也叫图兰人类型，颅形较短，与现代吉尔吉斯人、中世纪突厥人相近。

更意外的是，一位学者认为[①]，如今已经没有纯粹的乌孙人，哈萨克中的"乌孙"部落，来自于蒙古许兀慎部（旭申）。

但任何的学术争论都无法替代历史，我们的话题还要继续。

十、旷世英豪

康熙十七年（1678），蒙古准噶尔部首领噶尔丹称可汗。恰逢叶尔羌汗国发生内讧，噶尔丹应邀南下，一举攻占了叶尔羌城。

失去了叶尔羌这道屏障，哈萨克汗国彻底暴露在噶尔丹的獠牙之下。雍正元年（1723），准噶尔人征服了大玉兹和中玉兹，小玉兹汗西逃。

在无边暗夜中，一颗新星冉冉升起。他叫阿布赉（lài），原名阿布力

---

① 见刘迎胜著《丝绸之路》，江苏人民出版社2014年版。

曼苏尔,1711年出生在中玉兹贵族家庭,是哈萨克江格尔汗的五世孙,突厥斯坦城总督、"吸血鬼"阿卜赖的孙子。汗国都城陷落那年,他的父亲瓦里战死,12岁的他跟随母亲流亡到希瓦汗国。16岁那年,他独自回到哈萨克草原,先是在大玉兹乌孙部贵族吐列比家放牧,之后又到中玉兹财主帖木儿家当长工。20岁以后,他毅然报名加入了哈萨克骑兵部队。

雍正十一年(1733),阿布力曼苏尔身跨黄色战马,参加了阻击准噶尔人入侵的战斗。准噶尔名将恰尔希接连将几位哈萨克勇士挑落马下,导致哈萨克军团阵脚大乱。见此情景,阿布力曼苏尔怒目圆睁,高喊着"阿卜赖",跃马横刀冲上前去,一刀将恰尔希斩落马下,哈萨克军团反败为胜。

战后,本方统帅——中玉兹可汗阿布勒班必特既振奋又惊奇,紧紧抱住勇士的肩膀,好奇地询问:"你为何高喊阿卜赖?"勇士回答:"阿卜赖是我的祖父,我高呼他的名字,是希望他给我力量。"听完勇士的话,统帅更兴奋了,因为他的祖父就是阿卜赖的兄弟。从此,统帅称勇士为兄弟,并推举他担任了自己的副手。一战成名的勇士,从此被称为"阿布赉"。

时隔两年,中玉兹另一位可汗——头克汗之子赛买客去世,阿布赉与阿布勒班必特成为并列的可汗。

乾隆六年(1741),准噶尔汗噶尔丹策零发兵攻入哈萨克草原,一路进击中玉兹,一路进击小玉兹。面对敌强我弱的不利局面,中玉兹决定避其锋芒,由阿布勒班必特汗率部撤退,由阿布赉汗负责殿后。经过一番血战,阿布赉汗甚至斩杀了噶尔丹策零的儿子,仍旧没有摆脱对方的围追堵截,最终力竭被俘。

噶尔丹策零亲自审问了阿布赉。"是不是你杀死了我的儿子?"噶尔丹策零声色俱厉,但阿布赉端凝若山:"杀死你儿子的不是我,而是哈萨克人民,我的手只是履行人民的意愿罢了!"噶尔丹策零恼怒地摇摇头,下令把阿布赉打入死牢。

"人可以被消灭,但不能被打败。"带着沉重的枷锁,阿布赉汗被准噶尔人扔进了一间牢房,在那里日复一日地品尝审讯、谩骂与体罚。在无尽的暗夜里,他一遍遍地反刍哈萨克人失败的原因——分裂。是啊,正因为大中小玉兹各自为政,才能被准噶尔人分化瓦解,各个击破。分裂带来灾难,团结就是力量。他暗下决心:若有重见天日的那一天,他一定团结所有哈萨克部落,重建伟大、统一的哈萨克汗国;若有走出牢笼的那一天,他一定带领团结一心的哈萨克,击败并肢解骄横的准噶尔汗国。

乾隆八年(1743)九月五日,一个令哈萨克人奔走相告的日子,被囚禁两年之久的阿布赉汗重见光明。为了他的释放,大玉兹的吐列比带领90人的庞大亲善队伍赶赴准噶尔汗国谈判,送上了无数财宝;中玉兹阿布勒班必特汗不惜宣布臣服准噶尔汗,并把儿子送到伊犁做人质,最终诱使准噶尔汗做出了一个让他们日后后悔不迭的释放决定。

经历了无边的暗夜,才能明白阳光的可贵。品尝了分裂的苦果,才能感悟团结的甘甜。阿布勒班必特汗首先站了出来,以年迈体弱为由,公开表示自己不再称汗,甘愿接受阿布赉的统辖,并号召哈萨克贵族们共同推举阿布赉为三个玉兹共同的可汗。为此,我们应该向阿布勒班必特汗这位急流勇退的头领致敬。既然不能创造历史,那么就把创造历史的机会让给贤者。急流勇退,让出原有的"位置",用另一种方式延续生命的价值,也不失为明智之举,并会一如既往地受到民众的尊重。一如稻谷,离开了风光于田埂的日子,就有了宝藏于仓廪的时光。

上任后的阿布赉,并未急于发动进攻,而是一边派遣使者与准噶尔汗国虚与委蛇,麻痹敌人;一边组织工匠打造兵器,训练兵马。他需要时机,一个一击致命的时机。

乾隆十年(1745),准噶尔汗噶尔丹策零病死,他的嫡长子策妄多济那穆扎勒继位,是为阿占汗。阿占汗是一个浪荡而残暴的少年,因为他过于年轻与轻率,国事暂由姐姐鄂兰巴雅尔把持,姐弟俩常常因为一些鸡毛蒜皮的事争吵不休。显然,这就是哈萨克人东山再起的良机。于是,哈萨克汗国精锐尽出,从四面八方进入准噶尔的领地,狂风扫落叶般收割着蒙古人的脑袋,一块块本属于哈萨克人的草场失而复得。

乾隆十五年(1750)的一天,阿占汗的脸上阴云密布。年少轻狂的他,把战事恶化的责任全部推给了姐姐,并把姐姐关进了牢房。很快,他的姐夫萨英博洛克与噶尔丹策零的庶长子喇嘛达尔扎相勾结,通过军事政变囚禁了阿占汗,并且剜去了他的双目,让他在姐姐没有坐热的牢房里永远品尝黑暗。之后,喇嘛达尔扎成为大汗。准噶尔贵族达瓦齐与辉特部酋长阿睦尔撒纳不服,又怕遭到新汗的暗算,于是投奔阿布赉汗寻求政治避难。

消灭准噶尔,早在阿布赉汗的计划之内,如今前来投靠自己的两个人,无疑是两颗肢解准噶尔的棋子。乾隆十七年(1752),阿布赉汗支持两个避难者出兵,从山间小道偷袭伊犁,袭杀了喇嘛达尔扎,帮助达瓦齐夺取了准噶尔汗位。但事后,阿睦尔撒纳关于平分准噶尔汗国的要求被达瓦齐回绝。一怒之下,阿睦尔撒纳归附了清廷,被封为亲王。乾隆二十年(1755)春,清军兵分两路进攻伊犁,达瓦齐被俘,准噶尔汗国寿终正寝。

盛春五月,准噶尔汗国被灭的消息传入紫禁城,乾隆亲笔撰写了《平定准噶尔勒铭伊犁碑》。金秋十月,乾隆兴致不减,再次亲笔撰写了《平定准噶尔告成太学碑》,勒石于大成殿前。碑文中豪情满怀地说:"准噶尔是役也,定议不过二人,筹事不过一年,行兵不过五月!"①言外之意,几乎不费吹灰之力。

事实证明,乾隆的话说得有点早也有点过了。降清的阿睦尔撒纳自恃有功,要挟清封其为大汗。乾隆察觉到了他的野心,下令将他召回内地。在前往热河的路上,阿睦尔撒纳寻机逃回塔尔巴哈台,悍然发起了反对大清的叛乱。

对此,乾隆感觉大失面子,他从此认定准噶尔人根本无法用仁义感化,只有用屠刀说话。乾隆二十二年(1757),清朝远征军兵分数路夹击准噶尔。恰逢天花流行,准噶尔军队自行瓦解,阿睦尔撒纳在逃到俄国后染上天花病死。没有死于天花并坚持游击战的准噶尔人被满洲兵团全部屠杀。哈萨克汗国200年的强大对手准噶尔人,就这样化为无形。

乾隆二十二年(1757)五月,一个山花烂漫的季节,征讨准噶尔残部的大清富德将军到达巴尔喀什湖东部的爱唐苏河,阿布赉汗属部宣布归附清朝。六月,阿布赉汗在爱古斯河畔举行迎接清军仪式,正式归顺清朝。不久,阿布赉汗派出使团前往大清朝觐,乾隆在承德避暑山庄热情接见了远道而来的哈萨克人。

一年后,南邻的浩罕汗国也向清朝投降,成为大清的保护国。

乾隆三十六年(1771),土尔扈特东归那年,乾隆正式册封阿布赉为汗。哈萨克汗国与安南、朝鲜、暹(Xiān)罗、琉球一样,成为大清藩属国。

---

① 见《新疆图志》卷十"高宗纯皇帝平定准噶尔告成太学碑",东方学会1923年本。

乾隆四十六年（1781）五月，东方的台湾发生铺天盖地的海啸，数万人葬身巨澜。西域腹地的哈萨克汗国也传出噩耗：阿布赉汗在出征途中因病去世，终年70岁。

从此，"阿布赉"成为哈萨克民族的战斗口号。中国近代哈萨克诗人柯仁深情地吟咏道：

> 保卫，保卫，汗腾格里堡垒，
> 我们喊阿布赉、阿布赉、阿布赉。
> 他是我们的祖宗，
> 他是我们的英雄。
> 他是我们的生命源泉、生命源泉，
> 擎着胜利旗，飘扬在山巅。
> 前进、前进、前进、进，
> 在阿布赉的再生中。
> 齐心协力，创造大同，
> 在阿布赉的再生中。

十一、噩梦醒来是早晨

伟人一去，哈萨克固有的离心力再次爆发，团结统一的哈萨克汗国分裂为多个兀鲁斯（意为"部落领地"）。

早就虎视眈眈并装备着火枪大炮的俄罗斯帝国趁机向哈萨克西部边境渗透，英勇无畏的哈萨克骑兵则以马刀、弓箭和血肉相抵抗。这意味着，不论时机是否成熟，不论哈萨克是否分裂，不论谁带兵打仗，拥有热兵器的一方终将稳操胜券。英国诗人希莱尔·贝洛克在1898年总结得恰到好处：

> 无论发生什么，我们有
> 马克沁机枪，而他们没有。

西部的小玉兹和中玉兹首先被俄国人占领，小玉兹被划归俄国奥伦堡总督管辖，中玉兹则被划归俄国西伯利亚总督管理。阿布赉汗共有12

个妻子,30个儿子,40个女儿。他的长子瓦里被沙皇任命为中玉兹可汗,另一个儿子卡瑟穆被任命为苏丹,瓦里之子钦吉思则被任命为大苏丹、上校。

南部的大玉兹则在19世纪20年代被浩罕汗国所征服。

道光二年(1822),沙皇俄国下达了一纸命令,宣布哈萨克汗国就此结束。消息像暴雪一样覆盖了草原,哈萨克人的民族热情被迅速催醒,反抗沙俄殖民统治的战斗终于爆发。期间,卡瑟穆的孙子——中玉兹汗克涅萨热·卡瑟莫夫脱颖而出。道光二十一年(1841),克涅萨热作为"三姓阿拉什(古称,指三个玉兹)可汗"被部下用白毡抬起,成为草原女儿们一面高扬的旗帜。

道光二十七年(1847)夏,天山被乌云久久笼罩着,像一个危险而又充满诱惑的谜语。克涅萨热被传统盟友吉尔吉斯人出卖,他与亲兄弟那吾鲁兹拜一起,带着不泯的雄心壮烈殉国,历时391年的哈萨克汗国落下帷幕。由此,哈萨克人民开始了长达144年的殖民岁月,巴尔喀什湖东南的七河地区被沙俄占领。

噩梦还在延续。同治三年(1864),俄国人的铁蹄踏上了大玉兹旧地上的浩罕汗国,用摧枯拉朽的枪炮折服了浩罕汗。为了实现永久占领,沙皇将俄罗斯人大量地迁入了哈萨克地区。同时,占领者放出话来:"哈萨克人如果想活命,就赶紧离开这片富庶的土地!"几乎是在刀尖的驱赶下,哈萨克人被迫背井离乡,迁移到人畜难以存活的沙漠地带。

人们只能奋起反抗。浩罕汗国于光绪元年(1875)爆发了反对沙俄奴役的起义。按说,俄国人应该做些让步,最起码也应该软硬兼施吧。但沙皇说,我这里没有自由和平等,只有屠刀和大炮!在扑灭起义之火后,沙皇索性废掉了浩罕汗国,在那里设置了费尔干纳省,隶属于土耳其斯坦总督。哈萨克人被一分为三,分别归三个俄国总督府管辖。

既然停摆的钟表每天都有两次是准时的,那么一个人也没有理由总是倒霉。十月革命后,俄国境内的哈萨克人呼吸到了苏维埃带来的新鲜空气,哈萨克成为苏联的自治共和国。

第二次世界大战爆发后,大量哈萨克人加入了苏联红军,挺进到反抗德国法西斯的第一线,涌现出了一批一往无前的战斗英雄,那个将红旗插上德国国会大厦圆顶的包尔江·玛穆什,就是哈萨克人。哈萨克大草原也成为苏联的大后方,哈萨克男子全部转变为工人,女人和孩子则接过马鞭从事放牧。在苏联所有战备物资中,射向德国军队的每两枚炮弹中的一枚,每十发子弹中的五发,每位战士的皮衣皮帽,都是在哈萨克工厂里制造的。

尽管哈萨克与俄罗斯人并不同源,也没有共同的文化,但还是一度摈弃前嫌,为了人类的生存与自由共同战斗着。

要知道,把语言、风俗、信仰和民族感情毫无联系的部族硬捏到一起是不会长久的。一个世纪后,一位脑瓜上绘着地图的改革家推行了三权分立的民主化改革,实行了多党制,从而导致大一统的苏联局势失控。在公元1991年8月19日苏联老共产党人发动的政变流产后,这位改革家要求苏共中央解散,听凭各共和国共产党决定自己的命运。此语一出,联盟便以雪崩的速度轰然解体。12月13日,中亚五国在土库曼斯坦会晤,哈萨克斯坦从此实现了真正独立。

有伊朗、伊拉克和阿富汗的前车之鉴,他们从一开始就表示了建立一个世俗国家的坚定决心。国家宪法规定:"哈萨克斯坦是民主的、非宗教的、统一的国家"。因为他们早就对伊斯兰教极端组织倡导的苦行僧式生活望而生畏了。试想,如果像阿富汗塔利班时期一样,国民们都变得从来不笑,从来不娱乐,总是威严地板着脸,对任何物质享受和金银财宝都不动心,只是一味地帮助伊斯兰兄弟进行所谓的圣战,那将多么可悲而又恐怖啊。

哈萨克斯坦总面积271.73万平方公里,居世界第九位;总人口1700多万,哈萨克族近700万;新首都阿斯塔纳。

十二、新丝绸之路经济带

一江春水向西流的伊犁河,几乎就是新疆经济、文化向西开放的一个隐喻。

2013年9月7日上午,哈萨克斯坦纳扎尔巴耶夫大学礼堂,到访的中国国家主席习近平在哈萨克斯坦总统纳扎尔巴耶夫陪同下,踏着热烈的掌声信步走上讲台,发表了热情洋溢的演讲,提出了共同建设"丝绸之路经济带"的倡议,展示了中国对欧亚空间进行深度交流与合作的开阔情怀,显示了正在崛起的中国对欧亚战略空间发展与合作的责任感与使命感。

对于习近平的倡议,纳扎尔巴耶夫作出了回应,他不仅赞同习近平建设"丝绸之路经济带"的战略构想,而且表示愿同中方加强经济、交通、人文互联互通,共同构筑新的丝绸之路。

可以说,这是一个传承古丝绸之路精神的创新之举,是一个将"中国梦"和"亚洲梦""欧洲梦"相连接,支持沿线国家改善民生、增加就业、促进经济优势互补、增进多元文明交汇的战略举措,是一个更加开放、更加包容、更强调合作共赢的宏伟蓝图。因此,这一构想与哈萨克斯坦"光明之路"、塔吉克斯坦"能源、交通、粮食兴国"、土库曼斯坦"强盛幸福时代"等国家发展战略高度契合,一经提出,不仅受到了哈萨克斯坦和其他中亚国家,也受到了上海合作组织成员国及观察员国,还受到了联合国、欧盟等国际组织的赞扬与响应。

新丝绸之路经济带,东牵亚太经济圈,西连欧洲经济圈,穿越亚欧十八个国家,腹地贸易额占全球贸易总额近四分之一,总人口达36亿,占全球总人口的51%,占世界GDP总额的27%,被认为是"世界上最长、最具发展潜力的经济大走廊",也是古老的丝路重新焕发生机的历史机遇。2013年,中国和欧洲之间的贸易额高达5591亿美元,但只有不到百分之一的产品通过中亚陆上运输。据估算,从连云港到阿姆斯特丹,如果通过丝绸之路,运输距离可比海运缩短9000多千米,时间缩短一个月,运费节约近四分之一。

正如古代丝绸之路的繁荣不是靠强制命令一样,新丝绸之路的构想也需要合作精神。中国是新丝绸之路经济带的发起国和倡导国,但不可能是唯一的推动国和完成国,这一宏大构想的实现需要沿线各国的共同努力与精诚合作。下一步的关键是着力解决中国与中亚、俄罗斯的铁轨轨矩不统一、经济带沿线基础设施落后、人口密度低等现实问题。当然,最重要的是首先使经济带上升为沿线各国的国家战略。

十三、伊犁将军府

乾隆时代的清,跨过了100岁门槛,步入了一个王朝的中年,成熟而刚硬。平定准噶尔叛乱和和卓叛乱之后,如何有效而恒久地统治流淌着不驯服基因的西域,成为乾隆的一大难题。

"久拖不决总不是办法呀!"于是,在乾隆二十七年(1762)十月,乾隆颁布诏书,设立总统伊犁等处将军,简称伊犁将军,作为派驻西域的最高军事行政长官,统辖全疆和哈萨克各部。也就是说,乾隆推出的,是军政合一、以军事为主的体制。

伊犁将军的管辖范围是,额尔齐斯河、斋桑泊以南、巴尔喀什湖以东以南、天山南北直至帕米尔高原地区。这一区域与汉西域都护府辖区基本一致。

伊犁将军以下,设都统、参赞、办事、领队各级大臣。在军事重地伊犁、塔尔巴哈台、喀什噶尔、乌鲁木齐设立了参赞大臣,在较大的城镇阿克苏、乌什、库车、叶尔羌、辟展(今鄯善县境内)、库尔喀喇乌苏(今乌苏市)设立了办事大臣,在其他城镇如和阗、巴里坤、巴彦岱(今伊宁市巴彦岱镇)、英吉沙尔、古城(今奇台县)设立了领队大臣。

伊犁将军府最初设在规模较小的绥定城,为了适应扩军与固疆的需要,伊犁将军从乾隆二十八年(1763)开始,组织军民建设了一个庞大的军事城池网。它们以伊犁河北岸的惠远城(位于今霍城县惠远乡南7千米)为中心,西有广仁城(今霍城县芦草沟)、瞻德城(今霍城县清水河镇)、拱宸城(今霍城县老县城)、绥定城(今霍城县境内,惠远城西15千米)、塔勒奇城(今霍城县水定镇,绥定城西5千米),东有惠宁城(惠远城东北35千米,今伊宁市巴彦岱镇)、熙春城(位于惠远城与宁远城之间,今伊宁市西城盘子)、宁远城(在今伊宁市境内),形成了八星(卫星城)拱一月(惠远城)的军事格局,史称"伊犁九城"。乾隆三十年(1765),伊犁将军移驻新建的惠远城。

大清驻军分驻防军和换防军两种,驻防军长期驻守此地,官兵可携带家眷;换防军三年或五年一轮换。因天山北路西接强悍的游牧民族哈萨克与布鲁特,北邻步步紧逼的俄罗斯,所以驻防军主要集中在北疆,换防军主要集中在南疆。

北疆驻防军以伊犁、乌鲁木齐为中心。伊犁部分以惠远城为中心,包括伊犁河两岸和博罗塔拉河流域,驻惠远城满营兵4370人,驻惠宁城满营兵2204人,驻伊犁河南岸的锡伯营1018人,驻伊犁河北岸的索伦达呼尔营1018人,驻博乐、温泉一带的察哈尔营1837人,驻昭苏、特克斯一带的厄鲁特营700人,驻瞻德、拱宸、绥定、塔勒奇、惠宁、熙春、广仁等城及塔尔巴哈台为绿营兵①。乌鲁木齐部分由乌鲁木齐都统管辖,驻乌鲁木齐满营兵3500人,绿营马步兵3500人;驻古城满营兵1100人,绿营兵400人;驻巴里坤满营兵1000人,绿营兵2000人;吉木萨尔绿营马步兵900人;玛纳斯协营马步兵1600人;喀喇巴尔噶逊(今达坂城)绿营兵300人;库尔喀喇乌苏和精河各驻绿营马步兵300人。

天山南麓的换防军,派驻喀什噶尔满营兵330人,锡伯营和索伦营各96人,绿营兵625人;派驻英吉沙尔满营兵80人,绿营兵200人;派驻叶尔羌满营兵206人,绿营兵680人;派驻和阗绿营马步兵223人;派驻阿克苏满营兵60人,绿营兵698人;派驻乌什满营兵140人,绿营马步兵505人;派驻库车绿营兵302人;派驻喀喇沙尔(今焉耆)绿营兵600人;派驻吐鲁番满营兵500人,绿营兵600人。另外,在哈密,有驻防军2000人。

伊犁将军府设立初期,南北疆共有驻军3.87万人;到嘉靖年间,伊犁各营军人增加到9.83万人。

终清之世,先后担任伊犁将军的共有34人。将军府设立初期影响较大的,有首任伊犁将军明瑞,他不仅主持修建了惠远、宁远、惠宁等城,而且成功组建了满营、绿营、厄鲁特营②、察哈尔营③、索伦营④、锡伯营⑤,"宣国威于边疆,开一代之胜举";二任伊犁将军阿桂,兴建了绥定、塔勒

---

① 大清在统一全国过程中收编的明军及其他汉兵编成的军队,以绿旗为标志,称为绿营,又称绿旗兵。为大清常备军,士兵可以父死子继。
② 由厄鲁特蒙古部组建,主要成分为投降大清的准噶尔蒙古人。
③ 由察哈尔蒙古部组建,1762—1763年从今河北张家口外分两批迁来,官兵及家眷在6000人左右。
④ 由黑龙江的土著民族达斡尔部与鄂温克部组建,1763年从黑龙江迁来,官兵1000人,另有家眷1000余人。
⑤ 由拓跋鲜卑后裔锡伯族组建,1764年从今辽宁沈阳迁来,官兵与家属共4000余人。

奇二城,还在军屯与民屯上大做文章,对开发伊犁与巩固国防立下了不朽功绩;三任伊犁将军伊勒图,妥善安置了从伏尔加河回归祖国的土尔扈特蒙古各部,在塔尔奇沟口外修筑了一系列城堡,在边防上屡有建树;道光五年(1825)上任的伊犁将军长龄,先后平定了张格尔叛乱与玉素普叛乱,成为分裂势力啃不动的一块硬骨头。

在鸦片战争之前,你几乎找不出一位"狗熊"与"病猫"般的伊犁将军。

十四、虎口索食

但嘉靖之后的大清,酷似老寡妇慈禧,始终哭丧着一张驴脸。

同治九年(1870),尽管中原没有大的战事,但天津所发生的民众焚烧天主教堂、打死外国传教士事件(史称"天津教案"),还是令朝廷左右为难,焦头烂额。直到曾国藩和李鸿章亲自出面,将20名民众杀头,将天津知府与知县撤职,付出了49万两银子的赔款,派出钦差远赴法国赔礼道歉,事件方才勉强平息。

就在大清与法国苦苦周旋之际,被称为"中亚屠夫"的浩罕贵族阿古柏已经攻陷了乌鲁木齐,成为新疆的新主人。第二年,俄军发动突然袭击,赶走了伊犁将军衙门,占领了新疆耕地最为肥沃、人口最为稠密、工商业最为发达的伊犁地区。

事后,它向清朝解释说,因为大清已经无法在那里行使主权,所以基于朋友的道义,暂时代为管理,以免落入叛军之手;一旦新疆叛乱平息,俄国就将双手奉还。在他们看来,大清再也不可能回到新疆,伊犁并入俄国已成定局。

有人把清末的中国看作一口密封的大缸,缸里的物质已经高度霉变,正赶上一群打劫的强盗自西而来,驾着庞大而快捷的轮船,扛着中国人从未见过的火枪,为了争夺缸里的奇珍异宝,他们几枪托就砸开了这口古老的大缸。

要我说,颓废懦弱的大清其实是一块免费的蛋糕,列强们手持钢刀围坐在一起,喜形于色地争相切割。一个老太太和一群头戴红顶子的男人表情麻木,只有一个清吏圆睁着一双老眼,拍案而起。

他叫左宗棠,一位极富正义感与爱国心的湖南人,官衔是陕甘总督。在65岁的多病垂暮之年,他接受了"钦差大臣、督办新疆军务"的重任,率6万湖湘子弟西行,短短一年就扫荡了阿古柏并收复了天山南北的大片国土。

光绪二年(1876),丙子年,属鼠,大清发生了三件喜事:中国第一位驻外使节郭嵩焘派到英国,中国第一条铁路——淞沪铁路全线开通,清军出兵新疆打了一个久违的胜仗。特别是第三件事,令俄国十分惊诧。依它过去所做的承诺,必须无条件地从伊犁撤退。俄国人实在无法拒绝撤退,就要求谈判撤退的条件。好比一个抢占了别人住房的强盗,却在搬出所抢的住房时,要求房主支付看护费。

按照惯例,谈判地点应在两国边界或第三国,但俄国却硬将谈判地点定在自己的首都圣彼得堡。

大清于光绪五年(1879)派遣满洲权贵崇厚前往俄国,这是中国历史上第一次派遣使者到外国首都办理交涉。这位满脑袋浆糊的使者认为,只要收回伊犁就算完成了任务。临行前,他通过占卜得知此行不利。因此,他到达俄国后,很快签订了包括赔款白银280万两,割让霍尔果斯河以西和特克斯河流域5万平方千米土地给俄国,斋桑湖以东重新划界在内的《里瓦几亚条约》。然后,仓促回国。

按照条约,大清只收回了一个伊犁孤城,城西和城南的土地全部丧失,从伊犁到天山南麓必经的特克斯河也被切断。此时的清朝已经略懂国际事务,加上英国暗中出谋划策,于是做出了三个决定:一是拒绝批准这个条约,二是将没有接到训令就擅自回国的崇厚判处死刑(卦象果然应验),三是令左宗棠集结军队准备进攻伊犁。

尽管俄国人不甘示弱,但他们还没有西伯利亚铁路,从国内运兵要浪费很多时间,而且新征服的中亚有同清朝联合反抗的苗头,最后,两个国家重开谈判。这一次,清朝没有再派满洲权贵,而是派出精通英文、擅长外交的汉人曾纪泽为全权代表,与俄国谈判修改崇厚擅订的《里瓦几亚条约》。对于曾纪泽这个名字,读者可能有些陌生,但他的父亲尽人皆知,就是大清名臣曾国藩。由于曾国藩的长子早死,身为次子的曾纪泽已经在两年前曾国藩病故后承袭了一等毅勇侯爵。

曾纪泽抵达俄国后,与俄外交部及驻华公使等前后谈判历时10个月,正式会谈辩论有记录可查者达51次,反复争辩达数十万言。光绪七年(1881),

《中俄伊犁条约》(又称《中俄改订条约》《圣彼得堡条约》)终于诞生,与崇厚所签订的条约比较,虽然霍尔果斯河以西2万平方千米的土地割让给了俄国,但乌宗岛山及伊犁南境特克斯河一带均予收回,取消了俄国人在大清境内进行经济活动等条款。不过,赔偿增加到500万两白银。

不管怎么说,新疆总算重新回到祖国的怀抱。"虎口索食"的曾纪泽也得以提升为宗人府府丞、左副都御史,成为与大清首位驻外公使郭嵩焘齐名的外交家。

两年后,自感吃了亏的俄国人再次跟清廷勘定斋桑泊以东的边界,通过《科塔界约》割走了3万平方千米的土地。至此,哈萨克人的生活区域基本被并入俄国版图。大清境内的哈萨克人只剩下中玉兹的克烈部和乃蛮部。

公元1954年,中国在哈萨克聚居区成立了伊犁哈萨克自治州,辖伊犁、塔城、阿勒泰3个地区24个县市。还设立了新疆木垒、巴里坤哈萨克自治县,青海海西蒙古族哈萨克族自治州,甘肃阿克塞哈萨克族自治县。中国哈萨克人至今已达130万。

往事的华幕已然合拢,崭新的世界渐行渐近,我们已经听得到新丝绸之路经济带清脆的足音,感受得到从太平洋西岸风尘仆仆而来的经伊宁市、霍尔果斯市直达阿拉木图的运输车队的轰鸣,看得见它那鸟瞰绵延万里的欧亚大陆的锐利眼睛,以及缓缓张开的青春焕发的翅膀。

乌孙国小传:乌孙,出身于远古欧洲人种,秦末汉初游牧到河西走廊,不久就被月氏击败,残余部落先是依附于匈奴,后来在匈奴扶持下赶走了提前迁徙到伊犁河流域的宿敌月氏,建立了一个名叫乌孙的强国。张骞第二次出使西域,尽管没有说服乌孙与汉朝联合夹击匈奴,却使乌孙了解了汉的强盛,从而促使乌孙首领向汉称臣并且请婚。于是,几位公主先后远嫁乌孙,用美丽的姻缘将东西两个大国维系在了一起,演绎出了一幕幕或凄婉或醇美的爱情故事。然而,汉、匈争相与乌孙和亲,也为乌孙埋下了分裂的种子。因为拥有汉家公主骨血的大昆弥,与拥有匈奴公主骨血的小昆弥,一直貌合神离、势同水火。就这样,乌孙陷入了互相刺杀与持续内斗的怪圈,国力渐渐衰减到经不起任何风吹草动的地步。南北朝时期,柔然轻轻一推,乌孙便轰然倒下。至于近代的哈萨克,并非乌孙所独建,而是由数十个游牧部落组成的民族联合体。

天山各国存续表

朝代\国名	车师前国	车师都尉国	狐胡	车师后国	车师后城长国	蒲类	蒲类后国	郁立师	卑陆	卑陆后国	劫	东且弥	西且弥	单桓	乌贪訾离	乌孙
战国																乌孙
秦	姑师							郁立师								乌孙
西汉	车师前国	车师都尉国,汉末消失	狐胡	车师后国	车师后城长国	蒲类、蒲类前国	蒲类后国,汉末消失	郁立师	卑陆	卑陆后国	劫,汉末消失	东且弥	西且弥	单桓	乌贪訾离	乌孙
东汉	东师前部		被车师后部所灭	车师后部		蒲类		被车师后部所灭	卑陆	与卑陆合并		东且弥	被东且弥所灭	被车师后部所灭	被车师后部所灭	乌孙
三国	车师前部					蒲陆,被车师后部所灭	被柔然击败,被高昌合并		毕陆,被车师后部所灭			东且弥,被车师后部所灭	三国初年复国,后被车师后部所灭	三国初年复国,后被车师后部所灭	三国初年复国,后被车师后部所灭	乌孙
西晋	车师前部、高昌															乌孙
东晋南北朝	高昌															被柔然所灭
隋	高昌															
唐	被唐太宗所灭															

378

后　记

　　余秋雨先生说,如果你想研究的历史不是一般的历史而是"大历史",如果你想从事的文学不是一般的文学而是"大文学",那么,请务必多去西域。

　　地球,这个在银河系里几乎找不到的微小颗粒,十分之七是海洋,十分之三是陆地。在不多的陆地中,最大的一块是欧亚大陆。这块陆地中央,就是我正在"大写"的西域。

　　请读者们千万不要忽视余秋雨先生的提醒,尽管这里距离海洋最远,尽管这里大漠漫漫、歧路遥遥,尽管160万平方千米的新疆仅有绿地百分之八点八九,尽管有限的绿洲承载了新疆百分之九十五的人口,但存在上的对水的绝对依赖,环境上的自我隔绝与封闭,地域上的孤立、分散和离群索居,使得这里的每一块绿洲都特色独具,五彩纷呈。也就是说,这里有四十八个古国,就可能拥有四十八种风情。

　　以天山为"书脊",西域是一本打开的巨著。这里并不封闭,因为有三条远古丝路从这里诗意地穿过,使之成为世界四大文明交汇的福地,各种看似天差地别的元素糅合在一起,孕育了一个与黄河文明、东夷文明同样璀璨夺目的混血文明——西域文明。有人形象地比喻,它是世界四大文明相遇、纠缠而形成的一个鬼魅而绚烂的花结。

　　如今的西域,像一个精致的梦,只对向往者、心仪者、冒险者开放心灵。我曾三次前往新疆,每一次跋涉在大漠风沙、苍山白水、残阳废墟、西风古道之间,轻抚着西域古国苍老胴体上的皱纹与伤疤,沐浴着沙埋古城的苍凉与雄奇,对视着饱满的大漠、温顺的长河、高旷的蓝天,我的视野都会高远一分,心胸都会宽阔一分,思绪都会绵长一分。这是一个能赋予你浩然正气、蓬勃朝气、昂扬锐气的地方。每一次来,都会洗去浮躁与铅华、狭隘与萎靡;每一次来,都会醍醐灌顶,大彻大悟;每一次来,都是心灵与人生的洗礼。

我在用脚丈量新疆的同时,更在用心感悟新疆,并开始用笔与键盘走进新疆,走进新疆那幽深、神秘、壮阔的历史隧道,一走就是1600多个日日夜夜。有人说,人类文明史上有三次里程碑式的革命,第一次是火的出现,人类超越了动物;第二次是农耕的诞生,人类超越了野蛮;第三次是写作的出现,人类超越了自己。用生命写作,一直是我超值的梦想和不懈的追求。多数人在种植庄稼,营造着其乐融融的家庭生活;我却在种植文字,营造着无穷无尽的寂寞。心累倒也罢了,身体的超负荷运转居然使我患上了耳鸣的顽疾。为此,我只有时常地苦笑,偶尔地自嘲,罕见地自得其乐。朋友们则说:"你简直是在自虐!"

2014年7月,这部70万字的长篇纪实文学终于画上了最后一个句号。那天傍晚,背负着飘飞的晚霞,我约上几个朋友,来到泰山东麓一个极其简朴但分外安静的农家小屋,罕见地斟满一大杯酒,一饮而尽,然后在朋友们惊诧的目光里大声宣布:"初稿完成了!"

算起来,我已经是第三次来中国社科院人类学与民族学研究所了。这里被称为"小社科院",是中央民族大学校园里的一座四层小楼,搭眼一看就是半个世纪前的老建筑,它那丑小鸭般的灰色外表与周边暖色调的现代建筑颇不相称,我每次走近这座小楼甚至忍俊不禁地笑出声来,但这座有点搞笑的建筑里却拥挤着当今世界上最智慧的大脑。在这里,我有幸结识了都市人类学专家张继焦、西域和卓家族研究专家刘正寅、新疆史研究专家刘文远、上古史研究专家易华、突厥语专家赵明鸣等。这部书能有底气与胆量面世,应该是这些国内一流专家们一再矫正、勘误的结果。

这部书与我六年前出版的《另一半中国史》,同属长篇历史纪实文学,也同属中国边疆史,但重合的部分只楼兰、乌孙、婼羌三章,而且考据更深入,内容更详尽,就连文字表达也鲜有重复之处。

为了方便读者阅读,我将西域四十八国分成了四编,前三编是从一个旅行者的角度,按照从东到西的顺序讲解的;第四编则采取了中间开花的方式,因为中间的吐鲁番盆地是地缘政治的一大中心。至于在许多章节反复提到同一个人物,实在是不得已而为之,譬如班超在楼兰放过火,在于阗杀过人,在疏勒娶过妻,在龟兹落过脚,在焉耆打过仗,写到以上哪个国家也无法回避他。

我所写的,我已经写成的,或者我正在写的,无论写得怎样,请读者对我书中出现的有关方位、距离、人口的表述宽容些,鉴于古代游牧民族来去自由,许多古代城镇不断迁建,各个朝代的计量单位又变来变去,就连历史典籍、地图册和权威词典都一再出现自相矛盾的地方,作为一个才疏学浅的人,我又能怎样呢?

我要鸣谢人民文学出版社在本书策划阶段就与我达成了出版意向,中国出版集团也将其确定为重点图书;鸣谢中国作家协会把本书列为2014年度重点扶持作品;鸣谢国家民族事务委员会对本书的审读与修改;鸣谢左中一、孙守刚、陈国栋、王红勇、潘凯雄、李炳银、金翔龙、聂震宁、刘焕立、林铭山、张炜、王桂鹏、刘增人、乔新家、李恩祥、侯健飞、杨文军、魏学来、王铁志、张若璞、朴永日、马煜东、汪雪涛、杨海蒂、萨苏、胡银芳、天时、鲁小光、陈承聚、马林涛、张欣、徐峙、谭践、陈东、郝斐的鼓励与支持;感谢妻子成爱军、儿子天成、女儿洁如六年来用加倍的付出给我腾出的写作空间。

但愿这本书使您暂时摆脱现代城市的喧嚣与匆忙,带您去往遥远而神秘的地方,让您经历一次如海潮般连绵不断的新奇。

2015年7月19日于泰山

大写西域 [上]

高洪雷 著

DA XIE
XI YU

图书在版编目（CIP）数据

大写西域：全2册/高洪雷著. — 北京：人民文学出版社，2015（2022.1重印）
ISBN 978-7-02-011147-3

Ⅰ.①大… Ⅱ.①高… Ⅲ.①西域—地方史 Ⅳ.①K294.5

中国版本图书馆CIP数据核字（2015）第221812号

责任编辑	付如初
装帧设计	陶　雷
责任校对	罗翠华
责任印制	任　祎

出版发行	人民文学出版社
社　　址	北京市朝内大街166号
邮政编码	100705

| 印　　刷 | 三河市中晟雅豪印务有限公司 |
| 经　　销 | 全国新华书店等 |

字　　数	707千字
开　　本	710毫米×1000毫米　1/16
印　　张	45　插页9
印　　数	43001—48000
版　　次	2016年1月北京第1版
印　　次	2022年1月第6次印刷

| 书　　号 | 978-7-02-011147-3 |
| 定　　价 | 86.00元（上下册） |

如有印装质量问题，请与本社图书销售中心调换。电话：010-65233595

图 1

秦时期西部示意图

图 2

西汉西域都护府示意图

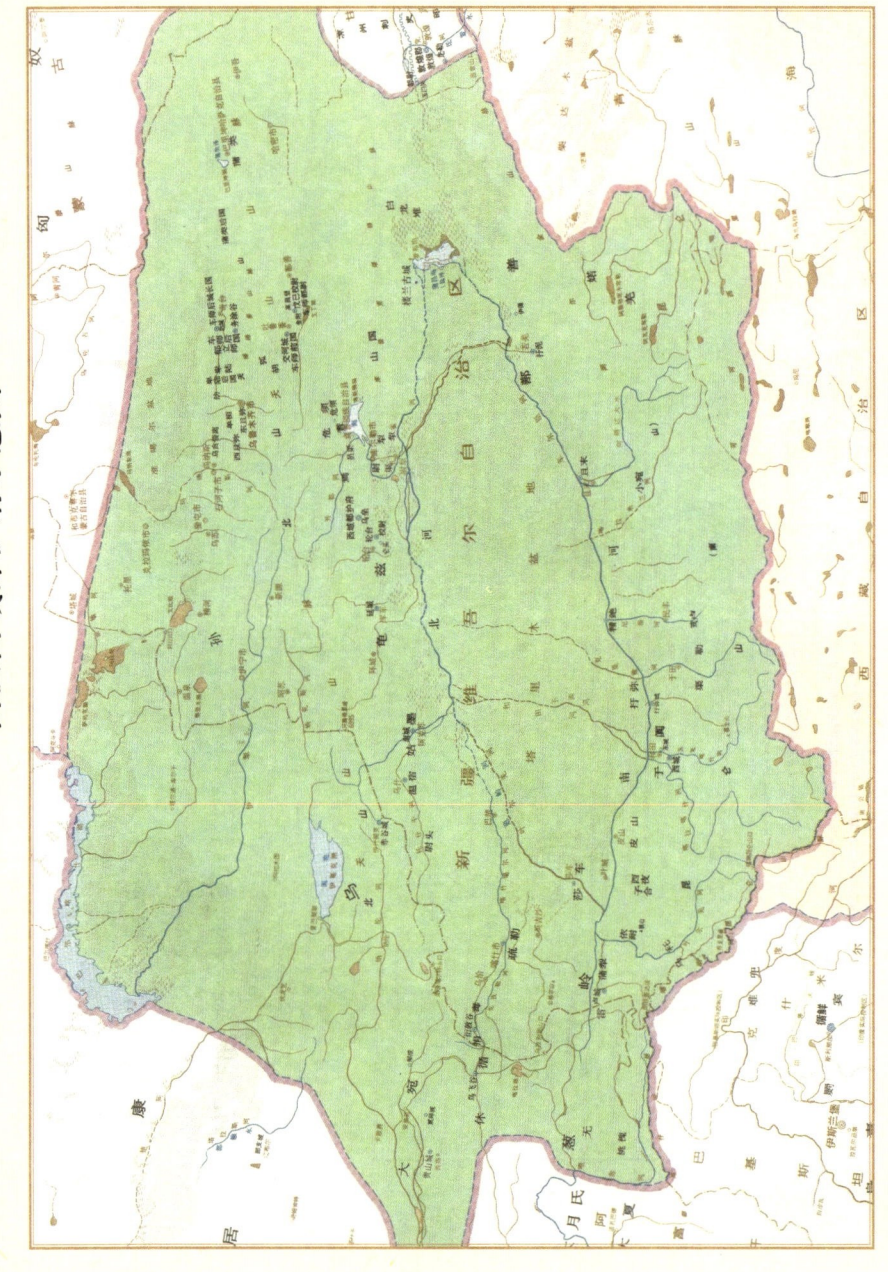

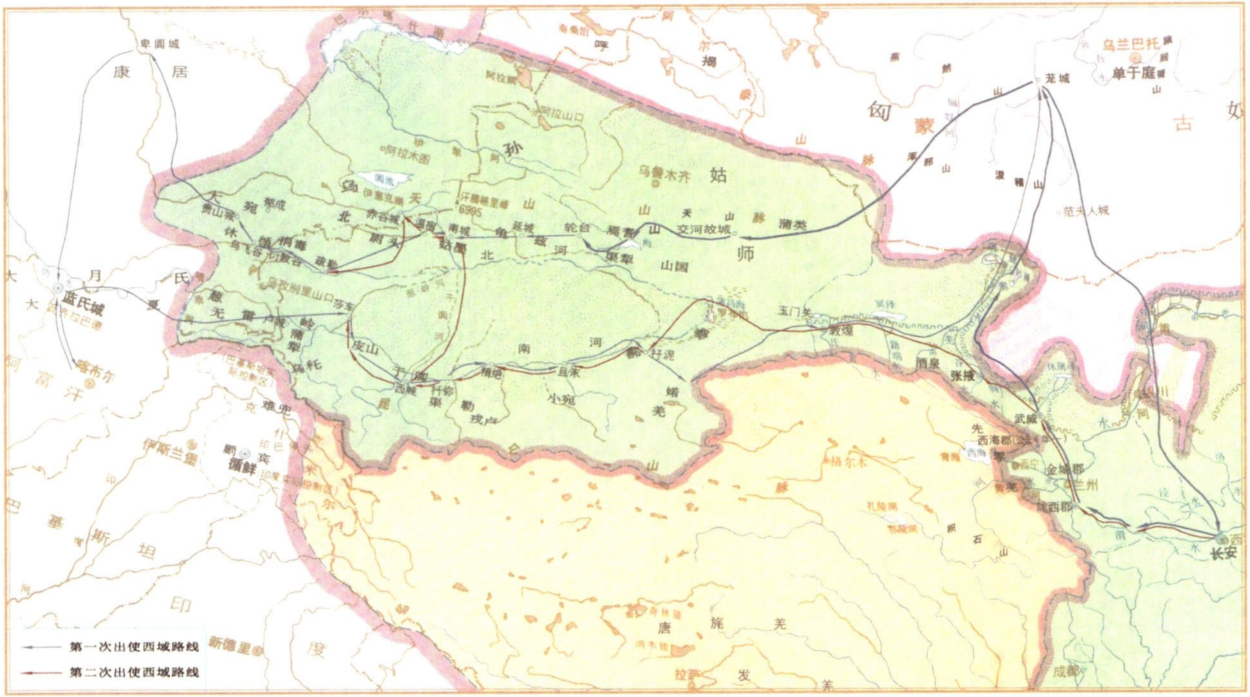

图 3 张骞两次出使西域路线图

汉代丝绸之路示意图

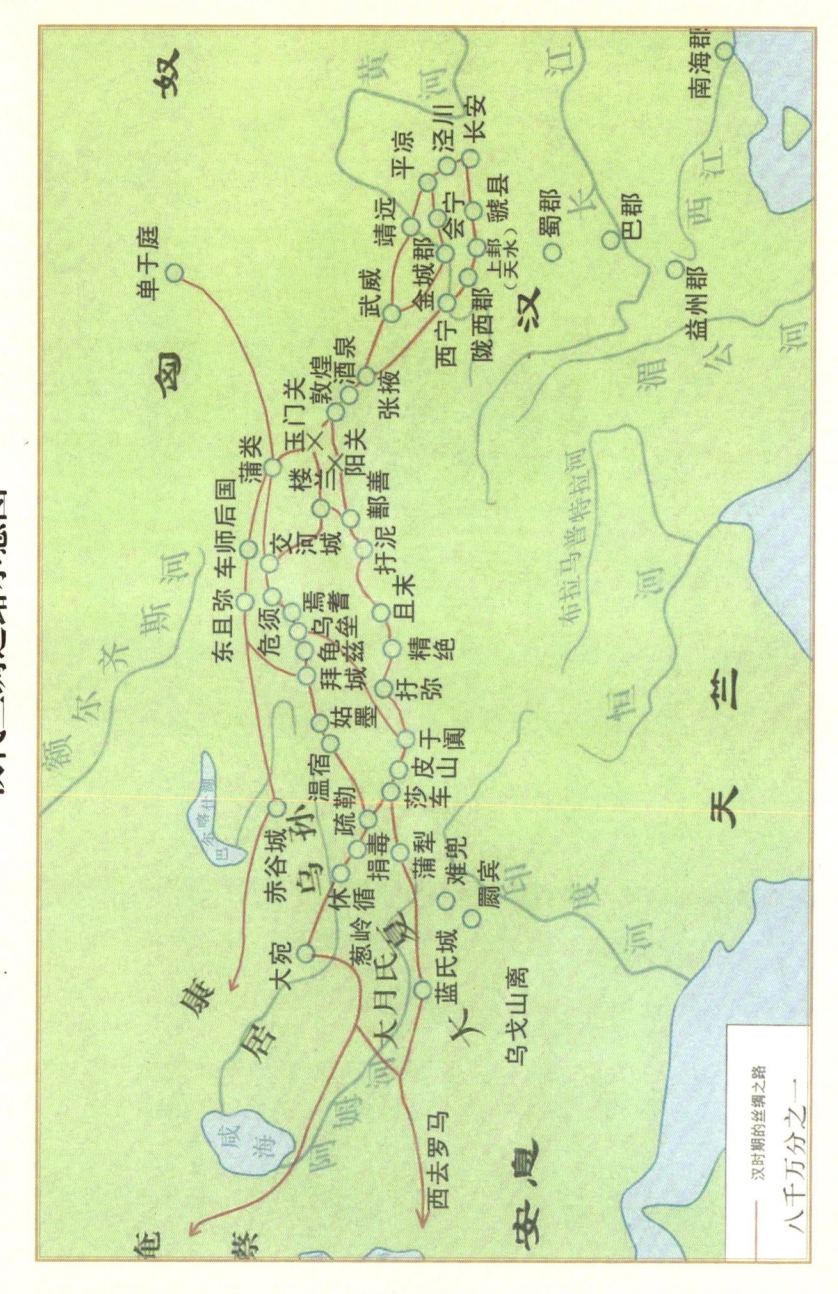

图 4

图 5 东汉西域都护府示意图

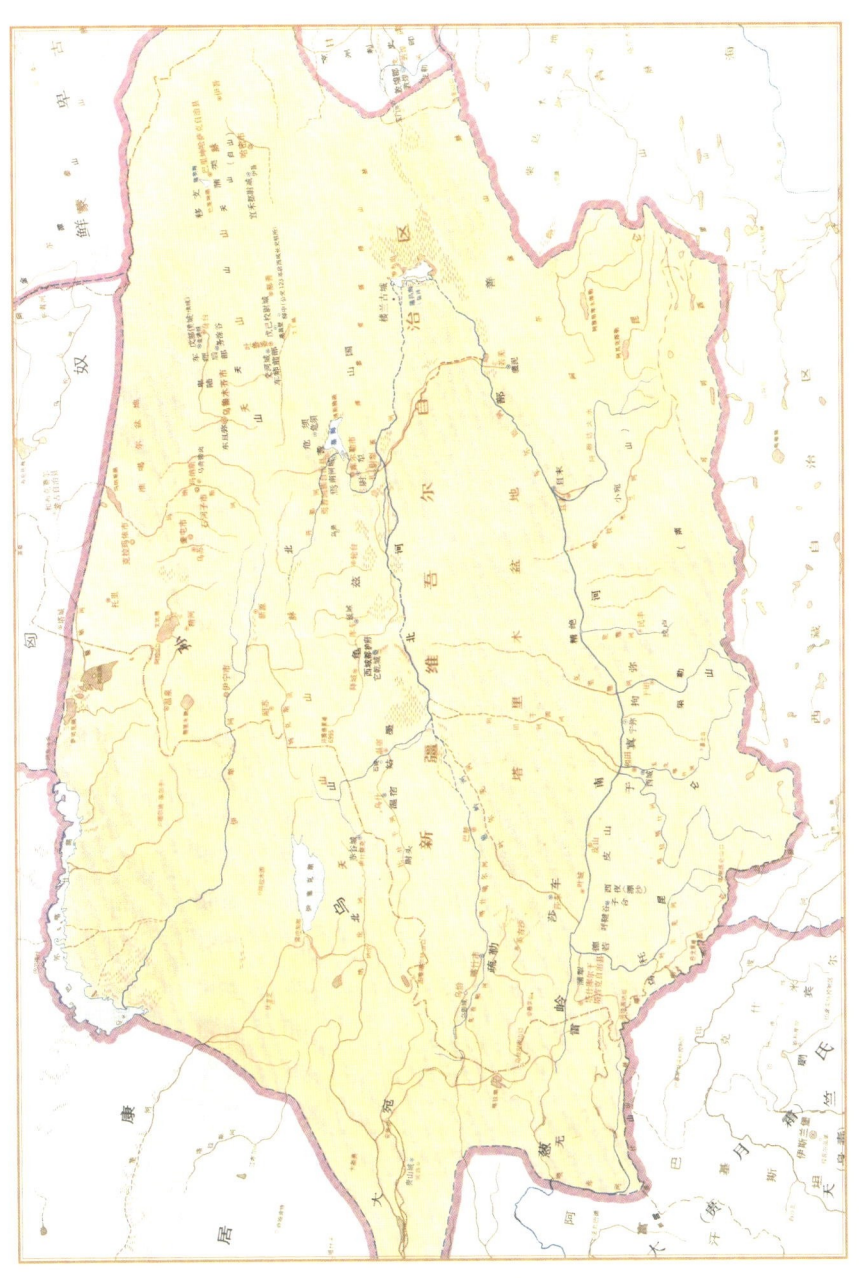

图 6

三国时期魏西域长史府示意图

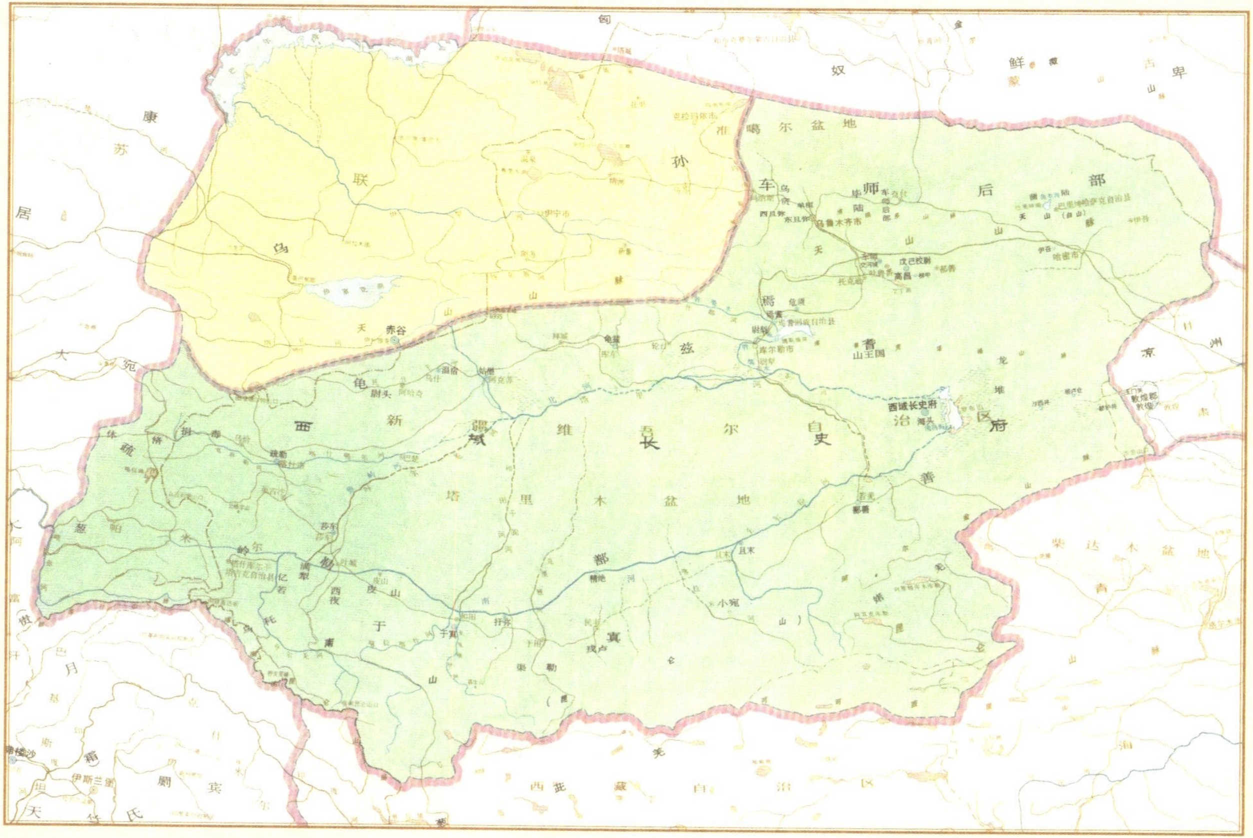

图7 西晋西域长史府示意图

图 8

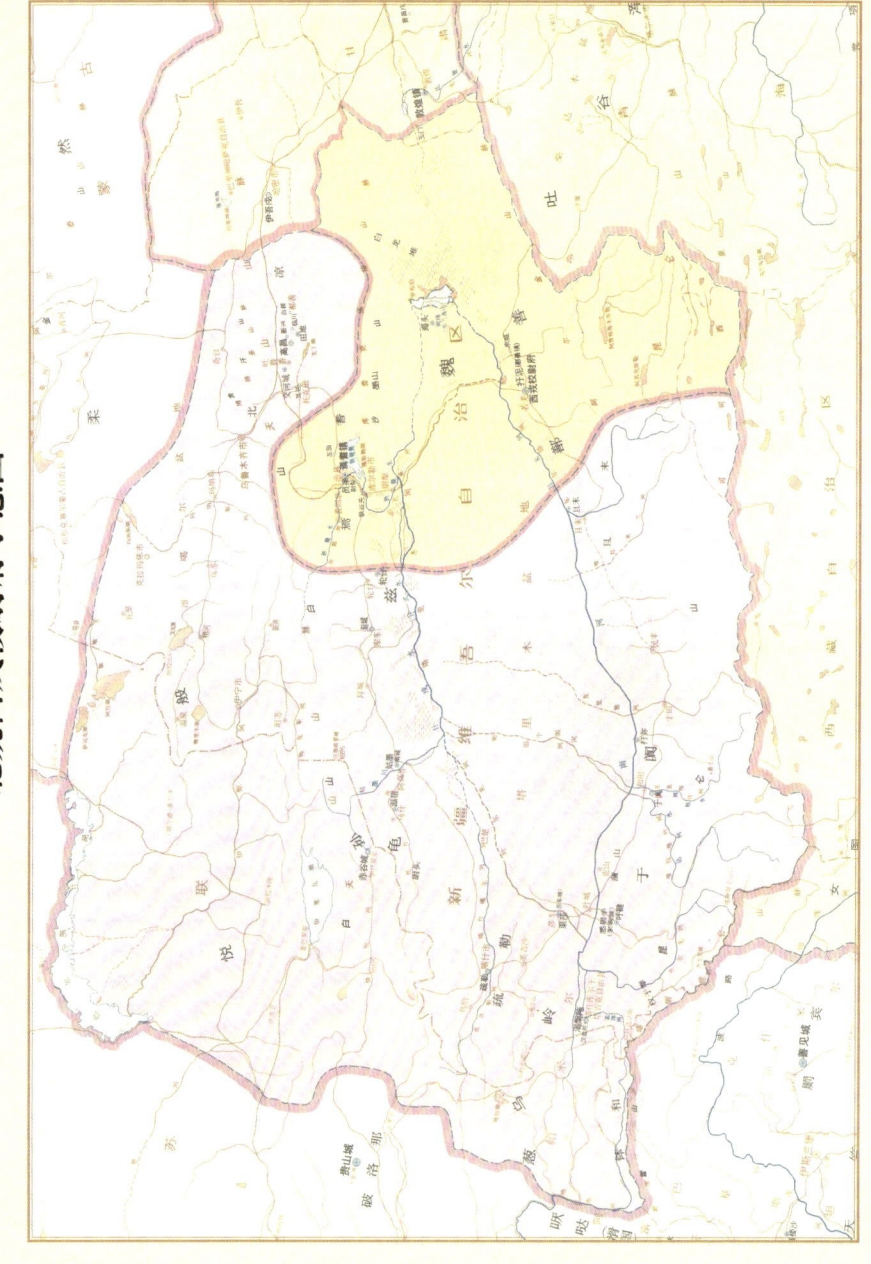

北魏西戎校尉府示意图

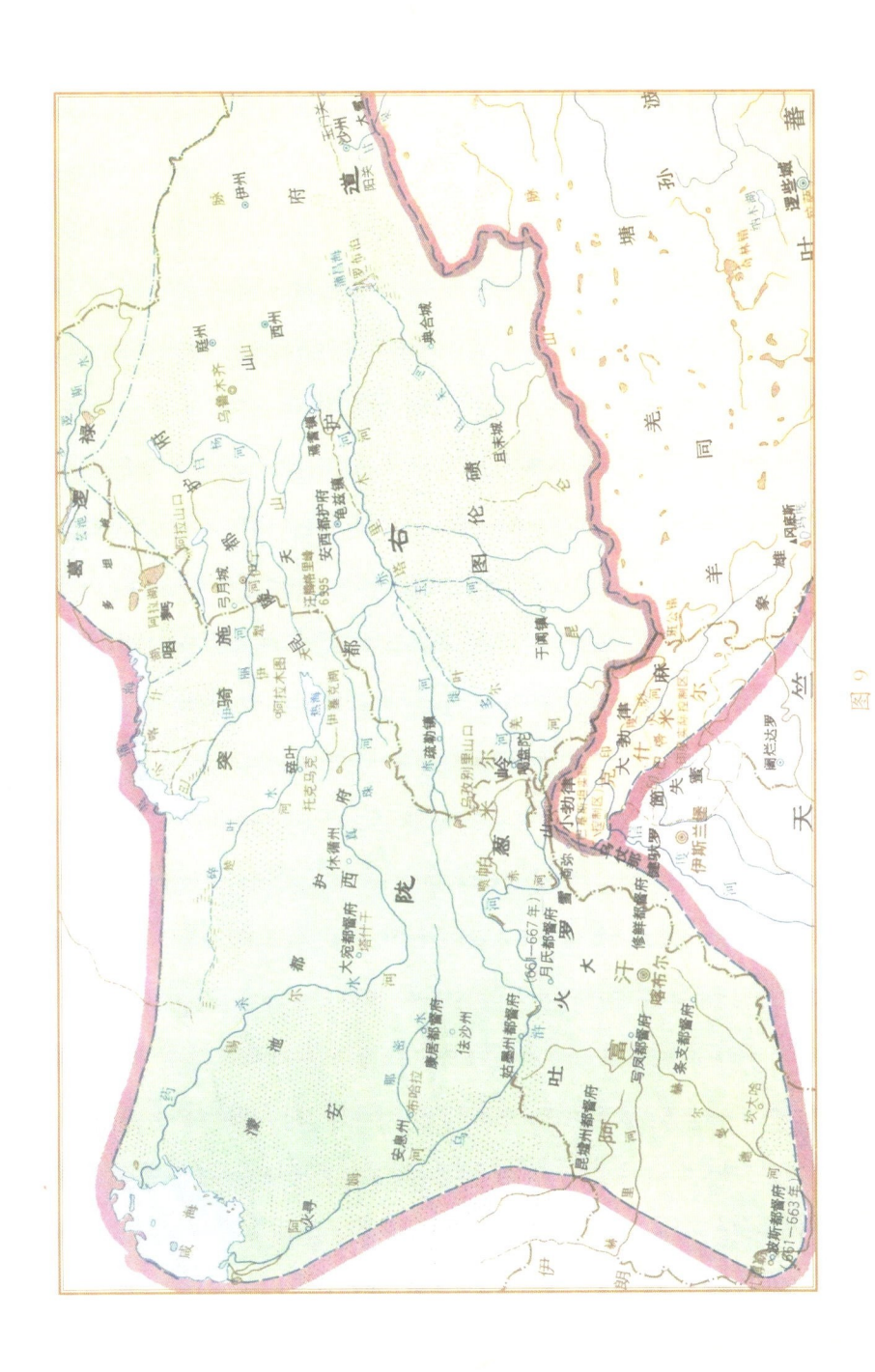

图9 大唐安西都护府示意图

图 10

唐玄奘西行示意图

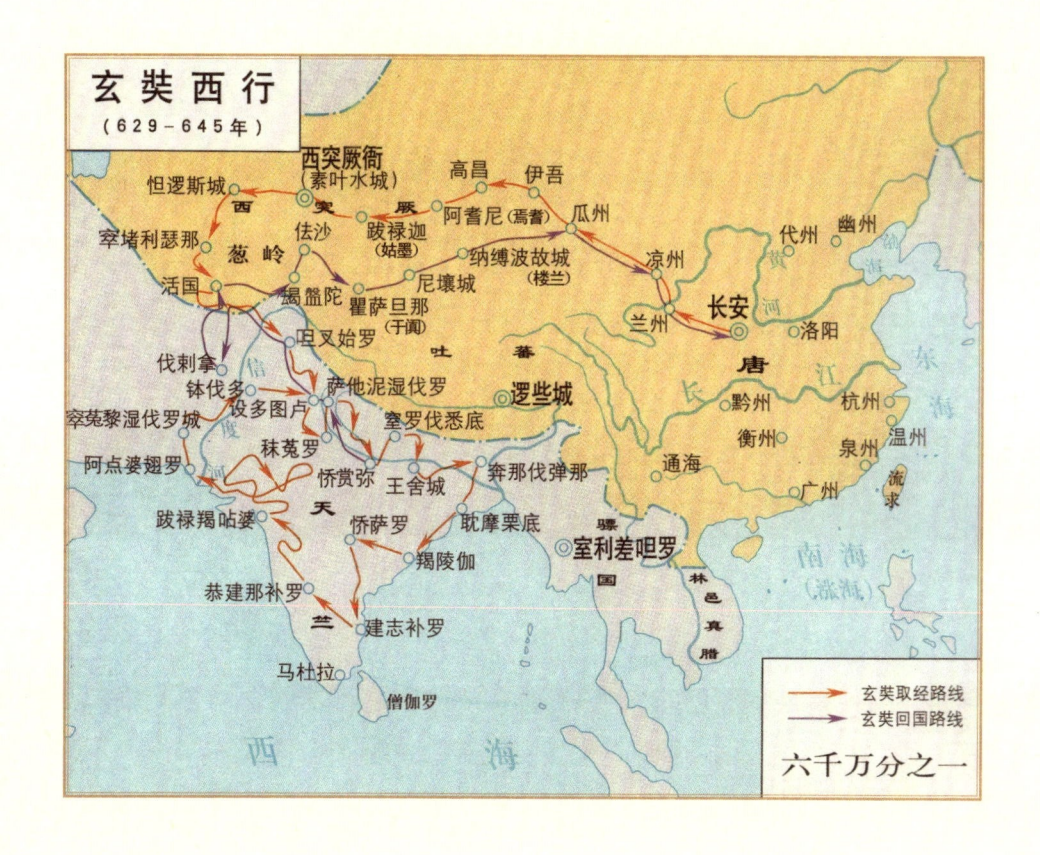

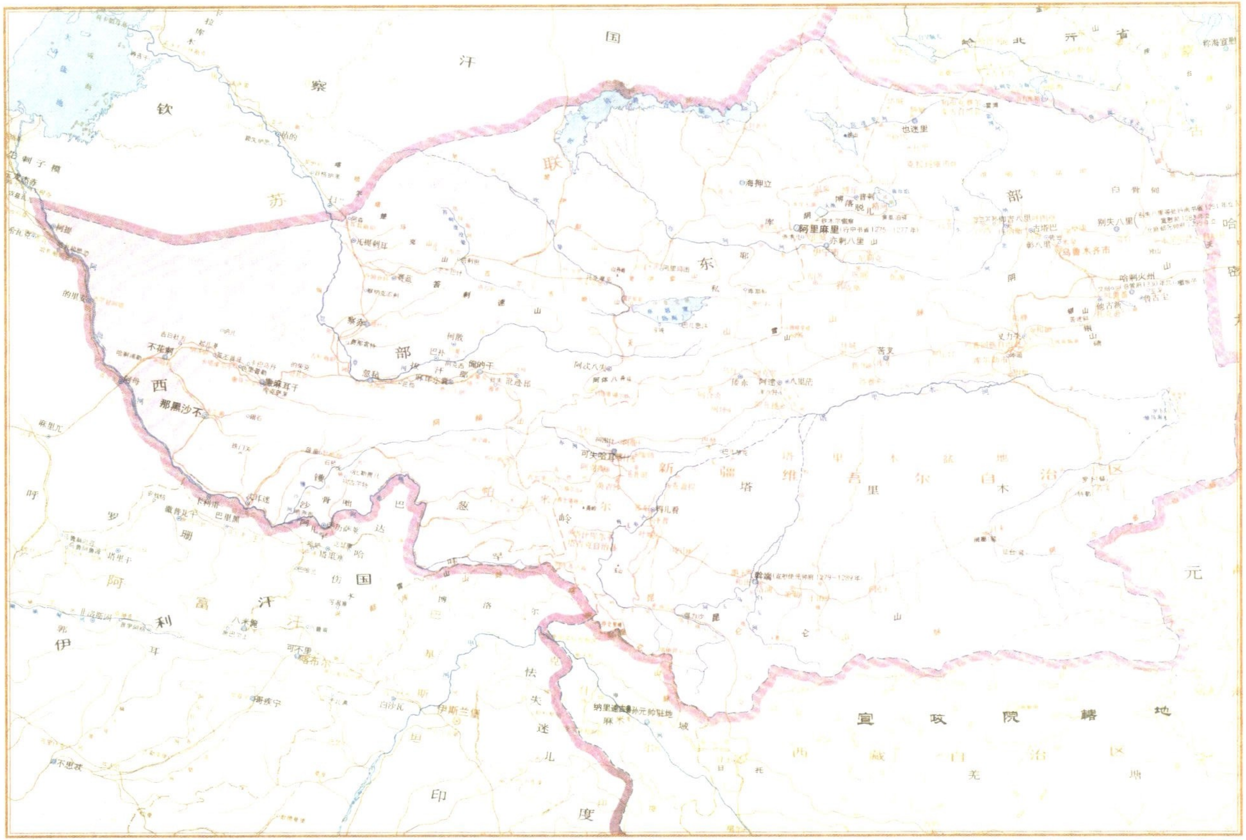

图11　元时期察合台汗国示意图

图 12

明时期西域示意图

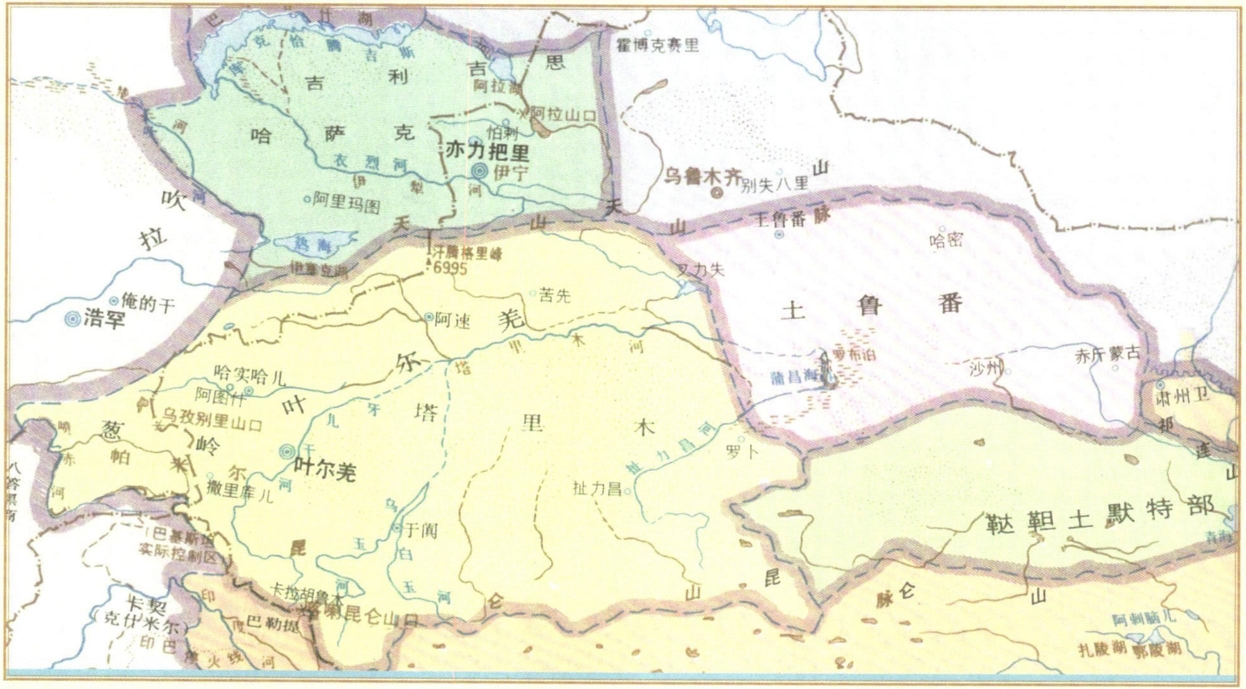

图 13

清初期（1620年）新疆示意图

图 14

新疆维吾尔自治区示意图

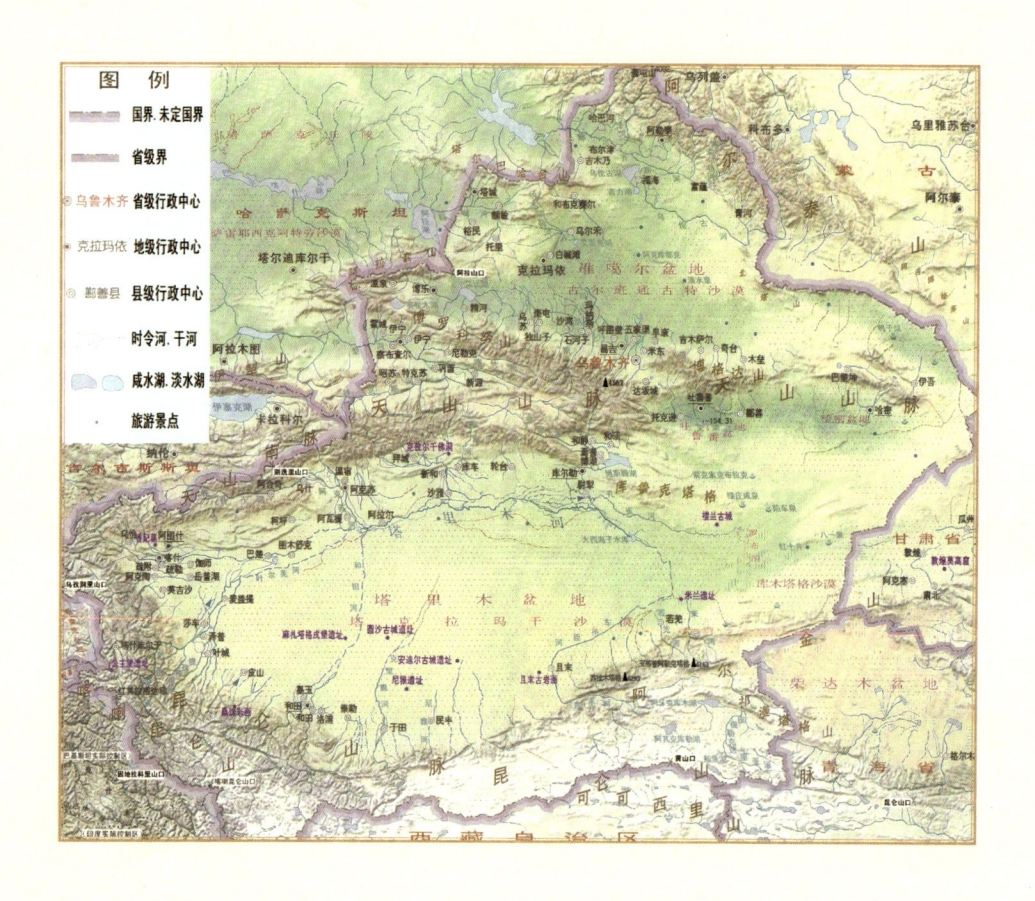

目　录

前　言 ·· 1

第一编　丝路南道十一国

第一章　楼兰——沉埋千年的绿洲神话 ·················· 3

此时的楼兰城，仍弥漫着一股死亡的气息。他踏进王宫时，贵族们一脸漠然与不屑，既不行礼，也不搭话。安归的美丽遗孀更是站在远处，用一双如刃的眸子盯着他……

第二章　婼羌——曾经的"去胡来" ······················ 55

姑句已经吓得尿湿了裤子，而唐兜却面不改色，喊冤不止。见喊冤不起作用，唐兜转而破口大骂，从天地玄黄骂到宇宙洪荒，从汉帝小儿骂到但钦、王莽……

第三章　且末——车尔臣河上的国家 ···················· 75

东坡雪泥鸿爪，庄周晓梦迷思，奥德赛十载漂流，马孔多百年孤独——几乎都是因为深重的乡愁，正所谓"寻常一样窗前月，才有梅花便不同"。

第四章　小宛——塞人的意外收获 ······················· 85

咸海是一片沉静的水面，锡尔河是一条喧闹的河流。生息在这里的马萨格泰部因而兼有了动与静两种性格。静如处子，安享贵族一般的平静生活；动如脱兔，一旦遇到进攻便奋勇拼杀，不惜流尽最后一滴血……

第五章　精绝——沙漠中的小庞贝 ······················· 101

因为环境、战火、瘟疫或其他鲜为人知的原因，精绝国人在公元 4 世纪左右的某一天选择了无奈的撤离。我仿佛看见，残阳如血,驼铃声咽,荒漠故道上,精绝国撤离的驼阵蜿蜒远去,凄迷不知所终……

第六章　戎卢——在于阗的阴影里 …………………… 120

一向自负的汉族史学家,居然一个字也不愿送给他们。似乎,只有反复无常的国家、杀人放火的国王才会引起汉人注意,而顺从者、和平者只能接受被冷落与忽视的命运……

第七章　扜弥——深藏不露的"沙漠玫瑰" …………… 124

愤怒难抑的徐由想不出对策,只有点上油灯,打开泛黄的《孙子兵法》。当读到"敌已明,友未定,引友杀敌,不出自力,以损推演"一段,也就是"借刀杀人计"时,他的瞳孔里突然升起了一盏灯……

第八章　渠勒——搞不清方位的丝路城郭 …………… 141

您只需将上述古遗址标示在地图上,并用一条虚线将其连接起来,就可以显示出古丝绸之路南道的大致走向和地理位置。事实是令人震惊的,丝路南道及其古城几乎全部处于沙漠腹地……

第九章　于阗——和田玉的故乡 ……………………… 148

"佛国于阗"声名鹊起,美玉加上佛国,使其一枝独秀于偌大的西域。从此,于阗啊,那是多少人出发的借口,也是多少人归来的理由……

第十章　皮山——山东人创立的城邦 ………………… 197

多数人隐姓埋名到邻国避难,只有一支坚强的皮氏人誓死不改姓氏。接下来,他们的选择除了引颈受戮,就是远走高飞。于是,他们向着周朝势力之外的西部犬戎地区迁徙……

第十一章　莎车——在"半夜鸡叫"中睡去 …………… 203

如果我对贤了解不错的话,他就是那种人——即使只有一个听众,也照样兴致勃勃地演讲;即使输得只剩下一条裤衩,也能昂首挺胸地走上街头……

第二编　葱岭十国

第十二章　西夜与子合——纠缠不清的孪生兄弟 …… 233

西夜一灭,本就人少力单的子合变得更加孤苦无依,只能主动派出使臣到莎车表达忠心,试图避免兄长国西夜那样悲惨的命运,起码要保住自己的项上人头,子合王的承诺是:"亦步亦趋,言听计从。"

第十三章　乌秅——圣人不到的地方 ………… 246

所谓悬渡,其实就是一条绳索,系在两座大山之间,下面是一条湍流不息的深渊,如果您有足够的胆量和过硬的技术,当然可以手攀绳索而渡……

第十四章　蒲犁——蓝天下的石头城 ………… 250

帕米尔高原上的塔吉克人,一直自称是离太阳最近的人,被称作"太阳部落"或者"彩云上的人家"。那个从太阳里骑马而出与公主幽会的人,应该就是一位英俊的塔吉克男子吧?

第十五章　依耐——你的坐标在哪里 ………… 259

"萨雷阔勒岭全长350千米,这座岭和岭以西2万多平方千米的面积,自古就是中国的固有领土,清朝末年被沙俄所强占,如今全部被塔吉克斯坦继承。"显然,这是中国一个滴血的伤口。

第十六章　无雷——流逝的中国领地 ………… 261

巴达克山部落酋长苏勒坦沙出兵擒获了波罗尼都和霍集占,将二人杀死后献给了清军。霍集占的美丽妻子则被活着交给了清军,从而演绎出一段扑朔迷离的"香妃"的传说……

第十七章　桃槐——葱岭"吉卜赛人" ………… 269

望着像一把钥匙一样的瓦罕走廊,我突然发现:这里距离大唐国都长安和伊斯兰教圣地麦加几乎一样远,都在4000千米左右……

第十八章　捐毒——藏在山间峡谷中 ………… 276

今天的天山与阿赖山之间,几乎全是柯尔克孜人居住区。显然,古塞种人已经被后来的移民融合了,但柯尔克孜人又是从哪里冒出来的呢?

第十九章　休循——鸟飞谷的主人 ………… 283

当张骞打马走向西北部的大宛时,休循王与其依依惜别。此时已是深秋时节,谷中万木萧瑟,寒鸦乱飞。张骞的马队渐行渐远,慢慢看不见影儿了,送行的国王才怅然而归……

第二十章　大宛——天子梦中的汗血马 …………………… 286

被赐了姓氏,改了国名,得了美人的阿悉烂达干兴奋得彻夜难眠,赶紧派出使臣向李隆基献上了两匹镇国之宝——汗血宝马。两匹宝马牵进皇宫,被李隆基命名为"玉花骢"和"照夜白"……

假如人类失去记忆,将如何安放自己不羁的灵魂?

——题记

前　言

公元1973年,英国伦敦一间墨香氤氲的书房,45岁的日本作家池田大作与84岁的英国史学家阿诺德·约瑟夫·汤因比相对而坐。前者脸上洋溢着佛一般的浅笑,面庞饱满得如一轮十六的圆月;后者则有着基督徒的严谨与凝重,眉毛浓密得如同两把刷子。

这是一次前所未有的对话。

中年人问老者:"您喜欢在历史上什么时候的哪个地方出生呢?"

沉思片刻,皱纹里夹满智慧的汤因比一板一眼地回答:"我希望出生在公元纪年刚开始的一个地方,在那个地方,古印度文明、古希腊文明、古波斯文明和古代中华文明融合在一起。"

是啊,这位睿智的老人一直在寻找人类文明融合的所在,他把这个区域称作"诗意的栖居"。而这个多元文化汇聚的福地,世界上仅有一个,就是中国的西域。

本来,无论是欧非地区的古埃及文明、古希腊文明、古罗马文明,还是亚洲地区的古巴比伦文明、古印度文明、古波斯文明、古阿拉伯文明、古代中华文明,都自成体系、自享尊荣并自有地盘,很难放下架子与其他文明主动融合。因此,各大文明都高度警惕地防范着来自异域的战火铁骑。但是,人类对物质文明本能的渴望,冲破了国家机器设置的人为障碍,各大文明的交往以民间贸易的方式存续着,欧亚大陆之间的商路悄悄开通。

在海上丝路开通前,欧亚交往必须穿过位于亚洲腹地的中国西域,也就是昆仑山和天山之间的塔里木盆地、天山与阿尔泰山之间的准噶尔盆地——两片山隔沙围的神秘区域。

在3600万年前的始新世晚期,今青藏高原地区还是烟波浩渺的大海。此后,印度洋板块向北俯冲和撞击欧亚大陆板块,形成了轰轰烈烈的喜马拉雅山造山运动,使得此地最终于300万年前的更新世隆起为"世界屋脊"。由于这道高耸入云的山脉阻隔了北移的印度洋暖湿气流,山脉以北的西域便沦为干旱少雨之地,这也是世界第二大沙漠塔克拉玛干以及库姆塔格、古尔班通古特沙漠形成的原因。作为补偿,更新世冰期在山脉顶端形成的巨大冰川,又源源不断地为饥渴的大漠补充着乳汁,从而在西域造就了一个又一个葱茏美丽的绿洲。

这里地广人稀,绿洲遍布,除了大自然的不宽容,它应该是政治、文化、矿藏最为宽容的地方,是多元文明在沟通中落脚、在并立中会通、在呼应中共荣的最佳平台。秦代之前,白种人东进占了上风;汉代之后,黄种人西进成为主流。可以说,西域是游牧民族集体迁徙的天堂,世界各色人种的荟萃之地。

在这个人类交流的十字路口,周穆王、张骞、甘英、八戒、法显、玄奘(zàng)、悟空西去了;佛图澄、鸠摩罗什、达摩笈多、苏祗(zhī)婆、马可·波罗东来了。沐浴着5000年的风刀霜剑,世界四大文明千里迢迢而来,原本谁也没想在这个荒凉之地驻足与经营,但却在不知不觉间交集于此,震荡于此,休憩于此,长眠于此,使得此地成为人类文明辐射、碰撞、受孕的去处,新文明诞生、成长、成熟的温床。这个看似知识贫乏的地方变成了喧闹的文化集市,这个物品奇缺的区域成了无所不包的商品集散地,这个人烟稀少的盆地成了世界最大的人种展览馆,几乎所有的世界大型宗教先后抵达,30多种语言在这里从容交流,肤色各异的商旅、使者、教徒在这里握手作揖,战法迥异的军队在这里一较高低。旷野大风、蓝天绿洲,消弭了各大文明身上的暴戾与凶狠;沙海驼铃,枯树夕阳,增添了每个旅行者对人性与和平的渴望。一场场爱恨情仇在这里开场、落幕,一次次文明交汇在这里开始、结束。

西域,是汉代以来对玉门关以西地区的总称。狭义的西域专指玉门关以西、葱岭以东,即后来西域都护府统领的地区;广义的西域则是对于阳关、玉门关以西,包括中国西部、中亚、南亚、西亚乃至欧洲的统称,事实上指当时人们所知的整个西方世界。

《史记》提到的西域国家有15个,分布在广义的西域内。《汉书》收入的西域国家共55个,多分布在狭义的西域内。经笔者查阅与甄别,在西域都护府统辖范围内的国家共有48个;而周边的康居(Kāngqú)、大月氏(Ròuzhī)、安息、伊列、罽宾(Jìbīn)、难兜、乌弋山离七国不属西域都护府管辖,因而未收入本书。

西域四十八国在东汉时期被兼并成33个,魏晋时期进一步合并为8个。南北朝时期,鄯善降格为镇,乌孙被柔然踏平,车师前、后部被高昌国取代。唐代,高昌被大唐剿灭,焉耆被吐蕃占据,疏勒则被葱岭西回鹘占领,继而成为西域伊斯兰教的大本营。而佛教圣地于阗与龟兹勉力支撑到宋代,最终沉没在伊斯兰圣战的汪洋之中。合力将这些灿烂的古国一起埋葬的,还有逐渐变暖的气候,得陇望蜀的沙丘,日渐畅通的海运,持续落寞的丝路……

至此,西域古国全部沉入历史的荒漠。如同伟大的尼罗河文明被沙漠化,灿烂的两河文明被盐碱化一样,风韵别致的西域绿洲文明也被塔克拉玛干和古尔班通古特沙漠的漫天风沙遮蔽了。

今天的新疆,是一个黄、绿、白、红相间的所在。一道河床上沉睡着一串村镇,一座沙丘下掩埋着一座古城,一层文明下覆盖着一层文明。活着的文明以混血的方式继续活着,死去的文明因身陷大漠而保持着咽气前的纯粹与完整。当近代考古学家偶尔揭开千年古国的面纱,她那蒙娜丽莎般的微笑,她那栩栩如生的脸庞,她生前营造的宫宇、桥梁、佛塔、沟渠,无不闪烁出令人炫目的文明之光。

"沙埋庞贝""千年楼兰""佛都于阗""乐都龟兹""交河故城""独山守捉""象牙房子""圆沙古城""小河公主""太阳墓地""米兰遗址"……它的每一次露面都惊艳如虹,玄妙如诗,美轮如画,遥远如梦。

西域被揭开面纱,始自近代。可惜的是,完成这一开创性事业的,不是脑袋后面拖着辫子的中国人,而是西装革履的外国探险家:奥利尔·斯坦因、斯文·赫定、沃尔克·贝格曼、艾尔沃思·亨廷顿、橘瑞超……直到今天,英国、德国、日本、瑞典、法国仍有大批人从事西域学研究,大量新疆文物至少躺在200多座外国博物馆里。粟特文只有德国、英国、日本语言学家能够看懂,北京大学教授段晴只能勉强读上几段。中国精通吐火罗语的学界泰斗季羡林已经驾鹤西去,中国梵文研究第一人蒋忠新已成故人,中国古突厥语研究开拓者耿世民也于一年前过世。特别是处于中国东方海上的日本,一直有大批学者把西域作为毕生的研究目标,他们成立的西域文化研究会已有60年的历史。我有幸翻阅过日本作家陈舜臣的历史散文《西域余闻》、井上靖的历史小说《楼兰》和《异域人》,读过日本学者前岛信次的科普读物《丝绸之路的九十九个谜》、长泽和俊的史学著作《丝绸之路史研究》和《楼兰王国》,听过日本音乐家喜多郎的歌曲《丝绸之路》,看过日本画家平山创作的西域画作,也反复浏览过日本考古学家绘制的楼兰美女复原图。记得年过花甲的井上靖第三次从新疆归来时,曾专门写了一篇散文,发表在中国的《人民日报》上,文章的结尾是:"我惬意地燃起了从西域归来的第一支烟……"

为此,我深感震撼,又备感汗颜。

因为作为中国人,我们对西域文明价值的认识远未达到应有的高度,我们的国家观、民族观、文化观有待于进一步矫正;因为每当讲述中华文明史的时候,我们往往忘记了在东夷文明、黄河文明之外,还有同样光芒四射的西域文明;因为我们在描述中国人的体质特征时,往往习惯于强调"黑头发、黑眼睛、黄皮肤",却常常忽略了生活在天山南北的白皮肤的欧罗巴人种以及欧罗巴、蒙古混血人种;因为我们常常自称"华夏儿女""炎黄子孙""龙的传人",却不清楚这是"黄帝中心论"思想和大汉族主义在作怪,中国人不仅有黄河哺育的炎黄子孙,还有来自东部沿海的蚩(chī)尤子孙和来自西部草原的古欧洲人后裔;因为西域的母体是中国,中国人应该优先享受这一世界级文明瑰宝放射出的无尽光华;因为人口数量高居世界第一、学者绝对数也同样巨大的中国,不应该在西域研究上落在外国学者特别是日本人后面。

于是,时间与学识都局促不堪的我,硬着头皮走进了西域四十八国。

第一编　丝路南道十一国

第一章　楼兰——沉埋千年的绿洲神话

鄯善国，本名楼兰，王治扞泥城，去阳关千六百里①，去长安六千一百里。户千五百七十，口万四千一百，胜兵二千九百十二人。辅国侯、却胡侯、鄯善都尉、击车师都尉、左右且渠、击车师君各一人，译长二人。

——班固《汉书》卷九十六上

一、黑色的记忆

1900年(光绪二十六年)，一个没有记忆疲劳的年份。但对于大清来说，却是一个既无艳阳又无皎月的岁月。在八国联军从东部沿海的天津杀进北京的同时，一支西方探险队也从西部边陲的喀什出发，大摇大摆地走向"荒凉得如同月亮上一样"的罗布荒漠。

这是一支由15只巴克特利亚②种骆驼组成的驼队。

骑在头驼上，潇洒地叼着烟卷，向空中吐着烟圈的，是一个头戴毡帽、留着八字胡、鼻梁上架着眼镜的西方人，名叫斯文·赫定，35岁，德国地理学家冯·李希霍芬的学生，瑞典化学家诺贝尔儿子的家庭教师，一位具有三次中亚考察经历的瑞典探险家。他此行冠冕堂皇的任务是，实地测量传说中的"中亚地中海"——罗布泊的准确位置，为自己的老师冯·李

---

① 汉代的1里，王学理、陈梦家认为相当于今417.53米；秦代的1里，白寿彝认为相当于今346.5米，林剑鸣认为相当于今345米。
② 公元前3世纪古希腊殖民者建立的希腊化奴隶制国家，又称大夏，在今阿富汗北部地区。

希霍芬与俄国探险家普尔热瓦尔斯基关于罗布泊位置的争论提供实证。因为普尔热瓦尔斯基经考察认定,喀拉库顺①就是罗布泊,中国地图对罗布泊位置的标注是错的。冯·李希霍芬则认为,普尔热瓦尔斯基见到的喀拉库顺是淡水湖,而罗布泊是个盐湖,这是两个位置不同的湖泊。就连斯文·赫定也对老师的推论有所怀疑:在同一个罗布荒原里,怎么会并存着南北两个罗布泊呢? 当然,故意对外张扬的,往往不是真心话。此前,他已在新疆和阗发现了两座沙埋遗址——丹丹乌里克古城和喀拉墩古城,收获了一批价值连城的文物。寻找民间传说中的大漠古城与财富,应该是他此次新疆之行难以言传的目的。

为了确保行程顺利,他在驼队组成人员上煞费苦心。驼队里,有吃苦而精明的罗布②向导奥尔得克,有富于野外生存经验的罗布猎人阿不都热依木,有老实可靠的维吾尔族驮夫帕皮巴依,还有机警勇武的哥萨克警卫切尔诺夫。

3月下旬,驼队从库鲁克塔格山南麓的阿提米西布拉克绿洲启程,由北向南进入土丘密布的罗布荒漠。

28日,罗布荒漠里一个难耐的日子。傍晚,斯文·赫定和队员们在沙漠中发现了一处长着几棵柽(chēng)柳的洼地。有植物生长的地方必定有水,斯文·赫定决定停下来挖水,但铁锹被37岁的向导奥尔得克遗忘在下午经过的废墟了。没等斯文·赫定埋怨,向导便在晚饭后骑上一匹马匆匆北返,主动回去寻找铁锹。

似乎是一种神示与天意,大漠突然刮起了可怕的沙尘暴,向导在狂风中迷了路,但是一座泥塔指引着他,在离塔不远的地方发现了房屋的残迹。不可思议的是,他不但找到了铁锹,还发现了一些半隐在沙土中的木板、古钱和雕刻品。

在向导回去寻找铁锹的那段时间,斯文·赫定一次次翘首企盼着,形同热锅上的蚂蚁。他并不知道,如雅典娜暗中助推着阿尔戈英雄们的船只一般,幸运女神正悄然向他走来。第二天黄昏,当向导带着意外收获——捡来的木板赶上南行的队伍时,苦苦等待的斯文·赫定惊呆了:木

---

① 湖名,蒙古语意思是"地域",维吾尔语意思是"黑部队、黑娄部落"。
② 古楼兰后裔,因生活在罗布泊周边而得名。

板的花纹具有典型的希腊艺术风格!探险家的直觉告诉他,这块千年不朽的精美木雕,属于上一个千年的佛教文明,是某个来去无踪的神秘古国邀请探险家来访的国书。向导发现的一定是一座沙埋古城,自己有可能成为第一个揭开塔克拉玛干①沙漠文明之谜的人。考虑到带的水所剩无几,他决定第二年从头再来。

光绪二十七年(1901)三月初的新疆,山寒水瘦,天寂地寥。瑞典人果然又来了。

三月三日,数字整齐好记,又意味着吉祥,像是精心挑选的"黄道吉日"。这一天,驼队意外踏上了一条依稀可辨的古道。突然,头驼停了下来,一个硕大的土堆挡住了去路。经验丰富的斯文·赫定认出,那不是千年强风雕琢而成的突兀土堆,而是一座残破的印度式佛塔的遗迹。他快步走上土堆,放眼望去,一座被沙漠掩埋已久的古城出现在视野中:一道人工河反射着夕阳的余晖,成片的古建筑分布在佛塔与运河之间。细沙之下的官署、寺庙、僧舍、马棚、街市、瞭望塔、生活用具,特别是保存完好的纸本汉文文书、汉文木简、佉(qū)卢文②文书,让他心潮涌动,惊诧莫名。那一刻,他仿佛听到了这条干涸已久的人工河最新的脉动,也似乎听到了千年前的绿洲古国鼓翼而过的声响。

他在《亚洲腹地旅行记》中兴致勃勃地写道:"我们将那城的每一所房屋都掘开,最后只剩下一间土盖的房屋。我们在那屋里找到了36张有中国文字的纸,有文字的小木板。除此之外,我们还发现一些破衣、鱼骨、印有花纹的毛毡等。我相信这些毛毡是世界上最古老的。接着我们考查一座泥塔,但它却是实心的。我们只在它的旁边找到两管中国毛笔,两个瓦罐和无数的小钱……这就是当年繁盛一时的楼兰古城。楼兰城以及我在那废址中极幸运所得的发现足足可以编成一整部书。"

透过考察资料,他认定楼兰城是4世纪初失守的。在日记中,他想象的翅膀开始翔舞:"当城中战云密布时,官吏们并没有忘记公家的责任,他们仍尽心尽责,在战鼓与烽火中写完他们的报告。这些中国人的品行

---

① 古突厥语,原意为"沙漠底下的家园"或者"埋在沙漠里的城堡"。
② 公元2—4世纪流传于鄯善、于阗一带的一种文字,又称"尼雅俗语"。这种文字本来用于拼写古印度西北方言——犍陀罗语,印度阿育王曾使用过,后被贵霜王朝作为官方文字,但2世纪后被印度与贵霜废弃。

和勇敢精神令人感动。由此可知这个非凡的民族如何能统治半壁亚洲——这并非幻想力的创造物,也不是诗,这是赤裸裸的真实。那些信札在地上埋了1650年后,现在又给我们一个音信。它们的灾祸、忧患和喜乐终见天日。"

在难以言表的激动中,斯文·赫定将发掘出的文物运回西方。考虑到自己既不是考古学家,也不是汉学家,斯文·赫定听从老师冯·李希霍芬的建议,把全部材料交给了住在威斯巴登的汉学家卡尔·希莱姆,并由希莱姆向世界宣布:"那城名叫楼兰①,在3世纪极一时之盛。"

希莱姆去世后,这些材料又转交到了住在莱比锡的中亚文字研究家康拉德(中文名孔好古)手上。康拉德兴奋地说:"楼兰文件是一种叙事诗,是用世界历史的重大、狂暴、黑暗的背景描写的世情画。"

1600年前的丝路重镇——楼兰重现人间!

同样令世界瞠目的是,斯文·赫定并未忘记老师交代的任务,他用近万个数据证实,俄国人普尔热瓦尔斯基发现的"罗布泊"——喀拉库顺,并非中国史籍记载的罗布泊。恩师冯·李希霍芬对普尔热瓦尔斯基的质疑是对的,罗布泊是喀拉库顺东北方向一个古老的湖盆。他据此推断:罗布泊是个"游移湖"。

如两声平地惊雷在耳边炸响,令此前埋头旧纸堆的东方学者们震惊不已。被认为"没有新闻的""世界上距离海洋最远的"新疆,从此吸引了无数探险家和考古学家的目光。光绪二十八年(1902),东方学家代表大会在汉堡召开,由各国东方学家组成的"西域和远东历史、考古、语言与民族国际考察委员会"正式成立。各成员国也相继成立了国家西域考察委员会。西域迅速升温为世界考古与探险的热点,并幻化为许多探险家永远不变的地平线。

从此,斯文·赫定——这个在瑞典几乎与诺贝尔齐名的人,为广袤的亚洲腹地深深吸引,将人生的目标全部倾注在对中国的探险事业上,以至于终生无暇娶妻。他曾无比骄傲地宣称:"我已和中国结婚了!"

这是一个令人震撼也令人沉醉的宣言,但每一个听到这句宣言的中

---

① 一说产生于印度语Kroraina,表示"土地""城市"。冯承钧认为楼兰之名源于牢兰海(罗布泊的古称)。

国人反而感到脸红。因为中国的楼兰古城,不是由中国人而是由外国人首先发现的,这也成为中国考古人心中永远难以抹去的耻辱记忆。

二、楼兰在哭泣

1905年圣诞节,一个美国人怀揣玄奘取经路线图,首次闯进了拥有大量佛教建筑和精美佛像浮雕的鄯善国古城——米兰①遗址,并对楼兰废墟与罗布盐泽进行了气象考察。② 他叫艾尔沃思·亨廷顿,是一位气象学家。万幸的是,他是为数极少的不以盗掘文物为目的的外国人。

期间,另一位探险家——为英国印度政府服务的匈牙利人奥利尔·斯坦因发现了沙漠中的庞培——精绝国古城尼雅,并满载着从尼雅盗走的文物回到印度,在那里埋头书写名为《古代和阗》的学术报告和探险游记。楼兰被发现的消息,或多或少冲淡了他心中的喜悦。研究完斯文·赫定的考察报告,他那蔚蓝色的眼睛突然放射出闪电般的光芒,他认定,楼兰附近的几座古城还没有被斯文·赫定涉及,那里应该拥有无数的古文物。于是,他迫不及待地开始筹备第二次西域探险的费用。

在得到大英博物馆的资助(前提是寻找到的文物必须交给博物馆)后,他于光绪三十二年(1906)四月开始了第二次西域之旅。经克什米尔、喀什、和阗、尼雅,于十二月上旬抵达若羌,由罗布向导托克塔阿浑带路,来到了磨朗遗址(米兰遗址)。鉴于此地文物过多,他决定一月份再来进行重点发掘。

大漠的冬季,寒风刺骨,滴水成冰。兴奋而急切的斯坦因哪管什么严寒?光绪三十三年(1907)一月二十三日,斯坦因率领大批雇佣民工再次闯入磨朗遗址,开始了疯狂的挖掘。在一座堡垒中,发现了上千件吐蕃(Tǔbō)文书,证实此地是吐蕃伸向塔里木盆地的一个触角。在堡垒附近一座坍塌的佛寺里,挖掘出几尊泥塑的佛头,许多梵文贝叶书。在堡垒西方1.6千米的土堆群中,挖掘出一座圆顶佛寺——米兰大寺。清理到离

---

① 蒙古语"米勒"的音译,意思是"马"。
② 见亨廷顿《亚洲的脉搏》,新疆人民出版社2013年版。

地面1米多时,一面绘着有翼神像(可能是佛教有翅人物迦陵频迦)的护墙板显现出来,他不禁大吃一惊,"在亚洲腹地中部荒凉寂寞的罗布淖尔岸上,我怎样能够看到这种古典式的天使呢?"

大量精美绝伦的壁画被他挖下,连同泥塑佛头一起仔细装箱。斯坦因在书中不无骄傲地说:"我十分满意的是,两年后打开这些箱子的时候,因为装箱时的十分谨慎,所有绘画的泥版遗物竟能安全地到达不列颠博物馆。"①

那幅被盗走的有翼神像,后来被斯坦因认定是希腊神话中的爱神,并错误地将其冠名为"有翼天使"。

随后,他雇用了二十一峰骆驼,参照斯文·赫定手绘的路线图,自南向北进入楼兰古城。与较为注重发现的斯文·赫定相比,他更注重发掘,因此,他步前者后尘所进行的发掘,带有更为明显的破坏性。在楼兰古城以及附近地区,他又发掘出成批的汉文木简、佉卢文简牍以及其他文物。在大肆搜刮后,他装模作样地对楼兰古城进行了精确测量,然后把坐标公布给了世界。

在楼兰收获颇丰的他,仍意犹未尽,继续向东奔赴敦煌,去收买那位外表猥琐的莫高窟道士王圆箓。

斯文·赫定、亨廷顿和奥利尔·斯坦因的意外成功,恰如绘制了一张消失千年的"藏宝图",召唤着一批批外国探险家先后光顾楼兰,为揭开楼兰的神秘面纱并顺便抢夺文物展开竞赛。

日本僧人橘瑞超以"访求佛教东渐古迹"的名义,开始了漫长的"西游记",并在楼兰收获了超出预期的"考察"成果。他在东晋时期罗布泊地区的第二大城市海头,发现了前凉西域长史李柏的一封文书,这封文书不仅为了解前凉经略西域提供了第一手资料,而且为研究魏晋书法提供了珍贵的实物标本。"李柏文书"现藏在日本京都龙谷大学图书馆内。他还将在若羌发掘和征购的文物,连同在米兰佛寺剥离的壁画,转赠给了朝鲜总督府博物馆,现存在韩国首尔国立中央博物馆内。

俄罗斯探险家马洛夫从米兰古城及其附近的吐鲁番墓葬群,盗走了大批古藏文简牍。而他的同胞奥登堡从楼兰盗走了多少文物,其中细节

---

① 见斯坦因《西域考古记》,商务印书馆2013年版。

至今不得其详,但有人在俄国科学院东方研究所彼得堡分所里见到了一批佉卢文经济文书。

古迹在流血,楼兰在哭泣。

阳光惨烈如葬,历史放行的车马渐渐远去,楼台垛堞已被烟火和草木深埋。苍穹下的楼兰、米兰、鄯善古城,似一具具静卧在坦荡大地上的文明的遗体,既有时间赋予的怵目惊心的结痂,更有所谓的探险家留下的一道道受难的伤口。

三、一千口棺材

"楼兰,请不要哭泣,您能否说说自己的身世?您到底是谁?来自哪里?何时来到此地?官方语言是什么?您与焉耆、龟兹人是否是近亲?"

这一系列的疑问,不仅在近代,即便是今天仍能把人"绕"晕。在当今中国,除了极个别"迂腐"的历史学者和"死板"的考古学家,似乎人们都在忙于挣钱、炒股、上网、相亲,大家没有兴趣也不愿意去刨根问底。

但欧洲人感兴趣,日本人感兴趣。他们不但感兴趣,还不畏艰险,不惜钱财,抛妻别子,甚至终身不娶,把毕生精力放在揭开这些看似毫无意义的谜底上。

其中最为执着的,当属斯文·赫定。

中华民国二十二年(1933),69岁的斯文·赫定以"铁道部顾问"的名义来到新疆,帮助中华民国政府勘测后来的兰新铁路。当时,新疆军阀盛世才正与回族将领马仲英激战。斯文·赫定探险队的四辆卡车被溃逃的马仲英强行征用,马仲英得以顺利逃往库车。因为涉嫌"帮助马仲英脱逃",他们被盛世才请来的苏联红军扣押在了库尔勒。

民国二十三年(1934)三月二十七日,一名苏联红军上校转达了盛世才的命令:"你们去乌鲁木齐不安全,最好到罗布泊无人区去,研究'灌溉问题'。"就这样,歪打正着,斯文·赫定得以再次来到久违的罗布泊。

两天后,被马仲英征用的汽车返回驻地。他们从库尔勒乘车抵达尉犁,然后弃车登舟,沿孔雀河①前往罗布泊。在这次"田园般的旅行"中,斯文·赫定遇到了当年的向导奥尔得克。在斯文·赫定离开新疆的32年里,奥尔得克已经变成了71岁的老人,但他一直等着瑞典人,因为他有另一个重大发现:在孔雀河边的荒漠中,有一座一千口棺材的小山,那是谁也不知道的古迹。

斯文·赫定的眼睛又一次亮起来。鉴于自己需要以主要精力从事兰新铁路的测绘,他决定委托31岁的助手沃尔克·贝格曼带队,由奥尔得克做向导,前去寻找"有一千口棺材"的古墓。

于是,这支队伍一分为二。斯文·赫定所率的测绘队进展顺利,其成果得到了中国政府的首肯。他于民国二十四年(1935)二月到达南京,国民政府主席林森接见了他,行政院长汪精卫率领250名官员听取了他的演讲。他还赶到汉口向军事委员会委员长蒋介石汇报了考察成果,蒋介石夫人宋美龄为他作了翻译。

此时,他的助手沃尔克·贝格曼一行已经渡过孔雀河,在沙漠里像黑瞎子一样转悠了15天。

奥尔得克记忆,那座有棺材的小山在孔雀河支流库姆河以南地区,但渡过库姆河后发现,这里布满了雅丹、沙丘和柽柳墩,如同一个巨大的迷魂阵。艰难跋涉了一上午,结果,他们来到的竟然是昨天来过的地方——小湖湾。

当晚,大漠夜色显示出浓郁的面孔,稀稀拉拉的星辰如同一个个找不到家的幽灵。奥尔得克的一个同伴病了,他也被噩梦惊醒,说是梦见了魔鬼。第二天,面对探险队员们的责问,一半是为了自赎,一半是感到茫然,奥尔得克开始像《一千零一夜》中的王后山鲁佐德一样不停地讲故事,说那座布满坟墓的小山已经消失在新形成的湖泊中,再也找不到了。又说那是一个有"魔鬼守候的地方,任何靠近它的人都要遭受灭顶之灾"。

"我开始怀疑是否有这样一个地方,或者他是否真的去过那里。"贝格曼后来回忆说。

考察队意外拐向了库姆河的支流——一条宽度只有20米的无名河流,考察队员随口把它称为"小河"。六月二日,考古队沿着小河边测量

---

① 据《魏书》记载,此地"土多孔雀,群飞峪间,人取养而食之",孔雀河因而得名。

绘图边前进,沙漠里特别热,所有的人汗流浃背,周围的牛虻又闻味而动,"可怜的人们几乎要发疯了"。

日影慢慢偏西,直到成为斜阳。在小河以东4千米的地方,一个浑圆的小山包兀立在沙漠之中,如同一个显著的标志。奥尔得克指着山包大叫:"那——就是它!墓地!"沃尔克·贝格曼和队员们兴奋地扑上山包:"小河墓地找到了!"

兴奋之余,沃尔克·贝格曼只是粗略地发掘了12座墓葬,带回了200件文物。出于对老向导的敬意与感激,他将"小河5号墓地"命名为"奥尔得克的古墓群"。

沃尔克·贝格曼将200件文物装车运走时,老向导眼中露出的是满足与惬意,因为他心事已了,终于可以毫无遗憾地离开人世了。今天的我,实在难以对这位慈眉善目的老人品头论足,在他看来,把心中的秘密告诉披着"文明"外衣的外国学者,让这些被忽视的"旧物"为世界所知,为自己的家乡和祖先罩上一道绚烂的光环,似乎无可厚非。但站在中国角度上讲,这无疑是中华文明的一场劫难。诸如此类的劫难还有很多,如敦煌莫高窟道士王圆箓将大量经卷贩卖给奥利尔·斯坦因,土尔扈特人帮助俄国人科兹洛夫盗掘黑城遗址等。而站在人类的高度洞察,许多考古发掘本身就是劫难,因为历史文物一旦出土,就不可避免地走向氧化、风化,如秦始皇兵马俑身上的彩色已逐步褪去,马王堆女尸身上的丝织物已经脱落,定陵里的诸多文物在"文革"中遭到破坏。但是,如果不发掘、不考古,人类又凭什么去了解和认识自身的历史呢?在人类的好奇心和考古劫难之间,真是一个永恒的两难。当然,文物保护机构更应该把精力放在现有出土文物的保护和不得不进行的抢救性发掘上,而不是一味地追求什么"新发现"之类的"业绩"。对此,现代伟人邓小平处理两国争端问题上的一句话可以用在考古上:"我们这一代人处理不了的,就留待后人去解决。"秦始皇墓暂时不去发掘,无疑是一个明智之举。

收获巨大的沃尔克·贝格曼也有遗憾,那就是考虑到运输与保存上的困难,他没有带回那具神秘的干尸。

但他在向西方世界介绍他的惊世发现时,特别介绍了这具干尸:"一具女性木乃伊面部那神圣端庄的表情永远无法令人忘怀!她有着高贵的衣着,中间分缝的黑色长发上面冠以一顶具有红色帽带的黄色尖顶毡帽,双目微合,好像刚刚入睡一般。漂亮的鹰钩鼻、微张的薄嘴唇与微露的牙齿,为后人留下了一个永恒的微笑。这位'神秘微笑的公主'已经傲视沙暴多少个春秋,聆听过多少次这'死亡殿堂'中回荡的风啸声!而又是在什么时候,她面对明亮、燃烧的太阳,永远地合上了双眼?"[1]任何人的笑只是短暂的一瞬,而她的笑却借助干燥的沙漠化为了永恒,向世界展示了生命奇异的魅力。

贝格曼眼中的"微笑公主",后来被诗意地称为"小河公主"。

四、天大的意外

如同一道彩虹,"小河墓地"在惊世一现后,就沉入沙漠,再无声息。第二年,考察工作因为中国时局混乱而中止。从此,斯文·赫定、沃尔克·贝格曼再也无缘回到魂牵梦绕的罗布泊。新中国成立后,罗布泊又因为核试验成为一块禁区,遥远的"小河"步入了漫长的冰冻期。

"找到小河墓地,一直以来都是中国考古学家的夙愿。"新疆文物考古研究所所长王炳华如是说。

1979年,丝绸之路热由日本传入刚刚重开国门的中国。日本NHK电视台和中国中央电视台合作拍摄丝绸之路,王炳华等一批考古学家被选作考古导引。

在马兰基地的帮助下,王炳华带领综合考古队进入孔雀河下游寻找小河墓地,深入了相当一段距离仍未能如愿。当他们来到罗布泊西部70千米的孔雀河古河道时,却几乎被天上掉下的馅饼砸晕——在河道北岸的小沙丘上的古墓沟发现了令国际考古界疯狂的"太阳墓地"。墓地距今3800年左右,东西宽约35米,南北长约45米,面积约1600平方米。墓葬地表是规整的环列胡杨树桩,最内圈直径约2米,似一轮太阳,人被埋于"太阳"之中;以"太阳"为中心,又有七圈粗大的树桩呈放射状排列,井然有序,似太阳放射出的光芒,它因此而得名"太阳墓地"。

时隔一年,震惊世界的"楼兰美女"——一具头戴尖顶毡帽,帽子上

---

[1] 见斯文·赫定、沃尔克·贝格曼《横渡戈壁沙漠》,新疆人民出版社2010年版。

插着羽毛的女木乃伊,被新疆文物考古研究所的穆舜英等人发现。出土时,她仰卧在一座风蚀沙质土台中,身着粗质毛织物和羊皮,足蹬粗线缝制的毛皮靴,一尺多长的黄棕色长发卷压在毡帽中,眼大窝深,睫毛翻卷,鼻梁高削,下巴尖翘,具有鲜明的欧罗巴人种①北欧类型特征。经测定,她死时年龄在45岁左右,生前身高1.55米,血型为O型,距今已有3800年的历史。后来,日本人用现代技术制作了楼兰美女复原图,复原后的楼兰女子有着惊人的美貌,把日本国民的人心都俘虏了。②

不过,我更欣赏由出生于山东的赵成文教授根据绘画中的"三庭五眼"理论和他研制的"cck-3型人像模拟组合系统"复原的楼兰美女图。一位导演告诉我,她的韵味不亚于法国影星苏菲·玛索。

五、棺木中绽出的笑

2000年12月,65岁的王炳华及其九名队员,再次开始了寻找小河之旅。王炳华的骆驼上驮着贝格曼的考古报告,身上装着贝格曼当年绘制的路线图,手里拿着现代化的卫星定位仪,随时捕捉着罗布泊的每一点历史文化信息。

越往前走,生命的气息就越加微弱,枯死的胡杨、稀落的红柳在慢慢减少,偶尔可见的兽迹完全消失,周围的沙山越来越高大,每前进一步都异常艰难,小河墓地却渺无踪影。

这是寻找的第四天,根据测算,墓地可能还在30千米外,而干馕和冰水已经所剩无几。继续向前,能保证整个队伍安全走出沙漠吗?"再坚持三个小时,不行就往后撤!"面对大家怀疑的目光,王炳华咬牙做出了最后的决定。就是这可贵的三小时,小河墓地找到了。

2003年,国家文物局正式批准对小河墓地进行考古发掘。

那是一个无风的早晨,镜头聚焦到小河墓地,现场所有的人都屏住了呼吸,一座船形棺木正在缓缓开启。紧绷在棺木上的牛皮断裂的声音沉

---

① 又称高加索人种、欧洲人种、印欧人、白种人,占世界总人口的54%左右。
② 据日本六甲山麓遗迹调查会研究员浅冈俊夫的文章《楼兰王国与尼雅遗址》。

闷而有力,像从幽深的海水里传出的某种震响。"那声音刺激人的神经,让人兴奋,我感觉那是世界上最好听的声音,那是历史从3800年前走来的脚步声。"曾在现场开启棺木的新疆文物考古研究所所长伊第利斯动情地说。

当伊第利斯揭下覆盖着船形棺木的牛皮,小心翼翼地取下棺木顶上的第一块盖板时,里面露出了些许淡黄色的毛绒物。伊第利斯并不急于往下操作,而是细细清扫了盖板缝隙间的浮沙。在伊第利斯缓缓拿起第二块盖板时,现场顿时发出一片惊呼,一个年轻美丽的女尸的脸暴露在光天化日之下。立刻,一个如花的笑靥从棺木中绽放出来,这是一个凝固而永恒的微笑,生动而富于感染力,以至于看到的人都产生了一种发自内心的愉悦。

这个被称之为"小河公主"的女尸,是一具女性木乃伊,头戴尖顶毛毡帽,脚蹬牛皮筒靴,身裹毛织斗篷并别以木质别针,微微闭着双眼,睫毛像一排幼松似的挺立着,上面蒙着一层细沙,以一种朴素而美丽的装扮在沙海之中安然"沉睡"。

如此美丽的白人女尸,不免让人想起70年前沃尔克·贝格曼发现的"微笑公主"。其实,对于学者们来说,肤色并不重要,不就是离太阳近的黑,离冰山近的白嘛;重要的是,这个本应生活着黄种人的地方,何时迁来了白种人?

经过考古鉴定,小河墓地位于楼兰古城遗址以西175千米,它所代表的文明比楼兰文明早了1600年左右。也就是说,在3800年前的塔里木①盆地中,没有丝织品,也没有陶器,一群头戴翎羽尖帽、高鼻深目的白种人在这里驻足、生息。而公元前后的楼兰,则是一个农牧兼有的绿洲城邦。两者之间,存在着一个巨大的文明断裂,今人无法将它们连缀起来。而小河,就成了这一大断裂中遗落的一颗珍珠。

在新疆发现的文明遗迹中,小河墓地有着浓厚的宗教色彩和令人费解的历史悬疑。譬如,在一些大桨形立木的根部有红色七道阴纹线,在女干尸的毛织斗篷上有七条红色装饰线,太阳墓地也有七圈放射圈。显然,

---

① 维吾尔语,原意是"农田、农业",或者是"随意流动、奔跑",引申为"脱缰的野马"。突厥语意思是"(注入湖泊、沙漠的)河流的支流"。

"7"这个数字对于小河古人有着某种特殊的意义。但它究竟代表着什么呢?而最令人不解的,是在小河墓地方圆5千米的范围内竟然未发现人类生活遗址。就连贝格曼这样具有超常耐心和钢铁般意志的发现者,也不曾在沙海里捞出一根针来。而远古居民恰恰有在墓地旁守候并生活的习惯。难道小河人有悖生活常理?

对此,有的学者大胆猜想,小河墓地是小河人刻意在远离人居的沙漠腹地建造的一座精神家园。理由是,位于孔雀河与塔里木河之间的那条小河,有可能是人工开凿的河流。依此推理,小河人似乎不惜任何代价,在极易迷失方向的沙漠中,为部落的王者贵族建造了死者殿堂,作为族人的祭祀圣地和精神家园。之后他们便切断水流,关闭了生死两界,任凭风沙肆虐,也绝不让外来者侵扰。

如此具有人文情怀的猜想,不论是真是假,都是我们进入这一4000年前梦境的理由之一。

六、你到底是谁

那么,这些远古人类到底是谁?

语言学家告诉我,西域这个恒河、黄河、两河文明交汇的地方,自古就是多民族聚居区。除了汉藏语系的汉、羌、氐、吐蕃等,阿尔泰语系的鲜卑、柔然、高车、铁勒、坚昆、突厥、吐谷浑等,还有印欧语系的塞人、乌孙、月氏、楼兰、龟兹、焉耆、高昌、粟特等。"小河人"讲的是吐火罗语。吐火罗语与东方的印欧语——梵语、伊朗语、亚美尼亚语等关系疏远,而与西方的印欧语——意大利语、德语、法语关系密切,它是印欧语系中较为原始的颚音语组,所以被视为"欧洲甲骨文"。至于伊朗语、梵语等所属的东方印欧语,属于印欧语系中后期成熟的丝音语组,这也就是雅利安人[①]比吐火罗人较晚东来的一大证据。

人类学家进一步论证说,古印欧语被视为除匈牙利语、芬兰语和西班

---

① 梵语意为"高尚",古欧洲人的一支,大约在公元前14世纪前后进入印度、伊朗和中亚,形成了雅利安—印度人、雅利安—伊朗人。个别专家认为塞种人、乌孙人也是雅利安人。

牙北部巴斯克方言以外的所有欧洲语言的共同母语,他们的祖先就是游牧在里海东部大草原上的古欧洲人。公元前3000年前后,古欧洲人依靠两项伟大的技术革命——轮式车的发明和马的驯化,开始了向农耕文明区的历史性迁徙。公元前2300年前后,印欧人中的一支——史料上的"古提人",一度推翻了两河流域的政治明星——巴比伦王朝。公元前2082年,他们又被苏美尔人征服,从此在近东消失。吐火罗人,据说就是神秘消失的古提人后裔,于公元前2000年左右进入塔里木盆地,在微波荡漾的湖滨傍水而居,成为西域最早的开发者。中国当代学者林梅村肯定地指出,是吐火罗人开拓了丝绸之路。[①]

1979年,英国语言学家亨宁的遗作《历史上最初的印欧人》发表。他认为,塔里木盆地的吐火罗人,就是出现在波斯西部的古提人。他分析了《苏美尔王表》中古提王的名字,发现它们具有明显的吐火罗语特征。他相信,近东历史上的古提人消失之后,便长途跋涉东移到了塔里木盆地。

仅靠语言学尚不足以服人。神奇的是,人种学专家得出的结论居然与之不谋而合。在亨宁的论文发表不久,中国考古学家就发现了太阳墓地。标本被分别送到三个著名的碳^{14}研究室——北京大学考古学系实验室、中国科学院考古所实验室、国家文物局文物科学技术保护研究所实验室。除一个标本有偏差之外,其余七个标本集中指向公元前2130年至公元前1535年。

中国社会科学院考古所人类学实验室专家韩康信,把孔雀河古墓沟居民头骨与南西伯利亚、哈萨克斯坦、伏尔加河草原、咸海沿岸铜器时代居民头骨做了比较,发现它们同属长中颅型原始欧洲人种,古墓沟头骨与欧洲人种北欧类型相近,与长狭颅型欧洲人种的印度—阿富汗类型和南帕米尔塞人头骨差异明显,是迄今所知欧亚大陆上时代最早、分布最靠东方的欧洲人种集群。

意大利萨萨里大学人类研究所的弗兰卡拉齐,在美国斯坦福大学遗传学家卡瓦利·斯福尔扎指导下,从楼兰古墓沟出土的木乃伊上取出线粒体DNA,分析出塔里木盆地古居民与西北欧洲人有着遗传学关系。

鉴于古墓沟木乃伊、小河干尸与楼兰人都属于白种人,所以我一度认

---

① 见林梅村《开拓丝绸之路的先驱——吐火罗人》,原载《文物》1989年第1期。

为,正像黄河之于中原,尼罗河之于埃及,"两河"之于巴比伦一样,孔雀河应该是楼兰国的摇篮。

但我的推测过于一厢情愿了。经考古专家对罗布泊楼兰城郊墓地的研究,发现楼兰人出现在西域较晚,属于欧洲人种的地中海东支(印度—阿富汗类型),与南帕米尔塞人有共同的种系起源联系。由此可以推测,在秦汉之际,来自中亚的古代地中海人种,越过帕米尔高原,沿着塔里木盆地南缘向东推进到罗布泊地区,成为汉代楼兰国的主要居民。如果楼兰国仍有古墓沟原始欧洲人后裔,人数已经不占优势,并渐渐被新来的欧洲人种地中海类型所稀释。而古墓沟人则更多地参与了龟兹与焉耆的创建,因为后两者所讲的是吐火罗语,距今3000年的和静县察吾呼沟4号墓也与古墓沟人种接近。还有部分人来到新疆东部,证据是哈密焉布拉克古墓地人头骨距今约3100年,与古墓沟人具有直接的种族人类学联系。也就是说,焉布拉克已经接近了河西走廊,因此可以设想,西迁前的乌孙和月氏在体质上是否和焉布拉克、古墓沟的古欧洲人种接近?这也是有待证明的人类学课题。

可惜,这些过程中国历史上没有任何记载。就连比古墓沟人晚1600年的楼兰,自认为无所不知的中原太史令都闻所未闻。而且,这种令人遗憾的状况一直延续到丝绸之路开通前后。

七、丝绸之路

历史往往存在着惊人的巧合。当秦国统一中原的血腥计划临近尾声的时候,草原上也刮起了强劲的匈奴"旋风"。面对这个杀人如同割马草一样简单的草原霸主,楼兰和邻居国的选择除了俯首帖耳就只有引颈受戮。他们既要不断地纳贡,还要像仆人一样侍奉前来巡查的匈奴使者,楼兰王苦不堪言。

搅乱这一格局的,是一支庞大的马队发出的杂乱的蹄音。

建元三年(前138),汉武帝刘彻的使者张骞率百人使团从长安出发,试图和西域的大月氏结成同盟夹击匈奴。匈奴得到消息后,命令包括楼兰在内的西域各国对汉使围追堵截。结果,张骞一行被匈奴俘虏。后来,张骞侥幸逃脱,造访了西域各国,西域被宣布"凿空",伟大的丝绸之路①随之开通。

绵延万里的丝绸之路,既是地理的长度,也是历史的长度。它从敦煌郡启程,出玉门关或阳关,到达楼兰后,因为西域南部被塔克拉玛干沙漠分割为南北两部分,所以被迫分成两条通道。

一条通道由此向西南,经海头(楼兰古城南)、阿不旦村、婼羌(今若羌县)至且末(今且末县),然后沿南河一路向西,过精绝(今民丰县北部)、扜弥(Yūmí,今于田县北部)、渠勒(今策勒县中部)、于阗(tián,今和田市)、皮山(今皮山县)、莎车(今莎车县),称丝路南道。从莎车分出两道,一条向西北,抵达丝路北道的疏勒(今喀什市);一条转向西南,经子合(今叶城县棋盘乡)、蒲犁(今塔什库尔干县)、瓦罕走廊,出大月氏、安息、条支西通大秦(古罗马),最远到达犁靬(jiān,今埃及亚历山大,后并入罗马)。还有一条道路,从皮山向西南行,经乌秅(今叶尔羌河上游)、悬度(今明铁盖达坂一带),然后进入难兜、罽宾,可达乌弋山离,再向西南行可抵达条支;如果从罽宾南行,则到达印度河口(今巴基斯坦卡拉奇),转海路也可抵达波斯与罗马。

另一条通道由此向北,经高车(今吐鲁番)、焉耆(今焉耆县)、尉犁(今库尔勒市)、乌垒(西域都护府驻地,今轮台县城东北)、龟兹(今库车县)、姑墨(今阿克苏市与温宿县)、温宿(今乌什县)、尉头(今阿合奇县),到达疏勒,称丝路北道。然后从疏勒又分成南北两道,南道向东南抵达莎车,然后转向西南,跨越葱岭,进入南亚、中亚、西亚及欧洲;北道西跨葱岭,出大宛、康居、奄蔡。

作为丝绸之路的必经之地、重要驿站和交通枢纽,楼兰一度成为亚欧文明交流的代名词。因此,汉代史学家司马迁和古罗马推罗城作家马林诺斯曾经同时在著作中提到楼兰。

就在西域——人类文明交流的十字路口,周穆王,使者张骞、甘英、蔡愔(yīn)、秦景、王遵、宋云、王玄策、常德、陈诚,史学家杜环,佛僧八戒、法

---

① 早年这条东西通路没有统一名称。1877 年,斯文·赫定的老师李希霍芬在《中国亲程旅行记》中,首次把公元前 114 至公元 127 年间连接中国、河中以及印度的以丝绸贸易为主的交通路线称作"丝绸之路"(德文作 Seidenstrassen,英文作 theSilkRoad),简称"丝路"。

显、释智严、宝云、慧睿、智猛、竺法护、昙无竭、康法朗、道整、惠生、玄奘、悟空、行勤、继业西去了;佛僧安世高、安玄、昙谛、安法贤、安法钦、康僧会、支娄迦谶(chèn)、迦叶摩腾、竺法兰、佛图澄、昙柯迦罗、僧伽提婆、昙摩密多、昙摩耶舍、鸠摩罗什、卑摩罗叉、达摩笈多、提纳薄陀、达摩战涅罗,景教(基督教聂斯脱利教派)传教士阿罗本,摩尼教(明教)僧侣拂多诞,天主教方济会传教士若望·柏郎嘉宾、隆如美、罗伯鲁、孟高维诺、马黎诺里、鲁不鲁乞,音乐家曹妙达、安米羽、白明达、苏祗婆,天文学家迦叶、瞿昙、俱摩尼,意大利商人马可·波罗,罗马使节鄂多立克,波斯使臣盖耶速丁·纳合昔,摩洛哥旅行家伊本·白图泰东来了。

踏着岁月的苔藓,世界四大文明千里迢迢而来,原本不想在这个荒凉之地、边远之地、闭塞之地驻足,却在不知不觉间为这块广袤、沉静、壮美的地域,为这里善意、宽容、求知的民众所深深吸引。希腊雕花木板、罗马艺术、拜占庭建筑、波斯服装、印度佛经、贵霜造像、汉朝文书随处可见;佛教、景教、祆(xiān)教(拜火教)、摩尼教、犹太教、伊斯兰教、基督教、天主教、东正教先后抵达;汉语、佉卢文、于阗文、粟特语、突厥语、回鹘(hú)语、吐蕃语、波斯语、契丹文、西夏文、回鹘蒙古文、满文、吐火罗语、犍陀罗语、安息语、瓦罕语、图木舒克语等30多种语言在这里从容交流。从商品属性上讲,它是青铜之路、皮毛之路、玉石之路、珠宝之路、香料之路、丝绸之路;从承载的职能上,它又可以称为商贸之路、外交之路、传教之路、军旅之路、迁徙之路;从发挥的作用上,它更像是东西方民族的对话之路,世界多元文化的交融之路,全球各个人种之混血之路。

丝路给西汉带来的,并非新的物品,而是一种新的世界观;西域被"凿空"带来的,并非什么新闻,而是不同文化之间的联系以及由此造成的新的人际关系和感知模式。丝绸之路最成功之处,不仅在于它在缺乏国际机制和组织框架的情况下延续千年,还在于它通过和平手段,实现并扩大了跨国商贸活动和跨种族文化交流,成为联系世界、缔造和平、互通有无、传播文明的金色通道。中华文明、印度文明、波斯文明以及地中海文明被前所未有地串联到一起,世界四大文明互通有无、兼容并蓄的伟大时代来到了。如果有人说,没有丝绸之路,就没有亚洲大陆的历史光彩,进而也没有欧洲异军突起的现代文明,甚至也没有西方人引以为荣的地中海式蓝色文明的成长与扩张,绝非夸大其词。

因为丝绸之路,基督教《旧约》称中国人为"丝人",古希腊称中国"赛里斯",罗马把中国叫作"新浪"(Sina),印度把中国称为"支那"(Cina)。中世纪之后,中国被欧洲称为"陶瓷之国",此后中国的英文名被永久地确定为China。

八、楼兰道

汉代丝路东段的实际起点,就是"楼兰道"。

请您打开地图,从今甘肃玉门关遗址①西行,沿着已经断流的疏勒河谷的亭燧,行至河谷尽头的"都护井"(又叫甜水泉,今八一泉),向西北绕过三陇沙②,行至阿奇克沟谷尽头的"沙西井"(今红十井),转向西北,越过天地茫茫、白骨间道的"白龙堆"雅丹群,进入罗布泊北部的"龙城"雅丹群,经"居卢仓"③,便可到达今罗布泊西北部的楼兰城。

无论是地理的、生态的,还是心理的、象征的,沙漠都仿若一幅恐怖的地狱图。东晋高僧法显路过沙河(白龙堆沙漠)时记录道:"沙河中多有恶鬼、热风,遇则皆死,无一全者。上无飞鸟,下无走兽,遍望极目,欲求度处,则莫知所拟,唯以死人枯骨为标帜耳。"显然,这是一段让人毛骨悚然、心惊胆战的途程。直到远远望见水光潋滟的罗布泊,汉代的行旅才如释重负。如果说穿过"白龙堆"是走出了地狱,那么走进楼兰城便是步入了天堂。也许只有从乞丐做了皇帝的人,才能充分体会到这种令人晕眩的反差。

商旅眼里的楼兰,像一位慵懒的古典美人,斜倚在碧波万顷的罗布泊旁,如诗如梦,风情万种。每天清晨,她睡在蒙蒙雾气里,优雅而恬然,偶尔还会露出令人沉醉的丰韵胴体。东来西往的旅客不禁感叹:"这里,简直就是大漠天堂、海市蜃楼啊!"

"远方的客人,请您停下来。"负责接待的楼兰美女说,"卸下您的疲惫,让骆驼享用苜蓿吧,吃馕、火埋烤肉,喝一口甘泉水。对不起,您还得

---

① 俗称小方盘城,在今敦煌西北80千米处。
② 阿奇克沟谷与疏勒河尾间相接处的一片高50—70米、宽15—20千米的土丘。
③ 西汉屯垦区,即土垠遗址,位于"龙城"雅丹群中。

上一点税。"

一时间,楼兰城客栈连片,商旅云集,美女遍巷。中国的丝绸、茶叶,西域的良马、葡萄、珠宝,最早都是通过楼兰进行交易的。各色商队经过这里,都要落脚休整。对于无数穿行在丝绸之路漫漫征途上的使者、客商、僧侣来说,楼兰开始成为他们心中的灯塔、歇脚的港湾、精神的驿站,并成为塔里木盆地六个人口超过万人的国家之一。

由是,中西交通大开,从汉西去"求奇物"的使者"相望于道",一年中最多有十几个使团,最少也有五六个使团,最大的使团有数百人,最小的也有百余人。行程最远的要用时八九年,最近的也要几年方能返程。使团带去的牛羊达上万头,金帛数量也成千上万。许多西域国家也派出使者随汉使来到长安。

如果当时能从空中鸟瞰,您将看到一条缓缓流动的神奇曲线在楼兰分成两条,在大漠西部的疏勒重新相交,然后又分成两条线向西方和南方无限延伸,如庄子笔下的鲲鹏在大漠高山间振翅飞翔。那是一张多么令人震撼的西域丝路全息图呀,沿线闪烁着星星点点的人文光亮,流淌着东去西往的国使商旅,喧响着令人捧腹的南调北腔,人人都想放飞梦想,人人都想整装远足,人人都想闯荡江湖。

楼兰是幸运的,有那么多温煦与惊悸的目光关注着她,上自皇室贵胄,下至商旅驮夫。春花秋月何时了,这里永远是驼峰拥挤,征人接踵,羌笛幽幽,驿马声声,充斥着"行路难"的感叹,响彻着"将进酒"的规劝,少不了"桃园结义"的传奇,免不了一见钟情的邂逅。同时,她又是不幸的,每当东西失和,兵戎相见,这里大抵总会遭遇一场血与火的劫难。

元狩四年(前119),张骞二次出使西域。除了顺利完成了汉武帝刘彻交办的任务,他还在西域学会了一曲《摩诃兜勒》(马其顿)音乐,并将曲子带回长安,由宫廷乐师李延年改造成了《新声二十八解》,被刘彻定为武乐。①

当时的西域,尚属于草原帝国——匈奴的势力范围。外国的使团怎能不经批准,不发关牒,就在自己的地盘上随意往来呢?匈奴单于

---

① 见杨共乐著《早期丝绸之路探微》,北京师范大学出版社2011年版。

(Chányú)①渐渐有些坐不住了。

单于知道,汉使西行的第一站就是楼兰。要收拾这些目中无人的汉人,必须在楼兰下手。

九、赵破奴出场

公元前2世纪初,楼兰和姑师在匈奴指使下,派出联合巡逻队截杀汉使节,切断了丝路交通,使得寄托着无数王侯与贵妇梦想的丝绸之路变成了"千里陇原,一片赤地"的死寂荒漠。持续不断的坏消息传到长安,刘彻大为光火。

元封三年(前108),刘彻决定派兵西征②。此时,可供刘彻派遣的将军寥寥无几。李广在11年前自杀,霍去病在9年前英年早逝,卫青也垂垂老矣(2年后病死),李广利4年后方才出道,而李陵才是个10岁左右的孩子。于是,刘彻想到了霍去病的老部下——从骠侯赵破奴。

这是一个稍显青涩和陌生的名字。在刘彻如云的战将中,他算不上名将,李广、卫青、霍去病、李广利、李陵,哪一个的名气都超过他。好在,《汉书》里还能找到他的名字,他被列在《卫青、霍去病传》的12个将军中,排在最后一位。

赵破奴,今山西太原人,早年曾被匈奴俘虏,后来逃回汉地加入了骑兵部队,被任命为军司马③,成为霍去病如影随形的贴身战将。曾于元狩二年(前121)跟随19岁的骠骑将军霍去病征伐匈奴右地并大获全胜,战后被封为从骠侯。对于长途奔袭,他有着超越同龄将军的经验与底气。

在一个没有云,没有风,没有欢送鼓乐的日子,赵破奴率领附属国骑兵和汉郡兵共数万人低调出征。辅佐他的,是从西域赶回的汉使王恢。这既是一位向导,还是一个参谋,而且在西域遭受过种种羞辱,有着对楼

---

① 全称为"撑犁孤涂单于",相当于汉语的"天子",匈奴最高首领。
② 根据余太山《西域通史》,中州古籍出版社2006年版。有些史料认为是元封二年。
③ 大将军属官。大将军直属部队分为五部,每部设校尉一人,秩俸比二千石(dàn),为月谷100斛(hú,一斛为一石,10斗);军司马一人,秩俸比千石(月谷80斛)。

兰等绿洲城邦的刻骨仇恨。

早在出征前,赵破奴就确定了此战的三个目的:歼灭匈奴在西域的军队,教训楼兰、姑师,震慑所有西域城邦。等到汉军进入西域,匈奴驻扎在西域的几千军队早已闻风而逃。既然匈奴人不知去向,汉军的兵锋自然指向了楼兰、姑师。按照行军路线,第一站就是楼兰。

面对不能有失的首战,赵破奴一脸凝重。但汉使王恢笑着告诉他:"尽管楼兰在城郭诸国中尚属大国,但军队只有2900人,不足汉军的十分之一,根本不是我们的对手。"

赵破奴的脸随即亮了起来,他想起了13年前自己随霍去病离开卫青的大军,只带800轻骑长途奔袭匈奴,成功斩杀了匈奴单于的祖父并俘获了单于叔父的情景,想起了刘彻坚毅与信任的目光,也想到了此时正躲在城中瑟瑟发抖的楼兰王。于是,他决定亲率700轻骑突袭楼兰。铿锵的马蹄敲碎了丝路的宁静,也打断了楼兰王的酣梦。根本没有遇到实质性抵抗,汉军便杀进了王宫,楼兰王束手就擒。

战后,赵破奴的威望直干云霄,用卡夫卡的话来说,甚至到了第二天要为之追悔的程度。不久,汉军挥师北上拿下了姑师。大宛和乌孙等西域大国受到强烈震撼,纷纷向汉示好。

"楼兰愿做汉臣!"善于审时度势的楼兰王终于开口了。消息传到朝廷,就在人们以为刘彻要板起脸来对楼兰王一顿臭骂并顺便讲一通大道理时,刘彻笑着说:"把楼兰王放了吧,官复原职!"他那难得一见的笑容,照亮了暗淡沉重的历史长空,让楼兰王也如释重负。

靠在金色的龙椅上,刘彻颁诏封赏功臣,赵破奴被封为浞野侯,王恢被封为浩侯。就连从汉北地郡[①]经大漠到东西浚稽山,然后折向西南直通车师、楼兰的通道,也因为是赵破奴打开的,所以一度被称为"赵破奴故道"[②]。

只是赵破奴无福享受这些尊荣,他在6年后攻击匈奴时兵败被俘,后来侥幸逃回,最终牵涉进巫蛊之乱丢掉了身家性命。

而王恢出场的机会也不多,再次出场是为西征大宛的李广利做向导,

---

① 郡治在今甘肃环县东南的马岭镇。
② 见王宗维《汉代丝绸之路的咽喉——河西路》,昆仑出版社2001年版。

最后一次出场是在酒泉越权行事,依罪当斩,花了不少钱财才保住性命。

所有的事件都是川上逝水,唯有人物的善恶、气度、个性,永远被一代代后人揣摩体会。

十、西长城

顺着历史长河的视线,我们就可以把近人看远,远人看近。我不得不说,刘彻是一个反传统的人物。如同中国的地理环境一样,中国文化是一个封闭自足的体系。大到天宇,小到凡尘,一切都已经有了圣人给出的解释,你只需按照传统的规矩行事,一切的改革、好奇与探险,都意味着胡闹、浪费与危险。所以,中国文化提倡"父母在,不远游",要求"非礼勿视,非礼勿听",推崇"百动不如一静"。

但刘彻不同,他拥有世界上最宽广的视野,最澎湃的欲望,最敏锐的思维,最强硬的手腕。作为天下最有权势的人,他要站在高山之巅俯瞰世界,他要用自己的意志开拓疆域,他要让包括游牧民族在内的所有人匍匐在脚下,他要娶天下最美的女人——"倾城倾国"的李夫人,他要骑天下最好的骏马——发动大宛汗血马之战,他要把帝国版图扩张到极致——占有了河西还要持续西进,他要做父辈、祖辈们从未做过的事,他要做一个大写的人,成为比秦皇还要伟大的千古一帝。如果说他第一次派张骞出使西域是为了与大月氏联手对抗匈奴的话,那么后来他在西域的征战和对丝路的保护,就不能简单地认为只是与匈奴一争高下了,重要的因素还有:让汉走向世界,让世界知晓汉,让中外互通有无。难怪摩尼教典中说:"除了以他们的两只眼睛观察一切的中国人和仅以一只眼睛观察的希腊人之外,其他的所有民族都是瞎子。"

大宛、楼兰和姑师被平定了,接下来的问题是,如何才能巩固已有的战斗成果,保证丝绸之路的畅通,并在梦一样遥远的西域站稳脚跟?这是我们的问题,也是刘彻必须面对的难题。为此,刘彻仿照他的偶像秦始皇,做了两件大事。

第一件大事,就是修筑西长城。

其实,早在发动楼兰战役前,刘彻就未雨绸缪,于元封二年(前109),

将烽燧亭障①从酒泉修到了玉门。太初三年(前102),刘彻又决定"自敦煌西至盐泽往往起亭",也就是沿着楼兰道,修筑从玉门关到楼兰的西长城。因为当时的玉门关,是汉朝极西的一道大门,再向西便是茫茫的白龙堆沙漠和荒旷的盐泽,需要穿过300千米的沙漠才能到达楼兰。如果没有顺畅的通道,如果不能步步为营,即便占领了楼兰,也是难以站住脚的。最管用的办法,就是建立一条牢固而顺畅的军事通道,尽管这要耗费巨大的代价并要克服难以想象的困难。

很多时候,我们不能用今天的眼光与耐力,去度量手工时代的古人。既然皇帝不缺魄力,百姓就不缺智慧。既然秦代军民能用最原始的劳动工具在崇山峻岭之上建起伟大的万里长城,那么,汉代军民在大漠戈壁修建烽燧,何难之有?

这道西长城到底是怎么建起来的?斯坦因早在上个世纪初就在这里找到了答案。斯坦因首先考察了玉门关附近的一段古长城废址,发现这里的长城并不是用砖石砌就的,而是用"苇草捆在一定的间隔,同泥层交互砌成一道正规的城墙,全部经过盐卤渗透之后,坚固异常,墙外面同内部成捆的苇秆成直角形,还放有别的苇秆,捆扎得很仔细,形成束柴,砌成堤形。苇秆束一致长八呎,高达七呎,厚约八吋。这种奇形怪状、仔细坚固的墙……墙顶苇秆捆中露出小块绢头"。这种独特的建筑方式,在人烟稀少、缺水缺砖的西域,的确是一大创造。

接下来,他带着热切的期待沿着西延的长城继续考察,"从一座堡垒走向又一座堡垒……有些处所还保存有六七呎高……这些碉堡,意思是拿来保护一段连续不断的边墙的……芦苇相间的泥层,因为有盐卤浸透,已成半化石状态"。这样建成的长城本身"便可以抵抗人与自然。由于芦柴束连合的弹力和黏着性,所以抵挡迟缓而不断的风蚀力量,比任何其他东西都要高明。我注视着耸立前面几乎垂直的城墙,不能不惊叹古代中国工程师的技巧。在这一望无垠的沙漠中,无有一切出产,有些处所甚而滴水俱无,建设这种坚固的城墙,一定是一桩很困难的工作。"

他还在敦煌西北"沿伸张出去的长城西段的光石子高原边上,发现

---

① 烽火台加上旁边的营房合称烽燧,建在交通线上,前后相望。遇到战事,白昼点起狼烟、夜间点起烽火来传递战争信息,是中国古人发明的信息高速公路。边塞要地的堡垒称亭障。

了很多距离不等而完整的古垒,翼然耸立"①。

如今,西长城即使倒塌得只剩下一堆低直的土堆,其路线依然表现得异常清晰。与城墙平行相距约十码,有一条沟形直线,是上千年来戍守的逻卒往来践踏,在粗沙土上形成的一条窄狭分明的道路。身临此境,我仿佛能看到烽火台上腾空而起的狼烟,北部戈壁上由入侵的马队搅起的滚滚烟尘,还有剑拔弩张的戍卒们喷火的眼神。

据考证,这段西延的汉代长城,先是从玉门关,经罗布荒漠,修到了楼兰。在敦煌西北戈壁至罗布泊的绵延100多千米的长城沿线,分布着至今仍保存完好的81座烽燧。在汉进驻轮台、渠犁屯田后,又将烽燧修筑到了使者校尉②驻地轮台与都护府驻地龟兹,共修筑烽燧300座,基本实现了五里一燧,十里一墩,三十里一堡,百里一城塞。负责管理烽垒的,是郡太守之下的都尉,都尉之下设障尉、侯官、侯长、燧长。每一燧配备戍卒3—30人。由于烽燧亭障相望,这样就从河西走廊到塔里木盆地东北部,形成了一道"烽火通道"和"钢铁防线"。它更准确的名字,应该是"西域长城"或"极西长城"。

十一、墙头草

刘彻做的第二件大事,就是驻军与屯垦。

太初四年(前101),刘彻设置了使者校尉,数百名汉兵来到轮台、渠犁屯田,以便为来往的汉使与商旅提供补给。

在刘彻忙得不亦乐乎的时候,他的死对头匈奴也没闲着。与之针锋相对,匈奴狐鹿姑单于在太始元年(前96),任命一个子弟为日逐王③,以强化对西域的统治。日逐王又下设了僮仆都尉,负责对西域各国征税。僮仆,意思是未成年的仆人。可见,匈奴是把西域各族当作小奴看待的。

---

① 见向达译《斯坦因西域考古记》,中华书局、上海书店联合出版,1987年版。
② 由汉武帝在西域设置的代表朝廷处理西域事务、兼司屯田的官员,后来成为西域最高军政长官西域都护的全称——都护西域使者校尉。
③ 匈奴贵族封号,地位次于左右贤王、左右谷蠡王。除左贤王常为太子外,包括左右日逐王在内的其他九王也有担任单于的资格。

随着日逐王的设立,匈奴帝国的政治版图发生了微妙的变化,控制区由五部分扩展为六部分,单于直接管理的中部位于汉朝代郡(郡治在今河北蔚县代王城)、云中郡(郡治在内蒙古云中城)以北的蒙古草原;左屠耆(贤)王管理东方南部,南与汉朝上谷郡(郡治在今河北怀来东南)、东与乌桓(东胡的分支)相接;左谷蠡(lù lí)王管理东方北部,北与丁零(又称铁勒、敕勒、高车)相接;右贤王管理西方南部,与氐、羌相接;右谷蠡王管理西方北部,与坚昆(后称黠戛斯)、呼揭(后称突厥)相接;日逐王管理西方西部,即西域地区。机构设置则为,单于由左右骨都侯、左右大且渠辅佐;左右贤王、谷蠡王属下的官员为左右大将、左右大都尉、左右大当户、左右黎汙(wū)王、左右呼知王、左右呼庐訾(zī)王、左右奠鞬(yùjiàn)王、千长、佰长、什长。这是一个建制完整、规模宏大的军事集团。

听说楼兰王倒向汉朝,匈奴立刻发兵来攻。楼兰坚持不住,汉朝又鞭长莫及,楼兰王只能与匈奴寻求妥协,表示暗中服从匈奴,将长子派到匈奴担当人质,另派次子到汉朝做人质。

一个人怎能同时骑两匹马,这不是两面派吗?刘彻听说后,派屯驻玉门关的军正(军中执法官)任文从便道前往楼兰逮捕了楼兰王。面对汉的审讯,楼兰王并没有过多地狡辩,只是一脸无奈地说:"楼兰作为一个小国,处于汉和匈奴两个大国之间,得罪了谁都不得安宁啊。如果非要我作出明确归属,我只能申请带领全体国民到汉地居住。"这就好比一个上学迟到的学生,面对老师的责问,诚实而自责地回答:"我睡过头了。"老师还能怎么样呢?面对楼兰王的大实话,一向较真的刘彻只有苦笑。

十二、刺杀楼兰王

征和元年(前92),楼兰王去世,亲汉的大臣们要求在汉朝担任人质的王子回去继位。按说,这对汉是一个机遇,毕竟楼兰王子已经接受了汉文化,对两国友好相处不无益处。可是,这对汉来说是个不可能完成的任务,因为这位楼兰王子在长安期间多次触犯汉律,已经下了蚕室,被实施了宫刑。一句话,已经不是一个完整男人的王子回不去了,请另选他人吧。

楼兰不得不立这位楼兰王子的弟弟为王,而新王也不得不再次向汉匈双方派出人质。可惜,这位新王运气极差,在位时间不长就病逝了。

匈奴敏锐地捕捉到了这个机会,迅速把在单于庭做人质的楼兰王子安归送回去继承了王位。算起来,这是汉在楼兰第二次丧失辅立新王的机会了。

心有不甘的刘彻派使者带着诏书来到楼兰,要求新王安归入朝觐见,还承诺汉家天子重重有赏。但老楼兰王的遗孀提醒安归:"先王先后派遣两个儿子到汉担当人质,如今未见一人安全归来,为什么你还想去朝见汉帝呢?"这段意味深长的话,重重地敲在安归本就不太安稳的心上。于是,他对汉使客气地说:"我刚刚即位,国家尚未安定,我将于后年入见汉家天子。"

就像自然界和时尚界有季节性变化一样,楼兰的政治领域也出现了周期性变化。之后,作为半个匈奴人的王子一头倒向了匈奴。他先后攻杀了汉朝派往西域的使者安乐、忠、遂成等,又杀害了大宛、安息等国派往汉的使者,汉与西域的交通因此断绝。受到楼兰感染,龟兹国又攻杀了汉派驻轮台的屯田校尉、原扜弥国太子赖丹。

大凡懂事的孩子都明白,有爹有娘比单亲家庭要幸福得多。问题是安归过惯了有爹无娘的日子,因此对汉一味地疏远甚至仇视。对此,并非所有的楼兰贵族都表示赞成,安归的弟弟尉屠耆就持不同政见。因为一边倒的政策既违背了历代楼兰王脚踏两只船的既定国策,也违背了地缘政治的基本原则,一旦更强大的汉朝腾出手来,楼兰将会面临灭顶之灾。在多次劝告无效的情况下,尉屠耆降汉,向汉控诉了安归的"恶行",并要求汉出兵楼兰。

后元二年(前87),刘彻驾崩,尽管汉昭帝刘弗陵年幼,但汉的威仪尚在。为了挽回面子,17岁的刘弗陵和首辅——大司马[①]、大将军霍光试图做点什么。作为霍去病同父异母的弟弟,霍光显然不缺勇气,但他却在犹豫,因为派数万大军远征西域,既劳民伤财,又旷日持久,与休养生息的国策不符。

[①] 汉行政权力由丞相(相国、大司徒)、太尉(大司马)、御史大夫(大司空)三人分掌,又称"三公",秩俸万石(月谷350斛)。

一天,身为骏马监①的傅介子上书朝廷,自愿出使大宛,引进良种军马。刘弗陵和霍光欣然同意,特意叮嘱他路过楼兰和龟兹时,对两国国王杀害汉使与汉官的行为严加责备。

韩非子说:"宰相必起于州部,猛将必发于卒伍。"《汉书》卷七十介绍,傅介子就是从普通士兵一步步升迁上来的,他不仅是一位机敏的使者,还是一位果敢的将军。对于刘弗陵和霍光赋予的使命,他慨然应诺。

事情还算顺利。傅介子在路过楼兰与龟兹时,严厉斥责了两个国王。从大宛回国途中,又在龟兹斩杀了偶遇的匈奴使者。回国后,傅介子被封为中郎②,晋升平乐监。但傅介子一直高兴不起来,因为他在西域时已经意识到,汉的威望并未真正树立起来,一旦汉使回国,首鼠两端者又会倒向匈奴。于是,他特意面见霍光说:"楼兰、龟兹王数次反叛而不诛杀,以后对他人如何惩戒呢?我此次出使,感觉龟兹王戒备不足,容易接近,我愿前往刺杀他,以震慑西域诸国。"在霍光看来,傅介子的想法不无道理,既然汉暂时不能派大军西征,那么行刺也就成了无奈也是唯一的选择。他闭上眼睛沉思片刻,然后突然睁开眼说:"龟兹路远,先从楼兰下手!"

傅介子心领神会。就这样,一个比"荆轲刺秦王"晚了150年的"斩首行动"拉开帷幕。

元凤四年(前77),傅介子带着几名精心挑选的刺客来到楼兰,宣称要代表皇帝向安归赏赐金币。傅介子一行到达楼兰后,怀有戒心的安归并没有接见汉使的打算。从表面上看,傅介子不以为意,并且已经离开楼兰城,到达了楼兰西部边界。在那里,他有些随意地对送行的楼兰国翻译说:"这一次,汉使以大量黄金锦绣赏赐各国,既然你们国王不主动接受赏赐,我只有去西部各国了。"说完,故意让翻译看到了所带的金币。

一匹快马驮着翻译直奔王宫。似乎,这位翻译比安归还要急切,他的意思是,天上掉下的馅饼,大王为何不去拾?终于,贪财的安归被打动,主动赶到边界来见汉使。

岂不知,天上掉下一个馅饼,地上增加一个陷阱。当安归与贴身大臣跨上骏马的那一刻,骨头格格作响的死神正向他招手。因为傅介子把地

---

① 骏马监是九卿之一的太仆属下负责养马的低级官员。
② 皇帝近侍官,秩俸六百石(月谷70斛)。

点特意选在楼兰边界,成可进,败可溜,身边还有数十名武士护驾,而被骗来的安归只带着几名大臣和卫兵。

绮丽的晚霞抹上澄明的西天,安归与傅介子相对狂饮。酒过三巡,傅介子真的拿出金币让安归查验,使得安归放下了所有的戒备。等到两人大醉之后,傅介子打着饱嗝对安归说:"汉帝有一事,让我私下向您交代。"安归随傅介子进入帐中,来到屏风后面说话,两位事先埋伏的汉卒同时从背后将利刃插进了安归的胸膛。《汉书》的表述是:"刃交胸,立死。"

听到安归临死前那凄厉的惨叫声,随从们四散逃命,楼兰民众也人心惶惶,甚至有人私下议论起楼兰王的名字:"安归"不就是"找不到归宿"吗?(班固在《汉书》中两次将楼兰王的名字写作"安归",一次写作"尝归",不知哪个名字是笔下误?)

为安定人心,傅介子告谕楼兰官民:"楼兰王多次叛汉,天子派我来诛杀他,立在汉当人质的王子尉屠耆为新楼兰王。汉军已至,请不要轻举妄动,动,就会灭国。"然后,傅介子砍下了安归的头颅,装入木匣,快马送回长安,高悬在长安未央宫北门下,供过往的行人,特别是外国使节参观和评论。

对于傅介子此举,《汉书》誉为"以直报怨"。"以直报怨"出自《论语》,弟子问孔子:"做人应该以德报怨吗?"孔子答:"以德报怨,何以报德?应该以直报怨,以德报德!"意思是不能做没有原则、没有爱憎的老好人,而要做是非分明、惩恶扬善的真君子。以直报怨,这才是大汉风骨、真儒本色。

人生是个圆,圆上每个点都有腾飞的切线。因为这一壮举,傅介子被昭帝封为义阳侯,参与刺杀行动的壮士都补为侍郎[①]。

今甘肃庆城县城北有条短巷,原名"傅介子巷",人们简称"傅家巷",据说是傅介子生活的地方。而甘肃宁县有傅家村,村内有傅介子祠,据说也是傅介子的故乡。其实这也正常,因为英雄总是被争来争去,而秦桧故里又有几人来争?

---

① 秦朝规定,殿上不准携带兵器,侍卫只能站在廊檐之下,所以叫廊中、郎中、侍郎。汉代侍郎作为郎官之一,掌守宫廷门户,充当车骑随从皇帝,秩俸四百石(月谷50斛)。

十三、开放在别处

为了与被杀的楼兰王划清界限,刘弗陵将楼兰改名鄯善(Shànshàn)①,为鄯善王刻制了新的印玺,将一位"家人子"——没有名号的宫女,赐给尉屠耆作为夫人,并准备了大量辎重、车骑,礼送尉屠耆回国就任。

在刘弗陵的赏赐中,最珍贵的莫过于这位宫女了,但尉屠耆并未表现出过分的喜悦,也没有为此而谢恩,否则《汉书》上肯定大书特书。刘弗陵显然不是首位将宫女赏给异族领袖的帝王,因为他的祖先刘邦曾将"家人子"嫁给匈奴单于冒顿。44年后的汉元帝一定是仿效他与刘邦,将一名宫女嫁给了呼韩邪单于。只是,刘邦和刘弗陵没有凭借画像临幸宫女的恶习,也没有毛延寿那样贪财的宫廷画师,因此也就漏不下任何绝色美女。不然,历史一定会先于王昭君演绎出一个美女出关的动人故事。

临行前,尉屠耆没有放过和刘弗陵交流的机会,因为在长安生活了几年的尉屠耆,对于汉的政治理想、思维定势和操作手段已经有所感悟,他需要汉为自己的前途加点保险。于是,他上书汉昭帝,提出了一个让对方无法拒绝的请求:"我长期在汉担任人质,回国后势单力薄,特别是前楼兰王的儿子尚在,说不定哪一天我会遭遇不测。鄯善国内有一个肥美的地方叫伊循,陛下能否派将士到那里屯田,让我也有所依托。"

这一请求正中刘弗陵下怀。赖丹轮台屯田失败后,汉急需在西域建立新的屯田基地。楼兰新王提出的伊循②,是丝绸之路南道的起点。选择伊循屯田,既可以保证丝路南道的安全,也可以解决再次西征的补给,具有非同寻常的战略意义。于是,刘弗陵批准了他的请求,派出一名司马和40名士兵进驻伊循城屯田。

那是一个布谷声声、黍麦飘香的初夏,新鄯善王经过数十天的跋涉,终于到达了亲爱的故乡——楼兰。此时的楼兰城,仍弥漫着一股死亡的

---

① 意思是"草堆、草垛",据说还有"溃逃"之意。
② 今若羌县米兰东,又名小鄯善城、屯城、七屯城。

气息。他踏进王宫时,贵族们一脸漠然与不屑,既不行礼,也不搭话。安归的美丽遗孀更是站在远处,用一双如刀的眸子盯着他。在森严的戒备和连绵的噩梦中,他艰难度过了365个日夜。

第二年,他毅然决定将都城向南迁移到扜泥城①,冠冕堂皇的理由是,塔里木河已经改道从罗布地区南部与车尔臣河一起汇入罗布泊,河流的改道使得扜泥城所在的罗布泊南部灌溉区水量沛。面对贵族们的一片反对声,他进一步解释说:"现在的楼兰城处在丝路的咽喉部位,汉因为出入方便一再要挟我们,匈奴为统治西域也一再扼制我们,所以我们必须放弃楼兰城,到南部建立新的都城,彻底摆脱四面受扰的困境。"说完,一行清泪划过面颊。贵族们也心有所动,继而叹息不已。

其实有一个理由大家彼此心照不宣,那就是尉屠耆要躲开旧势力占主导的楼兰古城。

南迁开始了,碧波荡漾、水鸟翻飞的罗布泊渐渐淡出了视线,成群结队的百姓们一步一回头,沉重的脚步消失在夕阳的余晖中。就这样,一个容纳了西域文明精华的楼兰,因为不堪背井离乡之苦,慢慢枯萎在朔风黄沙之中。

只有那些居心叵测的王室贵族被强行留在楼兰故都。

青山依旧在,几度夕阳红。地节二年(前68),执掌汉朝最高权力达20年的霍光病逝,汉宣帝刘询亲政。汉派侍郎郑吉率兵在渠犁与车师屯田,并令其守护鄯善以西的丝路南道。不久,汉在扜泥城以东的伊循城设立了屯田都尉,并向伊循输送了一批施刑士②。伊循都尉府与罗布泊以东的居卢仓互为犄角,既保证"楼兰道"的安全,又威慑丝路南道,还虎视眈眈地盯着不远处的鄯善国王。③

神爵二年(前60),虚闾权渠单于病死,匈奴发生内讧,负责统辖西域的日逐王率万余部众投奔汉朝,匈奴"僮仆都尉"自此而罢,从楼兰向西北的丝路北道得以畅通。第二年,郑吉受封安远侯,在护卫丝路南道的同时,开始兼护车师西北方各国,因此号称"都护"。

后来,鄯善国都干脆东迁80千米,来到汉军驻扎的伊循城。历史老

---

① 今若羌县且尔乞都克古城,又名大鄯善城、鄯善城、典合城、鄯善镇,后在此建石城镇。
② 因触犯刑律而被流放的人。
③ 见孟凡人《丝绸之路史话》,社会科学文献出版社2011年版。

人问:已经不是国都的楼兰古城,还会延续以往的辉煌吗?楼兰不答,只是发出了痛苦的呻吟。

十四、不入虎穴,焉得虎子

人事有代谢,往来无古今。转眼,汉已被外戚王莽实施了"安乐死"。大新皇帝王莽以改革为名,一意孤行,恣意妄为,使自己陷入了内外交困的泥潭;西域都护被杀,征西军惨败,帝国版图萎缩到了河西走廊最西端的敦煌。

抓住这一难得的政治真空,莎车与鄯善迅速崛起。莎车王贤称雄周边各国,自称"大都护";鄯善也降服了丝路南道的小宛、且末、精绝,把国界向西南拓展到今民丰县的尼雅河流域。从此,"驰命走驿,不绝于时日;商胡贩客,日款于塞下。"腰肢柔曼的鄯善美女,再次向远道而来的客人绽开了笑靥。昔日繁盛的楼兰,在鄯善借尸还魂。

东汉[①]建武十四年(38),西域的莎车、鄯善派使者到洛阳朝贡,请求东汉派遣都护。此时,光武帝刘秀正忙于铲除地方割据势力,因此没有派出官兵。这就好比一个人还没从手术台上下来,能立刻挽起袖子去打架吗?西域固然重要,但在刘秀的日程表上并未排在前面,先国内,再匈奴,然后才是西域。但对于西域,刘秀也不能撒手不管。授给了莎车王贤大将军的印绶,在客观上给了莎车代替汉朝节制西域五十五国的权力,但莎车兴盛后,转而欺侮其他西域国家,鄯善王的脸上堆满了阴云。

有时候人们宁愿看见两个恶魔在拔河,也不愿看见一个天使在跳舞。建武二十一年(45),出于对莎车王的义愤,鄯善、车师等十八国遣子入侍,再次请派都护,刘秀仍没有同意。

第二年,已对东汉毫无忌惮的莎车王贤派出使者,要求鄯善王安断绝东汉进出西域的道路。安不但不听,还杀掉了莎车使者。于是,莎车王贤发兵攻打鄯善,安抵挡不住,逃进南部山中。莎车军队将未及逃走的千余

[①] 刘秀恢复汉后,因建都于东部的洛阳,所以被史家称为东汉或后汉,而原汉朝因建都于西部的长安,所以被史家称为西汉或前汉。

名鄯善民众全部屠杀,然后引兵西还。

被洗劫后的鄯善,墙颓壁断,尸横遍野。面对破败的家园,还都后的安再次上书东汉,表示愿意派出儿子为人质,请东汉重设西域都护,否则,自己只能奉匈奴为宗主。不料刘秀竟然回复说:"目前不可能派出都护与军队,如西域各国力不从心,可以便宜行事。"那一刻,刘秀的脸一定很难看。透过2000年的历史风烟,我们仿佛能洞悉这位东汉开国君主满腹的愁绪和一脸的无奈。

就这样,互相攻伐的西域诸国再次被匈奴所控制。

直到一个名叫班超的人在密集的锣声中登场亮相。

班超,字仲升,扶风安陵(今陕西咸阳东北)人,生于建武八年(32),是著名史学家班彪的幼子,史学家班固的弟弟,才女班昭的哥哥。30岁那年,班超一家随兄长班固迁居洛阳。由于家境贫寒,写得一手好字的班超只得替官府抄写文书维持生计。

有一种说法是"戴他一顶帽,坐上一乘轿,刻他一部稿,讨他一房小"是古代文人梦寐以求的人生境界,一代代读书人青灯黄卷、十年寒窗,甚至皓首穷经,为的是登科入仕,光宗耀祖。但那时科举制度还未出世,报国立功的捷径似乎只有投身沙场,驰骋边关。有感于抄写匠的碌碌无为,他曾经"投笔"于地,立志"从戎"。

永平十六年(73),41岁的班超终于实现了"投笔从戎"的夙愿,任务是随同奉车都尉(掌管皇帝车驾的官员)窦固北征匈奴,职务是假司马(代理司马)。走出书斋的那一瞬,他有了可以自由发挥的广阔空间,从此成就了他军旅生涯的永恒直线。假司马官虽小,但却是班超文墨生涯转向军旅生活的第一步。一到军中,他就显示了与众不同的胆略,并在蒲类海(今巴里坤湖)之战中旗开得胜,迅速赢得了窦固的赏识。不久,窦固将出使西域的重任交给了班超,为班超搭建了一方叱咤风云的舞台。

经过短暂而认真的准备,班超和从事(负责协助的官员)郭恂率领36名骑兵向西进发,一个旷古的传奇开场了。

班超一行来到了今新疆罗布泊西南的鄯善,受到了鄯善王广的热情接待。但是不久,鄯善王广突然变得冷淡起来。凭着自己的敏感,班超估计必有原因,便把接待他们的鄯善侍者找来,出其不意地问:"匈奴使者已来数日,今安在乎?"仓猝间,侍者交代了实情。原来,匈奴使者也已到访鄯善。

非常之人,方能行非常之事。傍晚,班超避开郭恂,摆酒宴请36名部下。酒到酣处,班超通报了调查结果,并发出了战前动员令:"不入虎穴,焉得虎子。当今之计,唯有乘夜色火攻匈奴使者。灭此虏,则鄯善破胆,大功即成。"当时,一名部下提醒他:"您应该与从事郭恂商议一下吧。"班超大怒:"吉凶决于今日,从事郭恂是一名庸俗的文官,听了我们的计划必定会因害怕而泄露机密。死了不为人所称道,非壮士也!"部下们再也无人表示异议。

天一黑,大风突起。正所谓月黑杀人夜,风高放火天。班超率领将士悄悄来到匈奴使者营地,安排十人持鼓藏在屋后,约定:"看到火起,便击鼓呐喊。"其余的人手持刀弩埋伏在营门两侧。班超顺风放火,前后鼓噪,匈奴人乱作一团。班超亲手杀死3人,部属斩杀了匈奴使者及随从30余人,剩下的100余人也全部葬身火海。

次日清晨,班超把战斗经过告知了郭恂。郭恂先是吃惊,继而脸色大变。班超做了一个手势,对郭恂说:"您虽没有参加行动,我怎么会存心独占这份功劳呢?"后者脸上方才绽出喜色。

班超将鄯善王广请出,将匈奴使者的首级扔在他的面前。立刻,惊恐万状的鄯善王宣布归附汉朝,并同意把王子送到汉做人质。前方将消息快马奏报给窦固,窦固上书汉明帝为班超请功,要求派出使节出使西域。望着窦固的上书,以贤明著称的汉明帝笑了,他的回复是:"像班超这样有胆有识的汉吏,为什么近在眼前不加重用,却要更换他人呢?现任命班超为军司马,继续履行在西域未竟的使命。"之后,班超相继征服了丝路南北道各国,击败了大月氏,西域都护府重新设立,被阻断65载的丝绸之路重现光彩,温驯而坚韧的骆驼又可以驮着沉甸甸的货物徐徐走过。

高高山上走,深深海底行。班超在西域纵横驰骋达31年之久,先后服务了三任皇帝,最终被任命为西域都护,封定远侯。从此,连续发明了"投笔从戎"和"不入虎穴,焉得虎子"两个成语的班超,以其倚天仗剑的潇洒造型载入史册,成为中国知识分子戍边报国的一大楷模。

十五、流沙下的楼兰

永元十四年(102)的硕大夕阳落入了苍茫的天山,70岁的班超也在昏黄落日的衬托下,拖着疲惫的身影东归洛阳。不久,由于继任者的无能,班超用30年辛苦建立起来的西域伟业一朝尽废,东汉将士只能从西域失血的天空下撤离。

永宁元年(120),在伊吾(今哈密)屯田的西域长史索班被北匈奴攻杀,车师前王也投降北匈奴。作为汉人外孙的鄯善王尤还分外惊恐,便向敦煌太守曹宗紧急求救。但朝廷左顾右盼,议而不决,直到延光二年(123),才任命班超的三子班勇为西域长史,率兵500人出屯柳中(今鄯善县城西南鲁克沁),次年抵达鄯善,促使鄯善重新附汉,继而成为屯田基地,东汉西域伟业呈现出复兴的迹象。仅仅过了三年,班勇就因同僚的诬陷被革职下狱。班氏父子勠力创造的大好局面,最终变成了两片飘飞的晚霞。

大半个西域失掉了,但邻近河西的鄯善多数时间仍是西域长史府驻地。而且,一旦中原王朝控制了鄯善,便会迫不及待地来到此地屯垦开荒,并大张旗鼓地名之曰"惠及万民"。

如同万里长城堆满了修建者的累累白骨,京杭大运河吸干了万千民众的骨髓一样,站在漫长的历史时空中鸟瞰,许多在当时看来"惠及万民"的善举,在后来却被证明是历史的灾难。接下来发生的事情就是一个典型例证。

《水经注》记载,约公元260年(魏景元元年),一位名叫索劢(mài)的将军,受刺史毛奕的委派,率领肃州(今甘肃酒泉)和敦煌的1000人马进入楼兰屯田。他首先率领部下修建了供官兵们屯驻的"白屋",然后招募鄯善、焉耆、龟兹各1000名军人,在孔雀河下游的注宾河修筑拦河坝,引水开荒,目的是造出一块丰饶的粮食基地。

然而,就在大坝即将建成那天,河水以少见的威力冲击大坝,很快就把它冲垮了。索劢沉下脸说:"西汉东郡太守王尊为阻止水患,以身填补河堤,结果他的节义感动了河水,水患立刻停滞;东汉刘秀的部将王霸为安抚军心,谎称前方的大河已经结冰,结果他的精诚感动了河流,刘秀率大军抵达滹沱河时,河流坚冰如砥。我今天也是为了万千百姓,和他们二人一样!"于是,他召集将士擂响战鼓,挥动刀戟,搭弓射箭,与大河"大战"三天,河水果然退却,大坝得以合龙。

河水灌溉土地,带来了丰饶的收成,三年便打下粮食百万石,他的美名在罗布泊岸边传播。①

岂不知,将军的美名是以牺牲罗布泊的生态环境为代价的。由于数千名屯田官兵需要造房,结果大量的树木被砍伐,罗布泊地区绿化覆盖率急剧下降。孔雀河被拦,导致下游的楼兰故都水源断绝,楼兰古城只能遗憾地废弃。

没有办法,屯田士卒只得在罗布泊西岸起"白屋"建新城,逐渐形成了今天依稀可见的有"三间房"的楼兰古城——魏晋时期的西域长史府治所。而建设新城,又使得大量树木被砍伐,罗布泊的生态灾难再次在屯田官兵的无意识中降临。为此,我终于稍稍领悟了那句让人百思不得其解的话:世界上的大坏事主要是好人干的,坏人只能干小的坏事。

孔雀河的流水越来越少,罗布泊的面积越来越小,鄯善的绿地、游鱼、飞鸟、老虎在慢慢消失。

到了这个地步,鄯善国王和西域屯田官兵才意识到保护生态的重要性。发掘于楼兰的佉卢文律法赫然写着:"凡砍伐一棵活树者罚马一匹,伐小树者罚牛一头,砍倒树苗者罚羊两只。"可是,这太晚了。当人们已经意识到要生存下去必须保护生态环境时,大自然已经失去了耐心,楼兰被沙漠吞没的脚步已经无法停下。如同一贯反对控制人口的毛泽东去世后,中国努力推行计划生育政策都无法使人口在30年内下降一样。

而且,当东汉迫使北匈奴西迁,牢固占领了伊吾之后,开通了由敦煌北上伊吾,经高昌至焉耆,与传统的丝路北道汇合的伊吾大道。由于这条新道不必经历漫漫黄沙,因此由敦煌西去楼兰的传统丝路不再被多数商旅所选择,这就使得本已落寞的楼兰变得更为寂寥。

继塔里木河改道之后,孔雀河主流也向南汇入塔里木河,整个罗布泊向西南飘移。楼兰古城所在的罗布泊北部三角洲生态急剧恶化——随之

---

① 故事见郦道元《水经注》卷二,华夏出版社2006年版。

而来的是茂盛的胡杨林大片地枯死,庄稼因为干旱无法播种,绿地抵挡不住流沙的侵袭而逐渐变成荒漠,绿洲内繁华的古城、汉晋驿路和从敦煌到罗布泊的汉代烽燧系统全被废弃,文明的链条骤然断裂。

一般而言,每个成年人要维持正常的饮食,每天需要消耗2000千卡的热量。而公元4世纪前后的东方,每人每天获取的食物消耗和非食物消耗(包括生物质和化石燃料)已达到2.7万千卡,这些都需要相对发达的农业、畜牧业、交通、水资源、森林资源来支撑,而环境急剧恶化的古楼兰地区显然已无法满足。罗布泊的周围已经变成了乌紫色,如同黄昏时分缓缓闭合的天空,如同荒芜深处无法窥见起始的从前。东晋成帝咸和五年(330)前后,楼兰人被迫放弃家园,选择了悲壮的撤离和迁徙。

隋唐时期,丝路北道已被北新道所代替,穿越白龙堆到古楼兰的艰险路段不再是丝绸之路的必经之路。"路断城空",也成为楼兰及其塔里木河下游城邦消失的一大原因。

在失去记载的岁月里,楼兰这个承载了上万人的绿洲城邦,逐渐被流沙湮没,成了完全废弃的遗址和人迹罕至的浩瀚荒漠,这里除了枯死的胡杨林,奇特的雅丹①地貌,连绵的沙丘,肆虐的沙尘暴,再也看不到生命的踪迹。此后的1500年间,全世界再也没有听到楼兰的消息,这个声名远播的古国有如阵风一般消失在塔克拉玛干沙漠之中。

读者可能要问,既然南北朝时期楼兰就已经消失,为什么楼兰还在唐诗中频频出现?先是军旅诗人王昌龄在《从军行》中信誓旦旦:"青海长云暗雪山,孤城遥望玉门关。黄沙百战穿金甲,不破楼兰终不还。"后来,连白面书生李白也在《塞下曲》中高喊:"愿将腰下剑,直为斩楼兰!"其实是因为,真实的楼兰虽已消失上百年了,但因为古楼兰名气很大的缘故,唐代的"楼兰"也就成了西部边关民族的代号。

十六、犁开一片新天地

人们不禁要问,将中心搬离楼兰、避开了匈奴的鄯善,能避免被争夺

---

① 维吾尔语,意为"险峻的土丘",地质学家借以命名风蚀土墩与凹地相间的楼兰地貌。

与蹂躏的命运吗?

一个在选举中允诺要下雨的人,如果接下来的日子却是大旱,他是不会主动承担责任的。事实上,第一任鄯善王尉屠耆所提出的搬迁理由,不过是为自己难以言表的目的找一个冠冕堂皇的借口而已。因为作为一个国家,国都迁到哪里,哪里就是目标与焦点。

好在,鄯善王善于利用汉朝的声威,于西汉末年吞并了南部的婼羌。东汉初年,在西域霸主莎车王贤被于阗王广德杀死后,西域陷入了群龙无首的状态,一些区域强国趁机兼并邻近的小国。在这一轮兼并浪潮中,羽翼渐丰的鄯善并吞了小宛、精绝、戎卢、且末国,成为西域八强之一。

东汉官兵撤出西域后,贵霜王朝将触角伸展到了塔里木盆地。鄯善等国被迫向贵霜派出人质,贵霜通行的佉卢文传入鄯善。东汉末年的鄯善王童格罗伽(公元210年左右在位)就已经把佉卢文作为官方语言。尼雅出土的佉卢文书,多是鄯善王发布的号令,号令开头为:"伟大的国王、王中之王、伟大的胜利者、法的执行者、侍中、威德宏大的国王、天子陛下敕谕"。这些自称集中了古波斯、印度和中国皇帝的一切称号,比将三皇五帝称号归于一身的始皇帝有过之而无不及。在他看来,本国拓疆千里,属民数万啊!岂不知,中原的哪个县人口会少于10万呢?如此规模在中原充其量就是一个鼻子上涂着白粉的七品县令。

"但我是国王!"时至今日,我们仍能想象到鄯善王发布诏令时鼻孔朝天、夜郎自大的气派。

从出土的佉卢文犍陀罗语文书得知,"强国"鄯善采取州镇制,下辖5个州,有扜泥州、精绝州、莎阇(dū)州、且末州、楼兰州;有伊循、小宛、戎卢、麦德克、佉台等州一级的城;有阿迟耶摩、哲蒂沙女神、毗陀、童格罗伽大王、特罗沙、纳缚、皮吉那、奥古·安努加耶女神、梵图、叶吷、夷龙提那、尼壤12个村镇;村镇之下设百户、十户、部、管区、庄园。首都在鄯善河(今车尔臣河)畔的扜泥城,又称"京城""大城",也就是汉史中的"大鄯善"。

所谓的"大鄯善",不过是欺负一下老实邻居的地头蛇而已。对待真正的强国,鄯善王倒是明智和乖巧得很,他采取的对策,一是俯首称臣,二是敬献美女。

"俯首称臣没有什么,不就是上表送礼嘛!"鄯善国先后臣属曹魏、西晋、前凉、前秦、后凉、西凉、北凉,但仍保持了相对的独立性。其中魏晋时期,一直将西域长史府设在鄯善。

敬献美女也不困难,因为鄯善是盛产美女的地方,西域王公贵族早就以能娶到楼兰女子为荣。

于是,两位著名的楼兰美女袅袅娜娜地向历史走来。

十七、楼兰美女

东晋咸康元年(335),鄯善王元孟向第二代凉王张骏献上了一位皑如山上雪、皎如云中月的绝色女子[1]。美女一进前凉都城姑臧(今甘肃武威),便羡煞了万千男儿,羞煞了三宫六院。

拥有一朵花,已然胜过整个花季。如获至宝的张骏立刻将她封为"美人",特意为她建造了"宾遐观"金屋藏娇。作为回报,前凉在鄯善国的楼兰城(海头)设立了西域长史府,鄯善得以狐假虎威,睥睨西域。

楼兰美女不仅令贵族牵肠挂肚,甚至让一些高僧都失魂落魄。

史书记载[2],东晋灭亡那年(420年),来自中天竺的高僧昙无谶进入鄯善弘布佛法,无意中见到了鄯善王的妹妹曼头陀林公主。出于礼貌,公主面对高僧嫣然一笑,并闪动了那黑亮如同谎言一般的美丽瞳仁。立刻,本应"六根清净"的高僧被公主如月的明眸、如玉的皓齿、如雪的肌肤、如柳的腰肢深深倾倒,以至于辗转反侧,彻夜难眠,一双眼睛红得如同鸡血。后来,他打听到公主不能生育,便对外宣称自己"能驱鬼治病,让妇人多子",终于有幸与前来诊治的公主近距离接触。

时间是无限的,而人的生命是有限的,人为了用有限的生命抗衡无限的时间,让生命得以延续,才采取了繁殖这一本能的手段。对于古代的已婚女人来说,能否有生育能力,能否生育男孩,为丈夫所在的家族传宗接代,关系着她的声誉、地位。因此,公主屈尊前来就医,无可厚非。

前来就医的公主看上去举止稳重,而内心却澎湃如潮,就像隐藏在风

---

[1] 见唐朝房玄龄等《晋书·张骏传》,中华书局1996年版。
[2] 见北齐魏收《魏书·沮渠蒙逊传》,中华书局2003年版。

景宜人的山水之下的火山一样。面对高僧的刻意引诱与曲意奉承,公主曾经极力控制自己,却收效甚微。当高僧终于捅破了那层窗户纸之后,正如《爱经》里所说:"一切都无所忌惮了,因为激情无法等待",公主干脆将身病与心病一起治疗,两人如干柴烈火,烧透了黑暗与寂寞的漫漫长夜。

为了堵住身边人的嘴,昙无谶一再教育他们:"当你觉得保守一个秘密比传播一个秘密更有价值时,你就成熟了。"但并不是所有的人都渴望成熟,特别是根本管不住自己脸上那些器官的女人。不久,丑闻败露,高僧乘隙走小路逃亡凉州。高僧逃走后,楼兰公主并未落寞,佳人的风采,仍在皎皎如玉的花瓣上熠熠生辉,轻轻扣动着下一个红尘人的心扉。

其实,这个花和尚并非一无是处,他6岁丧父,少年时代便师从达摩耶舍研修佛经,以记忆力超强而闻名,在佛学上造诣很深,并深谙咒术,有西域大咒师之称。来到凉州后,他潜心弘法,先后翻译出了《大涅槃经》《菩萨戒经》《悲华经》《金光明经》等一批佛经,得到了崇信佛法的北凉国主沮渠蒙逊的特别信任,被封为"圣人"。

一旦有了随意进出皇宫、一睹嫔妃芳容的特权,这个采花大盗便故态复萌。

他所采取的办法,就是通过太监将自己深谙房中术的消息悄悄传进寂寞的后宫。听到这个消息,又见这位高僧皮肤白皙,高大威猛,一个公主大胆地跑来一试,果然七窍通透,蚀骨销魂,仿佛做完复明手术的盲人终于看到了恋人脸上的笑靥与手中的鲜花。风流韵事如同臭豆腐,闻起来臭,吃起来香。"臭豆腐"的怪味在王族妇女群里弥漫,蒙逊的女儿和儿媳纷纷私下拜会昙无谶,美其名曰修炼佛法,实际上是学习交合技巧。难怪自古以来就有人说"寺庙里藏韵事,袈裟里掩风流"。

云中藏不住云雨事,雪中埋不住雪花银。一天,蒙逊无意中听到路人议论说:"圣人哪里是在讲经,他是以讲经为名引诱女人,听说凉王的公主和儿媳都和他上床了。"蒙逊派人暗中调查,果如路人所言。

生气归生气,窝囊归窝囊,但家丑不可外扬,再加上高僧是自己请来的,女眷是自己上钩的,蒙逊陷入了左右为难的窘境。就在蒙逊犹豫之际,北魏太武帝的使者求见,要求蒙逊准许昙无谶到北魏讲经。对于北魏的要求,实力不济的蒙逊显然不敢拒绝,但又怕昙无谶去北魏对自己不利,于是对昙无谶动了杀心。

昙无谶不会嗅不出一点血腥的味道,因此提出去西域求取《涅槃后分》。他的如意算盘是,一来可以借机与蒙逊分手,躲过杀身之祸;二来可以借此回绝北魏的要求,免了北去的辛苦;三来可以路过楼兰,见一见自己的老情人。

意外的是,蒙逊不仅痛快地答应了他,还给了他大笔的资助。

多情若是招惹了权威,往往以死来句读。高僧刚刚西行进入荒无人烟之地,蒙逊派出的刺客便亮出了刀剑,利落地扳掉了高僧的脑袋。

干完这件事,66岁的蒙逊也突然病倒(据说是昙无谶的临终咒语起了作用),无奈地赶往地狱与昙无谶会合。

那一年是北凉义和三年(433),花和尚昙无谶49岁。

他的结局不禁使我想到了215年后的唐僧辩机,作为玄奘的得力助手,博学而英俊的辩机与唐太宗的女儿高阳公主私通,最后被唐太宗砍掉了脑袋。难道,辩机没有听说过昙无谶的故事?或者,辩机是昙无谶转世?

六根未净的高僧毕竟只是少数。在"花和尚"之前,一个德高望重的中原僧人西行来到鄯善。

十八、在路上

他号法显,俗姓龚,今山西襄垣县人,与明初在"靖难之役"中被朱棣杀死的大臣连楹是老乡。3岁剃发为沙弥①,20岁受比丘②。隆安三年(399),65岁的法显因为有关戒律方面的典籍残缺,佛众无法可循,决定前往佛教发源地天竺(今印度)寻求戒律。

阳春二月,岸柳吐丝,法显与慧景、道整、慧应、慧嵬一起,从长安进发,开始了艰苦卓绝的旅行。第二年,他们在张掖坐禅修行,遇到了智严、慧简、僧绍、宝云、僧景、慧达六位僧人,组成了11人的"西行巡礼团"。他们西出阳关,走楼兰道,越白龙堆沙漠,经过17天的艰难跋涉,终于抵

---

① 出自龟兹语和于阗语,意译为"求寂、息慈、勤策",指已受十戒(佛教徒最基本的十项戒律),未受具足戒(比丘应该受持的所有戒律,共250条),年龄未满20岁的出家男子。
② 梵语的译音,意译为"乞士",指年满20岁,已受具足戒的出家男子,俗称和尚。

达鄯善。

在熟读历史、通晓地理的法显心目中,沙漠环绕的鄯善应该是一个荒蛮之地,但一进鄯善却蓦然发现,这里香火缭绕,诵声悠扬,佛教僧人居然达到4000多位,从国王到百姓"尽行天竺法",整个绿洲已经被佛教文明熏染成一片金色。在这里,他并未被楼兰女人的美色绊住双脚,只逗留了一个月。据说,他已经修炼到近乎无我的境界,站不歪身,目不斜视,听不侧耳,言不高声,成为后代高僧们的道德楷模,就连淫浪无比的女人见了他也肃然起敬、正襟危坐。

并非其他僧侣都不留恋鄯善,但法显坚定地说:"我们必须去天竺,因为那里才是佛教的家。"

之后,他经过"不通礼仪"的焉耆、"国泰民安"的于阗,向目的地匆匆走去,一直在外游荡了15年。

这15年,是他从65岁到79岁的暮年。这个年龄,即便放在寿命普遍延长的今天,也不适合在外流浪了。而他,却把垂暮之年付之于无休止的漫漫征途,实在令人唏嘘与震撼。

如果额头终将刻上皱纹,强者只能做到不让皱纹刻在心上。他没有年轻人强健的体魄,却有年轻人不具备的耐力与韧性。在67岁那年冬天,他进入了天山、昆仑山、喜马拉雅山脉交集而成的天险隘口——葱岭,这里"冬夏有雪","飞沙砾石","遇此难者,万无一全"。

就是这个自古至今连极其强壮的年轻人也难以在夏天翻越的地方,却让一位仙风佛骨的老人在冰天雪地的严冬战胜了。他用苍老的双脚追赶着文明的脚步,根本不把艰难困苦放在眼里。我们仿佛能听到他一步一个脚印地行走在戈壁荒漠间发出的"扑""扑"的足音,也仿佛能看见他身背行囊甩开双手渐行渐远的结实背影。

纳尔逊·曼德拉说,勇敢的人并不是感觉不到畏惧的人,而是战胜了畏惧的人。这些年,他遇到的有推拒、背叛、风暴、饥寒,天天面临着死亡的威胁。同伴们有的半道折回本土,有的随当地高僧转赴他处,慧应在途中病逝,慧景在翻越兴都库什山时活活冻死,这些都没有让他犹豫停步。

他不是无处停步,任何一个国家都欢迎这个声名与学问并隆的佛学大师,任何地方都崇拜他,想供养他,听他说法,拜他为师。但是,他不愿停留。

因此,他总是"在路上"。"在路上",曾经是20世纪西方现代派文学的一个时髦命题,东方华人世界也出现过"不要问我从哪里来,我的故乡在远方"的流浪风潮。但无论是东方,还是西方的所谓"行者",几年后便回家娶妻生子,颐养天年了。只有这个满脸皱纹的苦行僧还在路上。从此,他那执着前行的孤独身影,成了佛教思想史长廊里不朽的雕像。

有人说,躺在沙滩上晒太阳是幸福;有人说,与绕膝的子孙欢歌笑语是幸福;还有人说,登上令人艳羡的官位是幸福。法显却说,有崇高的追求,而且一直不停步才是幸福,尽管这是一般人难以忍受的、被余秋雨极度推崇的"文化苦旅"。为什么物质主义到现在没有把人类压垮,我们还有希望,我们还在抗争,就因为自古至今有无数法显这样的精神求索者,他们是忘我的,他们是不倦的,他们永远在路上,他们是人类册页上不灭的北斗。

四年后,法显终于到达中天竺,身边只剩下道整一人。在那里,他一住就是三年,收集到了《摩诃僧祇律》《萨婆多部钞律》等六部佛教经典。被佛学氛围深深陶醉的道整,发誓留在这里不再回国,法显只能孤身一人继续旅行。他周游了南天竺和东天竺,又在狮子国(今斯里兰卡)求得了《弥沙塞律》《长阿含》等四部经典。义熙七年(411)八月,完成了取经求法任务的法显,坐商船东归。

这条中途漏水的商船漂流了90多天,方才到达今印度尼西亚的耶婆提国。耽搁了五个月后,他又搭乘一条载有200余人的商船,带着50天的口粮,向广东沿海进发。

一个月后的一天夜里,商船遭遇了"黑风暴雨"。在极度惊恐中,船上的婆罗门宣称,是同行的沙门①招致了灾难,因此想把法显赶下船去,丢到海岛边。危机时刻,法显的一个施主站出来呵斥道:"你们如果扔下这个沙门,也把我扔下好了,不然你们将难逃一死,因为汉地敬信佛法,到了陆地我会向汉帝告发你们!"那些商人这才灰溜溜地走开。此时,受到暴风摧残的商船几近散架,只能任其在茫茫海上随风漂移。

破船一直漂流了70多天,以至于水尽粮竭。直到有一天,惊喜地看到了一片陆地。上岸时遇到了两个猎人,法显一打听,才知道到了晋朝青州长广郡(今山东即墨)的劳山。再打听时间,也才知道这一天是义熙八

---

① 非婆罗门教出家人的泛称。

年(412)七月十四日。①

义熙九年(413),法显带着大量经卷回到建康(今南京)。

他开始与时间赛跑,共译出了经典六部六十三卷,其中翻译的《摩诃僧祇律》(也叫大众律),成为五大佛教戒律之一。法显还将取经见闻写成了一部不朽的世界名著——《佛国记》。可以说,法显对大乘教义顿悟学说在中国的兴起发挥了启蒙作用。小乘讲渐悟,推崇个人努力,并不答应每个人都能成佛,不承认每个人都有佛性。而大乘提倡顿悟成佛,只需虔心供养,口宣佛号,放下屠刀,也会立地成佛。这样既满足了精神需求,又不必出家修行,自然受到了中原王朝的首肯。

元熙二年(420),86岁高龄的法显圆寂②于荆州辛寺。那一刻,他身旁摊开着未译完的佛经。他以最壮观的生命形式,为泱泱中华引进了弥足珍贵的精神财富,作为中国第一个由西域走向天竺的取经者,第一个把梵文经典带回国内并直接翻译成汉文的人,第一个用文字记述取经见闻的人,第一个访问印度尼西亚的中国人,法显堪称中国佛学与丝绸之路的"精神海拔"。

巧合的是,那一年,信奉佛教的晋恭帝司马德文被迫禅位给权臣刘裕,104岁的东晋灭亡,成为高僧法显的殉葬品。

假如读者是个有心人,完全可以推算一下法显路过时鄯善的国民人数:按有四分之一的国民为成年男丁,每四个成年男丁有一人出家估算,鄯善国民应该在6.4万人左右。如果按照东汉人数三倍于西汉来推算,鄯善统一塔里木盆地东南诸国后的人口总数估计可达8.4579万人③,算得上是名副其实的西域大国。此时,鄯善应该还处于极盛时期。

十九、国王说,"我先撤退"

灾难如同从天而降的陨石,从来不会因为一个国家是否信佛、是否强

---

① 见法显《佛国记》,重庆出版社2008年版。
② "圆"是功德圆满,"寂"是清净寂灭,梵语音译作"涅槃"。宗教教义中讳言死,死被叫作西归、仙游、升天、坐化、圆寂、涅槃、就木、入土、谢世、作古。
③ 见林梅村《寻找楼兰王国》,北京大学出版社2009年版。

盛、是否美女如云而特意躲避。北魏太延五年（439），也许出于对北凉杀害昙无谶的义愤，也许对北凉控制西域心有不甘，太武帝拓跋焘发兵攻入北凉，北凉君主沮渠牧犍投降。太平真君三年（442），北凉残余势力——沮渠牧犍的弟弟沮渠无讳逃亡敦煌，准备西渡大漠进入西域，并首先派弟弟沮渠安周作为先锋攻击鄯善。

面对这伙亡命之徒，一向低调的鄯善王比龙准备投降。当时，一名北魏使臣正巧路过鄯善，他对比龙说："北凉沮渠氏乃是我们北魏的手下败将，而且已是强弩之末，没有什么可怕的，您要动员一切力量抵抗，容我赶回北魏去搬救兵。"这显然是一种站着说话不腰疼的"精神激励法"，但他的话又句句属实，容不得反驳。在比龙答应抵抗后，这位北魏使臣趁着夜色消失在了戈壁中。为了保证万无一失，比龙又派出使臣前往于阗寻求援兵。

战斗异常惨烈，双方互有胜负。攻城者损兵折将，守城者也伤亡惨重。尽管对手乃北凉残余，但毕竟训练有素。渐渐地，鄯善军队显出了疲态。

空中一碧如洗，地上黄沙漫漫，哪有什么援军的影子呀？站在城头的比龙茫然无措。他在想，北魏使者能顺利穿越沮渠氏的封锁线吗？即便侥幸穿过了封锁线，从鄯善到北魏的平城（今山西大同）往返也不会少于两个月吧？而西部的于阗与鄯善早有过节，他们是否也盼着鄯善被吃掉呢？

比龙最终失去了耐心，留下太子真达继续抵抗，自己率领一半国民——约4000户西逃且末。分手前，比龙告诉太子："打退了敌人，你就可以提前当鄯善国王了！"这就好比是一位遇到狼群的老猎人对稚嫩的孩子说："我先撤退，你去负责抵挡狼群吧！万一打退了狼群，你就可以接我的班了。"

无助加上惊恐，化成一地的伤感。真达欲哭无泪，只有向沮渠安周投降。见到真达，沮渠安周不解地问："连你父亲都跑了，你为什么在这里等死？"真达回答："我的生命是父亲给的，我只能用这种方式回报他。"听到这位俘虏的话，沮渠安周肃然起敬，仍待之以国王之礼。

不久，据守敦煌的沮渠无讳受到北魏攻击，被迫西逃鄯善，与先期到达的弟弟汇合。当历史认定兄弟二人会以此为基地，西追比龙，进而独霸丝路南道的时候，一封求救信改变了历史。

来信人名叫阚爽，是高昌太守，因为面临着西凉残余势力和柔然的双重威胁，所以派出快马向沮渠兄弟求援。高昌绿洲，那可是翡翠般美丽、天堂般富饶的丝路北道重镇。考虑到今非昔比的鄯善已不是理想的卧薪尝胆之地，沮渠兄弟果断地率兵马转战高昌，在那里成功建立了北凉残余政权，并勉力维系了18年，成为沮渠氏涂抹在历史长空中的一道短促的晚霞。

临走前，沮渠兄弟封真达为鄯善王，条件只有一个："要听从我们的遥控指挥！"

鄯善的四月，仿佛把冬与夏这张半绿半黄的纸从中对折。真达站在鄯善城头，从草色天光里遥望广袤的戈壁，不禁慨叹：人事代谢、岁月轮回是多么地深不可测啊！

二十、出城投降

脑袋保住了，还成了国王，真达兴高采烈了好一阵子。

在真达埋头重建家园的日子里，北魏与高昌发生了诸多变故。北部的柔然汗国数度威胁高昌，北凉王沮渠无讳于太平真君五年（444）夏天病死，弟弟沮渠安周在悲凉与惨淡中继位，日子更为捉襟见肘。此消彼长，北魏军力已经接近巅峰，拓跋焘先后击退了柔然，征服了关中、敦煌，几乎到了攻必克、战必胜的无敌境界。

一天，拓跋焘决定发兵进攻高昌沮渠政权扶立的鄯善。我估计，那位从鄯善回到平城的北魏使者一定在拓跋焘面前说了鄯善不少坏话，并一再称鄯善为软骨头。几年来，他一直为鄯善王投降北凉耿耿于怀。他不了解的是，软骨头的老国王已经西逃，留下的太子是一个顶天立地、敢作敢为的真汉子。

太平真君六年（445），北魏大将万度归率5000轻骑从敦煌突袭鄯善。马作的卢飞快，弓如霹雳弦惊。这位皇帝的秘书兼侍卫，继承了主子拓跋焘的特有风范，抛下辎重，长途奔袭，很快便穿越流沙，悄然进入鄯善边境。

47

勒住马缰的万度归,被眼前的一幅田园画所吸引,只见天边飘着富有质感的云朵,身旁的瓜果压弯了枝头,鄯善百姓布满田野,正在低头耕种放牧,他突然有了一种家乡般恬静的感觉,随即发出号令:"沿大道进军,不许惊扰牛马与百姓!"作为一名以攻杀为乐的将军,竟能反其道而行之,在心里张起一根"以民为本"的弦,可谓难能可贵。

见到这支仁义之师,本来准备抵抗的边兵犹豫起来:战斗的目的本就是和平,如今民众的生命财产没有受到任何威胁,我们何必要冒着生命危险拼死相搏呢?于是,鄯善边兵率相归附。

真达既无兵可派,也无险可守,只有出城迎降。

大功告成后,万度归班师回朝,真达也被他带回平城,见到了那位对鄯善恨得牙痒的北魏使者。那一天,使者一脸不屑地质问真达,并一连问了几个为什么,但真达一言未发。作为一个俘虏,还有辩白的必要吗?

在平城,真达只能天天看庭前花开花落,望天上云卷云舒,在如烟的回忆中终了此生。不知道他对那位舍弃自己西逃的父亲,是思念多于仇恨,还是仇恨多于思念?

太平真君九年(448),北魏另派大将——交趾公韩拔镇守鄯善,任征西将军、护西戎校尉、鄯善王,然后在西域设置了鄯善镇和焉耆镇,像内地一样收取赋税。也就是说,鄯善不再被当成一个国家对待。

历时525年的鄯善国至此灭亡。

岁月苍茫一片,当成败荣辱和君臣头颅,都为时间的长风吹去,千年后的我们,只能发出"昨是而今非"的叹惜。

二十一、落寞成泥碾作尘

当大树轰然倒地,一个家园被连根拔起。

孝昌二年(526),江河日下的北魏从鄯善撤退,将鄯善镇迁移到了西平郡(今西宁一带),西平郡也改名鄯州。有趣的是,大清于光绪二十八年(1902)在今吐鲁番盆地设立了鄯善县。对于在这个远离鄯善古国的地方恢复鄯善,时任新疆巡抚饶应祺在上奏光绪帝的《会奏新疆增改府厅州县各缺》中解释说:"此地为古鄯善国,所以取名鄯善县"。在我的印象中,这位左宗棠的部下是举人出身,不是不学无术的昏官,但不知为什么会在历史问题上出现如此低级的错误?更令人看不懂的是,在被软禁期间天天研究新疆地图的光绪帝,为什么在接到奏折后没有指出这一明显的错误,难道是为给这位大清名臣留点面子?尤其令人不解的是,史学家云集的新中国为什么延续了饶应祺的错误,仍旧没有为吐鲁番盆地东侧的鄯善县易名,难道也是为给这位大清举人留点颜面?

《周书》记载,西魏大统八年(542)四月,一个桃花如流水的季节,王兄鄯米"率众内附"西魏,迁徙到伊州的拉布楚克(今哈密市五堡乡四堡村,东距哈密市65千米),建起了属于自己的屯堡。

公元5世纪末,南齐使者江景玄出访西域。当他到达鄯善(伊循城)时,发现这个绿洲之星已经陨落,峨冠博带已零落成泥,崇楼华堂都沦为废墟,整座城池空无一人。

唐初,居住在拉布楚克屯堡的鄯善后裔鄯伏陀,因不堪忍受东突厥严苛的税收,率族人南返罗布泊,试图重续古楼兰伴湖而居的旧梦。然而,现实无情,古楼兰的自然环境已经无法让人安居,他们只得再次折回拉布楚克。由于胡人称鄯善为"纳职",所以唐朝在这批鄯善人聚居地新设了纳职县,隶属伊州,纳职县治就是今拉布楚克古城。

贞观十八年(644),唐僧玄奘取经东归途经鄯善,此时的鄯善已经没有住户。

不久,西域康国大首领康艳典率众抵达罗布泊周边,将行政中心设置在了废弃百年的鄯善古城,名字也改为"典合城""石城镇"。据说,今若羌县西南90千米荒漠沙丘中的瓦石峡古城(即弩支城),也出自康艳典之手。

直到周天授二年(691),石城镇仍由康国将军镇守。这个将军向武则天禀报,浊黑的罗布泊自八月以来突然清澈见底,水呈无色。因为中原向来认为罗布泊是黄河的源头,源头水清历来是中原王朝的一大祥瑞,谁先奏报,谁就会得到奖赏。

随后,吐蕃军人成为这里的常客,特别是唐朝安西、北庭都护府被吐蕃攻陷之后。再以后,就记载全无,曾经回光返照的鄯善城踱入了漫漫长夜,渐渐零落成一堆废墟。

人类的文明地图,一直在战火的余烬中不断变换,往往越是富庶的所在,遭受的劫难越是严重,这也是包括楼兰在内的一系列丝路明珠悉数坠落历史烟尘的主要原因。

二十二、罗布泊之死

我们的故事并未结束。尽管楼兰、鄯善先后死去了,但哺育他们成长的罗布泊还顽强地活着。罗布泊又名泑(yōu)泽、盐泽、涸海、蒲昌海、牢兰海、孔雀海、洛普池等。元代以后称罗布淖尔,蒙古语意为多水汇聚的湖泊。

地质学告诉我们,处于塔里木盆地东部的罗布泊诞生于第三纪末、第四纪初,距今已有1800万年的历史。它的水源共有四条,一是西北方向的孔雀河,发源于博斯腾湖,直接注入罗布泊,被称为罗布泊的母亲河;二是西部的塔里木河,全长超过2000千米,流域面积达19.8万平方千米,是中国最大的内流河,由发源于天山的阿克苏河、发源于喀喇昆仑山的叶尔羌河以及和田河汇流而成,曾经于民国十年(1921)在尉犁县穷买里村突然改道①,使得本来向东南汇入喀拉库顺湖的河流,东移进入拉依河(轮台县与尉犁县的界河),然后汇入孔雀河,进而注入罗布泊,成为罗布泊的主要水源;三是东南部的车尔臣河,发源于昆仑山,曾经是罗布泊的一大水源;四是东部的疏勒河,发源于祁连山,曾在远古时期注入罗布泊。因为有这四大水源,罗布泊在公元4世纪时,水面超过2万平方千米;民国三十年(1941)时,还是一个水波荡漾、百鸟翔集的去处,有3100平方千米水面,是中国仅次于青海湖的第二大咸水湖,面积与中国第一大淡水湖鄱阳湖相当。

可惜的是,由于地球处于间冰期,气候逐渐变暖,冰山持续退缩,目前地球上13亿立方千米水,百分之九十七是海水,百分之三是淡水,就连这百分之三的淡水主要也是以冰原的形式存在的,湖河水库中的淡水仅有万分之三点六,从而造成孔雀河、车尔臣河渐渐成为季节河,疏勒河下游

---

① 据当地人回忆,1921年,沙雅县女财主阿西罕·阿吉为她的12000头羊兴建草场,在穷买里村附近的塔里木河拦河筑坝,造成河水改道东去,汇入孔雀河古河床。

早已断流。1952年,尉犁县封堵了拉依河口,迫使塔里木河重回故道转向东南,最后流入台特马湖,导致罗布泊失去了最主要的水源。20世纪50年代,从笔者的老家山东走来的渤海军区教导旅组建的新疆建设兵团农二师,在孔雀河流域进行了大规模农垦,不仅扩大了十八团的干渠垦区,而且开发了塔里木新垦区。为灌溉新垦的土地,勤劳的兵团战士们于1958年在尉犁县城西部的孔雀河上修建了惠普大坝与水库,又于1962年在尉犁县城东部的孔雀河上修建了阿克苏甫大坝与水库。大坝与水库落成之日,受惠的万千民众载歌载舞,颂声歌唱。

德国思想家弗里德里希·冯·恩格斯早就指出:"不要过分陶醉于我们对自然界的胜利,要警惕大自然因人类的盲目行动而做出的报复。"事实上,这两片惠及万民的米粮川,是以牺牲罗布泊地区的生态为成本的。应当说,在以填饱肚皮为最高原则的时代,国家和百姓的选择无可厚非。但50年后,让已经接受了科学发展观的人们再来评判这两大工程的得失,也许结论会截然不同。这就是时间的残酷,这就是历史的代价。

至此,孔雀河的水量几乎全部消耗在灌区,再也无水下泄罗布泊。"断奶的婴儿"罗布泊所能做的,只剩下在沙漠的干风中"哇哇大哭"。

1972年2月,是一个令国人特别是地质人悲痛的时刻。美国第三十七任总统尼克松访华,在座谈的闲暇,他送给了周恩来总理一张地球卫星拍摄的图片。图片显示,中国的罗布泊刚刚干涸,活像一只黑色的"大耳朵"。这一令人震惊的消息,不是由中国地质部门,而是由外国人首先告诉中国领导人的,这也成为中国地质人永远的耻辱。

如今的楼兰与罗布泊,已如流星一般划入了虚无。在那里,江河湖海的绿色标志,无;州县城镇的圆点标志,无;山峦沟壑的等高标志,无。它们的消失,带给我们的是深长的遗憾。

遗憾何止于此?

就在这个升起过48个灿烂古国的地方,已经有14个绿洲城邦葬身于茫茫沙海和洪水淤泥——米兰遗址(鄯善国古城)、约特干遗址(于阗国古城)、尼雅遗址(精绝国古城)、皮朗遗址(龟兹国古城)、博格达沁遗址(焉耆国古城)……

就在这个曾经拥有近200个美丽湖泊的地方,近50年来就有62个湖泊哭干了眼泪,成为生命的禁区。紧跟着罗布泊消失的脚步,台特玛湖消失于 1974 年,玛纳斯湖消失于 1974 年,艾丁湖消失于 1987 年……听上去,这简直像是在宣布阵亡名单。一个哈萨克族作家看见,干涸的湖底,一群勤于生计的蚂蚁在忘我奔波。他预测,最后搬出地球的或许就是他们。①

太多的历史遗憾给后人留下了太多沉重的思考,使得我们在遥望未来之前,每每先要回过头去叹息。

是啊,人类是大地母亲最强有力和最不可思议的孩子。其不可思议之处在于,在生物圈的所有居民中,只有人类同时又是另一个领域——非物质的、无形的精神领域的居民,人类获得意识以来的目的就一直是使自己成为环境的主人。但是,人是自然之子,人对自然应该有敬畏之心、感恩之心,怎么能随便提出"征服自然"的口号呢?

人们一度认为,人是地球的主人,地球上的万事万物都是为人服务的,都是人类生存与发展可以任意消费的资源。现在看来,人只能算是大河的客人,森林的客人,整个地球的客人。因为与漫长的地球史和生命史相比,人类在地球上的存在只是短暂的一瞬。假如您能以每秒一年的速度飞回过去,那么花半小时才能抵达耶稣时代,三个多星期才能返回人类起始时刻,20 年才能抵达三叶虫主宰的寒武纪初期。想象一下将两条手臂伸开,那个宽度是整个地球史,一只手的指尖到另一只手的手腕之间代表寒武纪以前的年代,全部复杂的生命都在一只手里。您只要拿起一把小小的指甲锉,一下子就可以挫掉人类历史。

从这个角度看,人确实是地球的客人,而且做客的时间很短,只是来串一下门而已。既然是客人,就应该有教养,应该有礼貌,就不能随意侮辱主人,肆意糟蹋地球。

老子说:"天地不仁,以万物为刍狗。"意思是说,天地把万物当作祭祀用的稻草狗,用完就扔掉了,从来就没有什么仁慈可言。如果人类任意践踏自然、破坏环境,大自然定会以百倍的疯狂来回击人类,回击人类带给大自然的满目疮痍。

从古新世在树丛中抓虫的生物,到能够躺进航天器遨游太空的高智

---

① 见苏里坦·江波拉托夫的散文《自然、家园:忧伤的爱》,选自《新疆文学作品大系》,新疆美术摄影出版社 2009 年版。

能动物,可以说,人类已经从自然状态进入了文化状态,从裸猿、嗜杀猿变成了文化猿。人类的文化程度确实与日俱增,但人类的文明程度却未必与时俱进。因为人类创造的一切均可称之为文化,包括战争与垃圾,而文化中只有一部分——符合人类理想、面向世界与未来的部分方可称之为文明。卢梭早已雄辩地证明过科学技术的发展未必促进人类道德伦理的进步,甚至可能导致人类的堕落与退化。不是吗,人类事业规模扩张的程度,已经足以毁灭所有生命所依赖的微生系统,使亚特兰蒂斯、复活节岛、两河流域、玛雅、印加、阿兹特克、阿纳萨齐等文明的悲剧在全球舞台重新上演。技术进步与滞后的人性社会演化,已造成人口严重过剩、能源过度消耗、贫富分化加剧、有害环境技术的大量使用,使得十几亿人无法享有像样的生活,也必将无情地耗尽维持文明的自然资本。

自然科学已经预言了人类毁灭的必然性,总有一天地球上的自然环境不再适合人类存续,但那只是极其遥远的未来,怕只怕没到那个时候,人类已经通过毁灭自身的生存环境,在无意识中自取灭亡了。

因为有了人类,地球不再古朴不再苍凉;正因为有了人类,地球才美艳绝伦而又遍体鳞伤。人们总是凭借着惯性不停地向前冲,好像前方有更多美好的事物在等待着我们。但人类应该停下来,等一等被我们落下的灵魂。在被我们落下的灵魂里,有消失的楼兰、鄯善与罗布泊,有雾霾笼罩的现代城市,有良知尚存的人们对生态恶化的无尽悲悯。

这些话现在是,恐怕将来也将永远证明是世间最为深邃的真情告白。

楼兰国小传:楼兰,别名鄯善,位于古罗布泊西岸,与今天的鄯善县无关,建国者是一伙高鼻深目的白种人,操着一口我们听不懂的吐火罗语,建国时间大概在汉朝初年。说起来,它的履历用聚光灯也难以找到多少亮点,统治者几乎是清一色的墙头草。第一个有记载的国王就被汉将俘虏过,一个在汉朝当人质的王子竟然被做了阉割手术,还有一个国王被刺客摘走了脑袋,最后一任国王率半数国民狼狈逃窜,负责留守的太子沦为俘虏。它很幸运,这样一个人口不足两万,军人只有三千的城郭之国,居然顽强地存活了800年。更幸运的是,因为处于丝绸之路南、北道交汇处,是商旅西出玉门关的第一站,是大国势力争夺的焦点,楼兰一度成了西部民族的别称和西域列国的代号。然而,就是这样一个闻名遐迩的丝路明珠,却在南北朝时期突然沉入了漫漫黄沙,淡出了历史的视线。楼兰再次引起世界注意,已是千年之后的近代,那被西方探险家首先发现的沙埋古城,那被文物大盗从废墟下清理出的带翼天使壁画,那被中国考古学家偶尔发现的太阳墓地,那一次次惊艳出土的女性木乃伊,无不昭示着这是一块令人遐想的神秘区域。因此,所有与楼兰有关的讯息与文字,都被罩上了一层鬼魅而绚烂的色彩。所以,我在一首诗中感慨:"她是西域大漠里的一株红柳,丝绸之路上的一片霞光,一个沉睡千年的绿洲神话,一个刚刚曝光的楼兰印象。"

揭开楼兰来历之谜、消失之谜、位置之谜,曾经是无数探险家与考古者孜孜以求的夙愿。笔者也算是一个不起眼的揭秘者,但愿我的解读给读者们留下的不只是遗憾。

第二章　婼羌(Ruòqiāng)——曾经的"去胡来"

> 婼羌国王号去胡来王。去阳关千八百里,去长安六千三百里,辟在西南,不当孔道。户四百五十,口千七百五十,胜兵者五百人。随畜逐水草,不田作。山有铁,自作兵,兵有弓、矛、服刀、剑、甲。
>
> ——班固《汉书》卷九十六上

一、千金买笑

说来也怪,每当我面对一个弧形的山包,或者一片绿茸茸的草原,脑海里就会浮现出《伊索寓言》里"狼来了"的故事。多年过去了,这个童年的记忆顽固如野地里的蒲公英,始终难以剔除。

接下来,我讲述的是中国版"狼来了"的故事,内容涉及婼羌的祖先。

中国版"放羊娃"名叫姬宫湦(shēng),是西周末代国王——周幽王。周幽王二年(前780),他娶了一个玫瑰般艳丽的女人。《东周列国志》描述她:"目秀眉清,唇红齿白,发绾(wǎn)乌云,指排削玉,有如花如月之容,倾国倾城之貌。"

她叫褒姒(Bāo Sì),关于她的来历,可谓妖风劲吹、玄而又玄。传说在夏朝末年,有两条自称"褒之二君"的龙莅临王宫,龙的唾液被帝王装进盒子收藏。千年后的一天,好奇的周厉王打开了盒子,龙涎洒流于地,化为一支"玄鼋(yuán)"。一个处女之身的侍女刚好遇到这支鼋,居然受了孕,后来诞下一个女婴。周厉王认为不祥,将女婴弃于荒野,被褒国人捡回,取名褒姒。

显而易见,这绝非史实。史载,位于今陕西勉县的褒国,是夏朝分封的13个姒姓邦国之一,历史久远,但在南部的蜀国崛起后,他们不得不把主要精力用于讨好蜀国,因此也就常常顾不上到周朝进贡与朝拜。脾气暴躁的周幽王一上台,就声言讨伐这个不知好歹的小国。面对兵戈之灾,褒国决定在全国海选美女,作为礼物献给好色的周幽王,以堵住他那流涎的大嘴巴。

褒国又被称为周南,以盛产美女著称,《诗经·周南》中的"窈窕淑女"就出自这里。经过海选,第一美女出炉了,她就是随后献给周幽王的民女褒姒。我之所以推断她来自民间,是因为当时只有贵族才有名字,而她连名字也没有,褒是指褒国,姒是指姒姓。

"从此,灰姑娘和王子过上了幸福快乐的生活。"这是《格林童话》作者和读者们都期望的结局。可惜,读者们只猜对了结局的一半,作为"不爱江山爱美人"的情圣,周幽王对这朵"玫瑰"一见倾心,恨不得把心掏出来让她看,两人很快就生了一个儿子伯服。

按说,褒姒应该兴高采烈才对。您想啊,对于天下最有权势的人的宠爱,一个来自乡下的少女怎么可能不因此而陶醉呢?一切来得如此轻易,她怎么可能不沾沾自喜呢?

但是,生活往往比戏剧更加曲折离奇,历史上最极端的事件总是由女人做主角,这次也不例外。她尽管得到了能得到的一切,但似乎并不感到幸福,也不觉得稀奇,终日一脸冰霜,不苟言笑。也就是说,她是所有漫不经心的人里最漫不经心的,她是所有奢侈浪费的人里最奢侈浪费的,她是所有风流轻浮的人里最风流轻浮的。她是色欲时代的化身,是荒唐时代的象征。

眼看自己宠爱的美人秀眉紧蹙、梨花带雨,周幽王很是心疼。他用尽了所有的手段,包括跳舞、唱歌、打猎,立她为王后,立她的儿子为太子,让她听彩帛撕裂的声音,共撕了一百匹帛,仍难博得美人一笑。心急火燎之下,国王发出诏书:"悬赏千金,博她一笑。"

这可忙坏了周幽王身边看风使舵的大臣们。上卿[①]虢(guó)石父献

---

① 春秋时期周王室与诸侯国设置的高级官员,分上卿、中卿、下卿。

上一计:"燃放报警烽火,让诸侯前来救驾,看王后是否能笑?"就这样,中国版"狼来了"的故事开场了。

按照预定计划,周幽王举行了盛大的晚宴。酒足饭饱之后,他下令点燃烽火。

烽火台,作为古代最为重要的军事联络方式,从首都做放射状通往边疆和各个封国,每隔10—15千米建筑一个高高的碉堡,碉堡里常年储存着木屑和狼粪。一旦有难,夜间燃起木屑——烽火,白天点起狼粪——狼烟,各个封国就会发兵增援。

尽管许多大臣对这一莫名其妙的举动强烈反对,尤其是周幽王的司徒①——郑桓公伯友冒死劝谏,但周幽王一意孤行。立时,一道道烽火腾空而起,使巨大的天幕变得更加阴森恐怖,将国都附近封国的国君们从梦中惊醒。而周幽王和他的美人携手进入了甜蜜的梦乡,以便清晨有更好的心情观看那壮观的一幕。

黎明时分,启明星开始暗淡,一轮红日从地平线上喷薄而出,那些身披重甲、汗出如浆、衔枚疾进的勤王之师,从四面八方汇聚到今西安附近的镐(Hào)京。可是,哪里有敌人的踪影,哪里有兵器的交响?城头上的周幽王发话了:"敌人没来,我只是想用烽火解闷罢了。"

封国军队只得自认倒霉,骂骂咧咧地回师了。直到这时,一向阴沉着脸的美人才微展笑颜,献计的奸臣也得到了千金的封赏。成语"千金买笑"即由此来。

演出大获成功,褒姒笑靥如花,但"演员"们不干了。前来勤王的可都是周朝的宗亲诸侯,哪能随便当猴耍?更令人气愤的是,周幽王为博取美人再笑,居然"数举烽火",一而再再而三地戏弄诸侯们。大家羞愤交加,对周幽王彻底寒了心。

周幽王十一年(前771),为了给褒姒的儿子伯服继承王位扫清障碍,周幽王下令除掉废太子姬宜臼(jiù),鉴于废太子身在母亲的娘家——申国,所以周幽王把除掉废太子的任务交给了废太子的外祖父申侯。

申国位于今陕西宝鸡一带,姜姓诸侯国,世袭侯爵位,世代与周联姻,

---

① 夏、商、周时期王室设置的官职,主管征发徒役,兼管田地耕作与其他劳役,与司马、司空合称"三有司",职位相当于宰相。

周文王的祖母和周厉王、周幽王的王后都出自申国,在整个周朝有着不可小觑(qù)的地位。接到周幽王的诏书,申侯使劲揉了揉眼睛,他简直不敢相信诏书出自周幽王之手:废太子也是周王的儿子呀!一个父亲怎能为了取悦一个女人而残杀自己的亲生骨肉,难道他疯了?

但申侯没疯,他不仅没有杀掉外孙,而且回信规劝国王不要宠信褒姒,以免重蹈妲己乱国的覆辙。见到回信,周幽王居然暴跳如雷,宣布撤销申国的封国地位,下令向申国兴师问罪。

拿道德的尺度去评价一个被爱情冲昏头脑的人,无疑是荒谬的,就像我们要惩罚造成破坏的暴风雨或者在法庭上审判喷发的火山。唯一的办法,就是消灭他那承载着疯狂爱欲的肉体。

面对已经按响门铃的死神,势单力孤的申国向犬戎部落联盟和缯(zēng)国紧急求援。申侯向犬戎酋长保证,自己只是为外孙夺取王位,至于攻下镐京后的财产和女人,悉听尊便。

就这样,我们所要介绍的嵍羌的祖先——犬戎,以特邀嘉宾的身份登上中原军政舞台。

二、狼真的来了

一直以来,中原居民将自己视为炎、黄部落的后裔,自称"华夏族",中原各国也因此自称"诸夏"或"中国"。而散布在中原四周的少数民族,一概被称为"四夷",即东夷、西戎、南蛮、北狄。显然,这是一种笼统的称呼,如同我们当年将所有高鼻梁、蓝眼睛的人统称为"西洋人"一样。这种称呼中包含着惊讶、畏惧、蔑视等复杂感情,还有对外来文化不求甚解的傲慢态度。

在中原人眼中,"四夷"均是尚未开化的野人,非我族类,不与为谋。但正是这些不被正视的"四夷",一次次引起中原的战栗与震动。最严重的一次,莫过于申国邀请来的援军犬戎。

这位"特邀嘉宾"的历史并不复杂。大禹成为部落联盟首领后,把自己的前任舜的小儿子封到西戎担任羌族酋长。远古时期的羌,是广义上的西戎的一部分。卜辞记载,殷商时期的羌人位于殷的西部。在周武王伐纣一役中,羌作为"庸、蜀、羌、髳(máo)、微、卢、彭、濮(pǔ)"八国联军之一,直接参与并见证了纣王的自焚和妲己的被杀。之后,陕甘的羌氏戎人和北来的狄人、东来的畎(quǎn)夷融合,发展成为西部最强大的部族——犬戎。

接到邀请的犬戎酋长眼睛都绿了。镐京,那可是个黄金满堂、美女如云的地方。别说占领了,平时连看一眼都是莫大的荣耀。于是,1.5万人的犬戎兵团,向镐京发动了闪电般的攻击。

"狼真的来了!"等到一个个眼睛冒着绿光的犬戎士兵进逼镐京,前线发出兵刃交接的冷光锐响,周幽王方才命令士兵点起烽火,再次发出"狼来了"的呼救声。但是,和正版"狼来了"的故事几乎惊人一致的是,周围的封国以为国王又在搞恶作剧,竟然没有一支军队前来勤王。

救兵不至,只有逃命。于是,周幽王命令虢石父率兵车200乘带头突围,以吸引敌人的注意力。作为"烽火戏诸侯"的发明者,虢石父是出馊点子的高手,打起仗来却是一个地地道道的草包。他刚刚出城,就被犬戎先锋孛丁一刀斩于车下。趁着混乱,国王和褒姒在御林军的护卫下狼狈逃向骊山,也就是2700年后蒋介石被活捉的地方。歇息之际,犬戎兵团拍马赶到,御林军全部被擒,周幽王被砍作两段,年仅7岁的太子伯服被踏成肉饼,忠臣郑伯友也死在乱军之中。

得胜后的犬戎将镐京劫掠一空,把象征华夏最高权力的"九鼎"带走,然后放火把犯罪现场烧为焦土,如同后来的项羽烧秦、董卓烧汉一样。更可怜那亡国祸水里致命的一滴——天姿国色、楚楚动人的褒姒,也被长头发、红脸膛、穿着布条的犬戎酋长带回西部,接下来的事情只有任凭读者想象。

从公元前1046年立国,到公元前770年镐京陷落,将近300年的西周时代陨落在昏君枕畔,妖妃唇边,烽火台下。《诗经·大雅·瞻卬》中的"哲夫成城,哲妇倾城……赫赫宗周,褒姒灭之",说的就是这件事。

引狼入室的申侯虽然让外孙姬宜臼得了天下,成为周平王,但镐京周边不再安全。无奈之下,周平王在郑武公、晋文侯、秦襄公等勤王部队的护卫下,将都城从镐京东迁到400千米外的成周(洛阳),此后的历史被记载在史书《春秋》中,因此这段群雄争霸、混乱无序的历史被称为春秋。与此同时,西方的希腊人已在地中海西岸草创了200多个城邦,并开始举办奥林匹克运动会。

周平王十分珍惜来之不易的王位,尽管日子过得战战兢兢、忍气吞声,但他在位时间居然长达51年,把太子都熬死了,才把王位传给孙子周桓王。

周朝东迁后,镐京以西的地区几乎任由戎人闲庭信步。稍不如意,他们还会进入哪个小国抢劫一番。对此,已经东迁的周平王十分无奈,于是对新封的护驾诸侯秦襄公许诺:"戎无道,侵夺我岐、丰之地,秦能攻逐戎,即有其地。"

周平王很是幽默,土地都让犬戎抢走了,还敢拿这个开空头支票。但秦襄公却认了真,拿着这张空头支票去找犬戎兑付。当然,兑付的方式不是去讲理,而是去拼命。

从公元前9世纪开始,八百里秦川哺育的秦国与戎人展开了旷日持久的战争。特别是由"春秋五霸"之一的秦穆公开启的西征,在之后的200多年中从未停歇。作为戎人,要么束手就擒,甘当奴隶;要么抛弃家园,远走他乡。于是,硬骨头的戎人大多选择了向西逃亡。

三、并不美丽的传说

早期羌人的故事,我们只能从传说中寻找。与一般意义上的传说不同,少数民族的传说具有非凡的史料价值,因为他们没有文字,只有靠口口相传记住历史。

传说公元前5世纪70年代,秦厉公带兵出征,俘虏了一位名叫爰(yuán)剑的羌人首领,这也是羌人被秦人俘虏的首次记载。爰剑被俘后,沦为专事农耕的奴隶。后来,他设法逃出了秦人的魔掌。半路上,他遇到了一位少女。在追兵蜂拥而至时,少女把他藏进了一个山洞。就像羌族的诗史中吟唱的那样,凶残的秦兵在洞口放火焚烧,结果一只老虎冲了出来,秦兵狼狈逃窜。大难不死的爰剑出洞后,便与这位少女相依为命并结为夫妻,后来一起逃回湟水、洮河、黄河交界处。回归本族后,他再次被推举为首领。由于他做过奴隶,而羌人一般称奴隶为无弋(yì),所以他就有了一个类似武林高手一样的名字——"无弋爰剑"。

这本是一个十分浪漫的爱情故事,唯一遗憾的是那位少女受过劓(yì,割掉鼻子)刑。这位羌族的祖母对此一直耿耿于怀,总是把长发盖在脸上遮丑。子孙们为了尊敬她,也像她一样长发覆面。于是,渐渐演化成羌族的一大风俗。

在三河地区,无弋爱剑将秦人的农耕方法介绍给了自己的部落,使羌人在游牧的同时学会了农耕。从此,填饱了肚子的羌人有了娶妻生子的本钱。

看到无弋爱剑的所作所为,你也许会对我把他称为英雄不以为然。但对于根本没有生存空间的羌人来说,还有什么比逃出魔掌、繁衍后代和填饱肚子更为重要的事情呢?从这个意义上说,无弋爱剑在羌族历史进程中的地位,丝毫不亚于华夏民族的伏羲、神农和大禹。

爱剑的曾孙忍和舞妻妾成群,忍生了9个儿子,舞生了17个儿子,忍的叔叔印(áng)也子孙满堂,羌人因而支系众多、部落林立,最多时达到150多个。

应该说,爱剑及其所属的羌人部落,是西逃的戎人后裔的一大主力。然而,在这场由秦朝驱赶造成的羌人持续西迁中,爱剑并非逃得最远的人。在西方史册里,藏着一个更大的传奇。

公元前5世纪的一天,古希腊史学家希罗多德漫游到黑海北岸的一座希腊移民城市。在那里,他听到了一个故事:200年前,黑海以北的欧亚草原发生过一次多米诺骨牌式的民族迁徙。一个叫"独目人"的神秘部落入侵了塞人王国,被迫西迁的塞人又赶跑了西部邻居斯基泰人,斯基泰人只好亡命到黑海地区,征服了此地的辛梅里安人。

这种从东到西的逃亡接力赛,在古代世界史上曾不止一次地上演过,如匈奴西迁造成的欧洲大动荡,柔然西迁带来的欧洲乱局,突厥西迁对东罗马帝国的覆盖等等。

那么,神秘的"独目人"究竟是谁?

尽管希罗多德被西方尊称为历史之父,但他并不是第一个记载"独目人"的文人。早在公元前7世纪,希腊诗人阿里斯泰就听说了这个"羊马成群、勇猛善战"的部落,并为此留下了长诗《独目人》。巧合的是,就连中国的《山海经》也记录了北方的"一目人"之国。最终,还是《大不列颠百科全书》一锤定音,判定"独目人"生活在中国北方边境。考虑到当时中国边境的民族分布，"独目人"应该就是春秋战国时期西迁的羌人，他们是顺着远古草原之路西去的。

四、"去胡来"

正如康德所言，人类历史就是一部有关殖民、秩序、和平与法律的历史，它开始于迁移、不安、对新资源的探索，寻求更舒适的气候，以及永不满足地追求财富。人类是最为好奇的动物，他们总想寻找世界的尽头，为了这个愿望，他们甘愿鞍马劳顿，风餐露宿。每到达一个处女地，他们就聚在一起组成家庭，进而成为部落，说着不一样的语言，追求不一样的生活方式。于是，就有了光怪陆离的风俗，有了南腔北调的语言，有了肤色各异的人种，有了五花八门的族群，这就是民族的起源。一旦他们分开，强者就会去掠夺弱者，这就是国家的起源。

曾几何时，在罗布泊东南的群山中，崛起了一个古老而遥远的地方政权——婼羌人建立的婼羌国，距离长安3000千米。

与其他羌族一样，婼羌所属的允姓之戎与姒姓之夏族本是一体。①婼部族，由华夏与羌族混合而成，由于受到秦国的打压，其中一支在东周初年向西北迁移。② 至于此次迁徙的目的地，《左氏春秋》记载："允姓之戎，居于瓜州（今酒泉）。"近代学者王宗维考证，婼羌实际上就是弱羌——环绕弱水而居的羌人。

在乌孙、月氏占据河西之后，受到压迫的婼羌先是迁到祁连山下，进而远迁阳关以西。当到达西域时，发现丰饶的绿洲已经被其他民族悉数占据，只好在条件较差的山坡游牧。他们的命运仿佛是一个无情的历史警告：世界地理的迟到者，往往免不了被边缘化的命运，婼羌与吉卜赛人就是例证。《汉书》记载，罗布泊西南的小宛国"东与婼羌接"，尼雅河上游的戎卢国、克里雅河上游的渠勒国"西与婼羌接"，大漠以南的于阗国"南与婼羌接"，连今巴基斯坦和阿富汗交界处的难兜国也"南与婼羌

---

① 见杨宽《中国上古史导论》。
② 见何光岳《炎黄源流史》，江西教育出版社1992年版。

接"。据此推算，从酒泉以南的祁连①山，经阿尔金山、昆仑山、喀喇昆仑山，直到西部的葱岭，都有婼羌人在游牧，东西距离达7000里以上。其中心区大体处于阿尔金山南部，昆仑山脉东段北坡，塔里木盆地南沿，山地、戈壁、沙漠各占三分之一。

有人问我，今若羌县中部有米兰遗址、鄯善遗址和瓦石峡古城，他们中是否有婼羌国都城？但我只能遗憾地告诉你，这三个古城都属于鄯善。可能有的读者会问，为什么如此广袤的婼羌南部找不到一个城市遗迹呢？尽管我没有到过若羌县南部山区，但我断定，这里是典型的牧业区。游牧民族的特点决定了，婼羌人只能根据季节的变幻来回迁徙，不必也不可能停下来建设什么固定的房舍。而城市，则是农业文明发展到一定程度的产物。如果您非要在此寻找什么古城废墟甚至珍贵文物，一定会像在蒙古草原上一样空手而归。

《汉书》告诉我们，尽管这里偏离了丝绸之路，尽管这个逐水草而迁徙的民族每到冬季只能依赖鄯善、且末两国提供的谷物艰难度日，但这里产铁，能够铸造刀、剑、甲、矛、弓等兵器，因此也就成了匈奴争取的对象。在汉尚未西顾的时候，游荡在整个昆仑山北坡的婼羌则是匈奴插在西域南部的一个翅膀。

建元三年（前138），张骞奉汉武帝刘彻之命出使西域，路经婼羌。因为婼羌与匈奴关系暧昧，张骞一行并没有在此停留。

后来，刘彻主动发起了对匈奴的连续冲锋，在新近占领的西部边境设立了敦煌、酒泉、张掖郡，这些汉郡如一把伸展的匕首，从地域上将婼羌与匈奴分割开来，婼羌这个匈奴人的"右臂"被切断。从此，汉开始专心对付匈奴。匈奴被驱赶到漠北，中国西北全部落入汉朝囊中。婼羌不但站在汉一边与匈奴作战，而且还时常参加对羌人部落的征伐。为了奖赏他们的可贵转变，婼羌国王被汉朝授予了"去胡来"（意为离弃匈奴投向汉朝之王）的有趣称号。

令其不安的是，鄯善将国都先是迁移到扜泥城（今若羌县卡克里克），后又迁到了伊循城（今若羌县米兰），无限接近了婼羌的边界。

---

① "祁连"与"昆仑"都是吐火罗语借词，意思是"天"。

五、自寻死路

然而,"去胡来"国最大的威胁,并非步步进逼的鄯善,而是游牧邻居赤水羌。

元始二年(2)之后,这两个有着共同祖先的羌人部落,从领地争执、食物抢夺,到婚姻纠纷、历史恩怨,矛盾几乎无处不在,无时不有,小的摩擦渐渐演化成战争。战争的进程大大出乎旁观者预料,"去胡来"身为一个"国家",居然打不过一伙散兵游勇,而且还陷入了对方的包围。"去胡来"国王唐兜急忙向西域都护但钦告急。

"不会是狼来了的故事吧?"西域都护但钦嘴里这样说,心里也是这样想的。按说,他对"去胡来"与赤水羌的实力对比是了解的,他也明白一向自负的唐兜不到万不得已不会轻易求人。但这位都护一向以不作为著称,他有一个口头语——"解决问题最好的办法,是把问题绕过去",因而他把唐兜的求救信扔进了火堆,没有派出一兵一卒前往救援。

唐兜万般无奈,一边大骂但钦见死不救,一边拼死突出重围,率领妻子与部众1000余人东逃玉门关。

1000多人聚集在玉门关前,放进来吧,守将没有接到上级的命令;不放进来吧,对方又骂骂咧咧,喊叫不停。聪明的关将采取了拖延的办法,说正逐级向上请示,请在关前耐心等待。

将任何坏事都归结为某些人的恶意企图,是人的天性。按说,只要耐心等待一阵子,对方总要予以答复。但血性十足的唐兜哪受过这等窝囊气,于是一气之下率领部众投降了匈奴,被乌珠留单于暂时安置在左谷蠡王的领地上。

显然,这一决定对于唐兜来说是极具风险的,因为此时的匈奴与汉朝的关系已经缓和,根本无力保护这些可怜的避难者。果然,在收容了唐兜之后,乌珠留单于就派使者向汉帝报告了这一情况,希望朝廷对他收留归降者予以谅解。

但执掌朝政的新都侯王莽不想息事宁人,他特意派出由中郎将[①]韩

---

① 光禄勋手下负责统领皇帝侍卫的军官,秩俸比二千石,介于将军和校尉之间的一个官阶。

隆和王昌、副校尉①甄阜、侍中谒者②帛敞、长水校尉③王歙(xī,王昭君的侄子、和亲侯)组成的庞大团队出使匈奴,责备单于说:"西域属于汉朝管辖,单于不应该接受他们,现在必须遣送回汉。"单于争辩说:"父亲呼韩邪临终告诉我,有从中国来投降者,不能接受,要立即送往边塞,以报天子之恩。但这次投降的是外国人,我是可以接受的。"但汉使们却正告他:"前些年匈奴骨肉相攻,几乎到了灭国的地步。正是蒙受中国大恩,才把你们从死亡的边缘拉回来,单于也才能世代相继,你难道不想报答汉朝的厚恩吗?!"

单于理屈词穷,只好将唐兜和此前投降的车师后王姑句抓起来押送到汉地。为防备押送途中发生意外,王莽派出中郎将王萌到边界迎接。匈奴人在边界恶都奴(西域的一道山谷)将二王交给了王萌。随后,单于又派出使者前往长安,请求汉免除二王之罪。王莽不但坚决不答应,而且准备把二王杀掉。

按说,唐兜、姑句事件都事出有因,在唐兜一事中西域都护负有不可推卸的责任,而姑句也是为摆脱汉戊己校尉的监禁而逃亡匈奴的,二王之罪都不到非杀不可的地步,王莽也太霸道了。

对于王莽的所作所为,用一句霸道能解释得了吗?

六、从体制上找原因

其实,真正导致王莽为所欲为的,还是体制问题。

中国历史教科书讲,中国的封建社会一直持续到大清灭亡。其实,中国封建社会萌芽于夏、商朝,在周朝走向成熟,到秦始皇统一六国便彻底结束了。可以说,封建社会如果不是人类历史上最美好的制度,起码也是次优一级的制度。在封建社会,国王直接统治京畿地区,其他地区由国王任命的诸侯统治着,诸侯国的国民只负责为诸侯纳税和服役。君臣之间

---

① 朝廷派出的协助与监督西域都护的官员,秩俸比二千石。
② 光禄勋属官,秩俸六百石(月谷70斛),是皇帝身边掌管传达等事宜的近侍,西汉谒者定员70人。
③ 西汉八校尉之一,掌屯兵于长水与宣曲的乌桓人、胡人骑兵,秩俸比二千石。

是一种约定关系,君与臣各有各的权利与义务,双方都要信守约定,如果君侵犯了臣的权利,臣可以表示异议,可以要求众诸侯仲裁,甚至是可以反抗的,这样的事例在《春秋》中比比皆是。

不仅国王与诸侯、君与臣的关系是如此,其他阶层的人们也依照约定拥有自己的势力范围、收支系统与生存定式,正所谓"公食贡,大夫食邑,士食田,庶人食力"。也就是说,人们不必担心自己的财产甚至妻女被统治者随便抢走,人们的膝盖也不必像专制社会一样一次次折断在暴力与权力之下。

而且,秦朝以前的君主很讲究公平,也很平民化,甚至不乏"妻管严",如卫灵公与宠臣弥子瑕搞同性恋,断臂情深,怕老婆吃醋,居然派人去宋国把老婆的旧情人公子朝请来,夫妻两个各得其所,互不干涉。国君看上别人的老婆,也不能和后来的唐玄宗、梁太祖、宋太宗一样为所欲为,只得和凡夫俗子一样,墙头马上去偷情。齐庄公与大臣崔杼的老婆私通,还因此丢了性命。可以说,封建制是贵族政治,邦国时代是君子时代。

相比之下,中国封建制早在 2000 年前就结束了,取而代之的是从秦始皇开始的君主专制体制,德国历史学家魏特夫称之为"东方专制主义",一贯别出心裁的吴思①则将它命名为"官家主义",也就是"家天下"。

任何体制的形成,必有其深刻的文化背景。从西周与春秋时代开始,传统中国的社会关系被归纳为五种,即君臣、父子、昆弟、夫妇、朋友。其中三种是家庭关系,另外两种是家庭关系的延伸。"家天下"——即天下一家,本是中华民族的一大传统思想,这一点,不仅体现在周礼中,也散见于孔子及其弟子们的言论中。说实话,伦理学说只是孔子思想的一个支脉,绝非其思想的精髓与全部。孔子思想的核心是"仁和",具体一点就是"讲仁爱,重民本,守诚信,崇正义,尚和合,求大同"。他主张"仁者爱人",要求统治者体察民情,远离苛政;他的经济思想的精髓是"见利思义",反对以不义的手段取得富贵;他的教育思想的重点是"有教无类",尊重所有人受教育的权利;即便是在治国方略上,他也没有仅仅强调"礼",而是主张"为政以德","道德"和"礼教"并用。

---

① 中国现代作家、学者,著有《潜规则》《血酬定律》等。

有时,我们也因为孔子缺乏宗教品质感到遗憾,为他从周朝继承来的礼教思想感到纠结,甚至觉得他的"克己复礼"之类的言论与"五四运动"所倡导的"民主与科学"思想是那么地格格不入。然而,这仅仅是小小的美中不足,因为他的言论集——《论语》是如此深刻,而又如此贴近生活:"三人行必有我师焉,择其善者而从之,其不善者而改之""己所不欲,勿施于人""学而时习之,不亦说乎?有朋自远方来,不亦乐乎?人不知而不愠,不亦君子乎?""知之为知之,不知为不知,是知也"……他发表这些谈话时,既像是在我们正襟危坐的课堂上,又像是在大家交头接耳的餐桌上;谈话的内容,也不完全像是发生在公元前,似乎就发生在今天,而且言犹在耳,亲切备至。

正由于此,他所探索的一整套生存方式与生存策略,他所设计的一系列安身立命的生活规则与道德准则,他所形成的一种切实可行的人生哲学,才能穿越2500年的历史时空流传与沿用至今,使得历代中华儿女在艰难困苦的日子里,仍不计后果地全力以赴;在也许颗粒无收的情况下,仍坚持辛勤耕耘;在愤怒满腔时,依然保持冷静与理智;在有一万条理由哭泣时,仍尽量保持微笑;在民族危亡的历史关头,仍保有不屈不挠的意志。许多人自豪地说,其他世界性古文明几乎都中断了,唯有中华文明古今一脉,陈陈相因,最大的原因就是中国有孔子,有孔子为我们打造的独特的中国品质,有孔子为中华民族的发展确立的以"仁和"为中心的人本主义精神方向,有孔子为中国人的社会人生提出的普世道德价值标准,有以儒学为主导的中华优秀传统文化。换句话说,中国能成为礼仪之邦,主要是因为孔子。宋代甚至有人感叹,天不生仲尼,万古如长夜。

但在汉武帝宣布"罢黜百家、独尊儒术"之后,孔子那以"仁和"为本的儒家学说被董仲舒之流剪辑成了以"三纲五常"[①]为核心的礼教体系,进而成为历代统治者用以维系社会稳定的"儒术"。闪烁着思想光辉的"学",沦落为只具实用价值的"术",真的是拜河北景县人董仲舒所赐。

按照董仲舒的"天人感应""大一统"学说,帝王受命于天,秉承天意统治天下,因此成为"天子",普天之下莫非王土,普天之下莫非王臣。结

---

① "三纲"指"君为臣纲,父为子纲,夫为妻纲";"五常"指"仁、义、礼、智、信"。是自西汉至清末长达2000年的君主专制社会的核心价值观。

果,仁蜕变成了孝,就是晚辈服从长辈,儿子服从老子,然后把这种父子关系推广到君臣关系,朋友关系推广到昆弟关系;孝推广为忠,全国百姓都是皇帝的儿子——即所谓的臣民、子民,臣必须服从君,"君叫臣死,臣不得不死",忠孝不能两全时,孝必须让位于忠。于是,我们看到了一个令人类汗颜的场景:光绪死后,年仅三岁的溥仪被抱上皇位,满朝文武需要每天五体投地向他下跪,其中包括一个特殊的大臣,他就是小皇帝的父亲——当朝摄政王载沣。如果这种事情换作天下任何一个人,都会招来"雷劈",遭受"天谴"。但任何事情遇到皇权,都必须改变固有的逻辑,连天理人伦也被迫扭曲得如此龌龊与低俗。

就这样,君臣之间完全沦为被服从与服从、奴役与被奴役的关系。臣民的生杀予夺全凭帝王一句话,帝王对谁不满意就会满门抄斩、株连九族。臣子们要么编造谎言讨取帝王欢心,要么或佯狂装疯或遁迹山林或落发为僧,守信用在中国成为奢侈品,更别奢望君王讲什么信用了。专制社会并非没有法律,但不过是"依法专制"而已,任何人都不会有尊严,任何人的生命权、自由权、财产权都不会有保障,除君王以外的所有人从此失去了个人自由,好比芸芸众生失去了可以自由呼吸的万里晴空。

如此一来,本来提倡同情生命的儒家伦理,经过表面上自称忠实继承了孔子衣钵的儒家弟子、实为专制统治者的御用文人之手,蜕变为严格的等级秩序和宗法关系,大大背离了孔子的仁爱民本精神,结出了极端蔑视人性这一专制政治的毒果。

最致命的是,汉朝之后的所谓儒家,将孔子这一微不足道的历史局限性无限放大了。从此成为中国主流文化的儒家文化,既不是信仰文化,也不是法治文化,而是一种道德文化,一种宗法伦理,终极目标就是通过伦理治国实现社会稳定。可以说,皇权制是官僚政治,专制时代是小人时代。难怪中国近代思想家鲁迅说中国历史是吃人的历史,并一再发狠誓要砸烂"孔家店"了。为此,作为一个山东人,我只能默默地为孔子喊冤,为孔子故里曲阜喊冤,为博大精深的儒学喊冤。

正所谓:"三个人说了算是制衡,两个人说了算是平衡,一个人说了算是专横。"秦朝之后的帝王,无一不是"专横"的化身。当然,太后、外戚、权臣或者宦官专权的时代除外。

当时的王莽,尽管不是帝王,但已经掌握了帝王的一切权力,是一个不折不扣的"权臣",因而可以抛开事件中的特殊因素,完全凭自己的意志和好恶行事。不久,王莽下令会集西域各国国王,摆开军阵,将唐兜、姑句二王五花大绑地押到广场上。

据说,姑句已经吓得尿湿了裤子,而唐兜却面不改色,喊冤不止。见喊冤不起作用,唐兜转而破口大骂,从天地玄黄骂到宇宙洪荒,从汉帝小儿骂到但钦、王莽……

在众目睽睽之下,带着铁环的鬼头刀,在午阳下划出一道血色的弧线,也在观众席引出一阵沉闷的惊叫。

唐兜的脑袋掉了,眼睛还不服气地圆睁着。

七、可怜的犟孩子

唐兜的命运,不禁使我想起西方那个《犟孩子》的故事。

说的是从前有一个孩子,非常固执,母亲要他做的事,他总是不肯干。因此,亲爱的上帝不喜欢他,让他生了病,而且没有一个医生能帮助他。没过多久,犟孩子就躺在小床上死去了。

当他沉入墓中,被土埋起来时,他的小胳膊突然伸了出来。它高高地竖着,每当人们把它放进去,重新埋上土时,它又会倔犟地再伸出来。

没办法,母亲只得亲自来到坟墓上,用树枝抽打小胳膊。她一打,小胳膊才缩回去。这样,犟孩子才在地下安息。

不管怎么说,犟孩子还能入土为安。而唐兜,却连尸首也不全,而且一直暴尸荒野啊。

就这样,一个人,因为赌气掉了脑袋;一个国家,因为国王的赌气而彻底凋零。"生气,是拿别人的错误惩罚自己。"德国哲学家伊曼努尔·康德这句话,应该让每一个动辄生气的人猛醒。也难怪,中国古代的老人一直谆谆告诫子女们:气是无名火,忍是敌灾星,但留方寸地,把与子孙耕。

而那位涉嫌"见死不救"的西域都护但钦,结果也好不到哪里去。新始建国五年(13),焉耆等国归附匈奴,攻进西域都护府,将这位缩头乌龟般的都护杀死。如果唐兜地下有知,或许心理会得到一点平衡。

由于群龙无首,婼羌的地盘被鄯善悉数吞并。残存的婼羌国民,一部分融入了鄯善,一部分融入了吐蕃,一部分迁入了汉地。到了东汉时期,西域地图上已看不到那个疆域广阔的婼羌国。

如同楼兰、精绝等西域古国一样,残酷的战争、过度的开垦使婼羌环境急剧恶化。到公元1世纪中期,婼羌绿洲已经缩小到微不足道的地步,登记的居民只剩下可怜的1750人。

翻开东汉地图,已经找不到那个骋步昆仑的婼羌国。

这个已经完全消失的婼羌国,如今位于新疆巴音郭楞蒙古自治州若羌县境内。今若羌县,是中国面积最大而人口密度最小的一个县,总面积19.9222万平方千米,相当于两个浙江省;总人口3万人,只相当于浙江省的一个小型镇。属暖温带极干旱气候区,年均气温11.5℃,年均降水量17毫米。

八、可可西里

婼羌的故事已经接近尾声,但还有一个神秘的地带也许一些身强力壮的读者会感兴趣,那就是古代婼羌的一大领地——世界上原始生态环境保存最完美的地区之一,也是中国面积最大、海拔最高、野生动物资源最为丰富的自然保护区之一。

那里的天空纯洁得如同梦境,看不出一丝浮躁的痕迹,嗅不出一点死亡的气息。最让我震撼的是,那里的夜空居然呈现出蔚蓝的颜色,而在那永无边际的夜色中又点缀着数不清的星星,很亮,很璀璨,如钻石一般。

蒙语称这里为"可可西里",藏语称这里为"阿钦公加",意思是"青色的山梁""美丽的少女"。

整个可可西里包括西藏北部的"羌塘草原"地区,青海昆仑山以南地区,新疆与西藏、青海毗邻的地区。以贯穿南北的青藏公路为界,东为三江源自然保护区,西为可可西里自然保护区。

"可可西里自然保护区"又称可可西里无人区,总面积约24万平方千米,海拔在4600米以上,气候干燥寒冷,严重缺氧和淡水,人类无法长期居住,被誉为"生命的禁区"。正因为如此,才给高原野生动物创造了得天独厚的生存条件,成为"野生动物的乐园"。

导游告诉我,可可西里自然保护区拥有的野生动物多达230多种,仅哺乳动物就有30种,除了成群结队的野牦牛、藏野驴、藏原羚,偶尔还能碰到在动物园里也难得一见的棕熊、雪豹、猞猁、兔狲、狼、豺、赤狐、石貂、香鼬、艾虎、狗獾、白唇鹿、喜马拉雅旱獭。

中国特有的藏羚羊,被称为"高原的精灵""可可西里的骄傲",属国家一级保护动物,也是列入《濒危野生动植物种国际贸易公约》中严禁贸易的濒危动物。20世纪初,青藏高原上的藏羚羊超过100万只;而到1994年,只剩下可怜的7万只左右。

"沙图什"①贸易,是藏羚羊锐减的关键因素。经验丰富的偷猎者,根据藏羚羊群居的习性和夜间惧怕灯光的弱点,往往驾驶吉普车进入可可西里,在夜间将成群的藏羚羊团团围住,打开车灯使藏羚羊的视觉消失,然后对茫然无措的藏羚羊肆意猎杀。为保护这些眼色纯净而哀怨的高原精灵,许多动物保护者流尽了最后一滴血。

行文至此,我不得不提起一个悲壮的名字——索南达杰,藏族,青海治多县委副书记兼西部(可可西里)工委书记。因为不忍目睹可可西里的珍贵野生动物被偷猎团伙大肆猎杀,他主持组建了中国第一支武装反偷猎队伍,十几次进入可可西里无人区,与偷猎者展开了不屈不挠的斗争。1994年1月17日,索南达杰率领4位工作人员,在可可西里抓获了20名偷猎者,缴获了7辆汽车和1800多张藏羚羊皮。第二天下午,他乘坐的车辆突然爆胎,需要停下来修理。为了不影响返程的时间,他安排工作人员押解着偷猎者先行。当前行的队伍到达太阳湖附近时,天色暗了下来,偷猎者仗着人多乘机反扑,将第一辆车上的工作人员击昏并抢走了被收缴的武器,然后把车排成弧形,用猎杀藏羚羊的方法对准最后一辆车驶来的方向。等索南达杰的车辆一靠近,偷猎者便一起打开车灯照射着他,十几条枪同时开火,其方式,就像对付一只突然失明的藏羚羊一样。临死,索南达杰仍保持着匍匐射击的姿势。等增援人员赶到时已是五天之后,可可西里-40℃的严寒早已把他冻成了一尊静谧的冰雕。那一年,索南达杰40岁,正值人生的盛年。

他用鲜活的生命,捍卫了可爱的可可西里,捍卫了远古的姹羌,因为

---

① 意为"毛绒之王",用藏羚羊绒毛制成的披肩,代表着稀有和奢华。

他是一名中国人,他所在的藏族是远古羌人与藏地土著结合而成,他的血管里应该沸腾着婼羌的血脉。

索南达杰的死,在全国引发了强烈共鸣,开启了可可西里环保的新纪元。一个刻着他名字的高高墓碑耸立在青海格尔木昆仑山口,一个自然保护站以他的名字命名,国家于1995年批准成立了"可可西里省级自然保护区",1997年又升格为"可可西里国家级自然保护区",保护区有了大批荷枪实弹的军警,有了遍布全国的志愿者。我还听说,工作人员们为每一只藏羚羊取了名字,每有藏羚羊死亡,他们都会为其举行隆重的葬礼,如同对待自己亲爱的儿女,也如同当年人民对待喋血的索南达杰。

只是,20年过去了,涉嫌杀害英雄的偷猎者仍有12人在逃。

正是人类沿袭已久的对打猎的偏爱,对动植物标本收集的嗜好,对动物皮毛与肉质的贪婪,尤其是偷猎者的愚昧无知,使得物种丰富、活力无限的地球正变得寂寞而单调。根据美国芝加哥大学古生物学家戴维·诺普的观点,在整个生物史上,地球上的物种灭绝速度一直是平均每年有一个物种灭绝。1979年,在《快要沉没的方舟》一书里,作者诺曼·迈尔斯认为人类活动每周已能导致地球上的2个物种灭绝。到了20世纪90年代初,他将这个数字提高到每周近600种。目前,全世界重达一吨的陆地动物存活下来的只有大象、犀牛、河马与长颈鹿。

我们不知道,我们一点儿也不知道,我们不知道我们已经做的许多事情是什么时候开始做的,我们不知道我们目前在做什么,也不知道我们目前的行为对将来有什么影响。我们知道的是,我们只拥有一个星球,月球、火星、金星都不会成为我们的新家。我们知道的是,人类最怕孤独,每一个生物链上的生物都是我们生死相依的朋友。

如今,每个去可可西里的人,都会听到一首名叫《藏羚羊的诉说》的歌曲:

> 为什么?
> 啊,不知道为什么?
> 不知道为什么?
> 一身防寒的皮毛,竟惹来杀身的祸!

> 我已退到可可西里的角落,

还有追随的枪口对着我,
仅仅吃草的身躯,仅仅温柔的性格,
无情的子弹我怎能抵得过?
我哭泣,啊,我诉说,
为了填补几人的美丽,
我付出生命代价也太多。
亲密人类呀,
我多么渴望和平相处;
友好的人类呀,
你热爱生活,我也热爱生活。
你们过着幸福的日子,
我躲在可可西里的角落,
我们都是大自然派来的使者。
亲密人类呀,
我多么渴望和平相处;
友好的人类呀,
你热爱生活,我也热爱生活。
我们同在一个地球,
多么渴望友好相处,
渴望友好生活。
呀啦索,呀啦索,
渴望友好生活。

建议读者也去听听这首歌吧,此后,您会收获一屋子书籍也不能教会您的善良。

婼羌国小传:婼羌,羌族分支,游牧部落,因早年居于弱水河而得名,战国末年流浪到罗布泊南部的群山中,没有王城,没有居所,有的只是精于打造兵器、擅长游击作战的记忆。丝绸之路刚刚开通时,它作为匈奴的走卒与帮凶,做过不少杀人越货的坏事。汉武帝击败匈奴后,它来了个一百八十度大转弯,一头扎进了中原王朝的怀抱,既不断发兵骚扰以前的主子匈奴,也帮着汉镇压同宗的西羌,因此得了个"去胡来"的称号。西汉末年,因为汉将对他们见死不救,也因为玉门关守将不放他们入关避难,他们的首领便赌气投奔了雄风不再的匈奴,结果被王莽引渡回内地砍掉了脑袋。如同一个历史的魔咒,这个马背上的国家从此消失。

第三章　且末——车尔臣河上的国家

且末国,王治且末城,去长安六千八百二十里。户二百三十,口千六百一十,胜兵三百二十人。辅国侯、左右将、译长各一人。西北至都护治所二千二百五十八里,北接尉犁,南至小宛可三日行。

——班固《汉书》卷九十六上

一、滨河而居

一天,我和地质同行们聚餐。听说我的兴趣转向了人类学,一位同行神秘兮兮地问我:"人源于猴子还是鱼?"我的回答是,人既不直接源于猴子,更不直接源于鱼,因为并非所有的鱼都能进化成两栖生物,也不是所有的猴子都能进化为人类的祖先——猿人。尽管答案有些模棱两可,喜欢挑刺的他还是点了点头。

我还想告诉大家,人类不是鱼,但却是一种水生生物。女人子宫内部那个充盈着羊水的温暖空间,是每个人生命的源头,羊水的成分百分之九十八是水,另有少量的无机盐、有机物荷尔蒙及脱落的胎儿羊水细胞;婴儿体内的水分占百分之八十;成人体内的水分也在百分之七十左右。这就决定了,人和其他水生生物一样,根本不可能离开水。于是,滨水而居,沿河生息,成为人类自然而然的选择和万年不移的习性。

我眼前这条飞溅着历史浪花的河,名叫且末河,又称车尔臣河、卡墙河、恰尔羌河,发源于昆仑山北坡的木孜塔格峰①,远古时期是一条桀骜

---

① 维吾尔语意为"冰山"。

不驯、龙腾虎啸的大河,每年有 2 亿立方米的流量浩荡汇入西北方向的罗布泊。如今河道全长尚有 813 千米,自南向北注入若羌县境内的台特玛湖,尽管纤弱如苇,但仍生生不息。它不仅承担了自身流淌的命运,还承担了远方、风沙、荒凉、坚韧——一个千年不死的精魂。

发现并占据它,应该是每一个游牧部落的梦想。

据说是中国神话时代后期,从山东沿海逃难到江淮、荆州一带的"三苗"部落,因为不服调遣,被部落联盟酋长尧率军击败,远遁到甘肃河西走廊与敦煌的三危山一带,与当地的民族融合,成为西部牧羊人——羌的一部分。

那时的河西绿洲,绝非理想中的世外桃源。这里不仅羌人部落林立,而且乌孙、月氏、匈奴也先后加入了对这一肥美牧场的争夺。因为不堪他族的侵扰,公元前 1000 年左右,一个名叫且末的羌人部落,在首领折摩驮那率领下,挥泪诀别了令人悲喜交集的第二故乡,沿昆仑山北坡辗转西迁①。鉴于前方的草场已被同宗的婼羌占据,他们只有朝着落日踉跄前行。

傍晚,天特别地蓝,夕阳特别地大,一朵祥云被染得血红,一弯上弦月隐现在天际,这或许是一个吉祥的日子吧。果然,探路者传来了振奋人心的消息:"前方,有一条大河。大河边,是一块平原。"

马背上的人们发出一阵久违的欢呼。

于是,这支流动的马队停歇在河边,将这道由南而北奔腾喧闹的河流以本部落的名字命名为且末河,这个部落后来建立的国家就叫且末。喜欢引经据典的唐僧玄奘在《大唐西域记》中则称其为"折摩驮那古国"。

二、能忍为安

张骞出使西域时,并没有记住这个有些别扭的名字。司马迁在《史记》中,对它也没有写下只言片语。

丝绸之路开通之后,且末——这个避居深闺的羌族美人,方才主动打

---

① 历史学家黄文弼、苏北海的推断。

开柴扉,端出奶茶,以甜美的笑靥迎接来来往往的各色商旅。因此,班固这个端坐在洛阳书斋中的谦谦君子,也才能伴着窗外的梧桐秋雨欣然入梦,在梦中游荡到波光粼粼的且末河畔,一睹塞外浴女那美轮美奂的健美身段。不承想,妹妹班昭的叩门声打断了他的绮梦。在梦醒的遗憾中,他凄然为这个陌生而神秘的国家写下了一段文字,说它是个国家,都城设在且末城,有230户人家,1610名国民,320人的军队,辅国侯、左右将、译长各1人。

这是一个蕞尔(zuì'ěr)小国。按照班固所描述的规模,它只相当于今天东部沿海的一个村庄,国家里的每一个人都能互相叫得出名字,谁家生了一个孩子都应该前去祝贺,就连东西两头的狗见了面也会摇尾巴。班固之所以给了它一点笔墨,倒不是因为那里有多少美女,不过是因为它处在商旅云集的丝路南道上,实在避不过去而已。但是,作为将聪明才智——中庸之道应用于美好生活的范例,它值得我们特别关注并致以崇高敬意。

作为一个不起眼的小国,最明智的策略就是在大国之间寻找一个缝隙。匈奴来了,就服从匈奴。汉朝来了,就朝拜汉帝。匈奴和汉朝势均力敌时,就首鼠两端,互不得罪。这样一来,尽管它处于丝绸之路南道上,但针对它的战争居然从未发生过,要不《汉书》中肯定会有记载。

对于那些试图拥有不凡人生,创造不朽业绩的人来说,这种处事策略未免太过猥琐、窝囊了。但设身处地地分析,人生来不是找死的,起码应该首先学会保护自己。我一直在思考一个问题,一个人是否应该在短暂的生命历程中,学着把握一点处事的尺度,让生命多一点舒缓的日子,使自己劳碌有加的心灵得到一些本真的自由?也许这时你会发现,生活会变得分外轻松、精彩、充盈。一个人是如此,一个小国何尝不是如此呢?

显然,弱小的且末是这一明智策略的受益者。西汉末年,同宗的婼羌被鄯善吃掉了,且末居然毫发无损。

这就是它,一个安安静静独善其身的国家。在以野心霸权为荣的世界里,它几乎无所作为;在以追求和平安宁为荣的世界里,它却占有一席之地。如果大多数人的最大幸福是所有政权应该追求的最终目标,那么,它的所作所为足以证明,它作为一个独立的国家存续下去,是符合天理与公道的。

为此，肯定会有部分读者联想到那个关于"橡树与芦苇"的著名寓言。说的是一棵大橡树被狂风连根拔起，飞到了河的那边，落在芦苇丛中，橡树对芦苇说："你们这么轻弱，我真不明白，你们怎么会不被狂风彻底摧残呢？"芦苇回答说："你和风抗争，最后你失败了。而我们正好相反，只要有一点点微风，我们就在它面前弯下腰来，因此就不会被折断，所以能避免摧残。"

故事的寓意是，能忍则安啊。

三、忘却乡愁

然而，天下事总是利弊相随。忍的好处是避免成为大国攻击的目标，但随之而来的，就是被严重边缘化。范晔在《后汉书》中，只是为了介绍拘弥国，才不得不提到且末："出玉门，经鄯善、且末、精绝三千余里至拘弥。"这时的且末，已沦落为鄯善国下属的且末州。

往事如烟，岁月无痕。历史再次提到且末，已是几百年后的南北朝时期。太平真君三年(442)，北凉残余势力——沮渠安周率军攻击鄯善，鄯善王比龙在拼命抵挡一阵之后，留下太子真达继续抵抗，自己则率领一半国民——约4000户西逃且末。

按每户6—7口人估算，鄯善的逃亡大军应该有2万—3万人。且末，这个在西汉时期充其量只承载了2000人的绿洲，突然涌来了十倍于己的外来人口，好比一个小泥人被一股仙气突然吹成了一个活生生的巨人。于是，此前消失已久的且末被鄯善王比龙借尸还魂，成为一个崭新的西域强国。

乡愁，是个永恒的题目，几乎有无限的思想与艺术表达空间。东坡雪泥鸿爪，庄周晓梦迷思，奥德赛十载漂流，马孔多百年孤独——几乎都是因为深重的乡愁，正所谓"寻常一样窗前月，才有梅花便不同"。而比龙新的落脚地且末距离鄯善只有三天路程(360千米)，在北凉残余退走的日子里，他能不渴望回到魂牵梦萦的故乡吗？

史料告诉我们，他的确没有重回故乡，而是专心致志地经营且末河边这块绿意融融的土地。历史的发展进程也证明,他的决定是正确的。不久,鄯善就被北魏吞并,自己的儿子也被带进关内。而比龙的新且末,却成为北魏势力之外的独立国家,与乌孙、疏勒、龟兹这几朵西域之花竞相摇曳。透过比龙的选择,我总算理解了古希腊哲学家柏拉图那段寓言般的话:我以为小鸟飞不过沧海,是因为小鸟没有飞过沧海的勇气,十年以后我才发现,不是小鸟飞不过去,而是沧海的那一头,早已没有了等待。

据《梁书·西北诸戎传》记载,末国,就是汉代的且末国,拥有军队一万余人,北接丁零,东接白题,西接波斯。他们的国王安末深盘曾经在普通五年(524)派遣使者前往梁朝朝贡。

依照惯例,梁武帝萧衍热情接待了远道而来的末国使者,年方16岁的梁朝王子萧绎也参加了会见。兴之所至,以擅长书画著称的萧绎居然以这位使者为原型,创作了一幅《职贡图》。画中的使者头戴尖顶护耳毡帽,身穿开领长衫,满脸胡须,与小河墓地36号墓发掘的木乃伊装束几乎完全相同。这也算是这个偏安南方的中原王朝与西域民族的一个不大不小的佳话。

好景不长,当西部来了一支强悍的鲜卑后裔——吐谷浑,且末的好日子就到头了。他们先是被征服,继而在北魏灭亡后连国名也被取消,成为与鄯善同样规格的镇。

人文灾难降临的同时,自然灾难也趁火打劫。处于间冰期①的地球持续变暖,冰山在融化,温度计里的水银在上升,大河在萎缩,森林渐渐瘦身,大漠步步紧逼,流经且末城的古且末河支流,渐渐东移注入了且末河干流,将这座河畔的城市像无娘的孩子一样冷落在了荒滩上,且末城中的"气候移民"被迫无奈地作别家园。随后,且末古城就像一个幽灵城市一般,渐渐消失在漫漫黄沙之中。就连断碣残碑,也已付与苍烟落照。

隋设立的且末郡和唐中期设立的播仙镇,是建造在且末河中上游的一座新城。

贞元元年(785),安西都护府被吐蕃攻克,中原王朝的夕光已经播撒不到这个偏远的地方。

---

① 地球至少出现过三次大冰期,公认的有前寒武纪晚期大冰期、石炭纪—二叠纪大冰期和第四纪大冰期。间冰期是两次冰期之间气候变暖的时期,这次间冰期始于9600年前。

至元二十七年(1290),元朝从内地迁来1000多军民与元新附军杂居,在且末屯田,渐渐形成了一个交通驿站——"者里辉"。马可·波罗路经此地时发现:"其境内有许多被墙垣围护着的城镇,该州的都城也叫车尔成,境内河流中出产碧玉和玉髓,将其贩卖到契丹,可以获得巨大的利润……有军队经过此地时,居民纷纷携妻带子、赶着牲畜逃往沙漠中,他们熟知沙漠中有水源可以生存的地方。他们逃离以后,大风就会扫平了他们的行迹,让人无迹可寻,不知所踪。"

明代,这里仍是一个驿站,改名"扯力昌"。

光绪十年(1884),新疆建省,大清在此设立了"卡墙县"。

四、日本和尚

宣统三年(1911)底,与武昌城头划破长夜的枪声只隔着一场雪、两场风。一个相貌清秀的日本人,从尼雅古城、安迪尔古城来到且末。这个不速之客名叫橘瑞超,31岁,是佛教净土真宗本愿寺的僧侣,还是一位职业探险家,深得西本愿寺法主大谷光瑞的青睐。这是他第三次作为日本大谷光瑞探险队成员进入新疆。他的公开使命是探察佛教东渐的遗址和搜集佛教梵语本原典,同时调查内蒙古喇嘛教、新疆伊斯兰教及当地民族奉教状况。更深层的原因则是与西方探险家争夺中国的文物。发现并盗走楼兰"李柏文书",就是他的考古"杰作"。

来到车尔臣河畔后,这个日本和尚发现,眼前的且末是一个从和阗到敦煌贯通塔克拉玛干沙漠南缘道路上的城镇,有500余户人家,附近还有一个二三百户人家的村落。这是一片由车尔臣河长期哺育的冲积平原,数英里范围内都是耕地,田地里种植着水稻、杂谷、青菜等,果树栽培比较盛行。他在日记中写道,水利灌溉如果处理好,完全可以容纳比现在多几倍的居民。

镇上的人告诉他,这个小镇已经没有了商贸功能,七八个月以前才有两个中国内地商人从此经过。这里只驻守着少数士兵和一个类似警察局长的官员,其余都是当地人。这个官员一年更换几回,所以不熟悉地方事务并懒得管这里的纠纷,他们只是从赌场每月勒索15—20元钱装进自己的腰包。

他还了解到,且末是中国政府流放穆斯林罪人的地方,所以风俗人情比西部城镇浮薄得多。这里的繁荣程度与法显经过时天差地别,甚至比不上马可·波罗经过时期。玄奘曾经看到的折摩驮那(且末)旧城城郭犹在,但没有一个居民,一丈多高的杂草占据了这里。且末的发展实际上是一百二三十年前,即从中国政府将这里定为罪犯流放地的时代开始的。

在且末停留期间,他邀请村里识字的人,搜集了一些口头流传下来的民谣,作为研究中亚古代文学的参考资料。①

离开且末那天,他深深地叹了一口气,因为在这里没有得到令他振奋的文物。然后,他就冒着呼啸的北风和纷飞的雪花转身东去,匆匆赶往著名的佛教石窟敦煌。

五、墓地告诉我

可以肯定,如今鲜活地矗立在我们面前的且末县城,已不是班固和玄奘眼中的古城。

如果把那些永远逝去的古代生活比作历史河流上的船,那么古墓就是这只船在水中的倒影。当地面的城镇因天灾人祸而消失,幽暗的地下世界则为我们保存了祖先的生活和思想。要探查有关沙埋古城的密码,在找不到历史记录的情况下,只能借助考古发掘,其中包括令一般人头皮发麻的阴森森的墓地考古。

在20世纪下半叶的考古狂潮中,新疆传来一个让历史探秘者额手称庆的消息,且末古墓地——扎滚鲁克②墓地出现了。它是迄今为止在车尔臣河流域发现的最大的古墓群,其中出土了中国境内最早的箜篌乐器及绣有"延年益寿大宣子孙"字样的织锦。经过对四具干尸进行的碳-14检测,墓葬年代被确定为公元前1000年左右,那时的且末刚刚辗转西来。

---

① 见《橘瑞超探险记》,新疆人民出版社2010年版。
② 维吾尔语意为"盐碱之地";古突厥语"扎滚"为胡麻,"鲁克"为汇集地。

在且末县博物馆里,我有幸见到了1号墓地发掘出的"且末宝宝"。这是一具1985年出土的婴儿干尸,安在一座精致的玻璃棺木内,身长约50厘米,年龄约在8个月至1岁之间。婴儿仰卧于白色毡毯上,头戴宝蓝色毡帽,身裹绛红色毛布,外面用红蓝两色相间的绳捆扎,双眼盖着长3厘米、宽2厘米的石片,鼻孔内塞有红色毛线球,棺内还配有牛角杯和用羊乳房缝制的喂奶器,可见其父母用心之良苦。经鉴定,"且末宝宝"距今约3000年,是迄今为止出土的世界上最早的婴儿遗体。

神秘而可爱的"且末宝宝"身旁,便是古墓群出土的"船形木棺"了。它由两块弧形的胡杨木板相扣而成,上面有十块小木板做棺盖,遗体被精心装入木棺。令参观者羞涩不已的是,如果是男性死者,船形木棺前会树立一根女阴立木作为标示;如果是女性死者,棺木前则会树立一根男根立木。显然,那里没有朱熹、曾国藩与张春桥,不是一个封建卫道士无处不在的年代,当时的且末还流淌着氏族公社的生殖崇拜遗风。

每一座古墓都是历史的留影,每一件文物都是时间绽放的奇葩。凝视它们,正如凝视文明史的荣光。

更为重大的意义在于,找到了古墓也便找到了消失已久的且末古城。它与扎滚鲁克墓地只隔着约400米的沙土,位于今且末县城西南约6000米的老车尔臣河岸台上,遗址地表已彻底沙化,呈瑰丽而神秘的雅丹地貌。在东西长1000米,南北宽200米的范围内,散布着大量陶片、铁块、磨盘、玻璃、料珠等。古城的四周,便是面目全非的护城河。

但往往希望越大,失望就越是彻底。经过文物工作者考证,这里并非汉代的且末城,而是一座元宋时期的古城遗址,被当地人称为"车尔臣阔纳协海尔",维吾尔语意为"老城"。

六、"芝麻开门"

既然今且末县城和县城西南的古城都不是古且末城,那么,它究竟在哪儿?

《汉书》记载,该国位于鄯善国以西720里,精绝国以东2000里,处在繁忙的丝路南道上。《洛阳伽蓝记》也记载了北魏高僧宋云等人的这段行程:"从鄯善西行1640里,至左末城(汉代且末城),城中居民可有百家,土地无雨,决水种麦,不知用牛,决水种麦,耒耜(lěisì)而田。"贞观十八年(644),唐僧玄奘从天竺回国路经此地,他笔下的且末只有凄凉:"从此东行600余里,至折摩驮那故国,即沮末地也。城廓岿然,人烟断绝。复此东北行千余里,至纳缚波故国,即楼兰地也。"①郦道元的《水经注》则明确地告诉我们,古且末河北流,经且末南山,向东北流经汉魏时期的且末城北部,然后向东与南河汇流,进入注滨河段。

以上文献说明,古且末城矗立在早已消失的南河岸边,与拘弥、精绝、鄯善处于同一纬度上,应该藏在今且末县城以北150千米左右的沙漠腹地。也就是说,这是一座如同楼兰一样被漫漫黄沙掩埋了上千年的丝路名城。

为此,探险家、考古学家乃至周边民众开始了前赴后继、孜孜不倦的追寻。令国人欣慰的是,外国探险家如杜特雷、斯坦因、斯文·赫定、橘瑞超之流没有找到它,因为凭借20世纪初的探险条件,他们不敢,也无法进入大漠深处以命相搏。民间寻宝者也没有找到它。据说50年前,有五个结伴寻宝的人曾骑上骆驼带着干粮进入大漠,他们刚刚找到古城,还没有来得及挖宝,大漠就突然刮起了沙尘暴,他们如受惊的野兔一样拼命南逃,才勉强捡回自己的小命,那座神秘的古城却再也找不到了。

好在,中国科学工作者给我们带来了好消息。1957年,中科院沙漠研究所曾经发现了一座古城,从地面散落的大量木牍得知,那是鄯善国且末州的法律文书。20世纪70年代,中国科学院沙漠研究所考察组由著名沙漠专家朱震达带队,进入了且末县以北的沙漠腹地,见到了一座保存完好的沙漠古城,据说有数以百计的佉卢文木牍暴露于地表,因队员们不知其重要价值,只是捡回了一部分作为木材标本。其中两小块残牍现存于甘肃博物馆,上面书写着"自即日起,这些女奴判归州长吉尼察和鸠摩罗二人支配"的文字,这是买卖女奴的契约,两位州长应该是鄯善国且末州的州长。②

中国考古人已经无限接近了这座神秘的沙埋古城,发现它,只是一个

---

① 见玄奘《大唐西域记》,时代文艺出版社2008年版。
② 见林梅村《寻找楼兰王国》,北京大学出版社2009年版。

时间问题。我相信,应该用不了50年时间。我希望自己亲眼见证。

那里,不应该只有佉卢文简牍,还应该有鄯善王比龙的宝库。因为且末城是鄯善王朝最后的落脚地,率领4000户居民西走的比龙,不可能将代代相传的珍宝留在即将陷落的鄯善。

果如是,那将是一个多么令人垂涎的巨大诱惑啊。我耳边不禁响起那句著名的咒语:"芝麻开门!"

且末国小传:且末,游牧部落,婼羌的同宗姐妹。战国末年来到塔克拉玛干沙漠南缘。这是一个只有200多户人家的小国,也是丝路南道上的一个站点,供商旅临时歇脚。多数时候寂寂无闻,真正引起大家围观,还是因为鄯善末代国王带领两万多国民逃难来到这里,使它一下子从小不点膨胀为大胖子。可惜好景不长,外来游牧民族的入侵和古且末河的改道,使得它很快沉入了无边的戈壁大漠和漫漫的历史长夜,成为一座至今无法破译的沙埋古城。找到它,是无数探险家和盗墓者的绮梦。但令人抓狂的是,它应该在今且末县城以北150千米的沙漠腹地,那可是一个进去了就出不来的生命禁地啊。

第四章 小宛（yuān）——塞人的意外收获

> 小宛国，王治抒零城，去长安七千二百一十里。户百五十，口千五十，胜兵二百人。辅国侯、左右都尉各一人。西北至都护治所二千五百五十八里，东与婼羌接，辟南不当道。
>
> ——班固《汉书》卷九十六上

一、发大水了

如同牛顿从苹果落地悟出了万有引力定律，如同两个四川农民在挖井时发现了三星堆遗址，世上许多的发明和发现，往往因为一场意外。

在昆仑山北麓，新疆且末县城南部100千米外的地方，潺潺流淌着一条河流——"古大奇莎依"，河边坐落着一个小小的村落——且末县阿羌乡阿羌村古大奇自然村。

古大奇共有24户居民，不到100口人，村民都是维吾尔族。它就像中世纪童话故事里的一个背景，一直默默无闻，寂寞而闲适，每有一个陌生人来到这里，或者有一个外乡女人嫁到这里，都会引起全村人的围观。

"发大水了！快来看呀——"2010年8月的一天，古大奇莎依突然暴涨，一场融雪性洪水滚滚而来。洪水过后，许多羊骨、石砾、陶器碎片散落在沙丘上，引起了古大奇牧民的围观。消息从村里，乡里，传到县城，且末县文体局的工作人员匆匆赶到现场勘察。他们顺着陶瓷碎片溯河而上，最终在海拔2800米的一条古老的河谷崖壁上，找到了物品的源头——古墓群。

新疆考古工作者也闻讯赶到,展开了抢救性发掘和整理。

与且末县扎滚鲁克古墓群的土坑墓穴大为不同的是,这个被命名为古大奇的古墓群全是石棺,而且处在距崖顶约4米、距谷底3米多的地方。如果不是洪水冲刷,很难被人发现。考古人员看到,河谷漫滩上还散落着许多长度在60—70厘米,宽度在20—30厘米的大型石板。这表明,在过去的若干年中,由于洪水的不断冲刷和崖壁的风化坍塌,不少石棺墓已经遭到破坏,仅留下厚重的石棺板静静躺在苍凉的河床上。

这次发现的12座石棺,除了一座母婴合葬墓,多是侧身屈肢的单人墓。随葬品主要是羊、马和粗陋的夹砂红陶,只有一些铜制皮带扣、铜镜、铜刀尚算入眼。石棺的年代在公元前200—前500年之间。根据陪葬品判定,这是一个畜牧业国家。从位置判断,它处于古且末国南部的小宛国境内。

面对被洪水捧到面前的苍老石棺,很容易让人想起2000年前徜徉在河边的那些身影。他们很少说话,没有姓名,也没有表情,因此无人能够把他们详细叙述,而只是留下了一座座坟墓,供拥有足够智慧的后人解读。

小宛国,这个消失近2000年的古典美人,由此被揭开了面纱的一角。

二、穿裤子的人

考古学家告诉我们,小宛,是塞人的一支。

春秋战国,用哲学家卡尔·马克思的话说,那是永不复返的人类童年。如果您有幸越过历史的烽燧,泛舟于这道岚气氤氲的河流,彩虹般绚丽的童话将令你目不暇接。周平王元年(前770),也就是古希腊举行第一届奥林匹克运动会6年之后,鉴于镐京西部已被自己请来的犬戎占据,刚刚继位的周平王只得将都城东迁到洛邑,历史上的东周和春秋拉开大幕。从此,中原地区的诸侯开始了长达550年的混战。在中原西部的河西走廊,几个游牧部落也开始了旷日持久的争夺,他们分别是月氏、乌孙、匈奴。

与此同时,一支古欧洲人部落,坐在上千辆承载着圆柱形毡房的轮式车里,风尘仆仆,从伊朗高原持续东进,最终于公元前7世纪末来到塞地——也就是今伊犁河和楚河流域。一时间,在西到里海沿岸,东到伊犁河流域的广阔草原上,撒满了众多的游牧部落。

在中国史籍中,他们被称为塞种①。古希腊史书也说②,大致在公元前7世纪至公元前5世纪,中亚北部分布着一个名叫萨迦(Sacae)的游牧民族,他们是斯基泰人(Scythes,即西古提人、西徐亚人、赛西亚人)的一支。波斯史书则将马萨格泰人(Massagetes)、伊赛多涅斯人(Issedones)、斯基泰人统称为塞克人(Saka)。贝希斯敦铭文③说塞克人"在里海的那边,那里的人戴着尖顶的帽子"。

当这个头戴尖顶毡帽、操东伊朗语的游牧民族从天而降,乘坐着轮式战车出现在伊犁河流域时,当地农牧民完全傻了眼,因为眼前的这群野蛮人并不是身着宽袍,而是穿着简洁的服饰。这种简洁的服饰——裤子,正是塞克人带给西域的一件"礼物"。

新来乍到,他们同其他游牧民一样,以放牧和狩猎为生,直到有一天山中传来一个消息。

这是一个令人鼓舞的消息。一位塞种老铁匠在伊犁河边的山中闲逛,无意中发现了一个优质铜矿。要知道,作为古欧洲人后裔,他们的祖先可是青铜最早的使用者之一,公元前3000年左右就在两河流域使用青铜器了;也是铁最早的发明者,作为欧洲人一支的赫梯人于公元前1400年左右发明了铁;中国商周的青铜器也许就是由其祖先通过青铜之路传到中原的。也就是说,从事冶炼是一部分塞人的固定职业,这部分人在塞人中享有崇高的地位。如今,他们终于可以重操旧业,在伊犁河畔大显身手了。

如今位于伊犁河东岸的尼勒克县奴拉赛山,发现了2400多年前的塞人铜矿采掘和冶炼遗址。"这是一处品位很高的晶质铜矿,古代开采矿口虽已坍塌、淤塞,但仍可看出痕迹。采掘坑道,沿矿脉掘进,深达数十

---

① Sacae,古波斯语"萨迦"的音译,简称塞人,为欧洲人种地中海人种类型,与地中海东支的印度—阿富汗人种类型有相同的起源关系。
② 见古希腊史学家希罗多德所著的《历史》,商务印书馆2005年版。
③ 由波斯帝王大流士一世用埃兰文、波斯文和巴比伦文刻在伊朗克尔曼沙汗省一座悬崖上的铭文。

87

米,迂回曲折……在距离矿坑不远处的山沟内,有厚达一米的炼碴堆积,发现灰烬以及冶炼用的木炭、铜锭。铜锭好像倒扣的浅腹碗,背面鼓凸,重者每块十多斤,含铜量达百分之六十以上。"①近年来,哈萨克斯坦和新疆北部又出土了许多塞种金器。金器一般以金箔锤锻而成,以动物造型居多,精美程度令人叹为观止。

心顺处即是天堂。凭借着畜牧与冶炼,塞人迅速崛起为一支令人胆寒的力量。他们在公元前3世纪末开始实行王政制度,将全国分成四个大部,每部分成若干区,每区由一个部落酋长世袭的总督统治,塞王则由总督们推举产生,拥有至高无上的权力。

塞王不再寂寞,开始对周边部落发起征战。他们之所以屡战屡胜,原因有三:

一是强大的动力。每次作战的战利品,都由塞王分配给战士,这就为塞人投入战争提供了强大的精神动力。发展到后来,马背上的塞人只剩下简简单单的三件事:扬鞭放牧,弯弓狩猎,挥刀杀戮。战士们还把敌人的头颅拿来加工,把眉毛以下的部分锯去,挖去脑髓,在里面镀上黄金,作为随身的"水壶"。同时,沿着敌人首级的两只耳朵,在头上割个圈,然后把头皮揭下来,做成手巾吊在坐骑肋部,向世人炫耀自身的勇猛。试想,在行军间隙,将士们一边用人头做成的水壶喝水,一边用人皮做成的手巾擦汗,是何等豪迈与恐怖!

二是精锐的武器。塞人的武器是战斧、矛、剑和弓箭,有时也使用套索和飞石器。防身甲胄则是用青铜和铁片制成的"鱼鳞甲"。据说,这些塞人骑兵分为长矛手和弓箭手。长矛手将盾牌固定在前臂上,上面贴有铁皮。弓箭手携带着一张强弓和上百支箭,箭头用铁、青铜和骨头制成并淬了毒,射击频率达到每分钟10—12支。

三是灵活的战法。列阵后,通常长矛手在前,弓箭手隐藏在后,敌人冲锋后长矛手迅速散开,弓箭手从后面突然冲出放箭,长矛手再从两侧包抄敌人。敌人若是步兵,则弓箭手在前首先用箭压制敌人,埋伏在后的长矛手伺机杀出,冲垮敌阵。

据此三大优势,塞人得以称雄草原。

---

① 见钱伯泉、王炳华《通俗新疆史》,新疆人民出版社1986年版。

三、女人国

接下来,是一个来自古希腊的故事,而且稍有争议。

据记载,古希腊时期,斯基泰人(塞人)曾经远征埃及,由于地形不熟及长途疲劳,参加远征的斯基泰军团被埃及人全歼。斯基泰寡妇们得知这一噩耗,就选出一位女王来统治国家。她们禁止男人在这个国家生存,生下的女孩可以保留,生下的男孩则一律杀掉。她们没有右侧的乳房……当她们还是孩子时,母亲就用烧得通红的青铜,烙在女儿的右侧乳房上。这样,右侧乳房停止发育,所有的力量和肌肉都长在右肩和右臂上,目的是为了更加方便地拿起盾牌和武器来投入战斗,她们也因此被称作"阿马松人"(Amazons,意为"少了一个乳房")。这是我有生以来听过的最恐怖也最震撼的风俗了!那是一个多么嗜血也多么疯狂的时代呀!就是这样一支"神秘之师",曾经作为普里亚摩斯①的盟军参加了特洛伊战争。

据说,她们之所以劳师远征,只是因为女王彭特西莉亚暗恋特洛伊第一勇士赫克托尔王子。可悲的是,女王既没有得到梦中情人,也没有看到敌军用木马计攻陷城池,就和她的众多伙伴战死在了特洛伊城下。

对此,希罗多德并不认同。他认为斯基泰人和阿马松人是两个独立的民族,而英勇的萨尔马特人则是这两个民族的结合体。他在《历史》中讲到,希腊人战胜阿马松人之后,把女人作为"战利品"装进三只船准备运回希腊。谁知,这些女战俘竟然在途中发起暴动,杀死了所有负责押送她们的希腊男人。一天,船只停靠在了斯基泰人的海岸上。

由于双方语言不通,斯基泰人与不速之客发生了激战。在得到了一些尸体后,斯基泰人惊奇地发现,这些勇猛无畏的战士全是女人,因此称她们为"欧约尔帕塔",意思是"杀男人者"。

好在,斯基泰首领是一位深谙人性的智者,他没有以眼还眼,以暴制暴,而是决定派出相同人数的年轻男子去引诱这群落难的阿马松女人。

---

① 希腊神话中的最后一任特洛伊国王,在特洛伊城陷落时被杀。

这是一个完美的两性试验,事件自始至终闪耀着玫瑰和橄榄枝的光彩。

新的一天开始了,东方的艳阳普照着这片流血的海岸,海岸上的各种花草沾露摇曳。令阿马松人奇怪的是,对面那些占了上风的斯基泰男人并未发动新的进攻,而是在她们视力所及的距离内扎下帐篷,微笑着和她们打招呼,一切都显得温馨而友好。

起初,她们认为这是对方的花招,因此枕戈待旦,日夜戒备。久而久之,发现对方无意伤害自己,双方便有了合流的趋势。两处的营地一天天接近起来,从点头,拉手,拥抱,亲吻,到夜幕降临后成双成对地钻进帐篷,最终那群斯基泰男人达到了目的。当他们娶阿马松人做妻子以后,便向后者提议一起回家居住。

但阿马松人坚决不同意丈夫的提议,她们认为自己不能和斯基泰妇女住在一起,因为阿马松人都是射箭、投枪、骑马的好手,从来没有学过妇女的事情,而斯基泰妇女则恰好相反。接下来,阿马松人要求这些斯基泰丈夫到父母那里要回属于自己的财产,然后和自己一起生活。

斯基泰人答应了女人们的请求。在得到父母分给的财产之后,女人们又提出:"住在你们的家乡,我们感觉不安,因为我们不仅使你们的父母失掉了你们,而且使你们的土地遭受了损失。既然你们认为娶我们为妻是正义的,那么就让咱们一起离开你们的故土,到塔纳伊斯河(顿河)那边开辟新的土地吧。"

于是,他们一起渡过塔纳伊斯河,一路向东来到了新的草原上,繁衍成了新的塞人部落——萨尔马特人①。在这个新的部落里,成年男女无一例外都可以上马作战。据说,没有一个萨尔马特女孩是在不杀死一个敌人前就结婚的。

四、居鲁士笑得太早了

与此同时,临近的伊朗高原升起了一颗璀璨的帝国之星。

他叫居鲁士,属于古欧洲人的后裔波斯人。公元前559年,31岁的

---

① 即阿兰人,今俄罗斯奥赛梯人的祖先。

他成为波斯新国王。这是一位集雄心、智慧于一体的年轻人。他一上台,便统一了波斯的十个部落,然后将目标对准了几个邻近的强国。公元前550年,伊朗高原西北部的米底①王国被灭掉;公元前547年,小亚细亚的吕底亚②王国被攻克;公元前539年,伟大的巴比伦王国被征服。一时间,地中海东岸地区的人们为这个昔日一直用灵巧的双手制造香料,用彩色的纱巾遮盖面孔的民族深深折服,纷纷宣布归附波斯。随后,居鲁士把波斯帝国首都迁到了世界上最繁华的城市——巴比伦城,成为名副其实的"宇宙四方之王"。因此,他有资格在铭文上骄傲地刻下:"我,居鲁士,世界之王,伟大的王。"

有一种境界叫适可而止。按说,年过50、功成名就的居鲁士应该休息和停顿一下了,但居鲁士一生以征服为己任,从来就不屑于听从什么劝告,即便是对待不成其为国家的游牧部落。

公元前530年,也就是释迦牟尼开始传教的那一年,居鲁士出兵征讨咸海东岸中亚草原上塞人的一支——马萨格泰人③。

咸海是一片沉静的水面,锡尔河是一条喧闹的河流。生息在这里的马萨格泰部因而兼有了动与静两种性格。静如处子,安享贵族一般的平静生活;动如脱兔,一旦遇到进攻便奋勇拼杀,不惜流尽最后一滴血。在今新疆呼图壁县西南75千米处的天山之中,有一处3000年前的塞人画作——康家石门子岩画。岩画上有几百个塞人男女在集体做爱,每个人都随心所欲和无所畏惧,彻底沉溺在巫术般的性欲快乐中。岩画中还有狩猎、放牧、征战、娱乐、祈祷等,每个场面都充溢着力量的飞升和生命的张扬。看来,这是一个对爱与恨、和平与战争都追求极致的民族。读者们不禁会问:与这样一个民族对峙,居鲁士有胜算吗?

这不仅是读者的问题,也是居鲁士必须面对的问题。当临近马萨格泰部落后,居鲁士的侦察兵来报,马萨格泰人的首领已死,他们由寡居的女王托米丽司统领。听到报告,居鲁士的嘴角泛起了不屑的笑。

然而,居鲁士笑得太早了,因为任何以传统观念看待塞人妇女的人,

---

① 欧洲人的一支在迁徙到伊朗后分成两大部分:伊朗西南部的波斯人、西北部的米底人。
② 古欧洲人支系,位于土耳其西北部,因在公元前660年左右最早发明了铸币而强盛一时。
③ 意为大萨迦部落,大部分奄蔡人即阿兰人的祖先。

都会为自己的大男子主义付出代价,一如所有想扳倒武则天的唐朝大臣和无视慈禧的满汉权贵。在当时的塞人部落里,女性和男性共同肩负着上马征战,挥刀冲锋的使命。这些战果辉煌的女战士,生前荣誉缠身,死后也会安享以佩刀殉葬的尊荣。

对于这位女王,历史没有叙述她的模样,我推断她一定出奇地美丽,人到中年仍目如秋水,眉拢春山,肤如凝脂,而且有着丰富的战斗经验和坚硬如铁的心。

年近60岁的居鲁士先是派人送给女王一封特别的战书——求婚。醉翁之意不在酒,他想"娶"的不过是女王的土地与子民。接到求婚书的女王当然不傻,于是一口回绝了对方。战火就这样被不可避免地点燃了。

战争初期,居鲁士向对面的女王展示了自己一流的指挥才能。居鲁士率大军顺利渡过阿拉克塞斯河(可能是今阿拉斯河)之后,在草原上扎下营盘,只留少数军队守卫,自己则带领大部队悄然后退。退却前,他特意安排部下在营盘里放置了大量珍贵的葡萄酒。

这是一个陷阱,后来被史学界称为"葡萄酒战略"。托米丽司女王的儿子斯帕尔加披赛斯是一位血性有余但智谋不足的年轻人,他不加深察便率部劫营,杀死留守的波斯军人后,发现了堆放在营盘里的大量甜美的葡萄酒,便和部下们在原地大肆饮宴庆祝。就在马萨格泰骑士喝得东倒西歪的时候,居鲁士突然率大军杀回,醉倒在地的马萨格泰骑士们被顺利杀死,女王之子被生擒。这位王子醒酒后,面对满地的断肢残骸,羞愤自杀。

失去爱子的托米丽司悲痛欲绝,在擦干眼泪后,她派出使者正告居鲁士:"我凭着马萨格泰人的主——太阳发誓,不管你多么嗜血,我也会让你把血喝饱!"

那一刻的女王,一脸寒光逼人的冷笑。

"夜里唱高调的人一定胆小。"居鲁士一边捻着胡须,一边对着使者哈哈大笑,"告诉你们女王,今后我不会再施什么计谋,因为那会不够男人,更不够公平。"

针对肆行无忌的波斯大军,女王布置了吊丧的假象,假意撤退。居鲁士不知是计,只带少数精兵追击。一天,他们被引入了草原的中心——沼泽地带,不得不下马,一步一踉跄地艰难行进。突然,马萨格泰人从斜刺里杀出,将波斯军队拦腰截断。在沼泽中身轻如燕的马萨格泰武士,对行动不便的波斯人实施了屠宰般的疯狂杀戮,波斯人凄厉的惨叫穿透了昏沉沉的天幕。

心惊肉跳的居鲁士连忙下令收缩阵形,将大军靠拢在一起。立刻,一阵暴雨般的箭矢从一旁射来,波斯军人又倒下一片。

难道,面对欧洲坚城如履平地的自己,要败在这一片沼泽之中?万般无奈之下,居鲁士只有用一部分军人的身体去填塞可怕的沼泽。当他即将成功走出沼泽的时候,冲在前面的波斯军人发出了恐怖的惊叫。原来,对面山坡上已经站满了黑压压的塞人弓箭手,形同从天而降的一群魔鬼。

这是居鲁士一生经历过的最残酷的战斗。在双方弓箭手射完所有的箭之后,两军展开了肉搏。一方为了实现扩张的野心,一方为了给儿子复仇。当欲望与鲜血交战时,自然会处于下风,波斯军队几乎全军覆没,居鲁士身中数箭栽下马来。然后,草原又恢复了此前的状态,一切都静如太初,美如幻境,茫如谜底。居鲁士的尸体被找到,托米丽司亲自割下他的头颅,扔进盛满鲜血的革囊,然后冷笑着说:"请你喝个痛快吧!"①也许女王还有一句潜台词:伟人之所以伟大,是因为我们跪着而伟人站着,我看不出面前的这颗脑袋有什么伟大之处!

噩耗传回巴比伦城,居鲁士的儿子冈比西斯二世继承了王位,他率领军队抢回了父亲的尸首,将父亲的遗体归葬在波斯故都帕萨尔加迪(今伊朗法尔斯省境内)。

或许是对女王心有余悸,或许忙于远征埃及,冈比西斯二世一直未腾出手来进攻马萨格泰部。而波斯第三任帝王——被称为"铁血大帝"的大流士一世就没有任何顾虑了。据波利比乌斯②记载,他曾于公元前518年远征马萨格泰人,马萨格泰首领希拉用苦肉计引诱波斯军队进入了无水草的沙漠之中,使其大部分人被困死,复仇也以失败而告终,这可能是攻无不克、纵横捭阖的大流士一生中最大的污点。

悠悠岁月中匆匆走过了多少人,他们总是被人想起或淡忘,被人淡忘未必不是幸福,当然,被人想起也未必不是悲哀。

---

① 见王族《行走的西域》,中国国际广播出版社2011年版。
② 又译波利比阿,古罗马史学家,他的代表作是带给他巨大史学荣誉的《通史》。

五、亚历山大的滑铁卢

遥远的故事淌成一条深邃的河流,转眼就是200年。

公元前336年一个沉闷的夏日,马其顿国王腓力二世在女儿婚礼上遇刺身亡,腓力二世刚满20岁的儿子亚历山大(意为"人类守护者")继承了王位。尽管留给年轻国王的,是一个负债累累、危机四伏、叛乱频仍的烂摊子,但这反而激起了他征服四方、独步世界的勃勃雄心。要知道,这个年轻人不仅是前国王的儿子,而且是希腊智者亚里士多德的学生,既不缺勇气,也不乏智慧。亚历山大首先率军挥戈巴尔干半岛北部,征服了刚刚背叛的伊利里亚,把色雷斯人赶到了多瑙河滨。然后以闪电般的速度挥师南下,将底比斯城变成了一堆瓦砾。底比斯的毁灭,起到了杀一儆百的作用,希腊诸城邦以及雅典望风归降,各邦国重新统一在马其顿麾下,只有东部的波斯帝国满脸不屑,甚至连祝贺的使者都没有派来。

"山不走到我这里来,我就到它那里去。"亚历山大决定东征波斯。据说,他出征的借口是,波斯人曾踩躏过希腊圣地,又参与过对父亲的谋杀。出征前,他把所有的财产、奴隶和畜群全部分赠他人。有位将领迷惑不解地问:"陛下,您把所有的东西分光,把什么留给自己呢?""希望!"亚历山大利落地答道,"我把希望留给自己!它将给我带来无穷的财富!"

周显王三十五年(前334),中国的诸侯们正乱作一团。亚历山大率3万步兵、5000骑兵和160艘战舰,渡过今达达尼尔海峡,开始了长达10年的伟大东征。经过多次苦战,于公元前331年以"马其顿方阵"战胜了五倍于己的波斯军队,攻占了梦中的巴比伦。波斯大流士三世逃到大夏,被大夏总督比索斯杀死,弃尸于路旁。伴随着波斯的灭亡,连古老的埃及也成为马其顿的一个行省。一个西起巴尔干半岛、尼罗河,东至伊朗高原的幅员空前的亚历山大帝国冉冉升起。世界的主人由波斯人换成了马其顿人,希腊文明的种子通过他的铁拳撒向了世界。

公元前327年,亚历山大娶到了16岁的绝色美人罗珊妮。借助蜜月带来的动力,亚历山大率军从里海以南继续东进,经帕提亚(安息),北上翻越兴都库什山脉,踏过大夏和粟特,到达锡尔河南岸,最终遭遇了马萨格泰人。

这支当年让居鲁士丢掉脑袋的塞人部落,在战后的200年时间里,一直保持着强烈的警觉,世代操练射术、马术和战术,时刻准备击退任何外敌。

这一天果然又来了,而且对方是比居鲁士还要强悍与狡猾的亚历山大。于是,他们在敌人必经的锡尔河对岸摆下重兵,准备在敌人踏进锡尔河中间的淤泥时发起攻击。而亚历山大也从波斯人口中听说过那位女王,深知这个游牧部落的厉害,因此决定亲自率军渡过锡尔河,以惯用的"马其顿方阵",步步为营地"推平"这个绿草茵茵的地方。

亚历山大还是大意了,他并未事先派人勘查河水的深度与地质状况。当他率军走到河中间时,湍急的河水造成每一个人步履维艰,河底的淤泥又使得身负重甲的士兵们连拔脚都十分困难。那一刻,亚历山大突然想到了多年前居鲁士误入的沼泽,想到了塞人惯用的偷袭战术,心头掠过一丝不祥的阴云。果然,没等他及时应变,埋伏在对岸的马萨格泰武士便蜂拥而出,把如蝗的箭矢射向河中,半渡的马其顿军人纷纷中箭倒下,亚历山大也被一支利箭贯穿了大腿,鲜血染红了滚滚的锡尔河。

士兵们冒死把亚历山大架回岸边,放上担架抬回了营地,一路上亚历山大悔声不绝,呻吟不断。意外受挫的亚历山大掉头南下,于公元前326年越过开伯尔山口,侵入印度河流域的波拉伐斯王国,战争的进程与结果再次变得难以掌控。

连续的挫折,使一向乐观的亚历山大渐渐心灰意懒。同时,这场历经8年、行程5万余里的远征,也造成许多马其顿士兵伤残病亡,幸存者则牢骚不断,归心似箭。公元前325年,亚历山大下决心从印度撤兵西返,一年后回到巴比伦。又过了一年,因为高烧不退,他在巴比伦汉谟拉比的旧王宫中溘然长逝。去世前,他命令部下在自己的棺材两侧挖上孔,将两手伸出,以此警示后人:他虽一生奋战,但仍空手而去。当时,亚历山大并无子嗣,他的儿子亚历山大四世是在他去世后两个月降生的,所以帝国被他的四个将领瓜分,其中托勒密将军在南部统治了埃及、巴勒斯坦,建立了埃及托勒密王朝;塞琉古将军在东部统治了叙利亚、地中海、伊朗一带,建立了叙利亚塞琉古王朝(中国史书称条支);卡山德将军在西部统治了马其顿和希腊一带,成为马其顿国王;利西马科斯将军在北部统治了小亚细亚、土耳其一带,建立了阿加索克利斯王朝。亚历山大留给亲属的(他的妻子罗克桑娜及儿子亚历山大四世先后被卡山德毒死),只有形同梦境的回忆。

是这支塞人,又一次让自大者品尝了失败的苦涩。

在这两次战争中,塞人先后将两个不可一世的"战神"打败,而且还是在自卫反击中。试想,如果主动出击,凭借灵活的战术、顽强的意志和优良的装备,他们完全可以成为一支摧枯拉朽的铁骑。但他们没有这样做,也许因为他们中没有出现冒顿、阿提拉、铁木真那样的领袖,也许他们根本就没有征服他人的兴趣。至于那两次辉煌的胜利,完全属于无奈的自卫。当一切归于寂静,他们又去放牧、娱乐和冶炼黄金了。

而塞人也和黄金一样,具有高贵而宁静的品质。

六、栖栖惶惶戚戚

须知,一个只懂得自卫的民族,在弱肉强食的远古时代是没有前途的。西方侵略者不见了,东方的敌人正悄悄逼近。

这个敌人名叫月氏[①],属古欧洲人种北欧类型,早在秦代就占据了号称"游牧者天堂"的河西走廊。凭借古欧洲人驯养的战马、发明的战车和青铜武器,月氏人创造了史书上所说的"东胡强而月氏盛"的异彩辉煌。首任匈奴单于为了寻求与月氏的和平,曾经将长子冒顿送往月氏做人质。强大的月氏还杀掉了乌孙首领,迫使乌孙残余流亡匈奴。月氏人一度独霸了敦煌、祁连间的大片绿洲。月氏的灾难,来自于曾经在月氏担当人质的匈奴单于冒顿。他于汉高帝初年将月氏从河西走廊赶走,又于汉文帝四年(前176)派右贤王血踏了在焉耆、龟兹驻牧的大月氏,再加上冒顿的儿子老上单于在汉文帝六年(前174)或稍后杀死了月氏王,最终迫使大月氏向西部天山迁徙。

随着大月氏的西迁,塞人的噩梦开始了。大月氏人离开河西走廊后,

[①] 博斯沃思所著的《中亚文明史》认为月氏出自斯基泰人。月氏的汉语古音 zngi-wătt'ia,其外族语原型可能是 zjuja,正好被视为斯基泰的转写。

不经意间窜入了塞王的统治中心伊犁河流域。

当时的塞人居住区,居民应该有20万户左右,人口在100万以上,军队不少于20万人,是西域首屈一指的力量。但问题在于,像满天的星斗一样,塞人以部落为单位,散布在方圆几千千米的范围内。按照塞人的王政制度,全国分成四个大部:一是在遥远的里海东部;二是在锡尔河流域、楚河流域;三是在费尔干纳盆地;四是在伊犁河流域,仅此区域内就分布着10万户50万人,其中军队10万人。居住在伊犁河流域的塞王,其实只能算名义上所有塞人的首领,一旦遇到战争,其他三个大区的塞人军队很难在短时间内赶来勤王。

西来的大月氏,尽管受到了匈奴的沉重打击,但据《汉书》记载,仍有10万户40万人,其中精兵10万。

一个是远道而来、势在必得的偷袭者,一个是毫无防备、养尊处优的暴发户。尽管塞王身边的伊犁河部落与大月氏人数相当,但毕竟军队难以集中,而且猝不及防。战事一开,胜负已没有多少悬念。

对于安居伊犁河数百年的塞人来说,这无疑是一次空前的灾难。支撑塞人在大灾大难中活下去的,不是对死去亲人的回忆,而是与无奈相伴生的自我安慰。哭泣难免,抱怨无用。灾难过后,他们只能把含泪的双眸投向明天。

于是,在翻越天山的羊肠小道上,车轮滚滚,马蹄声声,近30万伊犁河流域的塞人,由塞王率领凄惶南逃。

至于南迁的路线,历史上众说纷纭,争执不下。奥卡姆剃刀定律①——这一方便的经验法则告诉我们,当面对两个可以将资料解释得同样好的假说时,选择简单的那一个。因此我认为,塞人南迁的最简便路线,是从伊犁河谷南下翻越天山,经喀什西北的铁列克山口进入喀什噶尔河流域。然后分道扬镳,主力继续南行,经悬度(今明铁盖达坂)进入今克什米尔地区,建立了一个名叫罽宾的国家,罽宾北部的难兜是塞王的卫星国;留下的塞人则继续东拓,在于阗河、克里雅河、尼雅河、喀喇米兰河、罗布泊的绿洲上建立了于阗、戎卢、精绝、小宛、楼兰国等。另一种观点②

---

① 这个原理是由14世纪英国奥卡姆的威廉提出的,称为"如无必要,勿增实体",即"简单有效原理"。
② 见黄靖《大月氏的西迁及其影响》,原载《新疆社会科学》1985年第2期。

认为,塞人主力从伊塞克湖西南部穿过天山别迭里山口,沿阿克苏河谷南下,然后溯葱岭河(今叶尔羌河)或于阗河(今和田河)而上,穿过塔克拉玛干沙漠,到达莎车或于阗一带的绿洲,将居住在此地的大夏人赶走(迫使大夏人沿西域南道西迁,经疏勒、葱岭、大宛,进入索格底),然后主力继续南迁,越过悬度,进入今克什米尔西部的斯瓦特河谷地带,建立了罽宾国。

第二支是居住在锡尔河下游和楚河流域的塞人,也受到大月氏西迁浪潮的冲击,向西南方向移动,进入他们此前经常攻掠的索格底,与几乎同时到达这里的大夏人融合。最后,这个大夏—塞人联合部落,在公元前150年南下越过妫(guī)水(又名乌浒河,今阿姆河),占领了希腊人的巴克特里亚王国,建立了大夏。后来,他们进一步受到大月氏的驱赶,沿赫尔曼德河顺流而下,亡命于阿富汗南部地区,以至于该地区被称为"塞人斯坦"(Sakaistan),也就是近代的"锡斯坦"(Sistan)。[①]

第三支是一个庞大的塞人部落,进入费尔干纳盆地,将那里的土著融合,建立了大宛国。

第四支在锡尔河与楚河流域建立了康居国。

第五支是两个被遗忘的弱小兄弟部落,南下逃入邻近的帕米尔高原北麓,一个占据了疏勒西部的衍敦谷,建立了捐毒国;一个占据了衍敦谷西部的鸟飞谷,建立了休循国。

咸海以西、里海东北的塞人,也就是富于传奇色彩的萨尔马特人、马萨格泰人后裔建立了奄蔡国(又译作阿兰)。

只有老弱病残滞留在伊犁河畔,过着仰人鼻息的日子。

然而,顺利占领了伊犁河流域的大月氏并没有过上安宁的生活,原因在于他们过去欠下的血债。乌孙首领难兜靡的儿子昆莫长大后,率乌孙军团攻入大月氏,占据了伊犁河流域及伊塞克湖周围地区,建立了强大的乌孙国,大月氏人被迫再次迁徙。

大月氏又沿着塞人逃走的路线,取道费尔干纳盆地,到达大宛西南部的索格底亚那,于中元五年(前145)将大宛历史名城埃斯哈塔亚历山大(遗址在乌兹别克斯坦和塔吉克斯坦交界处)焚毁。大概在建元六年(前

[①] 见法·鲁保罗《西域的历史与文明》,人民出版社2012年版。

135),大夏希腊王赫里奥克里斯撤出巴克特利亚,退向兴都库什山以南,塞人与大夏联合体宣布解体,将大夏本土留给了步步紧逼的大月氏人。①

那些留在伊犁河流域的塞人,从此成为乌孙国的臣民。

七、远去了鼓角争鸣

小宛和大宛一字之差,除了都是塞人建立的国家,其实并无多少实质性联系。至于有人说小宛乃大宛的分支,纯属毫无根据的臆测与杜撰。

这个国家建国很晚,时间应该是在大月氏西迁之后。在塞人被迫南迁的浪潮中,一小股塞人长途跋涉来到昆仑山北麓的喀喇米兰河北岸,建立了一个名叫宛的国家。因为西部同族的一个大部落建立了大宛,而自己人数较少,所以就叫小宛。

这是一个典型的迷你式国家,境内有 150 户,1050 人。军队有 200 人,仅相当于今中国的两个步兵连。

小宛东接婼羌,北邻且末,西至戎卢,南部便是巍峨的昆仑山,昆仑山巅的可可西里西部,也在小宛境内。小宛的都城扜零城,坐落在喀喇米兰河边,位于且末国以南 150 千米,它就是今天且末县城西南 6 千米处的来利勒克古城②。

整个小宛位于山区,国道 315 线和塔中沙漠公路横贯境内,是一个以养畜为主的小国。

由于小宛偏离丝绸之路南道,而且这里人烟稀少,崎岖难行,因此没有成为西域大国以及匈奴、汉朝争夺的焦点。

黯淡了刀光剑影,远去了鼓角争鸣。在这片远离了世俗纷争、烽火狼烟的乐土上,小宛人邀明月,悲秋叶,仰看昆仑依旧,长叹似水流年,睡于所当睡,醒于自然醒,日出开栏放牧,日落鞭羊而归,不知今夕何夕,哪管天老地荒?

汉设立西域都护府的消息传到这里,才算为小宛王悠闲的心湖掀起

---

① 见王治来所著《中亚史》,人民出版社 2010 年版。
② 见林梅村《寻找楼兰王国》,北京大学出版社 2009 年版。

了一波涟漪。从此,他们不得不走出山区,定期到遥远的长安朝拜,还经常到西域都护府聆听教诲。好在,这位袖珍国的国王并不认为这是什么负担,而且看作是"开眼界、交朋友、做广告"的绝佳机会。作为奖赏,小宛国主被汉朝赐予了王号,国王的兄弟被封为辅国侯,国王手下的两个将军(实际上的连长)被封为左右都尉。

晋代,与世无争的小宛被西域大国鄯善吞并,这个有些轻灵的国名从此被密闭于历史的甬道之中,不见首尾,难闻其声。

公元8世纪前后,小宛人连同邻近的古塞人部落,被来自蒙古高原的回鹘——今维吾尔族的祖先所征服,逐步成为维吾尔族的重要组成部分。附近没有被融合的,似乎只有分布在新疆塔什库尔干的古塞人后裔——塔吉克人。如今的小宛故土上,已找不到一个纯正的塞人。

时间吞噬一切。作为历史的结果,人类的暂时化实际是时间的人类化。岁月是一本写满惆怅的书,合上封底,里面堆砌着遗憾的尘屑。

小宛国小传:成分为游牧部落,体征为高鼻深目,祖先是古欧洲人的一个分支——塞人。这是一个名副其实的巨人杀手,公元前6世纪到公元前4世纪的世界两大最著名的帝王,全部栽倒在塞人脚下,其中波斯国王居鲁士就死在塞人女王手上,马其顿国王亚历山大也差点被塞人活捉。就是这样一个令人恐怖的游牧帝国,却在阴沟里翻了船,被逃难而来的大月氏人赶出了美好的家园。在逃难的队伍中,一个小小的分支长途跋涉来到昆仑山北坡,在喀喇米兰河畔建立了一个名叫小宛的千人小国。顽强地支撑到西晋时期,这个与世无争的部族才被地区霸主鄯善吞并,多数国民后来融入了回鹘,成为今维吾尔族的一支血脉;未融入回鹘的,则成为今塔什库尔干的塔吉克族。

第五章　精绝——沙漠中的小庞贝

> 精绝国，王治精绝城，去长安八千八百二十里。户四百八十，口三千三百六十，胜兵五百人。精绝都尉、左右将、译长各一人。北至都护治所二千七百二十三里，南至戎卢国四日行，地厄狭，西通扜弥四百六十里。
>
> ——班固《汉书》卷九十六上

一、大漠之旅

"敢去尼雅①吗？"

在游客云集的轮台县城，许多旅行者只想参观百里外的胡杨林，对千里外的尼雅古城似乎兴趣不大，而我们几位地质工作者则表现出非凡的热情。乘着几分酒兴，一个同事哼起了另类的吉卜赛歌谣："时间是用来流浪的，肉体是用来享乐的，生命是用来遗忘的，心灵是用来歌唱的……"继而，有人吟起了海子的诗："从明天起，做一个幸福的人，喂马，劈柴，周游世界！"

九月，对于新疆来说，也无风沙也无暑，秋高马肥、瓜果飘香。在新疆煤田地质工作者的陪同下，我们一行六人带上食品、饮用水、足够的汽油、备用轮胎，乘坐两辆越野车进入了浩瀚无垠的沙漠。出发时，只有凌晨六点，鱼肚白刚刚出现在东方。

大漠名叫塔克拉玛干，位于塔里木盆地中心，总面积33万平方千米，

---

① 古印度旁遮语，意为"河流淤积泥沙的地方"。

东西长约1000千米,南北宽400千米,是仅次于非洲撒哈拉沙漠的世界第二大漠。

所幸,为开发塔里木盆地的石油,中国政府在上世纪末修建了轮台到民丰的长达522千米的沙漠公路。但是,作为探险意义上的沙漠之旅,不是坐车悠闲地行进在笔直的沙漠公路上,而是以且末为起点,骑上驼队的骆驼,沿黄沙漫漫的丝路南道向尼雅艰难挺进,路程还是500千米,终点是玉石的故乡于田。

考虑到中原人对长时间骑乘骆驼无法适应,新疆同行还是建议我们选择了前者。

一路颠簸,我居然沉沉睡去。不知过了多久,一位同事的惊呼把我从梦中叫醒。"看,胡杨,胡杨!"透过耀眼的车窗,塔里木河两岸的胡杨在阳光下泛着浓厚的金黄,如宽大的金色丝带缠绕着大地,从天际延伸过来,又蜿蜒消逝到天的另一尽头。

胡杨,又名胡桐,蒙古语称"陶来",维吾尔语称"托克拉克",意为"最美的树",是老第三纪孑(jié)遗的特有植物,有6500万年的历史。与我想象中苍劲的胡杨不同,这里的胡杨少了几分沧桑,多了几分繁茂。大片茂密的胡杨林如潮如汐,斑斑斓斓地漫及天涯,用火一般的热情点燃了沙漠,把生命的光辉渲染得淋漓尽致。这是生命的分娩,是时光的祭献,是季节的醺醉,是色彩的狂欢,是无数个梵高在挥霍。面对胡杨,你只有接受,接受大自然诗意而浪漫的描绘;你只有享受,享受大自然深邃空旷的心境;你只有臣服,臣服于大自然无穷无尽的张力。

与此相衬托,胡杨林的背景就是那辽远而浩瀚的沙漠。从胡杨的树梢放眼望去,塔克拉玛干沙漠像一幅巨大的绸缎铺泻天际,密集的沙丘跌宕起伏,绵延千里。漪波荡漾的轻盈沙纹,刀锋剑壁的柔美曲线,把偌大一个沙漠打磨得细腻、圣洁而又迷乱。

就这样,金塔般的胡杨衬上起伏连绵的沙丘和一碧如洗的蓝天,恰似一幅壮丽而神奇的风景画。于是,我们停车驻足,将这多姿而壮丽的图景印入心中的同时也摄入了胶片。

新疆同行介绍说,胡杨有着超强的抗干旱、御风沙、耐盐碱能力,它的根须、躯干、树皮、叶片都能吸收盐分。当体内的盐分饱和时,它能从树干的节疤和裂口处将多余的盐分排解出去,形成或白色或浅蓝的块状结晶碱。他指着一棵胡杨疤痕处的白色结晶说:"它有一个凄美的名字——胡杨泪!"

举目望去,我发现每一棵少妇般摇曳生姿的胡杨都有几颗眼睛,而每一个眼眶里都有晶莹的泪水。我弄不明白,那是忧郁的泪,还是幸福的泪?

之后,就是兴奋之后的疲惫……初涉沙漠的新奇开始渐渐淡去。

在经历了又一阵颠簸之后,新的震撼不期而至——我终于见到了心目中渴盼已久的图像:那种干枯继而风化的苍劲盆景,被岁月消磨了生命颜色的紫黑色的胡杨。

人们都说胡杨活着一千年不死,死了一千年不倒,倒了一千年不朽。走进大漠我才醒悟,其实那不过是生活在大漠边缘的人们对它悲壮生命的感情寄托。踏着齐膝深的黄沙,我们走近一片枯死的胡杨林,近距离对视这些流淌着沧桑、展现着顽强的胡杨——立时,一股冷峻而苍凉的气氛扑面而来。有的似骆驼负重,有的像虎踞龙盘,有的如战马嘶鸣。僵硬的树枝仿佛在向苍天愤怒地质问,扭曲的树干仿佛在向同伴执着地倾诉,龟裂的树身仿佛在向人类深深地叹息。它的生命尽管已经耗尽了,但它仍一如既往地与沙暴抗争着,以自己的悲壮警示着未来的人类。

面对从未感受过的苍凉,我的心脏受到了剧烈的叩击。我看到的哪里是什么风景,明明是一种勇于抗争的胡杨精神,一种漠视死亡的大漠精神,一种不屈不挠的民族精神。凭着这种精神,它敢于选择沙漠,选择寂寞,选择死亡,选择悲壮。凭着这种精神,它面对炎炎的烈日、摇撼的劲风、肆虐的黄沙、鬼魅的干旱依然挺拔伟岸,愈挫愈奋,漠视无边黄沙,领尽瀚海风骚。

不睹胡杨,也许永远不会清楚什么是心灵的震撼,什么是生命的极限,什么叫灵魂不死,什么叫豪气长在。立时,我的脑子里喷涌出三个立体的汉字——民族魂。

同时,我也想到了一串透着华夏儿女悲壮、挺起中华民族脊梁的名字——流放的屈原、牧羊的苏武、远行的玄奘、不屈的文天祥、大笑的谭嗣同、无畏的秋瑾、横眉的鲁迅、失语的张志新……

正午时分,我们在位于沙漠腹地的塔中油田接待公寓进餐。从事地质工作的职业敏感,使我与邻桌的一位油田职工攀谈起来。他告诉我,塔里木盆地的石油与天然气储量,分别占全国已探明储量的六分之一和四分之一。看来上苍是公正的,也是含蓄的,他将一个地方变成了不毛之地,却将资源与财富储存在下面。

吃过午饭,我们继续风尘仆仆南下。

日头渐渐西斜,窗外只有连绵的沙丘。

司机买买提说,前方就是尼雅。

二、斯坦因来了

"我来了!精绝国。"一位同事忘情地大喊起来。可是,当我们真的走近精绝国古城——尼雅,却发现,这里没有苍蝇、蚊子,也没有老鼠、野狼。有的只是一片一片枯死的胡杨林,一堆一堆高大的红柳冢,在流沙中摇摇欲坠的古代房屋、佛塔,还有那在黄沙中时隐时现的木棺和白骨。

"我们来得太晚了!"我和同事们不约而同地发出了深深的感叹。

因为早在百年前,就有人首先找到了这片遗址。令中国考古界耿耿于怀的是,他不是中国人,而是一个英籍匈牙利人。

马尔克·奥利尔·斯坦因,犹太人,1862年11月26日出生于匈牙利布达佩斯,先后在英国伦敦大学、牛津大学和剑桥大学从事博士后研究工作,主攻东方语言学和考古学。1888年,斯坦因出任英属印度新建的旁遮普大学注册官和拉合尔东方学院院长。之后的十年,他读到了公元5世纪的《鲍尔古本》[1],读到了瑞典探险家斯文·赫定在首次考察西域后写成的《穿越亚洲》,也听说了俄国科学院正组织探险队赴中国探险的消息……也就是说,此时的亚洲腹地,已成为当时全世界探险家瞩目的焦点。这些信息极大地刺激了斯坦因,一个赴"中国突厥斯坦"(指中国新疆)探险的计划在斯坦因胸中生成。

光绪二十四年(1898),斯坦因将探险计划书呈报给了英属印度旁遮普政府。他在意见书中写道:"我申请的项目是,要求地方政府和最高当局支持由我计划的一次对中国新疆和田地区及其周围古代遗址的考古考

---

[1] 1889年英属印度侦探鲍尔在新疆库车发现的一本关于医药与巫术的梵文古书。

察旅行。"英属印度中央政府内务与财政部批准了这一申请。

第二年五月,斯坦因成为英属印度孟加拉政府公务员,他的探险计划也由旁遮普政府转到了孟加拉政府。不久,孟加拉政府总督约翰·伍德伯恩爵士同意给他一年时间去新疆探险,所需经费1.4万卢比,由中央政府、孟加拉政府和旁遮普政府共同分担,他考察期间的工资则由孟加拉政府发放。

已经拥有大清护照的斯坦因,于光绪二十六年(1900)五月三十一日率多名随从从克什米尔启程,沿吉尔吉特古道、帕米尔高原、塔什库尔干,于七月二十日抵达喀什。这个在考古专业上堪称世界一流的学者,精通七八种语言,却不懂中文,因此急需一个翻译。

但聚集在喀什的外国考古学家有一个共识,就是千万不要与中国学者合作,理由是一到文物所有权等关键问题上,总会在心底产生"华夷之防"的敏感,给外国人带来种种阻碍。但英国驻喀什总领事马卡尔特尼给他推荐了一个人,并且特别告诉他:"这个人与一般中国学者不同,只要带上他,你的考古一定顺利。"

于是,斯坦因拥有了中国翻译兼秘书——师爷蒋孝琬。

我面前有一张斯坦因为蒋孝琬拍摄的照片,他坐在马扎上,一身清朝官员装束,两手安放在膝盖上,脸庞清瘦而英俊,嘴角泛着自信的微笑。看得出,这是一个受过教育的人,与其他师爷一样不缺智慧。而且,这是一个在中国考古史上令人扼腕的人物。据说,他出生于湖南湘阴,是爱国将领左宗棠、外交家郭嵩焘的老乡,具有较高的职业操守。拿人钱财,替人消灾;谁出钱雇我,我为谁卖力,本无可厚非。问题的关键在于,当职业操守与民族良心发生矛盾的时候,你选择的是什么?

在此后的漫漫旅途上,他一直给斯坦因讲述大清官场的办事规则与中国民间的处事方式,使斯坦因觉得比再读几个学位更重要。接下来,所有的联络、刺探、劝说之事,都有这位师爷出面。正是他,帮助斯坦因盗走了和田与尼雅的大量文物。也是他,说服敦煌道士王圆箓将大量经卷卖给了斯坦因。关于他在敦煌的所作所为,不属于本书的内容,如果您有兴趣,不妨去读读余秋雨先生的散文《道士塔》。

有了蒋师爷的辅佐,斯坦因如鱼得水。两个月后,他们离开喀什,经莎车县治叶尔羌、叶城县治哈尔噶里克、皮山县治固满,于十月中旬抵达和田。一个月后,对于阗国故都遗址约特干村实施了大规模的发掘,获取珍贵文物近百件。

志得意满的斯坦因尚嫌不足。夕阳下,坐在约特干废墟上的斯坦因在读玄奘的《大唐西域记》,书中有一个名叫尼壤的古城,就在约特干东部不远的地方。

光绪二十七年(1901)一月,他们冒着严寒,匆匆奔赴尼壤。

一场针对尼壤的浩劫拉开了序幕。

三、倒霉的尼雅

玄奘所称的尼壤,就是精绝国古城尼雅,它在维吾尔语中的含义是"遥远不可追溯"。人们不禁会问,这伙探险者能找到这个遥远而不可追溯的地方吗?

我们不得不佩服这位探险家的坚韧与运气。在东进途中,他们来到了克里雅河西岸的克里雅城(今于阗县城)。他在书中写道:"克里雅不是一所古地方,'找宝'的职业不如和阗那样盛。但是我到后的第一天,便有一位老迈有礼的村人告诉我说,年前他在尼雅以北的大麻扎①以外不远处,曾看见有半埋沙中的古代房屋。"于是,他们向老人所指的方向,也就是沙漠腹地进发。

四天之后,在民丰以北70千米的地方,他们路过一个信仰伊斯兰教的小绿洲——卡巴克·艾斯卡尔村。当时,斯坦因的驮夫从村里拿回了两块带字的木板。斯坦因惊呆了,作为东方学专家的他马上认出,这是公元3世纪贵霜王朝通用的字体,已经失传已久的西域古文字——佉卢文。

等他回过神来之后,第一个反应就是:要找到木板的持有人,进而推导出木板的发现地点,因为这样的木板肯定不会只有两块,也肯定不会出现在现代居民区。木板持有人找到了,但令人失望的是,他说木板是在前

---

① 伊斯兰教圣人墓地,位于民丰县城北96千米的尼雅乡,相传为伊斯兰什叶派第六代伊玛目——加帕尔·萨迪克的陵墓,有"穷人的麻扎"之称,因为穆斯林认为,如果无力去麦加,那么朝拜该麻扎,就等于到了麦加朝圣,所以这里每年接待的朝圣者达数万名之多。

往大麻扎的路上拾到的。鉴于每年秋天来大麻扎朝圣的伊斯兰教徒络绎不绝,相望于道,因此,在这条路上拾到两块似乎毫无用处的旧木板,好比在北京王府井大街上捡到一枚五分钱的硬币,要找到硬币丢失者如同大海捞针。

但斯坦因毫不气馁,坚持询问谁在路上丢失过木板。功夫不负有心人,终于,他们找到了丢失木板的人,他叫易卜拉欣姆,是一位年轻大胆的磨坊主。一年前,他在大麻扎外的古城破屋中寻宝,找到六块看似无用的木板。他将其中的两块随手丢在路上,另外四块拿给孩子们去玩耍,现在早已毁掉了。他看到斯坦因重金酬谢了那位拾到木板的人,不禁后悔不迭。

大喜过望的斯坦因,立刻请易卜拉欣姆带路,冒着-8℃的低温,沿着干涸的尼雅河床艰难行进三天,终于在卡巴克·艾斯卡尔村以北30千米处,找到了木简的出处——尼雅古城遗址。

遗址位于民丰县城以北100千米处,散落在古尼雅河谷的沙丘链之间,以北纬37度58分34.2秒、东经82度43分14.9秒的佛塔为中心,呈带状南北蜿蜒25千米,东西布展5—7千米。在这片狭长的区域内,散布着残存程度不一的住宅、墓地、佛寺、作坊、城墙、古桥、栅栏、果园、沟渠、池塘、田地、行道树等250多处遗址。专家推断,遗址的年代横跨公元前1世纪到公元5世纪(碳-14测定则为公元1—6世纪),在西域48国中属中等规模,但其他城市都因迁往新址或数度整修而了无踪迹,所以尼雅是残存遗址中规模最大的城郭。

面对这个消失千年的绿洲城邦,面对半埋在沙丘之间一片又一片的古典建筑,他想到了公元79年8月,亚平宁半岛上的维苏威火山突然喷发,从高空暴雨般降落的火山碎屑,连同以每小时160千米的速度冲下火山的岩浆,将美丽繁华的罗马名城庞贝深深掩埋的可怕情景。于是,一个新的名称脱口而出:"沙漠中的小庞贝(Pompeii)!"

从1月28日开始,斯坦因一行对这个"沙漠中的小庞贝"进行了大规模发掘,共挖掘到佉卢文木牍764件,汉文简牍58件,连同铜镜、铜钱、乐器、弓箭、玻璃器、水晶饰物、丝毛织物、地毯以及具有希腊风格的精美木雕艺术品,共装了12大箱。今天,这些珍贵文物仍毫无表情地躺在大英博物馆东方古物部和大英图书馆东方部里。每当前来参观的中国人看到它们,都会五味杂陈,茫然无措。

2月13日,发掘已持续了16天,参与挖掘的工人都疲惫之极,加上沙漠风暴的季节已经临近,斯坦因只好带上12箱辉煌的战果踏上归途。

尽管搜刮了如此众多的中国文物,这位贪婪的考古学家仍在书中表示,"当取别道回到尼雅河尽头时,偶然遇到一群房屋,以前因为周围的沙丘太高没有看到。此事更足以使我深信,我此次之别去,将来还应该再来。"

回到伦敦后,斯坦因带回的1500余件文物震惊了英国,继而轰动了欧洲。他先后写成了一系列著作在书中,他将这座古城以身边那条干枯的河流的名字命名为"Niya Sity"(尼雅)。

尼雅遗址的发现,向人们展示了被斯坦因称为"死亡之海"的塔克拉玛干沙漠的确存在着一个悠久、古老、灿烂的沙漠古代文明。于是,"东方庞贝",一个被沙漠湮埋的绿洲古城以其历史浪漫主义的独特面目享誉世界。

功成名就的斯坦因坐在书桌前,眼里偶尔露出一丝惊喜的光亮。他记得,曾经有人在尼雅河尽头寻找一个名叫精绝的西域古国,但无功而返。于是,他产生了一个预感,难道自己发现的尼雅与人们苦苦寻找的精绝国有直接的关联?

有了历史的吻合,以及掠夺来的古文书记录,斯坦因就在文章中猜测,尼雅遗址极有可能就是消失千年的精绝国。

四、无尽的劫难

就是斯坦因所谓的"怏怏而返",为尼雅的下一次劫难埋下了伏笔。

五年后的光绪三十二年(1906),晚清史上一个略显热闹和滑稽的年份。一方面,李伯元的《官场现形记》在上海出版,将大清官场的腐败与糜烂展露无遗;另一方面,所谓的"慈禧新政"加快了步履,什么禁止贩卖人口呀,罢选八旗秀女呀,预备立宪呀,一股脑儿出现在报纸头版,此前一直抱住满洲统治集团既得利益不放的慈禧,似乎突然大彻大悟,准备把积贫积弱的大清推上世界民主国家的坦途。

这年十月,已经获得英国国籍的斯坦因再次来到新疆。一天,来自北京的邸报送到他的案头。尽管他的兴趣一向集中在考古与探险上,但他对大清政治不能不有所了解,否则就无法利用政策空当展开肆无忌惮的考古。私下里,他与英国、俄国外交官们不止一次地分析过大漠东部那位最有权势的中国女人,大家的看法居然出奇地一致,那就是这位女人所做的一切,不过是在做做样子,混淆视听。于是,他随意翻看着报纸,想象着慈禧亲手策划的一幕幕蒙人的好戏,嘴角露出不屑的冷笑。

"准备出发!"当断定大清满家人忙于口头政治,根本无暇顾及什么文物保护之后,斯坦因下了二进大漠淘宝的决心。这次尼雅之行,还是由磨坊主易卜拉欣姆带队。很幸运,在上次发掘区域西部3千米的地方,他又发现了一片被掩埋的建筑遗址。经过清理与挖掘,又获取了大量的佉卢文、汉文木简。

他在书中写道:"使我格外高兴的是,看见了一些长方形和楔形的木牍,用来捆绑木牍的绳索依然完好,几片木牍上还存有封泥,封泥上面画有赫拉克利斯①像,也似乎有 GeniusPopuliGomani②。""尤其高兴的是,在一个木箱里发现了一打以上书法精美的汉字木简……其中一片是写给当地长官夫人的。在木箱底部,找出了一小堆谷物,仍然成捆,保存完好,近旁还有两个僵化了的鼠尸。"

这次发掘又整整持续了14天,收获同样丰硕。

斯坦因的两次发掘,加起来一共30天。整整30天啊,对于一个人来说是被一刀一刀凌迟的30天,而对于一个规模有限的古城来说是被一锹一锹掏空的30天。这个千年古城受到了怎样的浩劫,不言自明。

光绪三十二年(1906)十一月,斯坦因终于带着自己的驼队,满载着珍稀的文物,和蒋师爷一起向若羌走去,尽管前方还有楼兰、敦煌等着他,但他还是不断地回首,恋恋不舍。

两年半后,他带上93只装满珍贵中国文物的箱子,于宣统三年(1909)1月返回伦敦。对中国文物近乎疯狂的掠夺,为他带来了崇高的荣誉,他先是被授予"印度帝国荣誉公民"称号并受到英王接见,继而被

---

① 赫拉克利斯乃古希腊众英雄之首,并最终获得了神的地位,常被描绘为手持棍棒、高大强悍的斗士,是军事格斗和体育训练的保护神。
② 罗马人民保护神。

英王封为"印度帝国高级爵士"。他的旅行记《契丹沙漠废墟——在中亚和中国西部地区考察实纪》和考古报告《西域考古记》也相继发表。

民国二年（1913）十二月，斯坦因第三次闯入尼雅遗址，又发现了一批佉卢文简牍。

民国二十年（1931）初，已被聘为美国哈佛大学荣誉研究员的斯坦因，肩负着美英两国的利益，第四次来到尼雅。令他懊恼的是，中华民国政府已于上一年颁布了《古物保存法》，民国官员与国民开始表现出一定的文物保护意识。在民国知识分子的抗议声中，斯坦因想尽一切瞒天过海的办法，被允许进入了废墟。而且，背着当地政府监管人员不得动土的指令，让随员从废墟中挖掘出26枚汉代木简。在这些木简上，斯坦因终于找到了期盼已久的记载："汉精绝王承书从……"尽管只有几行字，但足以证明：尼雅就是精绝。

其实，早在民国三年（1914），中国国学大师王国维、罗振玉，就根据斯坦因在尼雅所获取的汉文资料，得出了尼雅"在汉为精绝国地"，东汉明帝时"精绝为鄯善所并"的推测。但这位外国人很固执，他不相信推断，只相信证据。这也是西方考古学、生物学、地质学从不分家，考察文物的年代与真伪全凭科学（如碳-14法等）与实证（文物标本等），考古水平一直走在世界前列的原因。

站在灿烂的阳光里，斯坦因长长地出了一口气，额头上的皱纹也舒展开来。为了这段文字，他在新疆整整辗转了31年，从38岁寻找到69岁。

他深知，这是自己最后一次进入中国。因为许多中国人都知道了他的盗窃行径，他走到哪里都能听到中国人的抗议声。

在新疆，我偶然听到了一个故事：故事说的是在沙漠深处有个古城，城市一切设施完好如初，仿佛主人刚刚离去。街市上遍布金银财宝，任闯入者捡拾。但闯入者哪怕从城内只拿了一丁点不属于自己的东西，城门立即自动关闭，你根本走不出城去。而且马上阴云四合，一场沙暴会把你和古城埋在一起。只要放下不义之财，城门又会为你洞开，你随时可以来去自由。

这是一则表面上荒诞不经，实际上内涵深刻的传说。它既兆示人类：生命之门将会为贪欲之人永远关闭；又告诫世界：沙埋古城文化遗产任何外人都无权掠夺。我在想：为什么这则故事没有应验在外国探险家身上？

五、千古之谜

这个传说还真的在斯坦因身上应验了。不过,他不是被沙漠深处的古城困住的,他死于民国三十二年(1943)十月,地点是阿富汗,原因是在野外考察时中风,年龄81岁。据说,他临死还对和阗、敦煌、楼兰,尤其是尼雅念念不忘,因为有关尼雅的诸多疑问还困扰着他。

不仅他死不瞑目,我们至今也不得要领。核心的问题是,究竟什么原因导致了尼雅古城的突然废弃?

有人说,可能是因为尼雅的急剧衰落。理由是,它在汉朝之后就不成其为国家了。

但曾经的尼雅并不缺少辉煌。今尼雅遗址中发现的诸多文物证明,精绝国民和邻近的小宛、戎卢一样,同为塞种,在伊犁河流域的家园被大月氏占据后,便顺着雪水翻滚的尼雅河,来到下游的茵茵绿洲上。《汉书·西域传》记载,尼雅河下游有一片绿洲,住着480户人家,3360人,养着500名士兵,这就是"西域36国"之一的精绝国。此地遗留的瓷片中,居然画有奔跑的鹿,由此可以推断,汉代的精绝国,是一个碧水环绕、丛林密布、野兽出没的绿洲。

丝路开通后,这个遥远的绿洲城邦,从此成为商旅的必经之地,东西方文化的交汇之处,丝路南道上的一颗璀璨明珠。凭借着交通与商业上的优势,精绝国建成了众多的佛塔、民居、商铺,拥有了随处可见的精美丝绸、犍陀罗艺术和佉卢文木牍,创造出了名噪一时的"尼雅文明"。直到东汉末年,尼雅河流域才被鄯善吞并,精绝国改名精绝州,成为鄯善的边境重镇。

此后的历史一片空白,因为只有王宫内外的故事能引起史官关注,而这里已经不是一个国家的都城。以宫廷故事挤走市井实况,是中国"官本位"思维的最典型例证。尼雅尽管已经不是都城,没有令史官睁大眼睛的国家级粗线条事件,但并不代表这里没有故事,因为历史上最细致、最内在的信号,在农家阡陌的笑语里,在街头男女的口舌中。遗憾的是,这些都缺少记载。

缺少记载不代表没有记载，一些不经意间留下的只言片语，可以突现它的一片远古风光，就像一扇紧闭的油漆大门中露出了一丝缝隙，贴上脸去看，也许能窥出一角恍惚的景致。

这儿就有一道缝隙，是尼雅出土的一批佉卢文书。在斯坦因盗走的621、632号佉卢文书中，记载着一个"第三者"的故事：一个名叫沙迦牟韦的已婚男青年，与邻居佐多的妻子善爱成为难舍难分的情人，便双双弃家逃亡到龟兹国。流浪多年后，已经成为夫妻的他们回到家乡。沙迦牟韦公开表示，他愿意放弃原来的妻子、庄园和一切财产，与患难妻子善爱开始新的生活。但他的前妻与善爱的父亲不依不饶，向官府控告了沙迦牟韦，并提出了数额巨大的赔偿要求。国王听说后，专门下达了一道旨意：不支持诉讼人的请求，既然沙迦牟韦与善爱真心相爱，并且已经付出了漂泊半生的代价，州长应当允许他们在故乡安居乐业。① 我无法断定这是否是世界最早的事实婚姻法，但这位千年前国王的贤明与宽厚，足以感动2000年的历史时空。

而且，这里的最后一批居民并不贫穷。斯坦因在书中写道："在这小庞贝古城中，最后的居民虽然没有遗留下有实用价值的东西，然而他们的生活之安逸，却有充分的证据：许多单室中都备有火炉，舒服的炕，木碗柜等。"

有人说，可能是因为外来强敌的入侵。理由是，有几枚佉卢文木简上记载着："有来自SUPIS人之危险，汝不得疏忽，其他边防哨兵，迅速遣来此……""现有人带来SUPIS人进攻之消息。"斯坦因也在书中说："从这批契约埋藏时得到的照顾以及对埋藏地点的标示来看，文书的主人明显是在紧迫中不得不离去，但却抱有重返的念头。"而且，考古学家在尼雅遗址的一所房子废墟中，发现了一只狗的遗骸，它的脖子上拴着绳子，绳子的另一端拴在柱子上。显然，主人在匆匆离去时忘了解开狗的绳子，狗便活活饿死了。难道真的是因为一支外敌入侵，尼雅全体居民选择了匆忙的撤离？

但在尼雅遗址中，没有断戟残剑沉埋沙中，所有出土的古尸都平静而安详，所有的房屋遗址都是完整的。如果说尼雅毁于战火，这些又如何

---

① 见杨镰《寻找失落的西域文明》，北京航空航天大学出版社2010年版。

解释?

有人说,是由于环境的急剧恶化。理由是,125号佉卢文书提到精绝需要更多的水。368号佉卢文书已提及河渠已没有水,国王亲自出面干涉水的分配。特别是482号佉卢文书上记载着国王的一道命令:"活树严禁砍伐,违者罚马一匹;哪怕只砍了树的枝杈,也要罚母牛一头。"这也许是世界上最早的"森林法",试想,如果不是生态恶化,用得着下达如此严厉的命令吗?

与此相矛盾的是,尼雅遗址不少住宅周围都有巨树环绕,有大片的果园、葡萄园以及老桑树。而且,这里还有树荫俯照的水池、绵延数里的人工水渠遗迹,说明作为尼雅城水源地的尼雅河,起码是塔克拉玛干沙漠地区的一条中型河流。

排除了经济衰落、外敌入侵、环境恶化,那么,尼雅的突然消失究竟是因为什么呢? 一种可怕的预感突然跳进了我的脑海:难道,是一场瘟疫?

和我预感相同的还有很多历史学家,他们也猜测,导致尼雅消失的罪魁极有可能是一场瘟疫,如鼠疫、斑疹伤寒等。理由是,在尼雅遗址的民居中,发现了大量的捕鼠夹、鼠尸、鼠粪。

这种预感和猜测,有没有合理性呢?

六、可怕的瘟疫

美国生理学教授贾雷德·戴蒙德讲过一个真实的病例[①]:一个初出茅庐的年轻医生,曾给一对受到一种怪病折磨的夫妇看病。做丈夫的是一个胆怯的瘦小男子,不知是什么病菌使他得了肺炎。他只能说几句英语,充当翻译的是他美丽的妻子。医生在医院里工作了整整一周,想弄清楚到底是什么异乎寻常的危险因素引起了这种怪病。身心劳累使他忘记了关于病人秘密的所有教导——他犯了一个可怕的错误,竟要求那个做妻子的去问她丈夫是否有过可以引起这种感染的性经历。

医生注意到,丈夫变得面红耳赤,把身体蜷缩起来,恨不得一头钻到

---

① 见贾雷德·戴蒙德《枪炮、病菌与钢铁》,上海世纪出版集团2006年版。

床单下面去,用一种几乎听不见的声音结结巴巴地说出几句话来。他的妻子突然怒叫一声,站直了身子,居高临下地对着他。医生还未来得及阻拦,她已一把抓起一只很沉的金属瓶,用尽全力向她丈夫的脑袋砸去,接着怒气冲冲地跑出了病房。医生花了一番功夫才把他弄醒,花了更大的功夫才从男人结结巴巴的英语中探听出他究竟说了什么竟使他的妻子如此暴怒。原来他刚才承认不久前到家庭农场去时和母羊性交过几次,也许这就是他传染上那种神秘病菌的原因。

听起来有些荒诞不经,但事实上,它说明了一个重大的问题:许多的人类疾病源自动物。生物学和医学也证明,整个近现代史上人类的主要杀手是天花、流行性感冒、肺结核、疟疾、瘟疫、麻疹、霍乱、艾滋病、非典,它们都是从动物的疾病演化而来的群众传染病。

其实,远古时期的人类并没有感染上可怕的群众性传染病,因为狩猎采集人群经常变换营地,留下了一堆堆排泄物,也把上面聚集的大量病菌和寄生虫的幼虫抛在了身后。

农业的出现,人口的集聚,成为群众传染病形成的开端。因为农民是定居的,污水、粪便等都为病菌从一个人的身体进入另一个人的身体提供了捷径。天花出现在公元前1600年左右(从一具埃及木乃伊身上的痘痕推断出来),此时的埃及已经从狩猎为主变为发达的农业国。

城市的出现则给病菌带来了更大的幸运,因为糟糕的卫生条件,更加拥挤的人口使得情况恶化了。2400多年前的一场流行病几乎摧毁伟大的城邦雅典。直到一位医生发现用火可以防疫,才挽救了这个风华绝代的城市。

动物的驯化,使得携带抗原体的动物将病菌传染给人类提供了便利。麻疹、肺结核、天花就是由牛传染的,流行性感冒来自于猪和鸭,百日咳来自猪和狗,恶性疟疾来自鸡和鸭。

对病菌来说,另一件好事就是世界贸易路线的发展。到罗马时代,这些贸易路线把欧洲、亚洲和北非有效地连接成一个巨大的病菌繁殖场。就在这时,所谓安东尼瘟疫的天花到达罗马,在公元165—180年间杀死了几百万罗马城镇居民。同样,所谓的查士丁尼瘟疫的腺鼠疫起源于中东,流行于近东、北非、欧洲,持续时间超过半个世纪,死亡人数近一亿,直接导致了东罗马帝国的衰落。1346年,所谓黑死病的鼠疫又开始全力打击欧洲,六年间杀死了欧洲四分之一的人口,有些城市里死亡人口高达70%。那时,一条新的贯穿欧亚、远达中国的陆上贸易路线,为满是跳蚤的毛皮提供了一条快速运输通道。

而我们所要介绍的尼雅,既是典型的绿洲农业区,又是拥有数千人口的城镇,还处在丝路要道上,每天都接纳着有可能携带流行病菌的亚欧商旅,这就为群众传染病的流行提供了各种可能的要件。更要命的是,公元4世纪腺鼠疫正肆虐着中东、北非和整个欧洲。因此,说是一场瘟疫吞噬了尼雅不无道理。

问题是,假如精绝被鼠疫所吞噬,邻近的于阗为何却有着敬鼠的习惯?假如真的有一场毁灭性的鼠疫,被传染的就不会只有精绝人,逃难的人群肯定会将瘟疫传遍西域。而且,那个年代的西域没有关于鼠疫的记载。

问桥梁——作为精绝脉门的尼雅河大桥,至今仍无视岁月的摧折,人类的冷落与沙海的侵袭,枯立在干涸已久的河床上,默默不语。

问古墓——作为精绝沉埋的大量古墓,至今未找到一件足以证明精绝人撤离原因的文书,它们那被无情挖掘后露出的墓穴,如古人哭干的眼睛,冷对苍天。

问沙漠——"一片黄沙铺在前面,像汪洋大海一般,只有一些干枯的树干和房屋的破柱露在沙峰顶部。这种景象有如大海破舟,只剩下一些龙骨弯木。有清新的微风,也有海洋的沉静。"[①]

如果这些可能被一一排除,那么,尼雅人的逃离只剩下一种可能,那就是天启四骑士[②]——饥荒、瘟疫、战争、死亡同时降临。而且,天启四骑士一直喜欢群殴。或者说,那是一个蝴蝶效应,一个一百种偶然造成一种必然的故事。

当然,这一千古之谜,还需要将来的考古证据去证实,也许它将因为时间的原因永远难以破解。

[①] 见斯坦因《西域考古记》,商务印书馆2013年版。
[②] 又译作"启示录四骑士",取自《圣经》"启示录"中提及的"天启四骑士",暗指人类的四大祸害——战争、瘟疫、饥荒、死亡。

七、灾难还是幸运？

于是我想,尼雅就是一朵喜欢在暗夜里开放的昙花。她花费那么长时间精心孕育的美丽,兀自绽放,又兀自枯萎,多像一个一品大员锦衣夜行呀。

读者肯定会问,是什么原因导致了尼雅古城像被火山掩埋的庞贝那样,在几千年后还能展示出最原始的风貌呢?

一位史学家解释说,因为环境、战火、瘟疫或其他鲜为人知的原因,精绝国人在公元 5 世纪左右的某一天选择了无奈的撤离。我仿佛看见,残阳如血,驼铃声咽,荒漠古道上,精绝国撤离的驼阵蜿蜒远去,凄迷不知所终。

如今我们看到,在废弃的遗址中,当年的文书还完好地封存在屋内,储藏室里厚积的谷子还有橙黄的颜色,房厅屋宇的门还是关着的……时间看似停止,人们仿佛刚刚离开这里。

我还撞见一个废弃的小院,院门口的木制栅栏半掩着,仿佛这家的美丽女主人刚刚进屋。当我蹑着脚走进院内,期待邂逅一位金发碧眼的精绝少妇,但目之所及,唯有横七竖八的房架与残墙……柳絮吹尽,佳人何在,门掩残红。

试想,在 50 多万平方千米的盆地中间有一个 30 多万平方千米的沙漠,而他们撤离后留下的古城又处于连绵的沙丘之中,谁能冒着生命危险到这样一个既没有人烟也没有财宝的地方把玩生命呢?而且,沙漠中央无雨的天气,干燥的气候也使得它处在了不被大自然侵蚀的状态。也许正是基于以上原因,尼雅得以完好地保存下来。相当于今天早晨这个国家的人都出门了,晚上斯坦因就来了,中间没有任何造访者。这是尼雅的灾难,还是尼雅的幸运?我难以说清。

我们在这里闲逛许久,也想发现一点古老的东西,但显然没有那位西方文物大盗幸运。

因为中国人来得太晚。

"中国人总还是来了。"新疆同行告诉我,在外国探险家被驱逐的日子里,中国考古学家对尼雅废墟进行了保护性发掘。

1995年,一支中日联合调查队来到尼雅。中方队员在向尼雅遗址北部行进途中,偶然发现了风暴过后裸露在外的木棺。职业敏感告诉他们,这也许是上天遗留给现代中国的一件特殊礼物。于是,在新疆文物考古研究所所长王炳华的指挥下,中方队员开始了精心的测量与发掘。所有的日方队员也齐聚在现场,等待那一生中少有的精彩时刻[①]。

太阳露出灿烂的笑容,1号墓地开棺的日子终于到了。新疆文物考古研究所副所长于志勇第一个打开棺木,仅仅从缝隙中窥视了一眼,他就高声喊起来:"哇!了不得,王侯合婚千秋万岁!"看来,他们眼前打开的是一座王侯墓。于是,现场的中日队员全都兴奋地举起拳头,高呼万岁。

这具编号M3的棺木,里面静静地躺着两具男女合葬的干尸,男性木乃伊的脚趾甲尚且完好,干尸身上覆盖着"王侯合昏(婚)千秋万岁"的织锦。据了解,汉代优质丝绸分锦、绮、绣三种,其中又以织锦最为高贵。而且,当时的织锦并非流通商品,而是经官方作坊织造完成后,由皇帝赏赐给国家所封的王侯。据此推断,这应该是某代精绝王与后的棺木。

喜讯接踵而来。随后开棺的是编号M8的两具男女合葬的干尸,棺内发现了一件汉代织锦护膊,上面绣着八个汉隶文字:"五星出东方利中国",后面还有"讨南羌"的字样。五星指火、水、木、金、土星,五星同时出现在东方的天象,几十年才会有一次,所以在中原被认为是吉祥之兆。据推断,这是中原王朝赏赐给征讨南羌有功的精绝王的织锦,棺木中的人物是比M3还要早的王与后。尤为珍贵的是,这是一件具有强烈时代特征的云气动物织锦。当时的统治者十分热衷于神仙学说,喜欢在宫墙与饰品上画上云气,从而制造出一种烟云缭绕的仙境。这件织锦上就画有翻卷的云气与腾跃的动物,图案中的五星还与白、蓝、绿、红、黄五色相对应,纹样奔放、古拙,是一件在中国丝绸史上具有独特地位的御用珍品。

为此,我在回到乌鲁木齐后特意来到新疆考古研究所,见到了国家严禁出国展出的珍贵文物——"五星出东方利中国"织锦护膊。那一刻的我,心潮澎湃,既有作为中国人的骄傲,也有对珍贵文物得以保留在中国的庆幸。

[①] 见《丝绸之路——尼雅遗址之谜》,天津人民美术出版社2005年版。

尽管人们知道《汉书·天文志》中有"五星分天之中,积于东方利中国"的句子,但还是有很多人认定,今天的五星红旗飘扬在中国,实乃天意。

八、恐怖的沙海

太阳急速下沉,我们恋恋不舍地离开了苍凉的尼雅。

由石英、角闪石、云母、长石等矿物质组成的沙漠,从"肤色"上看是细腻的、柔滑的、圣洁的,从"形体"上看是浑圆的、流畅的、优美的,恰如一位凹凸有致、风情万种、撩人心魄的成熟少妇。对于我们这些生长在无垠田野上的中原人来说,走进大漠的确是一种奢侈和梦想。可是,怀着浪漫梦想的我从踏入大漠的第一天起就发现,除了美丽的胡杨和神秘的古城,沙漠其实是个无关风月的地方。

在我们进入大漠的十几个小时中,几乎没有遇到任何车辆和行人。在这里,一般手机没有任何信号,只遇到一个加油站,看不到一缕炊烟。这里,根本没有什么"大漠孤烟直,长河落日圆"的壮阔景观,有的只是"黄尘足古今,白骨乱蓬蒿"的苍凉意境。设想,如果车子抛锚了,如果饮用水喝完了,如果遭遇了沙暴……任何一个如果,都有可能使我们和尼雅一样成为大漠的标本。

如果离开车道、胡杨和梭梭草,徒步进入沙漠,你也许会产生一种新奇——她有着肉体一样的丰腴,丝绸一样的柔韧,大海一样的浩瀚,不是水却有水的皱纹,不是海却有海的形态,恰如一位美得令人心颤的少妇。然而,渐渐地,你的心里会升腾起一种恐怖——这里没有飞鸟,没有绿色,没有春夏秋冬,不辨东西南北,时间和时空突然变得毫无意义。你越走,就会感觉越加艰难和迷惘;看似线条柔美的沙丘,说不定就是让彭加木失踪的陷阱;这让初识者心潮澎湃的丰腴少妇,转瞬就可能现出白骨精般狰狞的原形。

人站在大漠里,像一缕孤魂,如一声叹息。生命显得那么可怜,那么渺小,那么微不足道。此刻,我的脑海里浮现出《圣经》里的一段话:有一天,那是末日,海水会倒溢,坟墓会裂开,死者会从坟墓中冉冉走出,用他褪色的嘴唇向你微笑……好在我们没有走远,还能顺着来时的脚印找到自己的车辆;所幸不是阴天,那轮西沉的艳阳不断地告诫我们黑暗将至。

太阳终于无怨无恨地沉落了,寥寥长空,荒荒游云,莽莽大漠,只留下一缕如烟的苍凉。于是,我们逃也似的走完了最后一段行程,在夜色朦胧中胜利到达民丰县城①。当时的心情,恰如一只受了枪伤的兔子从猎狗的口中侥幸逃生。

这绝非危言耸听,也没有言过其实——当你在松软的沙漠中再也迈不开似乎灌了铅的双腿,当你的眼睛在和太阳的亲密接触中渐渐失去神采,当你品尝着苍白肌肤下流出的久违的汗水,你也许会突然明白,这就是大漠的游戏规则,先掠走你的一切,然后不动声色地教你学会人生——你可以满怀激情地想象,但必须脚踏实地地生活。

西域之行,不是一次挑肥拣瘦、随心所欲的旅游观光,而是一场严谨细致、反反复复的考察,遗漏了哪个国家,都会受到历史老人的苛责。在下榻民丰县城期间,听说民丰境内有两个古国,一个是我们刚刚路过的尼雅河下游的精绝,一个是尼雅河上游的戎卢。于是,我们不得不耐住性子转身南去。算起来,这是我们第三次偏离丝路南道了,可又有什么办法呢?

精绝国小传:别名尼雅,位于尼雅河下游,是塞人后裔建立的绿洲国家,丝路南道上的一颗明珠。凭借着交通与商业优势,创造了名噪一时的"尼雅文明"。但公元5世纪的一天,精绝瞬间变成了一座空城,是因为突如其来的沙暴、战火、饥荒或者瘟疫?至今无人知晓。1901年,一个欧洲探险家,首次光临了这座辉煌的城市木乃伊。他不仅将无数的珍贵文物运回了西方,还诗意地将这座古城称为"东方庞贝"。多年后,中国考古工作者来到这座废墟捡漏,居然得到了一方绣着"五星出东方利中国"字样的织锦,这件织锦被列为国家最高等级出土文物,至今都不允许出国展出。似乎,这个含义为"遥远不可追溯"的古国,注定与神秘和奇迹相伴。

---

① 1944年建县,定汉语名"民丰",维吾尔语仍称"尼雅",今县城设在尼雅镇。

第六章　戎卢——在于阗的阴影里

> 戎卢国，王治卑品城，去长安八千三百里。户二百四十，口千六百一十，胜兵三百人。东北至都护治所二千八百五十八里，东与小宛、南与婼羌、西与渠勒接，僻南不当道。
>
> ——班固《汉书》卷九十六上

一、分道扬镳

汉文帝六年（前174），是塞王噩梦连连的一年。被匈奴击败的大月氏向西域逃命，窜入了塞人居住的伊犁河流域。这伙狼狈如丧家之犬的流浪者，在毫无防备的塞人面前，居然焕发出令人恐怖的活力，塞人被一举击败，塞王被迫纠集残余凄凄南逃。

塞人主力近30万人，在塞王带领下翻越天山，经喀什西北的铁列克山口，进入喀什噶尔河流域。

这里尽管绿草茵茵，碧水环绕，但毕竟难以承载如此庞大的人口。在一个巨大的天幕（军帐）中，塞王主持召开了战败后的第一次会议，核心议题是今后的退却方向和国家的前途命运。

低沉而哀怨的气氛笼罩了整个天幕。当塞王提出要各区一起随塞王南下，越过葱岭和昆仑山，到印度河流域重建强大的国家之后，反对声、质疑声甚至争吵声此起彼伏。许多随塞王一起南来的部落酋长们人心各异，有的主张留在此地，有的主张沿丝绸之路东去，有的则对塞王言听计从。

失败，是分裂的导火索。争吵持续了三天三夜，大家眼睛也红了，嗓子也哑了,怒火也发泄够了,终了,万般无奈的塞王发出旨意:"愿意跟随我南下的,我会心存感激,我们将在昆仑山以南重建塞国。不愿随我南迁的部落,可以自选出路,但不能互相攻击。"

一轮残阳缓缓落入西山,如血的晚霞呈放射状喷洒,曾经强大无比的古塞国从此分崩离析。塞王率领亲信部落近10万人越过昆仑山南下,建立了罽宾国和难兜国;一个近10万人的部落西去费尔干纳盆地建立了大宛、捐毒及休循国;一个万人的部落留在喀什噶尔河建立了疏勒国;一个数万人的塞人部落则沿着丝路南道东去。

在于阗河流域,年老的塞人部落酋长决定停下来重建家园。考虑到于阗绿洲难以满足几万人的生存需要,老酋长决定,自己和幼子留下1万余人在这里建立于阗国,而其他五个儿子继续东去寻找新的绿洲。

临行前,老酋长对七个儿子说:"按照惯例,老七留在我身边。其余的儿子们可以前往东方建立自己的国家,但须每年回来看我一次。"

披着历史的风尘,六支年轻的游牧队伍,出现在东去的西域古道上,都在偏处一隅的绿洲上找到了归宿:老酋长的长子率1万多人到最东部的罗布泊西岸建立了楼兰,次子率1万余人在克里雅河下游的绿洲建立了扜弥国,三子率3000人在尼雅河下游的绿洲建立了精绝国,四子率2000人在于阗以东、扜弥西南的一片绿洲上建立了渠勒国,五子率1000人在更远的喀喇米兰河绿洲建立了小宛国,六子则率千余人来到尼雅河上游绿洲,建立了我们下面将要叙述的戎卢国。

问题是,戎卢国的建国者,是一个典型的游牧民族,并没有建设固定住所的传统。而且,他们所占据的尼雅河上游,并不处在丝路南道上,并非大国争夺的重点。那么,他们何以不惜倾家荡产,建起高大的卑品城呢?这还要从人的本性上找原因,像所有生物一样,人类之所以能够生存,是因为从周围的环境中获取能量;像所有动物一样,人类充满好奇,但也很贪婪、懒惰和怯懦。人与其他生物与动物的不同,在于有能控制这些情绪的工具——进化带给人类的更加聪明的大脑,更加圆润的嗓音以及对掌的拇指。正因为如此,人类才能以与动物不同的方式对环境施加影响,储存更多的能量,从而在地球上建立起村庄、城市与国家。于是,高山与大漠相间的西域,出现了无数灿若群星的绿洲城郭,它们如雨后春笋,遍地拔节,西域道旁,目不暇接。戎卢也不例外,有城堡总比没有城堡要好吧,它既可以防备狼群进攻,也可以抵御敌人抢劫,起码也是一种国家形象吧?！就如同如今一个十几人的山村小学,也要每天升国旗一样。

二、一棵不结果的树

昆仑山北麓,有六条自南而北流向塔里木盆地的河流,从东到西分别是且末河(车尔臣河)、喀喇米兰河、尼雅河、克里雅河、于阗河(和田河)、葱岭河(叶尔羌河)。

戎卢占据的尼雅河,发源于昆仑山中段的会塔格冰川,全长约210千米,河水年流量约2.6亿立方米,是一条季节性内陆河。由于昆仑山与塔里木盆地之间有一道大断裂,所以造成发源于山巅冰川的河流有四五级落差。巨大的落差导致尼雅河上游曾经猛浪若奔,却终究不能穿越塔里木盆地的漫漫黄沙,扑进塔里木河这条母亲河的温暖怀抱。打开今天的地图,塔里木河这个伟大的母亲,只能与纤弱的女儿——尼雅河遥遥相望,含泪挥别。

不是她不够坚韧,也不是她心神不定,怪只怪沿途高温的蒸发和沙漠的吞噬。

沿尼雅河而下便会看到,河水静如处子,看不出流速,缓缓地泛着微波。后来,河水时隐时现,浅浅的水面,遇到稍高一点的地方便渗入地下。接下去,地势一低,河水又钻了出来,断断续续,曲曲折折。时值深秋,如果河岸的胡杨呈现深绿色,表示那里地低水足;而胡杨呈现金黄色,则预示着那里地高水缺。

当我们的脚步渐渐无力,她也力不从心,再也冲不过那些矮矮的沙丘,最终被无情的沙漠吞没,寂然消失在卡巴克·阿尔斯汗村附近的荒漠中,如一个望不见尽头的梦境。

而戎卢的诞生与消失何尝不是如此。

尽管它距离丝路重镇尼雅有四天的路程,并不处于丝路南道上,没有东来西往的商旅,没有琳琅满目的珍奇,但利弊相随,它也因此极少受到战火的焚烧,在喊杀声震天的西域获得了难得的安宁与平和。尽管这里只有1610个居民,300名军人,没有设什么辅国侯、将军和译长,但汉朝仍把它当作一个国家对待,由西域都护府节制。

不结果的树是没人去摇的。一向自负的中原史学家,居然无视它的存亡。似乎,只有反复无常的国家、杀人放火的国王才会引起汉人注意,而顺从者、和平者只能接受被冷落与忽视的命运。其实,这也不难理解,就像今天,如果无人上访,要信访局何用?大家都自觉计划生育了,计生委还会保留吗?

查遍史书,除了《汉书》上那可怜的 65 个字,就是下面这一段记述了:"汉末魏初,于阗仍向中原王朝进贡,国王山习曾向魏文帝曹丕献名马,又兼并戎卢、拘弥、渠勒、皮山等国。"

对于他们的顺从,有许多人表示不解,我建议不解的人听我讲一个古希腊智者伊索讲过数百遍的故事。

说的是一个牧人放着驴在草原上吃草,突然,他被敌人的喊杀声吓坏了,叫驴快跟他一起逃跑,要不然他们两个都会被敌人捉住。驴懒洋洋地回答:"请问我干吗要逃跑呢?你以为捉住我的人会给我背两副驮具吗?"牧人回答说:"不会的。"驴说:"那么,我反正也是干活,谁让我干活又有什么区别呢?"

这个故事告诉我们,改朝换代,穷人除了他们主子的称呼外,什么也没有改变。

戎卢国小传:戎卢,出身于塞人,中心位于古尼雅河上游绿洲,有自己的王城。由于他们没有处在丝路南道上,所以长期无人问津,也极少遭受战火熏染,史学家们更是懒得给他们一点笔墨。就是这样一个既与世无争,又偏离经济动脉的小国,也终究未能逃脱被蚕食的命运。三国时期,他们被"西域八强"之一的于阗国吞并。

第七章　扜弥（Yūmí）——深藏不露的"沙漠玫瑰"

扜弥国，王治扜弥城。户三千三百四十，口二万四十，胜兵三千五百四十人。辅国侯、左右将、左右都尉、左右骑君各一人，译长二人。东北至都护治所三千五百五十三里，南与渠勒、东北与龟兹、西北与姑墨接，西通于阗三百九十里。

——班固《汉书》卷九十六上

一、国王的烦恼

接到通知，扜弥王带着文武大臣匆匆出城，列队欢迎远征大宛归来的汉军。那是太初三年（前102）一个艳阳高照的上午，但扜弥王脸上没有一丝光亮。

按说，汉介入西域事务并炫耀武力，对处于大国夹缝中的扜弥来说是一件好事，因为扜弥国从诞生的那天起，就有两大不幸，首先是占错了地理位置，其次是选错了民族。就两个人而言，兄弟之间往往情同手足；就两个国家而言，同出一宗却绝非幸事，而扜弥人恰恰与西邻的于阗同属塞人。当年，他们在于阗与父辈分手后，游荡到克里雅河下游，发现河两岸水草丰腴，狼兔无奔，足可以承载上万人的庞大部落，并可以安抚他们因长途流浪而略显疲惫的身心。然而，这却是他们最糟糕的选择。生活在这片绿洲上的民族，就好比坐在北京火车站出口正中间的人一样，怎么可能得到期待中的安宁与静谧呢？

这片绿洲实际上是丝绸之路上任人通行的走廊，它不仅处在最为繁忙的丝路南道上,向北还可沿尼雅河、克里雅河古河道到达丝路北道的龟兹,你没有理由不让那些东来西去、南来北往的商旅、使团从这里通过。最难堪的是,东面的楼兰想去西部攻打于阗必须从这里进发,北面的龟兹想去征讨于阗必须从这里经过,西面的于阗、莎车想去东面掠夺楼兰也得在这里借路,有时借路者心情不好,或者主人对他们招待不周,就有可能顺便被殴打一顿,甚至被干脆灭掉。个中尴尬,只有扜弥国王能深深体会到。

就在扜弥王回忆往事的时候,西方地平线上扬起滚滚的沙尘,扜弥王赶忙强打起精神,整了整衣冠,因为客人就要到了。

一会儿,尘雾中簇拥出一位威风凛凛的白马将军。不用问,他就是当朝皇帝刘彻的小舅子——贰师将军李广利。

宾主见面后,免不了作揖、寒暄等例行的欢迎程序。之后,扜弥王把李将军及其助手迎进王宫,摆下盛宴,一边欣赏西域的曼妙歌舞,一边举杯庆贺汉朝取得的空前胜利。

在欢宴中,人到中年的扜弥王应该兴高采烈才对,因为今后终于有主心骨了。但这位国王始终高兴不起来,偶然笑几声也显得十分勉强,就连平时不太细心的李广利也感觉到了一点什么。

"国王近来可好?"李广利试探性地问。

"还好,还好。"扜弥王敷衍道。

"您肯定有什么烦心事吧?"李广利又问。

"一言难尽呀……"扜弥王深深地叹了一口气。

"但说无妨,"李广利把身子凑过来,"也许我能帮上一点忙呢?"

在李广利的一再追问下,扜弥王把一位英俊潇洒的年轻人喊到身边,对李广利说:"这就是本王的太子赖丹,我本想与西域诸国一样纳质于汉,最理想的人选就是太子。无奈,龟兹王执意要求我将太子派到他那里为质,如果将军晚来几天,赖丹就要启程北去了。"

扜弥王还解释说,扜弥拥有人口 2.4 万人,士兵 3540 人,在丝绸之路南道上不算一个小国,也有一定的军事实力,但与龟兹比起来就小巫见大巫了。龟兹位于扜弥东北部,与扜弥只隔着一个塔里木盆地,是一个有着 8.1 万人口的西域大国,仅军队就接近扜弥的国民总数,对相距不远的扜弥一直颐指气使。他叫我向西,我岂敢朝东?

听完扜弥王的话,李广利拍案而起。

二、李广利生气了

"岂有此理!"李广利的脸憋得通红,一双剑眉拧在了一起。

"这样吧,大军在克里雅河边扎营,将士们暂且休整数日,待我派出使者传令龟兹王前来见我,如果龟兹不再要求赖丹前往也就罢了,否则——"李广利的话头一顿,抽出随身的宝剑,奋力劈向面前的几案,"别怪我多管闲事!"

于是,李广利派出特使快马赶赴龟兹。不几日,龟兹王就带着几位亲信大臣赶到了。

听到龟兹王来临的消息,扜弥王礼节性地迎出王宫,而李广利并未按惯例出门迎接。龟兹王一进宫,就遇到了李广利那匕首一般冷冷的目光。

"龟兹王准备如何对待我大汉?"李广利问。

"我已宣布臣属于汉,马上派出王子随同将军到长安为质。"龟兹王脸上堆着挤出来的笑。

"这就对了!"李广利话锋一转,不软不硬地问:"西域各国都臣属于汉,龟兹王凭什么接受扜弥的人质呢?"

龟兹王无言以对,虚汗也顺着眉梢流了下来。

就这样,赖丹被李广利带到了京师长安。扜弥,这个此前默默无闻的小国,因为太子赖丹,从此成为焦点。

古代的人质,是指国家之间相互滞留对方的皇室成员,以此作为互不侵犯的保证。问题是,汉与西域各国并不互派人质,只是由弱势的一方——西域各国"纳质"。纳质,作为一种古老的习俗,纳质方的国王要把儿子或兄弟派到对方以示臣服。客观上说,主张平等和谐的汉文化并不赞成这一行为,但对于西域各国的这一主动纳质行为,汉也拿不出多少理由拒绝。因为在汉进入西域前,西域各国都由匈奴牢牢控制着。现在汉强壮了,他们主动投靠这棵大树,起码能够遮蔽匈奴人的凄风苦雨。

其实,在当时的国际环境下,没有任何王子愿意担任人质,原因在于,第一,一旦两国交战,首先被惩罚甚至掉脑袋的,就是作为互不侵犯保证的人质;第二,即便两国长期保持友好,由于这位王子长期生活在异国他乡,人走茶凉,无法培植自己的势力,久而久之就会被国内的政治势力边缘化。因此,做人质的日子是相当暗淡与落寞的。

命运无法改变,但可以改写。逆境,对于一般人来说无异于灾难,但对于有志者来说却可以成为磨炼意志、走向成熟的舞台。历史上最沉沦的人质,是与赖丹同时来到长安的楼兰王子,这位从小娇生惯养的王子,自感前途渺茫,也就破罐子破摔,甚至作奸犯科,锒铛入狱,被汉实施了宫刑。当楼兰王位出现空缺,需要他回国就任时,"不完整"的他已经失去了做国王的资格。而历史上最成功的人质有三位,第一位是匈奴单于头曼的长子冒顿。冒顿的继母为了让亲生儿子做单于继承人,怂恿头曼把冒顿送到月氏做人质,然后又让头曼进攻月氏,分明是逼着月氏撕票。生死关头,冒顿历尽艰险逃回了匈奴,杀死了父亲头曼和心如蛇蝎的继母,成为匈奴单于。第二位是秦始皇的父亲异人。早年的异人被秦王派到赵国做人质,几年后已经被秦王宫所淡忘,日子过得十分艰难。后来,大商人吕不韦发现了他,认为他"奇货可居",便对他进行了精心的培养与包装,后来将他偷偷送回秦国,使之最终成为秦王。第三位便是将要介绍的扞弥王子赖丹了。

赖丹在长安做人质的十几年间,长安和西域发生了太多事情。刘彻在西域任命的第一个官员——使者校尉,带领数百名士卒进驻轮台、渠犁屯田积谷,建立了西域第一个根据地。但汉、匈双方互有胜负,汉将李陵和李广利先后兵败投降,匈奴也损兵折将,双方都已疲惫之极,晚年的汉武帝甚至向匈奴伸出了橄榄枝。刘彻病逝后,匈奴发生内乱,被匈奴扣押了19年的汉使苏武被允许回国,苏武的随从常惠也一起回到故乡。

室外风雨如晦,室内书声琅琅。期间,西域的几十名王子正坐在长安的教室里学习。尽管思念家乡,尽管情绪不稳,但不管怎么说,他们从遥远的西域来到繁华的大都市,内心受到的震撼无异于改革开放初期的中国官员去美国。许多人对汉文化都经历了一个从仰慕、沉醉到模仿的过程。其中有一个人对汉朝文化表现得特别热心,学习起来特别用心,接受起来特别开心。这个人,就是赖丹。

赖丹,因为受到过被李广利解救的恩惠,因而对汉感恩戴德,对汉文化心向往之,很快便成为汉的忠实信徒。据说,负责管理他们的官员多次在汉昭帝刘弗陵面前提到了他。

渐渐地,这个西域王子进入了汉帝的视野。

三、赖丹事件

元凤四年(前77),是刘弗陵焦头烂额的一年。先是烧当羌豪造反,打败了金城太守;然后是楼兰王死,在匈奴担任人质的王子安归抢先赶回成为新楼兰王;继而是伊吾卢屯兵被迫撤回关内,伊吾重新被匈奴占据。18岁的刘弗陵只能手忙脚乱地一一应付,其情景类似于面对南美足球队狂轰滥炸的亚洲队守门员。其中一项对策,就是采纳桑弘羊此前关于西域屯田的建议,任命对汉忠贞不二的赖丹为使者校尉,率领士卒进驻轮台屯田。

算起来,汉在西域任命当地民族人士担任要职,赖丹是第一人。因此,他在感激涕零的同时,分外珍惜这一来之不易的表现机会。来到轮台后,他起得比鸡早,睡得比狗晚,一心扑在工作上,率领士卒埋头苦干,将屯田区向西扩展到了龟兹一带。《水经注》上说,龟兹城南"有故城,盖屯校所守也"。今日库车南部的沙雅附近,汉代的城垒、农田仍隐约可见。

按照零和游戏原理,游戏的总成绩永远为零,一方所赢正是另一方所输。汉军重新进驻轮台,并且把屯田区延伸到了龟兹家门口,这对于暗中向匈奴投怀送抱,实际上企图称霸丝路北道的龟兹来说,无异于芒刺在背。尤其是新的使者校尉是与龟兹有过节的扜弥太子赖丹,这就更加剧了龟兹王室的惊慌。那些亲匈奴的贵族自感末日即将到来,便钻进帐篷谋划起阴谋。

同样慌乱的还有匈奴,因为他们不甘心西域被汉完全控制。几乎与汉屯田部队再次进驻轮台同时,匈奴屯田部队也进入东北方向的车师,对轮台形成钳制。

也就是说,赖丹身旁的龟兹已经在背后抽出了匕首,龟兹的支持者匈奴也对赖丹发出了必杀令,赖丹已经面临着从未有过的困境,但他却浑然不知,继续埋头苦干。如果允许读者穿越时空隧道,我想大家都会自告奋勇前往西域提醒赖丹。但历史不是任意设想的闹剧,我们只能听任事态继续恶化。

一天,龟兹贵族姑翼向龟兹王进言:"赖丹本是我国臣民,如今身佩汉朝印绶前来侵占我们的土地,如不及时除掉他,今后必为他所害。"姑翼的话,让龟兹王想起了多年前被李广利质问的尴尬,也想起了赖丹投奔汉朝后扜弥王那狐假虎威的嘴脸。现在姑翼又从旁添火,再加上匈奴人已经进驻车师,年迈的自己也没有多少时日了,此气不出,更待何时?于是,龟兹王怒从心头起,恶向胆边生。

很快,龟兹王调集大军突袭了驻扎在轮台的汉军,当时的赖丹正和将士们在田里挥汗如雨,根本没有组织起有效的抵抗,甚至还来不及拿起撂在地头上的武器。如一伙持刀的屠夫闯进了屠宰场,赖丹及其随从被无辜地杀害在光天化日之下。在他倒下的地方,罗布麻花正开得炫目无比,这是令人心碎的红翡,浑身是胆,一如他生前那如火如荼的激情。

汉任命的第一位西域少数民族官员,就这样喋血乌垒,从而为汉大胆重用少数民族的政策画了一个红色的感叹号。一场处心积虑的阴谋,一座阳光下的古城,就这样定格在历史中。

把目标瞄准月亮,既使你错过了,也可以被众星簇拥。我们在替赖丹抱屈与遗憾的同时,也为他感到幸运,因为同在汉朝为质的西域王子有几十人,但真正能晋身为汉官并青史留名的,除了他,还有谁?

况且,被杀的不仅仅是他,还有几位出使西域的汉使,只是因为他那扜弥国太子的身份更显眼罢了。

令人恶心的是,杀死赖丹后,龟兹王还煞有介事地向汉上书谢罪。这就好比一个人杀了人,然后写信给受害人的上司说:"对不起,我把你的人杀了。"至于他是否也向老扜弥王通报了太子被杀的消息,《汉书》中没有记载。我们完全可以想象到龟兹王写信时那副幸灾乐祸的尊容。

同时,完全倒向匈奴的楼兰王安归,也杀死了汉派往西域的使者安乐、忠、遂成。

《汉书》上说:"汉未能征"。

四、该算算旧账了

我分析,汉之所以未能远征,是因为国力不济。正所谓"非不为,是不能也"。

不能远征并不代表无所作为。在楼兰一节中已经讲到,从西域归来的傅介子面见权臣霍光:"龟兹、楼兰王杀害汉使而不诛杀,以后对他人如何惩戒呢?我此次出使,感觉龟兹王戒备不足,容易接近,我愿前往刺杀他,以震慑西域诸国。"傅介子的想法不无道理,既然汉朝暂时不能派大军西征,那么派杀手行刺也就成了无奈也是唯一的选择。霍光在沉思片刻后,对傅介子说:"龟兹路远,先从楼兰下手!"霍光的决定,使得楼兰王安归在元凤四年(前77)掉了脑袋,而闻听此事的龟兹王在倍感幸运的同时,再也难以安眠,直到在战战兢兢中病死。

一晃就是几个春秋。本始元年(前73),刘弗陵暴毙,汉宣帝刘询即位。赖丹的旧账别人不记得,掌管朝政的霍光却始终忘不掉。赖丹虽然出生在扜弥,但毕竟是汉赐封的官员,而且是霍光掌权后任命的官员。

当时,担任使者校尉的常惠,在嫁给乌孙王的解忧公主的鼎力支持下,联合乌孙大胜匈奴在西域的势力,但在回军途中自己的印绶被乌孙人盗走。按照汉律,常惠当斩。常惠回朝后,刘询与霍光不仅没有处罚他,还大张旗鼓地封他为长罗侯。同时,刘询颁布诏书,要求常惠持金币到乌孙重赏有功之人。

临行前,常惠向刘询提起了赖丹被杀的往事,请示是否可以顺道讨伐龟兹,同龟兹王算一算20年前的老账。19岁的刘询思索良久,也许是年轻下不了决心,也许是担心节外生枝,最终没有答应这一看似合理的请求。

在皇帝那里得不到首肯,常惠仍不死心,便去找已经执掌朝政达15年之久的霍光。霍光尽管不是皇帝,但却是实际上的执政者,也就是所谓的"影子皇帝"。只要得到霍光的同意,常惠就不用担心将来会受到处罚。史载,退朝时,霍光暗示他:"对于龟兹王,可以便宜行事。"

霍光不愧是一位官场高手,他的回答很是老道:一来他没有明说,而是暗示,不会授人以柄。二来他的暗示很是巧妙,他既没有说行,没有与皇帝唱反调;又没有说不行,这就意味着给了常惠以随机处置权。接下来,就看自己这位部下是否得到了自己的真传,是否拥有超常的政治智慧了。

在《汉书》中,我们看不到常惠的表情,我们只知道常惠率500铁甲骑士来到西域,然后召集西部各国4.7万人,从三面杀进龟兹,向龟兹王"兴师问罪"。

三路大军尚未汇合,常惠就派出使者向龟兹王问罪。当年诛杀赖丹的龟兹王已死,如今在位的已是绛宾。绛宾在连连谢罪之后,对汉使说:"先王之所以杀了赖丹,完全是听了姑翼的谗言,而我无罪。"

常惠回应道:"既然如此,请交出姑翼。"

绛宾派兵将姑翼绑起来交给了常惠,常惠连想都没想,就砍掉了姑翼的脑袋。那一刻,姑翼的脸是黑的。

结果一举三得。第一,汉挽回了面子,壮了国威;第二,龟兹避免了一场血战,幸免于难;第三,汉借此警告了那些试图在太岁头上动土的人,如有人胆敢冒犯汉朝,早晚都摆脱不了掉脑袋的命运,除非你提前死了。煽风点火的姑翼就是明证。

赖丹九泉之下有知,一定可以瞑目了。

而常惠的所作所为传回朝廷,刘询笑了,刘询身后的霍光也应该笑了,但没有笑在脸上,而是笑在了心里。这仍是我的揣测,因为笑不笑这件事太小,书中没有记载。

五、国王被杀

很长一段时间,扜弥国的历史仍旧一片荒芜与寂寞,找不到只言片语的记载,直到东汉初年灾难来临的那一天。

扜弥国的灾难来自于新的西域霸主莎车。在王莽建立的新朝退出西域的日子里,处于丝路南道要冲的莎车,凭借着优越的地理环境、众多的人口以及国王康的励精图治,渐渐上升为西域的一颗政治明星。东汉一建立,康就派人入汉朝贺,加上抗击匈奴有功,结果被光武帝刘秀封为汉莎车建功怀德王、西域大都尉,代汉管辖西域诸国。康病逝后,弟弟贤继任莎车王,也继承了哥哥的西域都尉之衔。

一开始,他还派人到东汉朝贡。但在发现东汉忙于治理内乱,无暇染指西域之后,便萌生了独霸西域的野心。而他最大的资本,就是"汉西域都尉"的金字招牌。接下来,他开始"履行"汉西域都尉的职责,堂而皇之地为汉朝"护路"。

莎车附近的路共有三条:一条在西北不远处,是经疏勒至大宛的丝路要道,这条路因为距离莎车较近,比较容易控制;第二条在正东不远处,由皮山经西夜越过昆仑山抵达克什米尔,这条路也被莎车牢牢控制着;第三条在第二条路的东部,路口上有于阗与扜弥两个国家,特别是扜弥东北部与龟兹接壤,西北部与姑墨相连,控制了扜弥,也就控制了经于阗河通往丝路北道的通道。于是,贤把矛头对准了扜弥。

扜弥之所以成为贤的目标,还有一个直接的原因,就是扜弥国民比莎车还要多,总兵力也与莎车不相上下。因此,扜弥王对莎车表现得很不服气,对这个冒牌的"西域都尉"也不够尊重。

须知,"冒牌"也是有牌,也能狐假虎威。结果,贤以"破坏丝路"的名义,征调周边国家的兵力,对扜弥展开了围剿。最终,人数占优的联军大胜,扜弥王被斩于马下。

后来,贤被自己的女婿——于阗王广德设计俘虏,死在狱中,最终为自己的胡作非为付出了生命的代价。而新的扜弥王尽管生活在于阗王广德的阴影中,但毕竟没有了生命之虞。

东汉时期,扜弥改名拘弥。

六、借刀杀人

在莎车衰落的日子里,疏勒在西北默默崛起,逐渐与于阗、龟兹形成了三强鼎立之势。于阗与疏勒争夺莎车失败后,开始把注意力转向东方,同为塞人后裔的拘弥成为他们的首选目标。

此时的拘弥,因为经历了与莎车的血战,人口已由西汉时期的 2 万锐减到 7000,军队也由 3500 人减少到 1700 人,根本无法与膨胀中的于阗相抗衡。

永建四年(129),于阗王放前派出大军攻克宁弥城,杀掉了拘弥王兴及其家属子女,然后让自己的儿子做了新拘弥王。永建六年(131),放前派出侍子[①]到洛阳朝贡,顺便介绍了拘弥国王的更换经过,请求东汉承认

---

① 西域各国国王的儿子来到汉朝首都陪侍天子学习文化,所以称侍子。

新的拘弥王。

与此同时,敦煌郡太守①徐由的奏折也送到了汉顺帝刘保的御案上。徐由之所以上奏,是因为在东汉西域长史缺位的日子里,管理西域是皇帝赋予敦煌郡太守的职责。

徐由的建议很简洁,于阗私自吞并他国,必须出兵讨伐。理由也很充分,因为西域各国无论大小,都处于东汉实际控制下,具有平等享受汉朝恩惠的权利。于阗的挑衅行为如果不受惩戒,其他西域大国就会仿而效之,战争就会像大堤决口一样一发不可收拾,朝廷由班超、班勇千辛万苦积累的威严也会一朝丢尽。

面对截然相反的建议,刘保眉头紧皱:组织大军远征吧,东汉的国力实在勉为其难;置之不理吧,又会丢失朝廷的颜面。想来想去,还是集中力量屯田吧,等有机会再教训于阗。

朝廷恢复了在伊吾屯田,斩断了北匈奴伸向西域的魔爪,有效震慑了西域各国。至于于阗吞并拘弥问题,史书上说:"帝赦于阗罪,令归拘弥国,放前不肯。"

拘弥国人十分无助,刘保十分无奈,徐由则十分愤怒。

夜深了,敦煌城外的旷野里传出几声瘆人的狼嚎。愤怒难抑的徐由想不出对策,只有点上油灯,打开泛黄的《孙子兵法》。当读到"敌已明,友未定,引友杀敌,不出自力,以损推演"一段,也就是"借刀杀人计"时,他的瞳孔里突然升起了一盏灯。

既然不能出兵,他只有"借刀杀人"。这把刀,就是比于阗强大的疏勒。理由也很充分,疏勒王臣磐是汉朝加封的大都尉,理应为西域的安宁负责。而且此前于阗与疏勒为了争夺莎车曾经发生过战争,疏勒可以借此进一步教训对方。

阳嘉元年(132),徐由发出密令,命令疏勒王臣磐攻打于阗,救拘弥于水火之中。接到密令后,臣磐立刻调集2万精兵攻入于阗,斩首数百人,对于阗都城实施了大肆抢掠。战后,臣磐带兵来到拘弥国,赶走了放前的儿子,然后满载着战利品回国。

拘弥不能一日无主。鉴于原拘弥王兴的直系家属已被赶尽杀绝,敦

---

① 一郡最高长官,秩俸二千石,东汉俸禄的给付方式是半钱半谷。

煌太守徐由便找了一位与兴同宗的贵族——成国,立为新拘弥王。为了有效地监督于阗,东汉西域长史就常驻在于阗。

拘弥事件得到圆满解决,徐由总算出了一口恶气。当然,更高兴的还是拘弥。

七、长史之死

高兴可以,但不可过头。按说,老于阗王放前已死,新于阗王建并无多少血债,以眼还眼的结果有可能导致大家都成为瞎子。但"宽容"这个词从来就是一个奢侈品,购买它的只会是智力非凡、心胸宽广的人。拘弥王成国显然没有这个肚量,他一直寻找报复于阗的机会。凭着自身的力量,又难以挑战兵力强于自己的对手。唯一的办法,还是"借刀杀人"。

如要刻意地寻找机会,机会将无时不在。

元嘉元年(151),驻扎在于阗的西域长史赵评,因恶疮发作,以身殉职。

这是一段曲折离奇的传奇,读者甚至会感觉自己在看一个侦探故事。

噩耗传回汉地,赵评的儿子万里迢迢前来奔丧,准备扶灵柩回原籍下葬。赵公子路过拘弥,成国给予了无微不至的接待,言谈之间,成国对赵评的死既表现出特别的悲痛,还流露出几分愤怒。赵公子当然看出了他言语中的蹊跷,便一再追问,直到最后,一脸皱纹的成国才似乎有些不情愿地说:"人死了,按说不该追究原因了,但我听说,您的父亲本来没有生命危险,是于阗王建命令胡医将毒药抹在疮上,因此导致了您父亲的死亡。"

魔术在提醒我们,亲眼看到也会有假,更何况是传言呢?但问题在于,先入为主是人的一大天性,何况递话者是一位信誉度很高的国王,受话者是一个既涉世未深又满腹狐疑的年轻人。史载,赵公子一路无话,回到敦煌,便向敦煌太守马达涕泗横流地汇报了拘弥王的说辞。

马达半信半疑,便向继任的西域长史王敬做了特别的交代,要求他一定要将赵评的死因调查清楚,路过拘弥时可以先见一下成国,听听他到底说些什么。

这位王敬也是一介武夫,平时只知道打打杀杀,根本不具备一个判官应有的素质,让这样一个人去调查前任的死因,简直好比让孙悟空去念波罗蜜经。

王敬一进拘弥国,成国便安排了超标准的接待,表现出了不一般的热情。在酒宴上,成国仍采取欲擒故纵的招数,在王敬的百般追问之下,才一五一十地道出了所谓的"实情"。然后,他似乎有些不好意思地说:"于阗国民都想立我为王,如今可以用害死长史的罪名诛杀建,于阗必然臣服。"为了表示支持,成国专门安排自己的主簿秦牧帮助王敬实施斩首行动。

在王敬眼里,"赵评之死"似乎已经真相大白。于是,贪功心切的他直接进入于阗,设下鸿门宴,如当年傅介子刺杀安归那样,逮捕了于阗王建。按照拘弥王的提前交代,未等汉人军士反应过来,秦牧便抢先砍死了建。结果王敬与长史府所有汉朝官员被于阗将士杀死,那位名叫秦牧的拘弥勇士也魂归西天。

逝者已去,汉与于阗都不免黯然神伤。

只有拘弥国王躲在暗处窃笑,像藏在窗帘背后的一个小鬼。

八、父债子还

随着时间的推移,历史的隧道中就会透进几缕阳光,将当年鲜为人知的蛛丝马迹展现在人们面前。

早在父亲被杀的时候,新于阗王安国就被几个疑问纠缠着难以入眠:为什么王敬进入西域先见了拘弥王?为什么王敬一到于阗就把父亲抓起来?为什么拘弥人秦牧抢先杀死了父亲?似乎他想到了什么,但他还需要更多的佐证。

后来,部下从东汉带来了事情的经过,原来是拘弥王成国煽风点火,借刀杀人。这一消息,与自己此前的猜测不谋而合。

有仇不报,非君子也。但他还需要等,要等到东汉无力干涉西域事务的那一天。

建宁元年(168),疏勒王外出打猎时,被季父和得射死,和得自任疏勒王。两年后,凉州刺史孟佗接到了疏勒人的求救信,孟佗派出凉州从事(刺史的属吏)任涉率领 500 敦煌士兵,会同西域长史张晏、车师后部司马曹宽,征调龟兹、焉耆、车师前部、车师后部兵马共 3 万多人,远征疏勒。双方在今喀什西南的桢中城形成对峙。疏勒坚守不出,联军攻城乏术。随着时间的流逝,人们开始认识到,坚守者正在得到一个朋友的帮助,这个朋友在冲突中一直散布灾难,它就是距离。

在相持 40 多天后,粮草短缺的联军灰溜溜退兵,东汉在西域的最后一次重大军事行动草草收场。

汉威已失,时机已到,于阗王安国可以大开杀戒了,尽管老拘弥王成国已死,但这笔血债终究要有人还。而新拘弥王仍在日日狩猎,夜夜欢歌,一派歌舞升平景象。他不知道的是,父亲得罪的那个国家已倾巢而出,无数手握利刃、眼冒绿光的壮士,正向这个不友好的东部邻居展开收尸行动。于阗军人见房就烧,不论王宫民宅;见人就砍,无论男女老幼。

投降已无可能,拘弥王只剩下两个抉择——要么在沙场上光荣战死,要么在刑场上引颈就戮。他一方面派出快马向东汉求援,一方面进行殊死抵抗。战争持续到汉熹平四年(175),方才决出胜负,拘弥王被杀,拘弥人尸横遍野。

硝烟散尽,东汉戊己校尉和西域长史才率兵慢吞吞地赶到。而苦战后的拘弥,已经由一个 7000 多人的国家,变成了只有 1000 多人的小镇。面对断壁残垣与盈野的死尸,两位东汉官员不免潸然泪下。他们所能做的,只有为拘弥选一位新国王。王族都战死了,唯有远在东汉学习的侍子定兴幸免于难。只有把他请回来,担任这个残破国家的国王。

对于回国就任,定兴并不乐意,因为繁华与喧嚣已成往事,朗朗丽日下的云淡风轻,已经变成了一个奢侈的梦影。

就在这一年,被农民起义折磨得自顾不暇的东汉,不得不从西域撤军。所以,《后汉书》叙述西域史绝笔于公元 175 年。

三国和西晋时期,这个小国处在西域长史府版图内,实际上由于阗控制着。到了东晋十六国时期,西域长史府已经不复存在,而汉人政权呵护下的拘弥,已被西域六强之一的于阗吞并,拘弥作为一个国家从此消失。

神龟二年(519),北魏官员宋云与僧人惠生经鄯善城、左末城(且末)西行 1275 里进入末城。又从末城西行 22 里,来到古拘弥国的捍䋽城。

城南15里有一座拥有300多名僧人的大寺,寺内有一尊一丈六尺高的金佛,仪容高贵,姿态安闲,面向东方,不肯西顾。以佛像为中心,建有许多佛像、佛塔供人瞻仰,过往行旅施舍的幡盖不计其数,其中仅北魏的幡盖就超过半数。宋云与惠生在幡盖中仔细寻找着,看看有没有当年法显前辈的字迹,只见条幅上用隶书写有太和十九年、景明二年、延昌二年等年号。后来,还真的找到了一个后秦姚兴年间的幡盖,只是难以认定是否是法显所敬献。除了这些佛教遗迹,这里已辉煌不再,显然早已不是一个国家的都城。

俯仰之间,已成陈迹。那座像尼雅一样繁忙而辉煌的宁弥城,从此消失在历史的流沙中,连四处乱窜的野狼也找不到它了。

直到1500年后的光绪十一年(1885),清朝将于阗县城确定在克里雅,这个西域美人方才在尼雅河西岸还魂重生。而今于田县城的居民,百分之九十八是从蒙古草原迁来的回鹘后裔——维吾尔人。

那么,拘弥古城安在？拘弥国后裔去哪里了？

九、古城安在

《汉书》与《后汉书》没有标注地图,只是大体介绍了古城的方位:"西汉扜弥城距离长安9280里,东汉宁弥城距离洛阳1.28万里。"秦汉时期的一里,只相当于今天的417.53米。按照班固与范晔提供的数据,长安距离扜弥城为3875千米,洛阳距离宁弥城5344千米,而长安与洛阳之间的距离就成了1470千米。实际上,今天的西安距离洛阳只有387千米,原因何在呢？

在《汉书》中,扜弥东部的且末距离长安只有6820里,而且末西部不远处的扜弥距离长安却有9280里。据此推算,两城相距2460里,相当于今天的1027千米？而今且末县到于田县的公路里程只有430千米,多出来的近600千米又如何解释呢？

陈世良的解释[1]是,前汉的扜弥、精绝只能绕行丝路北道前往长安,

---

[1] 见陈世良《汉书·西域传记载道里之特殊方法》,原载《新疆社会科学》1990年第1期。

而且末可以沿丝路南道直接东去鄯善,这才有了巨大的误差。到了后汉,宁弥东去精绝、且末的路已经不通,去洛阳只能绕道于阗、莎车甚至喀什,多出来的距离就可以解释了。

但这样一来,就给扜弥古城的寻找带来了更大难度,深藏不露的它形同一支"沙漠玫瑰"。

光绪二十二年(1896)初,斯文·赫定在于田县城以北190千米的克里雅河尾部,也就是今于田县达里雅布依乡西北,发现了一座沙埋古城——喀拉墩①古城。1990年,中国考古人员对遗址进行了碳-14测定,得出的数据为距今2684±108年,证明它有可能是汉代扜弥国都。

时隔三年,新疆文物考古研究所再次造访此地,发现了一所坍塌的佛寺,佛寺残墙上有着橘红、红、黑色的泥壁残片,经过仔细拼接,一张饱满而慈悲的脸庞出现了,它是中国目前发现的最早的一张佛的脸,面部的四分之三侧着,眼睛低垂看着下方。这是佛初到中国的样子,还没有被中国的审美观改造过,还是纯粹的犍陀罗式:一张希腊人的面庞,高而窄的额头,鼻子一直与额头相接,头发紧密而卷曲,穿着通肩的袈裟,盘腿坐在白色莲座上。这一发现证实了玄奘的记载:沙漠里的曷劳落迦②,是佛法初传的地方,那里有最早的佛教遗迹。

1989年,中国水资源专家杨逸畴进入大漠考察,在于田县城以北230千米的克里雅河床西岸沙丘间,发现了马坚勒克③古城遗址。此间出土的2179件铁器、33件陶器和大量铜器、兽骨表明,这是一个以狩猎和畜牧为主,兼营农业、冶炼及制陶的部落,处在丝路故道上。难道这是最早的扜弥城?

1994年10月25日,中法克里雅河考古队在于田县城以北230千米的沙漠中,也就是喀拉墩遗址西北41千米处,发现了一座西汉时期的"圆沙古城"。墙城周长约1千米。城周围还发现了六座古墓,墓主人高鼻深目,棕色头发结成两根发辫,有的还戴着假发。有人推测,它也可能是西汉扜弥城。

---

① 维吾尔语意为"黑沙包",因城边有两座20米高的红柳沙包而得名。
② 佉卢文"KROLAYNA"(楼兰)的异译,本意也是"城镇"。
③ 意为"珠子多的地方"。

138

这正是我的一大困惑:没有谜的历史,往往索然无味;历史的解谜过程,又往往容易变成将谜底复杂化的过程。哪里才是真正的扜弥城,至今仍悬而未决。就连扜弥城与宁弥城是同一座城还是两个城,我们也没有弄清楚。但可以肯定,扜弥城与宁弥城应该而且必须位于克里雅河下游,因为无河的区域根本无法承载如此规模的城邦。

揭开这个秘密,对于有关的考古学家和地理学家是不容忽视的,但对于本书读者,知道这些就足够了。如果您想要增加一点现场感,建议去看看新疆地图;如果您非要弄清其中的究竟,建议您去读读蒙着一层灰尘的考古学著作吧。当然,如果您有多余的时间和超常的胆量前往新疆探险,我何必要阻拦您呢?

十、野猪出没的地方

克里雅,维吾尔语意为"漂移不定"。不仅克里雅河漂移不定,扜弥古城神秘消失,就连扜弥人后裔——克里雅人也踪迹难寻。

光绪二十二年(1896)一月,斯文·赫定试图弄清克里雅河最后一滴水流到哪里去了,便沿着剑一般插入沙漠腹地的克里雅河北行,在距离于田县城130千米的地方,发现了一块长满胡杨的孤独绿洲。胡杨林里不仅奔跑着野骆驼、野猪,还生息着一个游牧部落。他以为碰上了"野人",便在考察日记中将他们称为"野人部落",将绿洲命名为通古孜巴斯特——野猪出没的地方。

几年后,斯坦因也来到此地,为克里雅人做了人种学测量,尽管上千年来这里居民的皮肤渐渐变深,在白色上染上了一层太阳的金黄,但他们骨髓里仍流淌着古欧洲人血统,与远古的塞人有着人种学上的联系。如果斯坦因的鉴定没有太大出入,他们应该是1500年前神秘消失的拘弥国后裔。

但前几年,乡里一位名叫艾买沙迪克的老人告诉记者,400多年前,一对牧民兄弟为了躲避战乱,沿着克里雅河逃到这里,用红柳和胡杨架起小屋,在河畔长期定居下来,艾买台克登住在河东,尤木拉克巴热克住在河西,渐渐繁衍成两大家族,如今已有300多户,1300多人,老人就是艾买台克登氏后裔。当然,这只是口口相传的古老记忆。我深信,那两位逃难而来的牧民一定是拘弥国后人。

一直以来,他们离群索居,与世隔绝,直到20世纪80年代还不知今夕何夕,谁主天下。当政府工作人员找到这里,第一眼看到的,是胡杨树枝围成的、墙上抹了泥巴、屋顶覆有芦苇、屋尖置有一弯新月的清真寺……从此,这里成为达里雅布依乡。

应该感谢呀,母亲般温柔体贴的克里雅河。尽管她也会在秋冬季节偶尔断流,但水流充沛时,河水最远能流到达里雅布依乡以北40千米的地方。它不仅滋润着下游110多万亩胡杨、红柳林,也让依河散居的克里雅人有了世代繁衍的保障。这里万物和谐,没有权势之别,没有贫富之分,无人计较名利,人人虔诚信教,是一块远离都市喧嚣与纷争的"世外桃源",古老的拘弥遗民与河流、胡杨、大漠、草甸实现了充分的和谐共存。

这也许正是人类最终的也是最原始的精神追求。

离开克里雅时,当地人送我一盆"沙漠玫瑰"。它不是真正的花,而是由方解石、石英砂、硬透石膏在沙漠戈壁中经过千万年凝结而成的外形酷似花朵的结晶体。

望着大自然这一鬼斧神工的创造,我想,扜弥城不就是这样一朵躲在大漠深处偶尔绽放的"沙漠玫瑰"吗?

扜弥国小传:后名拘弥,出身于塞人,位于克里雅河下游,处在丝路十字路口,是一个拥有2万多人口的中型国家,历来是大国争夺的重点,所以有关它的故事并不鲜见。只是,故事一涉及到它,就与一个不祥的成语有关,那就是"冤冤相报"。在名叫扜弥时,它与丝路北道上的霸主龟兹一直仇深似海。改名拘弥后,它又和丝路南道上的霸主阗较上了劲。五胡十六国时期,拘弥最终被于阗吃掉。那座像尼雅一样繁忙而辉煌的宁弥城,从此消失在历史的流沙中,连四处觅食的野狗也找不到它。

第八章　渠勒——搞不清方位的丝路城郭

> 渠勒国,王治鞬都城,去长安九千九百五十里。户三百一十,口二千一百七十,胜兵三百人。东北至都护治所三千八百五十二里,东与戎卢、西与婼羌、北与扜弥接。
>
> ——班固《汉书》卷九十六上

一、它到底在哪儿

如果这一章在2080年前写的话,恐怕就容易多了。假如我真的生活在汉宣帝时代,就可以骑上邻居高大叔的小毛驴,花上个把月时间赶到长安。倘若运气好,就能由一位山东籍的朝廷官员引荐,顺利采访到前来汉朝进贡的西域使者。这些使者知道的事情也许不太多,但起码能讲清楚本国的王城建在哪条河边,国王的姓名与嗜好,国王有几房妃子,哪个妃子最漂亮吧?

可今天动笔,我连第一个问题——渠勒国的王治鞬都城在哪儿,都搞不清楚。

摆在我面前的第二手资料,是一堆乱麻。

班固在《汉书》中说,渠勒国西去汉都长安9950里,东北至西域都护府驻地乌垒城3852里,东邻精绝国南部的戎卢国,北接处于丝路通道上的扜弥,西接占据了整个昆仑山北坡的婼羌。据此推断,个别史学家得出了渠勒国在今于田县和策勒县南部山区的结论。于是,由谭其骧主编、中国地图出版社出版的《中国历史地图集》和《简明中国历史地图集》,将扜弥城标注在了今策勒县城以北不远的位置,将宁弥城标注在了今于田县城附近,将渠勒标注在了克里雅河上游的山区,也就是远离丝路南道的区域。鉴于这两本地图册的权威性,其余的历史地图,几乎都延续了这一标注方式。

一位专家也认为,渠勒国位于今新疆策勒县的努尔乡,处在海拔2200米的低山带,年降水量200毫米左右,既可农耕,也可畜牧,至今还有美丽的贝兰干天然草场。这位专家1984年前往考察时,见那里大树参天,流水潺潺,还感叹汉代渠勒国做出了一个正确的选择。①

我的疑问是,班固并未指出鞮都城不在丝绸之路上。因为我们此前讲过的不在丝路南道上的婼羌、小宛、戎卢三国,《汉书》中都有"辟在西南,不当孔道"或"僻南不当道"的字眼。在鞮都城的问题上,是班固大意了,还是它本来就处在丝路南道上?

这又是一个历史悬案,要解开谜底,只有借助考古。

二、寻找鞮都城

最早踏上这块土地的考古学家,并非中国人。

光绪二十年(1894)初夏,新疆塔里木地区首府喀什暑气逼人。一个名叫斯文·赫定的瑞典青年出现在喀什街头,他刚刚结束了在波斯和中亚的考察,准备西返故乡。听到法国杜特雷②探险队在长江源头失踪的消息,凭借着探险家的同情心,他做出了一个改变自己一生命运的决定:取消返乡计划,参与救援行动。就是这个看似偶然的决定,将他与中国连在了一起。

救援行动即将开始,一个令人咋舌的新闻就震惊了中外:杜特雷的助手特伦纳特及其维吾尔族雇员帕皮巴依,历经九死一生返回喀什,而杜特雷已在一次激烈的枪战中,被当地居民击伤腹部,扔进了通天河的激流中。

---

① 见殷晴《湮埋在沙漠中的绿洲古国》,原载《新疆社会科学》1985年第1期。
② 法国探险队队长,海军军官,护照上的中国名字是吕推。

同行已不需要救援,但斯文·赫定却对神秘而广袤的新疆产生了强烈的好奇,他决定将探险的目标定在东方。清光绪二十一年(1895)二月十七日,他在自己30岁生日的前两天,走进了浩瀚的塔克拉玛干沙漠。

走进大漠不久,他的驼队与雇员几乎全部葬身沙海,只有他一个人在和田河获救。稍作整顿,不屈不挠的他又开始了新的探险,沿着丝路古道,他相继发现了丹丹乌里克古城和喀拉墩古城。前者似乎是唐代于阗的一个城镇,后者似乎是扜弥国古城,而我们关注的渠勒国古城他并未发现。

光绪二十六年(1900)十二月,斯坦因循着斯文·赫定的足迹来到这里,对丹丹乌里克古城进行了近乎疯狂的盗掘。第二年一月,他又根据玄奘的记载和当地居民提供的线索,在策勒县达玛沟乡以北30千米的沙漠中,首次发现了乌宗塔提古城遗址。他在《西域考古记》中说:"乌宗塔提是一块垃圾盖满的遗址,最少已经废弃500年的光景了,它就是玄奘所说的媲摩,马可·波罗所说的Pein。在我的详细报告里曾指出一切当的理由,结论是丹丹乌里克与媲摩的废弃,原因相同,即这些突出的居住地方都不能维持有效的灌溉。"

斯坦因第二次赴塔里木考察时,以达玛沟河岸的乌宗塔提遗址为中心,还发现了汉唐时期的喀达里克、巴拉瓦斯特、阔克吉格得、达拉布赞、法哈特伯克亚依拉克、喀拉央塔克、玛依拉、麻扎托格拉克等佛教遗址和居民区。

民国十八年(1929),黄文弼也曾莅临考察。

乌宗塔提,维吾尔语意为"长形的风蚀土丘",也有人解读为"远方的古城"。许多学者考证,乌宗塔提遗址可能就是汉代渠勒国都鞬都城、唐代于阗六城之一的坎城镇。也就是《新唐书》中的"建德力城",玄奘所说的于阗王城东部330里处的"媲摩城",后晋《高居诲使于阗记》记载的"坎城",马可·波罗记忆中的"培因省"。

考古界仍有不同的声音,对于渠勒古城的争论还在继续。

三、两条相距100千米的线

接下来,我只有把已经发掘出的沙埋古城一一列举出来,让您一起体会历史的奥秘：

楼兰古城，位于古孔雀河下游、罗布泊干湖盆西岸，在今尉犁县城东部320千米。

伊循遗址（米兰遗址），在今若羌县城东北80千米。

且末古城，在今且末县城以北150千米左右的沙漠中。

安迪尔①古城遗址，古称唐兰城，是尼雅的姊妹城，位于安迪尔河尾部以北，在今民丰县城东北180千米，具体位于安迪尔乡东南部27千米的沙漠腹地，可能是唐代播仙城旧址。

夏央塔克②，民丰县城东北150千米处有安迪尔牧场，这座汉唐时期的城池遗址位于安迪尔牧场以东27千米处。

安得悦古城，当地人称之为"开希米库勒"，位于安迪尔牧场以北40千米处，属唐代城镇遗址。

阿克阔其卡古城，位于牙尔通古孜河东部的沙漠腹地，在今民丰县城东北160千米处的安迪尔乡东南部。

精绝古城（尼雅遗址），位于尼雅河尾闾，在今民丰县城北部140千米。

喀拉墩古城，位于克里雅河下游，在今于田县城北部190千米处的达里雅布依乡附近。

卡拉当格古城，位于克里雅河下游，在今于田县城北部200千米。

圆沙古城，位于克里雅河下游，在今于田县城北部220千米，处在喀拉墩遗址西北部。

丹丹乌里克遗址，在今策勒县城以北90千米。

热瓦克③佛寺遗址，位于洛浦县吉亚乡西北70千米的沙漠中，是一座具有犍陀罗风格的佛寺。

麻扎塔格戍堡遗址，位于和田河中游，在今和田市东北部200千米。

皮山国古城，在今皮山县城东北170千米处……

只需将上述古遗址标示在地图上，并用一条虚线将其连接起来，就可以显示出古丝绸之路南道的大致走向和地理位置。事实是令人震惊的，

---

① 维吾尔语意为"横向展开的平地"，另一个意思是"河边的河"。
② 维吾尔语，意思是"生长骆驼刺的城"。
③ 维吾尔语，意思是"楼阁、亭台"。

丝路南道及其古城几乎全部处于沙漠腹地。而现代丝绸之路——公路干线及其所连接的绿洲城镇，几乎全部远离古遗址，更贴近昆仑山山前地带。古、今丝绸之路竟然平均相距100千米之远。

大漠孤烟无，通途变天堑。那"商胡客贩，日奔西下"的动人画面，已被沙丘、戈壁和雅丹风蚀地貌并存的荒凉景观所取代。行进在从若羌至且末的现代公路上，随处可见雪峰与沙山并峙的苍凉奇观，沙漠已经涌过了公路，直扑倾斜的昆仑山麓。从民丰到皮山的公路，也被步步进逼的沙漠挤压在昆仑山前的洪积扇上。据说，这里的沙尘天气每年接近200天，强烈的风蚀沙化，迫使皮山和民丰县城二度搬迁，而策勒县城已三次搬迁。当年斯文·赫定眼中的"野骆驼的极乐园"——克里雅河下游绿洲上的大片原始森林，如今已变成沙漠的海洋。这就是汉代以来沙漠与绿洲进退的事实，也是汉唐古城辗转难寻的直接原因。有人形象地说，当地的恋人在接吻时，先要吹去对方嘴唇上的沙子。

悲观主义是一种警觉意识，包含着最积极的呼吁与提醒。作为一个远离沙漠的读者，对于沙进人退的窘境，往往会视而不见，装聋作哑，总认为厄运不会降临到自己头上。事实上，人与自然是一个共同体，如果把大漠边缘的胡杨、红柳、梭梭、沙枣、沙冬青看作是我们的亲人，那么，一棵植物的死亡也是我们身上的某一部分在死去。护沙植物之死，只是自然之死的一个缩影，一次演示。

来自遥远的黑水河畔的一阵沙尘暴，迷住了一个北京女孩的双眼，影响了一个韩国农夫的收成。一头鲸的自杀，是因为一个沿海化工厂的废水排放。一株非洲面包树的死亡，牵动着墨西哥荒原上一株仙人掌的神经。几十个梦境般的古城已经葬身于大漠深处，下一次自然灾难又会出现在哪里呢？我们应该重温英国诗人约翰·邓恩的布道辞：

> 谁都不是一座岛屿，自成一体；
> 每个人都是一个碎片，那广袤大陆的一部分。
> 如果海浪冲掉一块土地，家园就小了一点；
> 如果一座海岬，如果你朋友或你自己的庄园被冲掉，也是如此。
> 任何人的死亡都使我受到损失，
> 因为我包孕在人类之中。
> 所以不必打听丧钟为谁而鸣，它就为你而鸣。

四、苍凉的剪影

作为一个只有2000名居民、300名军人的塞人小国,渠勒的历史落寞得像林中的一棵树,没有记号,也不出众,只是勉强度日、随波逐流而已。

丝绸之路开通前,他们从属于匈奴管辖。神爵二年(前60),汉西域都护府在轮台设立,渠勒国王赶紧派出使者前往表达忠心。然后,开始接待一拨又一拨东来西往的使者与商旅,鞬都城如同东北部的扜弥、尼雅,西部的于阗一样,成为丝路南道各国的一个美丽神话。

王莽篡汉后,中原一度对西域失去控制,匈奴趁机卷土重来,将渠勒等塔里木盆地南缘国家悉数控制在手中,直到永元六年(94),西域都护班超率西域联军征服了不服调遣的焉耆、尉犁等,于是包括渠勒在内的西域各国纷纷纳质附汉。

如果我们没有机会做伟大的事,我们可以用伟大的方式做小事。接下来的渠勒王,专心于国内鸡毛蒜皮的小事,但由于涉及民生,倒也赢得了许多贵族与民众的爱戴。可惜的是,这些事情太小,不足以让史学家记入史册。

阳嘉元年(132)后,东汉被羌人暴乱纠缠得难以脱身,渐渐无暇西顾。日渐强盛的于阗开始侵吞周边小国。光和三年(180),渠勒国被同宗的于阗吞并,那个汉代地图上局促的小国,被抹去了名字。

由于丝路南道渐渐被丝路北道(伊吾大道)所代替,已经很少有人从这里走过,除了取经回国途中偶然心血来潮、有些探险性质的玄奘。

无情的历史与肆虐的风沙,将大漠深处的鞬都城深深湮没,这座曾经拥载着数千人的丝路重镇,开始时还是半隐在沙丘间的苍凉剪影,后来只剩下荒凉中的几丛红柳和半卧的胡杨,再后来就变成了一尊风沙遮盖下的巨大的城市木乃伊。

它已经随风而逝了,偶尔留下一点点似是而非的踪迹,如同图书馆长椅上的恍惚斜阳,引人怀想。

元设立的齐尔拉城,清设立的渠勒驿,民国八年(1919)设立的策勒

(渠勒的转音)县,已经不在丝绸之路上。

尽管没有哪一双巨手可以重新装订历史的旧梦,把曾经的辉煌修复成当初的模样;尽管没有哪一双慧眼能够洞见历史的玄机,轻易寻觅到遗失已久的密码。但是,你发现了吗?当考古学家、人类学家、地质学家通过野外踏勘,首次拨开尘沙寻找到第一枚木简之后,人类对于远古文明的精神漫游就开始了。越往深处走,人们需要追寻的东西就越多,其中有城址,有坟墓,有佛寺,有文书,有珍奇,更多的是关于这个族群从哪里来,到哪里去,为什么衰亡,有没有未来的绵长思索。

渠勒国小传:渠勒,与邻近的精绝、扜弥、于阗拥有同一个祖先——出身于塞人。位于扜弥南部,是一个只有2000居民的绿洲小国。至于它是否处在丝路南道上,一直是一大历史悬案,因为《汉书》上没有交代,近代的考古发掘又不得要领,我只有把它暂时排除在丝路城邦之内。史载,这个小国一向对西汉西域都护府恭顺有加,对后来的东汉朝廷也心向往之,是地方霸权主义的坚定起哄者。在东汉淡出西域之后,渠勒随即被野蛮邻居于阗所吞噬,渠勒都城也从此成为历史之谜。我深信,凭借现代人的智慧,总有一天会证明哪座古城才是鞬都城。到那时,世界上第一张最权威的丝绸之路沿线城市图方才诞生。

第九章 于阗（Yútián）——和田玉的故乡

> 于阗国，王治西城。户三千三百，口万九千三百，胜兵二千四百人。南与婼羌接，北与姑墨接。于阗之西，水皆西流，注西海；其东，水东流，注盐泽，河源出焉。多玉石。
>
> ——班固《汉书》卷九十六上

一、玉从哪里来

1968年，猴年，一个周身发痒的年份。"布拉格之春"刮过捷克斯洛伐克原野，"文化大革命"正席卷了中国大地，东西方世界仿佛同时陷入了一种近乎癫狂的状态。

鲜为人知的是，在满天飞的大字报和震天响的口号声中，居然还有一伙头戴毡帽、手拿铁刷的学者，风餐露宿于寂寞深山，埋头从事文物发掘。而且，从河北满城县陵山传出一则爆炸性新闻：在汉代中山靖王刘胜墓地中发现了刘胜及妻子窦绾（wǎn）的两件金缕玉衣，玉片来源于新疆和田。

时隔两年，云南昆明南部发生强烈地震，著名作家赵树理被批斗致死，中国二号人物林彪在蒙古温都尔汗折戟沉沙，而考古学却出人意料地没有受到打扰。他们在江苏徐州东汉彭城王刘恭的陵墓中发现了一件银缕玉衣，玉片全部出自和田。

1983年，改革开放的前沿——广州传出轰动性新闻，考古专家在象岗山第二代南越王墓中发现了一件丝缕玉衣。这是我国岭南地区发现的唯一一件玉衣，玉片来源地依旧是和田。

1995年,江苏徐州狮子山汉代楚王刘戊的陵墓,又出土了一件金缕玉衣,它用1576克金丝连缀起4248块白玉与青玉玉片,是玉片最多、玉质最佳、拼接工艺最精的金缕玉衣。专家鉴定,玉片还是来自和田。

大量金缕、银缕、铜缕及丝缕玉衣的发现,让许多中国人喜欢上了玉,并且知道了万里之外的和田,是玉石的故乡。

"玉"并不神秘,《说文解字》解释说:"石之美者,玉也"。《辞海》则将玉定义为"温润而有光泽的美石"。玉分为软硬两类。硬玉,特指翡翠[①];软玉[②],有广义[③]与狭义之分,狭义上的软玉特指和田玉。和田玉几乎就是美玉的代名词。

为什么和田玉具有如此之地位呢?

二、和田玉形成史

恐龙不能记日记,但侏罗纪的岩石一样能讲述恐龙的故事。岩石无处不在——在地质学上,岩石大体被分为三大类:高温岩浆在地表冷却形成的火成岩(又叫岩浆岩),经过水流、冰川搬运、沉积形成的沉积岩(又叫水成岩),固体岩石在高温、高压和矿物质的混合作用下形成的变质岩。

这些岩石是人类极为有趣的实验室,分析这些岩石,不仅能找到为人类提供能量与财富的矿床,还能洞察地球上所发生的任何一次地覆天翻的故事。自古以来,就有两种人最为神秘,一是上知天文的人,如天文学家、占星术士;一是下知地理的人,如地质学家、风水先生。这也许能说明为什么只要上过初中的人都知道李四光的大名,还能说明为什么中国地质大学的入学门槛一直那么高,甚至能说明为什么野外地质工作如此辛苦与危险仍有那么多的人趋之若鹜了。

[①] 为钠铝硅酸盐,硬度6.5—7,比重3.25—3.4,有白、紫、绿三种色泽,以祖母绿为最佳,质地坚硬,透明度高,色泽夸张,产地主要在缅甸、云南、西藏一带。
[②] 为含水的钙镁硅酸盐,硬度在6.5以下,比重2.9—3.1,颜色众多,韧性极佳。
[③] 广义上的软玉包括辽宁岫岩县的岫玉、河南南阳的独山玉、湖北郧(Yún)县的绿松石、甘肃祁连山的酒泉玉、陕西省蓝田县的蓝田玉等。

我进入地质系统工作纯属误打误撞,但万万想不到,地质学居然对我所热衷的民族史有如此巨大的帮助,这就好比一个与孪生兄弟失散多年的人,因为迷路误入了一个偏远的山村,当叩开第一户山民的柴扉时,开门的居然是自己寻找多年的兄弟。当真正介入了地质业务,我才清楚地知道,白云苍狗,沧海桑田,是一次次的火山爆发,给于阗人带来了如此的毋望之福。十几亿年前的元古代晚期,昆仑山北坡1300千米的区域内还是一片浅海,布满了钙酸盐沉积物及其成玉的主要物质——含镁的白云岩。在8亿—5.7亿年前的震旦纪,塔里木运动使得白云岩变质为白云大理岩。2.5亿年前的古生代晚期,华力西运动引发的断裂与岩浆活动,使中酸性侵入岩不断侵蚀交代白云大理岩,最终形成了大量透闪石。透闪石在冲入玉龙喀什河与喀拉喀什河之后,经过万年的冲刷打磨,最终生成了和田玉籽料。其中发源于昆仑山的玉龙喀什河产有羊脂玉,因此又被称为白玉河;发源于喀喇昆仑山的喀拉喀什河产有碧玉,因此又被称为墨玉河。可以设想,如果少一次地质运动或者地质运动出现任何微小的偏差,和田玉都不会生成。所以说,和田玉是大自然最慷慨的奖品。

对于这份奖品,于阗人当然分外珍惜。宋应星在《天工开物》中说,当地有一种风俗:就是在皓月当空的秋夜,让女人裸身到河中采玉,因为月亮、玉石、河水、女人属于同类,可以神奇地相吸、依附。由于阴柔妩媚的女子在河水中采集到的、受月魄之精华的如脂软玉,有着温润、优雅的质地,所以早在远古时代,王公贵族就相信玉具有超凡的神力,活着时,玉可以辟邪驱鬼,因而佩戴玉饰成为高贵的象征;入墓后,玉可以接通神灵,因而给尸体穿上玉衣,用玉件将九窍堵上。

这样一来,中原对和田玉的需求便如海浪一般澎湃汹涌,难以遏制。早在殷墟发现的商王武丁的妻子妇好的墓中,就曾出土了大量和田青玉,她的死亡时间在公元前1200年前。公元前921年之前,周穆王巡游昆仑,"取玉版三乘,载玉万只"而归。春秋、战国、秦汉时期,和田玉成为皇家贡品,就连稍有结余的平民也纷纷求购和田玉。于是,在从西域到中原的漫漫长路上,一支支满载美玉的驼队和马队联翩东来,渐渐流淌出一条月光般迷离的"玉石之路"。

三、玉门关

我之所以称其为"玉石之路",是因为汉代之前,玉石是"西域南道"上运送的最贵商品,是商品中的"国王",其他贵重商品最多算是"公主"。而通过这条商路向西方输送紧俏的丝绸,不过是张骞通西域之后的事了。直到1877年,这条道路才被德国地质学家冯·李希霍芬命名为"丝绸之路"。

商业,以其追求高额利润的本质属性,从出生的那天起就成为官方关注的焦点。如同齐国将盐业牢牢控制在国家手中,从而成就了"春秋五霸"的霸业一样,秦末汉初的月氏与匈奴,也凭借着对这条经济命脉的控制,成为雄霸一方的游牧强国。企图称霸天下的汉武帝刘彻当政后,当然不会无视这条流淌着滚滚财富的"玉石之路"。而要想有效地控制这条运输线,必须首先占领连接西域与中原的河西走廊。

从元光二年(前133)到元狩四年(前119),刘彻派大将卫青、霍去病连续发动了河南之战、河西之战、漠北之战,打通了河西走廊,从匈奴手中奋力夺过了"玉石之路"控制权。

为了牢牢掌控这条黄金通道,刘彻设置了武威、酒泉、张掖、敦煌四郡,史称"河西四郡"。元鼎或元封年间(前116—前105年),汉又修筑了酒泉至玉门的长城,设立了两座雄伟的关隘。其中一道关隘因为扼守着玉石进入中原的通道,所以取名"玉门关";另一道关隘因为在玉门关南,所以称"阳关"。

从此,汉朝大兵在玉门关上验看关牒,抽取关税。到和田玉的故乡——于阗贩运美玉,成为多少中外商旅的梦想。

贸易没有国家界限,商业也没有种族区别,是高额利润驱使人们将和田玉千里迢迢运达中原,将中原丝绸不远万里运往中亚与欧洲,再将中亚、欧洲的物产远涉重山载回中原。不管怎么运输,这里都是贸易中转站,商旅停留地,多少人梦想的乐园。

于阗特殊的地理和罕见的玉石,使之成为古丝绸之路南北道枢纽、东西方贸易重镇和东西方文明交汇的圣殿,难怪有的学者称其为西域的

"东方明珠"和宗教意义上的"东方耶路撒冷"。

四、于阗的来历

从字面上看,于阗是一个诗意的名称。但在汉语中,"于"是个没有意义的介词,"阗"意为充满或声高,两字连起来并无特定的含义。显然,这是一个音译词汇。

由于年代久远,当地古语混杂,到目前为止,对于阗一词的解释多达七种。其中一个牵强附会的解释,来自于玄奘讲述的传说:当年于阗王无子,佛降下天意送给他一个儿子,但他却苦于无奶喂养。为此,他每天设坛虔诚祈祷,竟感动得地面上鼓起了一个乳房状的小山,并从山包里源源不断地流出奶来,孩子得救了,于阗王便将此地取名瞿萨旦那,意思是"大地之乳"①。

尽管对名称的解释莫衷一是,但她的出身却早有定论。20世纪80年代,考古工作者在和田洛浦县山普拉发现了一个2000年前的古墓。人类学家韩康信对墓葬中的人骨标本进行了科学鉴定,认定"他们属于欧洲人种地中海东支或印度—阿富汗类型"。语言学家认定,古于阗文字——和田塞语,属于印欧语系东伊朗语支,原出于印度波罗米字笈多正体,是于阗塞人使用的文字。英国历史学教授H.W.贝利也说:"在公元前2世纪之前,有一支萨迦部落在于阗定居下来,并形成为统治阶级。瞿萨旦那,就是塞人在和田地区建立的王国。"②

这个绿洲城邦国的中心位于玉龙喀什河西岸的西城。建国初期,他们只有3300户,1.93万人,军人也只有2400人。其人口规模尚且不如东部的扜弥国,只是与西部的莎车和疏勒相当。在整个西汉时期,他们能做的,不过是随大流、归大堆而已。

那时,匈奴是西域的主人,于阗和周边国家一样,要把世子送入匈奴

---

① 与玄奘的说法不同,塞语将"于阗"解释为"非常有力",梵语解释为"后堂",突厥语解释为"放牛的地方",藏语解释为"玉城",法国语言学家解释为"葡萄"。中国地理学家苏北海认为于阗乃是"尉迟"的译写,是部落名称。
② 见H.W.贝利《于阗语文书集》,英文本,剑桥大学出版社1960年版。

作为人质,定期缴纳赋税,并须及时进贡上等的好玉。

元狩四年(前119),张骞第二次出使西域,张骞派副使首次访问了于阗。

于阗主动臣服于汉,还是因为一场来由可笑的战争。为了得到大宛的汗血宝马,汉居然两次派出大军远征大宛。战争引发了西域政坛的一次强烈地震:仅仅因为得到几匹马,远在东方的汉就可以劳师远征,这是一个何等强大而疯狂的国家呀!于是,在贰师将军李广利班师回国时,西域各国纷纷派遣子弟入汉朝贡,并作为人质留在长安以示臣服。在李广利班师的队伍里,就有一名高鼻深目的于阗王子。

神爵二年(前60),负责统领西域的日逐王率部向汉投降,汉在轮台设立了西域都护府,于阗正式纳入了汉朝版图。

一个独立的绿洲国家由此信步走进史册。

五、破石而出

公元1世纪,曾经的政治巨人西汉残阳西落,东汉的晨曦刚刚露出地平线,强盛势力一时对西域疏于干涉,这就为周边国家在夹缝中崛起提供了可能。

有人说,历史仅记录少数人的丰功伟绩,其他人的言辞汇合为沉默。遗憾的是,作为历史撰写者的我也未能免俗,因为历史资料的缘故,我接下来所要叙述的于阗史,仍是帝王史。

这是一位思维超前、视野开阔的于阗王。他的改革共涉及三大领域,一是户籍改革,他训练了一支特殊的监察队伍,对来往的行人,从年龄、性别、身材、面貌、种族以及背景进行详细的盘查记录,有效保证了于阗国的稳定,这也许是西域对外来人口进行严格管理的最早实践。二是货币与计量改革,于阗王从汉朝引进了度量单位,制造了钱币,形成了完整而规范的交易体制。三是对外开放,派遣本国商人与中原进行玉石贸易,增加了国家级收入;派出留学生到长安学习,培养了一批眼界开阔的后备人才。不久,于阗国力大增。

但机遇从来不会只垂青一个人。在于阗冉冉升起的同时,西部不远处的莎车也并排崛起。

莎车王贤继位后,一改前两任国王一心向汉的国策,利用哥哥的"西域大都尉"头衔和自己从东汉谋求的"西域都护"印绶,排斥异己,飞扬跋扈,先后攻破了拘弥、西夜、龟兹、大宛。之后,强大的于阗成为他的眼中钉。

建武末年,莎车王贤将数万西域联军开到于阗国城下,以武力逼迫于阗王俞林投降,给了俞林一个骊归王的虚衔。然后,他将俞林的弟弟位侍任命为新的于阗王。因为位侍不但软弱可欺,而且对自己一向言听计从。

过了一年,贤在一次占卜中被告知卦象奇异,各地君王有可能背叛他。于是,他以纪念自己生辰的名义,将于阗王位侍和拘弥、姑墨、子合国王骗到莎车。

早在7万年前,游荡在东非大草原的智人——我们的祖先,就接受了与古老的丛林法则完全对立的生活哲学,坚持认为人与人都是兄弟,应该把别人视为朋友而非敌人。但这样的话在这里却难以启齿,因为贤干出了连穴居人都会感到羞耻的行径。

这是一场似乎十分友善的生日晚宴,狮子和绵羊在一起推杯换盏,欢歌笑语。私下里,贤已吩咐厨师在酒食饭菜中下了毒。这些携带礼品赶来祝贺的国王中毒昏迷后,被贤的武士一一砍下了脑袋。这是一场典型的鸿门宴,其残忍与血腥程度,在西域的历史上实属空前。

鸿门宴后,贤并没有在这些国家另立新王,而是派遣亲信前往各国任将领,担负统管与监督的重任。于阗王位侍的儿子戎,越过流沙逃到东汉,被封为守节侯。

派往于阗的,是一个名叫君得的赳赳武夫。

没有节制的权力,必然导致没有节制的欲望,其中包括某些超越兽性的荒谬欲望。他动不动就杀人,将人皮剥掉,用人肉喂他的猎犬,还规定于阗贵族每天送一位贵族美女供他淫乐。这些令人发指的残暴行径,终于超越了于阗人的耐性。于阗民众,特别是贵族们已经深深感悟到,好人的每一次退让,都在降低恶人作恶的成本;每一次的默许,都在助长暴力的发生;每一次的回避,都在创造苦难的轮回。

永平三年(60),于阗贵族都末出城狩猎,见到一头野猪,刚要张弓搭箭射杀它,但见野猪说:"不要射我,我将保证你射杀君得。"于是,都末捷足先登,他与兄弟联手潜入将军府,割下了这个正抱着美女酣睡的将军的脑袋。

岂不知,螳螂捕蝉,黄雀在后。另一位于阗贵族休莫霸,在汉人韩融的支持下,设计除掉了都末,自立为于阗王。

没等贤反应过来,休莫霸便联合同宗的拘弥国,猎杀了镇守皮山的莎车将军,然后采取逐一分化的策略,渐渐把周边的渠勒、皮山统一在了麾下,使得自己迅速膨胀为人口超过5万,军队达到万人的绿洲巨人。

于阗与莎车的决斗在所难免,历史老人已经听到了战前将士们的擦掌声。

六、鲁莽的代价

这是一个名副其实的乱世,出现过一拨壮志凌云的铁血英豪,播撒过烈烈扬扬的生命意志,验证过"成者为王,败者为寇"的政治逻辑。

休莫霸未雨绸缪,提前做起了军事准备。烈日当头的时候,士兵只能待在室内,他就给他们讲授战术素养;当士兵们能走出户外时,他就进行军事训练。平时多流一滴汗,是为了战时少流一滴血啊。

一天,莎车王贤派太子、相国率2万兵马东征于阗,誓与于阗一决高下。休莫霸率兵迎战,于阗军人强壮的身体和灵活的战术终于发挥了作用,莎车兵败,一万余人被杀。

贤不服气,便亲自率领西域联军数万人进击于阗。休莫霸既没有被吓倒,也没有硬碰硬,而是采取了在大路上设置陷阱,在周边沙漠里游击的战术,使得莎车军队疲惫不堪。双方一接战,士气受挫、旅途劳顿的联军就一败涂地,过半数联军死在阵前。

进攻方成了败退者,防守方成了追击者,休莫霸一口气追到莎车国城下,贤和莎车军队只得缩进城中坚守不出。眼看着坚城难下,战事胶着,愤怒的休莫霸亲自操刀爬上城头。在他的感召下,上万名勇士如蝗虫般涌向城墙,然后好像液体违反了重力原理,顺着云梯似输液管般向城上流淌。

看来,休莫霸骨子里是一个勇敢的人,一个视死如归的人,否则不会当了国王还去干一个先锋才去干的事。但勇敢几乎就是鲁莽的注解,在汉语里"赳赳武夫"一直就是贬义。结果,一支流矢射进了他的胸膛,他为自己的勇敢与鲁莽付出了生命的代价。国王战死,严重影响了于阗军队的斗志,他们抬着国王的尸首,匆匆离开了杀声震天的战场,落寞地回到了于阗城。

于阗军队退走了,但喊杀声并未停歇。原来,就在于阗军队攻城的同时,受尽莎车凌辱的西域诸国纷纷赶来助战,就连此前坐山观虎斗的匈奴人,也挽起袖子加入了放火的行列。

在狼烟四起的西域,没有意外才是最大的意外。休莫霸的阵亡的确是个意外,许多将帅就是因为意外的死亡,导致军队一蹶不振,历史改弦更张,蒙哥、帖木儿莫不如此。但祸福相倚,有时意外也能产生喜剧性的结果,休莫霸的阵亡就为一位真正英雄的闪亮出场提供了舞台。于是我们不禁感叹,死亡是生命中最好的一个发明,它将旧的清除以便给新的让路。

休莫霸的侄子广德被推举为新国王。新上任的广德,没有忘记为叔叔报仇雪恨,他一方面安排叔父的丧事,一方面派出弟弟仁重新杀向莎车,迫使莎车王贤把最疼爱的公主嫁给了广德,并将广德做人质的父亲放了回来。

后来,广德又与莎车相国且连里应外合,俘虏了自己的岳父——莎车王贤,占领了莎车都城。至此,于阗国已有32000户、83000人,军队也达到创纪录的3万多人,从精绝西北到疏勒的13个国家都成为于阗的附属国。

七、神鼠退敌

西域老牧民都清楚,若是砍掉了沙漠边沿的巨树,那就必然直接面对风沙。闻听广德灭掉了岳父国莎车,匈奴派出五名大将,率领焉耆、尉犁、龟兹等15国军队3万余人兵临于阗,将西城团团围住。降,意味着丢失威望;战,有可能城破国毁。广德陷入了左右为难的境地。

一件千古奇闻随之诞生。

玄奘《大唐西域记》第十二卷记载,在瞿萨旦那(指于阗)王城西部一百五六十里处,有一座鼠壤坟。当地人传说,在这片沙漠中,有一只大如刺猬的沙鼠,毛呈金银色,是鼠群的酋长。每当它出穴,老鼠从者甚众。有一年,匈奴数十万大军侵入瞿萨旦那边境,驻扎在鼠坟一侧。手上仅有数万兵马的瞿萨旦那国王,既无退敌良策,又无外部援兵,便设祭焚香,向传说中的神鼠求救。当夜,国王刚刚入梦,就见一只硕鼠对他郑重地说:"敬欲相助,愿早治兵。旦日合战,必当克胜。"

从梦中惊醒的国王,尽管半信半疑,还是按照硕鼠的提示,命令将士星夜整顿戎马,在天亮前向敌人发起长途奔袭。听到由远而近的铿锵马蹄,匈奴将士惊慌失措,匆忙披甲上马,不料马鞍、军服、弓弦、铠甲的所有系带全被沙鼠啮断,只有任人屠戮。瞿萨旦那军队杀其将,俘其兵,匈奴举国震慑,以为有神灵保佑对方,再也不敢踏进瞿萨旦那半步。

战后,国王特意为神鼠建造了一座神祠,世代祭祀,香火不断。每当人们经过神鼠的巢穴,便下马跪拜,并送上祭品。祭品或者是衣服弓箭,或者是鲜花美肴。心越诚,得到的福利也就越多。一旦忘了拜祭,就会蒙受灾难。

从此,鼠神成了古于阗国的神灵。

光绪二十六年(1900)十二月,斯坦因在于阗丹丹乌里克废墟的一座佛寺遗址中,发掘出大量珍贵的画版。这些画版带回英国不列颠博物馆清洗后,发现其中一块画着一个鼠头人身像,头戴王冠,坐在两个侍者之间,背后是佛的椭圆形光环。斯坦因认为,这块画版表现的就是玄奘记载的"鼠群咬断匈奴马具,导致匈奴大军败退"的《鼠壤坟传说》。

但这毕竟是个一厢情愿的传说。历史记载,面对大军压境的严峻形势,广德派人出城谈判退兵条件,将太子派到匈奴做人质,答应每年给匈奴大量的贡赋,愿意从此接受匈奴的管辖。在得到满意的保证与足够的利益后,匈奴答应退兵。

就这样,于阗笼罩在了匈奴制造的无边暗夜之中,看不到一点星光。

八、班超与巫师

东汉的月光却分外皎洁。

永平十六年(73)的一个深夜,一弯蛾眉月已经西斜,洛阳东宫前殿灯火依旧通明,东汉第二位皇帝——汉明帝刘庄正对着一张老奏折发呆,上奏者是武将耿秉,他提出,东汉经过42年的休养生息,已经积累了足够的财力,可以对外用兵了,目前国家最大的威胁还是北匈奴,对北匈奴必须"以战止战"。这份奏折在案上已放了一年,刘庄感觉,到了下决心的时候了。

刘庄终于出手,汉军兵分四路出击北匈奴,匈奴人闻风而逃,出酒泉塞的奉车都尉窦固、假司马班超小有斩获,在蒲类海杀死了北匈奴呼衍王的近千名骑士。

占领伊吾后,窦固派出一支小分队南下丝路南道。这支小分队共38人,为首的是假司马班超和从事郭恂。在鄯善,他们灭了匈奴使团并降服了鄯善王。喜讯传回长安,汉明帝提升班超为军司马,鼓励他再立新功。考虑到西去的征程更为凶险,窦固要为爱将班超增兵,但被班超谢绝:"现在的36人足矣!一旦情况有变,人多了反而是个拖累。"

安抚完鄯善,这伙超级刺客从丝路南道来到于阗。

于阗王广德刚刚攻破莎车,威震丝路南道,加上匈奴在于阗派出了常驻使者专门监护,特别是东来的班超只带了36名军人,于阗国王广德表现得分外冷漠。当时,巫术①盛行的于阗是一个被伪科学包围的国度,国王每有大事必向巫师求询。对此,我们不必讥笑于阗国民,特别是国王的无知,因为直到如今,科学的任何一个领域内都有与其相关的伪科学。不是吗?地球物理学中有地球中空说,迅速上升或下沉的大陆板块说,地震预言家;人类学家中有人认为今天仍有猿人存活;进化论生物学家中有些人认为可用《圣经》来解释生物的进化过程;考古学家中有人宣称发现了古代宇航员并相信那些伪造的神秘符号与雕塑;物理学家中有人鼓吹永动机和常温核聚变;化学家中至今有人相信炼金术;有的经济学家声称可以进行长期的经济预测;天文学家中有人仍在研究占星术;有些科学家宣称可以用心灵感应寻找大西洲下埋藏万年的珍宝;最令人吃惊的是,"万有引力定律"的发明者、科学家牛顿,至少有一半工作时间花在炼金术和

---

① 巫术是企图借助超自然的神秘力量对某些人、事物施加影响或给予控制的方术,"降神仪式"和"咒语"构成巫术的主要内容。

偷偷信仰一种名叫阿里乌斯教①的异教方面。他甚至花了无数个日夜来研究耶路撒冷不复存在的所罗门神殿平面图,认为该平面图隐藏着数学方面的线索,有助于知道基督第二次降临和世界末日的日期。最近的民意测验结果表明,大多数美国人相信UFO(不明飞行物)和外星人访问过人类。至于当今中国的算命先生声称能预测官运、婚姻与健康,祈福求子的庙宇香火旺盛,老黄历的印刷量在十年之内翻了几十倍等等现象,更是让人啼笑皆非。

闻听汉使不期而至,巫师对广德说:"神已发怒,责问你为什么有从属于汉朝的想法?汉使的坐骑是一匹黑嘴黄马,必须立即将其杀掉祭奠于我。"

对巫师深信不疑的广德派使者见班超,要求牵走他的坐骑。对此,班超很是疑惑,在应付走了阗使者后,赶紧派人秘密侦查事情的原委。

得知巫师作祟,班超笑了。班超是个不信邪的人,更不信什么巫术,那不就是从远古舜帝部落学来的招魂、诅咒、驱鬼的骗人把戏吗?这套看似无限神奇与神秘的把戏骗得了西域国王,但骗不了见多识广的班超。于是班超将计就计,派人答应了广德的要求,但设定了一个条件——由巫师亲自前来取马。

不一会儿,巫师大摇大摆地来见班超。班超不屑废话,随手砍下了巫师的首级,继而派手下将血淋淋的脑袋送给了广德。

在班超砍下巫师脑袋的那一刻,也砍断了巫术的所有威望与信誉。您想,既然巫师能"预思"——预知未来,为什么算不出将要面临血光之灾?既然巫师能"灵慧"——呼风唤雨,为什么在脑袋被砍掉前不能施展法术?既然巫师能"摄魂"——借尸还魂,为什么脑袋掉了却不能起死回生?

"这是真的吗?"面对巫师的脑袋,广德用手掐了一下自己的脸,感觉到了疼痛,这才知道不是梦。他的心跳到了嗓子眼,既害怕,又震撼。

没等班超进一步动作,广德就派人攻杀了居住在城内的匈奴监护使

---

① 由亚历山大里亚基督教牧师所阿里乌斯所创,认为圣子耶稣并不是一个完全的神,而是圣三一中较低的一位,与圣父不同性不同体,由上帝所造,因而次于圣父,圣灵则更次于圣子。反对教会占有财产尤其是大量田产。后来此教被定为异端,6—7世纪消失。

者,然后率大臣向班超投降。班超用重金奖赏了广德及其手下,使他们更加心服口服。就这样,班超在征服于阗的同时,也在客观上帮助于阗人驱逐了巫术这一害人的伪科学。据说,巫术——这一流毒至今的古老法术,从未在于阗死灰复燃。

此事给我的启发是,在困惑与迷惑的浩瀚大漠中辨别真理与骗局,需要警觉清醒的头脑、追求科学的热情和一往无前的斗志。如果我们不锻炼这种严谨的思考问题的习惯,我们将面对这样一个危险:我们的民族将变成一个容易上当的民族,我们的世界将成为一个充斥着傻瓜的世界,如此世代相传,我们将被今后四处招摇的骗子牢牢掌握在手中。

与广德签订盟约后,班超以于阗为根据地,挥师西北,招抚了被匈奴控制多年的疏勒国,重开了西域都护府,再次实现了对西域的统治,丝绸之路在班超的马蹄声中重现光彩。

永平十八年(75),刘庄驾崩,焉耆趁东汉举国哀丧之机,发兵攻杀了西域都护陈睦。孤立无援的班超也被龟兹、姑墨军队围攻达一年之久。汉章帝刘炟(dá)担心班超安危,允准远在疏勒的班超东归。班超东归经过于阗时,于阗王广德尽管幼子尚在匈奴担任人质,仍率领大臣们拦住班超的车队,痛哭流涕地说:"如今汉就是我们的父母,哪有父母抛弃孩子的道理!"不少大臣和百姓抱住班超的马腿苦苦挽留。

班超不禁调整了一下"呼吸"。据说,"精神"一词来源于拉丁语的"呼吸"。是啊,人活着就是为了一口气!正如佛祖所说"人生只在呼吸间"。况且,人生还有比信赖更大的尊重吗?没有,从来没有!于是,他毅然决定不再东返故乡。

从此,于阗与班超一同璀璨着西域的碧蓝长空,直到班超于永元十四年(102)因年迈东归。

九、所谓"真相"

新任西域都护任尚行事苛刻,很快就被朝廷调回了内地,朝廷直属的西域都护府渐渐废弃,改由敦煌太守治下的西域长史代领。东汉淡出西域后,西域大小势力不断整合,于阗也不甘寂寞,把魔爪伸向了东部邻居拘弥。

永建四年(129),于阗王放前派军攻克拘弥,杀掉了拘弥王兴,将儿子派到拘弥担任了国王。两年后,放前派出侍子入朝贡赋,顺便介绍了拘弥更换国王的经过,逼着东汉承认新拘弥王。与此同时,敦煌太守徐由也上奏朝廷请示如何处置于阗的无理行径。汉顺帝刘保考虑到于阗一直以来对东汉的耿耿忠心,便赦免了于阗国的罪行,仅仅责令放前归还拘弥国。

结果,史书上说:"放前不肯。"对于放前的无赖行径,徐由十分愤怒,在无力出兵征讨的情况下,祭出了"借刀杀人计"。

阳嘉元年(132),徐由发出密令,命令东汉大都尉、疏勒王臣槃攻打于阗,解救拘弥。接到密令后,臣槃立刻调集2万精兵攻入于阗,大败之,斩首数百人,对于阗都城实施了大肆的抢掠,放前的儿子也被从拘弥国赶走。

为了让于阗彻底臣服,东汉派出西域长史常驻于阗。

元嘉元年(151),西域长史赵评在于阗病逝。拘弥王成国趁机向前来奔丧的赵评的儿子说:"你的父亲可能死于暗算"。赵公子回到敦煌郡,便向太守马达汇报了拘弥王的怀疑。马达半信半疑,要求继任的西域长史王敬追查赵评的死因。

按说,这种道听途说的东西,应当顺着耳朵就排出去。而这一点,恰恰是王敬的弱项。王敬空着耳朵专门来到拘弥国,很快就被成国的一面之词灌满了耳朵,认定赵评确为于阗人暗害。进入于阗长史府后,他就开始摆鸿门宴,准备捕杀于阗王建。

有人把王敬的阴谋报告给了建,但建根本不信,还笑着对大臣们说:"我没有罪,王长史有什么理由杀我呢?"大臣们也无人相信,因此一笑了之。

第二天,建带着几十名于阗官员一脸轻松地前来赴宴。双方坐定之后,建站起来敬酒,只听王敬大喝一声:"拿下!"立刻,两名汉朝军士将建控制起来,建的大臣们悉数逃走。

当时,东汉军士们并没有立刻杀掉建的意思,王敬大概也想对建做进一步审理。但拘弥主簿秦牧持刀站出来喊:"如今大局已定,还有什么犹豫的呢?"只见他手起刀落,建身首已经分家。

建被无辜诛杀的消息震惊了于阗,以侯将输僰(bó)为首的于阗武将们聚齐兵马,向王敬所在的长史府发起了攻击。久经战阵的王敬还算镇定,他手持建的人头,走上城楼对众人宣告:"是汉天子派我诛杀建的!"

这一镜头,与当年傅介子刺杀安归的场面极其相似,但深得人心的建不是毫无信义的安归,于阗也非楼兰。于阗人四面放火,汉朝官员与士兵或被烧死或被杀死,王敬也喋血城楼,他的头颅还被悬挂在街头示众。

立下头功的输僰试图自立为王,无奈根基太浅,也没有王族血统,因此被于阗大臣们设计杀死。输僰的帝王梦来去如此匆匆,连他自己恐怕也始料未及。正如白居易的诗《花非花》所云:"花非花雾非雾,夜半来天明去。来如春梦几多时?去似朝云无觅处。"而后,大家一致推举前国王建的儿子安国为新国王。

王敬遇害的消息传回敦煌,马达大惊失色,立刻上奏汉桓帝刘志,要求率领敦煌驻军远征于阗。刘志当然不会同意这位鲁莽的手下劳师远征,便将马达征召回朝廷,另派宋亮担任了敦煌太守。宋亮临行前,刘志交代:"你既不能出兵,还要圆满地处置于阗事件,为王敬报仇。"

宋亮的对策是,向于阗发出悬赏告示:"谁如果杀掉输僰,东汉给予重赏。"好笑的是,告示发出时,输僰已被杀死一个多月。于是,安国令人砍下死人的头颅,快马送到敦煌,领回了该得的奖赏。

这一做法后来叫"上有政策,下有对策",是地方政府惯用的伎俩,后来被一些中国官员用得十分娴熟。据说,武则天当政时,自称是弥勒佛降生,所以禁止杀生。御史娄师德到陕地巡察,厨师上了一道肉,娄问:"为什么有羊肉?"厨师回答:"这只羊是豺狼咬死的。"娄笑道:"这豺狼真懂事。"一会儿,又上了一道鱼,娄又问,厨师说顺了嘴,还答:"是豺狼咬死的。"娄生气地说:"混账东西,为什么不说是水獭咬死的?!"[①]

不久,宋亮知晓了这一骗局,也只能哑巴吃黄连而已。

后来,新于阗王安国从汉朝了解到了当年"鸿门宴"的经过,原来是拘弥王成国"借刀杀人"。这是于阗王因为拘弥被两次"借刀杀人"了,一次是放前,一次是建。史载:"真相终于大白。"

但真相真的大白了吗?"真相"其实是没有的,既然没有,也就谈不

[①] 故事出自明代笑话集《谑浪》卷二,见王利器辑录《历代笑话集》,上海古籍出版社1981年版。

上什么"大白"。所谓真相,就是你觉得它像真的,而每一个人眼里的真实都不同,无数相对真理相加构成绝对真理,但非同类项无法合并,这个世界于是就充满了疑惑和谜底。当事人已死,于阗王安国凭借的也只有推理,而追究真相的动力,无非是找个理由完成自己暗藏心底的霸业。

"有仇不报非君子!"在安国统帅下,于阗军队倾巢而出,疯狂杀进拘弥,一直杀得拘弥王人头落地,拘弥人尸横遍野。

此后的于阗,长期与东汉保持着若即若离、时好时坏的关系。这个曾经一味仰仗东汉的丝路南道霸主,开始明白求人不如求己的道理。在经济上,大力发展牧业、农业、商业与玉石开发加工业;在军事上,不断更新兵器,训练士兵,拓展疆域;在精神上,每逢国家大事都要举行祭祀,向天神卜问吉凶。但于阗王仍眉头紧锁:既然占卜很准,为什么负责占卜吉凶的巫师却被班超轻易杀掉?既然祭祀有用,为什么于阗王却数次死于非命?渐渐地,他对祭祀与占卜产生了怀疑,开始期待一种更高层次的信仰。

有所求必有所应,伟大的佛教在向他们招手。

十、佛国于阗

早在公元前20世纪中叶,在古欧洲人的分支塞人、月氏进驻西域、河西的同时,古欧洲人的另一个分支雅利安人,越过兴都库什山和喜马拉雅山之间的山口,南下来到印度河、恒河、布拉马普特拉河流域,建立了灿烂的印度斯坦。

这些装备精良的新移民,抢走了达罗毗荼人的土地和女人,将他们控制在"该待的地方",建立了森严的种姓制度,进而给等级制度披上了一层神秘的宗教外衣,宣布婆罗门教只为三个上层阶级所独有,卑贱的国人被排斥在神圣的精神世界之外。

东周灵王七年(前565),巍峨的喜马拉雅山脉能够看到的地方——古印度迦毗罗卫国,净饭王的妻子摩耶夫人生了一位王子,取名乔达摩·悉达多。这位生活在甜水里的刹帝利族王子,因苦恼于劳苦大众的种种不幸,舍弃了安逸舒适的宫廷,来到尼莲河畔的一棵菩提树下禁食打坐49昼夜,终于在似乎受到天启的刹那间大彻大悟,从此被尊称为释迦牟尼,意为"释迦族的圣人";还被称为佛陀,意即"觉悟者"。他的四大真理是:第一,人生是苦的;第二,苦的原因在于欲望;第三,只有消灭一切欲望,才能消灭苦因,断绝苦果;第四,要做到这一切只有通过八正道①,以涅槃——断除烦恼成佛为最终目的。在解不开天象、参不透命运的时代,佛教像一盏明灯,给生活在暗夜里的大众送来了"光明"。

公元1世纪,佛教传入犍陀罗地区,与亚历山大城的希腊神像雕刻不期而遇,孕育出伟大的"犍陀罗艺术"。2世纪,在伽腻色迦统治下的贵霜境内,以白沙瓦为中心的犍陀罗艺术达到全盛。此前,佛徒们只是靠佛的脚印、法轮、舍利子来礼拜;如今,古希腊的造像艺术,使佛第一次拥有了令信徒们顶礼膜拜的庄严慈悲的雕像。大量的佛教建筑、佛教塑像、佛教壁画应运而生,东方艺术文明的新时代从此开启。

于阗,是佛向东翻越帕米尔高原第一个落脚的地方。一方面,这里距离佛最近。蜗居在塔里木盆地南缘的于阗看似封闭,却有两条路与山南相通:一条是人们熟知的道路,即从于阗经莎车翻越昆仑山就可以到达犍陀罗;一条是只有于阗人知晓的隐秘捷径,即从于阗经皮山南上昆仑山与罽宾相通。另一方面,信仰佛教的罽宾与于阗人有着共同的祖先——塞人,而公元1世纪佛教中心大月氏的祖先,也与塞人有着共同的祖先——古欧洲人种。也就是说,血统上的联系更有助于文化的传播与融合。

佛教传入于阗,多数中外学者认为在公元前,理由是元寿元年(前2),大月氏王使伊存口授《浮屠经》②。但20世纪50年代,尼雅遗址发掘出一块公元1世纪的棉布,棉布上扎染着一个半裸的女神。女神头顶有圆形的背光,脖颈和手臂上戴有璎珞,半侧的面部荡漾着笑意,据认为是一个菩萨③形象。假如这个判断无误,那么这块棉布是中国境内最早的佛教证物,佛教传入于阗应该是公元1世纪。

---

① 指正见、正思维、正语、正业、正命、正精进、正念、正定。
② 见中国任继愈的《中国佛教史》,日本羽田亨的《西域文明史概论》,日本羽溪了谛的《西域之佛教》。
③ "菩提萨埵"的略称,"菩提"意译为"觉悟","萨埵"意译为"众生",意思是求得最高觉悟、能普度众生的人。因释迦牟尼成佛前曾以菩萨为号,所以菩萨在佛教中仅次于佛祖。观音菩萨的道场在普陀山,文殊菩萨的道场在五台山,普贤菩萨的道场在峨眉山,地藏菩萨的道场在九华山。释迦牟尼与文殊菩萨、普贤菩萨合称释迦三尊、华严三圣。

而在佛书中,佛教是以一种近乎神话的方式降临于阗的。

《洛阳伽蓝记》记载,一个外国商人路经于阗,向于阗王献上了珍稀的礼品,然后禀告国王:"我私自带来了一个外国佛教比丘,现在城南杏树下。"商人的话,激怒了不信佛法的于阗王。于阗王气冲冲地来到杏林,只见光脑袋、披黄衣、赤脚缠布的比丘毗卢旃双目微闭,神态安详,盘腿坐在一棵巨大的杏树下,任金色的杏叶悠然飘落于身,猝然不惊。于阗王瞬间息怒,急忙上前行礼。比丘告诉国王:"佛祖如来派我来到此地,命国王铸造一尊佛像,可保于阗国祚永昌。"对此,于阗王仍半信半疑:"既然你是佛祖派来的,能否让我一睹佛祖的真面?"于是,毗卢旃敲响了召唤佛祖的钟声。不一会儿,释迦牟尼的独生子——罗睺罗变形为佛祖,在空中现出真容。于阗王见状,立刻五体投地,然后下令在杏树下修造赞摩寺,并让画师在墙壁上画下佛祖真相。这座佛寺,因为拥有最像佛陀的画像而享誉西域。

《于阗教法史》也记载,早在佛祖讲法时,望见于阗方向呈现出吉祥景象,知道那里是三世佛的福地,于是派弥勒菩萨和文殊菩萨降临于阗,弥勒化身为国王,取名尉迟森博瓦;文殊化身为毗卢遮那比丘,四处化缘,为民治病。作为弥勒化身的国王,在绿洲巡视时,发现了一只银色麋鹿。国王率众追向麋鹿,一直追到牛头山断崖边,麋鹿再也无路可退,静静地立在崖边,任大漠热风扑打它银色的毛发,眼中放射出慈悲的光芒。士兵们准备活捉麋鹿时,狂风挟裹着黄沙扑面而来。当风停歇,麋鹿已幻化为身着银装的夜叉王遍胜。夜叉王告诉国王,这里是修建佛塔的最佳区域,于阗应该举国信佛。国王不解:"我为什么要信佛?应该为谁修建佛塔?"夜叉王将衣服抛向空中,银色服装像雪一样融化在空中,天空变成巨大的镜子,镜子里开始出现弥勒和文殊降临于阗的一幕幕往事。夜叉王告诉国王,与我同行的还有四位使者,佛塔就是为使者造福于阗而建。话音一落,四位使者从天而降。国王相信了眼前的一切,立刻征调工匠修建大宝塔,后来又围绕宝塔建成了瞿摩帝寺。这座佛寺,从此成为向中原传播佛法的中转站。

《大唐西域记》的记载是,一个罗汉从远方来到于阗,进入王城西部五六里的林中,他借助神力,使得林中放射出奇异的光。晚上,于阗王登上阁楼远望,突见林中光明照耀,问手下是何原因,手下回答:"是一位外域罗汉在林中打坐。"国王来到林中,为这位罗汉的气度深深折服,携其一起回到宫中。面对金碧辉煌的宫廷,罗汉说:"物有所宜,志有所在。我所钟情的,是幽林旷野。高堂深宫,不是我的归宿。"国王对他更为敬重,专门为其修建了伽蓝①。伽蓝建成后,罗汉受邀在此传教。

这个在漫长的历史中,曾经如夏荷一样盛开了1000年,又如冬蛇一样雪藏了1000年的绿洲古国,终于在精神最寂寞的时刻等来了佛的降临。"佛国于阗"声名鹊起。

美玉加上佛国,使于阗一枝独秀于偌大的西域。从此,于阗啊,那是多少人出发的借口,也是多少人归来的理由。

十一、暗夜无边

人们不禁会问:"万能"的佛教真的能够保佑于阗免遭劫难吗?历史老人没有正面回应,只是叹气。

北魏太平真君六年(445),鲜卑支系——吐谷浑慕利延部,受到拓跋鲜卑建立的北魏的压迫,败逃到西域的于阗。得知败将慕利延西来,于阗王没有固守王城,而是调集于阗精锐在王城东部300里列阵,企图拒敌于国门之外。

决战开始了,像一场雪总要在特定的季节飞来。尘沙冲天,流矢如雨,人命的陨落因近身肉搏而迅速与时间的流淌构成函数。最终,于阗人在亡命之徒吐谷浑骑士的冲击下土崩瓦解。

在于阗王城中心广场上,慕利延瞥了一眼五花大绑的于阗王,顺手拿起一把刀插进了后者的胸膛,然后将脑袋剁下挂在城楼上,一场空前惨烈的屠城开始了。

夜幕终于降临,将军向慕利延报告:"精壮男子已被屠戮殆尽,只剩下柔弱的妇女和孩子。"慕利延回应说:"算了吧,可以睡一个安稳觉了。"

---

① "僧伽蓝摩"的简称,汉译为"众园",即僧众所居住的园庭,也就是佛教寺院。唐代,国立伽蓝称"寺",私立伽蓝称"招提"。

夜深了,城里到处传出吐谷浑士兵的鼾声和于阗女人的低声抽泣。一弯下弦月升上中天,也带着一副哭相。

接下来,是于阗历史上最悲惨的两年。新于阗王慕利延不断地奸淫于阗妇女,自己享用完了便赏给下属。他特意发明了许多杀人游戏,除了让于阗百姓扮演猎物外,还让于阗人扮演打败过自己的拓跋那,然后亲自上阵砍下对方的脑袋,以此满足自己的虚荣心。更残忍的是,他捣毁了许多佛教寺院,逼迫和尚还俗破戒,并将和尚的尸首悬挂在佛像上。

恶贯至此,终于满盈。两年后,吃人不吐骨头的慕利延终于被北魏下令退回原住地。而于阗的人口已锐减到当初的一半,国库被洗劫一空,粮食储备消耗殆尽,整座城市仿佛人间地狱。

那么,这个被榨干了油的国家会避免新的灾难吗?历史老人又叹了一口气。因为就在吐谷浑退走的同时,新的草原霸主柔然已经出兵天山,将作战矛头对准了拥有玉石与绸缎的于阗。

于阗王深知,对抗可能会招致杀身之祸,可他骨子里又不甘心任人踩躏。于是,一方面积极备战,一方面写了一封求援信,派使者素目伽向北魏紧急求救。这个乔装成商人的使者,闯过了一道道关卡,躲过了一次次搜身,想尽办法保护密函,数次在生死边缘蒙混过关,没了马匹,少了口粮,仍目光坚定,笑容依旧。

皇兴五年(471),衣衫褴褛的于阗使者终于向献文帝拓跋弘递上了密函。函上写道:"如今柔然奴役西域诸国,这次又将铁骑开到了于阗城下,万望旧主派遣军队,救于阗于水火之中。"拓跋弘正与皇太后争夺朝廷控制权,哪有心思救助于阗。于是,他回了一封信,请于阗王坚守不出,他不久就会派兵支援。

"不久"是多久?素目伽一脸茫然,只有带上辞藻美丽的密函原路返回。等待援军的于阗王终于盼来了"精神上"的支持,他依然没有屈服,继续与柔然人殊死抗争。

延兴二年(472),于阗再也支持不住,一场屠杀即将上演。于阗王亲自负荆请罪,携带宝玉、美女向社仑俯首称臣。社仑还算大度,不仅没有对于阗实施屠城,还让于阗王继续当政,前提是对柔然言听计从。于阗王千恩万谢,一行清泪流过面颊。

在柔然走下坡路的日子里,呼揭人与车师后部人在阿姆河流域建立的滑国持续东进。正光元年(520)前后,于阗陷入了滑国的魔掌,佛寺被摧毁,和尚被杀死在佛像前,已经被外国侵略者吓破了胆的于阗人一个个低头走路,呆若木鸡,仿佛失了魂魄一般。

此后,突厥飓风刮过千疮百孔的绿洲。这个曾经让隋炀帝丧胆并逼迫唐太宗签下了渭水之盟的草原帝国,欺负起西域来自然得心应手。监管队伍被派到于阗,领队的官员被称为吐屯①。

任何一个时代、任何一个地方的人,都想拥有最大限度的舒适和最少的烦恼,他们也想在一个背景相同、语言相同、见解相同的人领导下,达到这种状态。尝试了多次都行不通,现在,失控的局势让他们不得不屈服于外来的主人。倘若这个主人不让他们缴更多的税,不在他们的家族里抓更多的丁,那么他们为什么不接受不能改变的事实,尽量好好过,而要一直进行玉石俱碎的反抗呢?

然而,并非所有人都能随遇而安,最有想法的还是昔日高高在上、今日俯首称臣的于阗王。自从这位满脸横肉的吐屯来到于阗,于阗王就成了地地道道的傀儡。每到上朝,吐屯高坐在于阗王座上处理政务,俨然于阗的真正主人。退朝后,吐屯便派出专人监视于阗王,将他的所言所行全部记录下来,随时向自己汇报。更可气的是,那位性欲超强的吐屯,隔两天就要于阗王提供一个美妇供其享用。

于阗王不甘心充当任人摆布的玩偶,便每天假装饮酒作乐,让手下的将军穿上女人衣服与自己会合,秘密策划暴动的细节。吐屯的眼线被于阗王的"瞒天过海"术所蒙蔽,每日报告给吐屯的文书上都是:今日于阗王又招一位妇女侍寝。

闻听突厥达头可汗受到波斯袭击,于阗王趁机发起暴动。吐屯和其他自以为高枕无忧的突厥军人,突然被潮水一般的于阗军人围困在监护府中。大门被撞开,于阗人踏烂了突厥白狼旗,砍下了吐屯及所有突厥人的脑袋,于阗王再次坐上了自己的宝座。

但远方传来的却是坏消息,波斯被达头击退,西域的小范围叛乱也被突厥平息。本来期望凤凰涅槃式的重生,结果却误入了自取灭亡的险境。

---

① 突厥官名,形同唐朝御史,分驻各部任监察之职,均由可汗所属的阿史那氏族成员担任。

为了不让国民受到牵连,于阗王带上随从,亲自去向达头负荆请罪。也许达头对吐屯的残暴早有耳闻,因而没有杀掉请罪的于阗王,只是派出了一名新的吐屯监理于阗。

经历了此次变故,于阗王变得一蹶不振,连自杀的勇气也全部丧尽。他能做的,只有唯唯诺诺,逆来顺受,沦为一个借酒消愁的酒徒与得过且过的政治僵尸。把"失魂落魄""醉生梦死""行尸走肉"这几个贬义词一股脑儿送给他,也毫不为过。

十二、偷"蚕种"的人

我的疑问是,在且末、尼雅、楼兰、拘弥古城纷纷沉入黄沙,丝路南道落寞与废弃的日子里,于阗为什么繁华依旧?这个遭受吐谷浑、柔然、滑国、突厥数度蹂躏的国家,为什么屹立不倒?

走访了多位专家,我才理出一点头绪。首先,佛教的兴盛,使于阗君民拥有了超常的精神承受力,他们所经历的苦难借助佛教得到了最大限度的缓解。其次,于阗有着得天独厚的玉石资源,尽管被数次劫掠,仍能借助玉石贸易得到补充。第三,于阗是桑蚕业基地,织造的锦缎远销欧洲,使得于阗经济有了又一根支柱。

要了解于阗桑蚕业发展史,还必须从中国蚕茧技术说起。

在汉代丝路开通时,中国丝绸业已诞生千年了。丝绸原料是由洁白透明的蚕吐出的丝。这种用桑树叶子喂大的蚕,日夜不停地吐丝,身体随着丝的不断吐出而变小变形,直到把自己包裹在丝中,造成一个洁白的茧。一位古代文人有感于此,从而发明了一个富有人生哲理的成语:作茧自缚。

汉代的桑农发现,如想得到便于纺织的长丝,就不能让蚕变成蛾子。它一旦变成蛾子,就会咬破茧飞出来,茧被咬破,丝就断了,也就无法得到长长的茧丝了。养蚕人必须在蚕茧被咬破之前杀死它——于是,一项新技术诞生了:把茧投入滚烫的水中,用树枝轻轻搅动,融化掉蚕茧上的那层蜡质树胶,蚕丝也会缠绕在树枝上。一旦找到茧的丝头,就找到了解开整个茧的途径。许多蚕茧丝头集合在一起,形成了丝络,接下来就可以染

169

色、纺织,做成丝织品了。这种水煮茧缫(sāo)丝,可使蚕丝的细度达到20—30穆(每穆等于0.001毫米),蚕丝长度可达800—1000米。

文学家元好问有一句诗:鸳鸯绣了从教看,莫把金针度与人。丝绸收入,是中国官府一大稳定的赋税来源,也是中国农民除粮食收入之外的一大收入,因而养蚕与纺织技术一直秘不外传,如同当年川剧艺人对待"变脸"。技术越保密,丝绸价格也就越高;丝绸价格越高,西方对丝绸的需求反而越加急切,这也是"玉石之路"变成"丝绸之路"的主因。

众所周知,罗马是丝绸之路的终点和主要消费地,也是推动中国丝绸走向西方的吸收源。据说,恺撒在一次庆功会上,不无自豪地展示了他的战利品——一位凯旋的将军奉献的丝绸。这似乎是罗马人首次有机会近距离看到丝绸,摸到如同美女肌肤般柔滑的丝织物。所有在场的人都目瞪口呆,惊诧不已。而让恺撒与安东尼先后拜倒在石榴裙下的埃及艳后克利奥帕特拉,在私密场所所穿的让美丽胴体若隐若现的丝衣,原料就是中国丝绸。①

之后,罗马以丝绸为时髦。公主们使用丝绸面纱,便有了脸庞"柔如鸽毛"的美丽;贵妇们穿上丝绸衣服,就赋予了胴体"若隐若现"的神秘;元老们穿上紫红丝绸衣袍,顿时增加了几分富贵与尊严。于是,丝绸价格扶摇直上。查士丁尼专门颁布法律,严禁每磅丝绸的价格高于八个金宝石。罗马政治家普林尼警告说:"据最低估算,每年从我们帝国流入印度、赛里斯②和阿拉伯半岛的金钱,不下1亿塞斯退斯,这就是我们的奢侈风气和妇女让我们付出的代价。"哲学家塞内加忧心忡忡地写道:"人们花费巨资,从不知名国家进口丝绸,损害了贸易,却只是为了让贵妇人在公共场合,能像在她们的房间里一样,裸体接待情人。"一个英国人更是添油加醋地说:"由东方贸易造成的黄金和硬币的外流,乃是罗马世界经济衰落的主要因素之一。"③

"由俭入奢易,由奢入俭难",多少禁令和警示都不能阻止人性向往舒适的脚步,因此,丝绸并未受到丝毫冷落,价格反而更是一路飙升。

---

① 见克里思沃尔斯《罗马帝国的商路与商业》,第262页。
② 史学界认为,赛里斯(Sures)是古希腊人在疏勒(Sure)这个词之后加了尾音s,他们把作为丝绸转运站的疏勒想当然地看成了出产丝绸的国度。
③ 见赫德逊《欧洲与中国》,中华书局1995年版。

这种彩云般明亮、流水般柔软的神奇丝绸,原料到底来自哪里呢?罗马人展开了想象的翅膀。公元前1世纪的罗马诗人维吉尔在《农事诗》中说:"赛里斯人从树叶上梳下精细的羊毛。"公元1世纪的拉丁诗人西利乌斯·伊塔利库斯在《布匿战记》中畅想:"旭日的光辉已经照遍塔尔泰斯海面,冲破黑夜的重重暗影,照临东国的海岸。晨曦照耀中的赛里斯人,前往小树林中去采集枝条上的绒毛。"1世纪下半叶的罗马作家斯塔提乌斯则在《短诗集》中吟咏:"赛里斯人贪婪至极,他们把圣树剥摘得如此之少,我对此深表怨恨。"直到4世纪,罗马史学家阿米阿努斯还认真地说:"赛里斯人经常向这些树木喷水,这种树生产像绒毛一样的东西。他们将这些绒毛搅之于水,抽出非常精细之线,并将其织成赛里斯布。"他们一直认定这是一种植物纤维,哪里能想到它居然是一种动物蛋白纤维。连西方最智慧的大脑都想不出原料是什么,来自哪里,这是一件多么令人抓狂的事情呀!

于是,人们开始挖空心思地盗取丝绸技术。

第一个成功偷取蚕种的,是于阗。《大唐西域记》记载:过去,于阗国不懂植桑养蚕,派使者前往东国学习。但以丝绸为财源的东国严守秘密,并派重兵把守关防,不允许蚕种流出半个,于阗使者空手而归。一计不成,于阗王又生一计,以高额聘礼向东国求婚。婚约一到,于阗王派出使者前往东国迎娶公主普妮斯娃罗(梵语意为"福自在")。使者临行前,于阗王叮嘱:"你告诉东国公主,如果嫁过来还想穿丝绸的话,就悄悄带蚕种过来。"因此,公主将桑蚕种藏在帽絮之中,躲过了关防士兵的盘查。到达于阗后,公主将桑种与蚕种留在一块适宜植桑的地方,然后才入宫为妃。第二年阳春,于阗开始植桑养蚕。不久,桑树连荫,蚕茧长成。王妃在石上刻下法令:"任何人不能砍伐桑树,捕杀蚕蛾。蚕蛾飞尽,方能治茧。敢有犯违,明神不佑。"为了纪念这位公主,于阗在王城东南五六里也就是植桑的地方建了一座麻射僧伽蓝。伽蓝内现有数棵枯树,据说就是当初种植的种桑。

无独有偶,藏文《于阗国史》中也有类似故事:于阗王Vijayajaya迎娶了中国公主Pre-nye-shar,公主把蚕种带到了于阗,在玛杂饲养。大臣们一见蚕种便大惊失色,声称蚕会变成毒蛇,怂恿国王焚毁蚕种。在熊熊大火中,公主冒险抱出了少许蚕种,偷偷育成后,织成了美丽的丝衣,国王这才后悔不迭。

与此相印证的,是光绪二十六年(1900)斯坦因在于阗丹丹乌里克发掘出的画版。"画版上绘着一个中国公主,据玄奘所记的故事,她是将养蚕业介绍到和阗的第一人。画版中央绘一盛装贵妇坐于其间,头戴高冕,女郎跪在两旁。长方形画版的一端有一篮,其中充满形同果实之物;又一端有一多面形的东西,起初很难解释,后来我看到左边的侍女左手指着贵妇人的冕,对于画像的意义方才恍然大悟。冕下就是公主从中国私偷来的蚕种。画版一端的篮中所盛的就是茧,又一端则是纺织用的纺车。"

从此,于阗牌丝绸锦缎开始行销四方,于阗绢都的称号即由此来。① 考古表明,大概在公元3世纪,于阗就出现了蚕桑。唐宋时期,于阗曾向中原王朝进贡胡锦与西锦。② 清末洛浦县主簿杨丕灼诗意地描绘当地蚕事说:

蚕事正忙忙,匝地柔桑,家家供奉马头。

阡陌纷纷红日上,士女提筐。

零露尚,嫩芽初长。

晓风摇,漾晴光,点缀新装。

那么,丝绸技术又是如何流向西方的呢?这里也有一个言之凿凿的传说。

一天,几个"从赛林达来的和尚"向东罗马皇帝查士丁尼(527—565年在位)信誓旦旦地说,他们不仅精通养蚕技术,而且有办法把蚕种带到君士坦丁堡(今伊斯坦布尔)。在得到罗马皇帝重赏的保证后,他们长途跋涉回到东方。时隔两年,他们真的返回了拜占庭,小小的蚕种被他们藏在了挖空的禅杖里。"在他们的指导下,拜占庭人始终非常得法、非常妥善地饲养这些桑蚕,一直到结茧为止……这样,拜占庭帝国就首次使用由本土生长的蚕所吐的丝作纺织丝绸的原料了"③。

这几个见钱眼开的和尚,究竟从哪里偷来了蚕种?蚕种显然不是来自中国,因为梁大宝元年(550),北齐刚刚代替东魏,梁简文帝萧纲方才

---

① 根据颜亮、赵靖所著《佛自西方来》,中国国际广播出版社2012年版。
② 见沈苇所著《新疆词典》,上海文艺出版社2014年版。
③ 见法国法布努瓦所著《丝绸之路》,新疆人民出版社1982年版。

上台,河西走廊被吐谷浑占据着,那些和尚很难通过丝路回到中国。所以拜占庭历史学家普罗科比乌斯的记录是:"赛林达位于许多印度部族的北部,蚕卵是几个僧人从赛林达带到拜占庭的。"日本学者陈舜臣进一步考证说:"两个僧侣当初寻求蚕种而来,和田是最近之地。那时在丝绸之路上,和田应该是有名的丝绸产地。我想说,赛林达就是和田。"①

对此,我深表赞同,因为于阗位于印度北部,已经学会了植桑养蚕,而同样位于印度北部的疏勒、鄯善并非丝绸制造重镇。

十三、"舍身求法"

对于蚕种被盗,人们大可不必过于敏感甚至愤慨。因为任何一种技术机密,随着时间的推移和受众的增加都将不成其为机密。在追求名誉胜过追求财富的古代,一项发明受到赞扬和关注本身,对于发明者而言就是莫大的荣誉。中国的造纸术、印刷术、火药和指南针何曾对国人保密过?外国的电灯、电话、汽车、电脑等人人受益的技术,又如何能做到保密?正所谓"好事不避人,避人无好事"。今天发达国家对原子弹、远程导弹、隐形飞机、航空母舰制造技术所谓的保密,其实是西方政客的不健康霸权心理在作怪,这些技术对普通民众毫无益处。至于应该受到保护的企业与个人的知识产权,那就另当别论了。而精神世界的发明,如宗教、哲学、心理学等,更是人类应该共享的文明成果,任何的封闭与保护都有悖于发明者的初衷。

但宗教的传播,还是经历了重重波折。现代文学巨匠鲁迅曾说:"我们自古以来,就有埋头苦干的人,有拼命硬干的人,有为民请命的人,有舍身求法的人。""他们,是中国的脊梁。"中国第一位"舍身求法"的人,就与于阗有关。

他法号八戒,祖籍颍川,出生在三国时期的吴国,是汉地第一位正式受戒出家的僧人,出家地点在洛阳的白马寺。读者听到八戒这个名字,马上就会联想到《西游记》中好色的二师兄。想来,吴承恩在构思这部小说

---

① 见陈舜臣《西域余闻》,广西师范大学出版社2009年版。

时,肯定阅读了大量中原高僧前往天竺取经的传记,否则取经之路怎么能够信手拈来,写得那么异彩纷呈?这位八戒,尽管不是那位喝醉了酒之后调戏嫦娥,被打了二千锤,贬下凡尘的天蓬元帅,但二位的确也有一些共同点。

首先,二者都姓朱。不过此朱非彼"猪",猪八戒是神仙,天蓬元帅下凡,可惜投错了胎,但一点儿也不傻,且极富生活情趣并偶尔制造一点绯闻。历史上的八戒出家前本姓朱,名士行。

其次,二者都是取经人。不同的是猪八戒是配角,陪同师父一路打打闹闹、说说笑笑地取回了真经,自己也修成了正果;而朱士行是主角,一位不苟言笑、认真虔诚的出家人。

一天,朱士行在洛阳讲授《小品般若》时,讲着讲着就糊涂了,不仅徒弟们不满意,连自己也不明就里。一来二去,他发现,不是自己水平差,而是经文文理不通,前言不搭后语。他想找佛经原文对照一下,但中原根本就找不到梵文佛经。他实在无法容忍汉译佛经的低级错误,于是决定穿越漫漫黄沙,到佛教发源地寻找完整、精确的佛教原本。

西出河西,就是西域。那里不仅有大漠流沙、丝路古道,还有暮鼓晨钟、梵音佛唱。对于刚刚经历了军阀混战,至今还享受着天下三分的中原人士来说,西域是对和平的向往,对天堂的渴望,她沐浴着千里无鸡鸣、孤苦无依的人世沧桑,蕴含着渡尽人间劫难、归去来兮的慈悲妙音。景元元年(260),朱士行从洛阳启程,经长安,走河西走廊,出玉门关,穿越三陇沙,历尽千难万险,到达了传说中的"小西天"于阗。

朱士行来到于阗,与唐玄奘到达小雷音寺的感觉一样,都是佛寺林立、佛号声声、僧侣满城,举国上下尊奉佛教。只不过,朱士行学的是大乘佛教,而在于阗居正统地位的是小乘佛教。

所谓"乘",是梵文 yana 的音译,有乘载或道路之意。公元1世纪,佛教形成了"大乘"派别,意思是"普度众生",与此前的"小乘"(并不包含古印度所有的部派佛教)形成对立。两派的区别在于,小乘注重苦修,寻求"自度",也就是自我解脱;而"大乘"不仅能够自度,也能度人,更为关注众生苦难。小乘认为,世上只有一个佛——释迦牟尼,其他人通过修行,最高可以达到罗汉的境界,但不能成佛;而大乘认为,世上三界十方,过去、现在、未来,四面八方有无数的佛,佛祖只是众佛中的一个,通过修炼，人人都可成佛。所以《西游记》里打打杀杀的孙悟空、色眯眯的猪八戒改邪归正，功德圆满后也能成佛。① 由于大乘好比一艘巨船，承载着无量众生到达彼岸，向更大范围的世人打开了救赎之门，并且将通往救赎的道路改造得更加简单易行，因此得以在中亚与中国广泛流行开来。就这样，如同基督教取代了犹太教，大乘佛教也代替了小乘佛教，大乘佛教和基督教因此被称为"第二波"轴向宗教。

显然，朱士行到于阗来是敲错了门。那么，再往前行去印度取经？既不知晓线路，也没有思想准备。无奈之下，他们只得在于阗住下来，一边学习小乘，一边慢慢寻访梵文的大乘佛经。

经过几年孜孜不倦的追寻，他终于找到了《道行经》梵文正本。他决定派弟子把佛经送回内地，自己继续在于阗研修佛法。

听说朱士行派人送大乘经文回国，小乘信徒们便蛊惑于阗王，不准朱士行的弟子出境。弟子被于阗士兵挡回来之后，朱士行苦口婆心地向国王解释，但崇信小乘的于阗王无动于衷。哀求持续了20年，仍无济于事。

徒弟们急了：有的主张偷渡，但于阗人戒备森严；有的主张在行李中夹带，但行李在过关时是必须搜查的；有的主张把经文刺在身上，但60万的经文需要刺多少年呀？！末了，朱士行向徒弟们摆了一下手："你等暂且回避，容我想一想。"

他一想就是三天，水米不进的三天。太康三年（282），朱士行再次觐见于阗王，郑重提出："您可以用火烧我翻译的佛典，如果火烧不坏，说明有佛祖保佑，请允许我送回佛经。"

于阗王并非傻瓜，当然知道没有烧不坏的经文，便约上小乘僧人一起观看朱士行点火烧经。

众目睽睽之下，朱士行将点燃的火把扔在佛典上，熊熊的火焰居然像避开流水一样绕开佛典并瞬间熄灭。在场的僧人不禁折服，于阗王也暗自称奇，再也无法回绝朱士行。

他的弟子弗如檀将《道行经》送回了洛阳，由当时侨居洛阳的印度僧人竺叔兰和西域僧人无罗叉译为汉文。他则一直留在于阗，80岁时圆寂。20年辛苦，换得真经东传，是八戒——朱士行开创了汉地700年西

---

① 见胡孝文、徐波主编《永远的"西域"》，时代出版传媒公司2011年版。

行求法的先河。

十四、西天取经

作为中国第一个信佛的地方（于阗引进佛教应该与疏勒同时），于阗的价值在于，它恰恰横亘在中国、印度、西方之间，而它迷离的身世，正是因为混杂了东方和西方的双重色彩。佛不仅要在此驻足，还需要由于阗引荐到东方。

朱士行来了，送回了经文。

步其后尘，100年后的一天，又一个虔诚的面孔出现在西渐的丝路上。他法名法显，已是66岁的垂垂暮年。以他为首的11人的"西行巡礼团"，西出阳关，走楼兰道，经鄯善、焉耆，于东晋隆安四年（400）抵达"国泰民安"的于阗。

在法显一行心目中，于阗本来最多算是歇脚的地方，但他们却足足留居了三个月。因为这里是西域佛教的中心，有珍藏着丝路南道六个国家稀世珍宝的王新寺，有3000名僧人一起进食的大乘佛寺瞿摩帝寺。数万僧侣的饮食都由国王无偿提供，俗称"众食"。每户百姓门前都立着一座高五米以上的佛塔，俗称"小塔"；每座"小塔"周围都建有方形的僧房，专供行游的外地僧侣居住。走遍世界，您也找不到如此虔诚的佛土。

为了观看于阗佛节——为纪念佛祖四月初八诞辰而举行的"行像"仪式，法显在这里多停留了三个月。佛节来临前，百姓们纷纷修整房舍，装点街面；士兵们在城门张灯结彩，悬挂经帷；僧侣们制作了三丈多的四轮像车，形如移动的宫殿。佛像立在像车的正中，周围有两尊菩萨侍立。金装银裹的众天神飘悬在空中，熠熠生辉。"行像"仪式开始后，全城出动，人山人海。当佛像距离城门一百步时，于阗国王摘掉王冠，赤裸双足，持花奉香，在众人的簇拥下恭敬地出城迎像。佛像进入城门时，站在城楼上的王后和宫女们便不停地抛撒鲜花。片片五色鲜花从天而降，如一场美丽的花雨。从四月初一开始，游行队伍簇拥着像车逐个寺庙巡游，每个寺庙行像一天，仪式一直持续了14天。

四年后，法显到达中天竺，成为中国赴印度取经的第一人。

过了100多年,北魏神龟元年(518),两个中原人出现在丝路古道上,为首的叫宋云,是北魏官员,西行的目的是搜集西域的情报。而专门安排崇立寺的和尚惠生随行,当然是以取经为名掩人耳目。

他们没有走河西走廊,而是从青海的吐谷浑,向西穿越柴达木盆地到达鄯善,然后进入了于阗国边境。他们先是来到了捍䍧城,也就是汉代的拘弥国。在这里,惠生第一次感受到宗教的力量。此地有一尊佛像,面向东方,不肯西顾。以这尊佛像为中心,建有大量的佛像、佛塔供僧众瞻仰,过往行旅施舍的幡盖更是不计其数。在于阗都城,他们并没有过多地停留,而是直接向西,宋云进入了北魏最感兴趣的嚈哒国,惠生则进入印度取经。

正光三年(522),宋云回到北魏,他所倚重的胡太后已被软禁,他带回的情报被束之高阁。第二年,惠生也携带着170多部经卷回国。他们两人根据西行经历撰写的《惠生纪行》和《宋云纪行》,后来都被编辑在了《洛阳伽蓝记》中。他们的汗水总算没有白流。

又过了100年,一位年轻的僧侣循着法显、惠生的脚步,偷偷出现在西行的丝路古道上。

他俗姓陈名祎,法名玄奘,出生在洛阳偃师。贞观三年(629),27岁的玄奘从京都长安出发前往天竺取经。说他偷偷出行,是因为唐与周边国家战争频仍,尚未建立外交关系,国人出境有可能泄露国情与军情,和尚自然也不例外。我们的问题是,他为什么冒着偷越国境的危险和远涉万里的艰险前往印度呢?有什么样的动力驱使他做出如此重大的决定呢?

原来,他在佛学上遇到了一个解不开的难题。按照小乘说,只有累世苦修、锲而不舍的人,才能到达天国,因而使得许多人望而却步。而唐朝风行的大乘空宗,就是针对小乘的修行过于清苦和戒律过于严格应运而生的,它不要求累世修行,只需归依三宝,礼拜如来,就能达到成佛的目的,因而使得民众蜂拥而至。但是,大乘空宗认为,一切事物都是在一定因缘条件下形成的,因而事物本身便是"空幻无实"的、无形相的,不仅不承认物质的存在,就连佛教徒赖以寄托的真如、佛性、涅槃等都空掉了,这便使得许多高僧出现了困惑甚至断绝了念头。为了改进这一弊端,4世纪末到5世纪初,作为佛教发源地的印度由弥勒创立了有宗,保护了"真性如来"的"有",玄奘前往印度学习与研究的,正是以《瑜伽师地论》为代表的有宗,即瑜伽宗。

玄奘西行选择的是丝路北新道。路经佛教重地龟兹时,玄奘有幸见到了在印度修行过20余年的小乘高僧木叉麹(qǔ)多,向对方借阅大乘经典《瑜伽论》。结果,对方正色说:"何谓问此邪见之书耶?如为真佛弟子,必不学此书!"玄奘这才知道,整个西域传承的是小乘,他要想寻找大乘有宗说,只能前往印度。就这样,玄奘只好与佛国于阗擦肩而过。

擦肩而过并不代表心无旁骛。贞观十八年(644),从印度满载而归的玄奘,选择了艰辛无比的丝路南道。在瞿萨旦那国(即于阗),他整整住了一年。一个原因,是于阗王真心挽留他在此弘法。第二个原因,是他在渡过帕米尔高原上的一条河流时,被水流冲走了部分得自"西天"的大藏经文,他需要派人到龟兹、疏勒等佛国访求所佚的经文。第三个原因,就是派高昌人马玄智带上自己给唐太宗的"陈情表",恳请唐太宗原谅自己当年"私自出关"。七八个月后,马玄智带回了唐太宗热情的书信,表示期待着与玄奘会面。

令玄奘有些不快的是,主修大乘的他被安排在小乘僧侣云集的萨婆多寺讲经说法。在应付完这点差事后,他尽量抽出时间,游历了于阗全境,搜集了大量传说,难怪《大唐西域记》关于瞿萨旦那国的记载最为详尽,达12节之多。

贞观十九年(645)正月初六,玄奘东归长安。听到玄奘取经归来的消息,上至大臣(此时唐太宗在洛阳督战高句丽一役)下至黎民纷纷前往迎接。玄奘乘船沿运河进入长安,却因人群拥挤无法上岸,不得不在船上度过了一个不眠之夜。直到次日,玄奘才得以进城,将带回的经典与佛像展示在朱雀门前。

在慈恩寺译经期间,玄奘将西行的日记作为网兜,捞起了沉在水底的千年珍宝,整理出了千古传承的《大唐西域记》。这部书视角独具,脉络清晰,语言精练,文采飞扬,是一部有着非凡历史、地理、宗教价值的长篇游记,至今仍令人爱不释手,一直是笔者的枕边书。之前,印度一直被译作"身毒""天竺"等,是玄奘根据当时的"正音",首次将这个佛教发源国译作"印度"。

后来,明代小说家吴承恩将玄奘取经的故事加以演绎,创作出世界名著《西游记》。因为受众的原因,神话了的《西游记》比纪实的《大唐西域记》名气要大得多。

现实总是枯燥,想象至为美妙。

十五、万方乐奏有于阗

> 长夜难明赤县天,
> 百年魔怪舞翩跹,
> 人民五亿不团圆。
> 一唱雄鸡天下白,
> 万方乐奏有于阗,
> 诗人兴会更无前。

这是新中国缔造者毛泽东的一首词——《浣溪沙·和柳亚子先生》,描述的是各族人民欢庆新中国成立的盛况。

最早读到这首词,还是20世纪70年代。当时正上小学的我,几十次地背诵过这首神秘而美丽的词。以至于后来一说起新疆,我就会条件反射般想到于阗。在那个视金银财宝如粪土,把宗教等同于牛鬼蛇神的年代,我压根就不知道什么和田玉,更不知道于阗曾是佛教之都,我所知道的,只有于阗歌舞。在我的想象中,每一个新疆人特别是和田人,都身着盛装,能歌善舞。于阗几乎就是歌舞的代名词。

的确,于阗完全配得上歌舞、艺术之乡的美名。据说,今和田维吾尔人能走路就能跳舞,能说话就会唱歌。

早在汉代以前,于阗乐舞就已传入中原。隋代,"于阗佛曲"曾盛极一时。唐代,于阗乐舞世家——尉迟家族一直活跃在长安舞台上,尉迟青以擅长演奏筚篥而闻名,其筚篥吹奏技艺被唐代段安杰在《乐府杂录》中誉为"冠绝古今";尉迟璋的歌声,则可"一声飞出九重深"。

如果说,乐舞是古国于阗一大标签的话,那么绘画,则是生活在大漠边缘的于阗人呈现给世界的一朵艺术奇葩。隋末唐初的尉迟跋质那、尉迟乙僧父子,擅长绘制佛教壁画,人称"大小尉迟"。其中"丹青神妙"的小尉迟乙僧,还被于阗王推荐到长安,毕生从事绘画创作,从而形成了唐代绘画史上的"于阗画派"。大小尉迟的绘画技法是,以铁丝勾勒轮廓,凹凸晕染发表现质感。"小则用笔紧劲,如屈铁盘丝;大则洒落有气概。"只可惜,大小尉迟的画作并未传承下来。

2003年,考古人员在和田县城以东的达玛沟发掘出一座唐代佛教寺院。在这座寺院的墙壁上,有多幅描写佛教内容,具有明显尉迟派画风的精美壁画。壁画里的人物,脸上浮现着"东方蒙娜丽莎"的神秘微笑。

我渴望着,在广袤浩瀚的塔克拉玛干沙漠中,在发现"东方蒙娜丽莎"的地方,能够找到大小尉迟的真迹⋯⋯

十六、心向东土

时光飞逝,光阴流淌。五胡十六国的喊杀声终于停歇,人们等来了统一而强盛的隋唐。

隋文帝时期,曾一度西进灭亡了吐谷浑,让于阗王看到了摆脱西突厥魔爪的希望。但隋炀帝上台后,一改父亲的西进策略转而东攻高句丽,于阗国心底的那团火焰随即熄灭。

还是等到唐,等到唐出了唐太宗李世民吧。贞观四年(630),唐在阴山大破东突厥,俘虏了颉利可汗。随后,西北各族首领到长安朝见,请求李世民接受"天可汗"的称号。受到深深震撼的西突厥乙毗设匮可汗也赶忙派出特使,请求联姻。李世民爽快地答应了这门亲事,但索要的聘礼是割让于阗、龟兹、疏勒、朱俱波、葱岭五国。可汗惊出了一身冷汗,当然不愿将这几个财源拱手送给唐,于是再也不提联姻之事。

西突厥不提联姻之事,并不代表唐太宗忘了他们。贞观二十一年(647),李世民派昆丘道大总管阿史那社尔,率大军远征西突厥监管的龟兹国,打出了向西突厥叫板的第一拳。于阗王伏阇(shé)信(又译作"尉迟信")闻讯,立即派儿子向唐军捐献了300匹骆驼,表示将积极配合唐军的行动。

龟兹很快告破。

战后,行军长史薛万备向阿史那社尔建议,何不带上暗中降服的于阗王一起进京面圣。后者回答:"可以,一旦于阗反抗,可顺便屠杀之。"于是，薛万备率轻骑赶赴于阗，没想到，于阗王早已杀尽城中的西突厥人，和百姓一起夹道欢迎唐朝大军。

随后，伏阇信随唐军来到梦中的长安。不久，宫中传来了李世民驾崩的噩耗，悲痛不已的伏阇信身着孝服，为唐太宗守孝。为表彰于阗王的忠心，即位的唐高宗李治命令工匠将伏阇信的相貌刻成石像，与其他十四个少数民族首领的雕像一起，分列在唐太宗昭陵的左右，世代守护亡灵。

葬礼一结束，伏阇信就被李治封为右卫大将军，其子叶护玷被任命为右骁卫将军，并赐予了金带、锦袍和住宅。数月之后，伏阇信满载而归。

永徽六年（655），伏阇信应邀再次来到长安，获取了西域将被唐划分成5个州的消息，他没有表现出任何异议，并表示随时听命于唐设在龟兹的安西都护府。

依靠安西都护府的庇护，于阗在龙朔三年（663）躲过了西突厥弓月部的袭击，并在两年后将潜入于阗城的弓月军大部消灭，从而彻底消除了西突厥残余势力的威胁。

咸亨元年（670），迅速崛起的吐蕃一口气吞并了西域18个州县，依次拿下了安西四镇。伏阇信在如此艰难的环境中，秘密歼灭了国内的反叛势力，冲出吐蕃守军的重重包围，率部进入唐都长安，表示愿意随唐军收复安西四镇。

外表温和但内心坚韧的李治决定出手。在伏阇信先行游说西域列国，得到诸国军事支持的基础上，唐派出大军联合西域各国，一举歼灭了西域的吐蕃势力。战后，唐将西域5州分成10州，在于阗设立了毗沙都督府，任命伏阇信的儿子伏阇雄为首任都督。

在之后的岁月里，伏阇雄联合唐派驻西域的金牙军，数次击退了咄咄逼人的吐蕃军团，让唐朝旗帜高扬在大漠绿洲之间。

十七、少主尉迟胜

转眼已到天宝年间，正值壮年的于阗王尉迟珪突然病逝，他的长子——少年尉迟胜即位。

心怀长安梦的尉迟胜，在即位的当年，便迫不及待地来到长安，顺便给唐玄宗李隆基带来了名马、美玉。李隆基亲自接见了这位聪明伶俐的少年国王,欣喜地拉着尉迟胜的手,高声称赞:"西域英雄出少年啊!"

兴之所至,李隆基将一位宗室之女许配给了他,还授予了他右威卫将军、毗沙府都督的称号。

携美眷而归的尉迟胜,在途中得知安西节度使高仙芝正与吐蕃控制下的萨毗、播仙激战正酣。回国的当天,他便率领于阗精兵,快马加鞭杀进战场。

面对装备着吐蕃鱼鳞铠甲、西域良马的萨毗、播仙军团,高仙芝的征讨异常艰苦,每攻占一个区域,都要付出血的代价。一天,双方正杀得天昏地暗,萨毗、播仙军团身后突然马嘶人嚎,杀声震天,原来是于阗军团绕到了敌军身后。唐与于阗前后夹击,战局立刻呈现一边倒的态势,萨毗、播仙土崩瓦解。

消息传到长安,李隆基加封尉迟胜为光禄大夫,晋升光禄卿。

天宝十四年(755),风云突变。趁李隆基忙着和昔日的儿媳杨贵妃调情,朝政被"不学无行"的杨国忠控制之机,唐范阳、平卢、河东三镇节度使安禄山和大将军史思明,率20万大军在蓟县独乐寺起兵,发起了历时八年的"安史之乱"。

> 东北望,战火熏染大唐。
> 狼烟急,虏骑猖,人臣安可坐消亡?
> 西南方,胜兵铁骑雄壮。
> 天欲倾,国有殇,断头相见又何妨!

至德元年(756),在危难之际即位的太子李亨,遥拜逃亡四川的李隆基为太上皇,向天下发出了紧急勤王的号令。安西、北庭的唐军几乎全被调回内地:安西都知兵马使李嗣业、绥德府折冲都尉段秀实的5000安西精兵,北庭行军司马李栖筠的7000兵马,左右金吾卫将军马璘的3000精兵,共15000人返回凤翔,组建了战力超强的镇西北庭行营,参加了收复长安的战争。

第一时间听到"安史之乱"消息,于阗王尉迟胜椎心泣血、夜不能寐。他诏令弟弟尉迟曜代管国事,自己率领儿女及5000精兵参加平叛。于阗国民闻讯后,认定尉迟胜此去必然难归,纷纷拉住尉迟胜的战马,极力阻止于阗军队出城。无奈之下,他只有留下年幼的爱女作为人质,并一再表示战火平息后一定返回故乡。国民们这才恋恋不舍地送他们东去。

那一天,天特别地蓝,天上没有一朵白云,于阗百姓们多么想有一场雨,混合着自己的泪水尽情流下。

在收复长安的战斗中,尉迟胜随同唐军奋勇拼杀,渐渐成为平叛部队的一支生力军。唐宰相李泌看到于阗大军在叛军阵中左冲右突、挥刀冲杀的场景,不仅感慨地说:"长安能够收复,于阗功不可没啊!"而李亨更是对尉迟胜厚爱有加,授予他特进,兼殿中监。

广德年间(763—764),唐代宗李豫拜尉迟胜为骠骑大将军、毗沙府都督、于阗王,诏令他回国主持国政并行使都督职责。然而,却被尉迟胜谢绝,并演绎出一个"兄弟让国"的传奇。

十八、兄弟让国

对于"兄弟让国"的典故,饱读史书的李豫并不陌生。

据《史记》记载,在商代,有一个叫孤竹的封国,孤竹国君有两个儿子——伯夷与叔齐,伯夷是哥哥,叔齐是弟弟。大概是喜欢小儿子的缘故,国君立叔齐为继承人。国君死后,尽管身为父亲公开册立的继承人,但叔齐不肯在哥哥之前当国君,所以决定让位给伯夷。伯夷则说要遵从父命,只好用逃走来躲避。叔齐还是不肯当国君,所以也跟着伯夷逃到了周部落的土地上,开始了长期的隐居生活,直至在穷困潦倒中死去。

当下,千年前的传奇在于阗王兄弟之间重演,但这次主动让国的,是哥哥尉迟胜。这个已经把生命与长安连接在一起的西域国王,再也不愿西返故土。他一方面提出终生以守护长安为职责,一方面决定正式将王位让给弟弟尉迟曜,恳请李豫批准。

李豫为尉迟胜的义举所折服,允许他常驻长安,开府仪同三司,封武都王,并给了他百户封邑。尉迟胜在京师修建了一座拥有亭台楼阁的豪华宅院,一时宾客盈门,甚至引得一些好事者前来参观。他仿佛一下子深谙了美好生活的秘密:设定限制,并对你拥有的一切心存感激。

已经拥有和平安定生活的尉迟胜不仅心满意足,而且对唐忠心有加。唐德宗李适(kuò)即位后,尉迟胜曾陪同李适巡游奉天,并兼任了御史中丞一职。兴元元年(784),他又被李适任命为右领军将军,继而升任右威卫大将军,成为睦王李述的老师。

稍后,于阗王尉迟曜派遣使者上书李适说:"于阗建国以来,一直是嫡长子继承大统,虽然哥哥尉迟胜把王位让给了我,但王位继承人仍是尉迟胜的儿子尉迟锐,请允许我将尉迟锐立为太子。"李适感到有理,便任命尉迟锐为检校光禄卿兼毗沙府长史,诏令其回国履行职责并在将来继承王位。

但尉迟胜否决了弟弟的建议。他言辞恳切地对李适说:"尉迟曜当政已经多年,令于阗国人心悦诚服。我的儿子尉迟锐成长在长安,已经不熟悉于阗的风土人情,万万不可派他回国。"回到家,他对满脸不高兴的儿子说:"请随时将你身后的门关上,尽管那里有美好,但更多的是负担。"

这就是轰动一时的唐代西域版"兄弟让国"的故事。

人们感兴趣的不仅仅是尉迟胜对权力的态度,更多的还是他对人生与时间的感悟。

他深知,铅华必褪,真水无香,权力是暂时的,一切终究会化为无形。有人曾经问生活在北极圈里的爱斯基摩人,您多大年龄了?他的回答一般是:"我不知道,我也不在乎。"再追问,他会说:"不到一天大!"爱斯基摩人相信,晚上如睡时他们就死了,第二天醒来他们就又获得了新生,因此没有一个人能活过"一天"。把每一天当成一辈子过,你还会有时间或者还会舍得花时间去担忧,去焦虑,去勾心斗角,去追名逐利吗?我认定,尉迟胜就是一个把每一天当成一辈子来过的人,是中国历史上对名利看得最为透彻的国王。这样的人在国外历史上也十分罕见,我们能找到的恐怕只有华盛顿。

尉迟胜30岁东来平叛,64岁在长安病逝,在唐都高大的城墙后面安全、舒适地生活了35个年头。

诀别人世时,他脸上没有一丝痛苦的表情。据说,人到无求,心必坦荡,言必真诚,行必磊落,志必光明。

十九、吐蕃阴云

永徽元年(650),吐蕃赞普松赞干布突然病逝。尽管文成公主又活了30年,但唐与吐蕃的关系还是急转而下。

龙朔三年(663)之后,唐与吐蕃在于阗展开拉锯战。如意元年(692),武曌(zhào)派出3万军队远征,将吐蕃军团赶出了包括于阗在内的西域。

为了夺回于阗,吐蕃选拔了一批精明的吐蕃士兵组成斥候部队,分批派遣到西域做间谍。贞元七年(791),斥候传回了于阗军资奇缺、唐日渐衰败的消息,吐蕃军队发动了对于阗的袭击,失去了唐军支持的于阗很快陷落。

得胜的吐蕃军人大摇大摆地进入了于阗城,像逛自家花园一样细细品味这个经过百年辛劳方才进入的军事重镇。随后,吐蕃开始向于阗大规模移民,那些身披兽皮、头扎辫子的吐蕃人携带着妻子儿女,心安理得地成为于阗的新主人。于阗的每座城池都派驻了一个名叫节儿的首领,颐指气使地管理于阗的人口、牛羊、葡萄与无花果。

尉迟王族虽然没有被废除,并被颁发了二等金字告身,但却被拥有铜字告身的节儿呼来喝去。于阗百姓就更为悲惨了,他们的草场被吐蕃人全部抢走,他们只好来到草场的边缘苟且度日。15岁以上的女子都被吐蕃人抢走做了奴隶,成年男子则被抓做军队的杂役。

走投无路的于阗人,只好做了打家劫舍的强盗,专门抢劫吐蕃人的军需。为了稳定局势,吐蕃人在于阗各城设立了军事据点,每隔数里就有一座驿站负责传送军事情报。

常驻于阗的吐蕃官员墀热受命侦办军需抢劫案件,查了半天理不出头绪,这位聪明的吐蕃官员便将这个无法完成的任务推给了于阗王。

劫匪很快落网,就在身为傀儡的于阗王正在犹豫是否将抢劫者交给墀热时,早有吐蕃间谍将劫匪被抓到的消息报告了墀热。

于阗劫匪是在空旷的于阗王宫前广场上被处决的。吐蕃的本意是以此震慑于阗人的反抗,想不到,这一血腥的场面反而进一步激起了于阗人愈演愈烈的反抗。

会昌六年(846),吐蕃达摩赞普被暗杀,后宫围绕继承人问题展开了一场残忍的火并,具有200年统一历史的吐蕃走向分裂。消息传到于阗,于阗王着手策划暴动,绿洲弥漫起沙暴来临前的紧张气息,孩子们嘴里也传唱起吐蕃败退的童谣。

一天清晨,多情的朝霞把南部的昆仑山涂成了一只天河中的红鲤。于阗王一声令下,于阗君民争先冲向吐蕃人的军事据点。几天后,不断有吐蕃移民从于阗城内逃出,他们携带家眷和家当,像当初迁入于阗一样。在被吐蕃占据半个世纪之后,于阗再次回到了真正的主人手中。

后梁乾化二年(912),尉迟僧乌波继任于阗王。这时,唐已经灭亡五年,但这位唐文明的痴迷者,仍将姓氏尉迟改为李,更名李圣天。后晋天福三年(938),李圣天派遣使者马继荣携带国书与美玉、红盐、郁金等名贵贡品抵达后晋都城东京(今开封),受到了石敬瑭的热情接待。

作为契丹的儿皇帝,石敬瑭好久没有这样高兴了。那天,他把马继荣当堂封为镇国大将军,并给了大把赏赐。之后,后晋派遣供奉使张匡邺、副使高居诲出使于阗,册封李圣天为"大宝于阗国王"。副使高居诲记下了沿途见闻,这就是著名的《使于阗行程记》(又名《居诲记》),可惜此书后来失传。李圣天一直试图与后晋结成防御同盟,可惜后晋这个"儿皇帝"国,既无力也无意,李圣天很是失望。

李圣天只能退而求其次,着手加强与河西"敦煌王"的联系。敦煌王曹议金将次女嫁给了李圣天,被李圣天封为皇后;李圣天将三女儿嫁给了曹议金的孙子曹延录。尽管这个东部邻居不够强大,但毕竟多了一个"亲上加亲"的铁杆兄弟。

此时的于阗国东连敦煌,南邻吐蕃,西北接疏勒,地广千里,兵强马壮,俨然一副纵横大漠、睥睨天下的不凡气派。也就是说,于阗已经抵达了历史的峰巅。

岂不知,每一个抵达峰巅的人,都会面临着无路可进的尴尬。因为横在他们面前的,只有下坡路。

二十、宗教战争

毕竟,于阗太美丽,太神秘了。既然这里有美玉,有丝绸,有绿洲,远离中原的烽火狼烟,注定了这是一个移民者的天堂。

新遗民名叫回鹘,本是蒙古草原上的一个游牧帝国,曾经和于阗一起参与平定过"安史之乱"。开成五年(840),10万黠戛斯骑兵向遭遇饥荒的回鹘发出了致命的一击,回鹘馺馺可汗被杀,回鹘都城哈剌合孙被毁,亡国后的回鹘被迫南下、西迁。西迁的主力远迁到葱岭西部的楚河一带,被称为葱岭西回鹘。西迁的另一支回鹘来到别失八里(新疆吉木萨尔),后来攻克了吐蕃占据的西州、北庭,将中心转移到西州高昌,从此被称为西州回鹘或高昌回鹘,成为今维吾尔族的先人。西迁的另一股人马在河西走廊停下了脚步,从此被称为河西回鹘或黄头回鹘,他们就是今裕固(意为"富裕巩固")族的先人。

一伙回鹘人到达于阗。他们没有强大的骑兵,没有锋利的兵器,只是作为流浪者进入于阗的。可是,回鹘人的悄悄渗入,既为于阗增添了新鲜血液,也埋下了改写于阗历史的伏笔。

后来,葱岭西回鹘在八拉沙衮(吉尔吉斯的托克马克)建立了喀喇汗王朝(黑汗王朝)。第一任汗王毗伽阙·卡迪尔汗死后,两个儿子分别继位:老大巴泽尔驻八拉沙衮,称狮子王,为大汗;老二奥古尔恰克驻怛逻斯(江布尔),称公驼汗,为副汗。

公元893年,信仰佛教的奥古尔恰克与信仰伊斯兰教的西部邻居——萨曼王朝关系恶化,后者发动了声势浩大的伊斯兰圣战,怛逻斯被攻克,奥古尔恰克被迫迁都喀什噶尔。

不久,萨曼王朝伊斯玛仪汗兄弟发生内讧,伊斯玛仪汗的弟弟纳斯尔来到喀什噶尔寻求政治避难,奥古尔恰克热情接纳了这位穆斯林王子,并且委任他为阿图什地方长官。期间,奥古尔恰克的侄子萨克图·布格拉认识了纳斯尔王子并与之结成了朋友。在长期的耳濡目染中,萨克图私下皈依了伊斯兰教,并取了阿不都·克里木的教名。

阿不都·克里木一边暗中学习宗教知识,一边秘密发展忠实信徒。

经过多年的卧薪尝胆,他在25岁时带领穆斯林兄弟成功发动了政变,砍下了叔叔的头颅,夺取了公驼汗的王位。一上台,他就宣布伊斯兰教为合法宗教,自上而下地强制推行伊斯兰教。不久,他又发动了对八拉沙衮的圣战,打败了拒绝接受伊斯兰教的大汗。从此,伊斯兰教成为喀喇汗王朝的国教,作为穆斯林标志的星月旗开始在这片土地上猎猎飘扬。

喀喇汗王朝强制推行伊斯兰教并疯狂迫害佛教徒的做法,引起了信奉佛教的东部邻居大宝于阗李氏王朝的不满。于阗国不仅对喀喇汗王朝的佛教徒暴动给予支持,而且还对逃亡于阗的佛教徒予以收留和庇护。于是,两国关系急转直下,从宋建隆三年(962)开始,展开了近半个世纪的血腥肉搏。

黑格尔说,世上最深刻的悲剧冲突,双方不存在对错,只是两个都有充分理由的"片面"撞到了一起。双方都很伟大与高尚,但各自为了自己的伟大与高尚,又都不甘心后退。

这实际上是两个水火不容的宗教之间的大较量。当满目慈悲的佛教徒教给人们如何出世,如何忘掉人世间的一切诱惑与烦恼时,一脸严肃的穆斯林却在研究如何入世,如何将天下民众改造成穆斯林并形成一个独步天下的伊斯兰教帝国。所以,尽管喀喇汗王朝有着少年的青涩与单薄,但从一开始就具备了精神力量的优势。只是佛国于阗建国已达千年,其物质上的深厚积淀使其在战争初期占据了上风。

不仅如此,于阗李氏王朝还派出使者不断往来于开封、敦煌和于阗之间,积极寻求宋朝和敦煌王的支持。自顾不暇的宋朝只是派了一个157人的佛教使团前来声援。幸好,高昌和吐蕃给了他们无私的支持与援助。经过历时八年的战争,于阗军队占领了喀什噶尔,阿尔斯兰汗逃往中亚,他的妻子也成了俘虏。

不久,喀喇汗王朝就夺回了喀什噶尔。双方再次陷入旷日持久的拉锯战。

既然向东打不开局面,喀喇汗王朝的博格拉汗便开始向西扩张,率军翻越葱岭攻打中亚的萨曼王朝。于阗军队趁机从背后发动了进攻,博格拉汗不得不挥师东返。结果,博格拉汗意外战死,于阗军队再度攻占了喀什噶尔。

二十一、佛国落幕

咸平二年(999),战争的天平开始倾斜。

此时,喀喇汗王朝大汗是博格拉汗的侄子玉素甫·卡迪尔。这位大汗不仅继承了前任的雄心,而且拥有前任不具备的非凡军事才能,既善于把握时机,更善于发动教众,是伊斯兰世界冉冉升起的一颗政治与军事明星。

他的军事矛头第一个对准的,不是死敌于阗,而是同为伊斯兰国家的以今布哈拉为中心的萨曼王朝。在他看来,西部的伊斯兰世界是他的后院,他需要一个稳定的能提供兵源与物资的大后方。很快,他就对日薄西山的萨曼王朝发动了一次疯狂的进攻。想不到,他遇到的抵抗微乎其微,战士们没流几滴血,曾经无限辉煌的萨曼王朝已经成为过去。

之后,他招募了来自巴格达、波斯、印度及中亚的数万名圣战者,一举收复了帝国的大本营喀什噶尔。从沙漠走出的伊斯兰教,已经形成了一股飓风。伊斯兰圣战者的征战热情,已经被他彻底点燃。

宗教隐含的一个天启是,精神力量决不能用数量的标尺来衡量。在战争进入胶着状态时,起决定作用的已不再是国力,而是参战者视死如归的气概。喀喇汗王朝所有能拿动武器的穆斯林都参加了圣战,几乎等同于全民皆兵。而目前仍不知姓名的末代于阗王所能动员参战的,只有国家供养的军队,那些成千上万的佛教僧侣却躲在香火缭绕的佛教寺院里摇头晃脑地诵经。在远离纷争的佛教徒看来,这群圣战者简直就是疯子,他们以战死为荣,以投降为耻,向着火海奔去,迎着刀尖冲锋,已经把最为珍贵的生命置之度外。于是,战争的胜负失去了悬念。

景德二年(1005),喀喇汗王朝大汗玉素甫·卡迪尔发起了最后的攻击。接到前方的战报,于阗国王尉迟僧伽罗摩立即召见最高军事统帅乔克、努克兄弟商量对策。两位将军告诉国王:"请不要惊慌,我们依然可以采取隐蔽国城的办法躲过战火。"

大法师用法术隐身了于阗国都,喀喇汗军人迷失在茫茫迷雾中,一时无法找到于阗国都。

一天,喀喇汗的士兵抓住了一个从于阗城逃出的人。这是一个于阗回鹘商人,早已皈依了伊斯兰教,听说圣战者逼近于阗,特意冒险前来为穆斯林兄弟引路。他告诉喀喇汗的将军:"城池的消失只是于阗的障眼法,他们用浓烟包裹住城池,做出城池消失的效果,实际上于阗城一直存在。由于你们包围于阗数日,城内得不到粮食供给,于阗王已令乔克、努克兄弟出城运粮,现在留在于阗王身边的只有几百人,是发动进攻的绝好机会。"

如同当年回鹘汗国的灭亡是因为内奸,此时在战争中发挥关键作用的还是内奸。半信半疑的喀喇汗派遣凯图斯率领一支人马,在报信人的引领下摸进了于阗城,一直杀进了于阗王宫。随后,喀喇汗将军夏卡斯木·奥什也率1700名军人撞开城门,杀进王宫。无奈之下,于阗王尉迟僧伽罗摩只得率领文武百官,出城向喀喇汗玉素甫·卡迪尔投降。

一名斥候来报,说于阗将军乔克、努克在喀拉喀什河乌加特村后的山上埋伏,准备伏击喀喇汗。于是,大汗率军直奔乌加特村。乔克、努克在乌加特村后的山崖上构筑了堡垒坚守,喀喇汗军队数次仰攻,一直毫无进展。后来喀喇汗军队切断了堡垒的水源,堡垒里依然战鼓轰鸣。

等到终于攀上堡垒,里面的场景让他们目瞪口呆:一头瘸腿骆驼被固定在地上,尾巴上拴着一把鼓槌,它在不断驱赶苍蝇的同时,也敲响了身后的战鼓,堡垒里早已空无一人。

受到戏弄的大汗几乎丧失了理智,派出常胜将军夏忙苏尔·奥什率轻兵追击,这自然正中对方下怀。因为于阗军人人数上的劣势已经无法应付阵地战,他们只有依靠熟悉地形的优势开展游击战。于是,外来军队在明处追,本国军队在暗处藏,战争的结果变得不可预期。

夏忙苏尔·奥什在一处山冈受到乔克、努克伏击,一把长矛插进了他的头颅。大汗又派出爱将夏卡斯木·奥什追击,这位勇将也被乔克、努克诱入林中,用绳索绊倒战马,砍下了脑袋。

大汗只得祭出最后的王牌——足智多谋的伊玛目指挥追击。伊玛目变主动出击为守株待兔,逼迫乔克、努克主动求战,两军在一处山冈正面遭遇,一时血流成河,尸首满冈。太阳落山后,两军偃旗息鼓,约定明日再战。

当晚,天上没有月亮,四野黑暗如墨。两名身披狗皮的于阗士兵悄悄潜入了伊玛目的军营,弓箭被割断了弓弦,剑鞘内灌进了胶,马镫被全部割掉。

次日凌晨,伊玛目正带领士兵们做礼拜,于阗军马已经杀了过来。伊玛目急忙命令士兵上马应战,结果马已无鞍,弓已无弦,刀无法出鞘,他们只有任人宰割,近百人立刻阵亡。

伊玛目率领残兵败退到一个山冈,结果这里早已埋伏了一直枕戈待旦的于阗精兵。奄奄一息的伊玛目派亲兵罕孜阿塔前去向大汗求援,并要求大汗为自己报仇雪恨。

当玉素甫·卡迪尔率领大军赶到山冈时,只见尸横遍野,野狗肆虐。大汗一边垂泪,一边下令士兵在此修建一座圣墓安葬伊玛目和阵亡的穆斯林战士,取名麻扎塔格①,并派罕孜阿塔和40名士兵世代守灵。

今天,如果静卧在麻扎塔格中的伊玛目地下有知,他会欣慰地看到,《古兰经》的教义已在这里深入人心,他的血没有白流。

人的天性总是盲目乐观。暂时获胜的乔克、努克产生了骄娇二气,他们居然放弃了屡试屡爽的游击战术,回师于阗城,试图与已经投降的于阗王会合。结果,还未进入于阗城,便被喀喇汗的大军拦截在一个空旷的野地里。输红了眼的穆斯林圣战者像砍伐树苗一样,肆意收割于阗军人的头颅,乔克、努克先后阵亡,剩余的于阗军人或逃散,或投降。

景德三年(1006),乔克、努克阵亡的消息传进王都,于阗王瞳孔里的那团火苗迅速熄灭,他不得不宣布归降喀喇汗,全民信仰伊斯兰教。于阗王被降格为附属国名义上的长官,他的武装力量被解散,只是象征性地保留了一支仪仗队。于阗的佛教寺院被关闭,和尚被驱散,许多佛像还被披上了血淋淋的兽皮。不愿改信伊斯兰教的于阗人一部分逃亡中原,一部分逃亡西藏、青海。于阗人种和于阗语言渐渐伊斯兰化。

一个令人奇怪的插曲出现了,喀喇汗王朝向宋朝派出的外交使团中,居然有几个来过中原的僧人。可能的解释只有,这个使团需要几个和尚带路并做点缀,言外之意还有:请看,我们对别的宗教多么宽容!

这场战争出现在世界文明的十字路口,具有一定的哲学意义。它告诉后人,很多恢弘的战争,往往就是文明的冲突,我们无法也无权衡量这

---

① 维吾尔语意为"山一般的坟墓"。

种冲突的是非、善恶与忠奸,只是战争的结果使得胜利者不由分说地将这场是非难断的伤痛历史,解读为通俗的黑白故事。其实这也很正常,因为荣誉总属于胜利的一方。

如今的伊玛目圣地前拜祭者如云,而两位于阗将军的坟茔呢?因为是战败者,他们的尸首也许早已被弃之荒漠,任风吹日晒,野狼撕扯。

被占领的于阗西城,由于不再是国都,也不再是某个宗教的中心,便很快失去了所有的重要性,成了一个普通的小镇,继而像一个魔咒一样被维吾尔先人躲开与废弃。

千年佛国无奈地谢幕了,于阗都城神秘地消失了,塞人文明悲壮地死亡了,但维吾尔文明却以另外的方式活着,潜行于今天,决定着新疆的颜色驳杂而纷呈,迷离而绝世。

现在你只需要记住,在1006年,于阗人接受了伊斯兰教,并曾将它作为一种国民信仰就行了。特别是在城外的村庄里,当他们了解到天下穆斯林是一家,大家都是平等的兄弟,没有高低贵贱之分,便平静地接受了它。

如今,这里几乎每个人都自称维吾尔人,都是虔诚的穆斯林。

今天我们看到的和田,是信奉了伊斯兰教1000年的于阗。

对于于阗人平静地接受了伊斯兰教并和平地融入了维吾尔人,有些人表示不可思议,甚至有些人对于阗国民的气节表示怀疑,对此,我请你听一个来自佛陀的故乡印度的故事:

说的是有两人在河边,一人捕鱼,一人睡觉。捕鱼者劝告懒惰者要努力工作。懒惰者问:"捕鱼干什么?"答:"卖钱!"问:"要钱干什么?"答:"享受、休息。"问:"你在忙忙碌碌,你看我不是在享受和休息吗?"

捕鱼者无言以对。

二十二、古城梦醒

这个"万方乐奏"的古国,一睡就是千年。惊醒这个古国酣梦的,是一伙金发碧眼的西方人,他们和唐朝之前的于阗人有着共同的祖先。难道,他们是受了祖先的"耳语",前来寻找近亲的足印?

光绪十八年(1892),也就是佛国于阗落幕886年后,一支西方探险队造访于阗。他们属于法国公共教育部,为首的是前法国海军军官杜特雷,助手是东方学家格伦纳特。在没有竞争对手,没有参照对象的情况下,他们在于阗轻松工作了近一年时间,收集到了一部残破的桦皮梵文古书《法句经》,部分陶塑佛像,几枚被称为"和阗马钱"①的文物。他们是第一个对约特干②遗址进行调查的外国探险队,并推测它可能就是于阗古都。

第二支闯入于阗的,是斯文·赫定探险队。他把流动的沙丘比作没有十字架的坟墓,因此他向于阗的远征形同出殡。光绪二十一年(1895)四月十日,他率领仆人斯拉木巴依、三个佣人、八峰骆驼以及代表吉祥的雄鸡和羊,从叶尔羌河东岸的麦盖提走进了沙漠。离开最后一处水源地时,当地人介绍,此地距离和阗河只有四天的行程。而斯文·赫定根据地图测定,这段路程至少有170多里。于是,他让驮夫装上了十天的饮用水。

25日,沙丘越来越高,空气越来越干。更致命的是,斯文·赫定发现,水快喝光了,原来佣人自作主张只带了五天的饮用水。傍晚时分,他们开始在沙漠里掘井,可掘了十几尺深仍不见有水渗出,沙土干得如火绒一般。

27日,斯文·赫定把行李留在最后的营地——"死营",爬过一个又一个沙丘,依靠望远镜东去寻找和阗河岸的树林,但一无所获。黄昏时分,两峰骆驼死了。

第二天,一场鬼一般呼号的大风,几乎将驼队全部葬身沙底。大风过后,驼队杀掉了雄鸡和羊,喝下它们的血,挣扎着东去。

5月5日,他们才终于看到了一个水池。他脱下皮靴作为"水瓢",在池边灌饱肚皮,然后用皮靴中的水救活了沙包上奄奄一息的仆人斯拉木巴依和佣人卡栖姆,而掉队的佣人穆罕默德沙、约尔契从此失踪。之后,他从温宿经丝路北道回到喀什休整。这次探险,他损失了两名佣人、七峰骆驼以及名牌蔡斯照相机。丢失相机后,他不得不靠速写来代替照相。

---

① 制造于公元175至200年的于阗国古钱币,因钱币上的汉文、佉卢文并存,所以又称汉佉二体钱。现世界各国收藏有352枚,仅斯坦因就带回英国256枚,而中国仅存1枚。
② 古突厥语"王者之园"之意。

因祸得福,他居然成了一个著名的画家,为我们留下了5000余幅炭笔画和水彩画。

艰难困苦是人生最好的老师。此后,他变得聪明起来,一直选择严冬季节前来探险,因为冬天水与冰不易蒸发,而且未到沙暴季节。与死亡相比,寒冷实在算不了什么。

光绪二十二年(1896)一月,斯文·赫定探险队二进和阗,然后沿玉龙喀什河进入了沙漠腹地,找到了被周边百姓称为"象牙房子"的丹丹乌里克古城。"在那里,我看到大半的屋子都埋在沙中,只有不少的柱子和木墙在沙山中露着。在一座大约有三尺高的墙上,我们发现了几个灰泥做成的很美观的释迦和别的佛像。这些佛像造型各异,有的立着,有的坐在莲叶上,但都穿了宽大的布衣,头上有一圈大轮。"①他在日记中感叹:"至今没有探险家发现过这个古城,我已经将一个千年来长眠着的城市唤醒。我站在这里如同那个太子在迷惑的树林中似的。"

回到瑞典,他将这一经历写进了考察报告《穿越亚洲》之中。

《鲍尔古本》的发现,桦皮梵文古书《法句经》的面世,丹丹乌里克古城的发掘,像一道道中亚古文明的"闪电",将无数西方考古学家的目光吸引到这个无限落寞的大漠。

二十三、新来的斯坦因

光绪二十六年(1900)十月中旬,38岁的斯坦因从喀什走向和田。

首先,他来到和田城附近的约特干村,一边公开搜罗民间文物,一边对古迹进行考察。还好,这里还残存着一些气势恢弘、苍凉古朴的地面建筑,它们还未被疯狂的找宝人夷为平地。他证实,找宝人在这里已挖掘了35年,曾经有一个时期淘洗到了许多的金叶子。而过去的于阗王城,从佛像到佛教建筑都贴有这种金叶。由此,他第一个确信约特干就是于阗王都西山城。与此同时,他以约特干为中心,先是找到了法显《佛国记》中的王新寺,也就是玄奘《大唐西域记》中的娑摩若寺;然后在约特干西

---

① 见斯文·赫定《亚洲腹地旅行记》,远方出版社2003年版。

南5千米的康巴尔爷爷圣陵,找到了玄奘笔下的地迦缚那寺。

入夜后,斯坦因客舍的油灯仍未熄灭,他一心一意地研究起斯文·赫定的考古笔记。他认定,笔记中的于阗国沙埋古城只是被找到了,但还没来得及进行深度发掘,那里肯定有令他喜出望外的珍稀文物。12月初,他率领一支由30名民工组成的庞大探险队,向斯文·赫定记载的"象牙房子"——丹丹乌里克进发。

12月17日,他们终于抵达"象牙房子",并在此进行了16天的疯狂发掘,清理了14座建筑遗址,盗走了玄奘记载中的鼠神退敌故事画版、传丝公主故事画版、龙女索夫故事画版、波斯菩萨像画版,还有大量的古文书、古钱币。为此,斯坦因惊喜万状,精通艺术的他早就对犍陀罗艺术十分仰慕,面前的这些画版恰恰就是犍陀罗的变种,是融合了中、西绘画风格的绝世之作啊。

紧接着,他走进了尼雅遗址,挖掘到大量文物。

之后,他根据玄奘的记载和当地人提供的线索,在策勒县达玛沟乡以北30千米的沙漠中,首次发现了玄奘所说的媲摩——乌宗塔提古城遗址。

回到伦敦后,斯坦因先后写成了《去中国突厥斯坦从事考古和地形考察的初步报告》《沙漠埋藏的和田废墟——在中国突厥斯坦从事考古学和地理学考察的旅行实纪》(简称《沙埋和阗》)、两卷集的科学考察报告《古代和阗》。

"西域热"持续升温,欧洲、俄国、日本、美国探险家纷至沓来,展开了名为"科学考察"实为盗窃文物的"竞赛"。于阗国这个古典美人的面纱,也被西方人彻底揭开。

难怪有的学者感叹,于阗在中国,但于阗学在国外。

于阗国小传:于阗,是塔里木盆地中少数几个陈陈相因、人丁兴旺的地区之一,其知名度与影响力较楼兰有过之而无不及,甚至连它的名称也至今未变。它出身于塞人,建国于汉初,陨落于宋朝景德年间,国祚长达千年,堪称历史奇迹,但这与于阗灿烂的文化、丰饶的物产、珍贵的资源比起来,就有点小巫见大巫了。它曾经是著名的西域佛国,后来又成为虔诚的伊斯兰教信奉区,似乎任何宗教文化都能在这里开出繁花。它还是西域的丝织品基地,是丝绸之路上最繁荣的城市之一,据说东罗马的蚕茧种子就是被几个和尚从于阗偷走的。它甚至是近代以来出土文物最多的地区,闻风而至的世界探险家不计其数。当然,它最引以为傲的,莫过于作为"玉石之路"的源头,和风靡世界的和田玉的故乡。世界上关于描写于阗的书籍,完全可以装满一个大学图书馆。

第十章　皮山——山东人创立的城邦

> 皮山国,王治皮山城,去长安万五十里。户五百,口三千五百,胜兵五百人。左右将、左右都尉、骑君、译长各一人。东北至都护治所四千二百九十二里,西南至乌秅(chá)国千三百四十里,南与天笃(竺)接,北至姑墨千四百五十里,西南当罽(jì)宾。乌弋山离道,西北通莎车三百八十里。
>
> ——班固《汉书》卷九十六上

一、寻找皮山国

沿着315国道,从和田市向西稍稍偏北行进190千米,便可到达同属和田地区的皮山县,用时也不足三小时。

皮山县位于新疆维吾尔自治区的最南端,是一个以维吾尔族为主体,汉族、塔吉克族、柯尔克孜族等12个民族聚居的边境县,与印控克什米尔交界,是和田地区的西大门,距离首府乌鲁木齐1800公里。境内有全军最高的哨所——海拔5380米的神仙湾哨卡。皮山是古丝绸之路的重镇之一,自古以来就是中西方文化交流碰撞的前沿阵地,先后流行过祆(Xiān)教、景教、萨满教、佛教、伊斯兰教等宗教,具有独特的宗教文化背景。

这些资料尽管很重要,但我最想知道的是,我们能否看到皮山国都城?

于是,我们手忙脚乱地查阅皮山县旅游景点和相关资料。

——桑株岩画,处于皮山县城东南110千米,刻在桑株乡乌尔其村河谷东岸一块巨大的火成岩上,画面反映的应该是原始社会人类畜牧与狩猎的图景,与皮山国几乎没有什么关系。

——阿瓦提地主庄园,处于县城东北部的皮山农场羌尕墩买里村内,主体建筑呈宫殿型,占地十亩,建于1929年,与古皮山国相去千年。

——藏桂古城,位于皮山县城东南的藏桂乡附近,当地人称破城子,此地与古丝路南道相距甚远,所以西域文化网认定它是皮山古城废墟,应不足为信。

——亚尕其乌依吕克古城,位于皮山县城以北140千米的沙丘中,总面积约80平方千米,有两处古城遗迹,其中最大的赛皮勒克古城遗址,占地25平方千米,从高大的断壁残垣可以看出,当年,城内街道纵横交错,房屋鳞次栉比,应该承载了上千人口,蕴含了无尽的繁华。此地是否就是古皮山城,考古界尚无定论。

皮山古城,在今皮山县城东北170千米处的大漠中,据附近的兵团14师团场职工说,曾经有一些当地维吾尔族老乡骑着骆驼进入古城寻宝。但它是否是古皮山国都,至今也没有定论。

今皮山县城已经处在大漠的边缘,东北方向是一眼望不到尽头的浩瀚沙漠。也就是说,令人神往的丝路城邦皮山国是又一座沙埋古城。

二、皮山人的来历

我们还是将目光转向皮山人的来历吧。

据《风俗通》《元和姓纂》记载,皮山国的祖先居然是我的山东老乡。

公元前1046年,周文王的次子周武王姬发灭商后不久,即大封诸侯于天下,三弟叔鲜被封于管(今河南郑州),四弟周公旦被封于鲁(今山东曲阜),五弟叔度被封于蔡(今河南上蔡),八弟叔处被封于霍(今山西霍县西南)。"鲁"的本义是"鱼儿摆尾"。周公旦之所以封鲁,是因为周武王希望他游进东夷集团这个"大海",发挥鱼儿摆尾的天性,限制并扫荡势力强劲的东夷诸国。

第二年,周武王病逝,年幼的周成王即位,由周公旦摄政并代行天子之事,改派周公旦的嫡长子①伯禽前往曲阜就封。

周宣王元年(前827),当鲁国国君传到第七任君主鲁献公时,他派次子仲山甫前往京畿辅佐刚刚登基的周宣王处理国事,为周朝中兴立下了汗马功劳,被周宣王任命为卿士(相当于后世宰相),位居百官之首,后来因功被封于樊(今河南济源县西南)。他的后代子孙按照当时的习俗,纷纷以国为氏,仲山甫也成为樊姓始祖。

周惠王元年(前676),周庄王的孙子、周釐(xī)王的儿子姬阆继位,是为周惠王。这位公子哥一上台,贪婪与霸道的本性就展露无遗。他先是占取妫国的园圃饲养野兽,继而强夺周大夫的房舍、田产,引起了部分大臣的强烈不满。第二年,部分大臣联合封国国君攻入了周朝都城,赶走了姬阆,拥立周庄王与姚姬所生的小儿子姬颓为天子。周惠王四年(前673),郑厉公和虢公协助周惠王卷土重来,平定了"子颓之乱"。夺回王位后,周惠王的刁顽习性有所收敛,拜仲山甫的后代樊仲皮为卿士,封食邑②于皮(今山西省河津市)。由于樊仲皮排行第二,所以未能成为樊国继承人,他的子孙也就以皮为氏,相传这就是中国皮氏的来源。

历史老人说,不要和小人推心置腹。尽管樊仲皮对周惠王忠心耿耿,有什么心里话从不瞒着对方,但时间一长,不善世故的樊仲皮还是与我行我素的周惠王矛盾激化。周惠王十二年(前665),《左传》记载:"樊皮叛王",偷偷回到了樊地,等于一位下级炒了上司的鱿鱼。第二年春,"马屁精"虢公丑主动请缨,奉周惠王之命讨伐樊国,于四月将樊仲皮押解回京师,接受周惠王对待野兽般花样繁多的惩罚。

仲皮遇难的消息传出,皮氏痛苦莫名,惊恐万状。接下来,他们的选择除了引颈受戮,就是远走高飞。于是,他们向着周朝势力之外的西部犬戎地区迁徙。

这是一条游牧民族逃难的遥远路途啊,三苗的后裔曾经在三危山短暂停留,然后抵达了遥远的博斯腾湖畔,而皮氏人先是西迁到羌人居住区甘肃天水郡,继而一分为二,一部分内迁豫章郡(今江西),唐朝大学士皮

---

① 嫡妻(正妻)所生的长子为嫡长子,非正妻所生的长子为庶长子。按照古代宗法制度,王位和财产必须由嫡长子继承。

② 中国古代诸侯封赐所属卿、大夫作为世禄的田邑(包括土地上的劳动者在内)。又称采邑、采地、封地。因古代的卿、大夫世代以采邑为食禄,故称为食邑。

日休就是其后裔;一部分则持续西迁,在途中吸收了部分戎羌人,然后进入人烟稀少的昆仑山区,称皮山族。后来,他们在喀喇昆仑山北部雪水浇灌的一片绿洲上停下了疲惫的脚步。秦朝时期,他们实现了建国梦,对外宣布建立了一个名叫"皮山"的国家。

此时,试图加害于他们的东周朝廷连傀儡梦也早已中断。那个为虎作伥的虢公丑下场更惨,他抓捕仲皮的第九年,丑的封国就被晋国用假途伐虢之计所灭。

三、以柔克刚

皮氏人的运气不算太差。首先,这里不缺水,发源于葱岭的古南河流经葱岭的无雷、依耐、蒲犁等国,从古皮山国都城皮山城北潺潺流过,然后与于阗河汇合并最终东流进入罗布泊;发源于喀喇昆仑山冰川雪山的五条中小山溪性河流,从南向北流经皮山,渗入大漠。其次,这里有绿洲,东西流向的南河与南北流向的中小河流冲击出了大片绿洲,使得皮山国人畜无忧。

更重要的是,这里是丝路南道的必经之地,从此向西北可以抵达莎车与疏勒,向东南可以直达于阗,处在丝路主干道上;向西南还有两条道路,一条沿桑株河向南,过桑株达坂可以抵达今日的喀喇昆仑山口,然后进入罽宾、印度;另一条向西南,经乌秅、今红其拉甫达坂、难兜,也可进入罽宾、乌弋山离和印度。而《汉书》只记录了后一条向西南的道路,而对前一条向南的道路则有所忽视。

另外,皮山还有一条道路,沿汉代的河谷向北穿越塔克拉玛干沙漠,可以到达1450里外的姑墨。可惜,到隋唐时,这条道路已经随着这条河的消失而消失。这条喀拉喀什河独自北流的故道,在今卫星影像图片上还可以找到:一条古河道从和田市西,今墨玉县即古皮山国境内,向北穿越大漠,通过麻扎达格山和乔喀达格山之间,与叶尔羌河汇合,然后注入塔里木河。①

---

① 见中国科学院地理研究所《中国陆地卫星假彩色影像图集》,科学出版社1983年版。

《汉书》告诉我们,这是一个500户3500人的小国,军队只有可怜的500人,相当于今天的一个陆军营。由于需要处理的政务极其有限,国王也许身兼营长,至于皮山国所设的左右将、左右都尉和骑君,不过是他手下的连排长罢了。

尽管人数有限,但他们拥有地域优势,因而相对较为富庶;他们拥有从鲁国继承的文化优势,因而既融通圆滑,又不卑不亢,与强邻于阗和莎车保持了若即若离的关系。特别是汉西域都护府设立后,皮山国王表现得尤为积极,尽管距离都护治所近4300里,但他还是每年一次带上珍宝觐见都护,畅叙祖上的风光故事,倾诉对汉的一腔热忱。当然,更深层的原因是告诫周边的西域强国:我与汉乃近亲,不要打我的主意。

要知道,把希望寄托在别人身上,是难以持久的。在中原王朝被王莽挥刀自宫式的改革折磨得奄奄一息的日子里,都护被赶出了西域,皮山国也失去了依靠。

迅速崛起的西域霸主莎车,最先要吃掉的肥肉,就是东邻皮山。结果,皮山被征服,莎车王贤另派一名将军镇守皮山,原皮山国王成了地地道道的傀儡。

在古希腊神话中,有一个名叫普罗克鲁斯特斯的妖怪。他将所有路经这里的人请到家里,让他们放松一下疲惫的身体。当客人入睡后,他就将客人绑在床上,如果客人的身体比床长,就要被剁掉超出的双腿或双脚;如果客人比床短,就要被活活拉伸到与床一样长。镇守皮山的莎车将军就是这样一个恶魔,他比镇守于阗的莎车将军还要任性,还要嗜血。他经常把从汉人那里学来的一句话挂在嘴边:"顺我者昌,逆我者亡!"这个精力充沛得就像打了鸡血一样的虎将,经常站在皮山城头盯着进出城门的人们,凡是看到不顺眼的人,便亲手将其射杀;凡是看到顺眼的人,便派人给予赏赐。时间一长,进出城门的人只能选择黄昏时刻,而且低着头步履匆匆,形同一只只过街的老鼠。

多行不义必自毙。后来,镇守于阗的莎车将军被于阗人杀死,于阗贵族休莫霸自立为于阗王。没等贤反应过来,休莫霸便联合拘弥国,暗杀了镇守皮山的莎车将军,将皮山统一在了于阗麾下。

班超进入西域后,被于阗吞并的华夏后裔政权皮山国复立。这一次,他们吸取了前汉过于张扬的教训,像今天的瑞士一样信守中立的原则,对周边发生的事情，既不插手，更不多嘴。

坚硬的牙齿会脱落，而柔软的舌头仍存。到了三国时期，皮山国祚犹在，只是名字改成了皮穴国。西晋时期，在西域长史府的范围内，精绝、婼羌、戎卢、且末、拘弥统统消失了，但皮山国仍在。北魏时期，他们更名为蒲山国。

隋代，他们被并入了于阗。随后，降格为镇的皮山被文化和自然的大漠渐渐湮没，以至于无人找到它的踪迹。它的消失，如一道彩虹，一道轻烟。

聊以自慰的是，如今还有一个叫皮山县的地方，在南部不远处看护着它，瞩望着它，期待着这座古城重见天日的那一天。

那一天，将是中国考古界的一个节日。

皮山国小传：皮山，后改名皮穴、蒲山，建国者是鲁国国君的后裔——皮氏，春秋时期为了躲避周惠王的追杀，逃难来到万里之外的昆仑山区，垒砌起防备侵袭的皮山城，实现了在异域建国的绮梦。引以为傲的是，从皮山城向西北能直达莎车与疏勒，向东南可抵达于阗，向北穿越大漠可前往姑墨，向西南则直通大月氏和印度，是丝路南道的交通枢纽。尽管它人数不多、国力一般，但却善于在夹缝中求生存。东汉初年，它曾被莎车征服。莎车刚败，它就宣布复国。直到隋朝时期，他才被于阗吞并。

第十一章　莎车——在"半夜鸡叫"中睡去

莎车国，王治莎车城。户二千三百三十九，口万六千三百七十三，胜兵三千四十九人。辅国侯、左右将、左右骑君、备西夜君各一人，都尉二人，译长四人。东北至都护治所四千七百四十六里，西至疏勒五百六十里，西南至蒲犁七百四十里。有铁山，出青玉。

——班固《汉书》卷九十六上

一、掀起你的盖头来

> 茫茫叶尔羌，
> 你是流金的河。
> 问你有多长啊，
> 千里到天国。

作为塔里木河四大源头之一的叶尔羌河①，由拉斯开木河、阿克塔盖河在喀喇昆仑山口汇合而成，全长996千米。雪山融水连同岩层涌泉在今莎车县的霍什拉甫乡冲出葱岭，然后像脱缰的野马一样飞奔而下，一路高歌滚滚北去，在面积广阔的冲积扇上灌溉出新疆最大的绿洲之一——叶尔羌绿洲。叶尔羌，在维吾尔语中就是"土地宽广的地方"。

须知，生物因素、社会因素和地理因素，共同解释了社会发展的历史。

---

① 叶尔羌河是清代的名称，在公元前2世纪之前它叫葱岭河，隋唐时期叫徙多河。

其中生物因素推动了社会发展,社会因素显示了社会如何发展,地理因素则决定了哪里的社会发展得最为迅速。如同尼罗河流域、两河流域、印度河流域、黄河流域是人类文明的起源地一样,叶尔羌河冲积扇孕育了万顷良田,因此这里成了西域最早出现文明记忆的地方。

请打开战国时期全图:太平洋西岸中国大陆的中心地带,密密麻麻地纠缠着"战国七雄",中国东北地区穴居着肃慎与东胡,中国北部草原横行着匈奴,中国南部躲藏着百越、夜郎、滇等,中国西部高原游牧着羌,河西走廊是月氏、乌孙,而西域一带一片寂寞,地图上标注的国家只有莎车。也就是说,莎车是战国时代西域地区唯一的国家,在战国著作《逸周书·王会解》里可以找到。更令人震惊的是,2014 年,新疆文物考古研究所在今莎车县喀群乡恰木萨勒村兰干自然村东北约 2.4 千米的叶尔羌河北岸,发掘出一个新石器时代至青铜时代的古城遗址,城内面积约 1 万平方米,它是新疆迄今为止发现的最早的古城。

物理学与历史学相去甚远,却有一条相通的原理,即自然界不容许真空的存在,真空早晚会被填充起来,不是水、土、沙,就是人、兽,要么就是空气。人类学上的真空一旦被发现,受到政治、军事或经济挤压的人们就会蜂拥而至。如同北美洲、大洋洲成为移民的天堂一样,西域也是如此。到了公元前 221 年至公元前 207 年的秦时期全图里,这片真空得到填充,西域地区出现了楼兰、塞种、呼揭、城郭诸国。显然,这个时期的莎车并未消失,只是被列入了城郭诸国。

司马迁在世时,丝绸之路已经开通,因此他能借助汉使的记忆,破例在《史记》中写下了《大宛列传》一卷。在书中,他提到"在古代大宛东边,有姑师、苏薤等小国"。语言学家告诉我,"莎车"的汉代读音为"索介",与"苏薤(Sūxiè)"的读音基本一致,因此苏薤应该就是莎车。至于有些学者把苏薤解读为粟特,只能算是一家之言。

在《汉书》中,"莎车"重新出现,位列西域四十八国之中。

这个表面上时隐时现,实际上一直存在的绿洲城邦,以其优越的自然环境和地理位置,成为连接欧亚大陆的血脉——丝绸之路必经的地方。

二、外聘国王

说它是丝路必经之地,显然有些小瞧它了。因为最早的丝路,无论是南道还是北道,均在此交汇,然后在这里分出两条道路,向南越过葱岭可以抵达大夏、印度、伊朗,向西可以抵达疏勒、大宛、塔什干。也就是说,它是丝路的枢纽、要冲和十字路口,是这条跳动的欧亚大动脉血流最快的区域。

正因为如此,它时刻被周边的霸主惦记着,偷窥着,恐吓着。尽管它有一座坚固的莎车城,有1.6万余名部众,有3000余名士兵,欺负周边的小国皮山、西夜、子合、蒲犁、依耐绰绰有余,与丝路上的大国于阗、疏勒也势均力敌,但在军队超过10万的匈奴、乌孙、大宛、康居、大月氏眼里,简直不值一提。

西汉中期,莎车最为恐惧的,不再是匈奴,而是乌孙。

要谈乌孙,似乎有些节外生枝了,但节外生枝的不是作者,而是莎车。乌孙国是一个令人恐惧的国度。汉文帝后元三年(前161)左右,乌孙在伊犁河流域将大月氏击败并赶走,收服了未及撤走的当地人。后来,汉武帝派张骞二使西域,要求与乌孙结盟共同对付匈奴。乌孙取消王号向汉称臣,汉朝先后将细君公主和解忧公主远嫁到乌孙。随后,汉朝西域校尉常惠与乌孙合击匈奴,使匈奴付出了4万颗脑袋的惨重代价。与汉联姻的乌孙成为西域最为强势的力量,许多西域国家开始看其脸色行事,也有个别西域国家嫉妒得要死。

莎车王是个明白人,他深知,嫉妒别人,既不会给自己增加好处,也不可能减少别人的成就。最明智的做法,是向强者学习,如月亮一样偷取太阳的光芒。没有儿子的莎车王十分喜爱解忧的次子万年,想让万年做自己的继承人。莎车王临终时,万年正在汉朝长安。莎车国人既想依托汉这棵大树,又想得到乌孙的欢心,于是上书汉宣帝请求让万年担任莎车王。汉宣帝在征得解忧公主和翁归靡同意后,答应了莎车人的请求,专门派遣使者奚充国将万年送到了莎车。

为此,我想起一则寓言:一天,寺庙里的驴驮着一尊佛像下山,所到之处,路人都虔诚地下跪。驴从此自认高贵无比,不再安心拉磨,趁僧人不注意跑了出来,碰到路人便挡住去路,想与上次下山一样接受跪拜,不料却被路人用棍棒一顿抽打。僧人见了,叹息道:"那天人们跪拜的,是你背上驮的佛像,不是你。"

这个故事所隐喻的,是背景的力量。万年之所以能被请来做莎车王,并不是他有多么优秀,而是他有着乌孙王子和汉公主之子的显赫身份。看来,这个万年如同于寓言中的"驴",根本没有悟透家庭背景与个人威望并不能画等号。他在登上莎车王的高位后,此前做王子时温良恭谦的表象突然消失,骨子里的奢靡暴虐本性完全显露出来,在绝对权力的唆使下,他很快便回到感官放纵的惯性中,贪享着国王这一职业带来的空前自由,裘马轻狂,恣意追欢,固执己见,盛气凌人。

玩排场,比阔气,摆万物皆备于我的帝王派头,在铺张无度、赫赫扬扬的背后,恰恰隐潜着一种暴发户式的畸形心态和宵小人格。对此,莎车贵族们渐渐失去了耐心。

早在战国时期,墨子就提出过"尚贤"的政治理念:"官无常贵,民无终贱,有能则举之,无能则下之。"那时的失政之君,往往会像《诗经·式微》描述的那样,沦落为与泥土为伍的乡下人。更惨一些,被一刀结果性命的,单从《左传》就能拎出一长串:隐公四年,卫国公子州吁弑其君卫桓公姬完;桓公二年,宋太宰(王室总管)华督弑其君宋殇公与夷;襄公二十五年,大夫崔杼弑其君齐庄公光;庄公十二年,宋卿南宫万弑其君宋泯公捷;僖公十年,晋国大臣里克弑其君卓子;文公元年,楚国世子商臣弑其君頵……司马迁总结说:"春秋之中,弑君三十六"。只是从秦朝开始,封建制变为君主专制,王权才变得神圣不可侵犯,即便皇帝是白痴、无赖、昏君,也不允许任何人按照"尚贤"的理念取而代之,否则就是大逆不道。

但西域不是中原,既然莎车人能邀请外人来当国王,也完全有理由将事实证明无能的国王赶下台去。元康元年(前65),流亡在外的已故莎车王的弟弟呼屠徵,在取得国内贵族的支持后,悄悄潜回莎车城,杀死了万年及汉使奚充国,自立为国王,并且联合邻国背叛了汉朝。

其实,万年只是一个偏远小国的国王,尚且算不上中国皇帝。就算是贵为天子的中国皇帝,也常常难以避免被罢黜甚至处死的命运。从秦朝的始皇帝嬴政算起,到近代的袁世凯结束,中国先后有过皇帝495人(包括死后被追封为皇帝的73人),其中61位被杀,85位死时年龄不到30岁,平均年龄只有39岁。看到这一组令人怵目惊心的数字,您还会像袁世凯一样对皇帝这一职业心向往之吗?

后来,万年的尸体被送回乌孙安葬,见到次子的遗体,66岁高龄的解忧满脸的皱纹抽搐在一起。尽管万年是自己的血脉,但不是每一道河流都能入海,不流动的便成了死湖;不是每一粒种子都能成树,不生长的便成了空壳。她最清楚这个儿子的本性,也知道这个儿子挑不起国王这副重担,如今她只能万分后悔,悔不该违逆自己的预感答应立万年做莎车王。为了爱子,她真希望上天给自己一次重新抉择的机会,但落花回不了枝头,流光回不到昨天。

三、侠士之风

这一天,一支人数不菲的马队徐徐走进西域,远看如同一对搬家的蚂蚁。队伍里,既有汉朝官员和军人装束的人,也有身穿西域衣帽的人,了解历史的人一看便知,这是汉使护送西域使臣回国的一支队伍。

马队行进到伊修城(今鄯善县境内),负责打探消息的都尉宋将神色匆匆地向汉使报告说:大事不好,莎车贵族与邻国勾结,已经杀死了国王万年和汉使奚充国。新任莎车王呼屠徵还对外宣称,丝路南道各国都应该属于莎车,鄯善以西已经被他占领。

这位使者名叫冯奉世,上党潞(今山西潞城东北)人,韩国上党太守冯亭、秦代名将冯去疾的后人,熟读兵法,文武双全。在汉宣帝刘询选择可以出使乌孙的官员时,前将军韩增推荐了他。按说,他此时的职责是护送大宛客人回国,对于莎车事变他可以管,也可以不管。如果放在现代,恐怕绝大多数人会担心引火烧身,从而选择敬而远之。

有人认为[1],古代中国人和后来的中国人,似乎不是同一个物种。春秋至汉唐,是中国侠士文化光芒四射的时代,人们重信义,轻生死,路见不平,拔刀相助;知恩必报,赴汤蹈火;受人之托,一诺千金。赵氏孤儿、聂

---

[1] 见张宏杰《中国国民性演变历程》,湖南人民出版社2013年版。

政、樊於期、荆轲,一个个动人心魄的故事,演绎了古代中国人的壮烈与决绝,告诉后代什么叫轻生重义,生死相许。而许多官员为了国家利益敢于担当,勇于在没有得到上级命令的情况下果断出手,哪怕事后受到惩罚也绝不后悔。冯奉世是如此,30年后的甘延寿、陈汤矫诏发兵也是如此。但宋以后的中国军队一味崇尚"三十六计,走为上计",遇到强敌便争相逃跑,这也是中国战场上降兵少但逃兵多的主要原因。明清时期的中国官员与学者多信奉"好死不如赖活着",每逢改朝换代便"顺势而为"地选择投降或躲避,史可法、秋瑾那样的烈士已是凤毛麟角。尤其是满洲入关后,以鲁迅的话来说就是"中国渐被压服了,连有'侠气'的人,也不敢起盗心,不敢指斥奸臣……",人们变得麻木懦弱,逆来顺受,社会如同一潭死水,生活如同"一种毫无意义的存在"(汤因比语)。

当时,都护郑吉忙于应付进攻车师的匈奴,无法抽身前来讨伐莎车,是不是马上对莎车采取行动,成为摆在冯奉世面前的一大难题。冯奉世与副使严昌商议说:"莎车政变,是引起西域动荡、交通断绝的主要根源,如不趁政变者立足未稳铲除之,势必养痈成患,危及整个西域。然而,要想镇压莎车须有军队,而按照规定调动军队需上报朝廷。西域与长安相距遥远,往返费时,而边境形势瞬息万变……"于是,冯奉世在未请示朝廷的情况下,持节征发附近国家的军队联合征讨莎车,在丝路南北道共征集到1.5万名军人。

指挥若定的主将,加上五倍于敌的兵力,使得莎车征讨战早早失去了悬念。莎车城很快告破,呼屠徵伏剑自杀,其首级被送到长安验证。战后,冯奉世将平定莎车的前因后果详细奏报朝廷。刘询见到上奏,当即召见前将军韩增,大声大气地说:"祝贺将军推荐对了人啊!"随后,汉另立呼屠徵的侄子为莎车王。

冯奉世回到长安,刘询提议为他加封官爵,众位大臣们也纷纷赞同,唯有少府、山东兰陵人萧望之提出异议说,冯奉世擅自发动小国之兵,虽有大功,但不可引人效法,如果加封冯奉世,将来他人出使时贪功趋利,也要与冯奉世攀比,私自动用兵马,在万里之外为求功名而与他国寻衅滋事,那样一来恐怕无事生非,给国家带来更多麻烦。刘询认为萧望之的看法也有道理,只任命他为光禄大夫、水衡都尉。

冯奉世病逝两年后(前36),甘延寿、陈汤矫诏发兵攻杀了北匈奴郅支单于,当有人提议为二人封侯时,出生于山东邹城、曾经"凿壁偷光"的匡衡又用萧望之的理由加以反对,汉元帝刘奭(shì)却坚持封他们为侯。于是,谋臣杜钦上书要求追封冯奉世。出乎所有人意料的是,身为冯奉世女婿的刘奭(冯奉世的长女是刘奭的婕妤)以先帝的决定不便推翻为由一口回绝。

冯奉世未能封侯,成为历史的一大憾事。

在此后90年的岁月里,莎车平凡得就像路旁的一棵槐树,历史老人连踢它一脚的兴趣都没有。

四、好风凭借力

如同一棵雨后竹笋,莎车在东汉初年毫无征兆地突然崛起。

说它毫无征兆,是因为它此前不显山露水罢了。其实,它一直都在默默地积蓄力量,期待有一个天赐机缘尽情绽放。

按照中国传统的说法,一个国家的勃兴,必然具备三个条件。

其一,涉及天,指天时,也就是当时的政治军事形势。东汉初年,内乱未平的汉无暇西顾,西域出现了政治真空,这就为地方势力的崛起提供了可能。

其二,涉及地,指地利,也就是占据的地理位置。首先,莎车处在丝路十字路口,向西北行可以到达疏勒;向东行可以到达皮山、于阗、精绝、且末、楼兰。向南行则有两条道路:主线是沿着叶尔羌河向西南行,到今达喀群乡后再向西,经今库斯拉甫乡、塔尔塔吉克族乡、库科西鲁格乡(很祖铁热克)、新迭村,到达古蒲犁,然后跨越葱岭,既可以去往大月氏、安息,也可以到达罽宾和身毒;副线是从今叶城一带向西南行,沿着叶尔羌河东部支流提孜那甫河到达莫木克村,然后向西抵达今布伦木沙乡,之后再转向西北经瓦恰乡到达蒲犁。① 其次,于阗有万顷良田做经济依托,又有铁矿资源做军事依托。据统计,西域出产金属的共有七国,分别是乌孙产铜,婼羌、鄯善、山国产铁,姑墨产铜、铁,龟兹产铅,而莎车也有制造兵

---

① 见殷晴《丝绸之路与西域经济》,中华书局2007年版。

器的原料"铁山"。

其三,涉及人,指人和,也就是君民的团结状况。在西汉时期历经磨难的莎车,深深认知了团结就是力量这一朴素的道理,从上到下万众一心。

莎车还有一条独特的优势,那就是善于借助外力。莎车王延早年在西汉做侍子,成长在长安,深度认同汉文化,在回国担任国王后,完善了政治军事体制,出台了与汉法典一脉相承的法律,成为西域最为强盛的国家。王莽失去对西域控制后,延一直没有附属于卷土重来的匈奴,也没有趁机宣布称霸西域。他常常教育儿子们,要世代以汉家为宗主,任何时候都不能辜负汉。新朝天凤五年(18),延病故,儿子康就任莎车王。东汉初年,康率领邻国一起抗拒匈奴,保护了原西域都护的家属与部下千余人,还向东汉发出书信,表达了思慕汉家的之心。

有的贵族表示不解:我们明明实力不俗,为什么对远方的东汉低头呢?康只是抿嘴一笑。他明白,人的低头有两种,一种是真正的屈服;一种是正在试练着扛起昆仑的姿态,但看起来也像是屈服。

莎车王的书信传到汉宫,光武帝刘秀拍案击节,连连叫好。建武五年(29),东汉河西大将军窦融受刘秀委托,任命康为汉莎车建功怀德王、西域大都尉,西域五十五国皆由莎车王管辖。接到任命的那一刻,康扫视了一圈惊喜莫名的贵族们,还是抿嘴一笑。他似乎想说明什么,但没有开口。心领神会是官场的最高境界,事情明摆在那儿,再去絮叨就成多嘴婆娘了,大臣们也会下不来台,而且不说废话也是他的一贯风格。

"好风凭借力,送我上青云。"人们原本以为,西域将是龟兹与焉耆的天下,却不曾想到,不起眼的莎车如此沛然不可阻挡,他们挟着更年轻更具活力的天赋,肩扛"借天子以令诸侯"的金牌,在群雄发怔的瞬间杀了出来,一路所向无前,并绝尘而去,开始孤峰独傲,鹤立鸡群。与此相类似,20世纪中叶朝鲜的金日成,因为有在中国东北和苏联境内抗日的经历,所以得到了苏联和中国的支持,在朝鲜北部站稳了脚跟;越南的胡志明,也是因为在中国生活过,所以得到了近邻中国的无私支援,完成了统一越南的伟业。

建武九年(33),康不幸病逝,弟弟贤成为新莎车王。当时,已经接受了两任老莎车王亲汉政策的大臣们不仅忐忑起来:这位为人强势的新王会延续以往的国策吗?

五、刘秀窝囊吗?

大家的担心是有道理的,因为从人性的角度讲,大凡后任一般都会将前任最为信任的大臣换成自己的亲信,用一套新思想代替前任的政策,贬低前任借以抬高自己,这就是老百姓所谓的"踩脚后跟"。有想法、有野心的贤,当然更不例外。最明显的,就是改变父、兄所倡导的一心向汉的国策。

在没有得到东汉首肯的情况下,贤利用自己从哥哥那里继承的"西域大都尉"头衔,找了几个诸如亲小人远君子(小人、君子谁来辨别?)、沉溺于女色(有哪个国王没有几个美女?)等看似有理又难以辩驳的借口,发兵攻克了不服调遣的西夜国和拘弥国,杀掉了两国国王,将哥哥康的两个儿子立为西夜和拘弥王。周边国家战战兢兢,开始唯贤的马首是瞻。

建武十四年(38),贤与鄯善王安一起派使者赴东汉,带去了满纸恭顺话语的书信和大批稀世珍品,借此试探一下东汉对西域的真实意图。刘秀为贤的忠顺假象所迷惑,继续让贤像他哥哥一样代行管辖西域的职责。于是,被历史与自然的风沙所覆盖的西域丝路得以修复,温驯而坚韧的骆驼再一次驮着沉甸甸的商品徐徐走过。而贤以守护丝路为名,控制了葱岭以东的各个国家。

时隔三年,贤再次派遣使者,带上莎车出产的青玉到东汉贡献,措词恳切地请求向西域派驻都护。为此,刘秀征求大司空①窦融的意见,窦融自认为对贤了解,便建议说:"贤的父亲、兄长活着时,就与贤相约亲汉,现在贤的言辞与行动又如此恭敬,我看应该给予封赏,来安抚他。"于是,刘秀亲自接见了莎车使者,宣布赐予贤西域都护的印绶,并赠给了车骑及官服。

莎车使者刚刚出城,刘秀就接到了敦煌太守裴遵的上书,意思是我作为负责管辖西域的太守,必须将真情毫无隐瞒地告诉陛下,贤曾经私自换

---

① 汉成帝将御史大夫更名为大司空,俸禄随之提高,与丞相、大司马合称"三公"。

掉了西夜与拘弥王,现在更是恣意妄为,如果授予他如此巨大的权力,西域各国必然对陛下失望。请陛下三思。

看完上书,刘秀大惊,立即决定收回西域都护印绶,改授给贤大将军印绶。裴遵率轻骑截住了西归的莎车都护,将都护印绶强行夺了过来。大都护与大将军,尽管只有两字之差,但在职责上却有天壤之别,大将军只有带兵打仗的权力,而都护可以代表汉朝管理所有国家。因此,贤对东汉恨意顿起。

对于被收回都护印绶一事,贤下达了"封口令",继续以都护名义发号施令,蒙在鼓里的西域各国都表示服从,并上书称贤为单于。其情景,类似于唐太宗灭掉东突厥后,各个周边民族所上的"天可汗"。

说起来,贤对西域各国偶然发点号令并无不妥,即便他被收回了都护印绶,毕竟还有汉朝大将军的称号。问题在于,他过度地使用了都护一职,不仅对各国颐指气使,而且加重了赋税,还征发西域联军攻击龟兹等国。

一山突起丘陵妒。建武二十一年(45),鄯善、焉耆、车师前国等十八国一起派遣王子到东汉为侍子,奉献珍宝。见到刘秀的那一刻,王子们痛哭流涕,叩头不止。刘秀十分惊异,便询问他们为什么痛哭。王子们争相控诉贤的恶行,强烈要求东汉向西域派驻都护。一向低调的刘秀考虑到中原初定,北疆未平,便委婉地回绝王子们在汉为侍和派驻都护的要求,厚厚地奖赏了各国王子,要求他们各回其国。

消息传回西域,贤对各国的攻击愈加猛烈,而派出王子的国家更为惊恐,紧急投书敦煌太守裴遵,要求将侍子们留在敦煌,对外宣称王子们已留在京城为侍,西域都护即将到任。这样一来,莎车或许会投鼠忌器,罢兵回国。显然,这是一个无奈而尴尬的策略,因为时间一长必然露馅。思虑再三,裴遵还是把西域各国这一低劣的瞒天过海之计报告了皇帝,皇帝只有答应,并一脸苦笑。对于一位自称"受命于天"的皇帝来说,这与吕后的"书信之耻"、韩信的"胯下之辱"还有什么区别?

一天傍晚,西来的马蹄又在驿道上敲出了瑰丽与耀眼的火花。唉,疾如流星的驿马驮来的,哪里会是升平的奏章,肯定又是战乱的塘报……

"塘报朕就不看了!"依山的残阳投射在他的脸上,他才50岁啊,尽管一直崇尚儒学,但说他不重武力,那他又是靠什么结束了近20年的军阀割据呢？然而,面对遥远的西域,他一时真的下不了决心。

读到此处,恐怕多数读者会以为刘秀有些窝囊。单就对待莎车这件事来说,刘秀的确很难摆脱窝囊之嫌。但历史上的刘秀真的窝囊吗？

对于刘秀的评价,史学界一向比较倾向于三国时期的才子曹植所写的《汉二祖优劣论》。他认为,第一,刘秀有君子之风。刘邦"寡善人之美称,鲜君子之风采",而刘秀是"聪达而多识,仁智而明恕,重慎而周密,乐施而爱人"。也就是说,刘秀没有刘邦的流氓习气。第二,刘秀的野心有限。刘邦见到秦始皇时叹息道:"嗟乎,大丈夫当如此也！"而刘秀的叹息是:"仕宦当作执金吾,娶妻当得阴丽华。"很多人感觉刘秀胸无大志,其实这恰恰是他最大的优点,遇事审慎而从不自以为是,这也是他在韬光养晦中一步步走向权力巅峰的一大原因。况且,野心过大的帝王往往给百姓带来深重的灾难,所以无论是儒家还是道家都规劝帝王清心寡欲,休养生息。第三,刘秀与刘邦都出身低微,所以在使用民力上非常有节制。西汉初年,老百姓穷得连裤子都没有了,刘邦刚当上皇帝时连四匹颜色一样的马都找不到,很多官员只能坐牛车,国家已经失去了保障统治者穷奢极欲的能力,他当然只有与匈奴寻求妥协并主动和亲。而东汉是在王莽的尸体上搭建起来的,经过新朝的战乱与饥荒,生产力遭受了严重破坏,所以刘秀上台后一直奉行"薄赋敛,省刑法,偃武修文,不尚边功,与民休戚"的政策。在文章的最后,曹植得出的结论是,两位皇帝都很优秀,而且刘秀比刘邦还强。

行文至此,您还认为刘秀窝囊吗？您还对刘秀没有劳师远征心存不满吗？刘秀已经笃定,现在东汉不出兵,并不代表以后不出兵。等积蓄了足够的实力,再由像汉武帝一样的后人去叱咤风云吧。而且,在刘秀眼里,西域发生的毕竟只是一些小打小闹而已,似乎无关大局。

六、贤的表演

可是,贤不想小打小闹,他制造的噪音越来越大。

建武二十二年(46),了解到东汉近期不会派出都护,贤更加毫无忌惮。他致信鄯善王安,要求他断绝东汉进出西域的道路。安也不是个善茬,他不但不听,还将送信的莎车使者杀掉。贤发兵攻打鄯善,安抵挡不住,逃进山中。莎车军队抓不住安,便将未及逃走的千余名鄯善民众报复性地全部屠杀。这情形很像一个没有得到奥运金牌的运动员,朝着赛场边卖冰棍的老头狠狠踹了一脚。

到了冬天,贤再次攻入龟兹,杀掉龟兹王,将人多势众的龟兹吞并。

滞留在敦煌的鄯善、焉耆等十八国王子,见瞒天过海计被莎车看穿,加上思乡心切,便一起回到故乡。安上书东汉,表示愿意再次派出儿子为人质,请东汉重设西域都护,否则自己只能奉匈奴为宗主。刘秀无奈地回绝了他。鄯善、车师前国等只能另寻靠山,无奈地宣布听命于匈奴,而贤也愈加骄横。

妫塞王自以为距离莎车遥远,便杀死了前来索取贡赋的莎车使者。贤派出大军攻入妫塞,用妫塞王的脑袋祭奠了自己的使者,然后立妫塞贵族驷鞬为妫塞王。又立自己的儿子则罗为龟兹王。后来,他考虑到则罗年幼,便从龟兹分出了乌垒国,任命驷鞬为乌垒王,协助经验欠缺的则罗控制龟兹国人。而空缺的妫塞王一职,则另选了一名贵族担任。几年后,对横征暴敛忍无可忍的龟兹国人,愤而杀掉了则罗和驷鞬,派出使者到达匈奴单于庭,请匈奴另立龟兹王。匈奴立龟兹贵族身毒为龟兹王,从此龟兹也划入了匈奴的势力范围。

接下来,贤以大宛缴纳的贡赋减少为由,亲自率领数万西域联军攻打大宛,大宛王延留被迫出城投降。贤将延留带回莎车软禁起来,然后任命拘弥王桥塞提为大宛王。

如果贤派一个多少比酒囊饭袋强一点的人统治大宛,这里就可能变成真正的殖民地。但如果所有人都那么聪明,我们也就没有历史可写了。这个新王除了吃喝就是泡妞,既不注意与大宛贵族打成一片,也没有搞好与邻国的关系,更要命的是,他采取了无为而治的策略,听任贵族们到处串联,自行其是。在桥塞提担任大宛国王的一年多时间里,与大宛同宗的康居国在大宛贵族的暗中配合下,多次发兵攻入大宛,声称"只要桥塞提一天不下台,康居就一天不退兵"。内外交困的桥塞提逃回莎车,跪在贤的面前玩命地做自我批评,叩头叩到血流不止的地步,听任贤狠狠地踢他的屁股。显然,这是一位愚蠢透顶但又无比忠诚的人,这样的人任何国王都离不开。是啊,如果大家都比贤英明,贤还坐得稳王位吗?出完气,贤只得重新任命桥塞提为拘弥王,被软禁的延留则被允许回国,前提是必须按时交纳贡赋。

贤又发兵攻入于阗,将迎降的于阗王俞林任命为骊归王,另立俞林的弟弟位侍为新于阗王。

一年后,贤怀疑邻近各国有叛逆之心,便将于阗、拘弥、姑墨、子合王召集到莎车,在酒宴上杀死了他们。此后,贤没有再在这几个国家任命新的国王,只是派出将军镇守这些国家。

此后,再也无人能猜透贤的心思,只有唯贤之命是从。为此,贤不无得意地对相国且运说:"这就是术!"

术,是战国时期韩国丞相申不害的发明。就是设计一种场景与技巧,使得对象没法判定施术者的意图,只好乖乖地接受和遵守人主的指令或意愿。这是君王用以驾驭臣子的办法之一。与申不害同时代的商鞅曾使用过,将反对变法的人和颂扬变法的人统统给予惩罚,使得人们只能默默顺从。赵高也深得要领,在对付入狱后喊冤叫屈的李斯时曾用过此招。而使用最为娴熟的,莫过于近现代的人贩子了。徐珂所编的《清稗(bài)类钞》上说:大清时期的人贩子拐来村妇后,先将她痛打一顿,随后派同党将她奸污,名之曰"灭耻"。继而,让同党扮成买主前来买为妾,然后好言相问,问她从哪里来,为什么沦落到如此地步?妇人听后,必然哭泣并诉告冤苦。这个同党假装目不忍睹,然后退下,接着拐匪又将村妇痛打一顿。不久,又让一拐匪前来购买,相问如前,如果村妇还要诉冤,就再痛打一顿。如此三番五次之后,村妇就不敢再说了,最后才把她带到市镇上卖掉,拐匪也得以长期不被揭发与剿灭。

西域万马齐喑,唯有莎车一马当先。建武二十八年(52),就连北匈奴也压不住莎车的势头,不得不带着西域各国使团来洛阳告状。

如果您试图一览东汉初年西域的全貌,想要寻求一个标记,想要在起伏翻卷的大漠上空找到一个星座,那么,它只能是莎车王贤。

七、岳父与女婿

一人之心,天下人之心。他像一架失去控制的航天器,听凭自己过热的脑袋带着这个国家东摇西晃。从此,贤成为魔鬼的代名词,多少西域君臣躲在暗处谩骂他,腹诽他,诅咒他,他成为西域诸国共同的敌人。

镇守于阗的莎车将军君得,因为暴虐被于阗人杀死。于阗贵族休莫霸自立为于阗王,然后拘弥国猎杀了镇守皮山的莎车将军。于是,贤派太子、相国率2万西域联军东征于阗。休莫霸率兵迎战,莎车兵败,一万余人被杀。

紧接着,贤亲率数万西域联军进击于阗,休莫霸再次击败了莎车军队,斩杀了过半数西域联军,贤侥幸脱身逃回国内。

休莫霸一直尾追进莎车,向莎车都城发起围攻,身先士卒的休莫霸被一支流矢射中身亡。失去主帅的于阗大军,只得带上国王的遗体回国。

于阗军队退走了,但喊杀声并未停歇。原来,就在于阗军队攻城的同时,受尽莎车凌辱的西域各国连同匈奴纷纷赶来攻城,但由于最有战斗力的于阗军队临时退出,战争一度呈现胶着状态。

很快,退兵的于阗经相国苏榆勒提议,推举休莫霸的侄子广德为新国王。即位后的广德一边安排叔父的丧事,一边派出弟弟、辅国侯仁率领重新整合的人马,再次杀向莎车。

惊魂未定的贤,望见滚滚西来的于阗大军,颓然歪倒在城墙上。他明白,只要于阗重新加入战斗,莎车的陷落是迟早的事。

贤赶忙派出使臣,携带着大批珍宝美女,向各路诸侯一一谢罪。他对于阗开出的退兵条件多达四个:一是将被莎车扣押多年的广德的父亲放回,二是将贤的一个貌若天仙的公主嫁给广德做妃子,三是送给于阗大批赔款,四是两国结为亲密兄弟。

和平是人类的普世价值,战争的目的也是和平。面对如此优厚的条件,于阗及各路诸侯相继退出了战场。

经历过这次史无前例的失败,莎车在西域的霸主地位已成往事,那些镇守别国的将军或被杀或叛逃或回国,贤的西域霸主梦从此破灭。

当代香港企业家李嘉诚曾说,栽种习惯,成就性格;栽种性格,成就命运。一个杀人如麻的帝王金盆洗手、急流勇退,那可能只是一个遥远的童话。贤显然不可能是童话里的那种人——此后,本性难移的贤加重了民众的赋税,扩大了军队的数量,期望重续过往的辉煌。其实,这也不难理解:试想,狼如果把头伸进了羊圈,还会再把身子留在圈外吗?

但莎车相国且运及其死党对贤的所作所为理解不了,便给于阗王广德写了一封信,表示愿做于阗的内应。广德见信,喜上眉梢,立刻率领于阗及属国的3万兵马杀向莎车。

站在城头的贤,派出使者质问广德说:"我还你父亲,给你妻子,你来进攻我到底为了什么?!"广德回应道:"您是我妻子的父亲,已经很久没有见面,愿各带两名随从在城外结盟。"

得到使者的回报,贤征询相国且运的意见。当贤将信任的目光投向相国的时候,贤的命运已经被定格。他平时一直疑心很重,但偏偏从未怀疑过这位精干而憨厚的重臣,他走到哪里,都会把这位相国带到哪里。但万万想不到,自己这位一人之下、万人之上的大臣,居然就是女婿的内应。

显然,且运也懂"术",而且已经将自己的城府修炼到了极致,尽管此时他内心激浪翻滚,但脸上仍与以往无异。只见他慢吞吞地说:"广德是您的女婿呀,我没有听说有女婿害丈人的。"看到贤眼里还残存着一丝狐疑,他又追加了一句,"我也没有听说有丈人不敢见女婿的。"

最后一句话,显然击中了贤那颗从不服输的心。于是,贤下令备马,带两名随从走出城门。

迎接他的,当然不是什么会盟,而是绳索。于阗军大摇大摆地进入了莎车都城,贤的家属及亲信都做了阶下囚。

面对这个狡诈而冷血的女婿,贤后悔得几乎要吐血了。遥想当年,自己意气风发,睥睨群雄,跃马扬鞭,笑傲江湖,摆下一场鸿门宴就杀掉了四个国王,西域诸国莫不闻风而降,那是多么令人追思的人生巅峰啊!可如今,自己只能与黑暗对视,与牢狱为伍,与泪水相伴。一代枭雄贤的下场,仿佛在诠释黑格尔的话:"运伟大之思者,必行伟大之迷途。你走吧,你走不出自己的皮肤。"

为此,我想起了一个故事:从前有个爸爸,告诉他站在一架很高很高梯子上的儿子说:"你跳下来,爸爸一定会接住你的。"听完这话,儿子像跳水一样,放心地纵身一跳,哪里知道爸爸的身体一闪,儿子扑空掉在地上,屁股差一点开花。儿子哭唎唎站起来问爸爸:"为什么骗人?"爸爸说:"我要给你一个教训,连爸爸都靠不住,别人的话更不必说了。"

可惜,贤没听过这个故事。

一年后,贤连同被俘的妻儿老小共上百人,被广德秘密屠杀。

被杀的前夜,风吹散了漫天的乌云,月亮像一个逃犯一样,又被抓回了夜空这个黑乎乎的牢房。牢房里的贤在梦里见到了自己的父亲延和哥哥康,父亲和哥哥责备了他,但他并不服气。憬然醒来后,他再也无法安眠,只是用一双眼睛呆呆地盯着夜空中的月亮,直盯到月亮落下,晨曦初现。贤不知道的是,此时距离他生命的最后时刻,只剩这一个黎明了。

一阵杂沓的脚步声由远而近,来者不是狱卒,而是同样被五花大绑的广德的妃子——自己最疼爱的女儿。那一刻,从未流过泪的他,老泪纵横。

据说,贤还见到了自己的老相国,如今已是莎车实际执政者的且运。那一刻,他的嘴唇只是抖个不停,一句话也说不出来。

随后出现在他面前的,就是提着屠刀的刽子手了。他抬眼望向牢房的天窗,天空正有一群大雁结队北归。大雁的呼唤,已唤不动他的归程。故乡莎车,只能在梦里回归了。他的目光里,除了恋恋的悲情,就是深深的痛悔。

欲知世上刀兵劫,但听屠门夜半声。其实,他没有任何理由觉得冤屈,想想横死在自己刀下的众生又有多少?他也没有必要后悔,因为这就是一个霸主的命运,如恺撒,如大流士,如拿破仑,如希特勒。他更不要埋怨自己倒霉,谁能逃脱时间的审判呢?上苍让所有人光溜溜生的时候,就已经给了人生一个谁也无法逾越的宿命:赤条条地死。一切外在的煊赫,只能显露其内在的空虚,证明其生命的速朽。孔子似乎早已料到了这些所谓的"伟人"的下场,所以发出了"始作俑者,其无后乎"的预言与警示。

八、半夜鸡叫

就这样,这个一度如日中天的国家,瞬间成为如血残阳。

元和三年(86),闻听莎车被于阗灭掉,匈奴担心于阗坐大,便派五名将军纠集西域十五国兵马共3万余人围困于阗,迫使广德投降。当年冬天,在匈奴担当人质的贤的儿子不居徵被送回莎车,担任了莎车王。不久,广德攻杀了不居徵,另立其弟弟齐黎为莎车王。但莎车一直听命于匈奴所扶持的龟兹王。

正当其时,28岁的汉章帝刘炟已经通过仁政积累了大量财富,进入了历史上所谓的"明章盛世",有了可以在西域与匈奴一较高下的本钱。于是,擅长草书的他(其草书被称为"章草")亲笔写下了一封龙飞凤舞的诏书,要求班超由守转攻,并派汉将徐干与和恭先后率精兵增援班超。此时,以暗杀起家的汉将兵长史班超,已在西域辛苦经营了13年,拥有了一呼百应的威望。于是,班超决定于章和元年(87)对付莎车。因为鄯善、于阗、疏勒都已归附汉朝,丝路南道只剩下莎车一块顽石。扳掉了莎车,便打通了丝路南道,丝路北道的龟兹也就成了一块孤子。

说起来,这是班超第二次出兵莎车了。三年前,汉将和恭率领800将士西行,与班超汇合。然后,班超率于阗和疏勒数万兵马攻击莎车。在战争进入白热化之际,被莎车国金钱与美女收买的疏勒王忠反戈一击,班超和于阗军受挫。在历史记载中,这是班超唯一的一次败仗,有的史学家因此而质疑班超的神奇,认为这一仗为本应成为"常胜将军"的他抹了黑。其实,世上从来就没有什么"常胜将军",如果一方常胜,就无仗可打了;世上从来也没有什么"常败将军",如果常败他怎能晋身为将军?此类称呼都是一种以偏盖全的表达,根本与事实不符。一年后,吃了败仗的班超才将疏勒王忠刺杀,报了当年的一箭之仇。

女人并不总是凭贞节成为贞女,男人也不总是凭勇敢成为勇士。有了上一次摔得鼻青脸肿的教训,班超用兵变得十分谨慎。

这是班超到达西域后组织的第一次大规模的兵团作战,目标是龟兹的走卒莎车。为了提高保险系数,他共调集了于阗等国2.5万名军人。战争开始后,龟兹王派左将军率领龟兹、温宿、姑墨、尉头联军共5万人前来救援,战争的结果再次变得不可预计。难道自己要真的重蹈覆辙?班超陷入了深深的思索。

战争,看起来只是运动在大地之间,实际上在大地之上的天际,还悬浮着一个不受人力操纵的魔鬼,使地面的残杀沿着它的狞笑变得浩荡无际。它,就是战神。在人类历史上,白起、大流士、霍去病、恺撒都遇到过战神,现在轮到他班超了。

下午,毒毒的太阳懒懒地西落,被风撕碎的云朵飘荡在天际,班超的军营里弥漫着低沉的气氛。班超召集手下将校与于阗王商议说:"如今我军兵少力寡,难以战胜对方,最好的办法莫如各自散去。于阗军队从这里向东撤军,我也将率长史府汉军从这里西归,可以在夜间听到鼓声后悄悄撤退。"会后,班超一反常态,并没有对撤军计划采取严格的保密措施。

"军机"泄露到龟兹那里,龟兹王大喜,亲自率领一万多骑兵在莎车西部边境埋伏,准备伏击班超;温宿王则率领8000骑兵埋伏在莎车东部边境,等待于阗军队进入伏击圈。班超得知龟兹、温宿二王已从莎车都城离开,便秘密召集各部将军,约定鸡鸣十分一起狂攻莎车军营。

躲在军营里的上万名莎车军人静待对方军营里的鼓声,因为他们已经得知对方会"闻鼓而退"。但一更过去了,没有鼓声;二更过去了,军鼓未响;三更过去了,还是没有动静。渐渐地,紧张了半夜的军人在懵懵懂懂中睡去了,他们实在懒得再等什么鼓声。趴在大漠里的龟兹王与温宿王却瞪大了眼睛,像野老婆等汉子一样期待着那支疲惫的军队进入伏击圈。

五更时分,一声凄厉的鸡鸣划破了西域的长夜。这不是周扒皮在作假,而是真正的鸡叫。班超的部属与于阗军人闻鸡而起,如秋风扫落叶一样扑向寂静的莎车大营,失去援兵且已进入梦乡的莎车军人如梦游一般惊慌奔逃,被斩杀的军人远远超过五千。天亮时分,莎车王宣布正式附汉。

听到战报的龟兹、温宿王,腿都软得站不起来了。你想,区区2000名汉军加上西域联军,就能吃掉一个庞大的国家,简直令人难以置信。显然,他们把赌注押错了,或者说在雄鹰与豺狼的较量中,他们选择了四条腿的一方,而这只可怜的野兽已被啄瞎了眼睛。难道,自己还要在这里等待被班超各个击破吗?于是,龟兹、温宿等国军人来不及扑打满身的沙尘,便撒开丫子没命地逃回国内。从此,班超成为一个比李广和傅介子还要恐怖的传奇。孙子所谓"善出奇者,无穷如天地,不竭如江河",似乎是解释的班超吧。

更搞笑的是,以"半夜鸡叫"为号灭亡一个国家的事例,我在上下五千年的世界史上再也没有找到。

汉安帝刘祜(hù)当政时期,西域大乱,莎车先属于阗,后附疏勒。顽强坚持到隋代,这个已更名为渠莎的弱国终为疏勒所并。此后,再也无人听见他裹杂在漫漫风沙中的滓血誓言,再也无法感受到他缔造的国家在苍茫时空里的惊人崛起。人们看到的,只有被遗忘在戈壁大漠中的死寂城堡,只有被岁月尘沙填埋的水井、渠道与护城河,只有风化的白骨和枯风勒下的印痕。

似乎,莎车的故事结束得过于仓促了,就好比一颗红透了的苹果,我们只咬了一口便被人夺走了。但我们又有什么办法呢?因为它再也没有从"半夜鸡叫"的挫折中醒来。

有人说,莎车的历史是红色的,他的每一个脚印都淋漓着鲜血。我也承认,几个莎车王的穷兵黩武的确不得人心。但把莎车漫长历史中的愚昧、丑陋、血污无限放大的做法也是不公正的。莎车也是中华民族的一部分,我们不能因为它有缺点而将其"清空"。因为在迄今为止的人类历史上,还没有哪个民族的历史是亘古以来就温情脉脉、阳光灿烂的,以后也不会永远温文尔雅、天使翱翔。中华民族最伟大的地方在于,从不掩饰自己每一个支系的挫折、失误甚至自伤、自残,但更注重对整体的自我矫正、自我教育、自我完善、自我治愈。正是自身文化的巨大包容性、自信心、黏合力,才使得中华民族分分合合、厘定重组的历史,排除了历史自大主义的陷阱和历史虚无主义的干扰,始终呈现出高山般的雄峻与大海般的广阔。这也是世界四大文明古国唯有中国能够延续至今的关键所在。

九、叶尔羌汗国

古莎车国的故事实际上已经结束了,我们之所以不得不提起叶尔羌汗国,是因为它的都城就设在莎车。

叶尔羌汗国的奠基者名叫赛依德,是成吉思汗的次子察合台的直系后裔,东察合台汗国满速尔汗的三弟。

这是一位典型的冒险家,为了争夺汗位,他联合另一位哥哥赫力烈在伊犁河与七河流域发动暴乱,公开挑战满速尔汗。不久,暴乱被满速尔汗平定,赫力烈被杀,赛依德逃亡到帕米尔高原,一度控制了美丽富庶的费尔干盆地。由于扩张屡屡受挫,他率领残兵远走阿富汗喀布尔城,投奔远亲——帖木儿后裔巴布尔。

明正德七年(1512),赛依德随巴布尔的军队成功占领撒马尔罕城。

但不久,巴布尔就被乌孜别克军队击退。

两位远亲在逃亡途中分手。失败与分手,反而激发了这两个冒险家无穷的斗志。巴布尔重整旗鼓,带着自己的2.5万名哀兵和从西方租借来的装备着火枪的军队,疯狂南下,一举攻入了印度德里,在恒河流域建立了伟大的莫卧儿王朝。泰姬陵就是他孙子的孙子沙杰汗的爱情信物。

听到同伴成功的消息,赛依德也不甘示弱,他再次率兵进入塔里木盆地南缘,在秋风扫落叶的季节攻占了阿图什(今克孜勒苏柯尔克孜自治州首府),继而围困了以喀什噶尔为基地的南疆霸主——喀什噶尔杜格拉特部素丹阿巴拜克。据《中亚蒙兀儿史—拉失德史》载,赛依德面对的是一个臭名昭著的暴君,这个属于逊尼派穆斯林的虐待狂,曾经将持不同政见的3000多人处死,数千人砍去双脚,也曾对喀什噶尔、于阗、叶尔羌古城址进行大规模挖掘,获得珍宝无数。喀什城内的民众听说赛依德来攻,暗中奔走相告。失去民心的阿巴拜克被困三个月后,乘着夜色突出重围,逃往古莎车国的中心叶尔羌城。

一年后,赛依德相继拿下喀什、阿克苏,逼近叶尔羌。眼看叶尔羌城难保,阿巴拜克匆匆让位给儿子,自己则携带财宝外逃。为了分散追兵的注意力,他将大批财宝倒入喀浪沽河。无奈,随身携带的其他珍宝仍拖累了他,最终他在昆仑山被赛依德的轻骑兵追上并杀死。

正德九年(1514),赛依德正式称汗,定都叶尔羌,建立了国祚长达166年的叶尔羌汗国。时隔两年,东察合台汗国走向衰落,哥哥满速尔汗向赛依德称臣。

鼎盛时期,叶尔羌汗国的疆域包括天山南部,巴尔喀什湖以东以南地区,伊塞克湖地区,费尔干纳盆地,巴达克山和瓦罕地区,几乎囊括了整个西域。

这是一个典型的伊斯兰教国家。叶尔羌汗国境内的居民主要是信仰伊斯兰教的维吾尔人,统治者则是信仰伊斯兰教带有蒙古血统的维吾尔人。出于对伊斯兰教创始人穆罕默德的无上崇敬,叶尔羌汗国第三代汗阿不都克里木执政时,把和卓伊斯哈克·瓦力从中亚地区请到了叶尔羌。

所谓和卓,是阿拉伯语与波斯语音译,意为"圣裔",是对伊斯兰教创始人穆罕默德后裔的尊称,因而也成为某些并非圣裔的伊斯兰教上层人物自我标榜的称呼。据说,中亚伊斯兰教苏菲派纳格什班迪教团①领袖马赫图木·阿泽木,是先知穆罕默德女儿的直系后裔。他有两个儿子,分别是长子穆罕默德·额敏和幼子伊斯哈克·瓦力。

当伊斯哈克家族势力在叶尔羌汗国蒸蒸日上的时候,伊斯哈克·瓦力异母兄长穆罕默德·额敏的儿子穆罕默德·尤素甫来到叶尔羌,先是在哈密生儿育女,后来尤素甫带着儿子阿帕克(意为"宇宙之主")来到喀什噶尔。从此,天山南路有了两派和卓势力。

十、"马和人"

"派别"从来就是一个不祥的词汇,它代表的意义似乎只有尔虞我诈和不共戴天,这两个同出一根的伊斯兰兄弟也不例外。以伊斯哈克·瓦力家族为代表的一派,以叶尔羌为基地,因叶尔羌西有黑色大山,故称"黑山派";以尤素甫和阿帕克和卓为代表的一派,以喀什噶尔为基地,因其信徒聚居的阿图什北部有白色大山,故称"白山派"。如果细细考察就会发现,他们分成两派实在有点搞笑,两派的教义几乎完全一致,其差别只是白山派主张默诵真主赞颂词,黑山派主张朗诵真主赞颂词。如果非要再找点区别,就只剩下一派举白旗、戴白帽,另一派举黑旗、戴黑帽了。其实,他们的矛盾说穿了就是争当宗教老大而已。就是为了争当这个所谓的老大,两派由诵读形式的分歧演化为政治权力的角逐,甚至到了拔刀相向,你死我活的地步。

十七世纪中叶,中原的明朝是一个最软弱、最苍白的朝代,西南部是无心北扩的莫卧儿帝国,西部是零落的布哈拉,西北部是混血的月即别,北部是衰败的亦力把里,整个西域几乎就是一张任由二、三流画家自由涂鸦的白纸。也就是说,这是富有宗教活力的叶尔羌汗国攻城略地的良好时机,但它却陷入了滔滔没顶的内讧之中,他们明争暗斗,上下其手,一讧

---

① 苏菲意为"心灵洁静、行为纯正",苏菲派是伊斯兰神秘主义派别的总称,主张苦行禁欲,虔诚礼拜,与世隔绝。纳格什班迪教团是其分支之一,实行依禅世袭制度,设有依禅(即首领、导师)、谢赫(即麻札管理人)、哈里发(即弟子)、苏皮(即修士弟子)、阿皮孜(即领导诵经)等教职,每年夏、秋季举行朝谒麻札活动。

就是几十年,等讦完了,离死也就不远了。

康熙九年(1670),黑山派拥立伊思玛业勒为叶尔羌汗。伊思玛业勒汗上台后,疯狂打压白山派,白山派首领阿帕克和卓经克什米尔逃往西藏。

情急之下,阿帕克假借五世达赖的名义向准噶尔大汗噶尔丹求援,而噶尔丹早就对天山南麓垂涎已久。

康熙十七年(1678),34岁的噶尔丹应邀出兵叶尔羌汗国,与白山派教众里应外合,将伊思玛业勒汗及其黑山派和卓俘获,押回了伊犁河畔的准噶尔大本营,然后扶植阿帕克和卓为傀儡汗,叶尔羌汗国黯然落幕。

但是,准噶尔蒙古人对白山派和卓并不放心。噶尔丹的侄子策妄阿拉布坦继任准噶尔汗后,将天山以南置于直接统治之下,白山派和卓后裔被押往伊犁囚禁起来。到了噶尔丹策零(策妄阿拉布坦之子)在位时,又任用黑山派和卓达涅尔管理叶尔羌、喀什噶尔事务。此时,阿帕克和卓的孙子玛罕木特已在囚禁中死去,玛罕木特的长子——大和卓波罗尼都及幼子——小和卓霍集占,都被囚禁在今伊犁东北的依连哈比尔尕山。

和卓的命运,让人联想到了伊索寓言中"马和人"的故事。

说的是有一匹马占有着一整片草原。一天,一头鹿闯进了它的草地,吃马的草。马非常想赶走这个外来的家伙,就去求一个人,问他是否愿意帮助它惩治那头鹿。

那人回答说,如果马愿意在它的嘴里放一个嚼子,并且同意让他骑,他就答应用有效的武器来对付鹿。

马同意了,就让那人骑在了自己身上。就是从那时起,马才明白它为自己找的不是援手而是控制者。

十一、樵夫的女儿

一个166岁的国家,尽管多数时间忙于内讧,尽管谢幕的方式稍显愚蠢,但不会留不下任何人文的痕迹。莎车县有名的是叶尔羌汗国王陵。而比叶尔羌汗更有名的,是一个砍柴人的女儿。

她叫阿曼尼莎汗,嘉靖十二年(1533)出生在提孜那甫河畔的夏河塔塔尔村(今莎车县喀拉苏乡夏甫吐鲁克村),父亲马合木提是一个淳朴的樵夫。她不仅天生丽质,而且聪慧过人,13岁就能写诗、作曲。

一年,赛义德汗的长子、叶尔羌第二代汗拉失德率领大臣到提孜那甫河畔狩猎。夜晚,他化装成衣衫褴褛的牧民,带着侍从来到马合木提家投宿,借以了解百姓的苦乐与心愿。

拉失德汗进屋后,发现屋子虽然陈旧狭小但整洁有序,墙上还挂着一把弹布尔琴。他从墙上取下琴,恳请主人弹奏。马合木提回应说:"琴是我小女儿的,还是让她为客人弹奏吧。"

于是,砍柴人喊来了女儿。

14岁的少女一出现,便灿烂了黑暗的屋子,并照亮了拉失德汗高傲的心。她头也未抬,从客人手上轻轻接过自己的弹布尔,信手弹唱了一曲《潘吉尕木卡姆》。

美妙的琴声从姑娘的指尖淙淙淌出。令客人目瞪口呆的是,姑娘演唱的木卡姆①歌词不仅涉及汗王自己,而且闻所未闻:

> 我们的主啊,万分感谢您,
> 您把一位公正的人封为国王。
> 拉失德汗为弱者、穷人遮住了炎阳。
> 乃裴斯啊,要为神圣的胡大祈祷,
> 如若不为公正的国王祷告,
> 就要受到惩罚。

一曲奏罢,客人急切地问:"曲子中的乃裴斯是谁?歌词你是从哪儿学来的?"

姑娘不高兴了:"乃裴斯是我的笔名,难道我非要背诵别人的歌词不成?"

客人不信,姑娘又朗诵了几首自己的诗文。客人还是不敢相信这个美丽的小姑娘能写出如此精美的诗篇,便又提出:"请再写首诗给我看看,可以吗?"

姑娘有些不耐烦地拿出笔,信手写道:

---

① 在维吾尔语中,"木卡姆"意为"大型套曲",还有"法则""规范""曲调"等多种含义,是维吾尔族的一种著名音乐形式。

> 胡大啊,
> 我面前的这个奴仆把我愚弄,
> 今晚顿觉屋里荆棘丛生。

客人会心一笑,对砍柴人和小姑娘客气地说:"暂且失陪,我一会儿就回来。"

拉失德汗回到驻地,戴上王冠,披上斗篷,带上10头羊和茶叶、绸缎,由40位官员陪同回到马合木提家中,向砍柴人恭敬地公开了自己的身份,并恳求砍柴人把女儿嫁给他。

阿曼尼莎汗成为王妃后,并未一味追求奢华的享受,而是把主要精力用来整理、规范与创作木卡姆。她之所以致力于木卡姆的整理与规范工作,是因为维吾尔人在10世纪皈依伊斯兰教之后,维吾尔木卡姆传入西方,阿拉伯、伊朗音乐也进入新疆维吾尔地区,导致维吾尔木卡姆出现了从未有过的杂乱。于是,她在宫廷乐官喀迪尔汗的协助下,将一批有名望的木卡姆乐师邀请到宫中,对当时散失的木卡姆进行了大规模的删减、加工和整理,最终整理、规范为十二套木卡姆,其中的"依西来提·安格孜木卡姆"就是她亲自创作的,她也因此被誉为"木卡姆之母"。十二木卡姆于2005年入选联合国教科文组织第三批人类口头和非物质文化遗产名录。我国2007年发射的探月卫星"嫦娥一号"向太空播放的30首中国著名歌曲中,就有十二木卡姆选曲。

阿曼尼莎汗不仅是一位音乐家,还是著名的诗人,她的代表作有《乃裴斯诗集》《心灵的钥匙》《美的品德》。

阿曼尼莎汗死于难产,与印度沙杰罕的妻子泰姬·玛哈尔死于同样的原因,离世时年方34岁,那一年是明隆庆元年(1567)。

她离世后,悲痛欲绝的拉失德汗饱蘸血泪填写了一首悼亡诗:

> 晨风啊,带去我心中的秘密吧。
> 请向我的爱人送达我的问候。
> 清晨或黄昏你挨近她的身边,
> 请转述我对她朝夕不断的思念。

因过度悲哀,拉失德汗在三年后死在她的墓地上,临终前仍身着丧服。显然,这是一个西域版的"梁山伯与祝英台"。

令常人意外的是,她死后享受的尊崇比丈夫还高。今天的叶尔羌国王陵由阿勒屯麻扎、阿勒屯清真寺和阿曼尼莎汗陵三部分组成。与清真寺连为一体的阿曼尼莎汗陵高22米,陵顶为圆塔状,具有典型的伊斯兰建筑风格,陵宫墙上镶有"木卡姆"十二套曲名。

阿曼尼莎汗陵的名气虽没有印度泰姬陵那么大,但阿曼尼莎汗对人类文明的贡献却绝非美丽而任性的泰姬·玛哈尔可比。

十二、无贼城

可惜,莎车留给我们的美好记忆过于贫乏,阿曼尼莎汗算是为数很少的一个吧。因为在莎车,像"外聘国王""岳父与女婿""半夜鸡叫"这样的负面故事俯拾皆是。

接下来,是瑞典探险家贡纳尔·雅林在1930年收集的一个关于莎车的故事,这则故事来自于一部手稿,手稿的文字有维吾尔语叶尔羌变体的痕迹。

传说在这座城市里,所有的货物都以同一价格出售,善恶之间也没有什么区别。一位宗教人士依禅和他的学生路过这座城市。不顾依禅的警告,这个学生执意留了下来。

城里有一个贼,在翻越莎车最繁华街道里一个巴依(富人)的房顶时,摔坏了一只脚。经过这场灾祸,这座城市成了"无贼城"。

这个贼很生气,也很委屈,咒骂巴依给他带来了灾祸——因为他的屋顶修得太差,至少是修得不合适。贼找到了城里的国王,向他诉说了不满。国王很同情贼,感觉他骂得有道理。就这样,在国王面前发生了一系列告发和起诉:

一、这个贼因在富人房顶上出了事而起诉那个富人。

二、那个富人归罪于修屋顶的木匠。

三、那个木匠责怪泥瓦匠。

四、那个泥瓦匠责怪草席织工。

五、那个草席织工责怪放鸽子的人。

六、那个放鸽子的人责怪巫术鼓师,而巫术鼓师承认了自己的罪行。

国王决定绞死巫术鼓师以示惩罚。行刑前,复杂的情况出现了,巫术鼓师个子太高,而绞刑架太矮,必须换一个人来代替他上绞刑架。大家发现,那个依禅的学生的身材恰好符合条件。

就在这个学生将要被绞死的时候,依禅及时赶到,发表了一通雄辩的辩护演讲,救下了自己的学生。并且,他还指出,站在那里当旁观者的贼的身材正符合绞刑架的高度。于是,国王决定绞死那个贼。

令人吃惊的是,这个贼拍着自己的胸脯,坚决要求国王马上绞死他,并说被绞死的人在死后会成为天国的国王。在那里,整天有美人相伴,餐餐美酒佳肴,各种享受应有尽有,人间的这点风光,与之相比只是小菜一碟。

愚蠢的国王听到这番话,决定由他本人上绞刑架,以便能当上天国的国王,因为天国国王的地位要比他现在的地位高得多。

最后,国王被绞死,那个贼被释放,并且当上了"无贼国"的国王。

这个故事之所以被安在莎车头上,难道不是一个意味深长的魔咒吗?试想,只有什么样的国家和地区才被编进这样一些尴尬的故事呀!如春秋时期的郑国(郑人买履、买椟还珠)与宋国(守株待兔、揠苗助长、狗恶酒酸),汉时的夜郎(夜郎自大)等等。

莎车国小传:常用名莎车,曾用名索介、苏薤,处于西域最大的绿洲——叶尔羌绿洲上,是西域地区成立最早的国家之一。莎车的称霸之路,始于两汉交替时期。曾在中原担当人质的莎车王延,一方面用汉文化改造自己的国家,一方面长期坚持交好大汉的策略,使得莎车国力不断上升。延的儿子康继位后,开始受东汉委托代管西域各国。当康的弟弟贤接任莎车王之后,迅速走进了自绝于大众的死胡同。后来,莎车受到西域各国围攻,贤也被自己的相国出卖并丢了性命。从此,莎车变得卑躬屈膝,逆来顺受,直到隋代被疏勒征服。至于明代风光一时的叶尔羌汗国,其实与莎车国关系不大,只是中心位于古莎车而已。

丝路南道的历史,是一道走不尽的长廊。漫步其中,眼前闪光的是岁月的沧桑,耳畔听到的是人性的回响。曾经有过的是是非非,功过荣辱,如大浪淘沙般化作了遥远的过往,又深深镌刻在每一位读史者心上。

丝路南道国家存续表

朝代＼国名	楼兰	婼羌	且末	小宛	精绝	戎卢	扜弥	渠勒	于阗	皮山	莎车
战国		婼羌									莎车
秦	楼兰	婼羌	且末							皮山	苏薤
西汉	公元前77年改名鄯善	去胡来,公元2年部众逃亡匈奴	且末	小宛	精绝	戎卢	扜弥	渠勒	于阗	皮山	莎车
东汉	鄯善		且末	小宛	东汉末年被鄯善吞并	戎卢	拘弥	公元180年被于阗吞并	于阗	东汉初被莎车所灭,随后复国	莎车
三国	鄯善		且末	小宛	魏初被于阗兼并	魏初由于阗兼管			于阗	皮穴	莎车
西晋	鄯善		且末	被鄯善吞并		由于阗兼管			于阗	皮山	莎车
东晋南北朝	公元448年亡于北魏	末国,被吐谷浑所灭				被于阗吞并			于阗	蒲山	渠莎
隋									于阗	被于阗吞并	被疏勒吞并
唐									于阗		
五代十国									大宝于阗国		
宋									1006年亡于喀喇汗王朝		

第二编 葱岭十国

第十二章 西夜与子合——纠缠不清的孪生兄弟

西夜国,一名漂沙。户二千五百,口万余,胜兵三千人。地生白草,有毒,国人煎以为药,傅箭镞,所中即死。《汉书》中误云西夜、子合是一国,今各自有王。子合国,居呼鞬谷。去疏勒千里。领户三百五十,口四千,胜兵千人。

——范晔《后汉书》卷八十八

一、黄河之水哪里来

我前往葱岭的第一站,之所以选择今新疆叶城县南部的西夜国与子合国,是因为它们位于帕米尔①高原最东部,古葱岭河的上游。而葱岭与葱岭河,与"黄河之水哪里来"这一长达千年的历史公案密切相关。

君不见,黄河之水天上来,奔流到海不复回。
君不见,高堂明镜悲白发,朝如青丝暮成雪。
人生得意须尽欢,莫使金樽空对月……

在这首脍炙人口的《将进酒》中,唐代诗人李白对中华民族的母亲河——黄河来自哪里,作了诗意的回答。

按说,李白的回答没有什么错误,因为几乎所有的河流,都来自高山

---

① 在波斯语和塔吉克语中是"世界屋脊"的意思,在中国古代它被称为不周山、葱岭、昆仑。帕米尔高原地跨塔吉克斯坦、中国和阿富汗边境,海拔4000米到7700米,包括喜马拉雅山、喀喇昆仑山、昆仑山、天山、兴都库什山五大山脉,雪峰群立,耸入云天。

雪水消融之后形成的涓涓细流。但是,具体到一条河,总有它的发源地。现代地理学已经明确地告诉我们,黄河发源于青海省巴颜喀拉山北麓的约古宗列盆地。然而,关于黄河河源,古代却有另外一种解释:"黄河之水地下来"。黄河,最早被称为"河水""中国河"。中国最早的地理著作《山海经》记载:"不周之山,北望诸毗之山,临彼岳崇之山,东望泑泽,河水之所潜也。"意思是说,"河水"源自不周山——葱岭,归于"泑泽"——罗布泊,是罗布泊水从地下潜移过去的。这应该是最早的黄河河源说。

就这样,长达两千年的历史误会开始了。

一名汉使(一说张骞)出使西域,曾注意到黄河源,回长安后向汉武帝刘彻提交了"河源出于阗"的报告:"于阗(今和田)之西,则水皆西流,注西海(今黑海或里海);其东水东流,注盐泽(今罗布泊)。盐泽潜形地下,其南则河源出焉。多玉石,河注中国"。这位汉使还呈上了采自于阗南山的美玉。刘彻很是兴奋,便问这个出产美玉又是河源的大山叫什么名字?汉使答不上来。

中原对玉的崇拜源远流长,不会没人去过玉石的老家吧?带着满脑袋好奇,刘彻亲自查阅了宫中收藏的古代图籍,在《穆天子传》中找到了"穆天子曾到达昆仑之丘"的记载,又在先秦诸子之一的尸佼的著作《尸子》中查到了"取玉甚难,越三江五湖,至昆仑之山,千人往,百人返;百人往,十人返"的描述。于是,刘彻公开宣布:"命河所出山曰昆仑"。

《汉书·西域传》进一步解释说:"其河有两原,一出葱岭山,一出于阗。于阗在南山下,其河北流,与葱岭河合,东注蒲昌海。蒲昌海,一名盐泽者也,去玉门、阳关三百余里,广袤三百里,其水亭居,冬夏不增减,皆以为潜行地下,南出于积石,为中国河云。"从此,青海省循化县东的小积石山,被后人当成了黄河的源头。

乾隆四十六年(1781),黄河在江苏、河南决口。一向迷信的乾隆认为,黄河之所以泛滥成灾,是由于没有找到真正的河源进行祭祀的缘故。于是,乾隆在第二年派出乾清门侍卫阿弥达赴青海勘察黄河源,并"告祭河神"。经过细致的踏勘与走访,他最终认定黄河的正源既不是什么葱岭,也不是什么积石,而是青海巴颜喀拉山北麓的阿勒坦郭勒(蒙古语意为"黄金色的河"),也就是今天的卡日曲(藏语意为"红铜色的河")。尽管黄河水利委员会于1985年确认约古宗列曲为黄河正源,但时至今日,仍有许多当地藏民把同样位于约古宗列盆地的卡日曲看作是黄河源,他们的理由是,卡日曲比约古宗列曲长25千米并且水量大一倍。

回京后,阿弥达将勘察结果兴致勃勃地向乾隆作了汇报,但乾隆的脸色由晴转阴,进而大怒。乾隆紧紧抱住"黄河不止一个源头,在地下潜流后又流出地面"的教条不放,命令内阁学士纪昀在编纂《河源纪略》时,仍将塔里木河和罗布泊说成是黄河的源头,从地下潜流后至卡日曲复出,并以卡日曲水色浑黄来证明"大河灵渎,虽伏地千里,而仍不改其本性"。

好在,阿弥达并未受到冷落,后来荣升为工部侍郎,成为全国掌管土木建筑、水利工程及器物制作的二把手。有人猜测,天资平平的他之所以能够晋身高位,是因为他出生于满洲正白旗;更多的人说,还是因为他纠正了黄河源头这一长达两千年的历史误会。

二、西域有南河吗

一个误会消除了,另一个误会接踵而至。

打开新疆古代地图,西域最大的河流是由疏勒河、葱岭河、于阗河汇聚而成的塔里木河。但《山海经》中有这么一个记载:"敦薨之水西流注于泑泽,盖乱河自西南注也。"也就是说,注入泑泽的河流有两条,一条从西部注入,一条从西南部注入。难道,这又是古人像"黄河源"一样根据传闻做出的推测?

别人的话你可以不信,但不能不信地理学家郦道元。这位出生在河北,成长在山东青州的北魏官员,没有把人生目标寄托在为官上,而是立志为西汉后期桑钦编写的地理书籍《水经》作注。他一改《山海经》《穆天子传》《禹贡》等地理著作普遍存在虚构的特点,高度重视野外考察,足迹踏遍了长城以南、秦岭以东,开创了中国"写实地理学"的先河,最终形成了40卷、30万字、记录河流达1252条的地理巨著《水经注》。要知道,这部著作的母体——《水经》只有1.5万字,记录的河流也仅有137条啊。《水经注》面世时,西方正处在基督教会统治时代,全欧洲根本找不出一位杰出的学地理者,郦道元也因此被誉为中世纪最伟大的世界级地理学家。

一向严谨的郦道元大概注意到了《山海经》里的西域两河说,因此做了深入研究。他将塔里木河分为南、北二支,对《山海经》的"西注""西南注"做了进一步解析。《水经注》记载,塔里木河自葱岭分源,以歧沙为分水岭,北为喀什噶尔河,南为叶尔羌河,两河均向东流去。

北河一路向东,在温宿(今阿克苏)南,会合枝水(今阿克苏河),后相继汇入姑墨川(今哈拉玉尔衮河)、龟兹川(包括今库车河和渭干河)、敦薨之水(今开都河—孔雀河水系),浩荡东去,最终从古楼兰城南(后改道为城北)流入泑泽。

南河流经汉时葱岭的无雷、依耐、蒲犁等国以北,又经古皮山国北部,然后与于阗河汇合,继而向东流经扜弥国,途中又有克里雅河汇入,再流经精绝国,汇入尼雅河。由此继续向东,在古且末以北汇入阿耨(nòu)达大水(即卡啬河的支流古且末河),然后汇入注滨河,最终从古鄯善城北部流入泑泽。

进一步印证郦道元记述的,是东晋高僧法显的《佛国记》。他在书中提到,塔里木河有二支,北流经屈支(龟兹)、乌夷(焉耆)、禅善(鄯善)入牢兰海(罗布泊),南河自于阗东部三千里至鄯善入牢兰海。

民国五年(1916),政府官员谢彬以财政部委员的身份,前往新疆调查财政状况,他和助手林烈夫依靠马、骆驼和骡车等原始交通工具,利用9个月时间,在广袤的新疆大地上走完了前无古人的途程,并依据日记整理出40万字的《新疆游记》,书中还附录了一篇令人耳目一新的文章——《南河北河辩》[①]。文章认为有一条南河自西向东,经于阗国北、扜弥国北、精绝国北、且末国北汇入阿耨达水,而后向北直入罗布泊。无独有偶,在20世纪30年代初,德国学者阿尔伯特·赫尔曼在其专著《楼兰》中,也附录了一篇《南河之谜》。《南河北河辩》与《南河之谜》不约而同地认为,汉唐时期,塔里木"南河"是存在的。

现代考古学家杨镰进一步推断说:"不但在《水经注》成书前后南河确实存在,而且南河就是今天的和田河。"换句话说,在2000年前,和田河并非由南向北流,而是出山不远就在玛札塔格附近折身东去,大约在穿过今漠南公路以北110千米的荒野后与克里雅河汇合,然后一路

---

① 见谢彬著《新疆游记》281页,新疆人民出版社2010年版。

向东北注入罗布泊。在清代,南河河道不但依然存在,而且水流时断时续。

从《水经注》也可以看出,古塔里木南、北二河,几乎汇集了塔里木盆地的所有河流,水量十分可观。在此情况下,罗布洼地南、北各湖极有可能连为一体,所以才有了《汉书》上罗布泊"广袤三百里,其水亭居,冬夏不增减"的描述。

当证实了南河的存在,也就解开了丝路南北道均"顺河西行"的历史疑问。难怪班固在《汉书》中说:"从鄯善傍南山北,波河西行至莎车,为南道。自车师前王廷随北山,波河西行至疏勒,为北道。"

南、北二河既然如此浩荡,为什么其中的北河至今犹存,而南河却踪迹全无,以致人们普遍怀疑它的真实存在,几乎所有的历史地图均未将它标注出来呢?

地理学告诉我们,西域河流的主要来源是山地降水和高山融雪,因此河水季节分配极不均衡,夏季洪水占到全年水量的70%以上,其他季节则多为枯水期,下游常常断流,这种情况在塔里木盆地南部尤为突出。帕米尔高原和喀喇昆仑山北坡的降水远小于天山,河流水量补给远远不如北河。而塔里木盆地以克里雅河为界,其东多东北风,其西多西北风,河水枯水期河床易受风沙湮埋。受东北风影响,河道受迫向西偏转,而西北风又阻止了河流向西偏转,最终迫使河流无奈地向北流去,水量大者有幸与北河汇合,水量小者则消失在了大漠中。

风沙漫漫,岁月悠悠,随着南河的逐步萎缩,塔里木盆地南缘的绿洲也随之萎缩,大漠的沙丘则就势南侵,完全断绝了河水东流的去路,而且彻底埋葬了原有河流的痕迹,最终致使南河彻底消失。为南河殉葬的,是丝路南道上曾经繁华绝代的美丽城邦——且末、尼雅、渠勒、扜弥、于阗、皮山……

今天,唯有沙漠中东西向的胡杨断续分布,以及丝路南道古城遗址分布的轨迹,告诉了我们南河曾经存在的历史。

南河的消失,也直接造成了罗布泊的"游移"。

也许,这就是问题的真正谜底。

三、兄弟情深

以下,是我从新疆听来的一个传说:从前,遥远的大山里有一个小国,国王和王后结婚不久,就生下了一对孪生兄弟。这对兄弟不仅是孪生,而且是同卵孪生,外人根本分不出谁是老大,谁是老二。唯一的区别是,老大比较憨厚,老二比较聪慧。从一懂事起,这对孪生兄弟就形影不离,情深似海,老大对老二特别忍让,老二对老大特别依恋。当国王依照惯例,想立老大为太子时,老大一再坚持把太子之位让给弟弟,理由是弟弟比自己聪明,更适合担任未来的国王。国王不答应,老大就以绝食相威胁。国王拗不过老大,就把老二封为了太子。

国王驾崩后,身为太子的老二并未按照父王的遗嘱继承王位,而是坚持让老大担任国王,他的理由是:"当年,哥哥已经把太子之位让给了我。如今,我怎能再一次去抢本来属于哥哥的王位呢?"母后和群臣们也觉得有道理,但老大坚持不就国王之位,并且发出毒誓:"如果弟弟非要我担任国王,我将远走他乡。"

最后,还是母后拿出了一个折中的意见:"老大和老二都如此善良与恭谦,实乃我国之大幸呀!这样吧,从今天开始,国家一分为二,现在的国都及其周边地区归老二,老大带领自己的家族和部属到东方去开辟新的国家,这样总可以了吧?如果你们还要争执,我也不活了!"

老大和老二勉强答应了母亲的裁决。

母后又说:"从今以后,两兄弟仍要相亲相爱,互相帮助;两国必须世代结盟,患难与共。如有一方背弃誓约,必将万劫不复。"孪生兄弟以及贵族、群臣纷纷跪倒,面对苍天接受了王后的誓约。

从此,两国唇齿相依,风雨同舟,成为历史佳话。

葱岭以东的子合国与西夜国,就是这一对孪生兄弟。他们本属同一个羌人部落,早在汉初就建立了国家,王治设在呼犍谷。不久,这个国家一分为二,较大的部落首领(也许是老大)建立了西夜国,较小的部落首领(也许是老二)将国家命名为子合。

《汉书》中说:"西夜国,王号子合。"言外之意,后来建立子合国的,是原来西夜国的国王子合。

难道,羌人有用首领名命名国家的习惯?那么,羌人首领的名字又是怎么来的呢?

这还要从羌人的风俗说起。

四、古朴的羌人

羌人,顾名思义就是牧羊人。炎帝就出自古羌人。早在远古时期,驻牧于西部高原的炎帝姜姓部落就东进中原,在黄河流域获得了空前发展,成为华夏族的一个重要组成部分。

未东迁者依然坚守着经济和文化传统,像漫天星斗一样,杂乱而广泛地分布在我国西北、西南地区。因此,汉晋史籍将他们称为"西羌"。西域的婼羌、子合、西夜、依耐、葱茈、白马、黄牛、阿色等,都是西羌的分支。

如果穿越历史隧道,来到古羌人游牧区,会看到一幅朴素而美丽的生活图景:在牧草茵茵、水流潺潺的山谷间,静卧着一座座牛毛与羊毛擀毡所覆盖的帐篷,流淌着一群群膘肥体壮的马牛羊,一位穿着羊毛编织的毛衣,身披能够抵挡凛冽山风的毡制斗篷,披发左衽,身材健硕的羌族小伙一边打着呼哨,一边扬鞭放牧。

这是一个以羊为荣的民族。他们以"羌"为名,以羊为基本生活资料;在冠礼中要系羊毛绳,表示与羊同体;在葬礼中要宰羊一只,让羊为死者引路。

这是一个桀骜不驯的民族。羌人不纳赋税,不服徭役,平时各自分散放牧,战时自备兵器马匹屯聚在一起。每逢秋高马肥的季节,往往成群结队外出劫掠。善于在山谷中纵马骑射,不善于在平地上持久战斗,胜利时容易散乱,失败时容易崩溃。以战死为光荣,以病死为耻辱。死后实行火葬,将骨灰盛放在瓦罐中埋入土坑,上面盖上石板并覆以黄土。

这还是一个重视子嗣的民族。由于居无定所,风餐露宿,致使古羌人长期处于老无所养、病无所医的状态,生存条件极端恶劣,人均寿命极低。因此,羌人非常重视民族的传承,并把有限的育龄妇女的生育能力发挥到了最大限度。羌人规定,父死之后,儿子以继母为妻;兄亡之后,弟弟以嫂子为妇；人口增长到一定数量，部分族人必须远迁他乡自立种族。所以，羌人能够"族无鳏寡，种人繁衍"。也许是得益于罗马温暖期①温和气候的影响，羌族人口接连几代迅速增长，渐渐占据了整个西部高原，最多时羌人部落达到上百种。

那么，多如牛毛的羌人部落是如何命名的？史料上说，羌人一般在部落首领之后加一个"羌"字作为部落名称，如研羌是无弋爰剑五世孙研的部落，烧当羌是无弋爰剑十三世孙烧当的部落。部落首领一般以父名母姓为名字或种号，如先零（xiānlián）羌首领滇零死后，他的儿子取名零昌，零是父名，昌可能是母姓。我们本文记述的子合，可能就是一个父名子、母姓合的羌人部落。

至于要考察"西夜""子合"这两个名称的意义，那就像要考察中原"韩""吴"二姓的意义一样，充满了不可破解的难度。

五、不辨你我

历史纠纷并未结束，包括我们叙述的西夜与子合。

《汉书》记载："西夜国，王号子合王，治呼犍谷。"按照班固的叙述，西夜国处在葱岭东部的山坡上，大体方位应该在今叶城县西南部84千米的棋盘河②流域，其国民与昆仑山北坡的婼羌、且末以及葱岭周边的蒲犁、依耐、无雷同属于羌人。

《后汉书》则记载："汉书误云西夜、子合为一国，今各自有王。西夜国一名漂沙，去洛阳万四千四百里。子合国居呼犍谷，去疏勒千里。"

依照史学常规，我们更应该相信范晔。也就是说，班固把西夜与子合搞混了，西夜在东，子合在西，是同出一宗、紧密相邻的两个国家。对此，我们大可不必对班固口诛笔伐，因为在交通闭塞、信息不畅的年代，史学家多数时候是依据前人撰写的史料和时人的口述记录历史的。况且，西夜与子合是两个"其种类羌氐行国，随畜逐水草往来"的游牧国家，来去

---

① 在公元前250年至公元400年，欧洲与北大西洋不同寻常的一段温暖时期。
② "棋盘"是"棋盘陀"的省读，在东伊朗部族今日的帕尔西语中解释为"牧羊人"。

不定,时分时合,就连身在西域的官员恐怕也很难厘清他们的历史面目。

对西夜、子合的方位我们只能重新认定。

史载,汉代的西夜国东抵皮山国,西邻子合国,北接莎车国,南达喀喇昆仑山口,位于今叶城县城正南50余千米、提孜那甫河以东、乌夏巴什镇以西、阿喀孜达坂以北,王城所在地有可能是今日叶城县柯克亚乡南8千米的普萨村(普萨牧场)。"柯克亚"本义为"青色山谷",这里宜农宜牧,风光旖旎,是古代游牧行国理想的王庭驻地。而且"普萨"就是"菩萨",是西夜国别称"漂沙"的谐音。也就是说,东汉末年的西夜国已经引入了佛教,并用佛教的"菩萨"做了国家别称。

而中心位于棋盘河流域的子合国,东隔提孜那甫河与西夜国相邻,西面毗连莎车国并深入帕米尔山区与蒲犁国相接,南面直到今叶城县西合休乡的山谷地带。今棋盘乡共有13个行政村,其中有12个处在山沟之中,当年的子合王中心呼鞬谷想必是这些山沟中的一个。民国年间的叶城县乡土志介绍,棋盘乡周围百余里都产玉石,棋盘河上游海拔3600米的密尔岱山,有8个古代遗留的采玉矿坑,北京故宫珍宝馆陈列的高2.24米、重4500公斤的大型玉雕大禹治水图所用的玉料就出自这座山。据说,乾隆派人用时三年才把这块玉料运到北京。以上记录,与《汉书》关于"子合土地出玉石"的记载完全吻合。显然,这里就是子合国中心。可惜的是,因为呼鞬谷不是城市,人们已经找不到子合的遗迹。此地唯一的文化遗迹,是棋盘石窟,它也姓"佛"。

也就是说,这对纠缠不清的兄弟国,都是曾经的佛国。

六、皈依佛教

佛教创立初期,西夜与子合使用的是婆罗门文字,与印度和大月氏的直线距离并不远,但由于昆仑与葱岭的阻隔,所以佛教的祥云在很长一段时间并未飘进这两道寂寂的山谷。

在"万能"的佛祖没有降临前,他们经历的是形同黑夜的噩梦。尽管这对孪生兄弟精诚团结,休戚与共,但他们的国力毕竟太有限,军力毕竟太羸弱了。

东汉初年，西域霸主莎车王贤利用东汉"西域大都尉"的头衔，以不服从调遣为借口，征发西域联军攻入了西夜国，杀掉了西夜王，将哥哥康的儿子立为新西夜王。

西夜一灭，子合变得更加孤苦无依，只能主动派出使臣到莎车表达忠心，试图避免兄长国西夜那样悲惨的命运，起码要保住项上人头，子合王的承诺是："亦步亦趋，言听计从。"

一年后的一天，子合王接到了莎车王贤的邀请书，请他前往莎车参加自己的寿宴。临行前，呼鞭谷上空朔风怒号，乌鸦哀鸣，难道此行自己将会遭遇不测？但子合王又想，也许贤只是要求自己贡献一块美玉罢了，他不至于把一向听话的自己杀掉吧？如果自己胆敢爽约，后果可就不敢设想了。

在忐忑不安与自我安慰中，子合王与贴身侍卫进入了莎车城。还好，迎接自己的莎车官员很是热情，于阗、拘弥、姑墨王也都到了。在晚宴上，满面红光的贤频频举杯，感谢邻国国王们的一片盛情。岂不知，贤已吩咐厨师在酒食饭菜中下毒。不一会儿，这些傻乎乎的国王们相继中毒昏迷，脑袋被莎车武士像收割庄稼一样从容地砍下。这是一场成功的鸿门宴，其残忍与血腥程度只有突厥可汗杀掉今维吾尔族的先人高车酋长们可以匹敌。

此后，贤没有再在这几个国家任命新的国王，只是派出将军镇守这些国家。

莎车灭亡后，子合与西夜曾经短暂复国。但到了东汉末年，这对孪生兄弟再一次被邻近的强国疏勒所吞并。

此时的疏勒国，已经成为西域佛教的一大中心。于是，佛教的朵朵祥云终于因为信仰佛教的疏勒统治者的到来，笼罩了沟壑纵横、文化贫乏的子合与西夜。

最早传到这里的，是小乘佛教。而小乘佛教最显著的特征是在山壁间开凿佛画洞窟，子合国故地的棋盘石窟就是一例。

有龛皆是佛，无壁不飞天。棋盘石窟位于棋盘乡西部约12千米的陡峭青色砂岩上，有人工开凿的十多个洞窟。最大的洞窟达17平方米，最小的仅有2平方米。在最高的两窟中存有用红、蓝、黑、赭等色绘制的佛像壁画残迹，只有佛像身后的光影和山水景物依稀可辨。其中一个大窟中的佛像已被破坏,现只存有佛龛、佛座遗迹。据了解,棋盘洞窟开凿于东汉末年至南北朝时期,是用来供奉小乘佛教的壁画与佛像的,当时的佛事活动一般在洞窟前进行;唐朝末年,随着大乘佛教的流行,洞窟的功能只剩下存放佛经,佛事活动已全部改在寺庙中进行,洞内壁画就不再有人维护,这也是洞窟破败的主要原因。

遗憾的是,人们在子合国内没有找到任何寺庙,东部的西夜国故地倒是发现了几处寺庙遗迹。

东晋高僧法显一行前往天竺取经,从于阗步行25天来到了子合。他后来记忆说,子合王向善向上,国内有上千名僧人,多修习大乘佛教。15天后,他们便匆匆消失在葱岭的千山万壑之中。

我的疑问是,法显何以只谈到子合未提起西夜?因为在三国时期,西夜就再度复国了。难道,他们是一个国家的两种名称?或许,子合人不在乎把他们称为西夜国,西夜国也不否认自己是子合种?

300年硝烟滚滚,西夜与子合就以这样一种奇怪的方式达成了妥协。两国原就是一个不可分割的整体,就像古罗马双面门神的前后两张脸,虽然在每个不确定的时刻,只能以一面示人,但他们确实集中在一个人身上。他们有时携手,有时竞争,时分时合,纠缠不休,共同演出了一场西域历史上的绝代双骄故事,这真不免让人拍案叫绝,击节叹服。

奇怪的是,到了北朝时期,《魏书》和《北史》不再提西夜、子合,而统称之为"朱居波"。

难道说,西夜和子合已经消失?或者两国已经改名?

七、朱居波的身世

历史容不得一厢情愿的推测。

史载,北魏和平元年(460),占据高昌的北凉被柔然汗国所灭,北凉末代国王沮渠安周被杀。当时东有北魏,北有柔然,北凉王族只有向西南方向逃生,其中一部分抵达今叶城县境内,征服了蒲犁、乌秅等葱岭小国,建立了名为沮渠的政权。史籍中的朱居波、朱居、悉居半、朱俱波、遮拘迦、朱俱盘、遮拘盘、斫(zhuó)句迦等,都是"沮渠"的汉文同音异译。

神龟二年(519),北魏使者宋云西行求法,"入朱驹波国,人民山居,五谷甚丰,食则面麦,风俗言音与于阗相似,文字与婆罗门同,其国疆界可五日行遍"。贞观十八年(644),唐僧玄奘取经返国途中曾路过此地,他在《大唐西域记》中说,从佉沙国(疏勒国)向西南行500里,越过徙多河,翻过大沙岭,就可到达方圆千余里的"斫句迦国",斫句迦国原名"沮渠"。

换句话说,朱居波已经变身为一个民族混合体,《唐典》中说朱居波"其王本疏勒人",说明该国首领是从疏勒王族中选派的,原沮渠王族已经失去了早期的权威;说"人貌多同华夏",是指其中来自河西的沮渠人和羌人,与中原人相貌近似;说朱居波人"亦类疏勒",是指国民中有大量的疏勒移民。

不容忽视的是,朱居波是隋唐时期丝路南道的一颗明珠。隋代史学家裴矩在《西域图记》中记载,丝绸之路起点在敦煌,终点是西海(分别指地中海、波斯湾、印度洋),共有三条道路:北道从伊吾(今哈密),经蒲类海(今巴里坤湖)铁勒部、突厥可汗庭,渡过北流河水,至拂菻国(东罗马),可达西海(地中海);中道从高昌、焉耆、龟兹、疏勒,跨葱岭,又经拔汗那国、苏对沙那国(即东曹国,在汉代大宛贰师城)、康国(今乌兹别克撒马尔罕一带)、曹国(今撒马尔罕西北的伊什特汗)、何国(今撒马尔罕西北)、大安国(今乌兹别克西南部的布哈拉)、小安国、穆国(今阿姆河以西),至波斯,可达西海(波斯湾);南道从鄯善、于阗、朱俱波、喝盘陀,越葱岭,又经护密(即休密,今阿富汗东北部的瓦罕)、吐火罗(今阿富汗北部的巴尔赫)、挹怛(即嚈哒,在阿姆河以南200里)、忛延(今阿富汗境内)、漕国(今阿富汗东部的加兹尼),至北婆罗门(今巴基斯坦境内),最终到达西海(印度洋)。也就是说,处于丝路南道上的朱居波,不再寂寞与冷僻。如果您是某国使者,或者您的商队足够庞大,往往能见到那位富有异国情调、丽冠西域的王妃。

但塞翁得马,安知是福?一个小国一旦战略地位重要起来,就会成为大国争夺的目标。不久,大唐安西都护府宣判了这个国家的死刑。此后,朱具波国就记载全无,地名变成了大唐安西都护府下辖的碛南州,州驻地为郅支满城(又名朱俱波,今叶城县)。国王是否变成了州长,我们不得而知。

显然,这个朱俱波已经成为一个城镇名。即便朱俱波依然存在,与我们所要叙述的西夜与子合国也已经关系不大。

西夜国与子合国小传：出身于羌，栖息于葱岭以东的山谷，是一对剪不断理还乱的孪生兄弟。他们时而竞争，时而携手，危机时合起来，平安时再分开，如同两个心智不全、喜怒无常的孩童。令人佩服的是，他们尽管在东汉时期先后两次被莎车、疏勒灭国，但随后又神奇地两次复国。究其原因，恐怕主要还是他们地处偏远、来去不定，让绿洲霸主们鞭长莫及、无从下口吧。可是，当他们联合建立了朱俱波，费尽千辛万苦修造了一座高高的城垣，成为隋唐丝路明珠之后，好日子就到头了。因为大树一旦参天，就会成为樵夫下手的目标。不久，大唐西域都护府便宣判了这个"小联合国"的死刑，将这座城池变成了自己的兵营。

第十三章 乌秅(chá)——圣人不到的地方

乌秅国,王治乌秅城。户四百九十,口二千七百三十三,胜兵七百四十人。东北至都护治所四千八百九十二里,北与子合、蒲犁,西与难兜接。山居,田石间。有白草。累石为室。民接手饮。出小步马,有驴无牛。其西则有悬度,去阳关五千八百八十八里,去都护治所五千二十里。悬度者,石山也,溪谷不通,以绳索相引而度云。

——班固《汉书》卷九十六上

一、乌氏羌人

《穆天子传》记载,周穆王西游春山(葱岭),到达了赤乌氏之邦。淳朴的赤乌人献上了美酒与佳肴,周穆王姬满一边大觚(gū)[①]喝酒、大口吃肉,一边眉飞色舞地说:"赤乌氏的祖先出自周宗,我与你们拥有同一个祖先。"

姬满是一个好色的人,曾与西王母一见钟情,多次约会并乐而忘返;也是一个贪玩的人,常常离开朝歌外出游猎与征战,在用弓箭把飞鸟变成簇簇羽毛,用战车把敌人压成肉饼中享受视觉的快乐;他还是一个强硬的人,哪个封国不听话,他就会毫不犹豫地出兵围剿,擅自称王的徐伯逃到了海边他还不放过,最终被逼跳海自杀;他更是一个血腥的人,亲自主持

---

① 商周时期的一种青铜酒具。

制定了墨（在脸上刺字或图案）、劓（yì，割去鼻子）、膑（断足或剔去膝盖骨）、宫（阉割男性生殖器）、大辟（死刑）五刑，细则达3000条之多，变着花样折磨犯人。但他再不靠谱，也不至于把自己与一伙牧民称为同一个祖先。因为作为一个朝代，对于祖先的考证是一件神圣与严谨的大事，如果没有充分的证据，他是万万不能信口开河的。

让我们捋一捋周人的传承史。

远古时期，姜姓始祖——炎帝部落有一个分支，称有邰（tái，意为硬而弯曲的羊毛，又写作邰）氏，起源于陕西眉县的邰亭，后来东迁到汾水下游的邰城（今陕西武功县西南）。

一天，有邰氏少女姜嫄独自外出游玩，回来后怀上了身孕。面对人们的质疑，她声称是因为踏上巨人脚印而受孕的。后来，她顺利产下了一个男婴。不管怎么说，未婚生子算不上什么吉祥之事，她便把男婴弃之隘巷，结果马牛从男孩身旁走过都不踩他。她又想把男婴放在林中，正好碰见山林中人来人往。无奈之下，她只有选择新的遗弃之处。此后，她把男婴扔在一条冰封的河道里。她刚刚走开，就有许多飞鸟匆匆落到男婴身边，用毛茸茸的翅膀为他取暖。

难道天佑此婴？姜嫄为一连串的神异之事所震惊，便彻底打消了弃婴的念头，并为他取名为弃。一天，部落联盟首领帝喾遇到了聪明伶俐的弃，又发现弃的母亲生得娇柔若水，便主动要求做弃的父亲。借坡下驴，姜嫄成了帝喾的元妃。弃长大后，由于善于种稷（jì），被尧任命为农官，被舜赐名后稷，负责教授民众种植五谷。后稷就是姬姓及周朝的始祖，共繁衍了1000多个姓氏。

商朝末年，多数周人跟随周文王东迁入陕，建立了周朝。未能东迁的周人与戎融合，先被称为乌氏戎，后来在今六盘山东麓的平凉建立了乌氏国，战国末年被秦国灭亡，劫后余生的国民成为关中乌氏。唐将乌承玼、乌承恩、乌重胤就是关中乌氏后人。

还有一支周人后裔西去新疆，到达今叶尔羌河上游，重新过起了原始的山居生活。周穆王见到的赤乌氏之邦，应该就是后来的乌秅国。乌是父名，秅是母姓。因此，他们既被称为羌人的一支，又被认为与周朝有着共同的血缘。

二、圣人不到的地方

乌秅国，一般认为位于叶尔羌河上游，塔什库祖克山南麓，喀喇昆仑山北部山坡，大体方位在今塔什库尔干县城东南方 150 千米处。也有专家认为，它处于今巴基斯坦坎巨提一带的罕萨峡谷中，距离今中国边境只有 30 千米，是英国詹姆斯·希尔顿在《失落的地平线》中所说的"香格里拉"①。

这是一个高海拔的山区，附近的吾甫浪山海拔 6180 米，乔戈里峰海拔 8611 米，没有什么绿洲，水来自雪山，田在山石之间，运输要靠驴子，王城以石块垒成。

乌秅城有一条山路通向北邻子合、蒲犁国和东北的西域都护府，但须经过一个险峻的山口，一夫当关、万夫莫开。而要西去难兜国，山路崎岖，还有一条悬度。

所谓悬度，就是一条绳索飞系在大山之间，崖壁底部是湍流不息的新头河，人脚踏绳索而渡。但是，并非所有胆量与技术俱佳的人都有好的运气。《汉书》谈到不幸落崖的人畜时说："畜坠，未半坑谷尽靡碎；人堕，势不得相收视。"据法显回忆，从陀历国②向西南行进 15 天，便进入了一座大山，道路艰阻，山崖险峻，山上唯石，壁立千仞，身临则头晕目眩，前行则无处下脚。行进的道路，是古人顺着山势凿出的石阶，共有 700 多级。小心翼翼地走完石阶，便需踩着一条飞架于山峰之间的悬空大索，跨过 80 步宽的新头河。法显感叹说，这条路太危险了，连张骞和甘英都不敢选择走这条路。好在，法显等人心静如水且不惧死亡，因而像在地狱里走了一遭一样渡过了令人色变的"悬度"。至于悬度的位置，一位中国史学家认为在今巴基斯坦达丽尔③。

既然周边环境如此险恶，那么这个躲在山里的国家别说是遭受什么战火，就连来访记录都寥寥无几。这个周穆王的同族兄弟所选择的，显然

---

① 见马雍《西域史地文物丛考》，文物出版社 1990 年版。
② 北印度古国，在今巴基斯坦印度河上游的达地斯坦。
③ 见荣新江《丝绸之路——东西方文明交往的通道》，原载《郑和研究》2004 年第 1 期。

是一个圣人不到的地方。

圣人是指孔子、孟子。孔子周游列国14年,最西只是到达今河南洛阳,连汾水都没有看到。孟子和孔子一样,也喜欢带领学生游历列国,但他的活动区域多在今山东境内,最西似乎只是到了魏国。作为文化名人的老子倒是走得稍远一点。他最后一次出现在世人视野里,是骑着青牛出了函谷关,而函谷关也只是位于河南灵宝市区北部15千米的王垛村。中国最伟大的史学家司马迁一生遍游名山大川,到过邛(Qióng,今四川西昌)、昆明(今云南曲靖)、九原(今内蒙古包头西)、崆峒(Kōngtóng,六盘山支脉),但最西是随刘彻到达了今宁夏固原县东南部的萧关,连玉门关都没见过。

更落寞的是,张骞两次出西域都没有到过乌秅。班超在不远处的疏勒住了多年也没有屈尊前往乌秅。唐僧玄奘取经返国途中,从疏勒向西南行进,渡过徙多河(今塔什库尔干河)东去,如果从途中经过的叶尔羌河溯流而上,就可以看到古乌秅国了。也许以求取佛经和游历异域为目的的玄奘,是最应该访问他们的一位中原高僧了。仿佛,乌秅国王已经听到了玄奘的足音,但终究无缘看到那个秃头、黄衫、手握拂尘、身背行囊的著名身影。

因此,中原史书对乌秅的介绍极为有限,我们只知道,它在两汉与三国时期毫发无损,尽管国王手中可供调遣的兵力只有740人。东晋十六国时期,它改名叫权于摩或於摩国。盛唐时期,乌秅国归附大唐,许多国民内迁中原称乌秅氏和乌氏。

而留居此地的国民或归入了北部的喝盘陀,或归入了南部的小勃律和大勃律。

乌秅国小传:这是一伙地地道道的山民,却有着光鲜无比的出身——商代诸侯周的后裔,人称乌氏戎。战国末年,他们沿着昆仑山北坡游荡到叶尔羌河上游,建立了一个名为乌秅的国家。这里地处高海拔地区,水来自雪山,庄稼种在山石之间,房屋以石块垒成,道路是一条悬空的绳索——悬度,是一个圣人不到的地方,也是一片和平的乐土,甚至它有可能就是《失落的地平线》中所说的"香格里拉"。张骞、宋云、玄奘都曾无限接近了它,但都与之擦身而过。倘若他们有幸进入这里,一定会留下令我们津津乐道的美丽传说。

第十四章　蒲犁——蓝天下的石头城

蒲犁国，王治蒲犁谷。户六百五十，口五千，胜兵二千人。东至莎车五百四十里，北至疏勒五百五十里，南与西夜子合接，西至无雷五百四十里。侯、都尉各一人。寄田莎车。种俗与子合同。

——班固《汉书》卷九十六上

一、公主的传说

1370年前的一天，一位40出头的大唐和尚，身背沉重的行囊，从葱岭西南的商弥国①进入波谜罗川（即播蜜川，今帕米尔）。当他迈着沉重的脚步临近葱岭东部的羯（qiè）盘陀国都城时，已是残阳西落的黄昏。

抬眼望去，这是一座周长20余里的山城，山城背靠浪花飞溅的徙多河，建在一片坚硬的崖壁上。进出山城的国民们身穿毡裘，面相凶悍，不重修饰，这似乎是一个被文明遗忘的地方，难道万能的佛教没有降临这个偏僻的深山？直到踏进山城，他的心中才泛起微微的暖意：城里建有伽蓝十余所，从建筑风格上看，这里信仰的是小乘佛教，也是佛教的一片圣土。

听说一位高僧从天竺来，信佛的羯盘陀国王热情地接待了他。宾主落座后，国王才知道这位高僧并非印度人，而是从大唐前往印度取经后返程的和尚，法号玄奘。特别是听说玄奘已经离开长安在外云游了近16

---

① 又称赊弥国、双靡城、奢摩羯罗阇国，位于巴基斯坦、阿富汗交界处。

年,在天竺取到了真经,国王眼中透出了敬慕与佩服的光芒。而国王也告诉玄奘,自己的老祖母是一位汉家公主,自己也是"汉日天种"。

玄奘好奇,询问来龙去脉。国王于是讲了一个神奇的故事。

"这个国家最初的时候,处在葱岭中的荒川上。当时,波利剌斯(古波斯)国王迎娶了一位汉公主。迎亲的队伍走到葱岭时,遇到了战乱,丝绸之路被阻断,队伍只好临时停下了脚步。尊贵的公主被安置在一座孤峰上,孤峰十分险峻,靠云梯才能攀援而上;孤峰的周边则布满了警卫,昼夜巡视。也就是说,除了天上飞鸟和地上蚊虫,其他任何东西包括动物也休想接近峰巅。显然,公主的安全与贞洁得到了有效保障。

三个月之后,战乱平息,队伍决定开拔,但公主却怀孕了。

少女未婚先孕,本就是天大的丑事,况且这位少女非同一般,而是欲嫁往别国的公主。迎亲使臣极度惊惶地对下属说:'公主在路上怀孕,这是天大的外交事件啊。如果把怀孕的公主送给国王,自己一定人头不保;而要把公主还给汉朝,汉朝岂能甘心受辱?当今唯一的办法,就是查出使公主怀孕的首恶之人!'

使臣开始严刑拷问随从。但问遍所有人,没有查出任何蛛丝马迹。末了,公主的贴身侍女说:'不要追查了,这件事是太阳神所为。每天中午,就有一位英俊男子从太阳里骑马走出来与公主相会。'使臣听后,又喜又忧地说:'有什么证据证明是太阳神所为呢?这样的理由怎能使国王相信呢?回国必然被杀,留在此地也难免受到征讨。向前看,屠刀已经扬起;惊回首,白云遮断归途。如今真的是进退两难呀!'

聪明人无计可施时,笨人想出来的法子一定有用。大家唉声叹气了半天,使臣的一个普通助手建议说:'当今之计,只有留在此地,过一天算一天了。'大家频频点头。

他们决定不回波利剌斯,就在山峰之上建造宫殿,围绕宫殿建起了三百余步的城池,立公主为王,并建官立制,这就是揭盘陀国的由来。

十月怀胎,公主生了一个容貌艳丽的男孩,取名'至那提婆瞿旦罗',意思是'汉日天神'。男孩称王,母亲摄政。在母亲和大臣的辅佐下,这个'飞行虚空,控驭风云'的年轻国王统一了帕米尔,附近国家莫不称臣。

国王以高龄善终,被葬在大山岩的石室中,尸体虽被风干却始终不朽,看上去像一个羸弱枯瘦的老人,仿佛刚刚睡着了一样。国民们按时为他更换衣服,不断安放香花,一直延续至今。"

国王讲完故事之后,称自己就是公主的几十代孙。他还说,这里的国民都自称"汉日天种",认定自己身上有华夏血统。

二、石头城

我在研究历史时发现,不管我们在地球的哪一个遥远的角落追寻某个民族的过去,都无一例外地发现自己会迷失在神话故事扑朔迷离的缠绕之中,这些神话有着一个共性:人们想用它们给予某种含糊不清的传统以更大的价值,追溯这一传统的超自然的根源来提高它的声望。然而,这些神话故事还有一个共性,那就是抛开夸张与炫耀的因素,里面往往隐含着远古时期的某些历史密码,这些密码并非完全虚构,甚至与后来的考古发掘完全吻合。

如果这位国王所言不虚,它应该建国于西汉时期。那时,这个国家名叫蒲犁。东汉时期,国家更名为德若。三国时期,它已分裂为满犁、亿若两个国家。南北朝时期,它才称揭盘陀①。讲故事的国王说它最初叫揭盘陀,显然是口口相传导致的错误。

蒲犁国的中心设在蒲犁谷,那是高山峡谷中的一片牧场。幸运的是,这道山谷是疏勒、莎车到大月氏国都蓝氏城的必经之地,可以为国家提供源源不断的关税。渐渐地,蒲犁这个避居深山的苦孩子,口袋里有了一点零钱,他们才得以建成了今喀什库尔干县城东部不远处的石头城。这座石头城,就是传说中那位汉朝公主儿子的王宫,后来的揭盘陀国都城。

正因为有了这座雄伟坚固的石头城——维吾尔语中的"塔什库尔干",蒲犁国才坚如磐石,国祚千载。东汉时期它曾改名为德若国,但国王的世系未变。至于三国时期史料上说此地满犁、亿若二国并存,《魏略》认为可能是一种讹传,因为"满"与"蒲"、"亿"与"德"相近,很容易被混淆。有可能是蒲犁系的两位王子分别建立了名叫蒲犁、德若的国家。而南北朝时期,两个支系再度合并,成为丝路支线上赫赫有名的揭盘

---

① 又叫渴盘陀、喝盘陀、渴饭檀、汉盘陀、喝啰盘陀、大石、葱岭国。

陀国。

贞观十八年（644）春，唐僧玄奘从印度返程途经朅盘陀，驮经的大象在塔什库尔干河的一个支流间失足落水，许多珍贵的经卷被打湿甚至冲走。此后，他被迫落脚疏勒，在那里重新补抄遗失的经卷。《西游记》中唐僧师徒在通天河打湿经卷的故事，想必是源于玄奘这段真实的经历吧。

这个丝路重镇，不仅玄奘来过，而且此前的法显，此后的马可·波罗也从这里跟跄走过。可惜的是，不知是记忆出了问题，还是路线出了问题，马可·波罗在穿越葱岭时并未记得经过什么石头城。有意思的是，当地人为了纪念这位路过的威尼斯人，竟然把野生的帕米尔盘羊命名为马可·波罗羊。

大唐统一西域之后，原朅盘陀国都仍是疏勒镇下的葱岭守捉驻地，处于大唐对抗大勃律和小勃律国的前沿。元朝在此扩建了城郭。清朝也曾在此设立了蒲犁厅。

当我真的来到县城以北几十米处的石头城——帕米尔高原上的标志性遗址，沿着陡峭的乱石小心翼翼地登上这座矗立在山丘之上、海拔达3100米的恢弘建筑，目睹脚下残缺的城墙，四周纷乱的石块，周边环绕的群山，还有天上的大片流云，才真正体会到它之所以千年不倒的原因。尤其是听说在这座清代古城堡下，还掩埋着汉唐时期十倍于此的蒲犁国都时，我的心中生发出久违的震颤，如同第一眼看到梦中的楼兰。

"塔什库尔干"有着两种不同的解释：一是用石头建起的城堡，二是用石头堆起的墓地。

与暴露在阳光下的石头城形成强烈对比与呼应的，是石头城东部1000千米的一个地下幽冥世界——香宝宝墓地。20世纪90年代初，新疆考古工作者曾在这里发掘出具有明显塞人特征的头骨。据测定，这些墓主人至少是生活在公元前6世纪及公元前5世纪的塞人。

三、公主堡

如果此地最早的先民是一伙塞人，那么这些塞人到哪里去了？迎接汉朝公主的那伙古波斯人难道迁走了？因为众所周知，今塔什库尔干是一个塔吉克族自治县。这里繁衍生息着14个民族,塔吉克①族是这里的主体民族。

人类学家告诉我,塔吉克人的族源,可以追溯到帕米尔高原东部操东伊朗语的古塞人部落。11世纪,突厥游牧部落才将中亚操伊朗语、信伊斯兰教的人称为塔吉克。如今的塔吉克人分为两支,一支是平原塔吉克人,主要居住在中亚;一支为高原塔吉克人,主要居住在新疆西部与南部。今塔什库尔干塔吉克族所使用的塔吉克语,就属于印欧语系伊朗语族帕米尔语支。也就是说,其祖先就是塞人——地地道道的白种人。

更有意思的是,古波斯人与塔吉克人是同一个祖先,都属于欧洲人种地中海类型,而且同属一个语族。

为此,考古学家对塔什库尔干的香宝宝墓地进行了研究,经碳-14测定距今约2900年至2500年。这具头骨属于长狭颅,与帕米尔塞人墓、洛浦山普拉丛葬墓、楼兰墓的头骨接近,应归入欧洲人种地中海类型。② 至于《汉书·西域传》中"蒲犁及依耐、无雷皆西夜类也,西夜与胡异,其种类羌氐行国"的说法,可以看作班固的一种推测。因为经考古验证,班固关于西夜与依耐的说法是对的,他们的确是羌氐;而关于蒲犁与无雷的说法是错的,他们是"西胡"中的塞种。

我的思绪开始像帕米尔雄鹰一样诗意地飞翔。帕米尔高原上的塔吉克人,早期信仰拜火教③,自称是离太阳最近的人,还被称作"太阳部落"或者"彩云上的人家"。那个从太阳里骑马而出与公主幽会的人,应该就是一位英俊的塔吉克男子吧?

而公主与女仆联合编出的理由,在中原并不稀奇。我们知道,远古的帝喾一生娶了四个妃子,除了最后一个妃子常仪没有发现绯闻之外,其余的三个妃子都有未婚先孕的经历:帝喾的元妃姜嫄自称外出游玩时,踏上了巨人的脚印而怀孕;次妃简狄自称在湖中洗澡时,无意中吞下了鸟蛋而怀孕;三妃庆都自称在黄河边看风景时,一条赤红的巨龙被她吸进腹中而怀孕。作为帝喾后人的汉公主,肯定听了不少这样富有创意的故事,因而

---

① 塔吉克民族的自称,意为"王冠"。
② 见韩康信《丝绸之路古代种族研究》,新疆人民出版社2010年版。
③ 又称琐罗亚斯德教、祆教,流行于古波斯,是基督教诞生前西亚最有影响的宗教。其保护神叫阿胡拉·马兹达,是太阳神和光明之神。宗旨是崇尚光明,礼拜圣火。

才能在未婚先孕之后编织出更为神奇的传说。

我并非有意质疑这个美丽传说的可信度,也不是有意贬低未婚先孕的公主和与公主幽会的塔吉克男子,而是要把历史从晕轮效应中还原出来,打破人们对于历史人物模式化、神秘化的构建,更加准确地刻画出历史发展的真实历程。当然,从另一个角度讲,这个富有寓言色彩的故事在宣传本民族的神圣感上有着难以取代的效果,甚至为了增加故事性,传说本身也会有意无意地向戏剧化方面靠拢。

接下来,我的目标是看一看公主曾经居住的地方。

帕米尔的秋天,是一年中最绚烂的季节,日朗风清,天蓝地旷,山温水暖,云淡气爽,羊肥牛壮,马膘驼健。我们沿着314国道一路南行,专程前往距县城60千米的公主堡。

远远望去,公主堡——我国目前地势最高的古代城堡之一,头戴美丽的云朵,背靠挺拔的皮斯岭达坂,脚下则是塔什库尔干河与喀喇秋库河的汇流处,河与山之间便是千年不断、万里遥遥的丝绸之路。

这座古建筑就坡顺势而建,城堡方圆达2000余米,成西东走向,由高渐低,层次分明,正面用石块砌筑墙体,西边墙面则就地取材,泥沙夹有一层层灌木枝条夯土而成,与嘉峪关古长城的所用材料、夯筑方法如出一辙。南北两面除有勉强可登上城堡的碎石坡道外,皆是盘羊、牦牛也难以逾越的悬崖峭壁。城堡内有一方上千平方米的坡地,坡地上是一系列由东向西呈阶梯状的房舍遗址,断壁残垣依稀可辨。当我勉强爬上如龙脊鱼背一般的城堡最高处,却发现这里根本无法立足回旋,山风强劲,雾岚缭绕,山矮天低。

这是一个多么美丽,多么幽静,多么深僻,多么险峻的去处啊。选择了这里,公主不再横生思乡之情,不再担心古波斯国王的征讨,也不再担心生活的困顿。这里尽管偏僻与险峻,但扼古丝绸之路之要冲,一条山路向西,越过明铁盖达坂可到达今阿富汗、伊朗,进而远达中东与欧洲;一条山路向南,沿着今314国道,从红其拉甫达坂抵达克什米尔,而后可以远赴南亚各国。在不远的河对岸有一块台地,上面尚有堡垒的残痕遗迹,它与公主堡互为掎角,构成了一个完整的军事体系,居高临下,能攻能守。在这里,一个巾帼女豪的志向与胆略展露无遗。

公主亲手缔造的国家尽管已经封存在历史的时空中,尽管当年的

"汉日天种"已不是那么纯正,但圣迹犹在,葱岭犹在,塔吉克民族犹在。只是,我们至今不知道公主的芳名。我想,那一定是一个比细君、解忧、昭君、文成还要绮丽的名字。

四、三大"口误"

讲完这段塔吉克人的故事,我无论如何也高兴不起来,因为我的心中压上了"三座大山",这"三座大山"不是我们常说的"压在中国人民头上的帝国主义、封建主义和官僚资本主义",而是我们长期以来的三大"口误"。

第一,中国人都是"龙的传人"吗?在1985年中国央视春晚上,一位来自台湾的作曲家侯德健,用一首《龙的传人》沸腾了亿万观众的热血,也紧紧抓住了世界各地华人的心:"遥远的东方有一条江,它的名字就叫长江;遥远的东方有一条河,它的名字就叫黄河。古老的东方有一条龙,它的名字就叫中国;古老的东方有一群人,他们全都是龙的传人。"时至今日,这首歌仍令我记忆犹新,其中荡漾的浓烈爱国情怀,毋庸置疑。但部分歌词却传递着历史常识性错误。众所周知,龙是十二生肖中唯一神化的形象,是汉族最古老的氏族图腾之一。远古时期黄河、汉水流域和太平洋沿岸的人们,因为饱受水患的困扰,所以就创造了一个集龟眼、鹿角、牛嘴、狗鼻、鲶须、狮鬃、蛇尾、鱼鳞、鹰爪于一身,能呼风唤雨、法力无边的偶像——龙,对其膜拜,祈求平安。数千年来,龙在人们心目中是神秘而神圣的,并逐渐成为汉人共同敬仰的图腾,这才有了汉人是"龙的传人"的习惯说法。但如果把"龙的传人"作为中国人的代称,泛指中华民族大家庭的全体成员就不恰当了。因为其他少数民族多有自身的图腾,如蒙古族的苍狼、土家族的白虎、苗族的龙牛、白族的金鸡、藏族的猕猴、达斡尔族的雄鹰、赫哲族的天鹅、拉祜族的葫芦等,即便是汉族也不仅仅只有龙图腾,还有凤凰图腾,正所谓"龙凤呈祥"嘛。所以说,以某一种图腾来指代一个国家全体国民的做法是错误的。

第二,中国人都是黄种人吗?我们常听人说,中国人是黄种人。这是一种在大汉族主义长期熏染下形成的习惯说法,这种用体质特征来表述一个国家的做法是不可取的。要知道,"黑眼睛、黑头发、黄皮肤"只是中国人的主体部分或者绝大部分,而非中国人的全部,中华民族包含有56个成分,这些成分中还有"蓝眼睛、金头发、白皮肤"。我们本节讲到的新疆塔什库尔干的塔吉克人,在语言学上属于印欧语系,在人类学上属于白种人。另外,新疆境内的俄罗斯族、塔塔尔族也是典型的白种人。而维吾尔族、裕固族、撒拉族、乌孜别克族、哈萨克族则是黄、白混合人种。所以,过去我们关于"中国人是黄种人"的习惯说法是不正确的,至少是不严谨、不全面的,是典型的"以偏概全",应该在所有涉及国家、民族全局的场合予以避免。

第三,中国人都是华夏儿女、炎黄子孙吗?可以说,这是以司马迁为代表的史学家"黄帝中心论"和"华夏正统论"思想的千年余毒。越来越多的考古人类学、历史人类学、体质人类学、语言人类学证据表明,中华民族是多元一体的[①]。近代著名学者傅斯年早就提出了"夷夏东西说"[②],认为夷居于中国东部,夏居于中国西部。考古学家凌纯声发现,中国文化的基层是亚洲地中海的海洋文化,中国古人称之为夷文化;来自青康高原、黄土高原的大陆文化,其民族为华夏[③],东来与海洋文化接触后,经两千年的融合,形成了中原文化。最近,中国社科院研究员易华在综合傅斯年、凌纯声研究成果的基础上,进一步提出了"夷夏先后说"[④],他认为,夷夏不仅有东西之分,而且有先后之分,大体而言,夷为东亚土著,夏后来居上。蚩尤是东亚海洋民族的象征,炎帝是中原农耕民族的象征,黄帝是西北游牧民族的象征。黄帝轩辕氏作为传说中青铜时代的首领,先后通过阪泉大战击败了炎帝神农氏,通过涿鹿之战击败了蚩尤统领的东夷九黎部落,开创了游牧与农耕、海洋文化结合的历史,从而被尊崇为华夏始祖。伏羲、女娲、少昊、舜、后羿、商汤、嬴政是东夷人,而炎帝、黄帝、颛顼、帝喾、尧、禹是夏人。大禹父子在蛮夷之中建立了夏朝,这才有了夏、东夷、西夷、南蛮、北蛮之分。继而,商人率东夷建立了商朝,西夷、北蛮逐渐游

[①] 见费孝通《中华民族的多元一体格局》,原载北京大学学报1989年第4期。
[②] 见1935年《中央研究院历史语言研究所集刊外编·庆祝蔡元培先生六十五岁论文集(下)》。
[③] 据《简明不列颠百科全书》,"夏"意为"中国之人"。
[④] 见易华《夷夏先后说》,民族出版社2012年版。

牧化,转变成了西戎、北狄。后来,兴起于戎狄之间的周人建立周朝,追认夏人为祖先,并且开始首次称中国。从春秋战国时代开始,"尊王攘夷""内诸夏而外夷狄"的舆论更是占了上风,华夏自恋倾向日趋明显,中原各诸侯国纷纷号称诸夏,就连北方草原上的匈奴也自称夏(司马迁称匈奴为夏后氏之苗裔,其实匈奴是北亚蒙古人种,又称南西伯利亚人种,与属于东亚蒙古人种的汉人差别较大),夏由第三人称变成了第一人称,夷由"人"变成了"他人",夷夏完成了人称和时空的转换。尽管如此,华夏周边还有东夷与羌氏的后裔南蛮,游牧民族的后裔北狄,古欧洲人的后裔月氏、乌孙、塞人等,这些民族无一例外都是中华民族的一部分。所以说,中国人不仅是华夏儿女、炎黄子孙,而且是东夷子孙,印欧人子孙。

任何以大汉族主义为基础所衍生出来的习惯说法,都必须得到认真而彻底的纠正。

蒲犁国小传:游牧行国,源于塞人,乳名蒲犁,青年时代叫德若,中年时期叫满犁和亿若,年老之后叫竭盘陀国。尽管地处山区,空气稀薄,但却是丝绸之路通向南亚的咽喉。高耸在山丘之上的石头城,至今仍令我们遥想起当年这个游牧行国的无尽辉煌。而公主堡的传说,是我在新疆听到的最神奇的传说。公主来自哪里?从太阳中骑马而出的男子是谁?公主与太阳男子的后人是谁?今天生活在这里并自称"太阳部落"的塔吉克人是否就是唐代的"汉日天种"?一切的一切,都需要我们一一厘清。

第十五章　依耐——你的坐标在哪里

> 依耐国，王治去长安万一百五十里。户一百二十五，口六百七十，胜兵三百五十人。东北至都护治所二千七百三十里，至莎车五百四十里，至无雷五百四十里，北至疏勒六百五十里，南与子合接，俗相与同。少谷，寄田疏勒、莎车。
>
> ——班固《汉书》卷九十六上

《汉书》上说，"依耐国，东北至莎车540里，西至无雷540里，南接子合。"《汉书》又说："蒲犁国，东至莎车540里，西至无雷540里，南与西夜、子合接。"据此，有的专家认定，这个依耐国就是蒲犁国，就是《佛国记》中的竭叉，就是渴盘陀——今塔什库尔干。①

看来，这些专家的推测过于一厢情愿了，因为依耐国有125户，670人，军队350人。而蒲犁国有650户，5000人，军队2000人。这是两个实力相差很大的山国。显然，依耐与蒲犁是一个国家的说法可以排除。

进一步研究还会发现，《汉书》对依耐与蒲犁坐标的交代，除了与莎车、无雷距离相同外，还有一些明显的距离差别：

其一，依耐国王治距离长安10150里，蒲犁国王治距离长安9550里。

其二，依耐北距疏勒650里，蒲犁北至疏勒550里。

据此推断，依耐国是个位于疏勒以南、莎车西南、无雷以东、子合西北的山国，在地理位置上几乎与蒲犁国平行，只是依耐稍稍偏西而已。因为依耐难以种植五谷，所以他们的口粮，主要依靠向邻近的疏勒、莎车购买。一般来说，粮食购销不可能舍近求远，因此他们与疏勒和莎车的距离应该

---

① 见田川译注的《佛国记》导读部分，重庆出版社2008年版。

大体相等。

由此应该可以认定,这个葱岭山国应该分布于今塔什库尔干县境内。只是,这个国家太小了,只有670名国民。在西域四十八国中,千人以下的小国共有七个,其中六个分布在东部天山附近,只有依耐弱不禁风地游荡在塔里木盆地南缘和葱岭腹地。也许是它太小了,小到一开拔就是举国迁徙,因此难辨方位。

向导告诉我:"依耐国是一个氐羌人组成的游牧国家,人数不多,来去无踪,早在东汉时期就消失了,也许它曾经在喀拉库勒湖一带游牧呐。"他接着说:"喀拉库勒湖西面那道绵延不断的山峦,叫萨雷阔勒岭,是中国与塔吉克斯坦的界山。"说到这里,他突然加重了语气,"萨雷阔勒岭全长350千米,这座岭和岭以西2万多平方千米的面积,自古就是中国的固有领土,清朝末年被沙俄所强占,如今全部被塔吉克斯坦继承。"

显然,这是中国一个滴血的伤口。

依耐国小传:这是一个没有故事的国家,找不到中心,找不到遗迹,也找不到征战记录。我们只知道,它是葱岭十国中最小的游牧行国,靠从北部的绿洲进口粮食度日,风俗与子合相同,是西羌的一支。剩下的事情,连想象也找不到方向。

第十六章　无雷——流逝的中国领地

> 无雷国，王治卢城，去长安九千九百五十里。户千，口七千，胜兵三千人。东北至都护治所二千四百六十五里，南至蒲犁五百四十里，南与乌秅、北与捐毒、西与大月氏接。衣服类乌孙，俗与子合同。
>
> ——班固《汉书》卷九十六上

一、高原帕米尔

听一位塔吉克老乡讲："人的肚脐在肚皮上，世界的肚脐在帕米尔。"古葱岭——今帕米尔高原，这个平均海拔高于4000米的"世界屋脊"，对于绝大部分人来说，就是生存禁区。当然，这并不意味着它真的就是无人区。与青藏高原哺育了藏族一样，帕米尔高原同样诞生了一个高原民族——塔吉克人。

一直以来，许多人认为塔吉克人与帕米尔高原可以画上等号，由此将塔吉克人理解为高原民族。事实上，在高原放牧的塔吉克人只是一小部分，大部分塔吉克人生活在低地，以农耕为主。前者被称为"高原塔吉克人"，后者则被定义为"平原塔吉克人"。

在中亚各族中，源自古塞人的塔吉克人祖先，应该比突厥人、维吾尔人、蒙古人更早进入中亚，也更早占据那些适宜农耕的土地。只不过，后来在亚洲民族的不断挤压下，被迫向帕米尔高原收缩了。从这个意义上来说，是帕米尔高原保护了塔吉克人。而帕米尔高原，也可以称得上是塔吉克人唯一完全覆盖的、完整的地理单元。

鉴于高原缺氧、气候寒冷、生态脆弱,今天生活在帕米尔高原上的高原塔吉克人只有不到30万。但这些"高原塔吉克人"却保存了最纯正的"高加索人种"基因,并自称帕米尔人,以此显示与平原塔吉克人的不同。

更大的意义在于,这片神秘的高原和这些帕米尔人,曾经被纳入过汉、唐、大清的版图。即使是在今天的中国,也依然拥有部分的帕米尔高原,并因此让居于此地的塔吉克人在五十六个民族序列中占得一席之地。

以古典时期的技术力量来说,直接统治像帕米尔、青藏高原这样的极限之地,对于一个中心位于万里之外的中央之国来说几乎是不可能完成的任务,所以一般都是采取尊重该地区原有政治、部族结构,进行间接统治的方式,至多只是派驻具有象征意义的行政、军事人员轮驻以示存在罢了。在汉时,这里有西域都护府管辖下的无雷国和桃槐国。在唐时,这里的大勃律、小勃律属于安西都护府统辖。在大清时期,帕米尔高原的政权则臣属于中央政府,并被纳入了中央之国的版图。此时的帕米尔高原,在大清地缘政治结构中所显示的标签,叫"八帕"。

从地形来看,帕米尔高原可以被分为两大部分,东部是近于南北走向的萨雷阔勒岭和西昆仑山,中西部是一系列东北、西南走向的山脉。以萨雷阔勒岭山脊为地理分割线,今中、塔两国各自得到了东部和中西部帕米尔高原。不过,中西部帕米尔高原的面积占整个高原的70%。

由于萨雷阔勒岭山脉属南北走向,就使得东西帕米尔之间的地理景观和河流流向迥然不同,山脉以东,属塔里木水系;山脉以西,属阿姆河水系,并分别错列着许多河流、湖泊。河流与湖泊周边,形成了八块草木葱茏的平原——所谓"八帕"(指八个以"帕米尔"为后缀的地缘标签)。中国境内有高原东南部的塔格敦巴什帕米尔,郎库里河谷的郎库里帕米尔的一部分;塔吉克境内有喀拉库里湖边的和什库珠克帕米尔,穆尔加布河谷地的萨雷兹帕米尔,阿尔楚尔河畔的阿尔楚尔帕米尔,萨雷库里湖边的大帕米尔,阿克苏河上游的小帕米尔,瓦罕谷地的瓦罕帕米尔。这些帕米尔既是地理概念,也是部族概念。就像明清时期的满洲既是一个族名,也可以指代中国东北一样。

而我们所要追寻的古无雷国,就在这片群山巍巍的世界屋脊上迎风而立,扬鞭放牧。

二、汉时无雷

所谓"西帕米尔",就是今塔吉克斯坦"山地——巴达赫尚自治州"。既然今西帕米尔高原能独立建制为一个省级行政区,那么2000年前也没有理由是一片无人之地。可能的情况是,在东帕米尔高原出现蒲犁、依耐国的同时,西帕米尔高原上的塞人也建立了一个名叫"无雷"的国家。

大凡"国家",都会有核心领地,无雷国也不例外。只是《汉书》中这个游牧行国的"王治"之名有些特别,因为它并不是指向一条河谷,而是命名为一座城——"卢城"。对于一个规模只有7000人的游牧部落来说,这显得有些特别与突兀。作为游牧民族,如果要建固定的"城",一般会有两个原因:一种是政治需要,即出于在部落联盟中树立政治威信的需要而设立王城,比如乌孙的赤谷城、匈奴的龙城;一种是经济原因,就是控制交通要道,在保障军事安全的同时获得额外的商业利益。

至于无雷因为哪一个原因建有一座城,我们不得而知。但就对于这个高原部落来说,最重要的还是游牧的草原。另外,无论出于政治还是商业因素,建城的地点也不会远离这些草原。那么西帕米尔高原的河谷草原,空间是如何分布的?又有哪条河谷,有机会成为核心之地?

作为阿姆河上游的一大水源,帕米尔高原上最大的河流喷赤河共有三条从东向西奔流的支流,一是高原北部的穆尔加布河,二是高原中部的贡特河,三是高原南部、今阿富汗境内的由瓦赫基尔河与帕米尔河汇流而成的瓦罕河。

我分析,卢城应该建在喷赤河的北部支流穆尔加布河流域。一是因为这条河畔至今分布着许多湖泊和草原,有足够的牧场供无雷的牧民生息;二是因为从这里向北,经乌孜别里山口,可以直达疏勒,交通较为方便;三是在空间坐标上,这里距离东北方向的疏勒有600里左右,与东部的依耐处于一条纬线上,正好符合《汉书》对卢城的描述(卢城距长安9950里,疏勒距长安9350里,而卢城经疏勒至长安的距离为600里;另外,依耐西至无雷540里,北至疏勒650里)。清代的李光廷在《西域图考》中也说,无雷国在巴达克山(今译巴达赫尚)东北部。

当我们把外阿赖山北部的休循、捐毒等游牧行国,定位为由北而至的塞人部落,而把萨雷阔勒岭东侧的蒲犁国,确定为由南而至的羌人部族时,就会发现,身处外阿赖山以南、萨雷阔勒岭以西、瓦罕河以南、喷赤河以东的无雷国,实际上就是两大游牧势力的交汇处。无雷国既可以从北部受到塞人的文化影响,也可以从东部接受羌人的基因。所以,《汉书》才以中国史家特有的简洁方式,记录了帝国外交家们的直观印象,那就是,无雷国人衣着类似于古欧洲人后裔乌孙,风俗与羌人后裔子合相同。

三、千年领地

翻开任何一部世界史书,打开任何一幅中国古代地图,都会无一例外地发现,从汉代至清代中期,无雷一直是中国的神圣领地。两汉时期,它受西域都护府管辖。三国时期,它被东北方向的西域一霸疏勒国吞并,但仍划入了魏国西域长史府版图。

之后的岁月,对于无雷贵族来说是落寞的,但同时也是幸运的,因为不再称王的他们再也不必担心某一天被大国所灭了,他们只需当好臣民、填饱肚子、保持健康就够了。西晋时期,这里归晋西域长史府统辖。东晋十六国时,葱岭是乌孙和疏勒争相青睐的"美貌寡妇"。隋代,葱岭又成为西突厥与铁勒争霸的一个区域。唐初,唐在西域设立了陇右道,在喝盘陀(今塔什库尔干)设立了葱岭守捉①,直到开元年间,葱岭以西被大食蚕食殆尽,葱岭依然在安西都护府管辖范围内。唐末,唐军退出西域,葱岭被吐蕃接收。元代,葱岭是察合台汗国的领地。大明前期,中原政权收缩到长城以内,西域被亦力把里(东察合台汗国)和蒙古朵豁剌惕(蒙古土尔扈特部的前身)瓜分。朵豁剌惕分得了包括葱岭在内的西域南部地区。大明正德年间,以莎车为中心的叶尔羌汗国迅速崛起,占有了西域西南部地区,葱岭上的巴达克山部落被并入了叶尔羌汗国版图。

明末,游牧于西域北部的蒙古准噶尔部异军突起,很快就控制了天山以北的广阔区域,与占据天山以南的叶尔羌汗国一起形成了"南回北准"

---

① 守捉是唐朝在边地的驻军机构,主要分布在西域。

的格局。之后,准噶尔部抓住叶尔羌汗国和卓家族内讧的时机,应邀出兵越过天山,攻占了叶尔羌汗国,扶植阿帕克和卓为傀儡汗。随后,准噶尔东侵喀尔喀蒙古部,公开向大清叫板。

此时大清在位的,是习惯用拳头说话的康熙,他的龙袍上落一点灰尘都会立刻掸掉,岂能容忍准噶尔在头上撒尿呢?康熙派出大军击败了准噶尔部,逼迫准噶尔可汗噶尔丹自杀。之后,康熙的孙子乾隆再接再厉,攻占了准噶尔王庭伊犁,直至将屡败屡战、死硬到底的准噶尔部灭族。被准噶尔人扣押在伊犁多年,几乎将牢底坐穿的大和卓波罗尼都与小和卓霍集占被释放。

按说,回到本部的和卓,应该对大清感恩戴德了吧?

事态的发展似乎令人意外。在被释放后,波罗尼都前往叶尔羌,而霍集占则潜回喀什噶尔组织军队。很快,小和卓便拥有了一支他们自认为无比强大的武装力量。当清朝远征军派出使节来到叶尔羌,要求大小和卓接受大清统治时,大和卓波罗尼都表示同意,但小和卓霍集占认为清军补给困难,难以久战,因而坚决反对归附大清,并公开宣布建立巴图尔汗国。

错误的判断肯定要付出血的代价。乾隆二十三年(1758)金秋,马蹄铿锵,黄沙飞扬,大清定边将军兆惠统兵3000越过天山南下,但在黑水河畔受阻,连续三个月未能有所进展。乾隆二十四年(1759)一月,清朝援军到达,大小和卓军被迫退却。清军分兵直取叶尔羌和喀什噶尔。眼看大难将至,大小和卓慌不择路,匆匆逃往葱岭深处,也就是巴达克山部落酋长的领地。

猫捉老鼠的游戏在葱岭上演。兆惠率领精兵进入巴达克山瓦罕,一定要把大小和卓捉拿归案。对于清兵的到来,巴达克山部落酋长的选择有两个,一是让清兵自己去追讨叛军,其结果不但祸及无辜,甚至自己也会背上窝藏逃犯的黑锅;二是积极配合清军抓捕逃犯,从而为自己赢得支持朝廷的好名声,甚至还会意外捞取一些封赏。权衡再三,第二个选择利大于弊。理由嘛,就是"你引来了清军,就必须付出代价"!退一万步讲,如果逃犯中有人逃脱,将来也不见得有胆量前来报复自己。您想,谁有心冒死与这个出手果断、世居深山的"蛮横部落"作对呢?

于是,没等猫捉老鼠的游戏上演,邻居家的猫就挡住了老鼠的去路。

巴达克山部落酋长苏勒坦沙出兵擒获了波罗尼都和霍集占,将二人杀死后献给了清军。侥幸逃脱的,只有波罗尼都的儿子萨木萨克,这是和卓家族硕果仅存的一支直系血脉。他成功逃亡浩罕,也为西域后来的动乱埋下了伏笔。但是,我至今没有找到萨木萨克报复巴达克山部落的记录。

战后,巴达克山部落酋长受到奖赏,成为清朝属国。这块千年领地重新回到了祖国怀抱。

天上澄澈如碧,地上牧草如茵。似乎,葱岭的前景一片光明。

四、流血的土地

但和卓被征服之后的平静,只是下一次风沙到来前的暂时静谧。面对肥肉般的西域,两个世界闻名的猛兽——俄国与英国同时亮出了毛茸茸的利爪与尖利的牙齿。但当时,也许是碍于国际声誉,也许是不好分赃,俄罗斯人和英国人并未亲自下手,而是将一个名叫阿古柏的人推到了前台。

浩罕汗国军官阿古柏,借护送白山派和卓去喀什噶尔之机发动兵变,先是占领了南疆七城,然后攻占了乌鲁木齐和吐鲁番。

早在阿古柏占领南疆的日子里,作为英国属国的阿富汗就把巴达克山列入了吞并范围。已将布哈拉征服的俄国,也对巴达克山垂涎三尺。巴达克山成为英、俄博弈的中心地区之一。同治十二年(1873),两国私下达成协议,俄国承认阿富汗对于喷赤河以南的巴达克山和瓦罕走廊的主权,英国则承认喷赤河以北的帕米尔高原为俄国势力范围。而这一切,大清慈禧太后浑然不知。

好在,大清还有左宗棠。是他率领西征军,在短短一年多时间里扫荡了阿古柏并收复了天山南北的国土。叛乱平息后,葱岭也应该再次回归大清了,但结果却令人失望。

因为声称替大清暂时代管伊犁的俄国人,要求谈判撤退的条件。经过艰苦的谈判,双方于光绪七年(1881)签订了《中俄伊犁条约》。此后三年,俄国又根据该条约中关于修改南、北疆边界的原则规定,强迫清廷签订了《伊犁界约》《喀什噶尔界约》《科塔界约》《塔尔巴哈台西南界约》和

《中俄续勘喀什噶尔界约》等五个勘界议定书,分段重新勘定了中俄西段边界,割占了塔城东北和伊犁、喀什噶尔以西约 7 万平方千米的中国领土。按照《续勘喀什噶尔界约》,帕米尔地区自乌孜别里山口起,"俄国界限转向西南,中国界限一直往南",据此走向线,大清只保留帕米尔东部的郎库里帕米尔、小帕米尔、塔克敦巴什帕米尔,而走向线以西的萨雷兹帕米尔的大部分及阿尔楚尔帕米尔西北角,则被划入俄国版图。

如让强盗收手,除非他自动消失。光绪十八年(1892),沙俄又撕毁条约,派兵侵占了乌孜别里"一直往南"一线以东直至沙雷阔勒岭的 2 万多平方千米的帕米尔地区。清廷先后派驻俄公使许景澄、驻法参赞庆常与俄方交涉,要求按光绪十年的条约划分帕米尔边界。据说,这是两位深谙国际法与外交规则的官员,但弱国无外交,这样的交涉无异于与虎谋皮,俄方不仅始终坚持顽固立场,而且加紧了私吞帕米尔的步伐。

罗斯柴尔德家族①的女婿、英国首相罗斯贝利伯爵不甘心由俄国独占帕米尔。当时的英国控制着世界金融命脉,这位首相又信奉其岳父家族的家训:"金钱一旦作响,坏话随之戛然而止。"于是,他通过金融手段对俄国施压,迫使俄国人赶到了"雾都"伦敦。光绪二十一年(1895)3 月 11 日,两国举行秘密会议,签订了《关于帕米尔地区势力范围的协议》,背着大清完成了对帕米尔的划界。除塔克敦巴什帕米尔全部(今塔什库尔干塔吉克自治县)、郎库里帕米尔的一部分(今阿克陶县)仍属大清外,其余全被肆意侵占。此时的大清全权代表李鸿章正在日本马关与日本首相伊藤博文谈判停战的条件。

你想知道一个人缺什么,就看他炫耀什么;你想知道一个人自卑什么,就看他掩饰什么。此时的大清是那么无奈,那么可怜,但又那么自负与嘴硬。光绪二十年(1894),清廷被迫与俄方互换照会,同意在帕米尔地区维持现状,互不进兵;但同时重申中俄帕米尔边界问题并未解决,大清并未放弃对帕米尔领土的权利。画外音是,"我总有东山再起的那一天!"

此后的历届中国政府从未承认沙俄违约侵占上述地区的合法性。这种尴尬的局面一直持续到苏联解体、塔吉克斯坦成立的今天。

---

① 世界金融家族,发迹于 19 世纪初,创始人是犹太人梅耶·罗斯柴尔德和他的五个儿子,他们先后在法兰克福、伦敦、巴黎、维也纳、那不勒斯开设银行,建立了世界上最大的金融王国,今天的世界主要黄金市场仍由他们控制。

如果恰巧您是俄国、英国学者或塔吉克斯坦、阿富汗读者,对这个条约的内容有所怀疑的话,敬请查阅中俄条约的原本。《喀什噶尔界约》中文本原存于中华民国外交部,现寄存于台北外双溪国立故宫博物院。

无雷国小传:塞人建立的游牧行国,位于葱岭腹地,国民衣着与乌孙相同,风俗与子合类似,受西域都护府节制。三国时期,被"西域八强"之一的疏勒吞并。明清时期的巴达克山部落,应该就是无雷国的后人。清末,古无雷国领地被西方殖民者瓜分。而造成这一局面的,是两个金发碧眼的"小偷"在雾都伦敦秘密签署的一个协议。

第十七章　桃槐——葱岭"吉卜赛人"

　　桃槐国,王去长安万一千八十里。户七百,口五千,胜兵千人。

——班固《汉书》卷九十六上

一、来去无踪

　　桃槐——这个拥有丛林一样美丽名称的国家,在《汉书》中仅有可怜的 23 个字。我只知道,它距离长安 11080 里,有 700 户,5000 人,其中军人 1000 人。其他的一切,只有依靠推测。

　　首先,这是一个没有王城的国家,因为如果有王城,班固肯定会留下笔墨。

　　其次,它极有可能是一个游牧行国,否则班固怎么会不注明它的四至,也就是东西南北的邻居呢?

　　第三,它存在的时间可能很短,因为《后汉书》连这个国名也没有留下。

　　第四,它应该处在葱岭上,因为《汉书·西域传上》是按照从东到西的顺序介绍的,介绍到桃槐国就应该是葱岭了。

　　关于它的大体位置,历史学界有三种说法,一说在休循以西 870 里,即今阿富汗中北部的萨曼甘省,佐证是唐代的月支都督府所属的桃槐州,就设在萨曼甘省的阿腊城;一说可能在葱岭南部,即今喷赤河上源小帕米尔一带,也就是无雷国南部,理由是无雷国距离长安 9950 里,桃槐国距离长安 11080 里,两者相距 1130 里,那么小帕米尔就在无雷南部 1000 余里的位置；还有一说在葱岭北部，即今费尔干纳以东、新疆阿赖山以北的帕米尔北部山地，或者是休循、捐毒国之间的今塔吉克斯坦巴达赫尚州北部一带，是南迁的塞种四部之一，理由是班固叙述完乌孙就叙述它与休循、捐毒了。

这三种说法都有一定道理，但都没有充分的历史依据。如果说它在葱岭南部或阿富汗境内，那么就会北接无雷，南接难兜、罽宾，西靠大月氏，东邻乌秅，但《汉书》在叙述到无雷、难兜、大月氏、乌秅的四方邻居时，从未提到桃槐；如果说它在葱岭北部，但《汉书》在讲到休循、捐毒、乌孙的四方邻居时，也没有出现桃槐的名字。

换句话说，当《汉书》叙述到西域除桃槐以外的所有国家的邻居时，都没有讲到桃槐。

可能的解释只剩下一个：它居无定所，到处乱跑，是一个典型的葱岭"吉卜赛人"。

二、瓦罕走廊

既然它是一个追逐着季节、河流和牧草而迁徙的葱岭行国，那么，有一个地区它肯定不会错过，那就是葱岭南部著名的瓦罕走廊。巧合的是，谭其骧主编的《中国历史地图集》就将它标注在瓦罕走廊一带。

在飞机上俯瞰，帕米尔高原上的座座雪峰像一瓣瓣晶莹的莲花，肆意地放射着冷峻而高贵的光芒。而常人难以企及的瓦罕走廊，如同巨大莲花的花蕊，诗意地喷吐着世界各大文明交融的无尽芬芳。然而，这股穿透千年的浓郁芬芳却因其低调与偏远而被世人长久地忽略着，如同未被开发前的九寨沟，更如大漠里的沙埋古城。

瓦罕走廊，又称瓦罕帕米尔、阿富汗走廊，是帕米尔高原南端和兴都库什山脉北段之间的一个山谷，即阿富汗巴达赫尚省至中国新疆塔什库尔干塔吉克自治县一个东西走向的狭长地带。

从地理学角度讲，这是一条被南北两边冷峻的雪山挤压成的一条不规则的高原峡谷。整个走廊平均海拔超过4000米，是一个流淌着瓦罕河，奔跑着世界濒危动物阿富汗雪豹、马可·波罗羊的高寒地带。走廊全长约 400 千米,其中在中国境内长约 100 千米,南北宽约 3—5 千米,最窄处不足 1 千米;其余 300 千米在阿富汗境内,最宽处约 75 千米。①

从历史人文的角度讲,它处在古丝绸之路南道的必经之路上,从莎车转向西南,经蒲犁(今塔什库尔干)、瓦罕走廊,就可以抵达大月氏、安息和大秦(古罗马),它是华夏文明与印度文明、波斯文明、欧洲文明交流的文化走廊。

每到夏秋季节,冰消雪融的瓦罕走廊便成为驼铃声声、商旅穿行的繁忙区域。即便是在寒冷孤寂的冬日,也有东来西往的行旅匆匆走过。那穿透时光的脚步,时而嘈杂,时而铿锵。间或,走廊里会传出一两声凄厉的马嘶以及叮叮当当的冷兵器的交响。

早在公元前 6 世纪中后期,这里曾经是古波斯帝国的极东部地区,居鲁士二世和大流士一世的剑锋一度划开了这座寂寞而冷峻的高山。

公元前 4 世纪,马其顿国王亚历山大东征中亚、南亚,将大流士三世踏在了脚下。随后,亚历山大绕道此地,饮马瓦罕河,狂啸雪峰下,继而辗转回旋到印度西北部。

建元二年(前 139)至元朔三年(前 126),张骞第一次出使西域。这位器宇轩昂的汉使身背着斜阳,从大月氏蓝氏城兴冲冲西来,踏过瓦罕走廊的砾石与冻土,匆匆赶赴莎车,然后从丝路南道回到了久违的长安。

此后,丝绸经过此地传向中亚、南亚、西亚以及欧洲;佛教经过这里传向西域、中原乃至朝鲜、日本。世界各大文明不再孤立,瓦罕走廊不再寂寞,西域不再寂寞。

三、步履匆匆

困难挡不住英雄汉,鉴于这是通往佛教发源地印度的最佳路径,尽管此地山高路险,空气稀薄,但还是有一批批前往西天取经的僧侣取道

---

① 深色皮肤的高加索人,他们自称罗姆(意为"人"),英国称其为吉卜赛人(意为"埃及人"),俄国称其为茨冈人,西班牙称其为弗拉明戈人,法国称其为波希米亚人。大约 10 世纪后,因战乱和饥荒,他们开始离开印度旁遮普一带向外迁徙,以大篷车为家,以卖艺为生,逐渐成为世界流浪民族。

于此。

第一个走来的是65岁高龄的法显。隆安三年(399),他从长安沿古丝绸之路西行求佛,路经葱岭。他在书中描述这段艰难的路程时说:"葱岭冬夏有雪,又有毒龙,若失其意,则吐毒风、雨雪,飞沙砾石,遇此难者,万无一全。"他还说,这里的土人被称为"雪山人"。

神龟二年(519)夏,一个亦官亦僧的团队出现在瓦罕走廊里。领头人名叫宋云,出生于敦煌,是北魏的一名官员,他的使命是前往葱岭西部收集情报,重点收集对北魏西进构成威胁的嚈哒国的政治军事情况。陪伴宋云同行的是崇立寺的沙门惠生和法力等,他的主要目的是前往印度收集佛经。

一年前,北魏孝明帝年方8岁,朝政掌握在孝明帝的母亲胡太后手中。在胡太后授意下,宋云、惠生等人从北魏京城洛阳启程,经吐谷浑、鄯善、于阗、朱俱波,于次年八月中旬顺利地登上了巍巍的葱岭。

对于这段路途,宋云的记忆是:"山路欹(qī,倾斜之意)侧,长坂千里,悬崖万仞,极天之阻,实在于斯。比较起来,太行山及以东的孟门这一中原险要根本不足为险;函谷关以东的崤(xiáo)关及陕甘交界的陇山简直如履平地。"

八月盛夏,应该是草长鸟肥、赤日炎炎的季节。但是,一场鹅毛大雪从天而降,使得这伙西行者愉快的心情立时降到了冰点。他们各自换上棉靴,裹紧衣衫,一步一踉跄地消失在崎岖的山谷之中,像丹麦童话故事里几个发抖的小雪人。

再往前走就是钵和国——今瓦罕地区。这里不仅草木不生,而且寒气逼人,偶尔遇到的几个当地人都穿着毛织衣服,住在山麓窟穴之中,仿佛受到猎人惊吓躲起来的小野兽。

从瓦罕西南行,穿过乌苌国(今巴基斯坦西北部),就踏上了当年法显前往印度取经的老路;从瓦罕西行,就会进入新的中亚巨人嚈哒国。

据专家们考证,惠生与宋云分手的地点就是瓦罕走廊。毕竟两人的使命不同,急于南下印度的惠生无必要也不屑于陪同宋云去当什么间谍。

分手后的宋云是金秋十月抵达嚈哒国的。嚈哒王在一座周长40步的毡帐里接见了宋云,拜受了北魏皇帝元诩的国书。嚈哒王设宴招待了这位远方的使者,嚈哒王所娶的婆罗门三姐妹也欣然作陪。双方推杯换盏,相见甚欢。微醺之时,宋云借着酒劲频频偷觑婆罗门三姐妹那柔媚的脸蛋,心中不免泛起淡淡的思乡情。

正光二年(521)二月,周游完嚈哒及周边各国的宋云回到了洛阳。第二年冬,惠生也带着170多部经书回到了北魏老家。他俩分别形成了考察报告——《宋云纪行》《惠生纪行》。后来,这两本书被杨衒之编辑进了《洛阳伽蓝记》。

贞观十七年(643),一位40岁出头的唐僧身背着沉重的经卷,脚步坚定地出现在有可能是瓦罕走廊的波谜罗川(有人认为波谜罗川是大帕米尔)。他叫玄奘,已在天竺修研佛教十几年,现正踏上漫漫的归途。他没有走来时的老路,而是选择了这条捷径,但这条捷径显然要崎岖得多,险恶得多,他在日记中说:"(波谜罗川)东西千余里,南北百余里,狭隘之处不踰十里,据两雪山之间,故寒风凄劲,春夏飞雪,昼夜飘风。"

四、一把钥匙

尽管崎岖而艰险,但它毕竟是连接东西的重要通道,在大国争霸中有着不可替代的战略地位。唐朝中期,吐蕃长成了与大唐并肩而立的东方巨人,两者对西域的争夺进入白热化,瓦罕走廊南部的小勃律国成为吐蕃的附庸。这样一来,大唐长安直通罗马的丝路被拦腰斩断,断腰就是瓦罕走廊。

此时的唐玄宗刚刚营造了"开元盛世",尽管年龄有些大了,对政事不是那么在意了,但胆魄犹在,雄心未泯,他不仅要征服天下美女,而且要驯服无边的世界。天宝六年(747),唐玄宗向安西都护府发出了出击的命令。唐将高仙芝率轻骑经瓦罕走廊南下,一举灭掉了今克什米尔一带的小勃律国,小勃律国王和他的吐蕃籍妻子被俘虏,连接中西文明的丝绸之路被重新打通。

高仙芝骄傲了,吐蕃人沉寂了,但大食却在摩拳擦掌。

四年之后,大食向高仙芝主动发起挑战。怛逻斯之战,是卧薪尝胆者与高傲自大者的一场对决,也是世界文明史上影响深远的一场战争。面对大食的疯狂进攻和唐朝友军的临阵倒戈,高仙芝几乎全军覆没,大唐猎猎飘扬于帕米尔高原的旗帜终被阿拉伯弯刀砍断,来自亚洲西部的远征者带着胜利者的骄傲和笑容,循着唐军败退的路线,穿越瓦罕走廊滚滚东来。跟在这场军事胜利背后的,是伊斯兰教传播者的脚步。信奉伊斯兰教的阿拉伯和波斯商人、使节、传教者,在帕米尔高原西侧整理完行囊便开始上路了,他们的目标是帕米尔高原东侧的中国,而瓦罕走廊是他们的必经之路。正如俄罗斯历史学家巴尔托里德所说:"中国文化和伊斯兰文化这两种文化究竟哪一种应当在河中居统治地位的问题,就是由这次战役决定的。"

望着像一把钥匙一样的瓦罕走廊,我突然发现:这里距离大唐国都长安和伊斯兰教圣地麦加几乎一样远,都在4000千米左右。当从两个城市出发的两种文明,带着沉甸甸的文化抵达这里时,碰撞不可避免地发生了。为人们熟知的是,这条丝绸之路是佛教进入中国的第一站;鲜为人知的是,这里也是伊斯兰文明进入中国的第一站。此前,打开走廊的钥匙是佛教;如今,伊斯兰教的钥匙成功插进了走廊。法国学者鲁保罗在书中写道:"在整个西域,穆斯林的商客、大长老、旅行家们于其口袋中装着《古兰经》,都成了其宗教传播者。许多中文和阿拉伯文资料都指出,他们自公元7世纪起,便在亚洲四周存在。"[1]

先是疏勒、莎车,继而于阗、库车,大漠周边处处回荡起《古兰经》的诵经声。直到今天,伊斯兰教的涛声仍激荡着片片神秘而遥远的大漠绿洲。

19世纪末,在大清急剧衰落之际,俄、英两大帝国将虎口獠牙一起对准了具有非凡交通意义和战略地位的帕米尔高原,秘密签订了《关于帕米尔地区势力范围的协议》,把中国帕米尔分为南北两部分,南部的瓦罕帕米尔归英国,其余的帕米尔归俄国,而瓦罕走廊就是两国势力范围之间的"缓冲地带"。

如今,生活在瓦罕走廊西部的居民多是吉尔吉斯人,东部的居民多是塔吉克人,他们所说的语言仍是古老的瓦罕语[2]。

玄奘东去的背影早已模糊,高仙芝撕裂的战旗早已埋入尘沙,沙俄远

---

[1] 见鲁保罗《西域的历史与文明》,人民出版社2012年版。
[2] 属印欧语系印度—伊朗语族伊朗语支东伊朗次语支,流行于中国塔什库尔干、巴控克什米尔北部、塔吉克斯坦东南部以及阿富汗东北的瓦罕走廊一带。

征军夺走的国土已经在中国边防石碑的那端,冯其庸先生带人考察后认定佛教进入中国的石碑赫然屹立。一切似乎都已过去,但历史没有生物钟,它一刻也不曾入眠。

因为,瓦罕走廊不死!

桃槐国小传:它不是一棵树,而是一个游走在葱岭深处的行国。关于它的位置,史学界一直争执不下,我推测它应该处于从西域前往印度的黄金通道——瓦罕走廊之内。这里出现过法显的身影,听到过宋云、惠生的足音,也留下过玄奘的脚印,尽管这里上无飞鸟,下无走兽,春夏飞雪,昼夜飘风,人迹罕至,难辨东西,但对于生于斯、长于斯、歌哭于斯的桃槐人来说,却是无人打扰的游牧乐园和穴居天堂。只是,那些来来往往的高僧与使者们功利心太重,忙于前行,没能进入洞穴,看一看桃槐人的起居,听一听桃槐人的故事,本章也才显得如此简单而枯燥。

第十八章　捐毒——藏在山间峡谷中

　　捐毒国，王治衍敦谷，去长安九千八百六十里。户三百八十，口千一百，胜兵五百人。东至都护治所二千八百六十一里。至疏勒。南与葱岭属，无人民。西上葱岭，则休循也。西北至大宛千三十里，北与乌孙接。衣服类乌孙，随水草，依葱岭，本塞种也。

　　——班固《汉书》卷九十六上

一、山间峡谷

　　从喀什向西不出100千米，便进入了被称为"万山之州"的克孜勒苏柯尔克孜自治州。这里群山耸立，河道纵横。捐毒国就处于葱岭北部的克孜勒河①上游，也就是自治州下属的乌恰县及邻近的吉尔吉斯斯坦境内。

　　"捐毒"，是一个听起来略显奇怪的名字，应该源自一个被乌孙赶出伊犁河流域的塞人部落。但也有人说源自北上的印度古塞人，并据此推定捐毒就是"天竺"的音译。

　　至于捐毒国的中心衍敦谷，显然是一个相对开阔的山谷，一说在今新疆乌恰县乌鲁克恰提乡一带，一说在今吉尔吉斯斯坦境内的塔克敦巴什山谷。

---

① 突厥语意为"红水"，发源于塔吉克斯坦境内海拔6048米的特拉普齐亚峰（即列宁峰），是喀什噶尔河的上游支流。

当你真的到了乌恰县西部74千米的乌鲁克恰提乡,便会有一种直觉:这里,应该就是古捐毒国的王治衍敦谷。

听一个当地人讲,"乌鲁克恰提"是柯尔克孜语,意思是"雄伟的山峡"。但一位专家纠正说,"乌鲁克恰提"意为大山沟分岔口,因为克孜勒河谷在该地分岔成三道沟而得名。他们说的都不无道理,只是专家的解释更具体一些罢了。

乌鲁克恰提乡下辖四个村,分别是库尔干村、琼铁热克村、克孜勒库鲁克村、萨热克巴依村,现有人口4000余人,牲畜4万多头,是一个典型的牧业乡。山谷间至今奔跑着大头羊、狼、黄羊、狐狸、雪鸡。即便你不是一个好猎手,进山打猎也不会空手而归的。

乡政府所在地库尔干村,海拔2492米,位于卓尤干河和克孜勒苏河的交汇处,偌大的谷地完全可以承载上千牧民在此游牧。

游牧在这道山谷中的古捐毒国,有国民1100人,其中军人500名,是一支不容小觑的力量,于神爵二年(前60)归汉,属西域都护府统辖。从东汉到西晋,捐毒国既是西域长史府辖区,又被迫接受强邻疏勒的管制。南北朝时期,捐毒的国号被疏勒所取消。

之后,捐毒国故地先后成为大唐、突厥、回纥的领地。9世纪40年代,柯尔克孜人在阿赖山区建立了包括捐毒故地在内的柯尔克孜汗国。

大清在新疆设省后,此地属喀什噶尔道疏附县。民国二年(1913),国民政府设立了乌鲁克恰提分县,分县治就在今乌鲁克恰提乡。直到民国二十七年(1938),乌恰县城才向东搬迁到黑孜苇乡(旧县城),县名也改为乌恰。"乌恰"就是乌鲁克恰提的简称。因此,乌鲁克恰提乡又称老乌恰乡。

作为一个古国的中心,一个近代的县城,乌鲁克恰提乡应该不缺辉煌吧!

二、李陵的故事

在汉代地图上,天山与阿赖山之间连绵的群山都是古塞种人领地。而今天的天山与阿赖山之间,几乎全是柯尔克孜人居住区。显然,古塞种人已经淡去了,但柯尔克孜人又是从哪里来的呢?

请打开亚洲地图——发源于今蒙古北部的一条河流,奔腾咆哮着越过俄罗斯境内成片的草原和沼泽,从南向北一直注入浩瀚而冰冷的北海。这条河古名剑河、谦河,今名叶尼塞河。早在秦汉时代,叶尼塞河上游就有一个古老的民族驻牧,名叫坚昆。大约在公元前3世纪末,坚昆开始听命于匈奴。

历史的魅力在于出人意料。想不到,偏远而寒冷的坚昆居然有一名汉将长期住了下来。他叫李陵,是"飞将军"李广的孙子、李广长子李当户的遗腹子、汉使苏武的朋友。

天汉二年(前99),汉武帝刘彻派贰师将军李广利率3万士卒迎击匈奴右贤王,同时派骑都尉李陵为李广利护送辎重。作为将门之后,李陵从心里鄙视因裙带关系得到升迁的李广利,因而分外厌烦这一跑龙套的差使,声称愿意带领一支军单独出击,以分散匈奴的注意力。为了堵住别人的嘴巴,李陵赌气地说:"哪怕只给我5000步兵!"

挺进千里大漠竟然使用步兵,这玩笑开得也太大了吧?!刘彻并不傻,他一眼就看透了李陵的心思。也许是欣赏他的冲天豪情,也许是为了杀一杀他的威风,史上最英明的天子故意犯了一次低级错误,给了李陵一个顺竿爬的机会。

李陵率5000步卒出河西,临大漠,一步步逼近匈奴领地。就在浚稽山坳里,李陵与匈奴且鞮(Jū Dī)侯单于迎面遭遇。身边拥有3万骑兵的且鞮侯单于见汉军不过数千人,而且几乎是清一色的步兵,在惊奇和庆幸之余命令全军发起攻击。李陵安排前列士卒紧握盾牌长戟阻挡敌军骑兵,后列士兵手持弓弩伺机待发。战斗开始后,匈奴的战马冲不破用长戟编织的防线,如蝗的箭矢又被盾牌挡住,毫无遮掩的匈奴骑兵反而暴露在汉军弓箭手前面。李陵一声令下,汉军千弩齐发,匈奴骑兵纷纷落马。

眼看3万骑兵不足以制服李陵的5000步卒,单于很快又调来了3万骑兵,紧紧咬住了孤军深入的李陵。

汉军且战且退,沿着龙城故道向东南冲出大泽,在第八天撤至仡汗山峡谷时,距离边塞已不过50千米,这支已经杀伤上万匈奴人的军队尚存3000人,但是箭矢射尽,兵器尽毁。而且匈奴占据险要地段投掷岩石,汉军再也无法前进一步。入夜之后,李陵独自一人提刀出营查看敌情。但见篝火点点,人影绰约。

从不服输的李陵肠子都悔青了:连小儿都懂得大漠征战必用骑兵,自己怎能拿步兵的生命作赌注呢?回营之后李陵果断下令:突围!分散突围!活下来的人到遮虏障会合!

夜半时分,汉朝士兵提着卷刃的刀剑奉命突围。幸运的是,有400余名分散突围的壮士得以逃回汉塞。但李陵却因为卫兵不离左右,目标太大,最终不幸被俘。

败讯传到京城,刘彻召集群臣为李陵定罪。与李陵并无私交的司马迁因为替李陵讲情被实施了宫刑。第二年,刘彻后悔自己与李陵赌气,致使李陵全军覆没,于是派遣将军公孙敖率军出塞迎回李陵。无功而返的公孙敖不仅毫不脸红,而且上书说李陵正在为匈奴训练士兵(实为李绪)。刘彻下旨对李陵实施了灭三族的酷刑,这一世代传承的陇西名将之家彻底败落。

悲惨的消息传回匈奴,李陵立即派人将李绪刺杀。有感于李陵的大义与刚烈,单于不仅没有追究李陵,反而将公主嫁给了他,封他为右校王,封地就在匈奴最北端的坚昆。随后,李陵来到遥远的坚昆,如一棵没有灵魂的野草,落落寡欢地过了人生最后的二十余个春秋。

从此,红发绿眼的坚昆人中的黑发人被认为是李陵后裔,就连他们也自称都尉苗裔。

三、得益于李唐

坚强和坚韧是人生的两支笔,交错着写下民族的欢笑与泪滴。作为一个微不足道的袖珍部落,坚昆一直忍气吞声、随遇而安。他们的主子,先是匈奴,继而柔然,然后是突厥人。多数时候,他们只能唾面自干,韬光养晦。

为了洗去满身的晦气,到了唐代,契骨取了一个诗意的名字——黠戛(xiájiá)斯。"黠"意为四十,"戛斯"意为姑娘,"黠戛斯"显然是指四十个如花似玉的姑娘。据说,最初有四十名汉女嫁给了契骨男子,"黠戛斯"因此得名。

很多时候人们身处牢笼,却不知道自己口袋里有钥匙。按说,东方的中国改姓唐,对于饱受压榨的黠戛斯来说应该算一个福音,因为坚昆中有李陵后裔。但愚钝的黠戛斯首领仍昏昏沉沉地率部死拼。贞观四年(630),东突厥汗国灭亡,薛延陀汗国及时霸占了草原,并迅速骑在了黠戛斯头上。

16年后,李世民成为各族公认的"天可汗"。薛延陀汗国灭亡,历史才给了黠戛斯人认祖归宗的机会。

时隔两年,黠戛斯最高首领——俟利发失钵屈阿栈方才抱着试一试的心理,亲自到长安朝觐。当时,太极殿挂上了彩灯,大臣们换上了新装,妃子们打扮得花枝招展。失钵屈阿栈递上去的名帖上赫然写着自己姓李,饱读史书的李世民也认为坚昆中有李陵后裔。李世民亲自走下龙椅,与失钵屈阿栈举杯欢庆,碰杯声、欢笑声、歌舞声响成一片。

东风未肯为媒,是你误了佳期。直到这时,俟利发才后悔来得太晚了。

一切如约进行。唐设立了坚昆都督府,任命失钵屈阿栈为左屯卫大将军兼坚昆都督,黠戛斯地区正式纳入了唐朝版图。

天宝三年(744),草原上新生了一个令人生畏的回纥(后称回鹘)汗国。乾元元年(758),回鹘汗国大败黠戛斯,杀死了黠戛斯俟利发,将黠戛斯收为属部,但同时也在黠戛斯人心中埋下了仇恨的种子。开成五年(840),回鹘汗国爆发内讧,饥荒又蔓延了回鹘全境,回鹘将军句禄莫贺投亡黠戛斯并愿做攻击向导。面对天赐良机,黠戛斯阿热可汗决定果断出手。随即,10万黠戛斯骑兵如漫天的乌云,自北向南覆盖了日薄西山的回鹘汗国,回鹘履破可汗战死,回鹘都城哈剌合孙被付之一炬。

在惨烈的回鹘灭亡战中,一道难题摆到了杀红了眼的黠戛斯军队面前。在俘虏中,他们发现了回鹘崇德可汗的遗孀——唐朝太和公主。将军们争执顿起:有人说,既然她嫁给了回鹘就是我们的敌人,应该杀掉;也有人说,尽管她嫁给了回鹘,但仍然和我们一样姓李。黠戛斯可汗冷静地采纳了后者的意见,派遣10名士兵护送公主回到了诀别23年的长安,在沉闷已久的大唐朝野激起了多彩的浪花。因为随着最后一位公主的回归,笼罩在大唐心头多年的回鹘阴霾终于散尽。

大中元年(847),作为护送太和公主回家的回报,唐宣宗派使臣李业出使黠戛斯,封其可汗为"英武诚明可汗"。

黠戛斯成为漠北的雄长,汗国疆域东到吉木萨尔,南邻吐蕃,西南至楚河、塔拉斯河,拥有部众几十万,军队8万。

唐与黠戛斯两个"李姓国家",共同照亮了9世纪的东方。

四、伟大的进军

在这个世上,不要太依赖别人,即使是影子,也会在黑暗里离开你。如同一头轰然倒地的大象,大唐被像秃鹫一样执掌兵权的节度使们分食了每一块领土。野鸟乱啼、古木垂荫的大唐,从此成为历史不可重复的绝响。此后,互不服气的军阀们建立的五代十国,以及为了避免军阀割据而让手无缚鸡之力的文官执掌军队的宋朝,再也无力染指草原。失去后盾的黠戛斯,被迫在10世纪初将草原霸主的皇冠无奈地交给了新生的契丹,黠戛斯的名称也被契丹改成了"辖戛斯"。

辽天显五年(931),辖戛斯派使者到契丹朝贡,正式承认是契丹属国。契丹没有难为辖戛斯,只是在那里设立了一个象征性管理机构。

须知,生活里是没有观众的。13世纪的一天,草原上又响起蒙古汗国的铿锵蹄音。已改名"吉利吉思"(意为"草原上的游牧民")的辖戛斯连蒙古人影都没有见到,就被成吉思汗在建国大典上封给了豁儿赤。元太祖十年(1217),成吉思汗派长子术赤率铁骑征服了吉利吉思,并派炮兵留驻此地以示威慑。吉利吉思人三个部的部长也迪·亦纳勒、阿勒迪额儿和斡列别克·的斤皆望风而降。此后,这里又被转封给了成吉思汗的幼子拖雷。至元七年(1270),忽必烈在此设立了吉利吉思五部断事官。终元之世,吉利吉思一直归蒙古统辖。

这个民族前行的路,总是泥泞而沉重。正统四年(1439),瓦剌首领也先向吉尔吉斯发难。面对突如其来的灾难,部分不甘屈服的吉尔吉斯人被迫从叶尼塞河上游向西南迁移,辗转来到楚河、塔拉斯河一带避难。被称为中国三大英雄史诗的《玛纳斯》中《伟大的进军》一节,就形象地描述了被也先击败的吉尔吉斯人从阿尔泰山挺进西南的悲壮场景。

17世纪40年代,叶尼塞河流域的吉尔吉斯人接受了蒙古准噶尔部的统领,被准噶尔人命名为布鲁特("高山居民"之意)。后来,准噶尔策妄阿拉布坦为避免吉尔吉斯人与俄国人发生冲突,强迫他们从叶尼塞河上游西迁到伊塞克湖附近。就这样,吉尔吉斯开始了历史上最大规模的一次迁徙。

这支吉尔吉斯主力与此前到达中亚天山地区的吉尔吉斯人会合后,固定地分布在西起费尔干纳的忽毡,东至喀什噶尔,北起楚河、塔拉斯河中游,南至阿赖山一带。至此,吉尔吉斯民族共同体最终形成。

19世纪中叶,肩扛大炮和火器的"北极熊"突然闯入了中亚,并将手持弓箭、长矛、战斧、狼牙棒、腰刀、套索乃至匕首的游牧部落变成了操练的靶子,浩罕汗国被攻占,浩罕境内的吉尔吉斯部落被强制并入了俄国版图。不久,俄国又通过与大清签订不平等条约,将伊犁以西以及阿赖、和什库珠克帕米尔吉尔吉斯人划入了俄国境内。

为了与境外的吉尔吉斯人相区别,新疆省政府于民国二十四年(1935)将境内的吉尔吉斯人译写为"柯尔克孜族"。据说,这是盛世才所干的唯一一件明白事。

捐毒国小传:捐毒,由古塞人的一个分支建立的游牧行国,中心位于今新疆乌恰县西部的一道山谷。汉代,它听命于西域都护,后来有了中原王朝与疏勒国两个主子。南北朝时期,唯命是从的捐毒王还是被老主子疏勒摘掉了王冠。元代,捐毒国旧地来了一批战斗力超强的骑兵——今柯尔克孜族的先人黠戛斯,当地的塞人后裔被如数赶走。按说,被赶走的捐毒后人不应该落寞,因为他们终于有机会甩掉故土难离的思想包袱,前往新的高山或草原,与分离千年的同宗兄弟们共同创建塔吉克与哈萨克了。

第十九章　休循——鸟飞谷的主人

　　休循国，王治鸟飞谷，在葱岭西。户三百五十八，口千三十，胜兵四百八十人。东至都护治所三千一百二十一里，至捐毒衍敦谷二百六十里，西北至大宛国九百二十里，西至大月氏千六百一十里。民俗衣服类乌孙，因畜随水草，本故塞种也。

　　　　　　　　　　　　——班固《汉书》卷九十六上

一、鸟飞谷

　　人们习惯于把丝绸之路称作一串珍珠，这样的珍珠在西域有三串，天山北麓有一串，天山南麓有两串，最漂亮的珍珠有楼兰、高昌、交河、焉耆、龟兹、尼雅、于阗、莎车、疏勒、乌孙、大宛。可有一伙人并不把这些大城镇看作自己最喜欢的珍珠，相反，他们喜欢那些小小的、美丽的山谷，那里有他们的家中之家，住着他们心爱的人。

　　这伙人住在今吉尔吉斯斯坦萨雷塔什的阿赖谷地，这片谷地正好处于喀什西通塔吉克首都杜尚别，吉尔吉斯南达塔吉克山地——巴达赫尚自治州的十字路口。

　　据说，这里古称"鸟飞谷"，是古休循国的王治。

　　顾名思义，这里古时想必是一个碧水潺潺、牧草茵茵、群鸟翔集的所在，不但树上筑满鸟巢，就连谷旁山崖上也鸟巢遍布。每当暴雨来临之前，便会有无数的飞鸟以滚滚的乌云为背景，在辽阔的山谷间上下翻飞，形成山雨欲来鸟满谷的独特景致。

　　想不到，鸟飞谷居然是西域两大河流的分水岭，山谷东部的克孜勒河

283

向东汇入疏勒河,山谷西部的克孜勒苏河向西流入吐火罗盆地。更匪夷所思的是,鸟飞谷还被古代中国人认为是中华民族的母亲河——黄河的源头,并由此成为葱岭的一大地标。《水经注》说,河水(黄河)发源后伏地潜流重又冒出,这样的情况有三处而不止两处。一条水源出自西方捐毒之国的葱岭上,西距休循200余里,从前是塞种居住的地区。该区南与葱岭相连,岭高千里。《西河旧事》也说,葱岭在敦煌西8000里,山极高大,山上长着野葱,所以叫葱岭。河水源头在岭间地下冒出,分为两条。一条往西流经葱岭西的休循南边。尽管把发源于葱岭的北河与南河称作黄河的源头属于古人的臆测,但这一观点毕竟影响了数百代中国人,使得这些遥远的河流成为神圣之水、神奇之水。

据说,第一次出使西域的张骞,从疏勒、捐毒西行来到了休循国中心鸟飞谷,但他没有记日记的习惯,既没有描述这里的山川与民俗,也没有为我们提供群鸟翔集的壮观场景,甚至连国王的名字也没有记住。

当张骞打马走向西北部的大宛时,休循王与其依依惜别。此时已是深秋时节,谷中百草萧瑟,寒鸦乱飞。张骞的马队渐行渐远,慢慢看不见影儿了,送行的国王才怅然而归。

那一年是元光六年(前129)。

二、难兄难弟

我们不知道这位休循国王的名字,但我们知道这位国王出生于塞人,先秦时期驻牧在伊犁河流域的茵茵绿洲上。

塞人的噩梦开始于汉文帝六年(前174)。当时,匈奴老上单于发兵攻入月氏,月氏王被杀,大月氏被迫狼狈西迁,大月氏人西迁的终点站居然就是塞人居住的伊犁河流域。

这些被匈奴打得溃不成军的大月氏人,毕竟拥有40万人口,10万精兵。其拼命求生存的心境,使得他们在伊犁河流域的塞种人面前表现得势不可挡。猝不及防中,塞人被大月氏赶得四散而去,多数塞人在塞王率领下仓促南迁,其中两个弱小的塞种兄弟部落,南下逃入邻近的帕米尔高原北麓,一个占据了疏勒西部的衍敦谷,建立了一个名叫捐毒的国家;一个占据了衍敦谷西部的鸟飞谷,建立了一个名叫休循的国家。

史载,休循、捐毒国民随畜牧逐水草而迁徙,民俗和衣着与乌孙相似。其原因,一是他们与乌孙一样,都是处在同一环境中的游牧民族,生活习惯一致是必然的;二是乌孙国境内有大量未及撤走的塞人部落,休循、捐毒国民与其服饰、风俗相同就更加顺理成章了。在今哈萨克民族中,至今仍有塞克-托哈拉克、别斯塞克、波尔塞克、卡尔塞克等部落,这些带有"塞克"名称的部落都是古代塞人的后裔。

这两个相隔仅仅100千米的塞人部落,一个有380户,1100人,其中500人能参加战斗;一个有358户,1030人,其中480人能上马征战。而他们的周边则是群雄环伺,北部的乌孙有军队18万余人;西北的大宛有军队数万人;西部的大月氏有军队几十万人;南部的无雷有军队3000人;东部的疏勒军队最少,但也超过2000人,几乎和休循与捐毒的全部国民人数相当。仅靠其中一方,显然无法抵御任何强敌。于是他们唇齿相依,休戚与共,互相提携,互通有无,共同经营起惨淡但又自由的山居岁月。

汉西域都护府建立后,休循和捐毒王赶忙跑到乌垒城,向都护郑吉表达忠心。可惜呀,都护对这两个游牧小国不够重视,在那里并未任命什么侯、将、都尉、骑君乃至译长。

东汉灭亡后,两国表面上属魏国西域长史府管辖,实际上疏勒才是他们真正的主子。南北朝时期,疏勒直接将这两个小国吞并,国王的头衔也被疏勒王扔进了湍急的河流。

从此,休循连同捐毒的名字随风而逝,再也无人提及。

也许有人会说:"大唐曾经在西域设立了休循都督府。"

但这个都督府中心位于古大宛国境内,并不在休循国故地上。

休循国小传:休循,捐毒的同宗兄弟,中心位于今吉尔吉斯斯坦萨雷塔什的一道山谷,处于丝路古道上,接待过张骞,也被列入了汉西域都护府版图。其实,休循与捐毒一出生,就面临着东部邻国疏勒的血盆大口,生存难度可想而知。因此,在从东汉到西晋的漫长岁月里,它与捐毒唇齿相依,休戚与共,小心谨慎地与大国疏勒周旋,对疏勒几乎言听计从。其实,决定一个国家存亡的,并非态度,而是经济、文化,特别是军事势力。到了南北朝时期,这对难兄难弟还是一起被疏勒吞下。

第二十章　大宛——天子梦中的汗血马

> 大宛在匈奴西南,在汉正西,去汉可万里。其俗土著,耕田,田稻麦。有蒲陶酒。多善马,马汗血,其先天马子也。有城郭屋室。其属邑大小七十余城,众可数十万。
> ——司马迁《史记》卷一百二十三

一、张骞路过

元光六年(前129)的一个傍晚,汉使张骞一行翻越一道山梁,迎着硕大的夕阳,兴冲冲地闯进了费尔干纳盆地。

一进盆地,张骞不禁惊呆了:这里东西长300千米,南北宽170千米,静卧在山间,长发油亮,体态丰腴,肌肤柔滑,日日沐浴着锡尔河、索赫河、伊斯法拉河的清澈河水,恰如一位期待爱抚的美丽浴女。

张骞侦知,最早享用这位美丽浴女的,是一个起源于高加索山脉的塞人部落,它在波斯帝国铭文上被称为"饮豪麻(指大麻或野生蘑菇)的塞克人"。这伙塞克人先是听命于波斯帝国阿契美尼德王朝,继而归附了东征的亚历山大,帮助亚历山大建造了"绝域亚历山大里亚城"。亚历山大在把希腊化文明带入这里的同时,也把葡萄种植、葡萄酒酿造技术和酒神崇拜带入了这里。汉代"蒲陶"二字的发音,就源于希腊文"botrytis"。公元前250年前后,它又成为希腊巴克特利亚王国的中心。汉文帝六年(前174),大月氏西迁到塞人居住的伊犁河流域,阿息、伽色尼、吐火罗、塞伽罗"塞人四部"被迫南逃。在吐火罗部越过锡尔河建立大夏的同时,大部分伽色尼人以及小股的阿息、吐火罗、塞伽罗人则选择进入费尔干纳盆地。当新移民逼近城郭时,城头上饮豪麻的塞人意外地发现,脚下的流浪汉与自己语言相通,相貌相近,原来是同出一宗的塞克同胞,于是主动打开城门,共同建立了自己的王国——大宛[1],并在绝域亚历山大里亚城基础上修建了国都贵山城[2]。

令张骞更为惊奇的是,大宛尽管处于崇山峻岭之中,但农田广阔,城垣高大,人丁兴旺,是一个丰衣足食的所在,还是中亚葡萄种植中心。

大宛再华美,再富庶,再强大,毕竟不是自己的目的地。在富丽堂皇的大宛王宫,张骞先是出示了表示身份的符节,然后向大宛国王说明了自己出使大月氏的使命,希望大宛能派人将自己送往大月氏。他还诚恳地表示:"我们如能返回汉,一定奏明汉帝,重重酬谢大王。"

大宛王早就有着一颗东向的心,但距离汉十分遥远,更苦于匈奴拦住了去路。汉使的到来,使他喜出望外。张骞的一席话,更让他心动不已。于是,他一面设宴招待汉使,一面满口答应了张骞的请求。

填饱肚子之后,张骞一行与大宛王慨然诀别,顺便带回了葡萄和苜蓿种子。大宛王派出精明的向导和译员,并送上日行千里的白马,将张骞等人送到了附近的康居(今乌兹别克斯坦境内),然后由康居转送到了终点站大月氏。

张骞从长安出发时,大月氏王尚且健在,他们仍在阿姆河以北的索格底亚那游牧。而在张骞滞留匈奴的十年中,大月氏已经征服了阿姆河以南的大夏。当张骞到达大月氏时,大月氏人已经摆脱了旧日噩梦,不想再与凶悍的匈奴厮杀。张骞在大夏整整住了一年,也未能说服大月氏与汉夹击匈奴。无奈之下,只得带着遗憾回国。

但上天在赐给人眼睛的同时,也赋予了人发现的权利。张骞此行虽未达到预期目的,却意外发现了一片比汉还要广大的崭新世界。当时,张骞向汉帝刘彻汇报时说:"大宛国在匈奴西南,在汉正西,距离汉大约万里。当地重视农耕,主要作物是稻、麦,还出产葡萄酒。那里好马很多,汗

---

[1] 大宛一名,可能与希腊殖民有关,"宛"在古印度语中很可能泛指中亚的希腊移民——爱奥尼亚人,而大宛在字义上很可能就是"大爱奥尼亚"。
[2] 伽色尼的音译,其遗址位于今锡尔河畔的苦盏,也就是今塔吉克斯坦粟特州首府,汉籍称俱战提,近代称霍占特,现代称列宁纳巴德。还有人说贵山城位于锡尔河上游支流的卡散(今乌兹别克斯坦卡散赛城),似乎缺少文史资料及考古验证。

出带血,其祖先是天马之子。那里有大小城池70多座,民众数十万。兵器是弓和矛,军队善骑射。它北边是康居,西边是大月氏,西南是大夏,东北是乌孙,东边是扞罙、于寘。于寘的西部有水西流,注入西海;于寘东部有水东流,注入盐泽。盐泽之水潜行地下,盐泽的南边就是黄河的源头,那儿盛产晶莹的玉石,黄河水流入中国……"

一连数日,刘彻和群臣都张着嘴巴听张骞讲西域那些神奇的国家,废寝忘食,乐而忘忧。故事讲完后,刘彻不仅没有怪罪他未完成使命,而且升其为太中大夫,封博望侯,就连胡人翻译堂邑父也被破格封为奉使君。

尽管被意外封侯,但张骞还有许多心事,包括酬谢帮过自己的大宛王。后来,他听说乌孙已在伊犁河流域崛起,成为制衡匈奴西进的重要力量,于是向刘彻献计,设法与乌孙结盟,砍断匈奴"右臂",自己愿再次承担这一重任。刘彻批准了这一建议。

元狩四年(前119),张骞率领300人的庞大使团二使西域。因为占据河西走廊的匈奴浑邪王投降,汉已经直接与西域接壤,所以使团顺利到达了乌孙。

见到乌孙昆莫后,张骞建议双方联合夹击匈奴,许诺在战后允许乌孙回祁连山旧地居住。但乌孙距匈奴近,大臣皆畏惧匈奴;距汉远,不知汉之大小,因而不敢下决心与汉结盟,更不愿盲目东归。在这种情况下,据理力争已没有意义,张骞再一次在宿命面前败下阵来。

令张骞稍感安慰的是,昆莫派人送张骞的副使分别访问了大宛、康居、大月氏、大夏、安息、条支、奄蔡、身毒、于阗等国。大宛王尽管没有见到老朋友张骞,但却收到了张骞承诺过的珍贵礼品。大宛王感叹:"汉,诚信之国也!"

二、奇异的卦象

元鼎二年(前115),是刘彻登基25年来最为顺利的一年。一则,第二次出使西域的张骞东归长安,被刘彻封为"大行",丝绸之路随之开通。二则,刘彻在匈奴浑邪王故地设置了酒泉郡,在休屠王故地设置武威郡。三则,刘彻颁布了行均输法(一种关于官营商业的法律)并推行募兵制

（国家以雇佣形式招募兵员的制度），使得财力和军力得到进一步提升。

一个春风沉醉的正午，一身轻松的刘彻沐浴更衣，举行了一次隆重的占卜仪式，他要预测一下自己壮美的未来。

按照占卜所得的卦象，刘彻翻开《易经》发现，卦象对应的事件是"神马当从西北来"。这对于拥有爱美人和爱名马两大嗜好的刘彻来说，无疑是一个令人鼓舞的消息。对此，他不禁半信半疑。

在古代中国，但凡国家大事，必须先到大庙里举行卜筮（bǔshì）活动，以预测吉凶，然后再决定做与不做。国家有专司卜筮的官员，叫作卜人。所谓卜，就是根据龟甲的裂纹来算命；所谓筮，就是用蓍（shī）草占卜。按照常规，要先筮后卜，以示隆重与谨慎。先筮后卜的程序说明，假如对筮的结果不是很确定，则需要用卜的结果来作最终判断。这就意味着，卜相对于筮来说，具有更高的决断权。久而久之，卜筮也就被简称为"占卜"了。问题是，并非每次占卜都会立刻得到应验，因此，汉武帝对这个不太靠谱的占卜结果有所怀疑是正常的。

七年后（前108）的一天，太监来报，乌孙昆莫的使臣已到长安，声明取消王号向汉称臣，并以珍贵的西域良马作为聘礼请求和亲，多年前的占卜结果终于应验了。于是，兴致勃勃的刘彻将乌孙良马命名为"天马"，并专门写了一首《西极天马歌》。

元封六年（前105）前后，刘彻听出使西域的汉使提起，大宛的汗血马比乌孙"天马"还要优良与珍贵，但一直藏匿着不肯与汉使交换。

对于大宛马，刘彻并不陌生，因为张骞首次出使西域归来后就讲到过大宛"马汗血"一事，只是当时没有引起他的足够重视。但面前这位汉使对大宛马的讲述显然比张骞细致得多，他向皇帝描述说："那马，或枣红，或纯白，头高颈细，四肢修长，立在那儿似玉树临风，飞跑起来如腾云驾雾，最神奇莫过其汗如血，因此称汗血宝马！"

说者如醉，听者如痴。刘彻再也吃不香饭，睡不好觉。最终，他痛下决心，派出壮士车令，带着千两黄金和一匹黄金铸成的金马，前往大宛求换汗血马。

如此多的黄金加上价值连城的金马，对任何一个西域城邦来说都是莫大的诱惑，况且塞人出身的大宛一向有着加工金饰的传统，对于黄金有着特殊的偏好。几匹马就能换取这么多黄金，何乐而不为呢？

三、难以完成的使命

野史记载,西域某个国王有一个古怪的规矩,凡是给国王带来好消息的信使就会得到提升,带来坏消息的人,则会被送去喂国王养的老虎。显然,这个国王有一种近似天真的品性,以为奖励带来好消息的人,就能鼓励好消息的到来;处死带来坏消息的人,就能根绝坏消息。

于是,信使就成了国内最危险的职业。假使那些信使可以对国王讲道理,就可以说,首先有了不幸的事实,然后才有了坏消息,信使是消息的中介,尤其无辜。只有避免不幸的事实,才能减少坏消息。但假如能和他讲道理,他就不是说一不二的国王了。

既然国王的品性不可更改,那么臣民们都被迫适应他。将帅出征在外,凡麾下将士有功,就派他们去给国王送好消息,使他们得到提升;有罪,则派去送坏消息,顺便给国王的老虎送去食物。而处于被动地位的信使也被迫做出两难的选择:如果想做一个诚实的人,他就会继续把真实的坏消息告诉国王,但这样会导致他被抓去喂老虎;如果信使想活命,就必须撒谎。前者保持良心,失去生命;后者保存生命,失去良心。

久而久之,这个国家就成了缺少良心的国家。

汉的壮士车令来到的就是这样一个国家。那位自称张骞老朋友的大宛王已死,此时当政的大宛王毋寡就是一个不按套路出牌的人,别人越是敬他,他就越认为是别人怕他。

面对汉使的大堆礼物和一张渴求的笑脸,毋寡反而把脸拉得老长,没好气地说:"稍等,容我和大臣们商量一下。"

在后帐,毋寡召集群臣商议此事。部分大臣同意以金换马,并且提出没有必要因为几匹马得罪汉。但毋寡态度强硬地反驳说:"汉距我有万里之遥,经过盐泽西来会遭遇死亡,若从北线前来有匈奴侵扰,从南部山坡赶来又缺少水草。每一批汉使团几百人前来,到了这里往往只剩一半,怎么可能派大军前来呢?我断定,汉对我一定无可奈何,况且贰师的马是大宛的国宝,怎能轻易与别国交换呢?!"每句话都掷地有声,不容置疑。

所谓的"商议"之后,毋寡不阴不阳地对汉使说:"汗血马乃大宛国宝,不会和任何国家交换的,汉使请回吧!"然后,命令帐前的将军:"送客!"

汉使乘兴而来,哪想会受到如此冷遇?于是就在毋寡面前破口大骂,并用力把金马击碎,然后掉头而去。

望着汉使悻悻而去的背影,一位大宛贵族对毋寡说:"汉使也太轻视我们了!"于是,毋寡将汉使遣送出了都城,并命令大宛东部的郁成王截杀了汉使,没收了所有的金银财宝。

尤其严重的是,大宛开始肆意盘剥来往的商队,对汉使团与商人更是充满了敌意与歧视。后来,他们干脆封闭了丝绸之路,使得无数的商旅只能从葱岭西部无奈而愤怒地折回。

天下最大的烈火,总是由最小的火柴点燃的。消息传回长安,刘彻暴跳如雷,立刻筹划远征。

刘彻首先听取了几位出使过大宛的汉使的意见。一位名叫姚定汉的汉使说:"大宛兵弱,只需不到3000汉军,配备强弓劲弩,就可以攻克大宛。"听到这里,刘彻想起了三年前浞野侯率700骑兵俘虏楼兰王的壮举,脸上浮现出会心的笑容。

这是古老的军事导师中国与亚历山大的学生之间的第一次交锋,对于交锋的结果,刘彻似乎成竹在胸。

那么,派谁领兵出征呢?他想到了自己的宠妃李夫人。

四、北方有佳人

刘彻所选择的统帅,与这位宠妃有关。

史载,元封年间(前110—前105),有一位专门负责养狗的太监,名叫李延年,早年因为犯法被处以腐刑,入宫后凭借擅长作歌的天赋受到皇帝喜爱。一天,刘彻与家人欢宴,诏令李延年献歌助兴。李延年用略显幽怨的声调唱道:"北方有佳人,绝世而独立。一顾倾人城,再顾倾人国。宁不知倾城与倾国,佳人难再得。"

此时,美丽的阿娇被废,皇后卫子夫年老色衰,曼妙的王夫人已死,刘彻身边已经没有可心的佳人。于是,刘彻叹息说:"好歌!但世上真有这样的绝色佳人吗?"坐在身旁的姐姐平阳公主告诉他:"李延年的妹妹就是倾城倾国的佳人。"刘彻眼睛一亮,立刻传见李延年的妹妹。

这位出身于倡优家庭的女子,一亮相便照亮了沉重而单调的甘泉宫。她那柔若无骨的身段,翩翩欲仙的舞步,秀色可餐的脸蛋,让刘彻过往的满天彩霞,立时变得暗淡无色。随即,她被立为夫人。不久,李夫人就为刘彻生下了第五个儿子刘髆(bó)。李夫人的哥哥李延年则被任命为协律都尉。

而李夫人的另一位哥哥李广利也将受到特别的照顾。只是,刘彻还需要一个机会。

不久,机会来了,这个机会就是领兵出征大宛。尽管此前李广利毫无战功,选其为将有可能是一次冒险,而且李陵等名将明显不服气。面对文臣与武将们的质疑,刘彻仍坚持己见,因为汉军人数众多,战将如云,主帅差一点似乎无关结局。

太初元年(前104),也就是解忧公主嫁到乌孙的第二年,刘彻任命李广利为贰师将军,赵始成任军正,李哆为校尉,原浩侯王恢为向导,率领6000骑兵和从郡国招来的恶少几万人远征大宛。贰师将军的名号就是因出产宝马的大宛贰师城①而起,李广利也发誓拿大宛祭旗。

墨菲定律告诉我们,如果有最坏的结局存在,最后发生的往往就是最坏的结局。远征的汉军尽管声势浩大,但无奈后勤不继,在沿途的西域城邦又得不到粮草,掉队与逃亡的士兵一直不断。这时候,一切高深的政治权谋和军事韬略都变得毫无意义,余下的,只有人类最原始的一种欲望驱动——填饱肚皮。等李广利赶到大宛东部边境的郁成(今吉尔吉斯斯坦乌兹根),身边只剩下数千饥寒交迫的骑兵。大宛郁成守军一出战,汉军就败下阵来。将士们滴血的尸首,立时化为了中原慈母的白发,江南春闺的遥望,河西稚儿的夜哭,故乡树荫下的诀别,军人冲杀时的呐喊,丢盔弃甲后的军旗,零落成了默默无语的沙尘。

费了九牛二虎之力,李广利才活着回到汉边。身后,残阳西落,马蹄稀疏。

---

① 一说在今塔吉克西北部的伊斯塔拉夫尚,一说是今乌兹别克安集延省马哈马特东郊的明特佩遗址,还有人异想天开地推测说在距离费尔干纳盆地数千里的今土库曼首都阿什哈巴德。

成功无需解释,失败却有许多的托词。逃到敦煌的李广利向皇帝上书说:"道路遥远,缺乏粮草,士卒不忧虑战斗而忧虑饥饿。所剩下的士卒不多,难以攻下大宛的王都。请求暂且修整,等待补充兵力后再去攻打。"刘彻接到李广利的上书极为愤怒,派出使者守在玉门关①,并且发出诏令:"军队有敢进入关者,一律斩首。"李广利不敢贸然进入玉门关,只得率领残兵驻扎在敦煌等候机会。

幸运的是,李广利的身首并未因此分家,原因还是自己的妹妹李夫人。

五、再给他一次机会

在李广利远征大宛期间,妹妹李夫人已经卧床不起。

她像一片完美的瓷,太过饱满娇嫩。又像一张撑满的弓,张到极致,反而经不起风霜侵蚀。入宫仅仅几年,李夫人就病入膏肓,但其高智商一直保持到了临终。刘彻前去探望,她以被覆面,满含悲戚地说:"妾长久卧病,容貌已毁,不可复见陛下,愿以昌邑王及兄弟相托。"刘彻回应道:"夫人病势已危,非药可以医治,何不让朕再见一面?"李夫人坚定地推辞:"妇人貌不修饰,不见君父,妾实不敢与陛下相见。"刘彻说:"夫人不妨见我,我将加赐千金,并封拜你兄弟为官。"李夫人回答:"封不封在帝,不在一见。"刘彻坚持要见她的面容,并用手揭被子,李夫人转面向内,紧紧抓住被子,任凭刘彻再三呼唤,李夫人只是独自啜泣。无奈之下,刘彻拂袖而去。

望着刘彻愠怒的背影,前来探视的姊妹责备她:"你想托付兄弟,见一见陛下是很轻易的事,何苦违忤至于如此?"李夫人叹气说:"我本出身微贱,他之所以眷恋我,只因平时的美貌而已。大凡以色事人,色衰而爱弛,爱弛则恩绝。如今我病已将死,他若见我颜色与以前大不相同,必然心生嫌恶,惟恐弃之不及,怎么会在我死后照顾我的兄弟?"几天后,李夫

---

① 指酒泉以西、敦煌以东的今玉门市赤金镇的旧玉门关,公元前102年之后玉门关才西移。

人含笑而去。

事情的结局,果然不出李夫人所料。李夫人的行为非但没有激怒刘彻,反而激起他无限的怀念。他命画师将李夫人生前的曼妙形象画下来,挂在甘泉宫,日日凝视。

爱情像蝴蝶,标本比本身更美。听说刘彻对李夫人思念不已,大臣东方朔便献上一枝怀梦草,使刘彻能在梦中和李夫人相遇。山东方士少翁也进宫为李夫人招魂。《汉书》津津有味地记述了招魂的场景:等到夜深人静,方士设立帷帐,点上灯烛,摆上酒肉,刘彻便远远望见一个貌似李夫人的女子安坐在帷帐里,栩栩如生但却不能走近。之后,刘彻愈加思念夫人,并专门为她写了一首名传千古的歌:"是邪,非邪?立而望之,偏何姗姗其来迟!"

作为傲视天下的一代君王,刘彻既然不能留住爱人的生命,那么只能把对死者深深的思念,加倍地偿付在生者身上,认真地完成死者的"嘱托"。

太初二年(前103)夏,浞野侯赵破奴率2万骑兵,从朔方西北出击匈奴,深入匈奴2000余里,杀敌数千,因遭遇匈奴单于8万骑兵的围攻而全军覆没,名将赵破奴也被俘虏。刘彻召集文武大臣,商讨眼前的艰难局势。多数大臣主张放弃远征大宛,把注意力放在匈奴身上,毕竟匈奴是主要的敌人,而远征大宛无非是为了几匹宝马,似乎得不偿失。

刘彻却不这样想。在他看来,进攻匈奴固然重要,但如果放弃二征大宛,汉在西域就会威信扫地,不仅刚刚开通的丝绸之路被迫废弃,而且整个西域将重新成为匈奴的势力范围。再征大宛成为刘彻的不二选择。

汉开始精心准备这次再也输不起的远征。除了军容更为庞大,粮草更为充足,接下来,就是领军人物的选择了。

令所有人大跌眼镜的是,刘彻再次选择了李广利,给了李广利东山再起、一雪前耻的机会。因为在他看来,李广利这次一定更加感恩戴德,更加小心谨慎。如果战事顺利,那将证明自己用人不疑是正确的;如果再有闪失,只能说天意如此了。而且,从个人感情上来说自己对死去的李夫人也算仁至义尽了。

西方有一个流传甚广的说法:一个猴子不停地随机打字,总有一天会"碰巧"打出《莎士比亚全集》。李广利尽管不是一个称职的将军,但瞎猫总会碰上一只死老鼠的。况且,皇帝为他精心挑选了一批精明的部下,并在战略、军训、后勤等方面做了充分准备。

太初三年(前102),李广利在敦煌誓师西征。出征的队伍里,有6万名军人,10万头牛,3万匹马,数万乘驴、驼,还有大量运送粮草的民夫。另外,在酒泉和张掖以北新设了居延、休屠两个军事重镇,征调18万士卒布防在那里,既可防备匈奴袭击西征大军补给线,又可作为远征军的后援和接应。一时间,整个河西走廊悬旌千里,云辎万乘,天下震动。士卒前进的虎步,令戈壁抖颤;铁骑蹴起的尘沙,使天山雪暗。刀光闪射,与日月相辉映;鼓声轰鸣,如雷霆震碧空。

战争狂人希特勒说过,在发动和进行战争时,重要的不是正义而是胜利,正义在强者一边。贰师将军此行,于公是为汉帝征讨宝马,于私是为自己报仇雪恨,因而何谈正义?为了实现险恶的目的,他恶狠狠地发出号令:"迎降者活命,抵挡者屠城!"于是,大军所经之处,西域各国城门大开,为将军接风洗尘,为士卒供给酒食,为牛马调拨草料。只有轮台闭城坚守,果然成为李广利的祭品。主将一声令下,恶战数日,小城陷落,轮台遭受屠城,军民无一幸存。

汉军一口气来到锡尔河流域的大宛国都贵山城下,与大宛军队正面遭遇。有着巨大兵器优势的汉军万弩齐发,将射程之内的大宛军人纷纷射落马下,大宛军队狼狈退入城中。

汉军将贵山城层层围住。立时,这座城市变成了大海波涛中的一个小岛。但城头上的大宛军人毫无惧色,他们对城下的汉军高喊:请来攻城!

六、城堡能攻克吗

人类进入文明社会后,最诡异的发明就是弓弩与城墙了。开始时,弓箭是作为狩猎工具出现的。继而,它便越来越多地成为单纯的武器被用于战争,比刀斧矛戟等短兵器显示出了优越得多的远程杀伤力。在弓箭基础上发明的弩,则比前者射程更远(强弩射程可达600米),力量更大,精度更高,杀伤力更强,从而成为冷兵器时代无数军人的噩梦。

而墙的意义在于隔离。如果说原始的洞穴是为了隔离野兽,那么人工墙则是为了隔离人类,尤其是隔绝同类的暴力侵犯。城堡是欧洲中世纪的封建标志,姬路城(炮楼)是日本领主统治的标志,而长城则是中国古代专制权力生存的基本保障。商朝的城墙就高达9.1米。秦始皇统一六国后,一度将六国的城郭全部毁掉,但随着郡县制的普及,又恢复了"无郡不城"和"无县不城"的城墙化中国。

从此,城市成为政治、经济、文化的中心,成为财富的聚合地,因此又成为战争各方争夺的禁脔。历史踏入农耕文明以后,战争从野外决战转向城市攻防。在至今2000年的人类战争中,绝大多数战争是城池攻守战。城,即城墙;池,就是护城河。

在没有炸药与火炮的冷兵器时代,攻城者只能靠云梯前赴后继地仰攻,守城者仅需躲在城垛后面居高临下地射箭或投掷石块即可。因此,攻城者只有数倍于守城者才有极小的可能攻克城池。如果强攻不下,攻城者则只有另辟蹊径,如断水断粮呀,火攻水淹呀,引蛇出洞呀,里应外合呀,实在不行就像古希腊人一样用木马计了。反正,守城的一方要相对从容,攻城的一方要大伤脑筋。长平之战后,秦军以30万之众围困赵国都城邯郸长达三年,居然无功而返。三国时期,5万蜀军围攻仅有3000守军的魏国小城陈仓,连续攻了20多天也未爬上城头,拥有最强大脑的蜀军主帅诸葛亮频频摇头,最后因粮尽而无奈退兵。尤其尴尬的是,在平原上摧枯拉朽的蒙古骑兵被一座南宋城堡——钓鱼城拦住,不但半年中毫无进展,连蒙哥大汗也被守军发射的巨炮炸死,蒙哥的弟弟忽必烈从南宋前线北返,蒙哥的另一位弟弟旭烈兀则从叙利亚东还,南宋的国祚得以延续了20年,已经席卷到欧洲身边的蒙古"黄祸"也迅速退潮。

城墙——人类文明的伟大成果,也被在绿洲上定居的西域民族广泛采用。在西域四十八国中,除了部分游牧行国外,相对富庶的绿洲国家都建起了高高的城墙。水源充足的国家如焉耆等甚至开挖了护城河。至于城市的建筑方式,有的模仿巴特克里亚(罗马风格,以圆城为主),有的模仿中国(中式风格,以方城为主)。而李广利面对的大宛首都贵山城,和大宛境内的贰师、郁成等城池一样,风格介于罗马和中式之间,既有内城,也有外城(围城)。围城内部修筑了数座高耸的瞭望塔,几乎可以监视城池周边方圆数十里的地域。城墙上每隔几米就有一个箭孔,内城与外城之间则布满了呈扇形的箭塔,整个城池防御严密,易守难攻。

面对这座绝域坚城,李广利和足智多谋的智囊们所有的招数都用上了:一是断水,通过挖沟切断贵山城的水源;二是围城,日夜不停地攻打,不给守城者任何喘息之机;三是覆击,就是派一批又一批的弓弩手将箭矢像下雨一样射向城头,在概率上尽量多地杀伤守城者。苦战40余日,付出了无数军人殒命城下的代价,汉军终于攻占了外城,擒获了大宛勇将煎靡。

对此,大宛王毋寡心惊胆战,但他还是强打起精神说:"数万汉军攻击一个外城就用了40多天,比外城坚固得多的内城是汉军无论如何也难以攻克的。"但贵族和大臣们就不这样看了,外城都能失手,内城能保万无一失吗?而且,汉军并未显示出疲惫的迹象,喊杀声此起彼伏。一时间,城内军民惊恐莫名,噩梦连连,低沉的气氛像乌云一样笼罩了孤独的贵山城。

在外部因素无法左右的时候,人们往往从内部找原因,内讧便顺理成章地发生了。许多大宛贵族私下聚会,先是追究汉军远征的原因:"明摆着,汉不远万里拿金马换我们的汗血马,毋寡不但不换,还杀了汉使,分明是引火烧身。""因为几匹马而惹来战火,毋寡也太不明智了。"继而,贵族们商讨起对策:"出路只有一条,那就是投降。""这次汉出兵就是为了报复毋寡,毋寡自知投降了也必死无疑,他会选择投降吗?""为今之计,只有杀掉毋寡,献出宝马,与汉军讲和。"

于是,贵族们共同杀死毋寡,派遣使者手持毋寡的首级赴汉营求和,不卑不亢地对李广利说:"如果汉军不再进攻内城,大宛愿将良马献出供汉军挑选,而且为汉军提供食物。如果继续攻城,我们将把良马全部杀掉,我们同宗的邻邦康居也将赶来救援我们。援军一到,我们与康居里应外合,将与汉军拼个鱼死网破。何去何从,请将军慎重选择。"

此时,康居大军已经集结在大宛周边,只是迫于汉军兵威未敢逼近。而贵山城中已由汉人教会了凿井,粮食也能支撑多日。特别是取大宛国王项上人头,获取汗血宝马的目的已经达到,在征询了赵始成、李哆等人的意见后,李广利答应了大宛贵族们和谈的筹码。

之后,大宛贵族将良马赶到城外,汉军从中选择了几十匹汗血马和3000余匹中等马;大宛提供的粮食汉军也照单全收。更重要的是,李广利在大宛贵族中选择与汉朝友善的昧蔡为新大宛王。然后,班师回朝。

在班师途中,李广利顺便干了一件事。

这件事就是命令搜粟都尉(负责征集军粮的官员)上官桀攻打一征大宛时令自己蒙羞、如今仍在据城坚守并杀死了校尉王申生的郁成。郁成随之陷落,郁成王逃往康居避难。上官桀追踪而至,最终逼迫康居交出了郁成王。上官桀派四名骑士负责押送郁成王。在押解途中,四名骑士商讨道:"郁成王乃汉朝的仇敌,如果活着被敌人救走,我们将成为罪人。"就在大家商量由谁下手时,上邽(guī,今甘肃天水)骑士赵弟拔剑将郁成王剁为两截,只是带回了郁成王的人头。

且不要小看了这件事带来的连锁反应,因为它标志着:所有敢对汉说不的人,即便是流亡天涯,也逃不出汉的掌心。

七、汗血宝马

刘彻终于见到大宛汗血宝马,发现它果然比乌孙马健美得多,因而将已冠名"天马"的大宛马更名为"西极马",将大宛汗血马冠名"天马",并欣然写出第二首《天马歌》:

天马俫,从西极,涉流沙,九夷服。

天马俫,出泉水,虎脊两,化若鬼……

心满意足的刘彻当然不会亏待二征大宛的将士们,他大宴群臣并颁布诏书,封主帅李广利为海西侯,食邑增加到 8000 户,从而正式确立了卫、霍之后新一代统帅的地位;那个普通的骑士赵弟,因果断处决了郁成王被封为新畤侯;而赵弟的上司、搜粟都尉上官桀,也因功被任命为少府①;身先士卒的军正赵始成为光禄大夫②;出谋划策的李哆晋升为上党太守。军官中被升为九卿的有三人,升任诸侯国相、郡守、二千石一级官员的有百余人,升为千石一级以下的官员有千余人,自愿应征者的军职超过了他们的愿望,戴罪参战的人都免除了原罪,对士卒的赏赐总价值达 4

---

① 九卿之一,管理国家财政的官员。
② 掌管议论的官员,隶属光禄勋,秩比二千石。

万金。

赵弟由士兵直接封侯,也在中国历史上创下了提拔最快的记录,这个记录至今无人能破。不少雄才大略的帝王往往喜欢出人意料,并通过这种大贬大升的游戏感受着权力收放自如的乐趣。而且,在刘彻看来,忠诚与果敢是军人最重要的品质,具备这一品质的人,完全可以破格提拔。而在改革开放、思潮澎湃的今天,这一品质仍至为可贵,干部选拔标准仍是古朴而简洁的"德才兼备,以德为先"。

大宛之战后,汉并未留下一兵一卒驻扎在大宛,大宛依然是丝绸之路的中转站,他们除了献出汗血宝马外其实并无根本的损失;要说有什么损失的话,最大的损失莫过于尊严。因为从此,对丝绸之路开通还是封闭,大宛已经失去了话语权,只能看汉的脸色行事,还要承担起保障葱岭以西丝路畅通的责任。这对于曾经的西域强国大宛来说,总有一种说不出的酸楚。一年后,大宛贵族认为新国王昧蔡对于汉过于亲密和顺从,是大宛被屠戮的罪魁,便与军队合谋杀掉了他,另立毋寡的兄弟蝉封为大宛王。好在,这位新王清醒而明智,他一登基,就派遣儿子到汉做人质,请求汉原谅并表示亲善。事已至此,生气何用?于是刘彻派使者向大宛赠送了礼物以示安抚。

大宛真心降服了吗?刘彻当然不信。此后,汉派了十几批使者到大宛及其西部各国寻求奇异之物,顺便考察大宛的言行。汉使搜求到的奇异之物,不仅有珍宝、动物,还包括大宛的葡萄、苜蓿、石榴、核桃、芝麻、黄瓜、蚕豆、胡萝卜种子。

醉过方知酒浓,痛过才知情重。大宛王蝉封当然明白刘彻的深意,哪里还想重蹈哥哥的覆辙,便与汉约定——实际上是单方承诺,每年向汉贡献天马两匹。《汉书》中不无骄傲地说,汉帝因为大宛天马多,外来的使者也多,就在离宫旁边种植了葡萄、苜蓿。要知道,葡萄是皇帝嫔妃们最中意的水果,而苜蓿是大宛天马最喜欢的饲料呀。每到夏季,葡萄与苜蓿一眼望不到边。大臣们常常看到,年过半百的刘彻一手牵着天马,一手捻着胡须,眼里放射着骄傲的光芒。

两千多年过去了,汗血宝马至今犹在。它如今叫阿哈尔捷金马,盛产于土库曼斯坦科佩特山脉和卡拉库姆沙漠间的阿哈尔绿洲。它头高颈细,四肢修长,皮薄毛细,步伐轻盈,力量大、速度快、耐力强,最快记录为

84天跑完4300千米,与《汉书》中的天马毫无二致。

阿哈尔捷金马的毛色有淡金、枣红、银白、黑色等,在历史上大都作为宫廷用马。马可·波罗曾在游记中赞美过它,并将它的始祖归类于亚历山大专用的传奇式战马Bucephalos。当这匹爱驹死去时,亚历山大曾停止一切战事,以个人名义为它建造了一座陵墓,陵墓今天还在,位于巴基斯坦。

一代天骄成吉思汗也曾以阿哈尔捷金马为坐骑。

它也是土库曼斯坦的国宝,是地位和身份的象征。位于阿什哈巴德西南郊的阿哈尔捷金种马场,始建于1922年,目前存栏2000匹,占全世界阿哈尔捷金马的三分之二,市场价格通常是几十万美元一匹,有的甚至高达上千万美元。1986年,在巴黎凯旋门杯赛马比赛中赢得冠军的阿哈尔捷金种马"丹辛格·勃里伊弗",被以5000万美元的价格卖出,创下了历史记录。2014年5月,世界汗血马协会特别大会在中国召开,土库曼斯坦总统别尔德穆哈梅多夫向中国国家主席习近平赠送了一匹汗血宝马。

2012年夏,我在昭苏草原军马场有幸见到了一匹阿哈尔捷金马。这是一匹枣红色的马,与周边的西方与日本名马比起来,它并非是最高大、最强壮的一匹,但它却是毛发最为细腻、肢体最为修长、姿态最为秀美的一匹,恰如身处粗悍农妇群中的一位娴雅如诗的大家闺秀。

"它为什么名叫汗血宝马呢?"我问。

养马场场长笑了笑:"古代有人说,有一种寄生虫造成它汗流如血,但我们从未发现这种寄生虫。汗血宝马汗流如血可能是一种文学表达。我观察,马出汗时往往先潮后湿,对于枣红色或栗色的马来说,出汗后身体的颜色会更加鲜艳,给人的感觉就像在流血。而马颈是汗腺最为发达的地方,这就不难解释为什么汗血宝马在疾速奔跑后颈部流出的汗像血一样鲜红了。"

这也算是对"千年传讹"的一个合理解释吧。

八、大宛王的忠诚

作为丝路大国,大宛一直是汉与匈奴争夺的目标。大宛归附汉,标志着匈汉势力在西域的此消彼长。大宛之战后,西域各国纷纷派出使者到汉进贡,就连匈奴呴(gòu)黎湖单于也放还了被扣押的路充国等汉使,还让路充国给刘彻捎话说:"我,儿子,安敢望汉天子;汉天子,我丈人行也。"

后元二年(前87)二月,西伯利亚的寒流掠过初春的长安,从大宛移来的石榴树还未萌芽,在位54年的刘彻驾崩于长安五柞(zhà)宫。年仅8岁的刘弗陵继位,史称汉昭帝。

有一种历史观一直不承认英雄创造历史,但英雄对历史的超常影响却无论如何也不能否认。像秦始皇、汉武帝、亚历山大这类人,他们活着本身就是一种令人恐怖与折服的力量。令人遗憾的是,他们活着时影响越大,死后带来的负面效应就越是剧烈。秦二世而亡;亚历山大一死帝国便被属下瓜分;汉武帝死后,匈奴也借机搜刮失地,此前附属于汉朝的西域小国纷纷倒向匈奴。

好在,大宛和乌孙一样,始终坚定地站在汉一边,属于著名的"亲汉派"。内因是国王蝉封吸取了哥哥的惨烈教训,不会因为帝王的更迭而朝秦暮楚;外因是时任汉骏马监的傅介子经常到大宛挑选良马,一再警告蝉封不要与匈奴走得太近,否则汉随时会兵发西域。不久,汉人就用事实说明了自己的警告并非危言耸听。傅介子谋杀了"亲匈派"急先锋——楼兰王安归。常惠迫降了另一个"亲匈派"国家龟兹,龟兹王绛宾不仅归附了汉,还娶解忧公主的女儿弟史为妻。听到这些消息,大宛贵族们再也无人对蝉封的亲汉政策说三道四。

元康元年(前65),老莎车王在临终前决定让解忧公主的次子万年担任莎车国继承人。对此,大宛王公开表示支持。在汉使奚充国将送万年到莎车继位时,大宛居然派出数千士兵到莎车为万年助威。

对于大宛王的忠诚,刘询大为感慨,特别要求大宛派人到长安受赏。大宛王一激动,居然让本国使节带领于阗、休循、捐毒、疏勒等国使者一起赶到长安朝觐。

那是一个绿肥红瘦的夏日,宫内的池塘里开满了丛丛的荷花,从大宛移植的葡萄郁郁葱葱,专门喂养天马的苜蓿也长肥了。刘询在未央宫摆下盛宴,接待远道而来的贵宾们。该赐的印绶赐了,该发的奖赏发了,该吃的佳肴吃了,该玩的风景玩了。之后,刘询专门选派卫候冯奉世持节护送各国使臣回国。

当使节团循着西域南道,刚刚进入于阗边境,前方就传来了一个地震般的坏消息,说是万年已被潜回莎车的呼屠徵杀死,汉使奚充国也在政变中被杀,呼屠徵自立为莎车王,联合附近的国家一起叛汉。更严重的是,于阗也已经成为莎车的附庸。

当时,冯奉世的职责是护送大宛等国使臣回国,对于莎车事变他完全可以不予理会,但作为名将冯去疾后人的冯奉世毅然决定出手,持节征发附近国家的军队征讨莎车,在丝路南北道共征集到1.5万名军人。

冯奉世与呼屠徵会战于于阗,呼屠徵大败,于阗被顺利收复。情急之下,呼屠徵逃往西部的捐毒,没想到大宛军队已经进占捐毒,拦在了呼屠徵前方,呼屠徵只好返回莎车。汉与西域联军将莎车城团团围住,日夜攻打,内外交困的呼屠徵伏剑自杀,莎车贵族们开城投降。

战后,冯奉世代表汉帝嘉奖了大宛王的义举。大宛王也通过此战进一步见识了汉的国威与汉将的血性,对汉更为敬服,专门挑选了一匹汗血宝马请冯奉世转交给汉帝。

见到神采飘逸、姿容俊秀的宝马,刘询十分兴奋,专门将其命名为"象龙"。可惜,以贤著称的刘询不具备祖父刘彻的情怀和文采,没能为我们留下第三首《天马歌》。

性格内敛的帝王不一定没有霸气。这位长期生活在民间,即位前曾受过牢狱之苦的帝王,深谙民间疾苦、重赋之弊与酷吏之害,即位后对内任用贤能,减轻赋税,对外联合乌孙、大宛打击匈奴,首设了西域都护府,把天山南北全部纳入了汉朝版图,使得境内呈现出政治清明、经济繁荣、吏称其职、民安其业的崭新局面,史称"宣帝中兴"。我以为,刘询在任的25年,是汉朝武力最为强盛、经济最为繁荣的时期。

论文治武功,刘询丝毫不亚于祖父刘彻,只是他行事不像祖父那样张扬,脾气不像祖父那样火爆。有脾气的人名气大,至今依然。

九、失去依靠的日子

终西汉之世,与汉关系最为密切的西域国家,莫过于乌孙与大宛了。

正因为如此,两国受到的奖赏最多,受到的进攻最少。在汉的浓荫下,大宛王与乌孙昆莫风光占尽。

正所谓利弊相随,汉这棵大树一倒,大宛的尴尬日子就临近了。一方面,匈奴对过去的"亲汉派"开始反攻倒算;另一方面,与大宛有过节的莎车在东汉初年突然崛起。

建武二十二年(46),已与东汉决裂的贤发兵惩罚了不服调遣的鄯善,征服了龟兹与姁塞。接下来,贤以缴纳的贡赋减少为由,准备对大宛下手。

下一年,贤先是灭掉了大宛的东部属国捐毒、休循,打通了进入葱岭的道路。然后,亲自率领数万西域联军攻入费尔干纳盆地。面对气势汹汹的联军,大宛王延留征集全国青年入伍,展开了轰轰烈烈的保家卫国的战争。

对于一个国家来说,你可以没有开枪的机会,但机会来时,枪里不能没有子弹。在贵山城下,仓促集结起来的大宛军民没有抵挡住训练有素的西域联军的冲击,主力部队几乎丧失殆尽。无奈之下,延留以放过全城百姓为条件,出城向贤投降。贤将延留带回莎车软禁起来,任命自己的侄子——拘弥王桥塞提为新大宛王。

新大宛王既势单力孤,又能力不济,实在无法撼动根深叶茂的大宛贵族,发布的命令根本无人响应。不久,大宛贵族秘密潜入康居寻求援助。康居也担心莎车过于强大会危及自己,便派出精兵帮助大宛复国。此后一年多时间,康居国在大宛贵族的暗中配合下多次发兵攻入大宛,声称"只要桥塞提一天不下台,康居就一天不退兵"。在一片叫骂和起哄声中,桥塞提灰溜溜地逃回了莎车。

康居的介入,让贤十分恼怒,但此时周边国家的反抗此起彼伏,他根本无暇顾及葱岭以西的时局。权衡再三,他还是决定把延留放回大宛继续行使王职权,但必须承诺年年上贡。

在承诺书上签字后,延留回到了久违的故乡。听说国王回来了,谷地里聚满了翘首企盼的人群,有延留的妻子儿女,有贵族与大臣,有卫士与仆人,还有那匹他曾经朝夕相处的枣红马。

见到延留的车驾,他的妻子儿女首先扑了上来……一时间,泪水顿作倾盆雨,笑声震碎满天云,谷里哭声一片,笑声一片,呼号声一片。这是一个多么有尊严的日子呀,一个令人欣慰的日子,应该载入大宛史册。

随后,延留从康居借来精兵,东进重新占领了休循与捐毒,派兵扼守住了莎车势力西进的道路,不仅不再向贤进贡,而且派出使者向汉明帝刘庄进贡了汗血宝马。

自感受了愚弄的贤,再次出兵攻打大宛,延留吸取了上次大战的教训,没有派出军队与贤做硬碰硬的决斗,而是命令大军在城堡中坚守不出。

狮子和大象的寓言变成了现实。贤是野战的高手,但不善于攻城;延留是城堡防守的行家,但不善于野战。一方在城下高声叫骂,一方在城头挥舞拳头。但是,谁也抓不住谁,谁也奈何不了谁。当然,延留并未满足于狮子与大象的游戏,他还派出骑兵在莎车军队的侧翼和后方不停地骚扰。贤一来攻不进坚城,二来担心后路被断,于是撤兵而去。

永平十六年(73),汉将班超率领36名骑兵进入匈奴势力占据上风的西域,自鄯善、于阗、莎车,到疏勒,开始了近30年叱咤风云的西域征服之旅,直到收复西域全境,令西域五十余国尊奉东汉为宗主。大宛当然位列其中。

可惜的是,班超东归洛阳之后,再也没有一名汉将压得住西域的阵势。王莽篡汉后,更是"挥刀自宫"般结束了统辖西域的壮美历史。

在数百年的隔阂期里,大宛的消息越来越少。它偶然出现在中原历史上,几乎都是因为汗血马。太康六年(285),大宛王蓝庚派人向晋武帝司马炎贡献汗血马。和平六年(465),破洛那(原大宛)王向北魏文成帝进贡汗血马。太和三年(479),破洛那王向北魏孝文帝献上汗血马……似乎,这个国家此后在舞台上的角色就是一个群众演员,唯一的任务是每场戏牵着一匹宝马匆匆地走一圈,留给观众的,只是马屁股而已。

直到现代,仍有一位名叫杨牧的诗人为汗血马而歌:

你这汉天子梦求的马哟,
你这波斯王艳羡的马哟,
你这豪杰,你这精英,
石窟中:你凸现而飞,
史诗里:你永无定格。

十、拔汗那

当中原由隋变唐,破洛那也改名拔汗那,都城设在费尔干纳盆地东北侧的西鞬城(今乌兹别克斯坦纳曼干)。

历史往往惊人地相似。当唐内部爆发内讧,唐高宗李渊的次子李世民发动玄武门之变,杀死长兄李建成和四弟李元吉掌握朝政的同时,西方也传来令人惊愕的消息:西突厥爆发内乱,达头可汗之子莫贺咄杀死了拔汗那王契苾,又于贞观二年(628)暗杀了统叶护可汗,自立为西突厥可汗。在混乱与无序中,拔汗那酋豪阿瑟那鼠匿占据了都城。

当玄奘于贞观四年(630)路经捍国(拔汗那)时发现,此地尽管"土地膏腴,稼穑滋盛,多花果,宜羊马",但已经数十年没有国王,"酋豪力竞,不相宾服,依川据险,画野分都"。其军事政治态势,类似于中原的五胡十六国时期。

转折出现在贞观二十三年(649),"天可汗"唐太宗驾崩,拔汗那国军事霸主阿瑟那鼠匿也撒手西去。临终前,鼠匿向儿子遏波之交代:"你如果没有底气称王,就应该推举一位王族称王,恢复拔汗那国。"这也许是叱咤风云的军事强人一生中最明智的决定了。"人之将死,其言也善",一个人的遗言,往往是幡然醒悟的肺腑之言,因为这里凝聚了一个人一生的痛苦经历与深刻感悟,慈禧如此,袁世凯也是如此。

遵照父亲的遗训,遏波之立契苾的侄子阿了参为王,都城设在呼闷城(古贵山城,今苦盏);而自己则将大本营设在渴塞城(今卡散),算是拔汗那的国中之国。消失几十年的拔汗那得以还魂人间。

与遏波之的义举截然相反的是,已经降唐的西突厥室点密可汗五世孙——阿史那贺鲁,居然趁李世民驾崩之机叛唐,以武力征服了包括拔汗那在内的西域各国,公开与唐分庭抗礼。

当时的李治,年方23岁,血气方刚,当然不愿看到父亲创建的大唐伟业葬送在自己手上。他先是派出左武卫大将军梁建方、右骁卫大将军契苾何力西征。随后,又派出葱山道行军大总管程知节、副大总管王文度领兵西去。

对于唐军的战术,阿史那贺鲁可谓了如指掌。因此,开始的几年,双方互有胜负,战争的进程变得曲折、漫长而迷离。特别是程知节西征一役,尽管前军总管苏定方率领先锋部队大破西突厥军,但副大总管王文度嫉妒苏定方之功,矫诏夺了程知节的兵权,致使唐军裹足不前,错过了追击逃敌的良机。

程知节,就是《说唐》和《隋唐演义》中的程咬金,字义贞,东平人[1]。在通俗小说与民间故事中是一位生性粗鲁、手持板斧、不过三招的莽汉。但真实的程知节与故事里的程咬金完全不同。第一,他使用的不是板斧,而是马槊(一种长矛);第二,他出身于地方豪族而非大字不识的农民;第三,他精于算计,老于世故,并非一个行事莽撞、不计后果的人。

想不到,程知节的一世英名,居然毁在助手王文度手上。战后,王文度被以矫诏之罪废为平民,已被李世民将肖像画入凌烟阁的开国功臣程知节也被以逗留不前之罪撤销了职务。

李治发现,与油滑的阿史那贺鲁对抗,光有沉稳与淡定是不够的,必须选择一位不按套路出牌的将军。显庆二年(657),李治想到了程知节的前军总管苏定方。苏定方,时年65岁,今河北武邑县人,早年投奔窦建德、刘黑闼义军并屡建战功。贞观初年,他跟随李靖北伐东突厥时,率200名骑兵乘着大雾狂飙突进,直接捣毁了颉利可汗的牙帐。从此,他在唐将中以胆奇大、敢冒险而著称。程知节西征之役,两位主将相继犯下大错,唯有他自始至终保持着清醒的头脑。

于是,苏定方被破格任命为伊丽道行军大总管。当年冬天,苏定方在今额尔齐斯河西部与西突厥大军遭遇。当时双方的军力对比似乎有些悬殊,阿史那贺鲁纠集了10万骑兵,而苏定方只领有部分汉军和1万回纥骑兵。面对阿史那贺鲁的10万大军,苏定方将唐军分为两部分:步兵占据制高点,集中长矛一致朝外;骑兵由自己统帅,在北部平地上伺机冲锋。

大战开始后,西突厥骑兵连续发起了三次冲锋,均无法楔入唐朝步兵军团的长矛阵。双方僵持不下时,苏定方突然号令骑兵军团在长达30里的战线上发起反攻。一时间,震天的怒吼,铿锵的蹄印,刺耳的马嘶混合成一曲死亡奏鸣曲,直到把西突厥阵前的骑士变成鬼魂,把西突厥战阵撕

---

[1] 见戴良佐编著《西域碑铭录·程知节墓志铭》,新疆人民出版社2013年版。

成飘飞的棉絮。喊杀停歇时,战场上留下了数万具突厥士兵尸体。

第二天,唐军继续进击,西突厥各部纷纷请降,只有阿史那贺鲁率数百骑兵向西逃走。追击途中,天上飘起鹅毛大雪,平地积雪深达二尺,黑色的山川变成了白茫茫的雪原。部将们请求稍事休息,但苏定方认定这是乘敌懈怠、追赶逃敌的最佳时机,于是领兵昼夜兼程,长驱直入,一直逼近阿史那贺鲁临时休整的金牙山(今吉尔吉斯斯坦托克马克以西)。趁敌不备,唐军像风卷残云一般横扫了阿史那贺鲁刚刚纠集起来的几万部众。

阿史那贺鲁继续逃亡,苏定方派遣副将萧嗣业穷追不舍。阿史那贺鲁一直逃到费尔干纳盆地西部的石国(今塔什干)。不幸的是,胆小怕事的石国把他交给了咬牙切齿的唐军。

在长安的天牢里,这个俘虏突然良心发现,主动要求到有恩于己的唐太宗昭陵殉葬,最终被仁厚的唐高宗免去了死罪。

拔汗那再次获得解放。显庆三年(658),唐任命国王阿了参为刺史,接受安西都护府管辖。至此,唐的版图从东亚的中国海一直伸展到了中亚的波斯边境。

十一、宁远国

唐顺利西扩的同时,中心位于大马士革的大食[①]也冉冉升起,前锋逼近了安西都护府辖区。而青藏高原上的吐蕃,经过大相禄东赞父子的辛苦经营,已经具备了与唐一较高低的实力,同样把贪婪的目光对准了邻近的西域。

利益的一致性,促使大食与吐蕃走到了一起。经过私下沟通,他们把第一个目标选定为附唐的拔汗那国。

开元三年(715),大食"艾米尔"(意为"掌权者")屈底波率兵攻入拔汗那国,与吐蕃共同扶立拔汗那贵族阿了达为新国王,并发兵向阿了参的

[①] 指阿拉伯倭马亚王朝,是伊斯兰教最初四位哈里发执政结束后,由前叙利亚总督穆阿维叶所创建的阿拉伯伊斯兰帝国首个世袭制王朝,自661年开始,到750年结束。因其崇尚白色,所以被中国史书称为"白衣大食"。

继任者遏波之进攻。

遏波之抵挡不住,逃往安西都护府求救。接到军情,正代表朝廷在西域巡察的张孝嵩,受安西都护吕休璟的委托,率领附近各部落兵马万余人,向西挺进数千里,向阿了达盘踞的连城发起了猛攻,俘斩叛军千余人,阿了达携数骑逃入山谷。

开元八年(720),阿了达卷土重来,再次成为拔汗那王。时隔两年,阿了达给予反对大食的粟特人以政治庇护,但很快又怕大食报复,把在此避难的粟特人出卖给了阿拉伯人。对于这种反复无常之举,大食并不领情,依旧兵临城下,要求阿了达投降。阿了达使出诈降计,等大食军队进入城池,率军趁夜袭击对方。由于对方早有防备,阿了达兵败被杀。

开元十四年(726)前后,僧人慧超经过费尔干纳盆地时发现,这里有两个国王,锡尔河南部的国王隶属于大食,河北的国王隶属于突骑施汗国。开元二十六年(738),叛唐的突骑施汗国爆发内乱,突骑施属下的拔汗那王阿悉烂达汗宣布归附大唐。

次年,李隆基下诏,兵发突骑施。

唐碛(qì)西节度使盖嘉运兵分两路,一路由自己和石国、史国军队及莫贺达干部向碎叶城发起攻击,一路由疏勒镇守使夫蒙灵詧(chá,同"察")与拔汗那王阿悉烂达干率兵偷袭怛逻斯城。结果,吐火仙可汗与尔微特勒被生擒,然后被押往遥远的长安,曾经风云一时的突骑施宣告灭亡。

助战有功的拔汗那赚了个满盆满罐,国王被李隆基册封为"奉化王",被俘的数万突骑施人全部成为拔汗那国民。

天宝三年(744),唐宫传出两个桃色新闻。一是李隆基将先前的儿媳、被安排出家修道的杨玉环偷偷接回了后宫;二是李隆基答应了拔汗那国与唐联姻的请求,将一位宗室女子封为义和公主,嫁给了阿悉烂达干。与此同时,李隆基改拔汗那为"宁远国",将阿悉烂达干赐姓为"窦"。要知道,窦姓在唐非同小可,那可是李世民生母的姓氏呀。

不久,一位丰腴绝美的汉家女子,在细君、解忧公主之后,含泪西去,消失在大漠绿洲背后的深山之中。

被赐了姓氏,改了国名,得了美人的阿悉烂达干兴奋得彻夜难眠,赶紧派出使臣向李隆基献上了两匹镇国之宝——汗血宝马。两匹宝马牵进皇宫，被李隆基命名为"玉花骢"和"照夜白"。

在李隆基授意下，在宫中做御用文人的李白专门创作了《天马歌》，画马高手韩幹则创作了一幅水墨画《照夜白图》。

就是这匹"照夜白"，不仅在辉煌时期伴随着唐玄宗游山玩水，而且还在"安史之乱"中陪他度过了最为落寞的岁月。

此后，宁远国贡献不绝。天宝年间，往往是上一批前往大唐献马的使者尚未回国，下一批使者已经启程。

"安史之乱"爆发后，安西都护府与北庭都护府大量精兵内调平叛，宁远国也曾派兵进关助唐平叛。大量精兵内调，使得唐朝在西域更加捉襟见肘。而实力犹在的吐蕃趁机从南部步步紧逼，新兴的阿拉伯阿拔斯王朝[①]也从西部蚕食鲸吞。贞元六年（790），吐蕃大举进攻西域，北庭都护府失守，安西都护府也音讯全无。宁远国失去了唐的庇护，国力日渐衰落。

元和十五年（820）正月的一天深夜，唐宪宗李纯被太监刺杀，"元和中兴"戛然而止，缓慢复苏的唐重新滑下历史的山涧，令那些翘首企盼唐军西来的西域国王们沮丧不已。不久，波斯萨珊王朝后裔萨曼·胡达之孙——艾哈迈德兄弟四人，宣布效忠于阿拔斯王朝。作为回报，阿拔斯王朝哈里发马蒙任命萨曼家族（萨曼王朝[②]的前身）为中亚代理人，成为管治撒马尔罕、费尔干纳、塔什干和赫拉特城的军事长官。

次年，宁远国被萨曼家族军队吞并。从此，中亚逐渐伊斯兰化，富饶美丽的费尔干纳沦为后起之国争夺的焦点，萨曼王朝、喀喇汗王朝、伽色尼王朝、西辽、察合台汗国先后经营此地，波斯文明、伊斯兰文明、突厥文明、契丹文明、蒙古文明交相辉映……

[①] 由先知穆罕默德的叔父阿拔斯的后裔创建的阿拉伯帝国的第二个世袭王朝，于750年取代倭马亚王朝，定都巴格达，直至1258年被蒙古旭烈兀所灭。被中国史籍称之为"黑衣大食。"

[②] 由萨曼家族后裔伊斯玛仪·本·艾哈迈德于892年建立的王朝，首府设在布哈拉，只是在名义上承认阿拔斯王朝哈里发的宗主权。999年，其领土被喀喇汗王朝和伽色尼王朝瓜分。

十二、浩罕初创

尽管费尔干纳被伊斯兰化了,但塞人部落犹在;尽管费尔干纳被突厥化了,但塞人所讲的伊朗语犹在。只是,经过伊斯兰化、突厥化以及蒙古化的洗礼,大宛后人懂得了联合,懂得了团结,懂得了向前看的意义。乌兹别克人就是由大宛后人、蒙古人、突厥人联合组成的一个游牧部落,首领是蒙古钦察汗国的分支——白察汗国的昔班尼汗。

16世纪初,昔班尼汗推翻了帖木儿王朝,占领了包括费尔干纳在内的大部分中亚地区,建立了布哈拉王朝。但是后来,王朝爆发内乱,布哈拉以外的地区被贪婪与强悍的贵族们瓜分。

在贵族纷争中,"明格"部落异军突起,抢占了费尔干纳盆地。明格部落首领沙鲁赫是个聪明人,他一面与周边部落血战,绞尽脑汁地扩展自己的领地;一面讨好布哈拉大汗,说所有的征战都是为了替大汗收复失地。有名无实的大汗受了感动,便送了一个顺水人情,宣布将费尔干纳盆地封给沙鲁赫,给了明格部落统治费尔干纳以合法的外衣。由于这个政权的中心设在今乌兹别克斯坦东部的浩罕城,所以被称为浩罕汗国。

鉴于布哈拉大汗依然存在,所以浩罕前几代君主的称号都是"比"或者"伯克"①。而且,由于战斗力有限,他们常常受到东邻——准噶尔汗国的侵扰。

乾隆二十年(1755)之后,大清连续平定了准噶尔与大小和卓叛乱,大清疆土已经无限接近了浩罕国境。于是,像汉代大宛国一样,额尔德尼伯克向大清派出使者要求内附。

有史料表明,额尔德尼的内附并非自愿。在大清平定南疆时,额尔德尼担心浩罕被大清吞并,曾经向阿富汗国王杜兰尼求援,但没有得到对方回应。无奈之下,他只有退而求其次,主动要求大清的保护。他明白,自称仁义天朝的大清是不会轻易进攻一个主动归附的化外之国的。也就是

---

① 突厥语意为"首领、管理者"。

说,额尔德尼投靠大清与大宛归附汉朝有着很大的不同,前者是在没有征讨的情况下主动来朝,后者是在战争失败后的无奈选择。

额尔德尼的上表十分谦恭,一再申明对中央王朝的倾慕之心,发誓永做大清的奴仆。好大喜功的乾隆当然乐于接受,并于乾隆二十五年(1760)下诏承认浩罕为大清藩属国,要求其接受身在叶尔羌的清驻疆大臣的节制。之后,额尔德尼的继承人纳尔巴图朝贡不断,但能拿出手的贡品,依然是大宛马。

接下来,是大清与浩罕的"热恋期",大清给了对方足够的独立性。这可能是因为对方位于帕米尔高原以西,属于外藩,不可控得太紧,太紧兴许会生出祸端。清末的魏源就说:葱岭是个界限,西边是大清属国,东边是大清郡县。

纳尔巴图执政后期,国势的强盛让他的野心渐渐膨胀。一次,参与南疆叛乱的大和卓波罗尼都的儿子萨木萨克逃进浩罕,纳尔巴图居然私自将其放走,惹得乾隆大发雷霆。萨木萨克和卓死后,他的子孙和党羽都得到了纳尔巴图的秘密保护,这也成为浩罕与大清关系的转折点。

大清在乾隆末年就呈现出盛极而衰的态势,而浩罕却像是一轮喷薄而出的太阳。

这样的浩罕还会乖乖地做大清的藩属吗?

十三、支持张格尔

18世纪的最后一年,在位30年的纳尔巴图病逝,他的儿子埃利姆继承了伯克之位。

需要热血的时代,只能是年轻人的时代。埃利姆继位的第一年(1800),就趁邻国希瓦汗国被波斯击败之机,率兵夺取了中亚重镇塔什干。然后,他那双炯炯有神的眼睛盯上了另一座重镇霍占特(今苦盏)。

浩罕共有两条生命线:一条是向东穿过群山通往南疆的商业通道,由于大清的支持,这条要道始终畅通无阻;一条是向西通往河中的道路,但这条道路一直被布哈拉汗国控制着,一旦这条道路被封闭,浩罕将被困死在盆地之中。因此,埃利姆数次领军西进,最终拿下了西去道路上的商业重镇霍占特。从此,浩罕进退有据,风生水起。

不久,埃利姆被浩罕各部落首领推举为"大汗",浩罕从此被称为浩罕汗国。称"汗"的埃利姆再也无视大清的宗主地位,开始发兵攻击同为大清藩属的布鲁特——后来的柯尔克孜。游牧在费尔干纳盆地东部和喀什噶尔西北的布鲁特人被迫向大清求援,要求大清出面主持公道。一向懦弱的嘉庆帝对布鲁特人的求救置若罔闻,布鲁特人只有向浩罕汗国投降。英勇善战的布鲁特骑兵,后来成为浩罕汗国反击大清的一把利刃。

嘉庆十四年(1809),埃利姆突发恶疾去世,他的弟弟奥玛尔继承汗位。这是一个善于玩弄权术的君主,每一次微笑背后都隐藏着深意。他疯狂镇压布鲁特人,又十分信任投降的布鲁特骑兵;他明目张胆地占领了奥什城,又上书大清声称是为了保证贸易顺利进行。他深知,清廷看重的是面子,自己要的是里子。只要在占领新的土地后,给大清上一封言辞恭顺的告罪信,大清便会睁一只眼闭一只眼,最多给几句"下不为例"之类的警告而已。

后来,得寸进尺的奥玛尔上书嘉庆帝,要求撤开负责南疆边贸的阿奇木伯克,自己派出人员控制南疆边贸。在受到嘉庆帝的断然回绝后,奥玛尔又以阻止和卓叛乱为条件,要求完全免除关税。嘉庆帝的答复是,停止对浩罕的茶、钱赏赐,并撤销奥玛尔派遣使节到北京的有利可图的特权。

接下来,奥玛尔提出了一个折中方案:浩罕派遣两名没有司法权限的代表驻在喀什噶尔。嘉庆帝再次拒绝,并要求对浩罕的货物足额征税。

于是,奥玛尔释放了宣称要发起一场圣战的张格尔。

张格尔是萨木萨克和卓的次子,从小就认定是大清夺取了和卓家族的世袭领地,一直发誓夺回南疆。其实,他的祖先优素福父子1638年才趁叶尔羌汗位更迭之机来到喀什噶尔,这不过是他为实现自己的野心编造的一个理由。嘉庆二十五年(1820),张格尔利用维吾尔人对大清参赞大臣静斌的不满,率数百人潜入南疆,煽动民众叛乱。清领队大臣色普徵额率兵将这次叛乱剿灭,张格尔仅率残部二三十人狼狈逃往浩罕。

道光元年(1821),奥玛尔得知嘉庆驾崩,再次派出使者与大清交涉,试图取得免税待遇。道光帝恢复了浩罕的贸易和进贡权利,但不许免税,并且拒绝一名浩罕使节留驻在大清境内。

不久,奥玛尔病逝,迈买底里继位。张格尔逃进了布鲁特盟友的领地。于是,大清和浩罕失去了达成互利协定的机会。

已经败过一次的张格尔仍雄心不死,纠集起数百名布鲁特骑兵数次进入大清边境,期待能够碰到一次偶然的胜利。接下来,如果不是一个清朝官员的愚蠢,张格尔的圣战也许已成泡影。道光五年(1825),这个名叫巴彦巴图的大清领队大臣,带着200名骑兵出塞巡逻,但没有遇到张格尔叛兵。回师途中,经过一处未设防的布鲁特营地,巴彦巴图居然下令屠杀了100余名手无寸铁的布鲁特妇孺。行事之恶劣,手段之残忍,令人类蒙羞。

清军的暴行激起了布鲁特人的滔天义愤。于是,当地的布鲁特首领迅速召集了2000名骑兵,将这支清军全歼在一处峪谷之中。末了,尚不解恨的布鲁特男子们还在每个尸体上补上了一刀,血肉模糊的场面超过了影片限制级的最高标准。

一支清军被张格尔同盟者击溃的消息迅速传遍了塔里木盆地。张格尔"看到中国人已经多么不得人心",便通知浩罕汗、乌腊提尤别统治者、昆都士首领、哈萨克头人以及布鲁特首领们说:"这是夺取六城地区的机会,机不可失!"一支武装着火绳枪的500余人的杂牌军接受了张格尔的统领。

道光六年(1826),张格尔的杂牌军被大清军队包围。危急时刻,英国人资助的火绳枪显示出了比大清弓箭强大百倍的优势,张格尔率军成功突围。胜利给了叛乱者以巨大鼓舞,张格尔的队伍迅速膨胀到近1万人。清参赞大臣庆祥不得不借助喀什噶尔城堡转入防御。

更严重的是,浩罕汗迈买底里亲率万名骑兵前来趁火打劫。迈买底里与张格尔试图用火药炸开喀什噶尔城墙,但守卫者用箭、滑膛枪、掷石器、大炮和火油加以回击。这场屠杀的规模是如此之大,以致"地脉中沸腾着一条血的河流"。经过12天的恶战并失去1000名士兵后,迈买底里灰心丧气地撤军回国。但张格尔说服浩罕将领爱撒等人留了下来,叛乱者对喀什噶尔的攻击并未放松。

坚持到第十个星期,大清守军水尽粮绝,总指挥庆祥自缢身亡,士兵们乘着夜色突围,多数人被追上屠杀,喀什噶尔城沦入张格尔之手。得意忘形的张格尔自称"赛义德·张格尔·苏丹",在南疆实施了空前野蛮、暴虐的统治。

那时的张格尔，哪有一点和卓的贤良与儒雅？他站在喀什噶尔城门，手捋着茂密的胡须，眼望着蚂蚁搬家般进进出出的万民，心中升腾起指点江山、激扬文字、粪土当年万户侯的勃勃雄心：我心里充满着幻想，幻想把西域攥进手掌；即便前面有刀山火海，也挡不住我前进的渴望。

须知，幻想可以装点生命，却无法装点人生。道光七年（1827），2.2万名清军从阿克苏出发，如滚滚怒涛涌向喀什噶尔。听到消息，自知力不能敌并失去民心的张格尔，下令将城镇洗劫一空，然后率部逃往山区。

大清向所有邻近地区发出牒文，要求引渡张格尔。

第二年，大清派出间谍到山中散布清军撤退的消息。白天，清军在众目睽睽之下列队出城。夜里，这些清军又神不知鬼不觉地偷偷回城。

花若盛开，蝴蝶自来。春节前夕，藏在山里的张格尔抵挡不住城市的诱惑，在确认清军撤退的消息无误后，带着500多名亡命之徒重新潜入阿图什，准备趁机偷袭喀什噶尔。

一进喀什噶尔城，他就感觉到有什么地方不对劲。平日乱糟糟的街道上秩序出奇地好，买东西与卖东西的人似乎都在演戏。几个外地人模样的人偶尔抬头瞥他们一眼，然后就像做了偷事一样低头走开了。城头的箭垛间似乎人影攒动，而且都故意蹑着脚行走。张格尔发觉可能上当了，赶紧扔下自己那些迟钝的部下，一个人骑上快马溜之大吉，直接躲进了岳父——布鲁特人他依拉克家中。

大清发出悬赏令捉拿他，赏金的数量大到足以打动最忠诚的人；如果能够提供他的藏身地，大清还许以高官厚禄。世界上还有什么比名与利更高的追求、更大的诱惑吗？于是，有一个人动心了。最致命的是，这个动心的人不是一般人，而是他的岳父。

就这样，张格尔被出卖，然后被押到北京紫禁城千刀万剐。他的岳父因此被大清任命为喀什噶尔的阿奇木伯克。一场轰轰烈烈的闹剧以挑衅开始，以流血告终。

对于大清要求引渡张格尔家族残余的传檄，布鲁特人没有照办，浩罕则以伊斯兰法不允许出卖穆罕默德后裔为由拒绝引渡。

浩罕汗国决定与大清摊牌。

十四、与大清决裂

对此,一贯强硬的大清参赞大臣那彦成建议,完全停止对浩罕的贸易,直到汗国交出和卓家族为止;所有在六城地区居住不满十年的浩罕人应予放逐,他们贮藏的大黄、茶叶和其他财物应予没收;在六城地区居住十年以上的浩罕人应使之归化;应与布鲁特人和解,使他们与和卓家族及浩罕人疏远。被俘"叛民"的妻子儿女应发配为奴并流放到乌鲁木齐、伊犁等地。

按照那彦成的建议,大清停止了与浩罕的一切贸易,在浩罕引起了物价飞涨,随之而来的是两年经济困难。于是,迈买底里厉兵秣马,决定诉诸武力。

对于浩罕可能发动的进攻,那彦成没有做任何军事准备。那彦成回京述职后,接替他的扎隆阿更不把浩罕放在眼里。阿奇木伯克伊萨克曾不止一次地向扎隆阿报告浩罕准备进军的消息,都被扎隆阿斥之为谣言。由于边报众多,连大清伊犁将军玉麟也紧张起来,严令扎隆阿备战。扎隆阿竟然讥笑玉麟过于敏感,还向道光帝上奏说:"南路如果有事,唯臣是问!"

道光十年(1830)九月二十五日夜,一弯下弦月发出清冷的光。迈买底里组织大军突袭大清边境的卡伦(满语意为"军事哨所")。面对迈买底里的大举入侵,帮办大臣塔斯哈一面派出快马向清廷汇报,一面率领100余名骑兵到前线增援,结果全部阵亡。很快,浩罕军队推进到喀什噶尔城下。

那位夸下海口的扎隆阿顾不上自责,火速派人赶赴伊犁、阿克苏等地求援。赶在敌人围城之前,1000余名援军赶到了喀什噶尔汉城,喀什噶尔回城内的维吾尔居民也被迁移到汉城以内。

浩罕军队分兵攻击喀什噶尔汉城、叶尔羌城与英吉沙尔汉城,城市攻守战异常惨烈。

战事进入十一月,大清各路援军汇聚阿克苏,却都畏缩不前。道光帝大怒,严令各路清军奋勇出击,这才迫使浩罕军队像被开水烫到的狗一样,溃逃而去。

浩罕汗国的公然进犯,令清廷十分尴尬与苦恼。那彦成断绝商路困死浩罕的策略,已经被事实证明乃一厢情愿;而重新通商则将使得大清颜面尽失。当伊犁将军主张集中10万精兵,南北夹击灭掉浩罕汗国时,道光帝陷入了沉默:出兵,当然会一劳永逸地消除心头之患;但大清国库已经十分空虚,自己哪有劳师远征的资本啊。后来,道光帝无奈地说:"浩罕卡外之地,并非我土,人地皆生疏,粮饷也筹措困难,用兵之事实难实行。"

此后,浩罕仍然不断侵扰大清卡伦,搞得大清头疼不已。于是,大清督办大臣主动向浩罕提出了议和条件:一是交出参与张格尔叛乱的浩罕将领爱撒等人,二是迈买底里上表向大清认错。

迈买底里派出使节来到喀什噶尔谈判,这位使节一直不肯认错,而且一再强调大清不准通商导致了浩罕民不聊生,希望天朝能够恢复通商,并免除浩罕商人的关税。大清督办大臣坚持要求交出去年侵犯南疆的浩罕主将波巴克,还要求放回掳走的维吾尔同胞。为此,对方采取了一再拖延的办法。

对方的拖延战术可把急于息事宁人的大清急坏了,糊涂的道光帝甚至批评督办大臣过于强硬,有失"天朝"的宽宏与大度。就这样,大清放松了条件,提出只要浩罕认个错就可以了。

道光十二年(1832)早春二月,旷日持久的谈判终于有了眉目,浩罕方面拿出了最后的条件:一是免除关税,二是准许浩罕设立商目管理贸易,三是发还抄没的浩罕商队的茶叶和财物,四是赦免张格尔的余党。两个月后,道光帝宣布接受对方的条件。欣喜之余,迈买底里立即上表认错,称浩罕始终是天朝属国,今后会更加恭顺。道光帝也认为结局近乎完美,今后可以永保边疆安宁了。

可是,这不是一份地地道道的丧权辱国的条约吗?大清得到的除了无用的脸面还有什么呢?一个帝王的面子就那么重要吗?没有里子做支撑,要面子何用?

此后,大清屡屡在战胜侵犯国后,"宽宏大量"地与对方签署让步性的条约,如雅克萨之战后,如镇南关大捷后,如左宗棠收复新疆后。至于战败后签订的那些让人目不忍睹的条约,似乎由此也变得容易理解了。

八年之后,就是令国人含羞的"鸦片战争"。天朝门户大开,南疆只能任浩罕横行。

就在浩罕汗横行无忌之际,帝国南部硝烟四起。道光二十二年(1842),被英国火枪与火炮武装起来的布哈拉军队攻入浩罕,迈买底里大汗则以骑兵与马刀迎战。这实际上是一次热兵器与冷兵器的较量,也是现代与原始的比拼,结果可想而知,迈买底里阵亡,浩罕城沦陷。一个帝国曾经繁茂的身影,一支曾经所向披靡的军队,走向了历史的尾声。

好在,布哈拉军队带着无数的战利品撤走了。

按说,新汗阿力木库尔应该专心内务,韬光养晦,固土封疆,不再给任何敌人以可乘之机。但同治四年(1865),自顾不暇的阿力木库尔居然插手大清事务,派遣贵族阿古柏与张格尔之子布素鲁克进入新疆搅局。就在他幸灾乐祸的日子里,布哈拉汗国趁机夺走了塔什干,给了浩罕汗以致命打击。同治十年(1871)后,浩罕境内两次爆发大规模起义,浩罕主力部队逃入新疆投奔了阿古柏,几乎成为孤家寡人的古德亚汗前往奥斯曼帝国寻求支援,但吃了对方的闭门羹。

光绪二年(1876),33岁的俄国战神——步兵上校斯科别列夫率军攻克浩罕城,浩罕末代汗纳西尔丁出降,费尔干纳沦为俄国在中亚的一个省份。要命的不是坠落的过程,而是最终戛然而止的一瞬间。

那么,进入新疆搅局的阿古柏会有怎样的命运呢?

十五、中亚屠夫

阿古柏,原名穆罕默德·雅霍甫,人称"中亚屠夫",1820年生于塔什干的一个穷苦家庭。小时候父母离异,母亲死后他被迫流落街头,是一位好心的街头艺人收留了他,后来被一位路过的浩罕官员带回首都,成为浩罕汗国马达里汗的侍从官。他骁勇善战,屡立战功,40岁时晋升为伯克,成为一方诸侯。

同治三年(1864),新疆发生反清叛乱,柯尔克孜伯克司迪尔趁机占据了喀什噶尔回城,自立为"帕夏"(伊斯兰国家高级官吏的称谓),赶走了黑山派和卓。为了赢得境内穆斯林的认可,他专门派出得力助手去浩罕迎接白山派和卓布素鲁克。

司迪尔的想法,正中浩罕汗下怀,因为他早就试图培植一个反清势力。同治四年(1865)春,奉浩罕汗之命,贵族阿古柏率领50名骑兵护送布素鲁克前往喀什噶尔回城。

其实,最高兴的还数阿古柏,这是一个心大到妄图只用半条蚯蚓钓起整个塔里木河的狂人,早就试图摆脱浩罕汗的掌控,在异国他乡实施自己的超值梦想。一到喀什,阿古柏便怂恿布素鲁克发动兵变,将司迪尔逐出了喀什噶尔回城。

九月,阿古柏发兵围攻喀什噶尔汉城。被围困长达13个月之久的清军陷入绝境,绿营守备何步云打开城门投降了敌人。誓死不降的喀什噶尔帮办大臣奎英亲自引爆了库存的炸药,赴火自焚。同时赴难的,有奎英的妻子王氏、儿子育俊、年方两岁的孙女灵景,有协办大臣福珠凌阿及妻子钮氏、儿子英俊、儿子英敏、儿子英志。他们的英魂,将接受中华民族的永远祭奠。

城破后,阿古柏纵兵大掠七天,无数满汉官兵死于屠杀,繁华的汉城变成了人间地狱。千余名放下武器的官兵及手无寸铁的妇女儿童被迫皈依了伊斯兰教,方才保住性命。为了稳住这些降众,阿古柏不仅公开封赏了何步云,还娶了何的女儿为妻。

在俄、英支持下,阿古柏仅用两年就抢占了南疆七城,建立了中国近代史上第一个外国割据政权——"哲德沙尔汗国"(意为"七城汗国")。这一跨国叛乱事件,史称"阿古柏之乱"。

不久,手握军权的阿古柏逼迫汗王布素鲁克前往麦加朝圣,扶立萨木萨克的长子玉素甫的儿子、布素鲁克的堂兄买买提明即位,号称"卡塔条勒"(意为"大首领")。时隔四个月,卡塔条勒也被阿古柏毒死。之后,他从幕后走到前台,将国名改为"洪福汗国",自称巴达吾来特哈孜(意为"洪福之王")。

同治九年(1870),披着宗教圣战外衣的阿古柏又相继攻陷了乌鲁木齐、吐鲁番,先后赢得了俄国和英国的承认,还被奥斯曼帝国的苏丹封为"艾米尔"。与此同时,俄军发兵占领了伊犁,声称为清廷临时代管。至此,大清手中仅剩下塔城、乌苏等少数据点,整个新疆面临着彻底丢失的危险。

刚刚从太平天国起义的半瘫痪状态中恢复过来的大清,再一次遇到了一个看似解不开的结。凑热闹的是,同治十三年十二月初五(1875年1月12日),因偷偷外出嫖娼染上花柳病,19岁的同治皇帝在养心殿驾崩。

后宫内,太后与太医们忙着编造皇帝死于天花的谎言;朝堂上,一场有名的"海防"与"塞防"之争已经爆发。

权臣李鸿章以新疆乃洪荒边远之地为由,执意放弃新疆。

"我退寸,而寇进尺!"发出铮铮铁言的,是一个名叫左宗棠的湘军猛将。

两人吵翻了天。好在,慈禧太后支持了左宗棠,这是一生做尽坏事的"老佛爷"有数的几个明智决定之一。

清军最害怕的是军舰,但新疆没有海洋。鸦片战争的惨败,并不代表以骑兵为主的清军在陆地上没有机会。光绪二年(1876),左宗棠在65岁的垂暮之年,接受了钦差大臣、督办新疆军务的重任,率6万湖湘子弟铿锵西行。白雪皑皑的祁连山下,车辚辚,马萧萧,猎猎长风卷起了已经威武不再的龙旗。军阵里,士兵们抬着左宗棠的木棺。

将有必死之心,士无贪生之念。左宗棠坐镇肃州(今甘肃酒泉),命手下悍将刘锦棠担任总理西征大军的营务事宜,率手下湘军作为收复新疆的主力;对于新疆原有部队压缩整编,交给满族将军金顺指挥,配合刘锦棠作战。就这样,年方32岁的刘锦棠,事实上担负起了收复新疆的重任。刘锦棠率领西征军主力走北路,金顺率领新疆清军走南路,在哈密汇合,然后按照左宗棠"先北后南"的战略,向阿古柏叛乱势力发起了风卷残云般的进攻,彰显了一群中华男儿在那个黯淡年代里的浩荡与坚挺,给柔靡委顿的晚清史平添了几分峻拔之姿与阳刚之气。

光绪二年(1876)八月,血战在古牧地(今新疆米泉市境内)爆发,有"飞将军"美誉的刘锦棠率精兵走小路星夜包围了古牧地,用大炮轰开了城堡缺口,全歼6000叛军。战后,清军星夜向乌鲁木齐疾进,次日黎明抵达乌鲁木齐外围,大炮一响,叛军退出乌鲁木齐。

光绪三年(1877)四月,阿古柏精心构筑的天山隘口防线被撕裂,吐鲁番、达坂城、托克逊三座军事堡垒易手,阿古柏的心腹艾克木汗被俘,大总管爱伊德尔呼里投降,只有他的次子海古拉率2000名残兵逃脱。

天山防线被突破的消息传到库尔勒,阿古柏——这个胆大妄为、疯狂傲慢得连死亡和魔鬼都不放在心上的家伙,终于万念俱灰,饮鸩自杀。阿古柏的亲信在阵前拥戴海古拉继位。但在海古拉带着父亲的尸体逃往喀什噶尔途中,却被长兄伯克·胡里派出伏兵击杀,伯克·胡里成为唯一的继承人。

伯克·胡里节节败退到大本营喀什噶尔,想不到,何步云在喀什噶尔汉城宣布"反正",堵住了伯克·胡里返程的通道。伯克·胡里率军强攻汉城,此前的"软骨头"何步云居然强硬起来,率500将士白天守城,夜晚出击,使得攻城者一筹莫展。光绪三年(1877)冬,清朝西征大军先解汉城之围,继而攻克回城,叛军残余被迫逃亡国外。战后,清军处死了几名卖国求荣的民族败类,还俘虏了一批为阿古柏服务的土耳其教官,何步云则因反戈一击之功免掉了此前的罪责。

过了一些日子,有人问起何步云先前为什么投降,后来为什么反正?何步云毫不脸红地回答:"先前投降,是不想做无谓的牺牲。后来反正,是为了大清的安宁。"听完这话,提问者反而尴尬起来。是啊,"留得青山在,不愁没柴烧","打得赢就打,打不赢就跑",这不正是中国式智慧吗?

西域终于尘埃落定。光绪十年(1884),时任钦差大臣督办新疆军务的刘锦棠,奏请清廷在刚刚收复的土地上建省,并取"故土新归"之意,将西域改称"甘肃新疆省"(类似大清收回台湾后,在台湾岛设立的"福建台湾省"),简称"新疆省",军政中心由伊犁迁移到迪化(今乌鲁木齐)。

这个自公元前60年就纳入汉版图的地区,从此有了一个新的名称。但令九泉之下的刘锦棠万万想不到的是,他为大清西域起的这个新名字,后来居然成了"东突"分裂分子攻击中国的借口。他们说:"新疆,显然是新拓展的疆土,说明此前这一地区不属于中国。"当然,仅凭一个名称尚且不足以说明问题。如果按照分裂分子的这一逻辑,美国的南北卡罗来纳(英国查理一世)州、佐治亚(英国乔治二世)州、马里兰(查理一世之妻玛丽亚皇后)州、新约克(英国地名)州、新罕布什尔(英国地名)州难道属于英国?美国的路易斯安那(法国路易十四)州、缅因(法国地名)州难道是法国的飞地?美国的罗德岛(希腊岛名)州难道应该划归希腊?

听到分裂分子们的喧嚣,刘锦棠一定后悔自己起的这个名字。唉!只怪自己标新立异,当初为什么不叫"西域省""安西省""陇石省""天山省"或者"西疆省"呢?

不管怎么说,刘锦棠无罪,因为是他负责收回了被浩罕人夺走的土地,他没把这块土地取名"刘锦棠省"就不错了,美国不是有个华盛顿(美国总统)哥伦比亚(美洲发现者哥伦布)特区,加拿大首都不是叫温哥华(英国海军上校),新西兰首都不是叫惠灵顿(英国陆军总司令),马耳他首都不是叫瓦莱塔(圣约翰骑士团团长),苏联不是也有个城市叫伏龙芝(苏联名将)吗?!

刘锦棠少年丧母,由祖母抚养成人。光绪十五年(1889),甘肃新疆巡抚刘锦棠为孝敬多病的祖母,被朝廷批准辞职回湖南探亲,重新过起了采菊东篱下、把酒话桑麻的平民生活,从此淡出了将军的行列,再也没有要求担任新职。

直到光绪二十年(1894),中日甲午战争爆发,淮军失利,前线吃紧,清廷这才想起在家赋闲的常胜将军。电令刚到,刘锦棠就令人狐疑地旧病复发,与世长辞,错过了与东洋倭寇直接过招的机会。退而求其次,朝廷只得征调湘军宿将魏光焘、李光久开往前线。

假如刘锦棠如期到达前线,仅凭他一己之力,显然难以改变甲午战争的走向,因为第一,按照清廷"裁湘留淮"的政策,湘军已经基本解体,仅剩的几营湘勇战斗力已今非昔比;第二,李鸿章手中的淮军和北洋舰队不可能交给他这个湘人指挥;第三,他不懂海战。但有一点是可以肯定的,那就是大清在陆地上一定不会输得那样惨。

那一年,他正好50岁,是人生最成熟的年龄。

大宛国小传:塞人所建的绿洲国家,位于费尔干纳盆地,是汗血马与葡萄的故乡。世人知道这个国家,还要归功于出使西域的张骞,张骞归来时,既带回了葡萄苗,也带回了大宛出产宝马的消息。这才有了刘彻"神马当从西北来"的卦象,有了汉使以金马换大宛马被拒绝与杀害的惨案,有了李广利二征大宛,有了刘彻见到汗血马后喷涌的诗情。作为一个丝路大国、商业重镇,作为土地富庶、坚城林立的区域,作为中亚著名的"火药桶",它一向是东西方势力一决雌雄的舞台,汉与匈奴在此设过擂台,唐与西突厥在此掰过手腕,唐与大食在此较过高下。两千年来,这里先后诞生过大宛、拔汗那、宁远国、浩罕汗国,经历过塞人化、突厥化、伊斯兰化、蒙古化,但始终没有离开过它的母体中国。直到装备着热兵器的俄罗斯大兵闯入,将这个地区轰成一片废墟,变成人人自危的地狱,进而走出了中国的浓荫与视线。

葱岭十国存续表

朝代＼国名	西夜	子合	乌秅	蒲犁	依耐	无雷	桃槐	捐毒	休循	大宛
西汉	西夜	子合	乌秅	蒲犁	依耐	无雷	桃槐	捐毒	休循	大宛
东汉	东汉初被莎车所灭，随后复国；东汉末被疏勒吞并	东汉初被莎车所灭，随后复国；东汉末被疏勒吞并	乌秅	蒲犁、德若	神秘消失	无雷	神秘消失	捐毒	休循	大宛
三国			乌秅	满犁、亿若	被疏勒吞并			捐毒	休循	大宛
西晋			乌秅	满犁、亿若				捐毒	休循	大宛
东晋南北朝	北凉余部建立朱居波		权于摩或於摩国	竭盘陀				被疏勒合并	被疏勒合并	破洛那
隋	朱居波		权于摩	竭盘陀						破洛那
唐	被唐朝所灭		归附大唐	归附大唐						拔汗那，宁远国，唐末被萨曼家族所灭